从此不再神秘　人人都能读懂

周易新解

王练柱　编著

陕西新华出版传媒集团

三秦出版社

图书在版编目(CIP)数据

周易新解 / 王练柱编著. — 西安 ：三秦出版社,2017.10
(2019.12 重印)

ISBN 978 - 7 - 5518 - 1504 - 8

Ⅰ.①周… Ⅱ.①王… Ⅲ.①《周易》—研究 Ⅳ.①B221.5

中国版本图书馆 CIP 数据核字(2017)第 135465 号

周易新解

王练柱 编著

责任编辑	高　峰	
出版发行	陕西新华出版传媒集团　三秦出版社	
社　　址	西安市雁塔区曲江新区登高路 1388 号	
电　　话	(029)81205211	
邮政编码	710061	
印　　刷	北京虎彩文化传播有限公司	
开　　本	787mm×1092mm　　1/16	
印　　张	43.25	
字　　数	718 千字	
版　　次	2017 年 10 月第 1 版	
	2019 年 12 月第 2 次印刷	
印　　数	801—1800	
标准书号	ISBN 978 - 7 - 5518 - 1504 - 8	
定　　价	98.00 元	
网　　址	http://www.sqcbs.cn	

参悟旁任
把握人生

平凹
3—8·5·6

贾平凹先生题字

学友寄语

马建 工学博士,二级教授,博士生导师,长安大学原校长。

练柱是我研究生时的同学。昔日同窗时,虽为自然科学领域的工科学生,但我们同样对人文社会科学兴趣盎然,常常谈天说地、论古道今,交流自己的浅显认知。彼时便十分欣赏其敏捷之思维和斐然之文采。

谁知毕业后 30 多年间,他竟一头扎进中国传统文化中最神秘的《周易》研究中,筚路蓝缕,终有所成,著成《周易新解》。今日畅读书稿,不禁被其中的新颖观点和独到见解吸引,以至不愿释卷。洋洋洒洒 70 余万字,读出作者对《周易》的深入研究和深沉喜爱,也激发了我更深一步学习《周易》的浓厚兴致,读后感触良多。

第一,本书提出了一种理解"古经"的全新思路。按这一思路,能够把每一卦的"象、名、爻、辞、义"作为一个有机整体,给出逻辑自洽、令人信服的解读。

第二,这种解读,符合《周易》产生的时代背景、人文环境和认知水平,有可能为全面破解《周易》千古之谜题,打开一个突破口。

第三,按照本书观点,能够顺利化解许多涉及《周易》的历史谜题,使《周易》不再是"天书""玄幻之书"。

第四,本书呈现了《周易》哲理本质,展示了远古文明的另一番景象,让我们对中华文化有新的认识和感悟。

解读《周易》是一个巨大工程,见仁见智,百家争鸣。本书行云流水的思想表达和朴素无华的娓娓叙述,让《周易》变得生动有趣而引人入胜,相信也会对读者大有裨益。希望朋友们能认真审视书中的观点,去伪存真,正本清源,为丰富中华传统文化做贡献。

学者述评

袁祖社　北京师范大学哲学博士、中国人民大学哲学博士后，二级教授，博士生导师，陕西师范大学哲学与政府管理学院院长。

易者，变也。变非无常，必有定则。变之定则，藏于浩淼无穷之宇宙大道，成于天地万物之生生运演。辨析无常之义理，在于游刃人生之定数与命理。

《易经》非天书。其实相，乃纷繁人世之符号化意向自觉而已。通易之人，必属于宇宙、历史、社会、文化、人生有大觉悟、深体验之智者。练柱先生几十年如一日，立足古老秦文化、淳朴关中风土人情之根脉，并以一己之人生体验，于浩浩经典中洞悉、辨析《易经》之深蕴，以清晰思维、严谨逻辑、生动晓畅之语言，诠释《易经》之理，求一家之独解，其学问之挚心，可钦可敬！

张学广　北京大学哲学博士，教授，博士生导师，西北大学哲学学院院长。

《周易》为中国文化根本，三千年影响华夏后世者，鲜出其右。然正因如此，浩繁文献让研究者迷失，遥远距离令学者怯生，民间谬用使附会者神话。当今能避此三弊而正本清源，集学理与教化、典章与释义、深究与朴言、古意与新悟为一体者，颇不易见。王练柱先生《周易新解》便为其一，而作者投入生命、练达古今、直通性命，由此可见一斑。全书并茂图文、巧置篇章、比对卦意，一皆以清新入目，不忍释手。愿更多识者能早读而多益！

学者述评

刘进田　先后毕业于西北政法大学、清华大学，二级教授，博士生导师，博士后合作导师，全国模范教师，西北政法大学文化与价值哲学研究院院长。

《周易》是一部奇书，王练柱是一位奇人。练柱先生以全幅生命之真切和清奇之思路，体察和领悟《周易》精深幽奥之生命真意和宏大智慧。人性、情欲、情感、语言、规范、伦理、哲意、美感等人之生命维度，透过古奥晦涩的文字和卦画，活脱脱地跃然舞动，夺人魂魄。练柱先生极力在《周易》古经中为现代人寻觅"个人良好发展、自我满足"的价值秘诀。相信此部奇书会让你激动不已，爱不释手！

李刚　山东大学哲学博士后、天津师范大学政治学博士后，教授，博士生导师，西安电子科技大学马克思主义学院院长。

王练柱先生的鸿篇巨制《周易新解》，呈现出三秦大地的乡土气息和悠久历史文化的醇香，仿佛让我们感受到几千年前中华文明智慧的创造足迹。作者品味陕西民俗中的文化底蕴，挖掘陕西方言中的历史余韵，返古开新，民间学者勇气鲜明，给目前甚为热闹的国学领域奉献了一本别具一格的《周易》世界。本书的解读是通俗易懂的，写法很是灵活，表达轻松自然，娓娓道来，像拉家常，却又那么深刻，我们需要更多的时间去深入到这本书里面，共同体验古代先哲的伟大智慧。

"星" 愿

魏恒星 高级工程师，西安理工大学兼职教授，原陕西省质量技术监督局副局长，巡视员。

在中华文化圈子里，不知道《周易》的人很少，敢说自己懂《周易》的人也不多，我就属于这类人。

有人说《周易》可占卜吉凶，有人说《周易》可求财算命，有人说《周易》可预测未来，但皆因《周易》文字晦涩难懂，且成书年代已相隔久远，我等只能听之任之。直到去年一个偶然机会，拜读了王练柱先生的《周易新解》初稿，才豁然开朗：原来《周易》是周文王老先生集一生对自然万象、人类行为、社会规则的观察之后，归纳总结出的事物、人性、社会发展的内在规律，并用当时社会生活的六十四个侧面表达出来。这就给三千多年来扑朔迷离的《周易》六十四卦一种新的解读。

解读《周易》绝非易事。要解读《周易》，需要了解周文王老先生当年生活的自然环境、语言环境、人文环境，恰巧练柱从小就生活在周王朝版图的中心地带——咸阳。直到20世纪中期，这里依然以农耕经济为主，浓厚的农耕文化氛围尚未完全消失：耕作方式依然是马驾车、牛拉犁，建筑材料依然是秦时砖、汉时瓦；盖房依然用土坯和木梁，穿着依然是素衣和布鞋……。所幸当年尚没有高速铁路、高速公路，尚未形成航空港、城镇群，自然地形地貌还没有受到大规模扰动；也所幸当年尚没有无孔不入的电视、网络，尚没有大规模的人口流动、文化渗透，民间方言中还能保留着几千年前的乡音。这些，都给练柱解读《周易》留下了极佳的条件。练柱一改前人过度神化《周易》的解读方式，发挥了他理工科出身的独特优势，运用科学严谨的逻辑思维和推理，苦思冥想，历时数载，终将一部形象、生动、活泼、传神、优美的《周易》故事展现给了我们。

　　《周易》文字晦涩难懂，没有对中华文化的热爱与激情，没有对精神境界的执着追求，以及吃苦钻研的精神，解读《周易》是难以完成的。"新解"以通俗的文字，将《周易》呈现给今天大多数已不再学习古文的读者，让我们这些读不懂原著的人们，有机会欣赏周文王老先生留给后世的精彩篇章，汲取华夏先祖留下的人文智慧。

　　当然，由于《周易》的文字极为简练，内容却博大精深，给后人的解读留下了足够大的发挥空间。很难说解读到什么程度，就更接近于作者的原意，甚至可以说，作者的本意就是要给后人留有多样解读的余地，让后人去慢慢揣摩回味。

　　愿本书能给全面破解《周易》之谜，提供一种全新的视角。

2015 年 12 月 13 日于西安

"言"语

范少言　西北大学理学博士，教授，注册城市规划师，西安丝路九道书院、西安丝路城市发展研究院院长。

《周易》被誉为传统文化之源，是中华思想文化的重要代表。"易理"是对客观世界规律的认知和总结，传承延续着中华文化的基因，对中国数千年来的思想、文化和学术产生了重大影响。21世纪，面对人类社会的信息化生存，研究"大道之源"是探索未来发展与演化的理论基础。

历朝历代，《周易》研究者甚众，著述层出不穷。汉、宋、清为研究的高峰时期，唐、元、明也佳作不少，近现代无论在"易理"研究、还是在其应用方面，均有诸多新的拓展。纵观过去的研究，多以考校、训诂、文诠和预测为主，探索《周易》形成时期的地理环境、"人－地"关系对于《周易》文化的意义，尤其是在原有社会生产关系基础上，释疑"易理"与自然景象和社会现象的内在关联更显不足。不同时代《周易》研究的主题转换和认识论辩，实则是对世界本源的认识和阐述，相关著述真实地展示了先贤们的睿智与创新思维，反映了先辈们对于世界的认知视角、方法和价值观念差异，形成了内涵丰富而又主题鲜明，争辩不已而又演绎创新的各个易学流派和海量经典著述。

20世纪50年代末，《周易新解》作者王练柱先生出生于咸阳北莽原的汉昭帝平陵北侧大王村，读书之余常常参加生产队的集体劳动。作为70年代的高中回乡青年，他深刻地体味着农耕时代自然经济社会的人伦理常和乡土文化的精髓，养成探知宇宙、世界和生命意义的创新精神。1978年，练柱考入西安公路学院力学师资班，后又攻读结构工程硕士学位。留校为人师表时，试图探求引力起源的本质，认为引力是宇宙间无处不在的辐射压力在物质上的表现形式；后来又认真研究、思考人类社会演化的普世公理，认为人类社会演进的根本原因和基本准则是"基因扩散最大化"。

我自小和练柱一起长大，童涕时常同嬉戏于汉昭帝平陵之巅，南观秦岭之逶迤，北眺九嵕唐陵之突兀，夏夜望星空之深邃，神思冥想宇宙之神奇。大学毕业后，也曾看过不同版本《周易》入门书籍，每看几页常感天书难懂，难以持续。2010 年春节，偶遇练柱小酌闲谝，其用浅显通俗的方言土语勾勒出的乡村生活场景，诠释了深邃的"易理"，让人顿觉豁然，遂央他系统解读整理，以飨我辈。

2010 年后，练柱系统阅读了诸多有关周易研究的名著和著述，并与有关学者和民间周易研究者深入交流探讨，研究逐渐进入入定状态，常常解读周易至凌晨。著述期间常与同辈们商讨《周易》文字之乡土原味，多次夜半静寂中上原回乡、或远涉西岐周人故乡寻求灵感和启迪。马年之春，练柱以通俗易懂的文字，完成了注释远古先哲思想的巨作。练柱立足于少年时代熟悉的关中方言土语、醇厚的风俗文化，并以理工男的严密逻辑思维方法，深入解读了周易深藏的文化基因和认知世界的密码，不仅成就其学术价值，而且也丰富了其人生和生活的内涵。

练柱先生求学时期就好学精思，历经中国改革开放伟大时代交通建设的淬炼，思想更加深邃，价值观念更加理性，对社会发展认识更加客观，对未来有着独到的思考，展现在《周易新解》中的研究思想和方法更加独特老道，对结构逻辑、易理和卦辞进行了更深层次的分析阐释和逻辑论证。

历史表明，科学思想的历史作用十分巨大，伟大国家的标志是能否产生影响深远，推动人类文明发展的重要思想文化。中华文明之所以是地球上唯一延续不断的文明，其核心也许就是先贤们立足立心天地、开万世太平等理念撰写的浩瀚经典著述，浸淫着我们的灵魂，教化着我们的知行，使我们自觉地遵循世界运行的规律。21 世纪，信息通信技术的发展推动人类进入了太空时代，面对超越地球村的认知需求，如何在更高水平、更大空间来探索客观世界运行规律的科学、系统表达，解析基因最大化和数字空间的基础原理，也许是解读周易的未来方向。

在要求练柱著述时，我曾自告《周易新解》功成之日，当"言"语为序。《周易新解》激浊扬清，正本清源，指引未来！

2014 年 3 月 4 日于西北大学图书馆

一扇新打开的窗

——《周易新解》编辑手记

高　峰　副编审，本书责任编辑，陕西新华出版传媒集团三秦出版社古籍编辑室主任。

机缘凑巧，我有幸成为这本书的责编。刚接到书稿的时候，并没有引起重视，只是觉得书稿好厚。待看了开头，竟不能释手，只觉得一股清风扑面而来，一口气地读了起来。看到近一半时，作者王练柱先生来见我，谈起解《易》观点，我们都大为相见恨晚，后见编辑部斗室坐三人，局促狭小，怕影响他人，便相邀我去他咸阳北原汉平帝陵园北邻的大王村家中详叙。

王练柱先生是学结构工程的硕士，在陕西高速公路工程试验检测有限公司就职。我很好奇他一个学理工科出身的，怎么会来啃中华传统文化中文字最为晦涩难懂的这块硬骨头。他说一个偶然的机会偶翻《周易》，发现这不是一部关于算命的书，但又看不太懂，便想读懂它。2009 年 11 月，曾仕强先生在 CCTV10 讲解《易经》，断续听了几讲，对《周易》始有基本概念。越年，偶悟"旅"卦之意境，遂下定研读《周易》之决心，废寝忘食地研究起《周易》来。几年时间里买了近十种解说《周易》的书来研读，却发现各家说法都不一样，反而越读越糊涂了。后来研读得多了，他有了自己的感悟，同时，他发现了一个秘密：要读懂《周易》，必须要利用关中方言！他认为：

1. 《周易》是以殷商末期的西岐（今陕西岐山）社会为背景写成的。因此，要理解《周易》，就需要了解《周易》描述的"环境"——殷商末期的西岐社会。

殷商末期的西岐社会显然不可再现。但 20 世纪中叶的陕西关中社会，特别是"自然形态"下的农村，应该还保留着当时社会的一些影子。因此，《周易》中描述的一些环境状况，让我感到似曾相识，有些甚至很熟悉。

2. 《周易》是用殷商末期的西岐"方言"写成的。因此要读懂《周易》，必须要了解《周易》使用的"语言"——殷商末期的关中西部方言。

这种"方言"显然也不可再现。但是，一方面由于关中各地的方言差别不大，另一方面由于语言在演化过程中固有的"顽固性"，因此，20世纪中叶关中农村的方言，无疑会带有《周易》语言的某些余韵。显然，用关中方言更容易理解《周易》。

我非常赞成、支持王先生的观点。

我1988年进出版社入职的时候，就编校了朱熹的《周易本义》，以后也因个人喜好，研读了十几部古人、今人研究《周易》的书，对《周易》研究也有自己的一些心得。2011年责编《诚斋诗集笺证》时，作者薛瑞生教授用陕西关中方言笺注解读部分诚斋诗，取得了丰硕成果，受到学界的肯定和好评。当时，我曾和薛先生就利用方言解读、研究、整理古代文献典籍进行过充分讨论。在《诚斋诗集笺证》里，薛笺以陕西方言入注，并谓若不如此，则有些词语注释即不能到位的观点。细读本书就会明白这并非耸人听闻。如诚斋诗用"大"字处均自注云"音堕"，说明至南宋文化中心南移之后人们已不懂此字读"堕"音，而陕西方言至今仍读此音。如将父亲称为"大人"，我小时候以为是"舵人"二字，长大了才知道是"大人"二字。又如"阿那"一词，在唐宋诗词中常常出现，仅在诚斋诗中就出现过四五次。《汉语大词典》释为"指示代词，犹那，那个。……宋·杨万里《过南荡》诗：'垂杨一径深深去，阿那人家住得奇。'周汝昌注：'阿那，阿读入声如屋，发语词，无义。阿那，亦作兀那，元曲中多见。'"薛先生则指出：《汉语大词典》错著，周注则等于未注，在陕西方言中，"阿那"可做问词，亦可做答词。做问词时读音如"阿答"，做答词时却读音如"屋答"，且与手势相配合。如问云："你往阿答（哪里）去呀？"答云："往屋答（那里）去。"等等。所以，王先生用陕西关中社会风俗、习俗、形态和关中方言解读《周易》，不但取得了丰硕的研究成果，更重要的意义在于，给《周易》研究和学术界打开了一扇窗，从此窗可以重新窥探《周易》的本来面目，而且，历史上《周易》研究中的许多谜团和难题也都迎刃而解。对王先生书中有些以两性解读卦爻的观点，我持保留意见。

这部《周易新解》共四部分。第一部分六章，是理解《周易》的关键。其中一、二两章介绍了孕育《周易》的时空背景及催生《周易》的直接动因；其余四章分别讨论了如何确定各卦卦象、卦名隐含的主题，如何识别各爻爻位暗含的社会角色，如何理解卦、爻辞中的隐晦写作手法，以及如何解读"貌似占卜"的字词所表达的真正含义。第二部分详细解说了六十四卦，每卦的解说分四个方面，一是对（古经）原文的重新断句；二是结合陕西关中方言所作的字词释义；三是结合全卦的主题和意境，补充了必要的、但却被周文王"刻意省略了"的说明性文字；在此基础上，对（古经）原文进行了逐字逐句解读；四是综合性的补充说明。本部分是全书的重点。第三部分是有关《周易》的问题辨析，共四章，对涉及《周易》的背景、基础、内容、发展等方面的重大问题分别进行了探讨，有助于澄清一些重大问题。第四部分是对六十四卦的简解，主要对六十四卦刻意隐藏的内容，以表格的形式给出了最低限度的必要补充。希望能对读者读懂《周易》有所助益。

最后，我要特别向读者推荐书最后的"本书主要观点汇总"，这是一篇精华，甚至可以在阅读本书之前先读这篇精华，有助于更好地读懂本书。

愿这本书的新视角、新观点给广大读者带来新的解读体验，让大家人人都能读懂《周易》这部奇书。

2017 年 9 月于编辑部

谨 以 本 书

遥 祭 周 文 王

三千余年　后世之孙

黄裳之拜

拟“文王叹”

2014 元宵夜

　　四稿既成，夜不能寐，遥想文王，欲哭无泪！一部周易，深藏惊天智慧，五千余言，却是支离破碎：谜中设谜，藏头匿尾，指东说西，言涩意晦。嗟乎先祖，痛煞吾辈！您挖空心思，以笨掩慧，亘古心酸，谁解其味?!

　　叹苍苍众生，勇跃无畏：咬文嚼字，不怕遭罪；夜不安寝，食不甘味；青丝染霜，无怨无悔；呜呼！临到了黄泉路上，一个个仰天长喟！三千年间，几人知味？古往今来，谁不言愧！

　　如此弄人，先祖亦悔，然天地两隔，徒留伤悲。吾辈愚钝，不揣冒昧，代为弄笔，是有此叹！

驾鹤西归三千年，

残谜未破梦犹寒。

惯看气盛奢谈易，

不忍鬓霜成道难。

世上多少英杰在，

却把日月付梦魇。

谁人解我幽悠意，

一片冰心鉴人寰。

谨 致 读 者

《周易》是中华文化史上最大的谜题。为了读懂《周易》文字、理解文字背后的思想，千百年来无数文化精英前赴后继、孜孜以求，付出了巨大的努力，也取得了令人赞叹的成就，形成了"象数义理占"等流派纷呈的庞大"易学"体系。虽然蓬勃发展的"易学"对传统文化的发展，做出了不可磨灭的贡献，但《周易》到底讲了些什么，仍然是众说纷纭、莫衷一是。

本书提出了一种全新的观点，用《周易》产生的时代背景、地域风俗、政治环境、语言文字、作者意图等来解读《周易》到底讲了些什么，从而把周文王蘸着血泪、忍着屈辱、甚至冒着杀头风险，在囚笼中提心吊胆留下的隐秘文字、及其背后的伟大思想，呈现给三千余年后的我们，借以纪念这位奠定了中华文明基石的伟大先祖，并对传统文化进行反思。

致《周易》好奇者：本书是一本能够说清楚《周易》是怎么回事的入门书。从中您能领悟《周易》文字的奥秘，体会周文王的所见所闻、所思所想。但《周易》里的"弯弯绕"实在太多，要想弄明白将耗费大量时间和精力。如果不想自寻烦恼，最好远离《周易》。

两千五百多年来，据说有三千余种解读《周易》卦、爻辞的著作；近年来更有人说，绝大多数著作让人越看越糊涂。目前，专家学者对《周易》的解读仍是观点各异，难以达成共识；尚没有一种解读观点，能够让人心悦诚服的予以接受。

致《周易》初学者：本书是目前最接近周文王创作意图的《周易》读物。从中您能了解周文王的伟大智慧，也会对华夏文明有全新的认识和思考。但这需要极大的耐心和毅力，更需要思想和智慧。这不是一本小说，需要细心体会。

是谁、为什么创作了《周易》？历史上争论不休，迄今没有定论。本书从《周易》自身出发，结合相关史实，还原了《周易》作者所处的环境条件和创作背景，并在此基础上理解作者的创作意图。这种理解，可能最接近周文王的创作意图。

致《周易》爱好者：本书观点不同于任何现有"易学"理论。如果您想进一步弄清"易学"中的某些观点、方法、技巧，本书肯定会让您失望。但若能耐心阅读，一定会有惊喜的发现和感悟。

迄今为止的"易学"研究成果，大体上可分为"象数""义理"两大派，更有难以统计的各种"易学"理论。但目前的所有理论，均难以将六十四卦的"象、名、爻、辞、义"作为一个有机的整体，给出既符合历史背景，又合情合理、逻辑自洽的解读；大部分理论只是针对六十四卦某些方面的发挥；特别是"占卜"学说，让很多人误入歧途。

致《周易》专家学者：本书很可能提供一个突破《周易》古经研究困局的历史性契机。本书提出的思路和方法，能够在符合历史背景的前提下，逻辑自洽、合情合理地阐释古经文字。但对古经文字背后展现的哲学意蕴、文化价值、历史作用等，我无力深入探究。希望本书对您的研究工作能有所启发。

近、现代，学界对古经研究方向出现较大分歧，典型如"以传解经"与"以经解经"之方向性分歧，而研究观点差异更难以枚举。对此，恕不赘述。本书以为，就"解经"而言，各种易学理论、观点，虽均有可取之处，却都难免管窥之嫌，有些甚至谬误百出。在我看来，第一，欲解古经，"传"离题甚远；第二，"经"非"筮辞"，其哲理被揭示者，百不及一；第三，古经之伟大，超乎想象；古经之研究，仍为处女地。我相信，随古经研究的深入，许多传统认知将被颠覆。

致《周易》占卜人士：本书不认同《周易》具有"占卜"功能的传统认识。我坚信周文王并不想创作一部占卜之书。《周易》确实具有洞穿人性、跨越时空的惊人洞察力，因此，基于人性规律的"预测"是《周易》的题中应有之义，而基于玄秘力量的"占卜"，则可能曲解了《周易》的初衷。希望本书能让您有新的感悟。

周文王的聪明才智和治国（西岐）成就，令殷纣王忌惮，也为他带来了牢狱之灾；身陷囹圄的他，为了免遭杀身之祸，只能以"卜筮之书"为"伪装"手段，隐藏创作《周易》的真实意图。这是后人视《周易》为筮书的客观原因，情有可原，但在科学观念如此深入人心的今天，确实应该反思"占卜"的意义。

致炎黄子孙：《周易》是人类思想史上最伟大的著作，领悟其实质、继承其思想、弘扬其智慧，是我们义不容辞的责任和历史使命，更是树立文化自信、提振民族精神的体现。《周易》作为百经之首，既是华夏远古文化的集大成者，又是炎黄文明源流的开创者，不但铸就了中华民族的基因，也奠定了东方文明的基调。本书的目的，只是想让人们真正读懂《周易》。让我们共同努力，为真正解开《周易》这一千古谜题，做出应有的历史贡献。

另外强调，第一，"易学"确实内容博大、结构庞杂、理念精深、影响广泛，书中对"易学"如有不当评述，诚请方家指正，以正视听。第二，恳请大家不要苛求周文王，他不可能为后世所需要的社会伦理、道德规范、人文哲学、占卜文化等负责；对他在《周易》中讨论一些"鸡零狗碎"甚至"有伤大雅"之事的现实，还请予以包容。第三，本书尽可能忠实地展示原著的意图、传递原著的思想，如有不妥或表述不当之处，敬希见谅并不吝指正。

《周易》创作初衷探析

　　《周易》到底说了些什么，史上众说纷纭，莫衷一是。**本书以陕西关中的农耕文化为背景、方言语义为依据、人伦道德为框架，《周易》自身为基础，用一种全新的观点探讨《周易》文字的秘密，揭示文字背后的思想，展示一个不为人知的《周易》。**了解陕西关中的风物地貌、风土人情、风俗习惯、人伦道德及其方言，是理解《周易》的关键。

　　《周易》成书于殷商末期，是周文王被囚于羑里期间，为逃避纣王监视和迫害，以西岐的"方言"为基础、以当时的卜辞形式为文体而创作的一部哲学巨著。《周易》的文字类似于"速记"，这些高度"碎片化"的文字背后，隐藏着非常严密的逻辑结构，把看似毫无关联的文字碎片连缀起来，完整地承载着作者的伟大思想。

　　《周易》中，周文王在归纳、总结前人智慧和经验的基础上，以造就"凤鸣岐山"盛景的社会伦理为目标、当地的人文环境为基础、高度"碎片化"的方言文字为载体、貌似"占卜"的外表为掩饰，创作了一部"理想社会中人的行为规范"。这部"行为规范"的精髓，塑造了"礼乐"制度的灵魂，并通过"礼乐"制度的熏陶和无数文化精英的不懈努力，逐步内化为炎黄子孙的自觉行为，融进了华夏儿女的血液，铸成了中华文明的根基。

　　《周易》本质上是一部社会学论文集，由六十四篇独立论文（六十四卦）组成。今本《周易》的各篇（各卦）均由五部分内容组成：篇目编号（卦序），篇目主题（卦象＋卦名），观点综述（卦辞），段落编号（爻名），观点分述（爻辞）。其中：

　　篇目编号即卦序，标明篇目的次序。例如，"第五十六卦"表明"旅"卦是第五十六篇论文。

　　篇目主题隐含在卦象和卦名之中，限定该篇讨论的社会现象。其中，卦象由上、下两个"先天八卦"（天、地、山、泽、水、火、风、雷）组合而成，可抽象地表达某类社会现象的本质，例如"上天下风"可理解为"搅得'天'下阵阵狂'风'"这类社会现象；卦名进一步限定该类社会现象的范围，例如，"姤"将"'天'下狂'风'"的起因，限定为唯我独尊的女性。因此，"天风＋

姤"限定了该篇讨论"搅得'天'底下阵阵狂'风'的'泼妇'"这一社会现象，着眼于不同社会群体应该如何对待泼妇这一主题。六十四卦的主题，可大致归纳为"修身、养性、为人、处事、持家、治军"6类。其中：

修身11卦：乾，坤，履，明夷，升，复，谦，比，噬嗑，观，涣；

养性12卦：泰，否，既济，未济，睽，损，益，中孚，丰，颐，夬，大过；

为人6卦：姤，无妄，遁，渐，剥，随；

处事18卦：讼，临，需，坎，井，屯，蹇，晋，旅，巽，大壮，解，恒，小过，萃，困，兑，豫；

持家16卦：同人，节，大有，离，鼎，小畜，家人，震，归妹，大畜，蒙，贲，蛊，艮，革，咸；

治军1卦：师。

观点综述即卦辞，是针对篇目主题表达的主要观点或一般规律性描述。例如，"坎"卦卦辞"有孚；维心亨；行有尚。"想表达的主要观点，是对人们遇到"坎坷"时的行为，提出了三个层次的要求：最低要求是"要符合社会期望"（有孚），即不可自暴自弃，或有过激行为、甚至轻生；一般要求是"要追求心理解脱"（维心亨），即尽快从挫折中恢复过来；最高要求是"要愈挫愈勇、百折不挠"（行有尚），即哪里跌倒再从哪里爬起来。

段落编号即爻名，有两重作用。一是隐含卦象。爻名隐含的卦象已经被破译，今本《周易》均已载明。**二是指明爻位后的爻辞是"针对谁"说的，即爻位还有"角色指代"的作用。**各爻的爻辞，实际上是针对不同的社会群体（或事物发展的不同阶段）而言的。《周易》中，周文王把整个"西岐社会"，大体上划分为五个"阶层"，对应五个爻位：

初爻对应"小民百姓"，即社会最底层的民众；

二爻对应"小有人家"，即类似于后世"小地主"等家境殷实的人家；

三爻对应"大有人家"，即类似于后世"大地主"等雄霸一方的地方豪强人家；

四爻对应"将相重臣"，即周文王的肱骨之臣所组成的阶层；

五爻对应"王侯之家"，即周文王家族；

上爻较为特殊，可能是全卦总结，可能对应王侯的父辈，更多的是对应"退休四爻"。

例如，"坎"卦的爻辞所针对的社会群体，分别对应上述社会各阶层。

应特别注意的是，"西岐社会"的地域范围，大体上相当于现在一个"县"

的规模，而"西岐侯国"的人口数量，也可能只相当于现在大一点的"镇"的水平。

观点分述即爻辞，是针对不同社会群体（事物发展不同阶段）在该主题下的行为，给出的一般性规律描述、建议、注意事项等。例如，"坎"卦初爻爻辞是"习坎。入于坎窞，凶。"其含义是，对于初爻对应的小民百姓，处于社会最底阶层，受到社会、自然的侵害最为频繁，抵御各种风险的能力也最弱，遭遇坎坷在所难免。因此，爻辞告诫小民百姓，要习惯于遭受坎坷（习坎），而且一旦陷入（入于）重大坎坷（坎窞），结局往往非常糟糕（凶）。再如，"坎"卦四爻爻辞是"樽酒簋贰；用缶；纳约自牖。终无咎。"而四爻对应的是贵为将相重臣的人，自然环境的侵害显然难以波及到这一阶层，侵害主要来自于社会；能够让将相重臣遭受坎坷的人，肯定是权势、地位接近或更高的人。因此，爻辞告诫将相重臣，一旦遇到坎坷，就要采用不同的策略来化解：对与自己势力接近的人，简单地喝杯酒（樽酒）、吃顿饭（簋贰），赔个不是就可以"摆平"；对权势比自己大的人，人家来兴师问罪，就要赶紧敲锣打鼓（用缶）热情欢迎，态度诚恳地认错、赔不是，平息别人的不满；对权势更大、地位更高的人，就赶紧写个道歉书（约）送到人家门下去，哪怕人家不接见，也要从门房的窗户（牖）中把道歉书递进去（纳约自牖），以示诚惶诚恐。能做到这些，最后都没有遗憾（终无咎）。

另外，作为"书名"的"易"字，一个字就构成一部"六十四卦的使用说明书"，其含义为"置换、对号入座"，类似于初中代数里的"代入"。例如，如果一个人遭遇了坎坷、挫折，就把自己"代入"六十四卦的"坎"卦寻求解决方法或思路；如果是小民百姓，"初爻"爻辞能解决你的问题，如果身为将相重臣，可在"四爻"爻辞中寻求启迪。同理，如果你处于盛怒之中，就应该把自己"代入""震"卦与自己"社会阶层"对应的"爻位"，在相应爻辞中寻找平息怒火的方法。

这大体就是《周易》最初的创作意图。

本书主要内容

本书内容分四部分。

第一部分是**理解《周易》的关键问题**。适合所有读者。

本部分共六章。其中第一、二两章介绍了**孕育《周易》的时空背景、以及催生《周易》的直接动因**。其余四章分别讨论了如何确定各卦卦象、卦名隐含的主题；如何识别各爻爻位暗含的社会群体；如何理解卦、爻辞中的隐晦写作手法；以及如何领悟"貌似占卜"的字、词所表达的真正含义。若不搞清楚这些问题，则不可能正确解读《周易》。

第二部分是**六十四卦的详细解读，是全书的重点**。适合《周易》的好奇者、初学者、爱好者；相关专家、学者也可参考。

本部分分别对六十四卦进行了逐卦解读。每卦的解读分四个方面，一是为了便于理解，对（古经）原文进行了**重新断句**；二是结合陕西关中地域的方言、风俗，对经文中历史上误解、误释及难以理解的字、词、句进行了**重新释义、释读，以还原作者原意**；三是结合全卦的主题和意境，补充了必要的、但却被周文王"刻意省略了"的文字，并在此基础上，对（古经）原文进行了**逐字逐句解读**；四是结合自己的理解，从不同侧面对各卦文字背后的含义，进行综合**性补充说明**。

第三部分是有关《周易》的**问题辨析**。适合有兴趣的读者。

本部分共四章。分别探讨了**涉及《周易》的背景、基础、内容、发展等方面的重大问题**，可能会有助于澄清一些涉及古代文明的重大疑问。特别是第二章，对中国文化中**"阴阳、五行、太极、神龟、河书洛图、九五之尊、八卦"**等古老概念的起源和演化，提出了一种合乎逻辑的假说，也厘清了它们与《周易》之间的关系。本部分对研究中国古代文化发展，应具有参考价值。

第四部分是**六十四卦简解**。适合有深厚古文化研究功底的专家学者。

本部分以表格形式，分别对**六十四卦刻意隐藏的内容，给出了最低限度的必要补充**。结合这些补充性说明，专家学者应该能够全面、准确地领悟《周易》（古经）的实质。为尽可能减少对专家学者独立解释、判断、挖掘、整理"古经"工作的干扰，本部分仅给出了最低限度的必要补充。诚恳希望专家学者能以此为参考，准确解读《周易》，并深入挖掘《周易》文字背后蕴藏的宝藏。

第二部分的"原文"，可供古经研究方面的专业人士参考。原文内容对古经进行了**"重新断句"**。古经文本主要依据《四库全书》版的文字；由于"竹书、帛书《周易》"在传抄过程中谬误较多，参考意义不大，故未予考虑。"断句"主要采用现今的标点符号，外加"空格"。希望古经研究的专业人士能以此为参考，对《周易》给出权威解读。

阅读建议

我相信，不同的读者会抱着不同的目的来阅读本书：好奇者：只想知道《周易》是怎么回事；怀疑者：想知道这本书对《周易》的解释对不对；探索者：想弄清楚《周易》到底说了些什么；求知者：想搞清楚古经蕴含着什么样的思想；研究者：想知道古经表达了什么含义，有什么样的意义；批判者：质疑为什么说古经想要表达这样的意思；挖掘者：想揭示更多不为人知的秘密，把古经的研究不断推向深入。

下面，针对不同读者的特点提出以下阅读建议。相信大家都能找到满意的答案，至少会有所启发。

读者类型		阅读建议						
一般读者	好奇	第一部分	→	第二部分	→	第三部分	参阅	第四部分
	怀疑	第三部分第二章	→	第一部分	试读	第四部分	→	第二部分
	探索	第一部分	试读	第四部分	→	第二部分	→	第三部分
文史哲研究者	求知	第一部分	→	第四部分	评阅	第二部分	参阅	第三部分
	研究	第一部分	试读	第二部分原文	→	第四部分	评阅	第二、三部分
古经研究专家	批判	第一部分一、二章	→	第二部分原文	参阅	第四部分	评阅	第二、三部分
	挖掘	无建议						

目　录

第一部分　正确解读《周易》的几个关键

第二部分　《周易》详解

第三部分　问题辨析

第四部分　《周易》简解

第 一 部 分

正确解读《周易》的关键问题

以晦涩难懂著称的《周易》，有太多太多的难解之谜。千百年来，为解开这些谜题，有多少学人皓首穷经、呕心沥血、前赴后继、孜孜以求，但谜底依旧云遮雾罩、深藏不露。

《周易》谜题之所以难解，主要有两方面原因：一是人们不清楚孕育《周易》的社会背景，难以从整体上把握《周易》的思想脉络；二是人们不清楚产生《周易》之谜的具体原因，难以从细节里找到破解谜题的钥匙。

为使读者能够正确解读《周易》，下面第一章中，将介绍孕育了《周易》的社会背景和文化基础。清楚了这些情况，在解读《周易》时，我们就知道应该注意哪些问题。第二章，将细致分析促使作者写作《周易》的心路历程。清楚了这些情况，我们就能够理解作者在《周易》中，为什么要"刻意设置谜题"，《周易》为什么是现在的样子。第三章至第六章将分四个专题，分别讨论作者在《周易》中"刻意"设置谜题的四种主要手段。把握了这些手段，就掌握了解开《周易》之谜的钥匙。

本部分内容是理解《周易》的基础。这里的主要观点，都是我在理解了《周易》之后，归纳提炼的个人观点。不妥之处敬请批评指正。

第一章　殷末西岐
——孕育《周易》的时空背景

本章目的：介绍产生《周易》的背景及八卦概念

《周易》流传的历史非常久远，若从孔子读《易》的年代算起，到现在至少也有2500多年。在这漫长的岁月之中，出现了很多"易学"理论，但都让初学者感到晕头转向、无所适从，即便是最顶尖的易学权威，在一些基本问题上也模棱两可、语焉不详。

本章中，我们首先界定有关《周易》的几个基本问题，为本书的讨论提供一个基本平台。其次，我们以《周易》提供的内容为线索，判断出：孕育了《周易》的社会背景是殷商末期的侯国——西岐，与上世纪初叶陕西关中的社会非常相似。这就为我们理解《周易》，提供了一个熟悉的社会模型。第三，我们将指出："先天八卦"的概念是《周易》写作的直接基础；如果没有"先天八卦"的概念，就不可能出现《周易》。但长期以来以来，人们对"八卦"的认识是模糊的，甚至是错误的，因此有必要予以澄清。

第一节　关于《周易》的几个基本问题

一、《易》的不同称谓与相应内容

关于"易"的"称谓"及对应的"内容"，学术界的观点向来不一致。大体上讲，就"称谓"而言，有《易》、《周易》、《易经》之分；就"内容"而言，有"经"、"传"之别。但称谓与内容之间的对应关系，学者之间说法不一。

学术界较一致的看法是，"易"的内容分为"经"、"传"两部分。"经"指"古经"，仅包括"六十四卦"，共五千余字；每卦包括"卦序、卦象、卦名、卦辞、爻名、爻辞"等六部分内容。"传"指《易传》或"十翼"，在不同著作中也会称其为《周易大传》、《大传》、《传》等；"传"包括"《彖》上、下，《象》上、下，《文言》，《系辞》上、下，《说卦》，《序卦》，《杂卦》"等十种文字。

那么，《易》、《周易》、《易经》这几个不同的"名称"，到底是指"经"，还是指"经"＋"传"？易学界对此问题尚未达成共识。虽然这对正确解读"六十四卦"没有实质性的影响，但却表明了学术界对"易"的认识并不一致。

对相关史料及各家观点对比分析后，本书认为：

1.《易》是殷末周初（约公元前1058年——传说中周文王被释放的时间——之后的一段时间）人们对"六十四卦"的称谓，或给出的最早"书名"。故，《易》的内容只包含"六十四卦"，即后世的"古经"。因此：**《易》＝"六十四卦"＝后世的"古经"**。

2.《周易》是春秋时期（约公元前500年——传说孔子读《易》的时候——之后），人们对成书于殷商末期的《易》的称谓。这类似于后人把周公旦制作的《礼》称为《周礼》。故，《周易》的内容也应该只包含"六十四卦"。因此：**殷末周初的《易》＝"六十四卦"＝春秋时的《周易》＝儒家经典《易经》中"经＋传"的"经"＝后世的"古经"**。

3.《易传》或"十翼"是春秋时期古人读《易》时的"批注、点评或读后感"，其"作者"据说是孔子或其弟子。由于：一方面《易传》未能清晰完整地解释、"翻译"《易》，后人仍然读不懂《易》；另一方面《易传》包含很多儒家推崇的哲学思想，是事实上的儒家思想源头，理应是儒家眼里的"经"，因此，**汉代才出现的儒家经典《易经》＝周初的《易》＋春秋时的《易传》＝易学界的"经＋传"**。对此，再说明如下两点：

第一，儒家思想在春秋时期逐渐形成后，在东周及先秦时期并未取得优势地位，甚至受到过迫害。直到汉武帝"罢黜百家、独尊儒术"时，儒家的思想才有了"合法传播"的条件和"大量传播"的需求，"汉儒"才有必要整理并大量"刊行"儒家的"经典文献"。在此背景下，"经"才成为一个专用名词，具有了"经典文献"的含义。因此，成书于殷商末期的《易》，不可能在汉代之前就被称为"易经"。例如，《论语·述而》篇中的"子曰：'加我数年，五十以学易，可以无大过矣。'"就只有"易"而没有"易经"一说。

第二，学术界较流行的观点是，《易传》为春秋时的孔子或其学生所著。由于《易传》攀上了"孔圣人"这一高枝，它才应该是儒家能够读懂的、符合其思想体系的"经典",所以,《易传》才应被儒家尊为"经"。但是,后世儒家如果单独把《易传》称为"经"或"易经",显然是不恰当的,因为它毕竟是"圣人"读《易》时的"批注、点评或读后感",若是缺少了《易》的内容,《易传》就成了无源之水、无本之木。因此,被儒家尊为"群经之首"的《易经》,就"不得不收录"《易》的内容。换句话说,《易经》的内容,应该是所谓的"经 + 传"。并且,《易》其所以被尊为"经",主要是沾了《易传》的光,因为,直到两千多年后的今天,儒家也没有真正地读懂《易》,又怎么会把它奉为"经"呢?

由此可见,《易经》无论如何都不应该单指"六十四卦"或"古经"。儒家心目中真正的"易经",只是《易传》中诸如"君子以自强不息"、"厚德载物"等符合儒家思想的部分。非常有趣的是,古往今来没有人读懂《易》,实在是儒家的大幸,因为《易》中的很多思想,在儒学的思想体系里,简直就是"大逆不道"! 正是因为儒家不懂《易》,才将"离经叛道"的《易》奉为鼻祖,这确实有点滑稽。

这里,我要特别指出的是:第一,《易传》中的一些思想,确实具有很高的哲学价值,这也是后世将《易经》奉为"群经之首"的根本原因;第二,就思想本质而言,《易传》与《易》根本就是两回事;第三,就正确解读《易》而言,《易传》基本上提供不了帮助,只会把人们的思路引向错误的方向;第四,从当今所见的文献来看,史上无人"真正读懂"了《易》。

本书仅限于解读《易》,而不讨论《易传》。**为避免混淆,本书所称的《周易》,仅指殷末周初的《易》,或"六十四卦",或所谓的"古经"。**

二、《周易》的作者

1. 主要流行观点

关于《周易》的成书时间及作者,主要有三种流行观点。一是"传统说法",即"人更三圣,世历三古";二是司马迁的观点,即"文王拘而演《周易》";三是"现代学界"的观点,即《周易》"成书于殷末周初,文王重卦,周公系卦、爻辞"。

第一种"传统说法"是:《周易》由伏羲、文王、孔子三个"圣人"共同完成;成书时间经历了上古、中古、下古三个时代。这种说法认为,上古时"伏羲画卦",即伏羲画出了"八卦"、"八卦图";中古时"文王重卦并系卦爻辞",即周文王撰写了"六十四卦";下古时"孔子作'传'",即孔子撰写了"十翼"或《易传》。

第二种司马迁的观点是:"文王拘而演《周易》",即周文王在被殷纣王拘禁期

间,"演义、推演"出了"周易"。事实上,司马迁对"易"的论述,也可能会引起一些混乱:

> ……古者富贵而名摩灭,不可胜记,唯倜傥非常之人称焉。盖文王拘而演《周易》;仲尼厄而作《春秋》;屈原放逐,乃赋《离骚》;……
>
> ——司马迁《报任安书》

> 西伯盖即位五十年。其囚羑里,盖益《易》之八卦为六十四卦……
>
> ——司马迁《史记·周本纪第四》

> ……余闻之先人曰:"伏羲至纯厚,作《易》、《八卦》。……
>
> ——司马迁《史记·太史公自序第七十》

综上可见:第一,司马迁笔下的"《周易》",显然指其笔下的"六十四卦";第二,司马迁笔下的"《易》"不知确指,可能指传说中的"连山易"或"归藏易",但显然不是指"六十四卦"。本书认为:第一,司马迁笔下的"六十四卦"、"《周易》",就是指"殷末周初的《易》";第二,司马迁笔下的"《周易》",是周文王被囚羑里时所作;第三,"司马迁的《易》"也许不存在(参见本书第三部分)。

第三种"现代学界"的观点认为,《周易》成书于殷末周初,文王重卦、周公系辞。即,周文王将"先天八卦"两两重叠,形成了64个卦象,并给每个卦象取了相应的卦名;其儿子周公旦为这64个卦象,分别撰写了卦、爻辞。其所以产生这种看法,主要是由于《周易·晋》"康侯用锡马蕃庶,昼日三接"这一句卦辞,因为近、现代一些有影响的学者认为,卦辞中的"康侯",是指周文王死后才出现的一位"侯",因而,卦辞反映的是周文王身后的一些"历史事件",所以,卦辞不可能是周文王所作。

我们后面将会看到,现代学界的这一观点是站不住脚的,因为其"逻辑推论"是建立在一个虚假的前提之上;而形成这一虚假前提的根源,是没有搞清楚这些"卦辞"的真正含义。对此,后文中有所点评,表过不提。

2. 本书观点

本书赞同司马迁"文王拘而演《周易》"的观点,同意"传统说法"中"文王重卦并系卦爻辞"的说法。因此本书认为:

周文王在被殷纣王拘禁期间(约公元前1065~前1058年),完成了《周易》的著述。

本书将在后面的内容里,多方面论证这一结论的合理性、可靠性。先简要提出如下论据:

第一,司马迁"文王拘而演《周易》"的记述,应该是可以采信的,因为司马迁关于"周"的一些记述,已被出土文物所完全证实(参见宝鸡青铜器博物馆收藏的"墙盘"、"逨盘"铭文)。

第二,《周易》文字背后的逻辑思维和内在思想的高度一致性,及其行文风格的一贯性,表明其作者只能是一个人。

第三,本书认为,《周易·小过》中"六五 密云不雨,自我西郊。公 弋取 彼 在 穴"一句,暗示《周易》的作者是"王侯级别"的人物,并被拘禁过。这与传说中周文王被拘事件高度吻合,而《周易》作者的其他候选人,均没有被拘的经历。

第四,《周易》"不可思议的晦涩难懂",表明其作者是在极为困难的情况下,以极为严密的伪装手法完成了《周易》的创作。根据史料关于周文王曾被殷纣王拘禁的记述,只有周文王有这样做的充分理由。

三、《周易》的内容

1.《周易》的内容组成

用现在的话来说,《周易》由 64 篇"短(小的论)文"组成,实质上是一本"论文集"。每篇短文具有相同的"文章结构",被称为"一卦"。每卦包含"卦序、卦象、卦名、卦辞、爻名、爻辞"等六部分内容,其中:"卦序"标明了各篇短文在"论文集"中的排列位置,"卦象、卦名"构成了短文的"标题","卦辞"相当于短文的"综述、概述"内容,爻名相当于短文的"自然段标记","爻辞"相当于短文每个自然段的"正文"。除"乾、坤"两篇短文有 7 个自然段外,其余每篇短文都只有 6 个自然段。例如:

六十一(卦序,第 61 篇短文)☲(卦象)中孚(卦名,与卦象合在一起相当于标题)

豚鱼 吉。利 涉大川。利 贞。(卦辞,相当于"综述、概述")

初九(爻名,下同) 虞吉。有它 不燕。(爻辞,下同;第一自然段)

九二　鸣鹤在阴,其子和之。我有好爵,吾与尔靡之。(第二自然段,依此类推)

六三　得敌,或鼓或罢,或泣或歌。

六四　月几望。马匹亡。无咎。

九五　有孚 挛如,无咎。

上九　翰音登于天,贞 凶。

这就是现今我们常见的《周易》内容和形式。

说明：我没有研究过每篇短文为什么被称为"卦"，每个自然段为什么被称为"爻"，也未见到有说服力的"学说"。本书仍沿用这些习惯称谓。

根据下一章的分析，我们有充分的理由相信：《周易》各卦的原本内容，只包括"卦名、卦辞、爻名、爻辞"四部分；其原本的"书面表达形式"虽不可考，但以现今的形式来表示，并不歪曲其本意。至于原本内容中为什么不包括"卦序、卦象"，简要说明如下。

关于"卦序"。在第二部分我们将会看到，对如何正确理解《周易》各卦的内容而言，"卦序"没有任何实质性的意义。但是，一方面由于《易传》中的"序卦传"，给"卦序"赋予了特殊的意义，另一方面"六十四卦"实在晦涩难懂，于是，后人就试图从"卦序"中寻找破解《周易》秘密的线索，从而使"卦序"成为今本《周易》的重要组成部分。今本《周易》中的"卦序"，很可能是春秋时期人们在"编订《周易》"时，按照周文王的写作顺序而添加的编号。

实际上，"序卦传"根本就是一篇望文生义、牵强附会、毫无逻辑可言、毫无可取之处的文字，严重误导了后人对《周易》的解读；同时，它对后世"随心所欲、任意发挥"式地解读《周易》，开了一个很不好的头。可以说，"序卦传"的作者对《周易》缺乏最起码的理解，甚至对一些重要字词的解读，也与《周易》的本意完全牛头不对马嘴。例如，"序卦传"指出："益而不已，必决，故受之以夬；夬者决也"、"入而后说之，故受之以兑；兑者说也"，这里的"夬者决也"、"兑者说也"，完全曲解了"夬、兑"两字在《周易》中的本意，把后世"解《易》"引向了错误的方向。

在此我们指出：第一，对理解各卦的意义而言，"卦序"完全是可有可无的附加物；第二，"序卦传"及"十翼"中的其他类似文字，很多都与《周易》的本意相去甚远；第三，为了便于读者参考其他著作，本书仍保留"卦序"。

关于"卦象"。今本《周易》中的"卦象"，由六个一组的"阴、阳"符号上下相叠组成。如果把六个阴阳符号的位置，按照"自下而上"的次序，分别称为"初、二、三、四、五、上"，而把"阴、阳"分别用"六、九"表示，那么，每卦的"爻名"，能够唯一地确定"卦象"。换句话说，各卦的"爻名"完全确定了"卦象"，因而，在《周易》中处处"刻意隐藏真实意图"的周文王，显然不会"多此一举"地给每卦"画出卦象"。因此，"卦象"是后人为了便于阅读和理解，而附加上去的"形象化"内容。同样的，今本《周易》中的"卦象"，也可能是春秋时期人们在"编订《周易》"时，为了"便于读者阅读"而添加的。

遗憾的是，附加卦象的好意却被后世误解了，导致后世的一些"大师"们，把"易学"引向了讨论"各爻位置、阴阳性质及其相互关系"的歧路。也正因为如此，卦象中的"爻位关系"、"阴阳关系",成了后世"易学"的重要概念和思想方法,令"易学"向"迷信"、"玄学"的方向,越滑越远,而与《易》的朴素哲学观念南辕北辙,渐行渐远。

在此我们指出:第一,各卦的"卦象",原本完全隐藏在"爻名"之中,可能是春秋时期的人们发现了这一秘密之后,将其附加在各卦之中;第二,各爻的阴阳性质及其相互位置关系,对理解《周易》同样没有实质性的意义;第三,为了照顾读者的习惯,本书仍保留卦象,但用上下两个"先天八卦"的"卦名"并列表示,例如"火山"指上卦为"火"、下卦为"山"。

2.《周易》的文字

读过《周易》的人都知道,《周易》的"遣词造句"和"语法结构"都非常奇怪,与其他史籍都格格不入,实在让人看不懂。于是,就有人就把《周易》称为"天书",认为它不是"地球人"的作品,这当然是"戏说"。但《周易》不可思议的晦涩难懂,让人有理由怀疑,《周易》在传抄过程中,可能出现过严重的差错和遗漏,已经面目全非,所以才读不懂。

对比现今流行的各种《周易》版本,就会发现它们有明显的差异,但这种差异,主要是后人添加的"标点符号"的不同,而具体的"文字"却相差无几。这说明:第一,不同版本的《周易》源自同一个"母本";第二,《周易》流传的早期,显然只能靠"传抄",出现个别字词的差错在所难免;第三,由于参与"传抄"的人都读不懂《周易》,在传抄时都"不敢"擅自增删、更改,从而基本上保留了"母本"的原貌。我们的问题是,这一"母本"是否出自周文王之手?

要回答这一问题,仅仅研究源自同一"母本"的各种版本,显然得不出有用的结论。好在1973年出土于湖南长沙马王堆3号汉墓的"帛书周易",及上海博物馆于1994年收藏的"战国楚竹书周易",为解开这一谜题提供了难得的资料。

学术界较一致的看法是:第一,"今本《周易》"源自于春秋(据说是孔子编订的)版本;第二,"帛书周易"为汉代的《易经》传抄本,其"经"的内容与"今本《周易》"虽有明显差异,但明显的有同一源头,而"传"的内容,与今本《易经》中的内容,差别较大;第三,"战国楚竹书周易"为春秋时期的抄本,与今本周易内容基本一致。

通过分析比较(参见第三部分),本书认为:今本《周易》基本保留了周文王《易》的原貌,仅有个别字词的错、漏、缪。

本节主要观点：

殷末周初的《易》＝"六十四卦"＝春秋时的《周易》＝ 易学界《易经》中"经＋传"的"经"＝ 后世的"古经"＝ 本书的《周易》。《易经》＝"经＋传"。

周文王在被殷纣王拘禁期间（约公元前1065～前1058年），完成了《周易》的著述；周文王是《周易》的唯一作者。

《易传》形成于春秋时期（约公元前500年之后），作者不详，且非一人所著。

《周易》各卦的原本内容，只包括"卦名、卦辞、爻名、爻辞"四部分；现今的"书面表达形式"，并不歪曲其本意。

今本《周易》，基本保留了周文王《易》的原始面貌，仅有个别字词的错、漏、缪。

第二节　殷商末期的西岐社会背景

后人读不懂《周易》的一个重要原因，是不了解作者的生活背景。上一节指出，《周易》的作者是周文王，而周文王生活在殷商末期的"西岐"——今陕西省岐山一带。因此，了解殷商末期西岐的社会形态，对整体上把握《周易》的思想脉络，显得非常重要。

史学界的一种主流观点认为，公元前21世纪～春秋时期，是中国的奴隶社会时期。按此说法，殷商末期显然也是奴隶制社会。奴隶制社会被认为是荒蛮、愚昧、文明水平低下，甚至是残忍无道的社会。于是，现在的人们，往往以"自己想象"的奴隶制社会为背景，以"字典"对《周易》的文字解释为标准，来解读《周易》，认为这是"最可靠"的途径。

果真如此的话，这第一步的出发点就错了！这是因为：

第一，殷商末期，"殷商王朝"的"社会组织机构"，更像是一种"较松散的'邦国'联盟"——类似于现在欧洲的"欧盟"组织；组成"联盟"的各个"邦国"，是享有"高度自治权"的"诸侯国"；"盟主"是势力相对强大的"殷商"。第四章第二节将对此进行讨论。

第二，殷商末期，高度自治的"侯国"西岐，是一种"半组织、半自由"、丰衣足食、和睦欢快的高度发展的自然形态农耕社会，其社会组织结构、生产力水平及文化发展程度，与20世纪初叶的陕西关中农村，没有显著差异。

第三，后世"字典"中涉及《周易》的一些字词"释义"，均源自于前人对《周易》的"解读"。而到目前为止，还没有人对《周易》做出过正确的解读，因此，按照"字典"的释义，只能走入歧途。

下面,我们先考察殷商末期的西岐社会;再讨论几个典型的"字"的含义。

一、了解当时社会背景的途径

周文王生活的年代,距今约 3100 年。有人认为,因为秦始皇的"焚书坑儒",导致记述殷末周初历史的大量"古籍"消失。但这很可能是冤枉了秦始皇。本书认为,殷末周初"古籍"消失的原因,是因为这些"古籍"从来就没有存在过!

要全面准确地认识殷末周初的西岐社会状况,目前大体上有三种途径:一是通过诸如《史记》等"信史"的记载;二是通过考古发现提供的线索;三是通过对《周易》等"文献"的正确解读。分述如下。

1. 基本可靠的传说

《史记》向来被史学界所推崇,被视为"信史"。但夏、商、周时期,对司马迁而言也太过遥远,显然,司马迁也不会比我们有更多可靠的史料,因此,《史记》关于夏、商、周的记述,显然只能依据"传说"。因此,《史记》对殷末周初的记载,也可能会带有后世臆测、演义的成分,甚至有以讹传讹的可能性,因而其"史实性",应该被质疑。

但是,《史记》对周王室演变等"大事件"的记载,被"宝鸡青铜器博物馆"收藏的、出土于 20 世纪后半叶的"墙盘(图 1 - 1 - 2 - 1)"、"逨盘(图 1 - 1 - 2 - 2)"铭文所证实,因此,《史记》对周初"大事件"的记述,应该是基本可信的。

由此可见,《史记》的记述,对了解周初社会的某些状况,提供了一条"基本可信"的途径。

图 1 - 1 - 2 - 1　墙盘及其铭文

图 1-1-2-2 逨盘铭文

鉴于近、现代文史资料对一些细节性问题的记述，已经众说纷纭，甚至一些重大事件的亲历者的回忆，也矛盾重重、莫衷一是，因此，我们完全有理由对《史记》中的一些"细节性"记述，持存疑态度。所以说《史记》是"基本可信"的，特别是"大事件"的可信度更高。

2. 可靠的实物资料

"宝鸡青铜器博物馆"收藏了大量的周代青铜器（参见图 1-1-2-1~4）。这些主要出土于 20 世纪的青铜器，技艺精湛，制作精良，它们所反映出的大量信

图 1-1-2-3 商卣（西周早期）

图 1 - 1 - 2 - 4　何尊(西周早期)及其纹饰

息,表明当时的社会、政治、经济、文化、军事等等方面,已经具有相当高的发展水平。有些信息,直接展示了当时社会某方面的状态。正确地解读这些信息,将会为研究周初的社会状况,提供不可多得的第一手资料。这是一条"可靠的"途径。

但应特别注意,正像后人从《周易》的文字中,难以正确还原当时的社会状况一样,在利用这些有限的"铭文",重建当时的社会状态时,我们也很可能会误入歧途。

3. 亲历者的记录

《周易》记述的丰富多彩的社会生活场景,是亲历者对当时社会生活的"实况记录",这对全景式地还原当时、当地的社会状态,无疑具有重大意义。《周易》描述的社会生活场景,为我们正确破译《周易》的奥秘,提供了难得的、准确无误的时空框架,和大量翔实可靠的信息。

但非常遗憾的是,由于这些信息的"严重碎片化",让没有类似背景经历的人实在难以解读,因此,这些"非常珍贵"的信息,被人们忽视了、淡漠了,视而不见、弃之如敝屣。

二、《周易》记录的社会实况

我们把《周易》记载的、殷商末期的西岐社会"元素",简单整理如下。

1. 社会关系

1.1 上层社会

帝(帝乙),君(大君,国君,君子),王(王臣,王母,从王事),侯(王侯,建侯,康侯),公,臣(王臣),大首,大人,宫人,士夫,史,巫(用史巫)。

1.2 下层社会

小人,恶人,刑(刑人),匪(匪人),鬼。

1.3 家庭关系

考,妣,大耋,父(干父,裕父),母(干母,王母),夫妻,夫(丈夫,元夫,后夫,老夫,夫子,配主),妻(纳妇,娶女,女妻,老妇,妾),妇(妇人,妇子),子(长子,小子),女,妹,童,袂。

1.4 社会关系

宗,邻,宾,朋(得朋,丧朋,朋亡),客(不速之客),弟子,众,家人,邑人,行人,旅人,武人,幽人,宫人,同人,配主,夷主,大首。

1.5 敌人

敌,寇(御寇,为寇,致寇),匪(匪人),戎,夷主,大首。

1.6 军事

师(大师,行师),侵,伐。

2. 社会组织形态

国,邑,城,墉,郊,巷,宫,门(门庭,出门),户,家(富家),庭(门庭),园(丘园),庙,庐,狱,……

3. 社会生活活动

建侯,行师,乘马,为寇,御寇,取女,归妹,伐鬼方,纳妇,婚媾,不字,(南)狩,祭祀,禴(yue)祭,仪,冥,涉大川,往,……

4. 道德观念

义,志,德,孚,失是。

5. 个体行为及相关情况

赍(ji)咨涕洟(yi),饮酒,曳其轮,濡其尾,濡其首,号咷,笑,笑言哑哑,视矍矍,虎视眈眈,薰心,(为我)心恻,(旅)琐琐,得(童仆贞),龙战(于野),锡(之鞶带),(有不速之客三人)来,敬(之),屯(其膏),益之(十朋之龟,用凶事),一握(为笑),(或)鼓(或罢),(或)泣(或)歌,防(之),戕(之),伐(鬼方),射隼,伏戎,过(其祖),遇(其妣),艮(其身),丧(其茀),承筐,刲(kuī)羊,杀牛,祭祀,禴(yuè)祭,建侯,乘马,为寇,御寇,取女,纳妇,婚媾,不字,牵(复),和(兑),来(兑),商(兑),引(兑),旅,焚(其次),(有)陨(自天),(王用)亨(于岐山),升阶,升虚邑,冥升,臀无肤,其行次且,有愠(yùn),(其)心不快,不利宾,牵羊(悔亡),贯鱼,损(其疾),家人嗃嗃,妇子嘻嘻,羝羊触藩,鸟焚其巢,折首,鼓缶而歌,遘,咸(其辅颊舌),观颐,颠颐,拂经,(不耕)获,(不菑 zī)畲(yú),(迷)复,观(国之光),拘,(利)用刑人,威,嗟,泣血,食旧德,需(于)酒食,小人用壮,不孕,有喜,妇孕不育,系于金柅,……

6.人体或动作

首,身,躬,劓(yì),刖(yuè)眇,视,耳,頄(kuí),辅,颊,舌,颐,脢(méi),肱,心,肤,腹,臀,股,腓,拇,趾,履,跛,尾,血,泣血,涕,眚,疾,折(其右肱),栋桡,噬(腊肉),遇毒,……

7.生活用具

缶,鼎,矢,涉,射,井,瓶,泉,茀,爵,鼓,牯,革,纆,朱绂,赤绂,资,斧,资斧,校,樽,簋,囊,裳,……

8.交通

车(大车,金车),舆,轮,履道。

9.自然景象

天,田,野,渊,谷,幽谷,丘,陵,城,隍,墉,穴,冰,霜,……

10.动物

龙,虎,豹,马,鹿,羊,猪,豕,牛,黄牛,狐,龟,鬼,禽,鸟,燕,鹤,雉,鸿,隼,鱼,豚鱼,鲋,角,巢,穴,翼,……

11.植物

杞,瓜,茅,茹,林,株木,蒺藜,葛藟,苞,桑(椹),……

三、当时社会状况的近似模型

上述社会生活"元素",是殷商末期西岐社会的真实写照。通过这些我们熟悉的社会生活"元素",以及对《周易》各卦的理解,我们可以大体上勾勒出当时的社会形态:

殷商末期的西岐社会,没有"帝王、皇帝",没有盘剥压榨人民的官僚体系,没有对人民耀武扬威的强权组织,没有束缚人们思想的意识形态;只有作为"大家长"、"大管家"的"王侯",有为"王侯"服务的"家仆",有为"王侯"尽义务的"乡绅阶层",更有欢快自由、自得其乐的普通民众。那个社会里,大家齐心协力抵御外寇的入侵,自己协调管理内部的生产、生活;"封国"、"封邑"的"主人"爱民如子,常常深入民间,与民众打成一片,民众也把自己的"主人"视为尊敬的"家长",高接远送,真心爱戴;人们之间互帮互助、和睦共处,也会因鸡毛蒜皮的事情吵得不可开交;家长对子女着力培育,子女也会对家庭尽到义务;少男会为成家立业而操劳,少女会为"自由恋爱"而挑拣;男人会与别的女人"打情骂俏"、甚至"馋猫偷腥",女人也会"红杏出墙"、甚至大玩"一夜情";暴躁的男子会"大发雷霆之怒",受到冷遇的妻妾也会"心生怨恨"、甚至想谋害亲夫;等等,等等。

如此生动传神、活灵活现,既波澜壮阔、又纤毫毕现的描述,为我们展现了一幅整体上安宁祥和、安居乐业,细节里却跌宕起伏、激动人心的远古社会生活画卷。《周易》的字里行间洋溢着一种安宁、祥和、富足、欢快的景象,会让人产生一种恨不得"穿越"到那个年代的冲动!可惜的是,后世对这些描述视而不见,硬生生给这样一个祥和、欢快的社会,贴上了残暴蛮横、冷酷无情、令人不寒而栗的"奴隶制社会"标签,真可谓千古奇冤!

透过《周易》为我们呈现的这一社会形态,我们震惊地发现:

第一,《周易》是一幅描绘殷商末期西岐社会生活的全景式画卷。这一画卷,全方位、立体式地展示了当时社会生活景象的方方面面,为我们了解当时的社会生活,提供了丰富而准确的"实况记录"。

第二,在短短五千余字的《周易》里,竟然出现了如此大量且丰富多彩的社会元素,至少说明《周易》的作者,对当时的社会现象,进行过全方位、多角度、长期、深入的研究。能够信手拈来、挥洒自如地驾驭如此多样的社会生活元素,不难想象,《周易》的作者一定是一位具有"学者风范"的伟大思想家。

第三,《周易》描绘的殷商末期西岐的社会形态,与20世纪初叶的陕西关中地区的社会形态,没有显著的差异。在上世纪初叶的关中社会形态里,如果剔除掉:第一,所有与电力、蒸汽机、内燃机、机械、化工等"工业文明"相关的事物;第二,所有冠以"洋"字的事物,例如洋楼、洋灰、洋布、洋蜡、洋碱(肥皂)、洋火、洋芋、洋柿子、洋槐树等;第三,所有与"强权统治"相关的社会因素,那么,用《周易》中的社会元素,基本上可以完整、准确地对其进行描绘。这充分说明,殷商末期西岐的社会景况,与20世纪初叶陕西关中地区的社会景况,大体相似。

因此,要想准确了解孕育了《周易》的社会形态,可以把20世纪初叶陕西关中地区的社会景况作为参考模型。非常幸运的是,我的幼年时光,就在类似的环境里度过,所以在《周易》里,我仿佛看到了很多幼年生活中熟悉的事物和场景。

四、《周易》的地域特色印记

周文王生活在三千多年前的"西岐"——今陕西关中岐山一带。那时候当地的"交通、传媒"很不发达,"天下"也没有"统一的文字、普通话",因此,"外来文化"对西岐的入侵以及西岐文化与其他地域文化的融合,都很难发生。所以,《周易》一定是用"关中方言"写成的,描述的情景也一定具有"地方特色"。如果忽略了"方言"和"地方特色"的重要性,解读《周易》时就会犯严重的错误。

1."方言"对解读《周易》的重要性

我们知道,"语言"是文化的"基因",在时间的长河里,虽然会发生基因突变、变异,但基因的基本结构仍会顽强地保留下来。所以,要理解《周易》,必须用"关中方言"解读。下面,以"夬"为例加以说明。

《古今汉语词典》(商务印书馆,2007年版)对"夬"的释义为:(1)六十四卦之一;(2)坚决,果断。《易经》中《易传》的"序卦传"指出:"益而不已必决,故受之以夬。夬者,决也。"显然,《古今汉语词典》的释义,源自于《易经》。

我在初读"夬"卦时,按照字典解释,无论如何也看不懂卦爻辞与"坚决,果断"之间有什么关系。困惑很久之后,突然想到儿时的"方言"中有"撒 guai(第四声)"一说,意思是:(1)(小孩)故意调皮捣蛋;(2)(成人)"性玩笑"行为;(3)(一位老家相距几公里的老乡告诉我,在他们村庄,guai 也特指)女子对男子的性挑逗,或与婚外男子的苟且行为。那么,这里的"夬"是不是"撒 guai"的"guai"呢?

现今字典里读音为"guai"的字主要有四个"夬、拐、怪、乖"(还有其他几个字读此音,与"撒 guai"无关),但没有一个字与"撒 guai"中的含义相符。于是,我试着用"撒 guai"的"guai"来解释"夬",竟然合理地解释了"夬"卦！试看：

"夬"的卦象是"上泽下天"。后面将会看到，在周文王心目中，"泽"有时代表"有性欲望的女子"，这与方言中的含义一致！而"天"则代表最大、最重要的事情。于是，"上泽下天"就可以理解为：女子把性事看作比天还大的事情。这样的女子，现在被称为"花痴"。于是我想到，"夬"卦讨论的主题，很可能与"花痴"有关。沿着这一思路，"夬"卦终于得到了合理的解释(参见第二部分)！

由此可见，不懂《周易》中的"方言"，就很难读懂《周易》。

2."地方特色"对解读《周易》的重要性

《周易》中出现的、具有"地方特色"的社会生活"元素"，在其他地方也可能普遍存在，但它们之间可能有极大的差异。因而，千万不能望文生义，把不同地域的同一"事物"，"想当然"地看作《周易》里描述的东西。以"井"为例，说明如下。

《周易》中的"井"，显然是"西岐的井"。由于地理位置相近，地貌特征也相同，我儿时村庄里的"井"，可能与"西岐的井"大体相同。我们的"井"位于"黄土高原"上，深度约为"三十丈"、近百米，"蓄水量"和"出水量"都很有限。在用水高峰期，"打水"速度远高于"出水"速度，因此，"蓄水"的水位会很快下降。当水位过低、接近井底的土层时，就仅能打上来很少的"含泥量"很大的"泥水"，必须经长时间"沉淀"后才能食用。这种情况，可能天天都会出现。

"井"卦中有"井泥不食"、"井谷射鲋"等词语。儿时的生活经历让我一眼就看出，"井泥不食"的字面意思就是，"打上来的井水，因含泥量太大而不能食用"；而"井谷射鲋"的字面意思是："由于井台边的低洼处长期存在积水，积水中孵化出的小青蛙受到惊吓后就会四散而逃"的景象。作者想通过这些"司空见惯"的现实景象，让人们思索造成这些现象背后的深层社会原因。

但其他著作对这两句爻辞的解释，可谓五花八门、花样百出。例如，百度百科对此给出的"译文"分别是，"井内积淤泥，井水不可饮"、"井底砸虾和青蛙"；也有人解释为，"井底的淤泥不可食用"、"用弓箭射井底的鱼"。要知道，"井"对当地的人们来说，简直就是生命源泉，会采取各种措施严加保护，因洪水灌入等原因造成"淤积"的情况根本就不可能出现！至于"砸"或"射"井底的鱼虾之类的东西，更是无稽之谈！因为近百米深的"井"完全是"黑咕隆咚"，谁有那么好的眼力，能够在黑暗中看到近百米井底的小鱼虾?！何况，我们的"深井"里根本就没有鱼虾之类的东西！

可见，不了解当地的社会生活背景，要想理解《周易》里的一些特殊景象，实在太难了。

本节主要观点：

《周易》是一幅描绘殷商末期西岐社会生活的全景式画卷。

《周易》的作者，对当时的社会现象进行过全方位、多角度、长期、深入的研究。

殷商末期西岐的社会形态，近似于上世纪初叶陕西关中地区的社会形态。

《周易》的文字，带有强烈的地域色彩和方言特征，脱离特定地域，很多字词难以理解。

第三节　作为《周易》基础的"八卦"概念

一、概说

"阴阳，五行，太极，八卦（图），河书（洛图），神龟，九五为尊"等，是一组古老的传统文化概念。后世"易学"界认为，这些文化概念与《周易》息息相关，有人认为它们是《周易》的基础，也有人认为它们源自于《周易》。现在的学术界，对这些概念的发生、发展，内涵、外延，及其与《周易》的相互关系等问题，尚未形成共识。

为了厘清这些概念与《周易》的关系，我在初步理解了《周易》的基础上，对这些概念的发生、发展及内涵，进行了探究，并在本书第三部分第二章，提出了一种全新的"假说"，供有兴趣的读者参考。

通过上述探究，我认为，除"五行、太极"难以确定外，上述其他文化概念，均在《周易》成书之前已经形成，并成为支撑《周易》的文化基础。特别是古老的"伏羲八卦（图）"，或"先天八卦（图）"，更是《周易》的直接基础。可以说，没有"先天八卦（图）"，便不会有《周易》。但令我十分震惊和不解的是，对如此重要的"八卦"概念，"易学"界、学术界竟然存在严重误区！主要问题是，搞不清楚"先天八卦"与"后天八卦"的联系与区别。

因此，本节中，我们首先要厘清"八卦"的基本概念。

一提起"八卦"，大多数人可能想到：第一，那个著名的图形——排列成环状的"八卦图"；第二，"八卦图"由八个"卦"组成；第三，每个"卦"都是由"阴、阳"符号三叠而形成的图形，即"卦象"，它们分别是"☰、☱、☲、☳、☴、☵、☶、☷"；第四，每个"卦象"都有对应的"卦名",即,☰为天或乾,☷为地或坤,☵为水或坎,☲为火或离,☴为风或巽,☳为雷或震,☶为山或艮,☱为泽或兑。注意:这里的第四点,已经混淆了先天、后天八卦!

上述"八卦"的出现,据说可以追溯到遥远的、传说中的伏羲时代,人们甚至认为,伏羲最早画出了"八卦",所以,它也被称为"伏羲八卦"或"先天八卦"。现在,甘肃天水附近还有一个地方叫"卦台山",其上有"画卦台",据说是"伏羲画卦"的地方。

事实上,"先天八卦"是一组非常古老的文化符号,体现了古人对大自然非常朴素、却又高度抽象的认识,蕴含着非常深刻的智慧和哲理。可惜的是,由于种种原因,这些智慧的真谛被逐渐淡忘了、迷失了,只剩下一些看似简单的图形符号,孑然遗存于世。为了解读这些图形符号的意义,后世形成了各种"学说",但都没有参透其本质,甚至走向了迷信、玄学的歧途。

在对《周易》文字背后的思想深入分析后,本书认为,周文王撰写《周易》的直接基础,就是"先天八卦"这组文化符号,以及周文王对"人的社会行为规律"深入研究的成果。在完成《周易》的同时,周文王也仿照"先天八卦图",画出了"后天八卦图"或"文王八卦图"。于是,历史上便有了"伏羲(先天)八卦"与"文王(后天)八卦"之说。

在大家眼里,"先天八卦"与"后天八卦"的差异,似乎只是"八卦图"中各卦排列的次序不同而已(见图1-1-3-1)。所以,除了表面形式稍有差异外,往往把两者混为一谈。

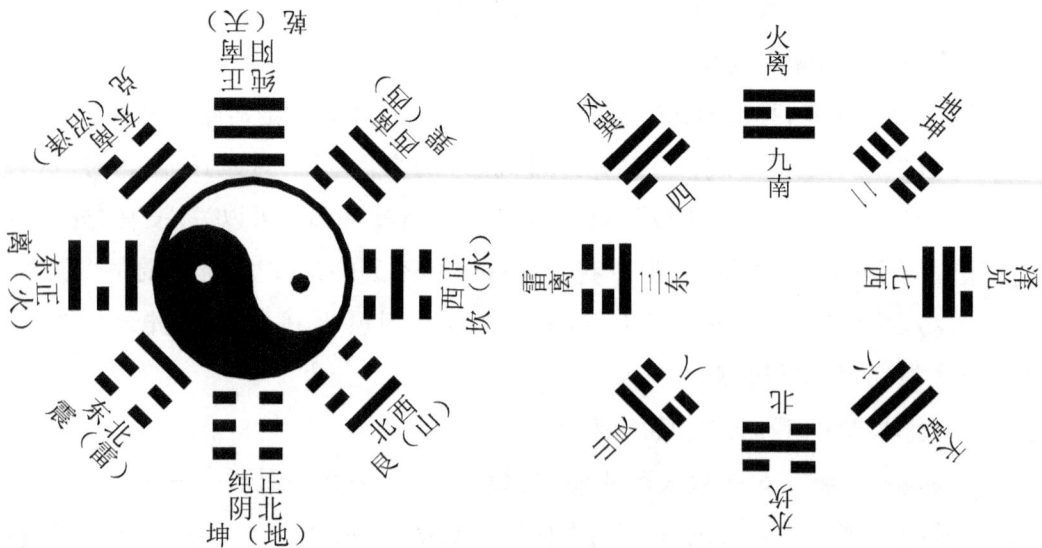

图1-1-3-1 "先天八卦图"(左)与"后天八卦图"(右)

在大家的眼里,"先天八卦图"并没有一个"标准模式"。但学术界比较一致的看法是,第一,每个卦都有两个"卦名",如"☰"为"天"、为"乾","☷"为"地"、为"坤"……;第二,"伏羲(先天)八卦图"和"文王(后天)八卦图"的差异,仅仅是各卦在"八卦图"中排列的位置不同。但这是一个严重的误解。

对于"先天、后天八卦",普通读者会有很多疑问:"八卦"是如何产生的?"八卦"有什么作用?"先天八卦"与"后天八卦"有何异同?"先天八卦图"有什么含义?"后天八卦图"为什么如此排列?"先天八卦"与"后天八卦"的"卦名"是否相同? 如果它们的"卦名"相同,为什么需要两个不同的卦名? 如果两个"卦名"含义不相同,不同之处何在? 各自的"卦名"到底是什么? 对于这一系列问题,尚未见到令人满意的答案。虽然这些问题在"传统文化"研究中意义重大,但对正确理解《周易》影响不大,故放在第三部分讨论。

下面,我们对"先天八卦"、"后天八卦"进行严格界定,因为这对正确理解《周易》至关重要。

二、"先天八卦"的基本概念

本书认为,《周易》成书前,已经有了"八卦"的卦象和卦名,就是所谓的"先天(伏羲)八卦",其卦象、卦名如下:

图 1-1-3-2 "先天八卦"的卦象及卦名

如果把上述各卦按照"天"南"地"北,"火"东"水"西,西北有"山"、东南成"泽",东北"雷"震、西南"风"起的位置进行排列(注意,中国传统的方位关系是:"上南下北、左东右西",不同于现今源自于西方的"上北下南、左西右东"的习惯),就得到了"伏羲(先天)八卦图"(参见图 1-1-3-1)。

在第三部分第二章我们将看到,"伏羲八卦图"的排列方式,正是古人对其所处的(黄河中下游流域)自然环境的高度概括性、抽象性描述;同时,"阴阳三叠"排列的"卦象",深刻地揭示了(北方)古人对八种自然现象本质朴素而抽象的认识。因此,"天、地、水、火、风、雷、山、泽"这八种自然现象,就成了"先天八卦"的"卦名"(这八种自然现象,均为古人眼中的"大象",这就是"大象无形"的缘由)。古人能够将"卦名"所代表的自然现象的本质,高度抽象为"卦象"那样简单的图形符号,充分反映了古人认识自然的高度智慧及令人惊叹的抽象思维水平。

通过第三部分的讨论,我们将清晰地看到:

"伏羲(先天)八卦"的"卦象",是"阴阳三叠"而成的八个图形,即:☰、☱、☲、☳、☴、☵、☶、☷(本书称为"八单卦");

"伏羲(先天)八卦"的"卦名",是古人眼里常见的八种自然现象,即:天、地、水、火、风、雷、山、泽(本书称为"单卦名");

"伏羲(先天)八卦图"是指,"八单卦"按照下述方式排列成的图形:天南地北,火东水西,西北为山,东南为泽,东北为雷,西南为风(注意:上为南)。

"伏羲(先天)八卦(图)"是古人对自然环境本质的一种抽象认识,完全是一种"自然观"。

三、"后天八卦"的基本概念

"后天八卦"即"文王八卦",是周文王把"八单卦""自身两叠"而形成的"八重卦"。下图给出了"后天八卦"的卦象、卦名,也表明了如何用"先天八卦"组成"后天八卦"的过程:

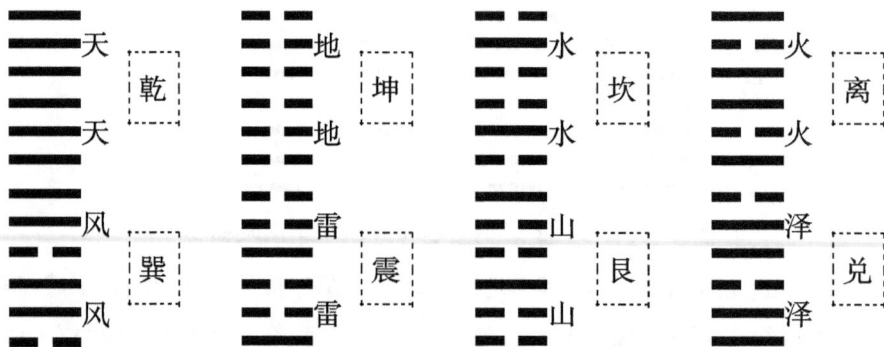

图1-1-3-3 "后天八卦"的卦象及卦名

在《周易》中,周文王对"八重卦"的卦象赋予了"特定的社会性意义",并从社会意义上,对每卦取了卦名,即"乾、坤、坎、离、巽、震、艮、兑"。这些卦名的含义,在《周易》中,通过相应的卦辞、爻辞,进行了严密的界定(注意,现今"字典"中对这些卦名的解释,有些并不符合《周易》的原意)。

有了"八重卦"以后,周文王仿照"八单卦"的排列形式,也对"八重卦"进行了排列,形成了"初始的文王(后天)八卦图"。为了隐藏自己的真实意图(参见下一章),周文王将"八重卦"简化为"八单卦",但用自己的卦名来标记,便有了今天我们所见的、与"伏羲八卦图"一样简洁、明快、优美的"后天(文王)八卦图"。但是,周文王的这种简化,让后人误以为"文王八卦图"也是由"八单卦"组成的(参考图1-1-3-1)。实质上,"文王八卦图"应该理解为是由"八重卦"组成的。

"文王八卦图"的排列是:"离"南"坎"北,"震"东"兑"西,"巽"在东南,"乾"在西北,东北为"艮",西南为"坤"。

有意思的是,对不同于"先天八卦"的这种排列方式,曾仕强先生提出了批评。曾先生指出:"周文王崛起于西北,为了增强西方的主体意识,于是把乾坤移到西边,形成后天八卦,这是另外一种说法。……和当年伏羲的先天八卦图,完全依据我国的地形地物来定位相比,显然出现公天下与家天下的不同心态,值得我们细心玩味,以加深体会。"(《走进乾坤的门户》,曾仕强 刘君政著,陕师大出版社,2009年)但实际上,"后天八卦图"是周文王构思的"周灭商战略图"!换句话说,"后天八卦图"是周文王身陷囹圄、谋划推翻殷商统治时,对"敌我态势"分析后,得出的"周灭商战略"规划图(参见下一章)。不知对"后天八卦图"持批评态度的人,在领悟该图的玄机后,会有怎样的感想。

周文王一改"先天八卦"的"自然观",用"阴阳六叠"的"六十四卦"(含"后天八卦"),来刻画"人类社会的行为规律",则是一种完全的"社会观"。

通过下一章及第三部分的讨论,我们将看到:

"文王(后天)八卦"的"卦象",是"八单卦自身两叠"而成的八个图形,如图1-1-3-3所示(本书称为"八重卦");

"文王(后天)八卦"的"卦名",是人的八种社会行为的隐秘称谓,分别是"乾、坤、坎、离、巽、震、艮、兑"(本书称其为"重卦名");

"文王(后天)八卦图"是指"八重卦"按照下述方式排列成的图形:离南坎北,震东兑西,巽在东南,乾在西北,东北为艮,西南为坤(注意:上为南)。

"文王(后天)八卦图"是当时"周灭商"的"战略态势图",完全是一种"社会观"。

下面,对"后天八卦"几个卦名的由来,给出一种"臆测",权当"小花絮"吧。

"八重卦"的卦名应该是:乾、坤、坎、离、巽、震、艮、兑。"八重卦"为什么会取上述名称呢?我认为,"八重卦"的卦名,或因读音,或因字义,脱胎于"八单卦"的卦名(即天、地、水、火、风、雷、山、泽)。简述如下。

在周文王眼里,"天上之天"还是天,故"天"卦自身两叠产生的"重卦卦象",仍然应该以"天"为名。但为了与"先天八卦"的"卦名"有所区别,应该用另外的字来代替"天"。在陕西关中西部(包括岐山)一带,"天"的读音是 qian(千),故周文王用同音字"乾"代替"天",于是,"天天"就有了"乾"的名称,表示"天外之天"。

类似的,"地"即土地,"地下有地"表示土层深厚,庄稼、植物的根部可以自由伸展。"坤"可能表达了类似的含义,于是,"坤"就成为"地地"的卦名。在《周易》里,周文王用"坤"表示"重臣良相"。应注意的是,《易传》里用"厚德载物"来评价"坤",就字面而言,说到了点子上了,但其"政治意图"太过强烈,与周文王的意境相比,其含义已是南辕北辙了。

常识告诉我们,要形成"水下有水"的"深水"情形,必须要有"坎"的限制、约束;如果没有坎的限制、约束,不可能形成"深水"。就是说,有"深水"一定有"坎",但有"坎"并不一定就有"深水"。可见,"深水"与"坎"具有非常密切的关联性。就社会现实而言,人们"遇到坎坷"的情况,司空见惯、比比皆是,于是,"水水"的卦象,让周文王想到了"坎",又引申到社会生活中,人们遇到的各种"坎坷"。因此,"水水"就有了"坎"的卦名,意味着人生际遇的坎坷、挫折。

"火上有火",可以理解为熊熊大火。熊熊大火能够把可以燃烧的任何东西,烧得干干净净,使其消失得无影无踪。因此,"火上有火"这种景象的"后果",就是"使人或事物消失得无影无踪"这种令人不安、不忍、但却司空见惯的社会现象。这种现象,让人联想到的亲人间的"生离死别"。于是,"火火"就有了"离"这一隐指"死亡"的卦名,《周易》中的"离",就是指生离死别。应注意的是,后人将"离"解释为"美丽"的"丽",是很不恰当的,因为,面对着"熊熊大火"这一景象,那些认为周文王还能够以看热闹的心态,欣赏这"美丽、华丽"景象的人,要么已经疯了,要么就是冷血动物。

"雷下有雷"就是雷声滚滚、不绝于耳,让人感觉"震惊"、"震耳欲聋",周文王把人们对滚滚惊雷的这种感觉,用"震"来描述。古时候的人们,把"雷声滚滚"看成是"雷公"、"上天"在发怒,于是,在《周易》里,"震"就象征"大人物大发雷霆之怒"。

"兑"在后面会有说明,兹不再述。对"巽"、"艮"的字义不清楚,故不谬言。

四、先天、后天八卦的比较

"先天八卦"与"后天八卦"的异同比较如下:

表1-1-3-1 先天、后天八卦异同比较

比较内容	先天八卦	后天八卦
卦象组成	"阴、阳"符号三叠而成。	"阴、阳"符号六叠而成。
八卦形式	阴阳三叠,形成八个单卦。	八个单卦各自自身重叠,形成八个重卦。
卦名	单卦名:天、地、水、火、风、雷、山、泽。	重卦名:乾、坤、坎、离、巽、震、艮、兑。
思想观念	自然观。	社会观。
各个卦象的作用	刻画自然现象的本质。	刻画社会现象的本质。
八卦图组成元素	八个单卦。	八个重卦,简化为八个单卦。即用八个单卦,代表其自身重叠的重卦。
八卦图排列	天南地北,火东水西,西北为山,东南为泽,东北为雷,西南为风。	离南坎北,震东兑西,东南为巽,西北为乾,东北为艮,西南为坤。
八卦图含义	对自然环境的刻画。	对"周灭商"战略态势的分析。

第二章　羑里之痛

——催生《周易》的苦难岁月

本章目的：介绍周文王创作《周易》的原因及创作思路

上一章指出，《周易》是周文王被殷纣王拘禁期间写成的，但没有给出令人信服的理由。人们不禁会问，身陷囹圄的周文王，怎么会有心情"写书"？为什么要写一部谁也看不懂的"天书"？他采用了哪些手法"让人看不懂"？即使他想写书，谁能够、谁敢给他提供"笔墨纸砚"？即便他在"监狱"里"偷偷摸摸"地写出了《周易》，被释放时为什么能轻易地带走？我们现在看到的《周易》，是不是原来的样子？如果这些问题得不到合理地解释，《周易》的作者之谜，仍难以解开。

本章主要探讨周文王在《周易》写作过程中的心路历程，供对此有兴趣的读者阅读。对初学者而言，本章内容显得比较凌乱，也可略去不读。

第一节　周文王的身世

根据《史记》及相关资料记载：

周文王姓姬名昌，排行第三，上有二兄。其祖可溯至黄帝：黄帝曾孙帝喾生后稷，后稷14世孙为季历（公季），公季生姬昌。姬昌45岁继西伯侯位后，广施仁政，广纳贤才，尊老爱幼，鼓励农耕，人们安居乐业，国力渐强，西岐现"凤鸣岐山"之景象，诸侯纷纷依附。

姬昌在殷商朝中，亦有较大影响，与九侯、鄂侯并称三公。姬昌暮年，纣王当政，昏庸无道，崇侈嗜酒色，拒谏。娶九侯之女，女不喜纣王荒淫，遂被杀，亦株连九侯被剁为肉酱。鄂侯因谏而亦被诛。西伯侯闻之叹息，被馋臣崇侯虎告密于纣王，言西伯侯不满于纣王，疑有反意。纣王遂拘西伯侯于羑里，七年乃释。姬昌被拘期间，其子姬发（武王）、姬旦（周公）等，多方周旋，以财物、美色等贿纣王。加之纣王沉溺于酒色，度姬昌日暮之人，难有大作为，姬昌方得以保全性命，直至被释。按文王年谱，文王被拘六年后，演成《周易》。

根据贺华章先生的《图解周易大全》,周文王年谱如下:

表1-2-1-1　周文王年谱

年号	年龄	与文王相关的事迹
商王武乙元年	出生	古公亶父(即太王)去世,其子公季立。
武乙16年	16岁	孝养父公季。
武乙29年	29岁	飞龙盈于殷之牧野。
武乙32年	32岁	武乙徙河北。
武乙34年	34岁	公季伐燕京之戎,戎人大败周师。
武乙35年	35岁	武乙狩猎于河渭震死,子文丁立。
文丁4年	39岁	文丁命公季为牧师。
文丁5年	40岁	公季伐余无,始呼戎。
文丁9年	44岁	文丁赐公季圭瓒、柜鬯,九命为伯。
文丁10年	45岁	公季去世,在位46年。文王继位,是为西伯。
文丁11年	46岁	文丁去世,子帝乙继位。
帝乙元年	47岁	文王治岐,发政施仁,凤鸣于岐山。
帝乙6年	52岁	周岐地震。
帝乙12年	58岁	子发(武王)生。
帝乙26年	72岁	帝乙去世,子受辛(纣王)继位。
纣辛6年	78岁	纣辛五拒谏,崇侈嗜酒色。
纣辛10年	82岁	《竹书纪年》载:"文王此岁拘羑里,七年始出。"
纣辛12年	84岁	文王有疾,子发(武王)、旦(周公)看视。
纣辛13年	85岁	纣辛伐有苏,获妲己。
纣辛17年	89岁	演成《周易》于羑里。
纣辛18年	90岁	获释。因献洛西之地,请除炮烙之刑,纣从之,遂赐弓矢斧钺,使其专征讨。
纣辛19年	91岁	释芮、虞两国田土之争。
纣辛20年	92岁	伐犬戎,得吕尚为军师。
纣辛21年	93岁	伐密须,迁都程。

纣辛 22 年	94 岁	伐耆。
纣辛 23 年	95 岁	伐邘。
纣辛 24 年	96 岁	伐崇,都丰邑。立灵台,建辟雍。
纣辛 25 年	97 岁	去世,葬于毕。子发继位。

　　说明 1:《图解周易大全》原注:《文王年谱》资料依据:(1)《河南文物工作》,2002 年第 3 期《夏商周年表》;(2)《周公事迹研究》,中州古籍出版社,2002 年。

　　说明 2:根据"夏商周断代工程"给出的"工程年表",武乙元年为公元前 1147 年;上表与"夏商周断代工程"研究成果高度吻合。

　　这是学术界基本认可的观点。

本节主要观点:

周文王约于公元前 1065～前 1058 年期间,被殷纣王拘禁于羑里。

周文王约于公元前 1059 年,在羑里完成了《周易》的著述。

第二节　身陷囹圄后的心路历程

　　据史料载,被殷纣王拘禁时,周文王的身份是"西岐"(侯国,今陕西岐山一带)的"侯"(地方首脑),也是殷商王朝(类似于中央政府)的"三公"(三个德高望重、可以参与"中央"决策的地方首脑)之一,仅仅因为对殷纣王(中央政府首脑)的荒淫无道和残暴表露出不满,便因"崇侯虎"("崇"地——今河南嵩县北,一说为今陕西户县一带——的"侯",名"虎")告密而被殷纣王拘禁于羑里。

　　显然,殷纣王拘禁、甚至打算除掉周文王的原因,是忌惮周文王的才能,担心逐渐强大的西岐会对殷商"统治"构成威胁,而崇侯虎所进的谗言仅仅是个借口。对此,殷纣王、周文王都心知肚明,心照不宣。那么,被拘后的周文王会有怎样的心路历程? 我们不妨做如下揣测。

　　初入囹圄。周文王是殷商的"三公"之一,是殷纣王的重要"朝臣",因而与殷纣王应该很熟悉,深知殷纣王暴戾乖张、反复无常的性情,更清楚殷纣王拘禁自己的原因。因此,初入囹圄的周文王非常清楚,既然殷纣王对自己起了疑心并撕破了脸皮,就可能随时找个借口杀掉自己。对他而言,此时最大的问题是如何保命。周文王也深知,为了保命,他一方面要"服软",尽可能不激怒殷纣王;另一方面要尽量表现出"无能",消除殷纣王的戒心。显然,周文王成功地做到了这些,因为他确实活了下来,但这绝不是殷纣王突然间"心慈手软、大发慈悲"的结果。

　　危机过后。暂时躲过了大难的周文王,一定会为自己今后的命运担忧。周文王此时的命运有三种可能：一是有朝一日重获自由，二是被长期软禁（有一定的自由，但禁止回归西岐），三是被杀或终老于牢笼，显然，这取决于殷纣王的态度。对后两种可能，周文王无能为力，只能听之任之，无力改变；而一旦重获自由后应该干些什么，肯定是他要考虑的重点。

我们知道，复仇之心人皆有之，无论是血性男儿还是柔弱女子，在无辜被冤却只能任人宰割的情况下，都会产生强烈地复仇情绪。因此，作为一方霸主的周文王无辜被拘以后，在心里一定对昏庸无道的殷纣王恨之入骨；如果能够重获自由，他肯定要向殷纣王复仇。这是人之常情。

复仇之心。此时身在囹圄的周文王，如果将来有机会，将如何向殷纣王"复仇"呢？从周文王当时的情况看，有两种可能方式：一是"行刺"，设法从肉体上消灭殷纣王。这是"弱者向强者复仇"的常见方式，也是代价最小、最容易实现的方式。二是"彻底摧毁"，即彻底推翻"殷商统治"，从而可以随心所欲地处置殷纣王。这是"强者向弱者复仇"的方式，也是最彻底、最"解恨"的方式。

从肉体上消灭"仇人"虽然容易实现，且快速有效、成本低廉，但治标不治本，而且会给自己带来无尽的麻烦。因为，如果成功刺杀了殷纣王，一方面一定会有人取而代之，可能照样昏庸无道，醉生梦死，祸患天下；另一方面，继任者一定会以为殷纣王报仇为借口，对西岐进行报复性的疯狂杀戮，从而达到杀鸡给猴看，巩固自己地位的目的。可见，"刺杀"式的复仇，只能解一己之恨，却会给西岐带来更大的灾难。爱民如子的周文王，肯定不愿意看到这样的结局，而要另寻他途。

此刻，"身为弱者"的周文王，内心深处也会冒出"推翻殷商王朝，取而代之"的念头。但他深知，此时的西岐根本就没有与殷商叫板的实力，否则，自己也不会被拘禁。经过苦思冥想而别无良策之后，周文王又认真研究起这一念头：诚然，要以当时西岐的实力推翻殷商，无异于以卵击石；但如果能够联合其他势力，并分化瓦解、各个击破殷商的帮凶，最终推翻殷商统治不是没有可能。想到这里，周文王眼前豁然开朗，也激发了内心深处难以抑制的复仇冲动。

灭商战略。此时周文王首先要考虑的是，当时的那些"侯国"中，谁可能会坚定地支持自己推翻殷商？谁会死心塌地地跟随殷商？谁会坐山观虎斗？谁会见风使舵？谁会独善其身？搞清楚这些情况后，周文王还必须权衡胜算的把握有多大。如果胜算不大而贸然行动，必将给"盟友"和自己带来巨大的灾难，既害人又害己；如果胜券在握而错失良机，又将给"天下"留下祸患，也让自己遗恨终生。

通过对"天下形势"的分析，周文王看清楚了，能否推翻殷商的关键，在于制定正确的"灭商"战略；有了正确的战略，"灭商"这一看似不可能实现的目标，就能顺利实现,而战略错误,再好的形势也可能烟消云散,只能遗恨终生。于是,在激愤过后,周文王静下心来,专心致志地谋划"灭商战略"。具体情况见下一节。

后天八卦。经过一番呕心沥血的谋划,周文王终于形成了一个宏伟的"灭商战略"。为了能保全自己的性命,使"灭商战略"能够得以实施,周文王必须找到一种"非常隐晦"的方式来"记录""灭商战略",即使把它放到别人眼皮子底下,也不会泄露其背后的秘密。

受到"先天八卦"的启发,周文王终于"发明"了一套"密码",可以用非常简洁优美的方式"记录"他的"灭商战略"。忠实地"记录"了周文王"灭商战略"的,就是我们今天所见的"后天八卦"。具体细节下一节讨论。

创作《周易》。在构思"灭商战略"的过程中,周文王无意间"发明"了"后天八卦"。受此启发,周文王发现,第一,"先天八卦"两两相重之后形成的 64 个新"图形",大部分能够深刻地刻画某种社会现象;第二,在每种社会现象里,不同层次的人群有不同的行为表现;第三,如果对各种不同的行为给出恰当地评价,就能得到一套"人的社会行为规范";第四,如果人们都能遵从这一"社会行为规范",就能营造一个和睦、欢快的"理想社会";第五,与"推翻殷商"相比,实现"构建理想社会"这一宏大目标更有意义,也更有挑战性。于是,通过"灭商战略"宣泄了"仇恨"之后,周文王为了实现更宏大的抱负,也为了打发无聊的狱中时光,便全身心地投入到这一研究工作中去,并最终得以完成。这就是我们今天看到的《周易》。

当然,为了写作《周易》,身在牢笼的周文王,必须克服种种困难。此是后话。

下面,我们就沿着这一心路历程,试图还原《周易》的创作过程。

本节主要观点:

度过了初入囹圄的恐慌,危机过后的周文王萌生了复仇之心,为此精心构思了灭商战略;为了秘密记录这一战略构想,在"先天八卦"的启发下,意外地"发明"了后天八卦,并受此启发,开始平心静气地研究起"六十四卦",创作了《周易》。

第三节 "灭商战略"构想与"后天八卦"的形成

一、战略态势分析

为了研究"灭商战略",周文王把当时的"天下",按照实际方位(上南下北、左

东右西),划分为如下7个势力范围:

吴	楚	蜀
包括今天的苏、浙一带。	包括今天的湘、鄂一带。	包括今天的川、渝一带。
	中原 包括今天的河南及其周边 地区。	
鲁 包括今天的山东、河北东 部一带。	晋 包括今天的山西、河北北 部一带。	周 包括今天的陕、甘一带。

图1-2-3-1　殷末诸侯势力范围分布猜想图(上南下北)

　　注:表中的"吴、楚、蜀、中原、鲁、晋、周"等地名,在当时可能还没有出现,本书仅为了叙述方便而借用。

　　周文王针对上述7方势力,对"周灭商"的态度和作用,进行了如下分析:

　　第一,中原地区,可能包括今天的河南及其周边地区。这一地区,是殷纣王的"根据地"。要想直接攻击这一地区,从而推翻殷商的统治,一方面周的实力不足,在"一对一"的争斗中,没有任何取胜的把握;另一方面,殷纣王还是"天子",受到攻击时,其他诸侯势力若站到殷纣王一边,则更无取胜的希望。

　　第二,周地,可能包括今天的陕、甘等地。这是周的发祥地,具有三个得天独厚的条件:一是易守难攻;二是可以自给自足;三是"进"可雄视天下,"退"可偏安一隅。在冷兵器时代的农耕社会,把这里作为将来的"帝王之地",具有独特的地理优势。

　　第三,蜀地,可能包括今天的川、渝地区。因为我们今天不清楚的原因,周文王认为,在"周灭商"的过程中,蜀地的诸侯势力是可以依靠的基本力量。

　　说明:关于在"周灭商"过程中,"蜀地的诸侯势力做出了贡献"的猜想,在近年来宝鸡一带的考古发现中,似乎给出了有利的证据。据说,在(宝鸡茹家庄)西周时期的大型遗址中,发现了蜀文化的印记。有人认为,这一情况表明,西周王室可能对"蜀人"进行过"封赏",甚至在周王室附近,"蜀人"曾经有过"封国"。果真如此的话,可能表明,在"灭商"过程中,蜀人确实做出过重要贡献。至于"蜀人"是否坚定地支持过"周人",还需专家进一步研究。

　　第四,楚地,可能包括今天的湘、鄂及皖的部分地区。同样是因为我们今天不清楚的原因,周文王认为,楚地的诸侯势力,一厢情愿地投靠殷商(而殷商可能并不领情),会自愿成为殷商的帮凶,所以,在周灭商的过程中,首先要消灭楚地的诸侯势力。如果先拿楚地开刀,傲慢而自负的殷纣王,不会施以援手;而吴地的诸侯,对楚素有成见,也会袖手旁观。所以,作为"灭商"的外围战役,先联合蜀人灭楚,斩断殷商的爪牙,是优先的战略任务,成功的把握性也很大。

说明:有资料表明,西周初期,楚人受到了周室的严重压制。 如果这一说法属实,表明上述推测具有一定的合理性。 楚人不受待见的原因,很可能是剽悍的楚人具有很强的侵略性;而楚人剽悍性格的养成,可能是出于保卫无险可守的家园的需要;楚人交好中原的可能动机,一是不给强大的中原讨伐自己以借口,二是必要时需要中原的保护。

第五,吴地,可能包括今天的苏、浙及皖的部分地区。也许是周文王认为,吴地富庶,无论是殷商、还是周统治天下,对吴的影响都不大;特别是对吴地而言,如果周取代殷商,更是鞭长莫及,更为有利。因此,在"周灭商"的过程中,吴人将会采取"随风倒"的态度:如果形势对周有利,他们乐于参与"灭商"的战斗,有了这样的顺水人情,他们就能以"功臣"的身份,在"周王朝"中获取更多的实惠;如果形势对周不利,他们会帮着殷商"平定叛乱",再从殷商王朝捞到更多好处。而在"周灭楚"的过程中,他们只会袖手旁观、坐山观虎斗,其原因很可能是,他们时常受到剽悍的楚人的侵犯。

说明:据《史记·吴泰伯世家》及相关资料记载,"吴"泰(太)伯及弟仲雍均为"周"太王之子、季历之兄。季历及其子姬昌均十分贤能,太王欲立季历并传位给姬昌。因此,泰伯、仲雍便出走荆蛮之地(今江苏苏州一带),把继承权让给季历。季历与姬昌后来均继承王(侯)位。泰伯等人至荆蛮后文身断发,待人很有节义,荆蛮追随者逐渐增至一千余户,尊其为吴泰伯。泰伯死,无子,其弟仲雍继位;仲雍死,其子季简继位;季简死,其子叔达继位;叔达死,其子周章继位。时值武王战胜殷纣,寻找泰伯、仲雍后代,找到周章后仍封于吴。

按照这些记载及良渚文化考古发现的史料,可以合理推断:第一,周文王(姬昌)被拘时,应不清楚泰伯、仲雍一支在吴地的状况;第二,泰伯、仲雍一支在武王伐纣之前,并未强大到能够代表吴地诸侯势力的程度;第三,在周文王时期,吴地的整体文化发展水平、政治影响力,足以在殷商王朝产生重大影响。因此,上述推测与现有史料并无抵牾。

第六,晋地,可能包括今天的山西及河北北部一带。同样是因为我们今天不清楚的原因,周文王认为,要想在"灭商"过程中,争取晋地诸侯势力的支持,会碰到钉子,因为他们似乎不愿意参与诸侯间的纷争。也许是由于秦晋之间有黄河天险阻隔(坎),可以相安无事。因此,周文王坚信,在"周灭商"的过程中,晋人不大可能利用周后方空虚的机会,趁火打劫。

说明:我们无从得知周文王为什么会做出这样的判断。 也许古老的"秦晋之好"这一说法,会包含一些重要的信息。 对此,有待相关专家进一步研究。

第七,鲁地,可能包括今天的山东及河北东部一带。也是因为我们今天不清楚的原因,周文王认为,在"周灭商"时,鲁地的诸侯将"独善其身",绝不出头露面,故不足为虑。

周文王把上述分析结论,形象地图示如下:

吴	楚	蜀
随风倒;是敌是友依情况而定。	殷商帮凶;应首先予以消灭。	坚定的盟友,可依靠的力量。
	中原 外强中干;但有一定的号召力。	
鲁 独善其身;不足为虑。	晋 非敌非友;无须提防。	周 将来的帝王之都。

图1-2-3-2　周文王的分析结论猜想图(上南下北)

二、灭商战略

根据上述分析,周文王制定了如下的"周灭商"战略目标和行动路径:

第一,"周灭商"的战略目标,是可以实现的;将来的天下,将是位于西北的"周"的天下。

第二,"周灭商"时,可以依靠的力量是"蜀";"蜀"将辅佐"周"得到天下。为此,首先要与"蜀"结成良好的同盟关系;而结成同盟关系的有效手段,是"互为依存、相互扶持"。

第三,"楚"是殷商的帮凶,应首先予以歼灭。"联蜀灭楚"时,将不会遇到来自于殷商,或"吴人"的干扰。

第四,"联蜀灭楚"后,应以雷霆之势,迅速"灭商"。"灭商"初期,"吴人"将采取"观望"态度;此后,若形势对"周"有利,"吴人"将与"周"携手"灭商",否则,"吴人"将与殷商联手"灭周"。所以,"灭商"时应速战速决,不可打持久战;否则,"吴人"倒向殷商,情况就难以预料了。

第五,"灭商"后,"吴人"将"不攻自降",归顺"周王朝"。

第六,"灭商"后,联合"蜀人"、"吴人",即可不战而屈"晋、鲁"之兵,天下归"周"。

面对这样一幅"周灭商的战略构想图",周文王肯定激动不已。把它"记录"下来吧,怕"泄露天机",让殷纣王知道后肯定会惹来杀身之祸;不"记录"吧,又心里痒痒,生怕别人不知道自己的"雄才大略",和这一"伟大的战略构想"。左思右想后,他便想用一种非常隐晦的方式把它"记录"下来。于是,他陷入苦思冥想之中。

三、"后天八卦图"的诞生

要隐晦地记录"灭商战略",周文王遇到的第一个问题是,如何"抽象地"表示殷纣王。他总结了殷纣王的主要性格特征是暴戾、色厉内荏,即,由于殷纣王的残暴无道、不得人心,殷商貌似强大无比、不可战胜,实则外强中干、不堪一击。换句话说,殷纣王"听起来可怕,其实没啥可怕的"。

"听起来可怕,其实没啥可怕的"这句话,突然让周文王眼前一亮,"雷"不就是殷纣王活生生的写照吗?!"咔嚓"一声惊雷,让人震惊不已,其实却没什么了不起!于是,在周文王脑海里,殷纣王的形象就与"雷"的形象重叠起来了。由于周文王精通"先天八卦",于是,周文王就可以用"☳"(雷)这一符号暗指殷纣王了。

有了这样的认识后,周文王沿着这一思路,试图用八卦符号表示图1-2-3-2中的各方情况:

周灭商后,天下要成为"周"的天下,所以,可以用"☰"(天)代表"周";"周"若想拥有天下,可能依赖的力量是"蜀",所以,作为坚强后盾的"蜀",类似于"☷"(地);而"随风倒"的"吴人",很像"☴"(风);"楚人"是殷商的帮凶,应最先被一把火烧得干干净净,可以用"☲"(火)来标记。

周文王惊奇地发现,先天八卦的符号,竟然能够传神地刻画各方势力的特征!可惜的是,"先天八卦"太简单了,尚不足以细致地刻画各方的特征。

于是,他试着把"先天八卦"两两相叠,并赋予其不同的含义,用以刻画各路诸侯的性格特征。经过苦思冥想,他终于对先天八卦两两相叠后得到的"重卦卦象",赋予了全新的意义(参见第二部分)。于是,他用自己"发明"的"重卦卦象"和其全新的含义,画出了这样一张图:

吴 随风倒	楚 先消灭	蜀 可依赖
风风 巽	火火 离	地地 坤
	中原 色厉内荏	
	雷雷 震	
鲁 独善其身	晋 非敌非友	秦 帝王之都
山山 艮	水水 坎	天天 乾

图1-2-3-3 八卦符号表示的天下形势猜想图(上南下北)

不可思议的是,这张图基本准确地刻画了周文王的战略构想！这一方面让周文王激动不已,另一方面又让周文王看起来有点儿眼熟:这张图很像"八先天卦图"！于是,周文王想到,为什么不用"八卦图"的方式,表示那张"战略态势图"呢?!

经过深思熟虑后,在不影响其实质的情况下,为了使图1-2-3-3更加规整、美观,周文王对其进行了适当的调整、补充,便有了如下的"灭商战略蓝图":

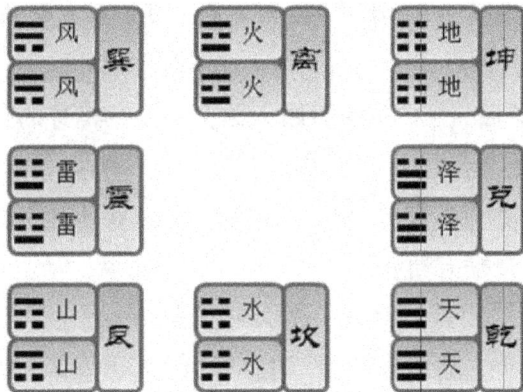

图1-2-3-4 原始文王八卦图

这就是"原始的""文王八卦图"。但与"先天八卦图"相比,"原始文王八卦图"总是显得有点啰唆,也不利于隐藏周文王的战略意图。于是,周文王把心一横,把自己的"八重卦"简化为"八单卦"的形式,但保留自己的卦名,搞出了一个新的八卦图,这就是我们今天所见的"后天八卦图":

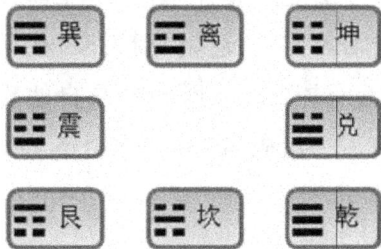

图1-2-3-5 后天八卦图(上南下北)

该图暗含的夺取天下的"灭商战略"是:

第一步,周(乾)以"相互周济、相互支援(兑的含义)"(兑)的方式,联合可以信赖的蜀(坤),形成相对优势的攻击力量。

第二步,与蜀联合,集中优势兵力先消灭(离)楚。灭楚时的态势是,与楚毗邻的殷商(震)和吴(巽),都不会对楚施以援手;同时,晋(坎)也不会趁周后防空虚之际,偷袭周的后方。因此,可以放开手脚集中优势兵力,迅速歼灭楚的有生力量。

第三步,灭楚之后,迅速挥师直击殷商(震——为了美观,从中间移到了东边),务求一战而胜。如果对殷商的战局进展顺利,吴则会成为灭商的援军,加速灭商的进程;如果对殷商的战局不利,吴则可能与殷商合兵一处,则战局危矣。所以,对殷商的攻击,务求速战速决、一战而胜。至于鲁(艮)、晋(坎),不必多虑。

第四步,灭商之后,可以暂缓用兵,一方面休养整休,一方面等待吴(巽)的彻底归顺。此时,在大势已去的情况下,吴与鲁(艮)不大可能联合起来,共同抗拒周。

第五步,待吴归顺后,便可不战而屈人之兵,独善其身的鲁(艮)、非敌非友的晋(坎)也会分别归顺。至此,天下归周。

说明:周灭商的史实是否符合这一战略构想,另当别论,但后天八卦图隐含着这一战略意图,却清晰可辨。

至此,我们看到了"后天八卦图"的形成过程。由上述分析不难看出:"文王八卦图"的形成,虽然受到"先天八卦图"的启发,但其出发点和思想内涵,显然有实质性的差别。因此,不应仅从形式上对两者进行肤浅的比较,也不应被两者形式上相似的假象所迷惑,更不应将两者混为一谈。

本节主要观点:

第一,"文王八卦图"是周文王筹划"复仇计划"时,形成的"灭商战略图",隐藏着一个惊天动地、足以改变历史发展方向和进程的惊人秘密!

第二,为了用简洁而隐晦的方式,记载"周灭商"的战略意图,周文王对自己熟悉的"先天八卦"进行了改良(重卦),从而使刻画自然现象的简单符号,能够表达更为复杂、深刻的社会现象,并为《周易》的写作奠定了基础。

第四节 "文王演《易》"的动机与思路

一、文王演《易》的动机

在形成"文王八卦图"的过程中,周文王注意到,"任意两个先天八卦的重叠(共64种情况)",能够深刻地刻画某种社会现象的本质。于是,他暂时放下了仇恨,静下心来研究"卦象重叠"后所能刻画的社会现象,以及在不同的社会现象中、不同人群的行为规律,并以这样的"研究工作"来打发无聊的囚禁时光。

在初步思考了"六十四卦"与生活现象之间的本质关联性以后,周文王惊奇地发现:第一,"六十四卦"几乎可以刻画社会生活的全部重要主题;第二,如果用各卦不同的"爻"来代表不同的社会阶层,那么,64 个主题下、各个不同社会阶层的行为表现,就是一部描绘社会生活的宏大画卷;第三,64 个主题下、各个不同社会阶层的行为,有些值得肯定,有些则应扬弃,有些无伤大雅,而有些则可能带来严重后果;第四,如果对这些行为能够加以点评,从而使人们在不同的社会活动中,都能有"恰当的表现",既是个人之幸,更是社会之幸,就能够形成一个"理想社会"。于是,周文王产生了"用自己的思想来规范人们的社会行为,从而营造出一个理想社会"的强烈冲动。这一冲动的直接后果,就是《周易》的诞生。

二、文王演《易》的思路

下面,以"火上火下"为例,来看看周文王如何构思六十四卦。其所以选择这一卦,主要是因为如果理解了"离"的真正含义,就可能理解"后天八卦图"为什么是周文王复仇的"灭商战略图"。

对于"火上火下"这一卦象,可以理解为"火上(下)有火"。这令人联想到"熊熊大火"的情形;进而想到,"熊熊大火"也是起始于星星之火,而经过熊熊燃烧之后,也会慢慢熄灭,最后只剩一缕青烟随风而逝。而人生在世的生命历程,与一场大火又何其相似:婴幼儿时期的星星之火,造就了青壮年时期的熊熊大火,而到了暮年又进入了逐渐熄灭的阶段,直到身后的一缕青烟随风而散、无影无踪。于是,周文王从"火上火下"这一看似毫无意义的图形中,看到了人世间"生离死别"的景象。

说明:对"火上火下"这一卦象,完全可能有另外的解读,这很正常。例如,大火过后一片焦土,原本生机盎然的一切都毁于一旦、消失殆尽(离)。也可以用"看热闹"的心态,"欣赏"熊熊大火的"壮丽"(丽)——这是"传统"的解释。

为了让人们明白自己的意图,周文王给这一卦起了一个名字——"离",试图把人们的思路引向"生离死别"这一特定情形。因此,我们看到的六十四卦,每卦都有一个名字——"卦名"。

可见,卦名的作用,就是要把人们理解"卦象"的思路,引向周文王特定的框架中去。事实上,每一个"卦象、卦名"的组合,在周文王的脑海中,都对应着一个清晰、明确的特定社会现象。例如，"火上火下·离"的组合，在周文王的脑海中就意味着"死亡、灭亡"；正因为如此，当我明白了"离"及其他各"卦名"的含义之后，开始研究"后天八卦"时，我突然明白了"后天八卦图"透出的重重杀机！也领悟了"后天八卦"的战略意图！于是，才有了本章前面的推理、分析。

"火上火下·离"的组合，清晰地确定了"死亡、灭亡"这一主题。走向死亡，是任何人都摆脱不了的宿命，无论高贵还是卑贱。面对亲人的死亡，不同的社会群体有不同的心态和表现。于是，周文王针对不同社会群体的人们，面对亲人亡故时的行为，进行了归纳和总结，并对各种不同行为，进行了评价。这就是各爻的爻辞要表达的内容。

例如，对小民老百姓而言，一般不可能对亲人的突然去世，事先做好周全的准备。亲人一旦离世，前来"帮忙"的亲朋好友，就会表现出一片匆匆忙忙、杂乱无章、步履交错的景象；也有的人，为了"装门面、争面子"而倾尽全力、甚至不惜举债来大办丧事，而丧事过后就陷入生活难以为继的困境之中。再如，对于王侯之家而言，一旦老王侯去世，自认为有实力的各路人马都会觊觎王位；此时，新继任或即将继任的新王侯，地位还不稳固，在对待老王侯去世的问题上，一旦处理不好，就会给觊觎王位的人以借口，从而危及其王位。

这两个例子中的行为规律，正是"离"卦初爻、五爻"爻辞"的潜台词，《周易》里的原话是："初九 履错然。敬之，无咎。"和"六五 出 涕沱若，戚嗟若，吉。"在本卦里，周文王用"初爻"代表"平民百姓"，"二爻"代表"地主阶级"，"三爻"代表雄霸一方的"地方豪强"，"四爻"代表"王公贵族、重臣良相"，"五爻"代表"王侯之家"，而"上爻"则代表"老迈战将"。可见，如果不清楚"生离死别"这一大前提，也不清楚各爻针对的对象，很难正确理解卦、爻辞。

事实上，莫名其妙的卦、爻辞，两千多年来让人如坠五里云雾，着实找不着北。人们不禁要问，周文王在《周易》里，为什么不能好好说话，非要曲里拐弯地故弄玄虚、作践人？其实，只要我们设身处地，从周文王当时的处境考虑，就不难找到问题的答案。

三、文王演《易》的困难处境

身陷囹圄的周文王，一旦暴露了自己的"小聪明"而激怒了殷纣王，自己的身家性命朝不保夕不说，还可能使西岐的子民也遭受生灵涂炭之苦！但是，如果不能完整"记录"下自己呕心沥血研究出的《周易》，他也会死不瞑目！

这种两难境况,迫使周文王不得不想出一个两全其美的办法,那就是,以"谁也看不懂的方式"记录下这些"研究成果"。但这必须解决两个问题,一是如何记录,才能让人看不懂? 二是如何得到记录用的"笔墨纸砚"? 第一个问题必须由周文王自己解决,而第二个问题,周文王自己肯定解决不了,必须借助他人。

先来看第一个问题。

无论是谁写文章,总希望别人能看懂。但周文王深知,一方面,身处囹圄的他,身边都是殷纣王的心腹和爪牙,如果他要想长篇大论地写"文章",无论如何都躲不过殷纣王的耳目;另一方面,一旦殷纣王从自己的"文章"里感受到"周文王确实比我厉害",一定会毫不犹豫地除掉他,以绝后患。所以,他写出来的"文章",不能让"看押"他的任何人、特别是殷纣王身边的那些"高人、能人""看懂"其中隐藏的秘密,因此,必须对"文章"进行彻头彻尾的"严密伪装"! 周文王采用的"伪装"方式主要有三种:一是用"占卜之书"的形式"书写";二是以类似"现代速记"的方式"只记录要点";三是"指东说西、顾左右而言他"。我们今天看到的《周易》,正是经过了周文王的"严密伪装"。令人感慨的是,**经过周文王"严密伪装"的《周易》,不但幸运地骗过了殷纣王,也不幸地蒙蔽了古往今来的读《易》之人!**

再看第二个问题。

身在囹圄中的周文王,要想获得必要的"笔墨纸砚",有两种可能的途径:一是偷偷地让"看押他的狱卒"提供,二是公开的向殷纣王"索要"。相信大多数人会选择前者,但前者的风险极大,一旦被"告密或泄密",要么自己人头落地,要么"狱卒"跟着一起遭殃,甚至有更为严重的后果。因此,这样做无异于送死! 权衡利弊之后,周文王选择了向殷纣王"公开索要""笔墨纸砚"。这样做看似不合情理,实则不然。周文王可以公开地宣称,自己闲来无事,想研究研究"占卜"的学问,因此需要一些"笔墨纸砚"。殷纣王面对这样的"要求",第一,肯定不会起杀心;第二,不会因此而难为一个"意志消沉、只想打发无聊时光"的老头;第三,他们之间原本就有"多年的交情",也乐得做个顺水人情;第四,也是最主要的,周文王的"占卜"水平再高,也不会对殷纣王的地位产生实质性的威胁,于是,殷纣王欣然满足"索要"的可能性很大。我们今天能够看到《周易》这一事实说明,周文王是在"光明正大、不受干扰"的情况下,以"研究占卜"为名,完成了《周易》的创作;这也是人们把《周易》视为"占卜之书"的客观原因。

虽然殷纣王提供了"笔墨纸砚"让周文王"研究占卜",但仍对周文王心存戒备。为了考验周文王的"占卜"水平,殷纣王做了一个"恶毒的测试":他命人将周文王长子伯邑考杀害后做成肉羹,送给周文王吃;听说周文王"毫无觉察"地吃掉自己儿子的肉以后,就在心里嘀咕:周文王的"占卜水平"不过尔尔,其他能力肯定也高不到哪里去!于是,才对周文王彻底放松了警惕。这一"测试事件",可能就是"吐儿冢传说"的背景。果真如此的话,**伯邑考为我们今天能够见到《周易》,付出了生命的代价!**

现在,我们一定能够体会到,《周易》为什么如此晦涩难懂。如果不是处于如此特殊的境况下,谁会如此大费周折地"折磨自己"也"捉弄别人"!让我们想想看,在《周易》作者的"候选人"中,谁遇到过如此艰难的境遇?谁又有"折磨自己"的同时也"捉弄别人"的必要?想通了这些问题,也就可以肯定,《周易》的作者,只可能是周文王!

四、《周易》被误读的一个重要原因

由于周文王对《周易》的文字进行了"严密的伪装",几乎无人能懂,因此,解开《周易》之谜,便成为后世文人追逐的一项重要目标。

解读《周易》的最早文献大概就是《易传》。《易传》被认为是孔子或其学生的作品,向来被人们尊为解读《周易》的最权威文献,因而后人在解读《周易》时,全都被《易传》牵着鼻子走,无人敢越雷池一步。下面,我们来看看《易传》是如何解读"离"卦的:

象传上:离,丽也。 象传上:明两作,离;大人以继明照于四方。 说卦传(第七章):离,丽也。 序卦传(上篇):《离》者,丽也。

显然,"易传"对"离"的各种解释中,没有一种符合周文王的本意。若按照《易传》给出的错误方向,根本不可能做出正确地解读。可悲的是,《易传》对很多卦都给出了自相矛盾或错误的解释,这是两千多年来人们未能真正读懂《周易》的一个重要原因。

本节主要观点:

周文王写作《周易》的目的,是想用自己的思想来规范人们的各种社会行为,从而营造出一个"理想社会"状态。

周文王是在"光明正大、不受干扰"的情况下,以"研究占卜"为名,完成了《周易》的创作;这也是人们把《周易》视为"占卜之书"的客观原因。

经过周文王"严密伪装"的《周易》,既骗过了殷纣王,也蒙蔽了后来的读《易》之人。

伯邑考为我们今天能够见到《周易》，付出了生命的代价。

《易传》对《周易》的错误解释，严重误导了后人。

第五节　《周易》晦涩难懂的原因

前面指出，周文王对《周易》的严密伪装，以及《易传》的严重误导，是导致后人难以读懂的重要原因，但还有两个问题困扰着人们。一是周文王重获自由后，为什么没有把《周易》"改写"为人们能够看懂的形式？即使周文王没有精力"改写"，为什么才华横溢的周公旦，或其他知晓《周易》秘密的周文王子孙，没有去完成"改写"工作？二是周文王为了瞒过殷纣王，在《周易》中采用了哪些"伪装"手段？是如何"伪装"的？

一、《周易》原样流传的原因

据"周文王年谱"载，周文王 82 岁时被拘，90 岁重获自由（与"七年乃释"的记载并不一致），97 岁去世。由于缺少可靠的证据，上述记载的可靠性值得怀疑，但周文王被释时已步入暮年，基本上是可靠的。

由于周文王是在"殷纣王完全知情"的情况下完成了《周易》，并以失去儿子伯邑考的性命为代价，"证明"了《周易》这部"占卜之书"毫无用处，所以在"出狱"时，才能在殷纣王的眼皮底下，完整地带走"毫无用处"的《周易》。

重获自由后的周文王，肯定会有"改写"《周易》的想法，也深知这是一项耗时费力的"巨大工程"。对当时的周文王而言，第一，自己无辜被拘、儿子无端丧命、天下生灵惨遭涂炭的家仇国恨，促使他义无反顾地投入到"推翻殷商统治"这一大业中去，而不是"改写"《周易》；第二，要实施自己谋划的"灭商战略"构想，有大量、细致的工作要做，使他没有精力来"改写"《周易》；第三，在完成"灭商"壮举之前，他已"壮志未酬身先死"，让他没有时间来"改写"《周易》，于是，周文王为我们留下了谜一样的《周易》。

周文王身后，周武王及周公旦等掌握《周易》秘密的人，全身心地投入到"灭商"大业之中，直至推翻殷商统治。但他们此时面对的，是一个刚刚经历了战火洗礼、满目疮痍的"天下"，和旧的管理体系被彻底粉碎、而新的治理机构尚未建立的局面。此时，"创建新的国家管理机构、建章立制（制礼作乐）、推动新的国家机器尽快正常运转"才是头等任务，因此他们也无暇完成周文王"改写《周易》"的遗愿。待到"周王朝"刚刚安定下来的时候,周武王又撒手人寰,把一个年轻的国家和年幼的"国王"留给了周公旦。因此,对"改写"《周易》,周武王、周公旦都可能有心而无力。

虽然周公旦后来有条件完成改写《周易》这一任务,但可能有三种原因让周公旦放弃了这一想法。第一,《周易》虽然勾画了一幅"理想社会"的蓝图,但却难以完全实现,也与自己的"礼、乐"等治国理念有些冲突;如果改写《周易》并"刊行",将导致国家治理理念的一些矛盾和冲突,不利于周初社会的稳定和发展。第二,如果改写《周易》,一方面"工程量"巨大,将耗费自己大量的时间和精力,将难以兼顾"管理国家"和改写《周易》这两项任务;另一方面,自己对《周易》中的有些观点可能与父亲的不一致,改写《周易》时如何处理这些问题,将会让他非常为难。第三,考虑到前两个原因,最好的解决方案就是让《周易》原样流传;这样,既对父亲表达了崇高的敬意和尊重,也不会影响自己治国理念的顺利实施,两全其美。就这样,周公旦做出了"放弃改写《周易》"的决定。虽然后人没有任何理由责怪周公旦,但可以肯定的是,他的这一决定却"坑苦了"古往今来的读《易》人!

二、周文王在《周易》中的"伪装"手法

为了骗过殷纣王,周文王在撰写《周易》时,煞费苦心,处处"严密伪装",以致于《周易》的文字中到处都是陷阱,一不留神就会误入歧途。要全面梳理、总结这些"伪装"手法,相当困难,下面,简要介绍四种主要的伪装手法。

第一,暗含主题。

前面已经指出,六十四卦的每一卦,实际上都是一篇"论文";"论文"的主题,涵盖了当时社会生活的主要现象。但这些主题几乎都没有被后人"看穿",主要原因是,这些主题都"暗含"在"卦象、卦名"之中,而周文王没有给出关于这些主题的任何文字线索。

我们认为,要"看穿"这些主题,必须:第一,掌握作为《周易》基础的文化概念——"先天八卦";第二,熟悉孕育《周易》的社会生活背景和地域文化特点;第三,具有科学、严密的"逻辑思维";第四,能够把"卦象、卦名"结合起来,仔细分析其背后隐藏的合理景象。只有在这四点都搞清楚的情况下,才能看出各卦的主题。

但是,大多数人都没有搞清楚"先天、后天八卦"的基本概念,因此,他们看不出各卦主题也就不足为怪了。搞清楚了"先天八卦"的那些人,却往往"想当然"地

用自己的生活经历，来解读《周易》的生活场景，用自己所在地区的"文化传统"，来代替《周易》的地域文化特色，从而误入歧途。能够幸运地闯过这两关的人，又往往会受到《易传》中"逻辑模式"的影响，滑入"信口雌黄"的泥坑。典型的《易传》逻辑模式是："……故受之以《大过》。物不可以终过，故受之以《坎》。《坎》者，陷也。陷必有所丽，故受之以《离》。《离》者，丽也。"这简直就是信口雌黄，但却被后人奉为圭臬！难怪国人被责为不讲逻辑。能够连闯上面三个关口的人，已是凤毛麟角，可惜他们往往把卦象、卦名割裂开来，要么走火入魔般地研究起卦象的"爻位、阴阳性质及其相互关系"来，要么就以对卦名的肤浅了解，牵强附会地、"创造性"地发挥所谓的"易理"。

第三章我们将详细介绍如何才能准确地把握各卦主题。

第二，暗含角色。

每卦各爻的爻名，除了唯一地确定"卦象"外，还有一个重要的作用，就是"标记"不同的社会群体，或事物发展的阶段。换句话说，各卦中的每一个"爻"，都"隐晦地"代表了特定的角色。但应特别注意的是，因为各卦讨论的主题不同，每个爻位在不同的卦中，所代表的角色也不尽相同，有些存在很大的差异。因此，对每一卦各爻的角色，都要仔细分析，而不能套用统一的模式。

对此，很多研究者基本上看出了端倪，也能够较好地加以利用，例如，五爻为"尊位"，代表"帝王"。但非常可惜的是，很多研究者一是把爻位代表的角色"绝对化"，见到"五爻"就认为是指"帝王"，因而在很多卦中，陷入不能自圆其说的困境；二是错误地认定了各爻代表的角色，例如，认为初爻代表"最低一级的贵族"——"士夫"阶层，而实际上，它可能代表社会的最底层民众，于是，由于角色的错位，爻辞就难以理解了。

第四章将详细讨论如何正确地理解爻位代表的社会角色。

第三，隐喻、速记。

这主要指"卦、爻辞"的写作手法。一是"声东击西"或"明修栈道、暗度陈仓"的"隐喻"手法，这在《周易》里俯拾皆是。二是最低限度地保留必要的文字，而略去了大量辅助性文字，类似于现今的"速记"，这也是《周易》最显著的特点。

对此，后世的研究者也鲜有全部领会其真谛的人。第五章将详细讨论这一问题。

第四，"卜筮"外表。

前面指出，周文王是在"公开"的状态下写作《周易》的，其"借口"就是研究"占卜之术"，因此，《周易》"必须看上去像一部占卜书"。周文王故意用"吉、凶、悔、吝、无咎"等"占卜术语",掩盖《周易》的真实意图。正因为如此,后世一些著名学者也"确信无疑"地认为,《周易》是一部"占卜之书"。当然,这既然是周文王的"故意",也就不能苛求这些学者了。

实际上,在《周易》里,这些"貌似占卜的术语",却被周文王"借用"以表达自己对不同行为的看法或观点。第六章将专门讨论这些"术语"在《周易》里的含义。

本节主要观点:

周文王重获自由后,没有时间、精力"改写"《周易》。周武王没有机会"改写"《周易》;周公旦为了向父亲表达敬意和尊重,也为了不会影响自己治国理念的顺利实施,没有"改写"《周易》。因此,《周易》得以原样流传于世。

《周易》刻意隐藏真实意图的写作手法主要有:卦象、卦名隐藏主题;爻位暗含社会角色;卦、爻辞声东击西,仅存要点;形式上貌似占卜。

第三章 象名互补

——逻辑严谨的隐秘主题

本章目的：介绍各卦讨论的主题

上一章指出，《周易》有四个主要的"伪装"手法，其一是"暗含主题"。本章主要讨论《周易》的每一卦，是如何"刻意隐藏主题"的。

《周易》的每一卦，实际上都是一篇独立的、学术水平极高、思想价值极大的"社会学论文"，都紧紧围绕着一个"主题"展开论述。但这一"主题"是暗含在"卦象、卦名"之中的。本章中我们将按下述思路，揭示各卦主题：

1. 将该卦的"卦象"，拆分为上、下两个"先天八卦"；

2. 根据上、下两个"先天八卦"刻画的"自然或社会形象"，以殷商末期西岐的社会为背景，用符合"社会行为规律"的"逻辑推理"方式，研究"重卦卦象"能够刻画什么样的"社会现象"；

3. 根据"重卦卦象"刻画的那些"社会现象"，结合"卦名"给出的线索（有些情况下，还要结合卦、爻辞的意境），指向一个明确的"社会现象"；

4. 针对这一"社会现象"，从各种"不同角度"研究"卦、爻辞"是否"符合社会一般规律"，如果符合，便可抽象出该卦"主题"。

第一节 单卦卦象的社会含义

前面（第一章第三节）指出，"先天八卦"是《周易》的直接基础；《周易》讨论的是"社会问题"。因此，周文王构思《周易》时的首要任务，就是对"先天八卦"的"卦象"赋予社会意义。

由于"先天八卦"的"卦名"都是人们非常熟悉的自然现象，因此，直接用"卦名"代替相应的"卦象"，来研究其代表的社会形象，更加方便，也易于被人们所接受、理解；同时，也能够避免将人们的注意力，引向讨论各爻的阴阳性质及其相互关系的歧路。这八个卦名分别是："天、地、水、火、风、雷、山、泽"，它们在周文王心目中的社会形象讨论如下。

1."天"卦

对古人而言，自然界的天，高高在上，可望而不可即；社会生活中，对一般民众而言，大人物也是高高在上、可望而不可即，因此，人们常用天来表示高高在上的大人物、重要人物。例如，"天子"、"青天在上"、"青天大老爷"都是指大人物；而不同情况下的重要人物则各不相同，例如，相对于孩子，家长就是天（"难道你想翻天"），相对于女人，男人就是天（"没了他，天都塌了"），对事而言，最重要、最大的事情就是天（"那可是天大的事情"）。

可见，天的社会形象，大家都耳熟能详，它在周文王心目中，也具有类似的形象。

2."地"卦

自然界的地，默默地承受着一切，逆来顺受、从不抗拒、无怨无悔，于是，地就成了"忠臣良相"的化身。在周文王眼中，（各级）"最高领袖"的副手（臣）就是地，社会中的普通民众就是地，男人的女人就是地。

但应注意，除了类似"心地善良"的用法外，我们很少用地表征社会现象。所以，涉及地的卦象都要仔细分析，因为地在周文王心目中的社会含义，往往非常隐晦。

3."水"卦

自然界的水，本身就具有极其重要的社会作用，《周易》中充分利用了这些社会作用。同时，周文王也用水表示云、镜子、河流、水潭等。

顺便提一下，我们现在常用水来刻画社会现象，如心如止水、水乳交融、水泄不通、水深火热、水落石出、水到渠成、水性杨花、水蛇腰、水汪汪、水灵、水准、流水账等。

注意："先天八卦"中的"水、泽"都是指自然界的水，但"水"卦一般指"河流"，而"泽"卦指"湖泊、沼泽"。

4."火"卦

周文王也充分利用了火在社会生活中的作用，同时，还给火赋予了其他形象，如引人注目,导致消亡,光彩照人,目露贪婪之光,渴望性爱的男子(烈火干柴、眼中冒火)等等。

顺便指出,火的社会形象同样丰富多彩,如火并、红火、火坑、火热、火速、火候、火爆、火辣辣、火上浇油、火急火燎、火眼金睛等。

5.“风”卦

《周易》中,风用来刻画风流倜傥、靠不住的男人,或“风流”的女人,也用来表示温柔、凛冽、昏天黑地等属性。

风在现代语言中的社会形象俯拾皆是,如风气、风头、风尘、风光、风声、风范、风采、风度、风流、风情、风雅、风韵、风凉话、风刀霜剑、风口浪尖、风云变幻、风驰电掣、风风火火、风声鹤唳、风花雪月、风流倜傥、风雨飘摇、风调雨顺等等。

6.“雷”卦

雷在《周易》中,用来刻画发怒的男人(大发雷霆之怒),性爱中急不可耐的男人(天雷勾动地火)。周文王心目中雷的社会形象比较隐晦,对涉及“雷”的卦象也应多加注意。

7.“山”卦

山在《周易》中,既被看作高山、大丘,也用来描述让人仰视的大人物(高山仰止,“泰山”——老丈人),或可以依靠的人(靠山),或巨量的财产(堆积如山),以及遮遮掩掩的隐藏行为。出人意料的是,山还让周文王联想到稳定的性伴侣,甚至硕大的男性性器官。

8.“泽”卦

《周易》中的泽,常指沼泽、湖泊。不可思议的是,沼泽、湖泊等“蓄水之地”,竟然让周文王联想到了“充满水的女阴”,并被引申为“渴望性爱的女子”。

按照《周易》实际用法,“先天八卦”在《周易》中的形象,大体可归纳如下表。

表 1-3-1-1 先天八卦在《周易》中的形象

卦名	在《周易》中的形象					
	自然现象		社会现象		人体现象	
	形象	应用	形象	应用	形象	应用
天	天	姤,同人,遯,履,讼,无妄,小畜,大有,大畜,需,大壮	高高在上的人	乾	——	——
			男人	泰,否		
			最重要的事情	夬		
风	风	小畜,巽,家人,渐,涣,观,姤,鼎,蛊,井,恒,升	如风一样很快消散的事情	中孚,益	——	——
			像风一样虚无的事情	大过		
火	火	大有,鼎,旅,晋,同人,家人,贲	因火而消逝的事物	离	欲火难耐的男人	睽,未济,革,既济,丰
	醒目	明夷	目露贪婪之光	噬嗑		
山	山	大畜,蛊,贲,蒙,遯,渐,旅,蹇	像山一样高大、威严的人、事物	谦,小过	(硕大的)男性器官	咸,损,颐
	黄土柱	剥	像山峦一样遮遮掩掩	艮		
泽	沼泽湖泊	兑,困,萃,履,中孚,节,临	——	——	(有欲望的)女性器官	夬,大过,革,咸,随,睽,损,归妹
水	水	井,既济,蹇,蒙,解	水灾,祸患	讼	——	——
	云	需,屯				
	河流	节,涣,未济,坎,困				
	水潭					
	镜子	比	分散匿藏	师		
雷	雷	大壮,恒,解,豫,无妄,屯	发怒,发脾气	小过,震,复	渴望性爱的男人	丰,归妹,益,随,
					喉咙发出低沉的声音	噬嗑,颐
地	地	升,明夷,谦,临,师,复,观,晋,剥,萃,比,豫	处于辅佐、从属地位的人	坤	——	——
			女人	否,泰		

注:上表未经仔细斟酌,错谬难免,仅供参考。

第二节　重卦卦象的社会形象

《周易》六十四卦的卦象，与社会生活现象之间的关联，虽然与上一节的情况类似，但却更为复杂、多变、难以捉摸。本节以"上火下山"为例，加以说明。

先从纯自然现象的角度，来分析"上火下山"这一现象。

"上火下山"即"山上有火"。"山上有火"的起因有两种，一是"自然因素"导致的山火，如"雷击"或"自燃"形成的火；二是"人为因素"产生的火，如"无意间失火"或"有意识生火"。

先分析"自然因素"。

我们知道，在古代的自然状态中，"雷击"或"自燃"确实可以引起山火，但这是极其罕见的自然现象。对周文王而言，讨论这样的"偶然"事件，及人们在这种情况下的行为，显然没有多少实际的社会意义。故在考虑该卦主题时可以排除。

再看"人为因素"。先分析"无意间失火"。

对古人而言，"无意间失火"有三种可能性：一是不小心遗落了火种（例如燃烧的火把上掉落的火星）；二是使用过的火堆又"死灰复燃"；三是"烧荒"时火势失控。可以想象，古人"无意间失火"引起山火的可能性非常小，理由如下：与古时相比，现代社会火种更加容易得到，进入火灾高风险区域的人口大量增加，易造成山火的作业更加频繁，即，现代社会"无意间失火"的风险远远高于古时，但现在"山林失火"也是极其偶然的事件。所以在古时，"无意间失火"的情况也没有普遍的社会意义，在考虑该卦主题时也可以排除。

再分析"有意识生火"。

人类已有很长的"用火"历史，周初的人们"有意识生火"，应该是非常普遍的事情。下面从这一角度分析"山上有火"这一现象。

第一，古人在山上"有意识"生火，大体上有三种目的，即"做饭、取暖、驱兽"。如果是白天生火，在山下远处的人，一般只能看到"烟"，而看不到火；如果在晚上生火，在没有空气污染的古时，很远的地方也能看到"山上有火"。所以，"山上有火"更应该是夜间的景象。

第二，夜晚能够看到"山上有火"，表明"山上有人在生火做饭、取暖或驱兽"。很显然，生火的人"夜未归家"。

第三，"夜未归家"的人，在周文王看来，就是"旅人"。事实上，我们现在的"旅（行）"，也是指"晚上回不了家"的意思。因种种原因而"晚上不能回家"，是一

49

种常见的社会生活现象。

于是,在周文王心目中,"上火下山"这一"卦象",让他想到了夜晚"山上有火"的情形,进而想到"夜晚有人在山上没有回家",这又让他联想起因种种原因"夜未归家"的那些"旅人",以及"旅人"的种种行为。

可见,在周文王的心目中有一条严密的逻辑链条,把"上火下山"这一"卦象",与人们处于"旅(行)"状态这一"社会现象"串联在一起。

事实上,周文王按照类似的逻辑,把六十四卦的每一"卦象",都与一个较为普遍、常见的"社会现象"建立起联系。如此一来,每一个卦象,都"隐晦地代表了"一种社会现象。换句话说,每一个卦象,都可以理解为某种社会现象的"抽象"表示。

如果把周文王如何由卦象出发确定六十四卦主题的思路,逐一进行详细分析,那需要太多的篇幅。第四节,我们将以类似于下表(夬卦)的形式,给出主要线索,相信读者能够从中领悟周文王的思路。

表 1 - 3 - 2 - 1　　"夬"卦卦象揭示的主题

		渴望性爱的女子	女子把性爱看做是比天还大的事情。
泽 天		天一样大的事情	

不得不说的是,为了揣摩每一个卦象在周文王老爷爷心目中代表着什么样的社会生活现象,让我吃尽了苦头,当然也充满了快乐。每当屁股、腰、背、肩、颈的阵阵疼痛让我坐立不宁时,每当弥漫在书房里的"香烟浓雾"呛得我眼红喉痒、头昏脑涨时,都会有"放弃研究"的冲动。但,每当鸡鸣三遍,或寒星将落,忽然领悟了老爷爷某一个绝妙的想法时,我便不禁击掌叫绝,或者傻笑不已!此时此刻,我的整个身心,都会被一种巨大的兴奋感紧紧地攫住,我的整个世界,都会弥漫着莫名的激动!每当此刻,仿佛看见文王老爷爷就坐在我书桌的对面,眼里充满慈祥和宽慰,陪着我一起傻笑!为了这会心的一笑,什么样的辛苦都是"浮云",什么样的付出都值得!但愿您也能够分享文王老爷爷的智慧,和那种顿悟后的无尽快乐。噢,扯远了。

第三节 "卦名"的作用

上节已经看到,如果理解了周文王如何将卦象与社会现象联系起来,各卦的主题就呼之欲出了。但在很多卦中，卦象与社会现象之间的逻辑联系是非常隐晦的，尤其是现在的我们，对当时的社会生活状况几乎没有任何概念，要建立这种逻辑关联，十分困难。

好在，周文王已经考虑到了这一点（也许是为他自己日后复原《周易》的原貌做准备），给每一卦都起了一个卦名，这个卦名就基本上指出或限定了当时的某种社会生活景象。换句话说，《周易》中已经给出了"从卦象到社会生活现象"这一逻辑链条的两个端头，而略去了所有的中间环节。

按理讲，如果我们能够清晰地了解"卦名"所指的社会生活现象，就能够确切地知道各卦论述的主题。但遗憾的是：

第一，各卦的卦名太过简略、也太过抽象（可能是周文王刻意掩盖真实意图的故意行为），即使是五百多年后的春秋时期，人们已经不能理解卦名所指的社会生活现象，三千多年后的我们，就更琢磨不透了。

第二，有确凿的证据（宝鸡青铜器博物馆）表明，周初时文字尚处于快速演进的过程之中。因此，在《周易》以"文字形式"传播的早期，对其文字含义的理解，肯定会产生"地域化差异"。因此，即便是当时其他地区的"古人"，也难以理解"卦名"的确切意义，而现在的我们，大多不了解陕西关中的"地域文化"，理解"卦名"就更加困难了。

第三，后世在解读《周易》的过程中，提出了一些不正确的观点，甚至误读，但却被普遍接受。由于这些误读的"权威性"，导致了以讹传讹，甚至进入了现今最权威的字典，使我们在研究《周易》时，不知不觉地误入歧途。事实上，现代"字典"对《周易》中很多字词的解释，与（陕西）关中方言明显不一致，而《周易》却是用关中方言写成的。

正是由于上述原因，卦名所代表的当时社会生活现象，已经不为今人所知，人们只能瞎子摸象般去猜测。由于后人不能确定"卦名所指的社会生活现象"，所以，"从卦象到社会生活现象"这一逻辑链条，就只剩了卦象这一端。因此，如果不仔细研究卦象，或者曲解、误解了卦象，就不可能明白各卦的主题。事实上，大多数"易学"著作，都未能从"卦象"出发，正确地理解并抓住各卦的主题，因而把各卦解读得支离破碎、五花八门。

幸运的是，我儿时经历的社会生活景象，可能与《周易》成书时的生活景象，有某种程度的相似之处；儿时聆听的语言，可能还带有古时的印记，所以，我对卦名代表的社会生活场景，有某种隐隐约约的感觉。这种感觉，有些来自于"字典"的古意解读，有些则来自于小时候的经历。有些卦中，后者的成分更多一些。为了说明这一点，再以"兑"为例，说明方言对理解《周易》的重要性。

"兑"卦的卦象是"上泽下泽"。《古今汉语词典》对"兑"的释义是：（1）喜悦（源自于"序卦传"的"兑者说也"，说通悦）；（2）通达；（3）孔穴；（4）八卦之一；（5）以货币或其他替代物进行等价交换；（6）掺和；（7）通"锐"。

那么，"上泽下泽"与"兑"结合，能够确定一个什么样的主题呢？

我们可以想象同一条河流上，相距很近的两个湖泊（泽）。根据水流方向（流向），必定一个处于上游、一个处于下游，因此就构成了"上泽下泽"这一卦象的现实事例。如果两个湖泊的水面基本处于同样的高度，那么，当下游湖泊水位下降时，上游湖泊就会通过河道向其注水，反之亦然（但在自然界中，反向流动极少出现）。相邻湖泊之间这种"相互调剂"的现象，就是"兑"的含义。

相邻湖泊之间这种类似于"借"的"相互周济"情况，在农耕社会的家庭之间，会经常出现。例如：我家的"米缸"空了，就向别人家"借"一些米回来；等到我家的"米缸"满了的时候，再"还"回去。这种在过去年代经常发生的社会生活现象，就是"兑"卦的主题。

需要特别说明的是，在古老的关中方言中，能够"原物返还"的行为是"借"，而"不可能原物返还，但应同质同量返还"的行为是"兑"。例如，可以到别人家"兑"一些米面、油盐、柴火；"借"一个碗盆、一个工具、一件衣服等。在我小的时候，我奶奶会让我去别人家"兑"一些面粉，而不是让我去"借"面粉。因此，"借一些米面"的说法是不准确的，而"兑一个工具"是不恰当的。当我被"兑"卦搅得焦头烂额时，冥冥之中，脑海中浮现出奶奶让儿时的我去别人家"兑"面粉的画面，让我豁然开朗！立即抓住了"兑"的要害，顺利解读了该卦。可见，方言及地域特色对解读《周易》是多么的重要！

不难看出，字典对"兑"的上述释义中，与《周易》中"兑"的本意最接近的是（5），但很不适合周初的时代。《周易》中的"兑"，是指民众之间的"相互周济、相互帮衬"，而绝不是什么"喜悦"。现在人们婚丧嫁娶时的"礼尚往来"，应该含有古时"兑"的意味，即，当一人有"需要"的时候，大家一起帮助他；他也会在别人需要帮助的时候，来帮助别人。过去，人们之间的"相互帮助"，大多是"实物支援"，显然，不可能把"受援得来的实物，再原物支援回去"，所以，"礼尚往来"式的"相互帮助"，是典型的"兑"的行为。

第四节　各卦主题

下面，我们用表格的形式，给出确定各卦主题的主要线索。

表 1 - 3 - 4 - 1　《周易》六十四卦各卦主题

一、下卦为天的各卦

卦名	卦象	上、下卦形象	全卦形象	全卦主题
乾	天	上一阶层领袖人物	更高的领袖人物	为君之道
	天	下一阶层领袖人物		
泰	地	女人	女上男下做爱	交合之道
	天	男人		
需	水	能带来降水的云	云在天外、天上无云,令众人望眼欲穿	取之有道
	天	天		
大有	火	庆祝丰收的篝火	欢庆丰收的篝火,火光冲破了天际	富不忘仁
	天	天		
小畜	风	欢快愉悦的心情	人遇到意外收获,欢快的心情像风一样飞上云端	不贪横财
	天	天		
大壮	雷	敢说敢为、脾气暴躁的人	敢作敢为,天不怕、地不怕的人	有勇无谋
	天	人上之人		
大畜	山	堆积如山的财富	堆积如山财富,超出一般人的想象	巨富防祸
	天	人们能够想象的巨额财富		
夬	泽	有性欲望的女子	女子把纵欲看作比天还大的事情	欲壑难填
	天	最重要的事情		

二、下卦为地的各卦

卦名	卦象	上、下卦形象	全卦形象	全卦主题
否	天	男人	男上女下做爱	交合之道
	地	女人		
坤	地	上一阶层"重臣"	领袖人物的左膀右臂	为臣之道
	地	下一阶层"重臣"		

比	水	水洼	水洼像一面镜子,能够让人看清自己的面目	攀比之道
	地	地面		
晋	火	炊烟	遍地炊烟,一望无际,象征着人丁兴旺,势力强盛	势力扩张
	地	大地		
观	风	凛冽的寒风	冰天雪地上刮着寒风,躲在安全处观望局势发展	见微知著
	地	冰天雪地		
豫	雷	敢说敢为、脾气暴躁的人	令人退避三舍、避之唯恐不及的人	横行霸道
	地	民众		
剥	山	沟谷的边坡	水流不断冲刷谷底,使边坡更显高大险峻	欺众显己
	地	沟谷的底部		
萃	泽	地表水聚集的谷地	水流聚集的地方	众望所归
	地	地表		

三、下卦为水的各卦

卦名	卦象	上、下卦形象	全卦形象	全卦主题
讼	天	天底下	洪水滔天,殃及无辜,犹如飞来横祸	息事宁人
	水	洪水、祸水		
师	地	民众	兵藏于民,犹如水藏于地	御兵之道
	水	兵卒		
坎	水	水	深水坑边的坎	人生挫折
	水	水		
未济	火	欲火难禁的男子	面对无动于衷的冷美人,猴急的男子抓耳挠腮	不懈追求
	水	平静如水的女子		
涣	风	激流荡起的轻风	相互激励,共同前进	互励共勉
	水	追随着轻风的激流		

解	雷	打雷如号令	闻声而动,有求必应	有令必行
	水	落雨似行动		
蒙	山	山坡的低凹处	草木蒙雨水而茂盛,愚钝因教化而聪慧	启智开愚
	水	水		
困	泽	(即将干涸的)水塘	塘水渗漏而干涸,水塘中的鱼虾蝌蚪陷入困境	难舍难弃
	水	塘中的水		

四、下卦为火的各卦

卦名	卦象	上、下卦形象	全卦形象	全卦主题
同人	天	天底下	短时间在一个锅里搅勺把的人	同伴盟友
	火	做饭用火		
明夷	地	朴实无华的外表	用朴实无华的外表,掩盖内心的雄才大略	韬光养晦
	火	引人注目的智慧		
既济	水	心如止水的女子	拆散的鸳鸯	旧情难却
	火	欲火炽烈的男子		
离	火	火	火后的灰烬	生离死别
	火	火		
家人	风	火塘上的热风	围坐在火塘边的一家人	治家方略
	火	火塘		
丰	雷	炽烈如雷的男子	男同性恋	同志之道
	火	欲火难禁的男子		
贲	山	(坐在)山上	亮丽的色彩,点缀平淡的生活	装点门面
	火	山下烧荒的火		
革	泽	有性欲望的女子	如胶似漆、难分难舍的情侣	山盟海誓
	火	欲火难禁的男子		

五、下卦为风的各卦

卦名	卦象	上、下卦形象	全卦形象	全卦主题
姤	天	天底下	泼妇撒泼,搞得鸡飞狗跳、天下不宁	调教泼妇
	风	邪风阵阵		
升	地	地面	柴草杂物,随旋风扶摇直上	出人头地
	风	旋风、龙卷风		
井	水	打水时打上来的水	围绕着打水,出现的社会百态	水映百态
	风	井下的习习凉风		
鼎	火	煮饭的火	围绕着"饭锅(鼎)",出现的恩怨情仇	锅里乾坤
	风	(火下)吹火的风		
巽	风	他人的行为	跟风,随风而动	从众行为
	风	自己的行为		
恒	雷	打响雷	风雷相伴,亘古不变	墨守成规
	风	刮阵风		
蛊	山	高大的人物	舐犊情深,柔情似水	溺爱子女
	风	轻柔的关怀		
大过	泽	性欲难耐的女子	因性饥渴而乱交的女子	寡居思春
	风	风流不羁的男伴		

六、下卦为雷的各卦

卦名	卦象	上、下卦形象	全卦形象	全卦主题
无妄	天	高高在上的人物	再暴躁的人,也跳不出如来佛的手心	敬而远之
	雷	脾气暴躁的人		
复	地	大地,山谷	雷声在山谷间来回往复	回顾过去
	雷	雷鸣及其回声		

卦名	卦象	上、下卦形象	全卦形象	全卦主题
屯	水	大雨	突遭滂沱大雨、雷鸣电闪，应中止正常活动，尽快躲避	权宜之计
	雷	雷电		
噬嗑	火	目露贪婪之火	嘴里叼着猎物的猛兽，面对抢夺者，眼中冒着凶光，喉咙发出威胁	贪而不舍
	雷	喉吟威胁之声		
益	风	风流不羁的女子	周旋于欲火难禁的男子之间的"交际花"	逢场作戏
	雷	欲火难禁的男子		
震	雷	家长、大人物发怒	怒目相对，僵持不下	怒的艺术
	雷	家人、小人物发脾气		
颐	山	硕大的男根	口交	性趣盎然
	雷	女子喉咙的低吟		
随	泽	有性欲望的女子	言听计从，百依百顺	偏听盲从
	雷	欲火难禁的男子		

七、下卦为山的各卦

卦名	卦象	上、下卦形象	全卦形象	全卦主题
遁	天	高高在上的人物	大人物遇到了自己也惹不起的人物	知难而退
	山	让人仰视的大人物		
谦	地	民众	大人物屈尊与民众打成一片	自降身段
	山	大人物		
蹇	水	雨水	凄风苦雨中，在崇山峻岭间的艰难跋涉	蹉跎岁月
	山	山上		
旅	火	生活用火	夜间，有人在山上生火	夜未归家
	山	山上		
渐	风	山风吹落的树叶	树叶从高处翩翩飘落，就像大雁盘旋着寻找落脚之地	少女择偶
	山	山下		

小过	雷	发怒	大人物大发雷霆之怒,小人物战战兢兢	寻求谅解
	山	大人物		
艮	山	山	不见此山真面目	深藏不露
	山	山		
咸	泽	有性欲望的女子	共同拥有,不分彼此	携手人生
	山	大山一样可靠的男子		

八、下卦为泽的各卦

卦名	卦象	上、下卦形象	全卦形象	全卦主题
履	天	天底下	身处沼泽之中	步步小心
	泽	沼泽、湖泊		
临	地	大地,高地	居高临下,统揽全局	大局为重
	泽	沼泽、湖泊		
节	水	河流	水入湖中,难以流出,终成死水一潭	有进难出
	泽	大湖泊		
睽	火	眼中冒火的男子	眉目传情,一拍即合	一见钟情
	泽	有性欲望的女子		
中孚	风	风流不羁的男子	短暂结合	一夜风流
	泽	有性欲望的女子		
归妹	雷	按捺不住欲火的男子	姐夫与小姨子日久生情	再娶妻妹
	泽	有性欲望的女子		
损	山	壮硕的男根	壮硕男子对娇小妻子会造成伤害	多加关爱
	泽	有性欲望的女子		
兑	泽	湖泊	相互周济	相互帮衬
	泽	湖泊		

从不同的视角来看,各卦的主题也可以表述如下(数字为卦序):

(1)乾:如何成为最高领袖;(2)坤:如何成为首辅大臣;(3)屯:如何面对突如其来的变故;(4)蒙:如何开化愚昧的人;(5)需:如何面对人人都期盼的东西;(6)

讼:如何对待飞来横祸;(7)师:如何驾驭军队;(8)比:如何与人攀比;(9)小蓄:如何面对意外横财;(10)履:如何走好人生之路;(11)泰:女上男下做爱;(12)否:男上女下做爱;(13)同人:怎样与共同打拼的人相处;(14)大有:如何面对累积如山的财富;(15)谦:自降身段的好处;(16)豫:横行霸道的得失;(17)随:偏听偏信的后果;(18)蛊:溺爱子女的方式;(19)临:大局观念的差异;(20)观:洞察能力的区别;(21)噬嗑:贪婪无度的脸谱;(22)贲:刻意打扮的形式;(23)剥:打压别人的手段;(24)复:不断反省的要点;(25)无妄:尊上敬天的善报;(26)大畜:收入丰厚时的注意事项;(27)颐:口交;(28)大过:(活)寡妇偷情的是与非;(29)坎:如何应对坎坷的策略;(30)离:如何面对亲人的生离死别;(31)咸:白头偕老的情感历程;(32)恒:墨守成规的各种后果;(33)遁:顽劣子弟的训导手段;(34)大壮:强壮蛮横之人的用武之道;(35)晋:扩张势力的代价;(36)明夷:韬光养晦的策略;(37)家人:家长治家的方略;(38)睽:一见钟情之后的疯狂;(39)蹇:身陷绝境之后的境遇;(40)解:有求必应的回报;(41)损:如何善待娇妻;(42)益:如何对待风流女子;(43)夬:如何对付"花痴"妻妾;(44)姤:如何调教"泼妇"老婆;(45)萃:如何应对追随者;(46)升:身价倍增的标志;(47)困:无力抗拒的诱惑及后果;(48)井:水井折射的人间百态;(49)革:负心汉子如何对待痴情女;(50)鼎:饭锅映衬的世间善恶;(51)震:盛怒之时应有的清醒;(52)艮:掩盖隐私的是与非;(53)渐:少女择偶的对与错;(54)归妹:纳妾之前的权衡;(55)丰:男同性恋;(56)旅:人在旅途的悲与喜;(57)巽:盲目从众的利与弊;(58)兑:互帮互助中的利益与风险;(59)涣:不断进取的精神支柱;(60)节:节俭持家的恰当限度;(61)中孚:一段"一夜情"故事;(62)小过:平息上司怒火的技巧;(63)既济:如何面对"旧情人";(64)未济:如何追求"冰美人"。

这些主题可大致归纳为"修身、养'性'、为人、处事、持家、治军"6类。其中:

修身(11卦):乾,坤,履,明夷,升,复,谦,比,噬嗑,观,涣。

养"性"(12卦):泰,否,既济,未济,睽,损,益,中孚,丰,颐,夬,大过。

为人(6卦):姤,无妄,遁,渐,剥,随。

处事(18卦):讼,临,需,坎,井,屯,蹇,晋,旅,巽,大壮,解,恒,小过,萃,困,兑,豫。

持家(16卦):同人,节,大有,离,鼎,小畜,家人,震,归妹,大畜,蒙,贲,蛊,艮,革,咸。

治军(1卦):师。

第四章　爻位标签
——社会群体的角色暗号

本章目的：介绍各爻的爻辞是针对谁说的

　　第二章第五节指出，《周易》的四个重要"伪装"手法之一是"暗含角色"，即，每卦各爻的爻名，除了唯一地确定"卦象"外，还有一个重要作用，就是"暗示"该爻的爻辞是针对什么"角色"来说的。这里的"角色"，在大部分卦里，指不同的社会群体，在另一些卦里，指事物发展的不同阶段。本章中，我们将讨论在一般情况下，各爻所代表"角色"的"大致范围"；具体到每一卦，还需要结合该卦的"主题"，仔细分析各爻所代表"角色"的"具体身份"。

第一节　各卦的统一结构

　　前已指出，我们现在看到的《周易》，一般包括"卦序、卦象、卦名、卦辞、爻名、爻辞"等六部分，而在原始的《周易》中，只有"卦名、卦辞、爻名、爻辞"等四部分。

　　就每卦的"文章结构"而言，原始《周易》里除了"乾、坤"两卦多出了"用九、用六"两部分内容外，其余各卦完全一样："卦名"后紧跟着"卦辞"，然后依次是各爻"爻名"，其后紧跟着各爻的"爻辞"。

　　应特别注意的是，诸如"初六、九五"等"爻名"，实际上由"爻位、爻性"两部分组成，即，"爻名" = "爻位" + "爻性"。这里的"爻位"是指，按"由先到后"顺序排列的"初，二，三，四，五，上"；而"爻性"是指，分别代表"阴、阳"的两个数字"六、九"。"爻名"的组成规则是：对于"初、上"两爻，"爻名 = 爻位 + 爻性"（初六、初九、上六、上九）；对"二，三，四，五"四爻，"爻名 = 爻性 + 爻位"（六二、九二，六三、九三，六四、九四，六五、九五）。

　　在各卦的"文章结构"里，周文王"隐含"了很多信息，用表格形式表示如下：

表 1－4－1－1　各卦的结构及其"隐含"的内容

卦	卦名(1或2字)	该卦主题(一般由卦象、卦名所决定)			卦辞	
爻	爻位(书写顺序)	爻位指代的角色(殷商末期)	爻性(阴阳性质)	爻名(爻位+爻性)	卦象组成	爻辞
爻	初	自食其力的普通民众	"六"代表"阴";"九"代表"阳"	初六(九)	下卦	初爻辞
爻	二	类似于后世的地主阶层	"六"代表"阴";"九"代表"阳"	(六)九二	下卦	二爻辞
爻	三	具有称霸一方势力的豪强	"六"代表"阴";"九"代表"阳"	(六)九三	下卦	三爻辞
爻	四	侯国的贵族、文臣武将	"六"代表"阴";"九"代表"阳"	(六)九四	上卦	四爻辞
爻	五	侯、王(如西伯侯)	"六"代表"阴";"九"代表"阳"	(六)九五	上卦	五爻辞
爻	上	老迈的国之功臣,或为全卦总结	"六"代表"阴";"九"代表"阳"	上六(九)	上卦	上爻辞

注:1. 上表中,"**黑体**"字代表的内容,在《周易》中有对应的文字,其余内容则是"隐含"的。

2. 不清楚周文王用"六、九"分别代表"阴、阳"的原因。有人用"七上八下"来解释,似乎有些牵强。用"九"表示"阳"很可能是为了迁就"九五"这一特殊的爻名。

由上表可见,在《周易》简单的文字背后,还隐含着大量信息,如果不清楚这些隐含信息,就很难读懂《周易》。

上表的"解读规则"如下:

1. 将"爻名"中代表阴、阳的"六、九",用阴阳符号代替;保持各爻上下位置不变,就能得到该卦"阴阳六叠"的"伪卦象";

2. 将"伪卦象"倒置过来(即上下颠倒),就得到了该卦的"卦象";

3. 将"卦象"中上、下单卦的卦名组合起来,与某种"社会现象"之间建立关联;

4. 结合各卦的"卦名",确定本卦的"主题";

5.对该卦"主题",用"卦辞"给出基本观点;

6.用不同"爻位"代表不同的"社会群体"(或事物"发展阶段"),用"爻辞"阐述在该主题下、该"群体"的一般行为规律。

现在流行的《周易》版本中,已经给出了"卦象",故1、2两个步骤可以省略。3、4两个步骤在上一章已经详细讨论过,第5步非常清晰,不再赘述。第6步看似简单,由于在各卦中"爻位"的指代对象都有或大或小的差异,需认真分析。

第二节　殷商末期的社会结构

关于"爻位"代表了不同的"角色",历代的研究者已经认识到了这一点,但都没有研究透彻。在第二部分我们将会看到,大部分卦里,爻位都代表不同的"社会群体"。为此,我们首先要了解殷商末期社会的组织结构。我们从"宏观、微观"两个层面来分析。

一、殷商王朝的组织结构

近、现代以来,由于"殷墟"的发掘及对"甲骨文"的解读,关于殷商王朝较为可靠的研究资料越来越多。下面是来自于网络的一些资料(向原作者致谢)。

商王朝建立了一套比较完整的国家机构。中央分设管理政务的卿事寮和主持祭祀的太史寮二大机构。地方用侯、邦伯加强各地的统治,还有大批宫廷侍卫。同时商朝王室还掌握有大批武器和军队,贵族还设立了残酷的刑法和监狱。另外,还使用宗教观念来巩固其统治地位,商王甚至自称是"上帝"在人间的代表,把神权和王权结合起来。

以王室为中心的众多贵族,他们有的是许多"旧邦"的旧族,而更多的是王室近亲不断建立的新宗,由此而产生"多子族"。这些新旧贵族,有的受封在外地建成侯、伯之国,有的在王室担任各级官职。他们是商王朝的支柱,也是奴隶主阶级的主要组成部分。

商代的国家机构不断扩大,形成相当复杂的体制。大致说来,在商王之下,地位最高、权势最大的有冢宰或师尹。稍次于冢宰而常置的高级官尹称为卿士,有司徒、司空、司寇、司马等,都是重要的政务官。他们各有僚佐,总称为"多尹"或"百僚"。

商王朝把它的统治地区分成畿内和畿外两大部分。畿内是商王室直接统治的部分,畿外是众多方国分布的地区。在一些方国之间比较偏僻的山林之地和方国以外比较边远的地区,分散着一些发展不平衡的少数民族部落,这就是商王朝统治地区的基本轮廓。

邦畿之内除王都以外,有不少的城邑,为王室的诸子和其他贵族的封地。这些封地和畿外的方国,性质虽然有所不同,但都要接受商王的封号,成为王室的臣属。商代已经比较普遍地实行班爵制度,侯、伯、子、男等爵位,都见于卜辞。班爵制度规定了贵族的等级,明确了方国的地位,是奴隶制国家的一种组织形式。

众多方国,地位有高低,封域有大小,力量有强弱,差异很大。大小方国要向王室定期朝贡,提供力役,奉命征伐,遵守一切礼仪制度,成为王室统治下的臣属之邦。每一方国,都仿照王室建立地方性的政权机构,组织军队,设置监狱,征收贡赋,直接统治它所属的人民。

这些资料,向我们大致揭示了殷商王朝的内部、外部组织结构的轮廓:

商王朝建立了一套比较完整的国家机构;王室近亲有的受封在外地建成侯、伯之国。商王朝把他的统治地区分成畿内和畿外两大部分;畿内是商王室直接统治的部分,畿外是众多方国分布的地区。大小方国要向王室定期朝贡,提供力役,奉命征伐,遵守一切礼仪制度,成为王室统治下的臣属之邦。每一方国,都仿照王室建立地方性的政权机构,组织军队,设置监狱,征收贡赋,直接统治他所属的人民。

由此,结合其他资料,可以看出:

第一,殷商王朝由众多"方国(邦国)"组成。第二,各"方国"接受商王朝的"封号",对商王朝也要尽一定的义务。第三,各"方国"有自己的"国家机构",享有"高度自治权"。第四,除部分"方国"是王室宗亲的"封国"外,多数"方国"是地方势力"世袭"的领地,例如,周文王就继承了其父季历的"西伯"之位,成为西岐的"侯"。

正因为如此,我们才在第一章第二节指出,殷商末期,"殷商王朝"的"社会组织机构",更像是一种"较松散的'邦国'联盟"——类似于现在欧洲的"欧盟"组织;组成"联盟"的各个"邦国",是享有"高度自治权"的"诸侯国";"盟主"是势力相对强大的"殷商"。

在周文王眼中,如果把这样的社会划分为5个阶层,大体上是:

统治阶层(五爻):殷商的最高统治者,如殷纣王;

王公大臣(四爻):殷商王朝的"内阁阁僚(大臣)",及各"方国"的王、侯;

豪强阶层(三爻):殷商王朝"内阁阁僚"手下、管理具体事务的"中层头目",以及各"方国"的大臣。他们在某一领域、区域,具有很大的决策权、影响力;

地方霸主（二爻）：他们是殷商王朝及各"方国"统治权力的具体实施者、体现者，是权力结构的最底层，其身份大体相当于后世的"地主"阶层；

平民百姓（初爻）：人数最多的社会下层民众。

显然，在这样的社会结构里，统治者眼里的"官"，是"统治阶层、王公大臣"，其余三个阶层都是"民"。

《周易》中涉及殷商王朝背景的各卦里，各爻大体上对应着上述各个"社会阶层"。

二、西岐侯国的组织结构

关于各个"方国"内部的社会组织结构，前述资料指出：每一方国，都仿照王室建立地方性的政权机构，组织军队，设置监狱，征收贡赋，直接统治他所辖属的人民。这一说法有些笼统，采用的当代词语也可能引起误解。

从第一章第二节中《周易》描述的社会情况来看，侯国"西岐"显然是另一番景象。这里应特别提醒的是，西岐侯国的地域范围，大体相当于现在的一个县域；人口数量大体与现在一个镇的人口持平。

西岐社会的最上层，显然是周文王家族。王侯家族与臣僚们，构成了"侯国"的统治阶层。家族主要成员和重要臣僚们，会分别获得各自的"封邑"；封邑内的民众，以类似于"纳税"的形式，向封邑的主人提供生活资料。因而，"封邑"相当于"地方行政区划"。

地方行政区划内的社会组织形态，主要是以血缘为纽带而形成的、一个个大小不一的"村庄"。在这些"村庄"中，存在"自然形成"的、类似于后世"地主"的阶层。"地主"阶层的势力也有明显差异，有的"地主"可能是"雄霸一方"的豪强，势力范围可横跨许多"村庄"，非常"富有"；而有的"地主"的势力范围，可能仅局限于一个或数个"村庄"，在生产水平不高的当时，可能只是无须自食其力而已，谈不上富有。这些"地主"，"天然的"成了"封邑"主人的"代言人"，是封邑主人与民众之间的桥梁，替主人"收缴税赋"，向民众传达来自主人的要求。

社会最底层的民众，是一群自食其力者。由于当时的人口总数很小，可开垦的土地资源充足，只要自己愿意，就能获得充裕的"耕地"。而封邑主人的需求是有限的，封邑内的民众——"邑人"的税赋应该是可以承受的，因此，"邑人"的生活是欢快自由的，这在《周易》中有充分的表述。由此不难想象，当时的"地主"阶层，并不是以占有土地资源、剥夺他人劳动成果为主要手段来获得"社会影响力"的，所以不是后世意义上的"地主"；他们可能以"武力、种植技术、手工艺品制作、社会生活必需品生产加工"等等手段,成为有相当"社会影响力"的阶层。

值得注意的是,从《周易》文字透露的信息来看,西岐的"臣僚"等"官员",并非全部是"世袭制",有些"官员"、尤其是"武将",可能来自于"地主"阶层、甚至"民间"。换句换说,西岐社会的下层民众,有晋升为官僚阶层的渠道。

由上述分析,西岐社会也可以划分为5个阶层:

王侯之家(五爻):周文王家族;

将相人家(四爻):位高权重的皇亲国戚、文臣武将。他们都是王侯的肱股之臣、左膀右臂;

大有人家(三爻):虽然没有官爵,但其势力却是可雄霸一方的"地方豪强",或者类似于后世的"大地主"阶层;

小有人家(二爻):虽然社会地位较低、却可不劳而获者,类似于后世的"小地主"阶层。

小民百姓(初爻):自食其力者,如有自由身的平民等。

事实上,对西岐社会阶层的上述划分,来自于《周易》文字本身。但这是一种"粗略的、框架式"划分,具体到每一卦,所指的角色还会稍有差异,例如,"五爻"可以代表王侯自己,也可以代表王侯的家庭、子女、妻妾等等。

"上爻"的作用较为复杂,主要有二:一是代表人物,二是对全卦的总结。代表人物时,多数情况下指"已经退出权利中心的四爻",即"老迈的功臣战将";个别情况下,也指"王侯的父辈",或更高级别的人物,如殷纣王。有些卦中,上爻也是对全卦的总结。

第三节　爻位的指代作用

从上一节的讨论可见,虽然各爻代表的"社会角色"似乎是"确定"的,但随着讨论问题范围的不同,例如针对"殷商王朝"或"西岐侯国",各爻代表的对象就明显不同了。由于六十四卦中的大多数,讨论的视野局限于西岐社会,因此,我们把各爻代表的一般对象,列表如下:

表1-4-3-1　《周易》中部分卦的爻位所代表的社会群体

爻位	指代对象	对指代对象的说明
上爻	"国之功臣"或总结性意见	曾经身处权力中心的人、或有功之臣,现已赋闲的老者;个别卦中也可能指"王、侯"的父辈。在一些卦中,该爻可能是各爻观点的总结。

五爻	"王侯之家"	"王、侯"等最高统治者。
四爻	"将相之家"	位高权重的"皇亲国戚"、文臣武将,是"王、侯"等最高统治者的左膀右臂。
三爻	"大有人家"	虽然没有官爵,但其势力却可雄霸一方的"地方豪强"。
二爻	"小有人家"	虽然社会地位较低、却可不劳而获者,类似于后世的"地主"阶层。
初爻	"小民百姓"	自食其力者,如有人身自由的平民等。

为了使后面的叙述更为简便,上表中将各爻代表的不同社会群体,简称为"小民百姓"、"小有人家"、"大有人家"、"将相之家"、"王侯之家";**在第二部分见到这些"词汇"时,要理解他们实际上代表了上表中的具体含义。**

应说明的是,按照周文王在《周易》中的观点,对于"任何规模的社会",似乎都可以划分为5个层次,其中五、四两个层次为"官",三、二、初三个层次为"民";只要把"官"按"官职大小"分为"上、下"两级,把"民"按"势力大小"分为"上、中、下"三级,就能对整个社会分出5个层级,分别对应于5个爻位。按照这种"社会层级划分方法",我们能够得到下表:

表1-4-3-2 "不同规模社会"的层级与爻位的对应关系

不同规模的社会	爻位与对应的社会阶层					
	民			官		非特定
	初爻	二爻	三爻	四爻	五爻	上爻
殷商王朝	自食其力的普通民众	地方豪强	诸侯国的文臣武将	诸侯国的侯、王	帝、王(如殷纣王)	可以是:1.曾经位居四、五爻,但已经逐渐淡出权力中心的人。2.一些重要观点。3.全卦的总结。
殷商末期的诸侯国	自食其力的普通民众	"地主"阶层	地方豪强	诸侯国的文臣武将	侯、王(如西伯侯)	
封建时代的国家	自食其力的普通民众	地主阶层	地方首脑或军阀	王公贵族、文臣武将	帝、王、皇帝	
现代国家	自食其力的普通民众	中小官吏,中小资本家	地方首脑,大资本家	中央政府部门首脑	国家主要领导人	

现代地方区域	自食其力的普通民众	初级官吏,小资本家	次级政府首脑,大中资本家	地方政府部门首脑	地方政府主要领导	
下属机构子机构	本级机构普通成员	本级机构中层领导	本级机构负责人	上级机构班子成员	上级机构主要领导	
上级机构母机构	本级、下级普通成员	下级班子、本级中层	下级主要领导、本级部门领导	本级领导班子	本级主要领导	
大中型社团(如大企业)	普通员工、初级机构管理人员	中级(如车间、生产线)管理层	高级(如生产厂、场,分、子公司等)管理层	领导班子成员	主要领导	
小型社会团体	普通员工、初级管理人员	部门副职	部门正职	领导班子成员	主要领导	
微型社会团体、组织	一般职员	中级职员	高级职员	决策层成员	主要决策者	
家庭	没有发言权的成员	具备一定发言权的成员	具有重要发言权的成员	家庭重要成员	家长	

　　上面讨论了各爻与社会阶层之间的对应关系,但在有些卦里,各爻却代表事物发展的不同阶段。比较典型的是"中孚"卦(参见第二部分),该卦描述一对情侣的约会过程,各爻代表的阶段分别是:初爻,践约;二爻,会面;三爻,激情时光;四爻,补充说明;五爻,梦乡;六爻,离别。再如泰、否两卦,分别描述两种不同体位的男女做爱过程,相信读者能够确定各爻对应的"阶段"。

　　把握各爻的指代对象,对理解《周易》十分重要。例如,看到四爻的爻辞,要立即想到,这是针对"将相人家"(或事件进行到第四阶段)而言的,否则,难以解读爻辞。

第四节　爻位指代对象的灵活运用

上一节我们着重讨论了在不同规模的社会里，爻位与社会阶层之间的关系。但对如何"正确运用爻辞"，这还远远不够。为了直观地说明如何灵活的"运用爻辞"，结合表1－4－3－2，以"讼"卦为例，说明"一个'县官'，如何运用'讼'卦"：

背景：假定你是一个"县官"，受到了"不公正的对待"，于是提起诉讼。

情况1：如果导致这一诉讼的根源，涉及国家层面的政策，那么，你所处的位置为"初爻"。即，从国家层面来讲，"县官"只是一个"平民百姓"。该爻的爻辞是："不永所事。小有言，终吉。"就是说，即使你受了再大的委屈，也不要揪住这件事不放（不永所事），不要一根筋地非要讨个说法。忍气吞声的不了了之，可能会有人说闲话（小有言），但与长期纠缠相比，不了了之可能是明智之举（终吉）。

情况2：如果这一诉讼的根源，只涉及省级层面，那么，你所处的位置为"二爻"。即，从省级层面来讲，一个"县官"只相当于一个"地主"。该爻的爻辞是："不克讼，归而逋其邑。人三百户，无眚。"意思是，如果官司打不赢（不克讼），尽快回到你的"老窝"吧（归而逋其邑），还能保住你的一亩三分地（人三百户），不会有灾难（无眚）。如果纠缠不休，到最后你恐怕连"老窝"都保不住了。

情况3：如果这一诉讼的根源，涉及地市级层面，你所处的位置便是"三爻"。即，从地、市级层面来讲，一个"县官"是雄霸一方的"豪强"。该爻的爻辞是："食旧德，贞 厉 终吉。或从王事，无成。"意思是，在地市一级，你（肯定会）有很多老领导、老关系，可以请他们出面帮忙（食旧德——利用过去的人脉关系）。但能够帮你、也真心愿意帮你的人却很少（试想，谁会为了你而得罪自己的上司），你求到的人，大部分是敷衍你、甚至回避你。如果你不断地（贞）求爷爷、告奶奶，求助于人，人情世故的无奈会让你感到难以忍受（厉）。最终，也许能够遇到真心愿意帮你的关键人物，这样便会有令你满意的结果（终吉）。如果你总想着用"找关系、走门子"的方法解决问题，在涉及国家层面的问题上（或从王事），是行不通的（无成）。

情况4：如果这一诉讼的根源，涉及你的顶头上司（你的分管领导，通常为地市级副职），你所处的位置为"四爻"。即，对你的顶头上司——分管你的"副市长"而言，你这个"县官"就是他的"左膀右臂"。该爻的爻辞是："不克讼，复即命。渝安贞，吉。"意思是，如果跟你的顶头上司打官司没有打赢（不克讼），就赶快认命吧（复即命），不要再以卵击石来硬的，并彻底改变（渝：改变）你对这件事情的看法，找出令你释怀的理由，这样才能保障你平安无事（安），保住目前的位子（贞），如此才会有好结果(吉)。

情况5: 如果你的子民或下属受到不公正对待(这与设定的背景情况稍有差异),官司打到你这里来,由你来裁决,那么,你所处的位置为"五爻"。即,对你的下属、子民来讲,你这个"县官"就是掌握生杀大权的"王"。该爻的爻辞是:"讼,元 吉。"意思是,你在裁处这一诉讼(讼)时,如果能够以公正无私为出发点(元),不偏不倚,不徇情枉法,那就会令人心服口服,取得满意的结果(吉)。

情况6: 如果你已经从"县官"的位置上"退休",受到原来下属的不公正对待,你一怒之下把他告到"现任县官"那里,而"现任县官"是你一手提拔的,那么,你所处的位置为"六爻"。即,对受到过你的恩惠的"现任县官"来讲,已经"退休"的你,是一个"老迈功臣"。该爻的爻辞是:"或锡之鞶带。终朝三褫之。"意思是,你"慷慨激昂地告状"陈述,可能会博得"现任县官"的赞赏,对你褒奖有加(或锡之鞶带)。但在听了"被告人的申诉"之后,"现任县官"可能会改变主意,在"退堂"前(终朝),就会收回对你的全部褒奖(三褫之)。

从这个例子可以看出,在同一个"主题"下,即使是同一个人,其所处的爻位也是随情况而变的。所以,不能僵化地、一成不变地理解爻位所代表的对象。

下面再列举一些极端的情况。

表1-4-4-1 比较极端的爻位指代对象举例

爻位	指代的对象	相应的情况
五爻	最没人瞧得起的"底层"农人	面对于自己的儿孙,地里的庄稼,饲养的家畜、家禽
四爻	工厂里的班组长等"小人物"	当要从他们中间选拔一位上一级干部时
三爻	企业里的中层干部	企业中的一般情况下
二爻	国家、企业的"将相重臣"	在自己的父母面前
初爻	"王、侯"等最高统治者	面对自己根本不熟悉的事情

因此,人人都可能处在最为尊贵的五爻位置,也可能处在最卑贱的初爻位置,要视具体情况而定。希望大家能够细细琢磨,很好地掌握爻位与指代对象之间的关系,从而深刻地领悟《周易》的思想。

第五章　卦文隐喻
——生动传神的隐晦写法

本章目的：介绍如何理解卦、爻辞的弦外之音

如果把《周易》的每一卦看作一篇独立的"文章"，那么，每篇"文章"的文字——卦文，都有如下特点：

第一，"段落"结构非常清晰。

卦名后面紧跟着一段完整的"卦辞"；各爻的爻名后面，紧跟着一段完整的"爻辞"。换句话说，各卦这篇"文章"，均由"一段卦辞、六段爻辞"组成（乾、坤两卦各多出"一段"）。

第二，"语句"意境含混不清。

组成各卦不同"段落"的"语句"，"貌似"含混不清：有的是"毫无关联"的几个字，如"元 亨 利 贞"；有的是"莫名其妙"的一个词，如"无咎"；有的是合理或不合理的现象或陈述，例如，合理的像"密云不雨，自我西郊"，不合理的像"鸟焚其巢"、"城复于隍"；有的是"逻辑混乱"的字词堆砌，如"见舆曳其牛掣其人天且劓"；等等。

第三，"字词"含义似是而非。

组成"语句"的"字词"，人人都认识，也都知道其表面意义，但通过这些"浅显"的字词，老先生到底要表达什么意思，却是云遮雾罩地看不清楚。例如，"黄裳"，"有陨自天"，"虎视眈眈"，"系于苞桑"，等等。

第四，"段落"、"语句"、"字词"混为一谈。

"段落、语句、字词"是构成"文章"的基本要素，小学生都能区分，但在《周易》的很多地方，它们竟然不分彼此，混为一谈！例如，"恒·九二·悔亡"，"大壮·九二·贞吉"，这里的"悔亡"、"贞吉"，既是独立的"字词"，又"构成了"完整的"语句"，同时，又是一个完整的"段落"！

正是由于"卦文"的这些特点相互交织在一起，对理解《周易》造成了极大的困难，也是《周易》解读五花八门的重要根源之一。

上述第一个特点很清晰，无须赘述。本章将主要讨论如何理解后三个特点。

第一节　"语句意境"分析

一、"语句意境"的含义

在《周易》中,周文王为了"刻意隐藏"其真实意图,在"卦文"中省略了大量的辅助性说明文字,只保留了表达其思想的"必不可少的、最为关键的、甚至不连贯的一些字、词",组成了卦、爻辞。因而,我们现在看到的"卦、爻辞"是高度"碎片化"的,实际上只记录了一些"要点"。

我们知道,现在的一些文字工作者,例如记者、翻译等,为了"完整记录"正在发生的事件,往往是"先记录要点",待到条件允许时,依据这些"要点"和当时的情形,再进行文字补充、完善,形成完整的记录。这种"只记录要点"的记录,也被称为"速记"。事实上,《周易》的文字,类似于这里的"速记"。

显然,每个人都有自己的"速记"习惯和约定,能够根据自己的"速记"文字,结合"速记"的主题和当时的情景,完整地"还原"速记的内容。但对别人而言,如果不知道"速记"的主题和当时的情景,就难以理解"速记"内容,更不可能"准确地"还原"速记"记述的完整意境。

这里,**把针对"速记"文字的主题及当时的情景、背景,称为"语句意境"。**显然,要理解"速记"文字的含义,必须搞清楚其"语句意境"。为说明这一点,举例如下。

例如,有一个"速记"的内容是"吃饱"两字,我们来看看在不同的主题、背景下,应如何理解这两个字。

情景1:长官对即将上战场的士兵说:"吃饱"。

这里的主题是"即将上战场的士兵"。常识告诉我们,根据当时不同的"战场形势","吃饱"这两个字可能表达不同的含义:可能是长官对士兵的关爱;可能是长官对严峻战况的暗示;也可能是将士们视死如归的一种凛然,等等。但无论是什么情况,这里的"吃饱"暗含着:食物足够,尽可以放心地吃饱,不要留下"遗憾"。因而,这里的"吃饱",表示一个"要求",即长官对即将上战场的士兵的"要求"。

情景2:有人问流浪的儿童,现在最大的愿望是什么? 答:"吃饱"。

这里的主题是"温饱没有保障的流浪儿","吃饱"表达了流浪儿对"美好生活"的一种向往。因而,这里的"吃饱",表示一种"追求"。

情景3:在"奢华的酒宴"上,有人问一位经常忙于应酬的"老板",日常生活中

71

的最大愿望是什么？答："吃饱"。

这里的主题是"身陷酒宴上的老板"，"吃饱"表达了老板厌倦了"酒宴应酬"、希望有一个正常而"不奢华"的生活的愿望。可见，这里的"吃饱"，表示一种"境界"。

由此可见，同样的"语句"（如"吃饱"），在不同的"意境"中，表达了迥然不同的"含义"。实际上，《周易》中有大量的"语句"类似于上例中的"吃饱"，例如，"飞龙在天"，"黄裳"，"童蒙"，"需于酒食"，……。因此，要正确理解《周易》，就要弄清每一个"语句"的"意境"。反过来，如果能够搞清楚各爻"应有的意境"，也就能够正确理解一段文字所要表达的含义。这需要仔细地体会，表过不提。

二、"语句意境"的几种类型

令人沮丧的是，《周易》的"语句意境"非常隐晦，让人感到"老虎吃天，无从下爪"。但结合各卦的主题及各爻的角色，我们可以约略地感觉到各个"语句"的"作用"；而理解了这种"作用"，也就大体上能够把握住"语句"的意境。令人欣慰的是，《周易》中的"语句"，按照其"作用"大体可以分为五类：

第一，**是对人们的一种"要求"**。即人们应该按"语句"描述的那样"去做"，我们用 ㊙ 表示。第二，**是人们应该"追求的目标"**。即人们应该把"语句"描述的东西，作为目标去"追求"。用 ㊕ 表示。第三，**是人们应该"达到的境界"**。即人们有条件按照"语句"描述的那样去做，但却没做到；而真正做到了，就是一种很高的"境界"。用 ㊫ 表示。第四，**是对人们"行为规律的描述"**。即"语句"描述的情况，就是一般人的行为。用 ㊻ 表示。第五，**是对人们某些"行为后果的评价"**。即按照前面"语句"描述的行为去做（或按本卦主题表述的行为去做），将会出现什么样的"后果"。用 ㊒ 表示。

例如，前述"吃饱"的例子中，对"即将上战场的士兵"，"吃饱"是一种要求，即士兵应该按"吃饱"的要求去做，可以表述为" ㊙ 吃饱"；对"流浪儿"的情形，"吃饱"是一种追求目标，即流浪儿应该把"吃饱"作为奋斗目标，可以表述为" ㊕ 吃饱"；而对"忙于应酬"的老板的情形，"吃饱"是一种境界，即无须陪着笑脸、伤着胃肠去应酬，只要自己"吃饱"就行，可以表述为" ㊫ 吃饱"。

可见，标注了"作用"的语句，其"意境"就基本清晰了。 ㊙ ㊕ ㊫ ㊻ ㊒ 这五种"作用"的标记，在第二部分我们将会用到，帮助读者理解每一句卦、爻辞的"意境"。

三、"语句意境"分析举例

我们以"需"卦第五爻的"需于酒食"为例,说明如何分析其"语句意境"。

第四章已经讲过,五爻一般指"王侯",即五爻的爻辞是针对"王侯"写的。因此,"需于酒食"可以有三种理解:

一是一种"要求",即王侯们要求的只是"有酒有饭"即可。如果周文王想说的就是这个意思,就意味着王侯们只是酒囊饭袋,其境界充其量只是"白痴"的水平;那么,周文王老先生和《周易》的水准,就实在不敢恭维了。

二是一种"目标",即王侯们要把"有酒有饭"的生活,作为生活目标来追求!如果这样理解,就是侮辱所有人的智商了。

三是一种"境界",即王侯们要追求一种只需要"有酒有饭"的境界。这意味着肩负"治理天下"的王侯们,要达到"只管放心地吃饭喝酒,而不需要为治理天下的大事而操心"这一境界。这听起来像天方夜谭,但却确实是周文王老先生的真实意图,也确实是治理天下的王侯们应该追求的"境界"!

我们知道,身为王侯,重任在肩,稍有差池,便会导致生灵涂炭的严重后果,往往也会因此而丧失自己的地位。因此,胸怀大志的王侯都会心系天下,日理万机,鞠躬尽瘁,死而后已。所以有人感叹,作为一份"工作","君王的工作"不是人干的。但是我们也看到,有些"君王"、"一把手"活得非常潇洒!日常"工作"似乎就是吃吃饭、喝喝酒、聊聊天、散散心,但各项事务却管理得井井有条、妥妥帖帖,得到"全体人们"的爱戴和拥护。其中的奥秘,就是他们建立起了一套行之有效、运行良好的管理体系,每个人都能够、也愿意最大限度地发挥其作用。这,不但是现代管理学追求的目标,似乎也是"无为而治"的精神境界。可见,只有把"需于酒食"理解为周文王老先生主张的一种"境界",即王侯们在治理天下时应达到的"境界",才能够领悟老先生无与伦比的伟大。

希望大家在解读《周易》时,应仔细体味每个语句的意境,方能领悟《周易》的真谛。

四、"语句意境"的类型标识

在第二部分中,我们将会对每个"语句"的"意境"进行标识。以"节"卦为例,说明如下:

节　㊂享。㊐苦节　㊍不可贞。

初九　㊙不出户庭。㊞无咎。

九二　㊙不出门庭。㊞凶。

六三　㊙不节若,则嗟若。㊞无咎。

六四　㊌安节,㊞亨。

九五　㊌甘节,㊞吉。㊏往有尚。

上六　㊙苦节,㊞贞凶。㊞悔亡。

如果理解了"节(上水下泽)"意味着"水流(水)"流进"湖泊(泽)"后,就很难再流出来(暗示着财富〔水〕一旦进了家门〔泽〕就再也出不来了),以及从初爻到上爻分别代表着"小民百姓"、"小有人家"、"大有人家"、"将相人家"、"王侯之家"及"全卦总结",那么,结合上面的"语句意境"标识符号,就基本上能够对该卦进行正确的解读。请您试着对"节"卦进行解读。

两点说明:

第一,用㊙㊏㊌㊙㊞五种类型对《周易》的"语句"进行分类,是比较粗糙的,也是不完备的。希望相关专家学者对此进行更深入地研究,给出更恰当的确定"语句意境"的方法。

第二,受限于我对《周易》的理解水平,第二部分中给出的一些"语句意境"标识,可能是不恰当的。期待专家学者更加准确的解读。

第二节　"隐喻"写法举例

《周易》"卦文"除了"语句意境含混不清"外,还有一个重要特点是"字词含义似是而非"。造成"字词含义似是而非"的重要原因,是周文王大量采用了"隐喻"的写作手法。"隐喻"假借的形象,主要为自然现象、植物形象、动物形象及社会现象。由于"隐喻"涉及的范围太广,很难找出其规律,因而我们以"举例分析"的方式加以讨论。

一、隐喻——假借自然现象

假借自然现象举例:

泰(上爻):城复于隍;否(四爻):畴离祉;大过(卦辞):栋桡;离(三爻):日昃之离;小过(五爻):密云不雨,自我西郊;姤(五爻):有陨自天。

分析如下：

1. 泰（上爻）：城复于隍。

城，指护卫村庄、城市的城墙。以前在陕西关中一带，城墙是非常普遍的防御设施。据老人讲，我们村的城墙也是在 1949 年新中国成立后才拆除的；现在遗留的西安古城墙，也是实物证据。隍，指建筑城墙时，就地取土留下的壕沟。为进一步增强城防的作用，壕沟通常灌满水；灌水后的壕沟称为"池"，与城墙合在一起被称为"城池"。

"城复于隍"的字面含义是，城墙因为老旧而倾倒，覆盖在取土时留下的壕沟里，将壕沟填平。也可以抽象性地理解为，完成使命后，恢复原貌。

周文王用"城复于隍"这一"自然现象"，主要是要强调"完成使命，恢复原貌"这一规律。那么，它出现在"泰"卦第六爻，想说明什么问题呢？后面我们将会看到，"泰"卦描述的是"女上男下体位做爱"的过程，第六爻是整个过程的结束阶段。显然，"城复于隍"实际上暗示：女子在完成做爱后，像城墙最终倾倒在城壕里一样，女子（城墙）会躺倒在男子身旁（城壕）。

2. 否（四爻）：畴离祉。

"畴离"的字面意思是，开垦过的、长期种庄稼的"熟地"，而不是刚开垦的"生地"。于是，四爻爻辞中的"畴离祉"，字面意思是"开垦过的熟地的福分"，令人难以理解。但我们后面将会看到，与"泰"卦相对，"否"卦是描述"男上女下体位做爱"的过程，第四爻指高潮前的平台期。常识告诉我们，在此阶段，有性经验的女子会得到很大的享受。联想到本卦特定的主题和发展规律，我们就会顿悟："畴离"所代表的"开垦过的土地"，暗指"有性经验的女子"！

3. 大过：栋桡。

提示："大过"卦的主题是，男人（夫）性无能或故去后，女子（妇）如何满足性欲望。"栋桡"以"房屋大梁失效"的形象，暗示男人失去了性能力。

4. 离（三爻）：日昃之离。

"日昃"指太阳偏西的状态，这在"离"卦第三爻又有什么具体含义呢？

中国传统农耕社会的基本结构单元，就是"大家庭"；而维系一个大家庭的纽带，往往是家中的老人。现代社会中，逢年节时分，大家拖儿带女、不辞辛劳，千里万里也要回到父母、祖辈身边的行为,正是这种传统的延续。农耕时代能够"雄霸一方"的人家(三爻),维系其势力的基础,就是大家庭的团结、稳固;一旦大家庭分崩离析,分散成一个个小家庭,其整体的影响力就大大降低,也就失去了"雄霸一方"的根基。

考虑到"离"卦的主题就是老人的"去世",我们就不难理解,对于"雄霸一方"的人家(三爻),老人的离世意味着大家庭分崩离析的开始,犹如已经西偏的太阳(日昃),大家庭最辉煌的时光已经过去,日落西山的宿命将不可避免地到来。这就是"日昃之离"想传达的思想。所以,"日昃之离"的意思是,对"雄霸一方"的大家庭而言,随着维系大家庭"团结"的老人的离世,其家族的势力就会像过了正午的太阳,其光芒将会逐渐暗淡下去。

5. 小过(五爻):密云不雨,自我西郊。

"小过"卦的主题是,因小事情惹怒了大人物后,如何寻求谅解。小人物惹怒了大人物的后果,大家都清楚。但对身处"五爻"的王侯而言,如果惹怒了对他而言的大人物,除了你死我活的争斗外,一般不会有其他解决途径。因此,在事情还没有得到解决之前,无法预料大人物会对他采取什么样的行动,身为王侯也会坐卧不宁、惶恐不安,整天被压抑的情绪所笼罩。这种坐卧不宁、惶恐不安、非常压抑的感受,就像从西边的天空压过来无边的乌云,透着诡谲的煞气,令人压抑、绝望甚至崩溃。这大概就是"密云不雨,自我西郊"想给人的感受。同时,这句爻辞很可能就是周文王被拘前的心理写照。

6. 姤(五爻):有陨自天。

"有陨自天"的字面意思很清楚,说明古人已经了解"天降陨石"这一自然现象。而要理解"姤"卦五爻中"有陨自天"字里行间的意思,就要回到"姤"卦的主题及五爻指代的对象。

"姤"卦的主题是蛮不讲理、胡搅蛮缠的"泼妇"、"母老虎",而五爻是指"王侯"人家。"王侯"人家挑选媳妇(妻、妾)的选择余地很大,遇上蛮不讲理的"泼妇"的概率很小。但人是会变的,以前温顺的小姑娘一旦娶进家门,尤其是生了"龙子龙孙"以后,那可就是有功之臣了,有了蛮横不讲理的资本。如果此时才发现她原来是个"泼妇",那就像天上掉下的陨石偏偏砸中了你,即使贵为王侯,你也只能自认倒霉!好一个"有陨自天",把贵为"王侯"的那种无可奈何,刻画得淋漓尽致!另一方面,这也反映了周文王豁达大度的性格特征。

二、隐喻——假借植物形象

假借植物形象举例:

泰、否(初爻):拔茅 茹,以其汇;大过(初六):藉用白茅;渐(六四):鸿渐于木,或得其桷。

分析如下:

1. 泰、否(初爻):拔茅 茹,以其汇。

以往的解读中,甚至字典中,都将"茅"解释为"白茅",这可能是受到了中药里"白茅根"的影响。在陕西关中一带,确实出产"白茅根"这味中药,小时候我们也挖过这样的"茅根"。这种"茅根"的根系很发达,往往是盘根错节,很难完整地挖出来;由于它嚼起来有种甜甜的味道,小时候就把它叫"甜甜根"。但是在关中一带的方言中,"茅草"是一种更为常见的一年生草本植物,见照片1-5-3-1;"茅草"很容易连根拔起,其根部(茅茹)见照片1-5-3-2。

照片1-5-3-1 关中的"茅草"

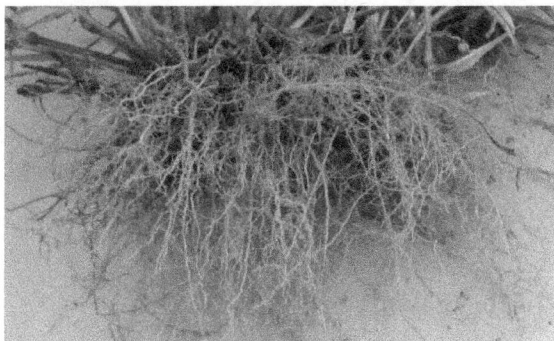

图1-5-3-2 关中"茅草"的根

那么,"拔茅 茹,以其汇"想说什么呢?

在中国,性教育历来是讳莫如深的话题,却又是每个家庭最为关注的问题。以前,据说有些地方的大户人家,嫁女儿时会暗藏"压箱底"的物件,其实就是春宫画或性爱雕塑等,目的是以隐晦的方式传授最基本的性知识。现在各地还保留着"闹新(洞)房"习俗,其目的也是向新人传授基本的性知识。因此不难理解,在古时,传播性知识是一件重要且神圣的事情,而"泰、否"两卦正是对男女交合的描写。初爻的"拔茅 茹,以其汇",就是教育新婚的少男少女,先找到各自身上类似于"茅草根部"(茅茹,状如"阴毛")的地方,并将其"凑到一块(以其汇)"。

2. 大过(初六):藉用白茅。

"大过"卦的主题上面已经讲过,是男人(夫)性无能或故去后,女子(妇)如何满足性欲望;初爻指小民百姓。

此处的"白茅",也不是中药里的"白茅",而是指关中人眼中"干燥的茅草"。关中人常常将"茅草"收割后晒干,堆积起来,作为牲畜的饲料。因此,干茅草堆在农村是常见之物。干茅草,色黄白,可能是被称为"白茅"的原因吧。

显然,"藉用白茅"就是指痴男怨女在干茅草堆上苟且行事,而不是传统解释中所说的"在祭祀时用干草垫在祭器下面以示虔诚"这种"高尚"的行为。

3. 渐(六四):鸿渐于木,或得其桷。

"渐"卦的主题是年轻女子自由择偶。这里的"木"指树木,而四爻(将相人家)中的"桷",却令人摸不着头脑。

我们知道,在土木结构的房屋中,"椽"是主要承重构件之一,而"桷"则是指"矩形椽子"。与圆形椽子相比,承载力相同的"矩形椽子"需要更大的木料,因为把自然形态下圆形断面的椽子加工成矩形断面,会浪费很多材料。那么,在生产力并不发达的古时候,为什么要"吃力不讨好"地进行这种加工呢?原因只有一个,那就是为了"美观"。显然,这只能是"有钱、有权的人家"才能干的事情。

我们现在也只有在寺庙、皇宫一类建筑上,才能够看到"奢侈"的"矩形椽"。所以,"得其桷"就意味着,一个女子能够享有自己的"豪华宫殿"。

三、隐喻——假借动物形象

这种情况太多了,仅举几例:

大畜（六四）：童牛之牿；大壮（九三）：羝羊触藩，羸其角；晋（九四）：晋 如
鼫鼠。

分析如下：

1. 大畜（六四）：童牛之牿。

"小畜、大有、大畜"三卦，大体都在讲"家庭财产"的增加。"小畜"的主题是
"获得意外之财"，就像今天社会中的"中奖"；"大有"描写一年的辛劳终有丰厚回
报，就像年底得了个"大红包"；而"大畜"则讨论经过长期的积累，终于有了可观的
家产，就像现在的人奋斗了大半辈子，终于拥有了自己的"豪宅"。

将相人家（四爻）有权有势，加上家财雄厚（大畜），出生在这样人家的孩子，天
生就是不怕虎的初生牛犊。如果放任孩子天不怕、地不怕的胡作非为，将贻害无
穷。那么，作为家长如何约束自己的孩子，对将相人家而言是一个难题。如果想
一想，人们为了防止小牛无故伤人，会在小牛角上绑缚一根横木（童牛之牿），家长
就知道如何管孩子了。这就是"童牛之牿"想说的意思。

2. 大壮（九三）：羝羊触藩，羸其角。

"大壮"卦的主题是，有些有勇无谋的人，仗着一副"孔武有力"的好身体，用
"武力、暴力"为自己赢得一席之地，而不是靠着智慧赢得人们的尊重。

靠着武力而雄霸一方的人（三爻），遇到问题的时候，首先会考虑用武力解决
问题。但他也可能遇到非常强大的对手，让他感到就像被关进了围栏的羊一样走
投无路。在此情况下，他会像愤怒的公羊试图用羊角撕破围栏一样不肯就范，但
围栏却非常坚固，即使折断了羊角也未必就能冲破围栏。所以，"羝羊触藩，羸其
角"告诉我们，即使你非常强壮，也不要总是试图用武力解决所有问题，因为会有
比你更强壮的人，会掰断你的犄角。

3. 晋（九四）：晋 如鼫鼠。

关于"鼫鼠"有多种解释。其实，"鼫鼠"到底是什么东西并不重要，只要知道
它是一种会打洞的鼠类就行。

在《周易》中，"晋"的意思是势力范围的扩张。对于"将相重臣"（四爻），在
"权力争夺"的明争暗斗中，你的势力范围的扩张，总是以同僚势力范围的缩小为
代价。因此，你明目张胆的扩张行为，必将引起同僚的激烈反抗。正因为如此，过
去官场上势力范围的争夺，大都类似于"老鼠打洞"的偷偷摸摸的行为，暗地里蚕

食同僚的权力基础;一旦同僚的权力基础被掏空,就可以轻而易举地夺取其"地盘"。这种"权力争夺"的策略,就是"晋 如鼫鼠"。当然,对此种行为,周文王老爷爷是不大赞同的,这是后话。

四、隐喻——假借人文形象

也举几例加以说明:

噬嗑(六二):噬肤灭鼻;贲(初九):贲其趾,舍车而徒;离(初九):履错然。

分析如下:

1. 噬嗑(六二):噬肤灭鼻。

"噬嗑"卦讨论人性的贪婪;二爻指"小有人家",也就是"刚刚过上了好日子",不再为日常生活发愁的人。

很多读者可能有这样的感受,当人们在"吃了上顿没下顿"的时候(初爻状态)往往会"穷大方":但见腰包里有点钱,就"烧腾得不得安生",今天请小兄弟吃饭,明天请老哥们喝酒。而到了不再为吃穿发愁的时候(二爻),忽然变得不但"抠门儿",而且有点"贪婪"。于是,不但与穷弟兄们的那份情慢慢淡了,而且总想着拼命攒钱。

有些人的贪婪近于失态,其情其景,就像别人请他吃肉时,深深的一大口咬下去,恨不得连鼻子都陷进去。这就是"噬肤灭鼻"想表达的思想,它把人们那种贪婪的神态,描摹得惟妙惟肖、纤毫毕现。

2. 贲(初九):贲其趾,舍车而徒。

爱美之心人皆有之,适当的装饰不但可以提升自信,也容易得到别人应有的尊重,这就是"贲"卦的主题。

但在生产力尚欠发达的农耕社会,小民百姓(初爻)没有经济实力支撑必要的打扮。于是,为了在人前"显摆",哪怕是穿了一双新鞋,也会宁愿走路而不愿乘车。唉,好一个"贲其趾,舍车而徒",将小民百姓那种看似可笑、却让人心酸的小人物虚荣心态,刻画得形神兼备、入木三分。

3. 离(初九):履错然。

上面讲过,"离"卦的主题是老人去世,初爻说的是小民百姓人家。

对小民百姓,无论为老人的去世做了多么充分的心理和物质准备,真到了老人撒手人寰的一刻,都会出现手忙脚乱的情形。即使是现在的陕西关中农村,情况依然:老人去世后,为了尽快安排各种具体事务,族人、乡邻、亲朋好友等众多人员,进进出出、低声交谈,领命之后、快步奔走,但见脚下忙乱不休,一派"履错然"的景象。可见,"履错然"其实要表达一种"杂乱无章"的情形,这正是关中农村"办丧事"时的常见情况。

上述这些例子,对《周易》文字的"隐喻"手法进行了初步探讨,难以全面展示周文王的缜密思维和丰富想象力。同时,由于"隐喻"的情况实在太多、太繁杂,难以归类并给出一般性解读方法,只能针对具体情况一一分析。

行文到此,我忽然异想天开地设想,具有如此奇特视角、精妙见解的周文王老爷爷,如果能够活到今天,并有幸做一回电影导演,他老人家会以什么样的视角和方式,为我们阐释生活的哲理?

第六章 判词似卜

——表象背后的清晰观点

本章目的:介绍《周易》中一些关键字词的真实含义

在第二章我们指出,虽然周文王身陷囹圄并受到严密地看押,但他却是在"公开"状态下完成了《周易》的写作。之所以"敢于公开"写作,是因为他借用了"研究占卜"的名义;因此,《周易》必须有"占卜之书"的外表,才能骗过殷纣王的耳目。而让《周易》看起来像一部"占卜之书"的主要手段,就是周文王大量采用了"占卜术语"。

但在《周易》中,这些"占卜术语"只是表面现象,实际上,周文王对这些术语赋予了全新的含义,从而巧妙地利用这些术语来表达他的思想。因此,如果不了解周文王对这些术语赋予的全新含义,只是一般的按"占卜术语"来解读,就会误入歧途。本章我们主要讨论《周易》一些关键词语的含义。

第一节 《周易》中的关键词语

《周易》中有些词语的出现频率很高,并对理解卦爻辞的含义具有举足轻重的作用,因此,搞清楚这些关键词语的确切含义,对理解卦爻辞十分重要。这些词语主要包括:元,亨,利,贞,吉,凶,悔,吝,咎,厉,攸,孚,德,匪,征,往,涉大川等等。

前面曾经指出,《周易》实质上是一部"人的社会行为规范",也就是说,它想告诉人们遇到事情时应该如何去做,或不同的做法会有什么样的后果。为了"规范"人们的行为,《周易》大体上从四个不同的侧面,对不同的行为进行"点评":

一是在某种行为过程中,应遵循什么样的要求。例如:"在开车的过程中要谨慎驾驶"。

二是某种行为将会产生什么样的后果。例如:"超速开车迟早要出事",实际上是希望你不要开快车。

三是某种行为是否符合"社会道德"。例如："雨天开车把水溅到行人身上是不合适的",希望你雨天开车时注意避让行人。

四是对某种行为本身的肯定或否定。例如："现在的车速合适,就这样开"。

当然,《周易》不会讨论现在社会才出现的"开车"这种事情。正像第二章讨论的主题那样,《周易》讨论的是在当时社会背景下,具有普遍意义的人的社会行为。

《周易》对人的社会行为的"点评",就是通过上述关键词语来体现的。因此,这些词语大体上可以归为如下几种类型:

对行为过程的要求:元,亨,利,贞;

对行为后果的评价:吉,凶,悔,吝,咎,厉,攸;

对行为是非的判断:孚,是,德;

对行为本身的建议:征,往,涉大川。

应特别注意"吉,凶,悔,吝,贞,无咎,厉"等字词,由于它们具有"占卜"色彩,一方面对《周易》进行了很好地伪装,另一方面也让后人将整个《周易》看作是"占卜之书"。当然,这是数千年来人们对《周易》认识上的一个极大误区。

下面,分别剖析这些词语。

第二节　关键词语剖析

一、元、亨、利、贞

将"元、亨、利、贞"归为一类词语,视为一个整体,是学术界非常一致的看法;但关于其具体含义,却有很大分歧。本书不讨论各种不同的观点,有兴趣的读者,可以参阅其他资料。

实际上,"元、亨、利、贞"是对人们做人、做事的"总体要求和通用要求"。所谓"总体要求"是指"全过程要求"。如果将"全过程"分为四个阶段,就是:起始或准备阶段、实施阶段、达成目标阶段、维持阶段,对这四个阶段的要求分别是"元、亨、利、贞"。所谓"通用要求"是指这些要求,对做人、做事"都适用"。因此,"元、亨、利、贞"既是对事物发展阶段的明确划分,同时又是对各发展阶段应达到的目标的要求:元,出发点正确;亨,保障顺利发展;利,抓住机遇实现目标;贞,保持已取得的成果、成就。

具体分析如下。

图 1 - 6 - 2 - 1　甲骨文"元、利、贞"

图 1 - 6 - 2 - 2　金文"元、亨、利、贞"

我认为,"元、亨、利、贞"的本意,应该是古人对"庄稼"生命过程的总结和抽象。**"元"是对"种子"生根发苗阶段的具象化描摹;"亨"是对"禾苗"茁壮成长、并开花结果阶段的抽象化表述;"利"是对"果实"成熟与收获阶段的形象描写;"贞"是对"粮食"(收获的"成果")精心储藏的情景再现。**由于"庄稼"与古人的生活息息相关,古人显然对"庄稼"的整个生命周期进行过认真、细致的观察,这符合人们观察自然、认识自然的行为规律。

1. 元

从甲骨文、金文直到现今的各种字体,"元"的字形特征基本没有明显变化。我认为,"元"最上面的一横,代表"地表",其下部分代表植物种子发芽后,刚生成的"根须"在地表下的形态。如果这一理解正确的话,"元"就意味着"已经发芽的种子",引申为"一个完整的生命历程具备了良好的基础和发展潜力",或"一个事物具备了良好发展的可能性"。反之,如果一粒种子霉变了、失去了生命力,就不可能发芽,也就不会出现"元"这样的形态;或者即使发了芽,却长得歪歪扭扭、病病快快,根本就不可能成为一个旺盛的生命,就不能称之为"元"。因此,"元"既是指做一件事情的萌芽、开始、准备阶段,也表示已经具备了良好的发展潜力。

如果把这一含义"移植到"人的社会行为中来,就是做一件事情时,要有良好的愿望、美好的期待,或正确的出发点、合理的追求目标,等等。"元"的含义"移植"后,可以有多种多样的含义引申。因而,"元"是一个很难把握的概念。

例如,做一件事情时,如果你抱着"一定要把这件事情做好"的愿望,并具有做好这件事的潜在能力,才能称为"元"。如果只有良好的愿望而不具备相应的潜能,或者出发点就为世人所不容,一旦露头就会被扼杀了,那就不能称为"元"了。但是,在有些事情上的对与错、好与坏是很难分辨的,什么才是"元"并不是显而易见的。《周易》中有几处用到了"元 吉",意思是:能这样做就是好事,或以此为出发点就好,或能这样想就会有好结果等等,应注意不同场合下的不同表述。

2. 亨

甲骨文中似乎未见"亨"字,而图1-6-2-2中的第二个字是否应解读为"亨"读者可自行判断。我对"亨"的"字源"没有任何概念,只想从对《周易》的理解中来谈谈看法。

"亨"可能是指"庄稼"的禾苗,从茁壮成长到开花结果的阶段,要求在成长、壮大的漫长过程中,要能够克服风霜雨雪等各种严苛的自然环境,而顺利成长、发展、壮大,结出累累硕果。如果因外界因素而夭折在这一过程中,就不能称为"亨"。所以,"亨"也含有"自主地克服外界不利因素,寻求发展、壮大的空间,从而实现顺利发展"这一要求。

例如,我们都知道,做任何事情都不可能万事俱备、一帆风顺,都要付出艰苦的努力,克服出现的各种困难,才能取得最后的成功。如果没有不达目的、誓不罢休的意志和决心,没有化解各种矛盾、解决各种问题的能力,就会半途而废、功败垂成,这样就不能称为"亨"。可见,"亨"更多的是强调对自身能力的培育,以及对做事时"实际效果"的检验。显然,"亨"也是一个很难把握的概念。

3. 利

甲骨文、金文中的"利"字,左边都是一株低头弯腰的农作物(谷物等成熟时的形象),右边是一把收割用的刀具,合在一起的含义是"收获成熟了的农作物"。现代汉语中,"利"的基本含义之一是"好处,得到好处",这已经是对"收获成熟了的农作物"含义的引申,是指"收获的成果",而失却了"收获的过程"。了解农村生活的人都知道,"收获成熟了的农作物"是一个艰辛的、充满各种变数的过程,即使农作物的长势非常好、丰收在望,但并不意味着人们一定会有一个好的收成。例如,如果没有足够的劳动力,或遇到天灾人祸,即将到手的收获也可能就被"糟蹋了",因此而一无所获。

实际上,做任何事情要想"取得成功",也有一个类似的"收获过程",这一过程也同样充满艰辛和各种挑战。无论发展的历程有多么顺利,现在的形势多么有利,让你感到"踌躇满志、势在必得",但在转瞬之间的"变故"就可能使你功败垂成、一无所获。所以,"利"的本意,既可以是对"取得成功"这一状态的描述,但更强调"抓住机遇、务必成功"这一要求。应注意,《周易》中的"利",很多情况下强调的是"抓住机遇、取得成功"这一要求。

4. 贞

我认为,把图 1-6-2-1 中最后一个甲骨文解读为"贞"不一定恰当。

金文中的"贞"有很多种"写法",准确地讲,很多金文字符被解读为"貞"字。金文"貞"的结构大同小异,可以看成是由三部分构成:最上面的部分可能是类似于"稻草人"的设施,就是在一根长杆上绑上随风飞舞的布条,其作用是驱赶飞鸟,防止飞鸟糟蹋粮食;中间部分可能是储藏粮食的容器;最下面的部分,可能是储粮容器的支撑台座,防止地表水接触到容器,导致粮食腐烂变质。其实,以前关中农村的"露天粮仓"也有类似的结构。如果这一解释是合理的,那么"貞"就是"粮仓"的形象。按此理解,"贞"的含义就是"妥善保存已取得的成果",引申为"保持成就、成果、现状"。

我们知道,打江山不易、守江山更难。人们一旦取得某种成就后,就会产生终于大功告成、可以松一口气的想法,甚至会以此为资本骄奢淫逸、恣意妄为,很快就把自己的优越地位丧失殆尽,甚至沦为阶下囚。这样的事例太多了。因此,"贞"是对取得成功后还要继续保持成就的要求。

综合上述四点不难看出,"元、亨、利、贞"是周文王从农作物的"发芽、成长、收获、储藏"中抽象出来的四个阶段,以及对四个阶段的不同要求或注意事项。周文王也清醒地看到,农作物的这四个阶段及相应的要求,完全适用于"人的社会行为",因此用这四个简单的字,表达了非常复杂而深刻的含义。

我们把"元、亨、利、贞"的上述含义,用图形的方式示意如下。

5. 元、亨、利、贞的含义示意图

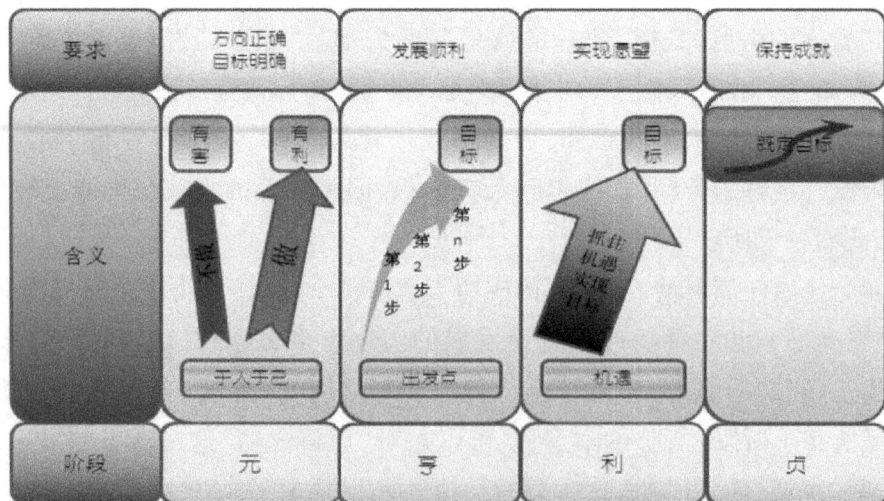

图 1-6-2-3 "元、亨、利、贞"含义示意图

6."元、亨、利、贞"含义举例

例1(正例):

一个高中生想进入一所心仪的大学深造,周文王会给出"元 亨 利 贞"的忠告。这一忠告的含义是,要"立志高远(元)、发展顺利(亨)、实现愿望(利)、保持成就(贞)"。具体来说就是:

元:开始阶段,首先要明确"追求目标"——进入心仪的大学深造;规划"实施路径"——学好必要的各门功课,如果哪门功课没学好,就请家教或采取其他方法。

亨:在高中学习过程中,要不断克服各种障碍、困难,保障各门功课的学习成绩,能够"考上"那所大学。

利:在高考过程中,要调整好心态和身体状态,确保能够正常发挥,考出好成绩。

贞:一旦进入了心仪的大学(也就是成功地成为该校的学生),就要竭尽全力,认真学习,而不要被学校"劝退、开除",或者拿不到毕业证。

显然,"元、亨、利、贞"的要求是一个完整的体系,也是在事物发展过程中,对人的行为最为合理的要求。下面的例子想说明,"元、亨、利、贞"的任何一个环节出现问题,都不会有圆满的结局。

例2(反例):

古今中外历史上,有些帝王之家的王子,在呱呱坠地的那一刻,命运就决定了他可能成为未来的国君。可是,如果他没有成为国君的志向,视"王冠"为儿戏,就可能沉溺于诗词歌赋、风花雪月,或钟情于架鹰走狗、酒池肉林,甚至为了红颜知己,轻率地"挂冠而去"。这样的"太子、王储",最终都与"王位"渐行渐远。可见,缺少"元",就失去了担负天下重任的机会。

有些"太子"也想做一个好皇帝(元),但却不能很好地把握自己,在通向"王位"这条荆棘丛生、凶险暗布的道路上,一不留神就成了"废太子"。可见,缺少"亨",就不可能实现远大的抱负。

也有些"太子",不但立志成为好皇帝(元),也顺利地走到了"龙椅"跟前(亨),但却在王位唾手可得之际,或迷失了自我,或丧失了机会,以至于遗憾地与"王位"擦肩而过。可见,缺少"利",只能是壮志难酬,空留遗恨。

而更多的"君王",在取得"王位"后,便忘记了最初的志向(元),和艰辛的磨砺(亨),一旦端坐龙椅、大权在握(利),便骄奢淫逸、为所欲为,导致朝堂暗流涌动,天下民怨沸腾,很快便落得个众叛亲离,或"被黜出宫"的下场。可见,缺少"贞",一切荣华富贵,都只是昙花一现的过眼烟云。

可见,要全部满足"元亨利贞"的要求,是非常困难的。其实,后世很多大大小小的官员们,由于不能很好地把握"元、亨、利、贞"的总体要求,何尝不是一而再、再而三地重蹈覆辙呢?

7. 与其他词的联用

除"亨"外,"元、利、贞"常与其他词语连用,表达更复杂的含义。例如"元吉",一般情况下的意思是,如果有正确的出发点(元),就会有好的结果(吉)。再如"噬嗑·九四"中的"利 艰贞,吉",意思是,如果终于实现了愿望(利),并能够想尽一切办法(艰)保持已取得的成果(贞),就是令人高兴的事情(吉)。其他情况,希望大家细细体会,不再细述。

8. 实际应用

以现今社会中的"回家过年"、"买辆汽车"为例,说明"元亨利贞"的实际应用。

表 1-6-2-1 "元亨利贞"应用举例

要求		回家过年	买辆汽车
元	出发点正确	尽孝道,享亲情。	方便工作,丰富生活。
	目标不正确	回家闹事。	与人攀比;用于犯罪。
亨	发展顺利	选择可靠的、可承受的返乡交通方式,高兴、顺利返家。	选择合用的、对生活不造成很大压力的汽车。
	发展不顺利	选择不可靠的、不能够承受的返乡交通方式,返乡之路极不顺利,一肚子怒气。	盲目追求奢华,买车后不得不勒紧裤腰带过日子。
利	实现愿望	平安、顺利回家,享受亲人团聚的欢欣。	买到了心仪的汽车,全家欢天喜地。
	未实现愿望	除夕夜堵在了荒郊野外,或因车祸躺进了医院,希望变成了失望。	买到了奢华的汽车,却拆散了美满的家庭。
贞	保持现状	整个假期陪伴父母、儿女,尽享天伦之乐。	精心保养,谨慎驾驶,天天开开心心工作,舒舒服服享受生活乐趣。
	未能保持现状	酒后滋事,或麻将桌上与人动粗,一个假期在麻烦不断中度过。	毫不珍惜,横冲直撞,今天进店修理,明天去交罚款,整天为车忙得焦头烂额。

还应说明的是,"利"在《周易》中的一些地方,含义就是今天的"有利于",应注意区分。

后面为叙述简洁，我们可能会把"元、亨、利、贞"简单地解释为"愿望良好、顺利发展、实现愿望、保持成就"，但应注意上述丰富的内涵和变化。也可以从人们对农作物"春播、夏管、秋收、冬藏"的含义，去理解"元、亨、利、贞"的人文实质。

二、吉、凶、悔、吝、咎、厉（灾、疾、眚）

与"元亨利贞"相比，虽然这些字词的出现频率也很高，但其含义就简单多了。这些字词大都具有"占卜之词"的色彩，史上的解读大多语焉不详，有的解读甚至与作者的思想南辕北辙，给后世造成很大的混乱，所以应认真对待这些字词。

下面，我们一般只给出这些字词在《周易》中的含义，必要时会做相应解释。

1. 吉。好事，令人高兴、满意的事，符合人们希望、期待的事。

2. 凶。一般指不好的事情，令人难以接受的事，人们不愿意看到或不愿意让其发生的事。但在《周易》中，"凶"很少用来表示"大灾大难"的意思。

在陕西关中方言中，"凶"还有一种含义是，猛烈、竭尽全力、不遗余力（的行为）。例如"那个小伙子干起活来凶得很"，意思是赞扬小伙子干活非常卖力。显然，这里的"凶"具有褒奖的意味。在"益"卦中也有类似的用法，如"六三　益之　用凶事，无咎"，意思是，用卖力的性行为（用凶事），让她享受性满足（益之），无可指责（无咎）。

3. 悔。（应得未得或得而失之，令人）懊恼，后悔（的事情）；或有多种选择，由于选择轻率，导致出现了不能令人满意后果时的心理感受。

4. 吝。《周易》中，"吝"是一个地域色彩鲜明的词汇。陕西关中方言中，"吝（音）"指"令人不爽（的事情），难以忍受（的事情）；令人不忍心，或不愿意听、看（的事情）"。简而言之，凡令人头皮发麻、起鸡皮疙瘩的东西，都可以称为"吝"。例如，如果你怕痒痒，别人挠你痒痒时，你会一边大笑一边说"快别挠了，吝死人啦！"再如，看见血淋淋的场景，会说"吝死人了"；听到高频的声音，如指甲在金属物上"摩擦"时发出的声响，也会说"吝死人了"，等等。

5. 咎。在关中方言中，"咎"主要指"自责"，与"疚"的含义接近。所以，《周易》中大量出现的"无咎"，意思是"无须自责"。从旁观者的角度，也可以将"无咎"理解为"无可（需）指责"。"无咎"也可以用肯定式理解为：这（样做）是应该的，就应该这样（做），这（样做）就对了。

6. 厉。严厉，严重，过分；处境艰难；难以承受、忍受、接受；（让人感到）无能为力，力不从心，心有余而力不足（的心理感受）。

7. 灾、疾、眚。与现今含义接近，不再赘言。

8. 攸。在《周易》中的用法，主要是"有攸、无攸"。这里的"攸"，意近"缘由、必要性"。"有攸(无攸)"的意思,大体上可以理解为:"如果有必要(如果没必要),就⋯⋯"

这些词语,主要描述人们对某些行为或其后果的接受、拒绝程度。下面将这些词语的接受、拒绝程度,用图示的形式加以说明,见图1-6-2-4。图中不恰当之处,请予批评。

接受程度		吉	凶（后果 / 程度）		悔	吝	厉	咎	灾	无攸	有攸
	100%										
	80%	大吉						无咎			
	60%		行为很凶								
	40%	吉									
	20%										有攸
	0%	吉	后果	程度	悔	吝	厉	咎	灾	无攸	有攸
拒绝程度	20%		凶险	行为很凶		吝				无攸	
	40%				悔			咎			
	60%						厉				
	80%								灾		
	100%										

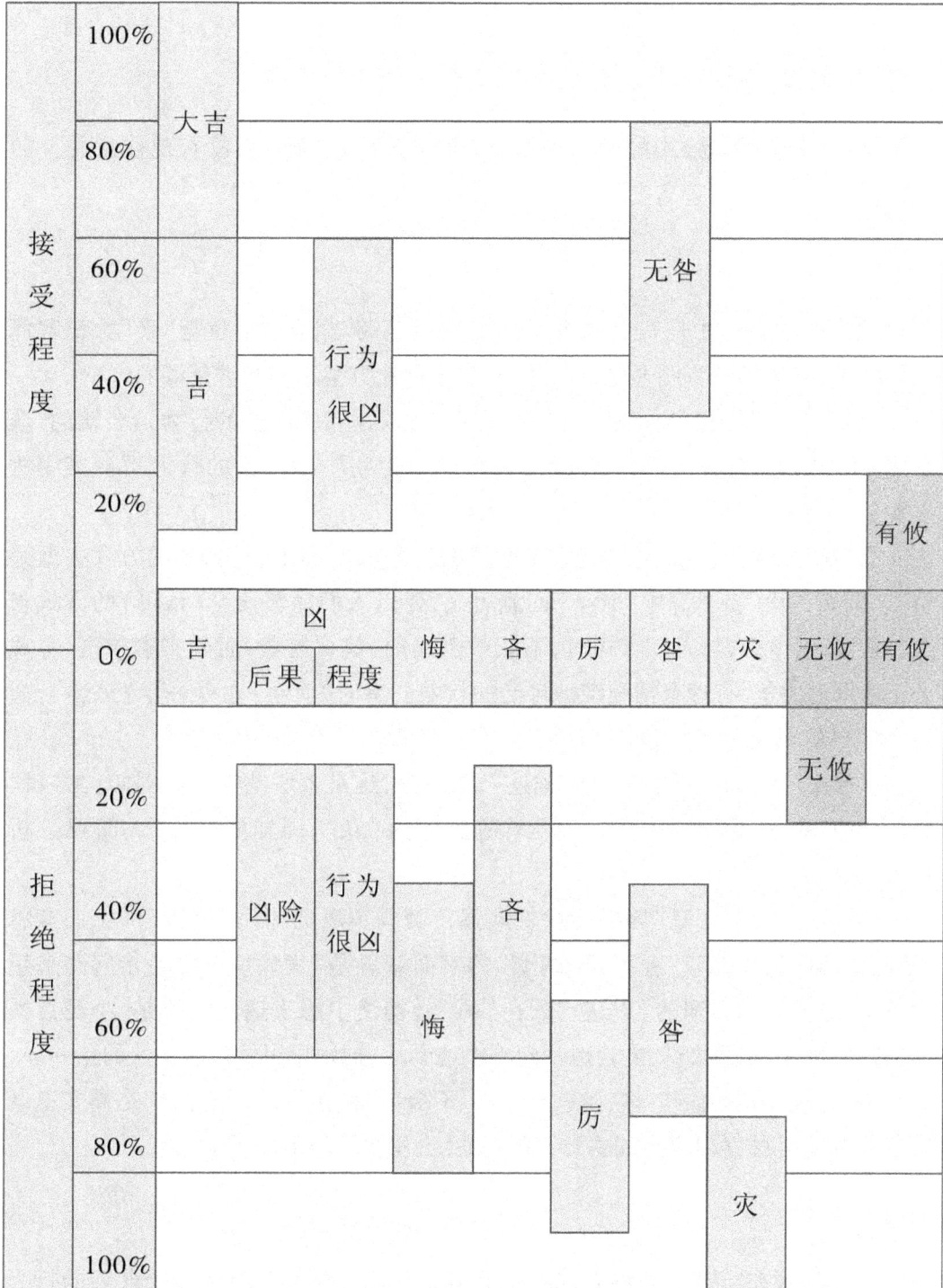

图 1-6-2-4　人们对"吉凶悔吝"等的接受、拒绝程度示意图

三、孚、是、德

"孚、是"是《周易》中的两个"社会道德观念",而"德"还没有现在意义上的"道德"含义。从"道德高度"上讲,"是"的道德要求比"孚"更高。

1. 孚

"孚"在《周易》中是一个非常重要的"道德范畴"概念。后世把"孚"大都解释为"诚信",在很多地方明显是讲不通的,在个别地方甚至是非常荒谬的。

"孚"在《周易》中的含义主要是:(人们)可以、能够接受(的行为);公认的、众所周知(的行为)。在有些情况下,也可以理解为"受人赞扬(的行为)"。其用法主要是"有孚"、"孚"。

"有孚"常常是一个"祈动词",其含义是"应该以人们可以接受的方式去做某事"。例如,"讼"卦卦辞中"有孚"的意思是:要以人们能够接受(认可)的方式与人打官司;引申为,与人打官司时,不能颠倒黑白、信口雌黄,而要实事求是、客观公正地据理力争,有理有据地维护自己的权益。有时"有孚"也是一个"陈述",如"未济"卦的最后一句。

单独用"孚"时,一般是一种"陈述",意思是:这是人所共知的。例如,在"姤"卦初爻的"羸豕 孚 蹢躅"中,"孚"就应解释为"众所周知的行为"。简要分析如下:

"羸豕"字面意思是"因病病怏怏而显得羸弱不堪的猪";"蹢躅"的字面意思是"趔趔趄趄的步态";"羸豕 孚 蹢躅"的字面意思是"病病怏怏的猪走起路来趔趔趄趄,这是众所周知的"。这句话在"姤"卦初爻中想表达的意思是,小民百姓(初爻)对家中的"泼妇",要让她一刻不停地干活,把她累得像病病怏怏的猪一样,走起路来都趔趔趄趄的时候,她就老实了,不会再"撒泼"了。当然,这是周文王老爷爷给古人制服"泼妇"出的主意,现在的社会里显然不好使了。

2. 是

"是"出现在"未济"卦的末尾处:"濡其首,有孚 失是",这是一个典型的行为是非判断用法。未济卦的主题是"已婚"男子追求年轻女子,即"纳妾"行为;上爻指"曾经权势显赫的老迈之人"。"濡其首"的潜台词是"只能抱着啃一啃,而没有实质性的内容"。所以,"未济·上九"中"濡其首,有孚 失是"的潜台词是:虽然你个老家伙有钱有势,纳个妾无可厚非(有孚),但你那点儿本事也就只能抱着人家黄花大姑娘啃一啃而已(濡其首),白白耽误了人家的青春年华,你于心何忍(失是)?!

由此可以看出,作为道德观念,"是"比"孚"的要求更高,"孚"是"可以接受的行为","是"是"应恪守的道德底线"。

3. 德

在"益"卦五爻的"惠我德"等处,"德"的含义主要是指个人行为的"私德",而不是现今意义下的"公共道德、社会公德"。换句话说,"德"在《周易》中,尚无"公德"之意,大体是指个人的"德行"。关于社会公德,是用"社会接受的行为(孚)"、"不受社会谴责的行为(是)"来表述。

而出现在"讼"卦三爻"食旧德"中的"德",显然不同于我们现在所说的"道德",而是指"交情、面情","食旧德"的意思是,看在过去交情的份儿上。

这里对"孚、是、德"几个字词进行专门讨论的目的,是想告诉读者,《周易》里的道德体系与我们现今的道德体系不同:《周易》关注"个人的良好发展和自我满足",而后世的社会道德体系,更强调"个人的社会责任"。可以说,《周易》强调"个人权益",后世社会注重"社会公德"。其中的是与非,留给哲学家、政治家、社会学家去讨论吧。至于《周易》暗含的"个人权益观",与西方社会的"人权观"之间的关系,也请有心人去研究吧。

四、征、往、涉大川

这几个词语的使用频率也非常高,也常常被误读,有必要加以讨论。

1. 征

可能是关中方言中"整"的别字。关中方言中的"整",与东北话中的"整"意思基本一致。例如邀请别人喝酒,可以说"整两口",邀请别人打麻将,可以说"整两圈儿"。就这种用法而言,"征"大体上相当于英文的"do it"。在《周易》中,如果把"征"狭义地理解为"征伐、征讨"等武力行为,是不妥当的。

2. 往

与"征"有类似的含义,如果把"征"理解为"就这样干吧","往"就可以理解为

"去,就那样干"。

3. 涉大川

《周易》中的"涉大川",大体有两种含义,一是"做十分困难、充满危险的大事情",二是"男女交合"。分析如下。

《周易》的字词表明,周初时没有桥梁或舟楫供人们渡河;过河时,人们需要涉水。证据来源于"既济"卦。"既济"卦卦名的含义就是"刚刚渡过了河流";而其卦象是"水上火下",正是人们过河后,在火堆上烘烤湿衣服的情景。

对不谙水性的北方人来说,涉水过河是十分困难、也非常危险是事情。因此,能够"涉大川"的人,就是具备了完成十分困难、危险任务的能力的人。所以,《周易》中反复出现的"利 涉大川",字面意思是"取得了这样的成就(利),就可以去完成更加困难、甚至危险的事情了(涉大川)",文字背后的意思是"实现了这个目标,就可以去追求更高的目标了"。

关于第二种含义,不仔细分析,提示如下:请分析"颐"卦五爻、六爻中的"不可涉大川"、"利 涉大川"。实际上,"颐"卦在讲"口交";女阴的形状像"川"。

第三节 关键词语用法汇总

现将上面分析过的关键词语的用法,汇总如下表。

表 1-6-3-1 关键词语汇含义总表

性质	词语	释义	备注
对事物的要求	元	(应该具备)正确的出发点、良好的发展愿望。	单独用在卦辞中时,为"应该具备……"。
	亨	(应该保障)发展过程顺利。	单独用在卦辞中时,为"应该保障顺利……"。
	利	(1)(应该)取得(了)预期、应有、可以满意的成果。实现了愿望。(2)有利于。	单独用在卦辞中时,为"应该取得……"。
	贞	(应该)保障、保持已经取得的成果,或现有的状态。	单独用在卦辞中时,为"应该保持……"。

道德观念	孚	(1)公认的、众所周知（的行为）。可以、能够接受（的行为）。 (2)受人赞扬（的行为）。	一般为褒义，也可以指没有褒贬意义的"行为"。
	是	负责任（的行为）。高尚、受赞扬（的行为）	从社会道德层面，比"孚"的要求更高。
	德	德行。交情、面情。	没有现今"公德"的含义。
行为后果	吉	(1)令人喜悦、高兴的事情。	
		(2)符合美好期望的事情。	
	吝	(1)令人不爽（的事情），难以忍受（的事情）。令人不忍心，或不愿意听、看（的事情）。让人头皮发麻、起鸡皮疙瘩的事情。	对怕痒痒的人，被人挠痒痒的感觉是吝；有些人，对尖细的高频声音的感觉，是吝；一般人，对血淋淋的场面，或一大堆蛆虫的蠕动状况，感觉吝。周易中，吝主要指令人产生不爽、不快后果的事情。很少有"悔恨、遗憾"之意。
		(2)吝啬，不愿舍弃、放弃已得到的东西。	《周易》中基本无此用法。
	凶	(1)不希望发生、出现，但却（可能）发生、出现的事情、后果。	周易中，很少取"灾祸、祸殃"之意。较多的是取程度较轻的"不愿见到的后果"之意。
		(2)厉害，厉害的人或事。	《周易》中此种用法较少。
		(3)猛烈、竭尽全力、不遗余力（的行为）。	可褒、可贬，也可无褒贬之意。
	悔	(1)懊恼，后悔（的事情）。	
		(2)过失。	《周易》中基本无此用法。
	咎	(1)过失，过错，失误。 (2)内心不安，愧疚。自责，责备。 (3)灾祸，罪过，罪责。	《周易》中基本无此用法。

	厉	(1)严厉,严重,过分。艰难。	
		(2)难以承受、忍受、接受。	
	灾	祸殃,灾祸。	程度上比"凶"更难以接受。
	疾	(1)病,病痛。痛苦。	
		(2)急速,猛烈。敏捷。	
	有攸	有所期待、必要(的事情,打算,目标,目的)。	
	无攸	无所期待、必要(的事情,打算,目标,目的)。	仅"归妹 征凶 无攸往"1处。
行为	征	(1)泛指"做,干,搞,弄"等行为。应为方言"整"的假音字。	
		(2)征讨。	《周易》中很少用。
	往	去干吧。	"有攸往":有必要就去干(吧)。
	涉大川	(1)十分困难、危险的事情。	古时,大河之上应无舟楫、桥梁以供人马车辆通行,涉大川为极为困难、危险之事。
		(2)男女交合。	似乎仅用在"颐"卦。

第二部分

《周易》详解

说　明

一、具体内容

本部分对六十四卦逐一进行详细解读。

二、解读内容

每卦的解读分为四个部分,即"原文","注释","今译","补记"。

三、关于"原文"

1. "原文"即《周易》的"古经"部分,不含"易传"或"十翼"的内容。

2. "原文"采用简体汉字编排。

3. "原文"文字版本,主要参照《四库全书》。

4. 对"原文"进行了重新断句。

5. 对"原文"的重新断句,主要采用现代汉语的标点符号以及"空格"符号。例如,"睽"卦六三爻,常见版本大都断句为"见舆曳,其牛掣,其人天且劓……",本书重新将其断句为"见 舆,曳其牛,掣其人,天且劓……"。其中,在"见舆"两字之间,增加了一个"空格",意为不应将"见、舆"两个字连在一起读作"见舆",而应读作"见 舆"。因为,人们会把"见舆"理解为"见到了舆车",而"见 舆"的意思是"见于舆",即"在舆车上见到了……",两者的含义有明显的差异。应注意的是,类似的重新断句均未注明,望能注意与其他版本的区别。

6. 本书用了很多"空格"进行断句,强调空格前后的文字应分开解读,而不应该作为词语、短语来解读。例如,"颐"卦上九中的"厉 吉",如果连在一起就无法理解,若改写为"厉 吉"就很好理解,意为"虽然难以忍受,却很舒服、快活"。

四、关于"注释"

1. "注释"分为5个部分,分别是【卦象玄机】【卦名意境】【本卦主题】【各爻角色】【字词释义】。

2. 【卦象玄机】是通过对上、下两个单卦的社会形象解析,分析其组合后的叠卦的社会形象。

3. 【卦名意境】结合叠卦卦象的社会意义,解读卦名的含义。

4. 【本卦主题】结合卦象、卦名的含义,揭示本卦的主题。

5. 【各爻角色】指出在本卦中,各爻暗含的对象。

6. 【字词释义】分别对卦、爻辞中的难懂字词或常见字词背后的弦外之音,进行注释。特别是结合关中方言和地域特色,进行了说明。

五、关于"今译"

1. 各卦中,分别对"卦辞"、"爻辞"补充了必要的说明性文字,从而使"卦、爻辞"的内在思想能够连贯起来。"今译"的内容包括三个方面:一是增加对"语句意境"的分类;二是对周文王"刻意隐藏"的文字进行必要的"补充";三是对经过补充的原文进行"逐字逐句"解读。

2. 关于"语句意境"的分类,参见第一部分第五章第二节。"语句意境"的分类,即在卦、爻辞"原文"的每一个"语句"前,用"做、求、境、描、判"分别进行标识。其含义是:做表示人们应该按照其后的"原文"去做;求表示人们应该把其后的"原文",作为目标去追求;境表示人们应该把其后的"原文"作为一种境界,尽力去达到;描表示其后的"原文"是一种普遍规律;判表示其后的"原文",是对前述行为后果的判断、评价。

3. "补充"是指,按照我个人的理解,对"原文"中刻意隐藏的结构性信息、社会生活背景资料等,进行了必要地"补充"。由于"原文"的文字类似于今天的"速记",只记录了一些"要点",而省略了大量的辅助性说明,从而使"原文"显得扑朔迷离、不知所云。如果将省略的辅助性文字"补充"进去,"原文"的含义就容易理解了。由于这种"补充"的内容太多,故不一一注明。

4. "逐字逐句"解读是指对"原文"的文字,基本上都逐字、逐词进行了白话解读。白话解读中,已经"补充"了大量的结构信息。

5. 由于所补充的"社会生活背景资料",与个人的生活阅历、对社会现象的理解等息息相关,因此,很多补充文字,可能已经背离、甚至歪曲了"原文"的意境。但这些补充文字对理解"原文"的思想,还是非常必要的,否则,白话解读将显得支离破碎,让人无法理解。非常遗憾的是,我无法准确地还原当时的社会生活背景,故"今译"部分的文字,大有商榷余地。请大家批评、指正。

六、关于"补记"

1. "补记"是从各种不同的侧面,对该卦进行更加深入地解读,或通过实例做进一步说明;也可以说代表我对该卦的理解。这些解读、说明,大体可以归纳为【东拉西扯】、【主题乱弹】、【哲理漫说】、【黄裳之拜】、【会心一笑】、【班门弄斧】、【古音遗韵】、【岁月留痕】、【史海寻贝】、【文苑拾珠】10个方面。但并不是每一卦都会包含这10个侧面。

2. 【东拉西扯】是对与本卦有关情况的概述。

3. 【主题乱弹】是对卦象、卦名或本卦主题的解析。

4. 【哲理漫说】是对全部或部分卦、爻辞的分析、说明。

5. 【黄裳之拜】是对某些深刻的道理加以强调(此处"黄裳"指跪伏之状,参见"坤"卦)。

6. 【会心一笑】是对某些有趣语句、观点的解读。

7. 【班门弄斧】是对其他人解释的评论,或个人的自由发挥。

8. 【古韵遗音】是对陕西关中地域背景、方言的补充。

9. 【岁月留痕】是对某些道理,以个人的阅历辅助说明。

10. 【史海寻贝】是对当时社会生活场景的一些推断。

11. 【文苑拾珠】是对精彩词语加以强调。

12. 上述10个侧面的标题,不应视为"补记"内容的标题,仅是对"补记"内容的提示。

1. 乾(天天)——领袖风范

一、原文

乾　元亨利贞。

初九　潜龙勿用。

九二　见龙在田;利见大人。

九三　君子终日乾乾,夕惕若,厉无咎。

九四　或跃在渊,无咎。

九五　飞龙在天;利见大人。

上九　亢龙有悔。

用九　见群龙无首,吉。

二、注释

【卦象玄机】"天上天下"。单卦:上卦为天,指上一阶层领袖人物;下卦为天,指下一阶层领袖人物。叠卦:天上有天,隐喻人上之人。

【卦名意境】乾:人上之人,即相对下一级领袖人物而言,上一级领袖人物。可理解为特定社会团体中的"一把手"、领袖。本卦中用"龙"代表领袖人物。

乾,疑为《周易》创造或借用的字,表示"天外之天"之意;读音同"天"(注:陕西关中西部一带,"天"读为 qian,今亦如此)。

【本卦主题】为君之道,即如何成为人上之人,或最高决策者、领袖、龙。

【各爻角色】初爻至上爻,分别代表成为人上之人的各个奋斗阶段。其中:初爻指"明确志向"阶段,二爻指"初露头角"阶段,三爻指"壮大力量"阶段,四爻指"奋力一搏"阶段,五爻指"功成名就"阶段,上爻指"艰难守成"阶段。附加的"用九",指如何利用机遇。

【字词释义】（请参阅第一部分第六章）：

元：（应）树立远大的追求目标。

亨：（应）保障顺利发展。

利：（应）确保取得成功。

贞：（应）长期保持已有的成就。

潜龙：因为弱小还不能呼风唤雨的小龙（龙），应潜伏下来（潜），不断积聚力量，壮大自己。

勿用：不要锋芒毕露、咄咄逼人。

见龙：见，就是要像…一样（下同）。见龙，就是要像一条龙一样。

在田：在小地方；在远离社会活动中心的偏僻之地。

见大人：就是要像一个伟大的人物一样。

君子终日乾乾：乾乾，叠字，原文中常用叠字，用以强调。君子终日乾乾，有大志的君子，整日都要为实现目标而不懈努力。

夕惕若：若，语气助词，原文常用。夕惕若，即使辛苦了一天，临睡前也要严肃认真地反思、回顾一天的行为，是否有悖于自己的奋斗方向。

厉：辛苦，劳累，难以坚持，难以忍受。

无咎：咎，内心不安，愧疚。无咎，无可指责；无须自责；没有关系；没什么大不了的；这样（做）是应该的。

或跃：要么奋力一搏（要么寂寂无闻）。

飞龙：高瞻远瞩、游刃有余的龙。

亢龙：乖张暴戾的龙。

悔：对以前的抉择不满意，恨不得重新选择一次。

吉：令人喜悦、愉悦的事情；符合美好期望的事情。

利 见大人：一旦实现了愿望（利），就要让人们看到（见）一个伟大的人物（大人）。其含义是，一旦实现了"成为一把手"的愿望（利），就要让人们看到（见）你确实是一位伟大的人物（大人）。

注：关中某些地方，人们把自己在世的父辈（父、叔父），称为"大（音 duò）人"，而把祖父及以上辈，或过世的父辈，称为"先人"。因此，"见大人"也可理解为，"像见到父辈一样"，换句话说，要求领袖人物"爱民如子"。

三、今译

乾：天外之天，喻世间人上之人。指领袖人物，一把手。

㊙元 ㊞亨 ㊞利 ㊡贞。

要想成为领袖人物，就要（胸怀天下）立志高远（元），（克服重重困难）发展顺畅（亨），（抓住机遇奋力一博）实现抱负（利），（高瞻远瞩谦虚谨慎）保持成就（贞）。

初九　㊙潜龙 勿用。

若要立志（初九）成为领袖人物，在初入江湖、羽翼未丰之时（潜龙），不可锋芒毕露，咄咄逼人（勿用）。刻苦磨砺、潜心修炼，不断积累经验、努力增长才干，才是正道。

九二　㊙见龙在田，㊡利 见大人。

待到经纶满腹、羽翼初丰时（九二），一旦有机会牛刀小试、偶露峥嵘，就要像驰骋在田野上的小龙（见龙在田）一样，让人刮目相看，赢得人们的尊重。一旦成为（利）受人推崇的领袖人物，切不可为非作歹，惹得人神共愤，成为十恶不赦的"小人"；而要把品德高尚、万民拥戴，作为追求的目标（见大人）。

九三　㊙君子终日乾乾，㊙夕惕若，㊌厉，㊘无咎。

要想实现更为远大的抱负（九三），对品德高尚、志存高远的君子（君子）来说，就要日复一日（终日）、毫不懈怠、锲而不舍地奋斗（乾乾）。即使晚上（夕）临睡前，也要诚惶诚恐（惕若）地反省自己的行为，是否有悖于为之奋斗的理想。这虽然非常辛苦（厉），但却是应该的（无咎），吃不得这样的苦，也就不可能实现远大的抱负。

九四　㊞或跃 ㊌在渊，㊘无咎。

如果具备了实现更为远大抱负的实力，也面临着实现理想的天赐良机（九四），就要把握住机遇奋力一博（或跃），为更好地施展自己的才华，赢得更为广阔的空间。即使时运不济，没有成功地抓住机会一举"跃过龙门"，而仍身处深潭（在渊），也不要灰心（无咎）。

九五　㊞飞龙 ㊡在天。㊞利 见大人。

若一朝得志、大权在握（九五），获得了施展才华的广阔舞台，切不可志得意满、故步自封，酒色障目、忘记初衷。坐上了龙椅，只是万里长征迈出的第一步，还要像巨龙一样一飞冲天(飞龙),具有御临天下、统揽全局(在天)的气概,高瞻远瞩、高屋建瓴的眼界,指点江山、游刃有余的能力,而不为局部的俗事、杂务所羁绊。一旦坐上头把交椅(利),切不可胡作非为,惹得天怒人怨,成为历史的"罪人";而要努力成为德高望重、天下敬仰的"大人"(见大人)。

上九　⚊ 亢龙 有悔。

坐拥天下(上九)而不能体察民情、顺应民意,不懂得水能载舟、亦能覆舟的道理,一味地飞扬跋扈、横征暴敛、骄奢淫逸、不顾民众死活(亢龙),迟早要后悔(有悔)。

用九　⚊ 见群龙无首,⚊ 吉。

对于具有远大志向、拥有雄才大略、却没有施展才华机会的人中蛟龙,若能遇到(见)"群龙无首"的机遇(群龙无首),则正是大展宏图的天赐良机。若能抓住这十分难得的机遇,成为群龙之首,就是令人愉快的事情(吉)。

四、补记

【东拉西扯】 乾为六十四卦之首,历来受人重视,也是被研究最多、最为细致的一卦,很多人对本卦的解读,基本都能够抓住要害,也大体上能够反映周文王老先生的本意。

乾、坤两卦,基本上奠定了《周易》的写作风格和模式,理解了这两卦,对领悟其他各卦大有助益。因此,本书对这两卦的分析、解说较多。

另外,本书第一部分详细讨论了解读《周易》的几个关键问题,这对正确理解《周易》十分重要。希望读者在阅读前几卦时,一定要熟悉这几个关键问题,认真领会它们是如何发挥作用的。

还应注意的是,即使对"乾"这一相对浅显的卦,人们的解读也五花八门,让初学者如坠云雾、不得要领。造成这种境况的根本原因,是历史上众多的研究者还没有深刻地把握住《周易》的思想实质,特别是当他们把乾、坤两卦进行比较分析后,更看不清老先生的套路了。所以希望读者朋友一定要彻底弄懂前几卦。

【主题乱弹】 天上之天就是指人上之人,对此大家都能达成共识。但这里的人上之人,是专指"天子、帝王"一人,还是可以指其他人,大家的看法并不一致。

本卦中,周文王老爷爷以"龙"来代表人上之人,而且把"在田之龙、在天之龙、群龙",都称为"龙",可见在老先生眼里,"龙"并非专指"帝王、天子",而是指各种"一把手"这一群体。也就是说,我们今天大大小小的"一把手",都是老先生眼里的"龙"。事实上,"群龙无首"中的"群龙",已经清楚地说明了这一观点。所以,老先生眼里的"龙",可以指国家、地方政府的"首脑",也可以指机关、单位的"一把手",企业的"老板",甚至过去绿林好汉中的"山大王"等,只是有"大龙"与"小龙"的区别而已。

【哲理漫说】如果理解了"龙"是领袖人物、"一把手"这一群体,就能较好地理解各爻的爻辞。结合第一部分指出的相关规律,对本卦各爻再简要分析如下。

初爻,通常指"小民百姓",或事物发展的初期阶段(注意,爻位的这种指代作用只与该爻所处的位置有关,而与其阴、阳性质,以及与其他爻的相对位置关系,基本没有关联)。本卦中,初爻代表"日后的领袖人物"在初入江湖、立志成为人上之人的阶段,也是"元"的阶段,要符合"元"的要求。

初爻的爻辞是"潜龙 勿用"。这里的"潜龙"实质上是有所指的,要理解其含义,就要考虑当时的社会状况。

按照学术界的说法,殷末周初时,在"王侯接班人"的问题上,似乎已经有了"世袭"的传统,但可能还没有"立长为储"的规矩。那时"王侯"的众多"王子"们,似乎都有"接班"的机会,因此,个个都是"潜龙"。于是,为了争夺王位,各个王子及其利益团体,往往明争暗斗,甚至公开争夺(这可能只是后世的事情)。我们知道,后世那些为了王位争得头破血流的王子们,很少有人最终得到天下,往往是鹬蚌相争、渔人得利。由此不难看到,君王们似乎更青睐那些敦厚宽仁、豁达大度的王子(个中缘由,不是我等小民能够揣摩得透的,还望高人指点)。周文王老先生似乎也看透了这一层道理,因此,对渐露头角的王子们的忠告是,即使你有君临天下的先天条件(潜龙)和强烈愿望,但在羽翼未丰之时,千万不要锋芒毕露、咄咄逼人(勿用),甚至急于抢班夺权;而应静下心来,认真学习、积累治理天下的知识和本领。这才是"潜龙 勿用"的真谛。

"潜龙 勿用"的道理,同样适用于现今的社会。

现在的网络上,很多"愤青"们往往自视颇高,甚至以"潜龙"自居,对涉及国家大政层面的大事小情,无论政府处理得是否恰当,张嘴就是谩骂,闭口就是嘲弄;或者把一些幼稚的主张,当作普救天下的灵丹妙药加以贩卖。这些行为,虽然"勇气可嘉",但却幼稚可笑。这就是典型的不懂"潜龙 勿用"道理的表现。

也有很多年轻人,刚刚走出校门进入一个单位,凭着一腔热情和年轻人的率真,对具体业务还没有起码的了解,就横挑鼻子竖挑眼,对什么事情会指指点点、说三道四,似乎那些领导们个个都是酒囊饭袋,愚钝不堪。但若要他提出解决问题的办法,则会抓耳挠腮、张口结舌,或提出一些不着边际的幼稚主张。这样的人,如果没有深厚的背景或惹人喜爱的脸蛋,将来很少有人能够大有作为。而有的年轻人,进入单位后会静下心来,逐渐熟悉各种业务,了解各项政策、规章制度和工作流程,仔细揣摩其合理性,分析是否有更好的替代方案;经过深思熟虑后,会以恰当的方式,在合适的时机,提出正确的主张。日后的领袖人物,往往会从这样的人中涌现出来。可见,"潜龙 勿用"并不是无所事事的蛰伏,而是暗地里的不断努力和积累。

二爻通常指"小有人家"(相当于后世的地主阶层),或者是事物发展的第二阶段。本卦中代表"日后的领袖人物"渐露头角、事业小成的阶段,属于"亨"的阶段,也是成长过程中取得阶段性成就的阶段。

二爻的爻辞是"见龙在田;利 见大人"。还是先回到当时的社会状态下,考察其道理。

"老王侯"为了考察"众王子"谁有"继承大统"的素质和能力,往往会让他们在"不同的岗位"进行历练。如果谁能够把自己小岗位(在田)上的事情做得尽善尽美,得到大家的一致好评和拥戴,他就像出现在田野上(小地方)的一条小龙一样,引人注目(见龙)。这种情况,是"见龙在田"的一种情形。"见龙在田"更为普遍的情形,应该是指一个人成了"地方首领"。

"利 见大人"是对地方首领的"道德要求",那就是,一旦成了首领(利),就要以"成为一个伟大人物"作为努力的方向,最终让人看到(见)一个令人敬仰的"大人物"(大人)。

有的人凭着一些小聪明,甚至是龌龊的伎俩,掩盖了"小人"的本来面目,也能够得到"老王侯"的一时青睐,或者顺利的成了"地方首领"。但这样的人最终一定会被人们所唾弃。所以,即使是小地方的"在田之龙",同时具备"大人"的高尚品德,也是至关重要的道德要求。我们知道,如果一个"地方官"聪明绝顶,但却一门心思的祸害百姓、祸国殃民,那么他造成的社会危害和恶果,比那些虽没有多少本事、却心术端正的人所造成的后果,更为可怕。所以,"在田的小龙"同时也是品德高尚的"大人",既是老先生对领袖人物的美好期待,也是世人的美好愿望。由此可见,"见龙在田;利 见大人"实质上是要求"一把手"要"德才兼备"。

三爻通常指"大有人家"("雄霸一方"的豪强),或者是事物发展的第三阶段。本卦中代表"日后的领袖人物"为了实现更大的抱负而发愤图强的阶段,也属于"亨"的阶段。

三爻的爻辞是"君子终日乾乾,夕惕若,厉,无咎。"这是老先生从"行动、思想、心态"三个层面,对那些具有更大抱负的君子提出的指导性意见。

对有更大抱负的人而言，"行动"上要"终日乾乾"，不断努力、不断进取、充实自己，为日后肩负更大的责任，储备必要的能力；"思想"上要"夕惕若"，时刻牢记自己追求的目标和肩负的使命，时刻反省自己的所作所为，检讨努力的方向是否正确、奋斗的意志是否减退；"心态"上要"厉，无咎"，就是要认识到，实现更大抱负的过程非常艰辛，路途非常漫长，但这些都是应该付出的代价。

我们知道，对于有些"小龙"而言，其所以像条龙，可能只是装出来的假象，时间一长，狐狸尾巴、狼子野心就会暴露无遗。而那些真正能够有所作为的君子，为了能够担负起天下重任，则会日夜不息、毫不懈怠的磨砺自己。这对一般人而言，是难以忍受的辛苦事情，而对真正胸有大志的人中豪杰，却能泰然处之，将其看作是应尽的职责，理所当然的事情。

我们也会看到，现在的个别地方政府首脑、企业领导，自认升迁无望便自暴自弃，不学无术、不理正务，整日周旋于饭桌、牌桌、裙子之间。而有些人，即使出身寒门，也已功成名就，仍然以"天下"为己任，日间操劳、灯下苦读、床榻思索、梦中心急，从而走上了更高的领导岗位。这样的行为，为本爻的爻辞增添了新的注脚。

四爻通常指"将相重臣"，或者是事物发展的第四阶段。本卦中代表"日后的领袖人物"面对天赐良机，奋力一搏，实现更大理想的阶段，也是"利"的开始阶段。

四爻的爻辞是"或跃 在渊，无咎"，说了两层意思，一是"或跃"，二是"在渊，无咎"。

"或跃"的完整写法，应该是"或跃或不跃"，指人们面对机遇时的犹豫不决状态。我们知道，有些人在面对人生重大机遇时，确实会犹豫不决。为什么会犹豫不决呢？可能的原因很多，例如，是否具备必要的外部条件；自身是否有足够的能力；是否需要"谦逊的让贤"等等。可见，"或跃"一词确实抓住了人们在重大机遇面前的矛盾心态。

老先生认为，面对梦寐以求的机遇时，人们应该勇敢地把握机会，奋力一搏，即使没有成功，还停留在原来的状态（在渊），也无可指责（无咎）。可见，老先生鼓励人们勇敢地抓住机遇，并以无咎的平静心态，面对可能的失利。应注意的是，对那些为达目的而不择手段、卑鄙无耻的"小人"，老先生在这里并没有进行批评和鞭挞，很可能是因为当时的社会里，"小人"、"龌龊事"还很少吧。人心不古、世风日下，可能也是社会进步、竞争日趋激烈的一个侧面映像。谁知道呢？

五爻通常指"王侯"（最高统治者），或者是事物发展的高潮阶段。本卦中代表"领袖人物"终于实现了追求目标的阶段，也就是终于坐上了"王位"。这也是"利"的结束阶段。应注意的是，当时的侯国可能还没有"天子、君王"的称谓，"王侯"就是诸侯国内的最高统治者。

五爻的爻辞是"飞龙 在天,利 见大人"。这里的"利 见大人"与二爻中一样,是对"最高统治者"道德品质的要求,不再讨论。"飞龙 在天"的含义非常丰富,简析如下。

一旦坐上了"龙椅",就像一条巨龙终于"一飞冲天"了,这是对"飞龙在天"最浅显的解释。"飞龙 在天"其实是对"王侯"的一种"更高要求",或者是"王侯"应追求的"目标",或应达到的"境界"。

"飞龙 在天"要求"王侯"不能目光短浅,只见树木不见森林了,被各种琐碎细杂的事务蒙蔽了眼睛;而要有更高的立足点,有更宽广的视野,高屋建瓴、统揽全局,能够分清主次和轻重缓急,才能很好地处理好各种大事,才能真正成为受人尊重、爱戴的大人物。但对"新王侯",由于经验不足,往往很难把握好大局,常把枝节问题看成全局性问题,处理问题的方式方法也不一定最为恰当;此时,虽然"屁股"已经坐到了"在天"的位置上,但思想、能力还没有达到"在天"的水准。所以,"飞龙 在天"也是"新王侯"应努力追求的目标。

对于最高统治者、领导者而言,能够真正做到"飞龙 在天",具有高瞻远瞩、高屋建瓴的视野,明察秋毫、举重若轻的能力,抓大放小、游刃有余的境界,实属不易。可见,"飞龙 在天"既是对"一把手"的要求,也是"一把手"应该追求的目标和境界。可惜的是,"反腐倡廉"风暴中揭露出的一些"小飞龙"们,徒有"飞龙"的外在特征,却不具备内在的视野、才能和品德,如果"民族复兴、强国之梦"寄托在这些人身上,将是悲剧。

上爻通常指淡出权力中心的国之功臣,或者是事物发展的最后、结束阶段;有些卦中,也是全卦的总结。本卦中代表领袖人物如何防止过早地终结其辉煌时代。这也是"贞"的内涵。

上爻的爻辞是"亢龙 有悔。"揭示了"领袖人物"行为的一个规律,那就是,一旦拥有了至高无上的权力,就可能逐渐变成一个暴君、昏君,搞得天下不宁、人人自危,或民不聊生、天怒人怨,迟早会为自己的行为而后悔。这就是"亢龙 有悔"的精髓,也是老先生对"飞天之龙"提出的忠告。在不断变化的境况中,领袖人物如何有效地避免"亢"的状态,确实值得深思,并加以提防,以免有悔。

用九及坤卦中的"用六",只能在"乾、坤"两卦中出现,其他各卦不应该有。主要原因是,这两卦各爻的阴(用"六"来表示)、阳(用"九"来表示)性质完全相同,而其他各卦都是阴、阳相杂,无法用类似"用九、用六"来表示。也有人认为,其他各卦也应有类似"用九、用六"的内容,但却"丢失"了。这种观点是不妥的。如果

《周易》中出现的不是"用九、用六",而是"用乾、用坤",那么,完全可以有"用需、用大过、用中孚"等内容;而按照"用九、用六"的逻辑,其他各卦显然不应有类似的内容。

本卦"用九"的内容是"见群龙无首,吉",就是说,对于那些具有满腹雄才大略、治国安邦之策,却苦无用武之地的人中豪杰,如果遇到一个人人都是精英、个个都是好汉,却谁也不服谁、谁也难以树立起绝对领导权威的团体,就有了施展才华的大好机会。如果能够降服众人,成为他们的领袖,就能够为自己开辟一片天地,成就一番事业,自然是好事一件。可见,"用九"是乾卦意境的自然延伸,也从一个侧面表明了,今天所见的《周易》,基本保留了原来的面貌。

总体上看,乾卦的道理,对现代社会依然适用。现代社会里,小到一个家族的"掌门人"、中小企业的"老板"、地方政府的"首脑",大到大型社会团体的领导、政府高官、甚至国家领袖,其成长的历程,大体都会经历"立志成才、见龙在田、终日乾乾、或跃在渊"的过程。现在的干部培养、考察、选拔、任用方式和标准,也要求"人才"遵循从初爻到四爻的成长道路,才能获得五爻的成就。这样的例子非常多,相信大家都能理解。

【黄裳之拜】二、五爻的爻辞中,"利 见大人"是老先生对人中蛟龙的品德、智慧的要求和期待,与现代社会对干部"德才兼备"的要求是一致的。领会了这一点,就能充分理解老先生的伟大之处。如果现代社会中的"在田、在天之龙",都能达到老先生三千多年前提出的"利 见大人"的要求,就会上不辜负老先生的古老期待,下不辜负黎民百姓的殷切期盼,则天下甚幸。

【班门弄斧】本卦中,周文王老先生首先对"最高决策者"这一群体,提出了"元 亨 利 贞"这一总体要求。此要求为一个有机的整体,具有参透人性的深刻,高屋建瓴的广阔,直击要害的敏锐,举重若轻的简练,充分展示了老爷爷的伟大智慧,确非我辈能够望其项背。

这四项要求,缺一则不可谓"成功":

没有高远的志向(无元),就没有雄心、"野心",就没有奋斗的动力,就没有锲而不舍的追求,"成功"就失去了精神基础和追逐的动力;即使像阿斗、秦二世等"官二代",虽然天生就有坐享其成的基础,但却缺少"元"这一要素,只能落个把江山拱手相让的下场。故"元"是对伟大的成功人士的最基本要求。

有了崇高的志向(元),而不懂得如何实现,就不可能成就一个伟大的人物。"亨"的要求是,能够把握事物发展的规律和大局,不为眼前的小利、小害所迷惑、所困扰,懂得如何趋利避害,甚至化害为利,朝着既定的目标,"终日乾乾",锲而不舍的努力前进,直至实现伟大的抱负,而没有被前进道路上的坎坎坷坷、艰难险阻所扼杀。有志(元)而不能"亨"者,则不能为自己赢得广阔的发展空间,在世人眼中,只是一个眼高手低、痴人说梦的空想家。

认准目标(元)后的锲而不舍、艰苦奋斗(亨),其目的是为实现个人抱负(利)赢得必要的舞台;而要实现抱负,除了自身的因素外,还需要天时、地利、人和等诸多因素或条件。"利"的要求就是,能够把握天时、地利、人和等诸多因素,从而抓住、甚至创造最为有利的机遇,实现自己的愿望,得到施展抱负的机会和平台。即使条件尚不成熟,"或跃在渊",没有得到自己需要的平台,也要持之以恒,而不灰心丧气;否则,世上可能又会多一个愤世嫉俗、归隐山泉的隐士。如何才能够抓住"利"的时机,实为困扰人中豪杰的千古难题。

"得江山(利)易,守江山(贞)难"的悲叹,不知叹了多少辈,还将叹息多少代!"贞"实在是困惑所有人中蛟龙的不解难题。为何难"贞",盖因人性使然,所谓"人往高处走,水往低处流"。个中道理,非三言两语可以解说清楚,此处不说也罢。

这就是"元 亨 利 贞"的实质所在。"元 亨 利 贞"在各卦中反复出现,其意义与本卦中大体相当。后不赘言。

在爻辞中,老先生指出了要成为"更高层次领袖人物"的注意事项:

第一,要树立远大的志向(潜龙),为实现抱负不断积聚力量(终日乾乾),并且要慎言(勿用)、慎行(夕惕)。

第二,在时机适当时,要抓住机遇为施展才能赢得广阔舞台(见龙在田,或跃在渊)。

第三,一旦实现了抱负,肩负管理"一方天下"的职责,就要达到"高屋建瓴,游刃有余(飞龙在天)"的境界,既要统揽全局,又不为琐事所羁绊,同时还应成为一个"品德高尚的伟大人物(利 见大人)"。这显然是一个非常高的要求。

第四,不可将自己管辖的"一方天下"视为私产,随心所欲、任意宰割而导致"民反";亦不可拥兵自重、目空一切、"老子天下第一"而导致"官逼"。

2. 坤(地地)——良臣之道

一、原文

坤　元亨利牝马之贞。君子有攸往,先迷后得主。利西南得朋,东北丧朋。安贞吉。

初六　履霜坚冰至。

六二　直方大。不习无不利。

六三　含章可贞。或从王事,无成有终。

六四　括囊,无咎无誉。

六五　黄裳,元吉。

上六　龙战于野,其血玄黄。

用六　利永贞。

二、注释

【卦象玄机】"地上地下"。单卦:上卦为地,上一阶层"重臣";下卦为地,下一阶层"重臣"。叠卦:地上之地,一人之下、万人之上的肱股重臣。

【卦名意境】坤:本卦中指重臣良相。

坤的本意,可能表示在深厚的土壤中,自由发芽、伸展的植物。本卦中用"坤"表示"地上地下"这一卦象,其含义为:重臣良相就要像深厚且肥沃的土壤,为各种植物(民众)提供良好的生长环境。因此,"厚德载物"的解读非常中肯。

【本卦主题】为臣之道,即如何成为文臣武将、国之重臣。

【各爻角色】成为国之重臣的六个阶段,即"立志高远、小有成就、不断磨砺、修臣之德、事臣之要、为臣之忌"等六个阶段。

【字词释义】

牝马之贞:牝马,母马。牝马之贞,像母马保护马驹一样,悉心呵护已取得的成果、成就。

有攸往:若有必要(常表述为某种有必要的事情。后同)(有攸),就去干吧(往)。

西南、东北:后天八卦图中,西南为坤,引申为大地;东北为艮,引申为高山。此处的西南、东北,分别取"地、山"之意。西南得朋,意为与同僚平等相处,会得到众人拥戴;东北丧朋,意为在同僚中只顾自己向上爬,就会导致同僚侧目。

安贞:安安稳稳地保持自己的地位。

履霜 坚冰至:脚底下踩到霜时,要意识到天寒地冻的日子很快就要来临。引申为对事物的发展变化,要有敏锐的洞察力、预见力。

直 方 大:正直、有棱角(坚持原则)、大气(大方)。

习:习惯,老规矩。

含章:章,学问、修养;含章,比喻满腹经纶。

括囊:扎紧口袋的袋口,比喻闭嘴不言。

黄裳:黄,此处为动词,指把什么搞成黄色。裳,古称下衣为裳,"衣裳"为上、下衣的称谓。黄裳,字面意思是:将下衣搞成黄色;其含义是:跪倒在地(下衣因沾染黄土而变成黄色);引申为:卑躬屈膝,恭敬顺从。注:陕西关中(文王活动的主要地域)为黄土高原,卑躬屈膝则会下衣拂地,因沾染黄土而变黄色,故"黄裳"隐指卑躬屈膝、俯首帖耳的顺从之状。

三、今译

坤:地上之地,隐指人世间的"重臣",即各级最高决策者的左膀右臂、肱股之臣。

㊣ 元 亨 利 牝马之贞。㊣ 君子有攸往,㊣ 先迷后得主。㊣ 利 西南得朋,东北丧朋。㊣ 安 ㊣ 贞吉。

要想成为能够经天纬地的国之重臣,就要"立志高远(元),发展顺利(亨),实现抱负(利),并像母马(牝马)守护马驹(之贞)一样,守护得之不易的成就"。胸怀大志的君子(君子),要为实现自己的抱负(有攸)不遗余力地去奋斗(往)。初出茅庐时(先),你会懵懵懂懂、胡碰乱撞,甚至跟错了人、走错了路,陷入迷茫无助(迷)的境地;只有经过一番磕磕碰碰、风雨洗礼后(后),才可能遇到(得)能够让你尽情施展才华的明主（主）。一旦成为明主的左膀右臂（利），就要像大地（西南）一样包容、帮衬你的同僚，这样才会赢得同僚们的真心拥戴（得朋）；如果像登山（东北）一样只顾自己向上爬，甚至把同僚踩在脚下，则会导致同僚对你侧目（丧朋）。位居人臣不可有非分之想（安），这样才能安身立命、长盛不衰（贞），才能有好结局（吉）。

初六　㉮履霜 坚冰至。

欲为良臣（初六），先要学习为臣之道。为臣之道最重要的品质，就是要有敏锐的洞察力、事无巨细都能安排妥当的执行力。例如，看见降霜（履霜）就要立即意识到，天寒地冻（坚冰）的日子很快就会到来（至），就要事先准备好过冬所需的全部东西。

六二　㉯直方大。㉮不习 ㉰无不利。

刚刚出道的时候（六二），"日后的重臣良相"常常会成为"小领袖"的左膀右臂。辅佐"小领袖"时，做人做事要正直不阿（直）、坚守原则（方）、豪爽大气（大）；即使在做事的过程中，不因循旧习（不习），破除了原有的老规矩、旧习惯，也不会有什么不良的后果（无不利）。

六三　㉮含章 ㉰可贞。㉯或从王事，无成有终。

为了有更大的发展（六三），就要潜心钻研、艰辛历练。待到把为臣的章法烂熟于心（含章），胸藏锦绣、满腹经纶时，就有了静待良机的资本（可贞）。如有机会为"王侯"做事（或从王事），即使因为王侯的身边卧虎藏龙、人才济济，让你不能大展拳脚、施展平生抱负（无成），也会有令人满意的结局（有终）。

六四　㉯括囊，㉰无咎 无誉。

如果你终于挤进"王侯幕僚"的圈子（六四），首先要学会的是知道什么时候该闭嘴，不该说的坚决不说（括囊）。当然，这种不出风头、明哲保身的为臣策略，对于"新人"虽无可厚非（无咎），但也不值得赞赏（无誉）。

六五　㉱黄裳，㉰元 吉。

作为"王侯"的左膀右臂、心腹重臣（六五），态度谦卑、恭敬顺从（黄裳）至为重要。如果立志（元）做个谦卑、顺从的好臣子，就会遇难呈祥（吉）。

上六　㉯龙战于野，其血玄黄。

身为人臣而心存非分之想（上六），就会为了一己之私，置天下苍生福祉于不顾，欲夺取君王的宝座，必然导致二虎相争（龙战于野）；其结果一定是殊死相搏、血染疆场（其血玄黄）的下场。

用六　境 利永贞。

一旦身为人臣（利），就要安分守己，不做非分之想，才可长保地位无虞（永贞）。

四、补记

【东拉西扯】本卦的卦象非常简明，卦、爻辞也比较浅显，上述注释及今译的解读已经很清楚了，下面只补充几点。

【班门弄斧】开疆拓土、建功立业、御临天下、指点江山，"龙"之作为也；运筹帷幄、忍辱负重、分忧解难、安分守己，臣之本分也。

本卦中，周文王老爷爷对"欲为人臣"者的品德、能力等，提出了一系列具体要求：锲而不舍，追寻"明主"；谦卑包容，恭敬顺从；敏锐的"洞察力"，强大的"执行力"；正直不阿，坚守原则，豪爽大气，破旧立新；胸藏锦绣，满腹经纶；察言观色，口风严谨；珍惜成就，安分守己，不越权，不"谋反"。这些要求和忠告，实在发人深省。

当然，在追求民主化的当今社会，老先生的有些观点显得有些过时、甚至"反动"，但应看到，有些观点仍具有非常重大的现实意义和实用价值。对此，见仁见智，各取所需吧。

【黄裳之拜】五爻的"黄裳"一词，不知让多少人为之困惑。

本卦的五爻代表"王侯"身边的"国之重臣"，即最高领袖身边的左膀右臂、肱股之臣。那么，对此等人的核心要求是什么呢？

古往今来，凡有成就的君王身边，都有几个卓尔不凡、智慧超群、忠心耿耿、无怨无悔的忠臣良相；而那些乏善可陈、几无建树的王朝，大多是圣上昏庸，奸佞之臣把持朝政，弄权营私、欺上罔下、鱼肉百姓。显然，一个强大的国家，除了需要一个"圣明的君主"，还需要一些"贤良的重臣"。而对"贤良的重臣"的核心要求，就是能够"顺从并执行"君主的意志，否则，九龙治水，各行其是，最终祸害的是天下的黎民百姓。本卦流露出的思想明白无误地表明，周文王老先生非常清楚"国之重臣应该顺从君主"这一"治国核心理念"的重要性。

为了在《周易》中隐藏自己真实意图，周文王如何才能准确地表达"顺从"之意呢？

中华传统文化中，表达"顺从"之意的最高形式是"下跪"；而"下跪"必然下衣（裳）着地。我们知道，在陕西关中的黄土地上，无论穿着什么颜色的下衣，只要"下跪"，下衣（裳）一定会因沾染黄土而变黄；所以，"黄裳"一词，就非常准确而传神地表达了"顺从"的意境。如果理解了爻位的指代作用（参见第一部分第四章），"六五 黄裳"就明白无误地传达出"国之重臣（六五）必须顺从（黄裳）国君"的含义。

老爷爷如此深邃细腻的思想、生动传神的表述，让我五体投地、顶礼膜拜，于是乎，便有了本书的"黄裳之拜"一说。

【哲理漫说】"牝马之贞"一词，具有非常深刻的内涵，也充分体现了文王老爷爷超凡脱俗的伟大智慧。因为，"牝马之贞"是身为人臣最为重要的品德和行为准则。

"贞"的含义，就是"长期保持已有的成果"（参见第一部分第六章）。在"乾"卦中，对"君王"只提出了"贞"的要求；而在"坤"卦中，对"重臣"却提出了"牝马之贞"的要求。为什么呢？

不管是"君"还是"臣"，"贞"的要求就是"长期保住现有的地位"。但在"长期保住现有地位"的方式、方法上，"君"与"臣"显然不同。

在《周易》成书的殷商末期，"君位"已经是"世袭"制；能够对"君位"造成致命威胁的，主要是"大臣"们的"造反"行为。因此，君王要想"长期保住王位（贞）"，就要防止大臣们造反。换句话说，君王要想"贞"，就要不断地"灭掉"权倾朝野或有异心的大臣。在此情况下，作为君王左膀右臂的大臣们，时刻都会处于"被灭掉"的危险之中。

因此，大臣们要想"长期保住重臣的位子（贞）"而"不被灭掉"，就必须对君王忠心耿耿、服服帖帖，对事情勤勤恳恳、兢兢业业。换句话说就是，身为重臣只有"顺从君王，恪尽职守"，才可能长期保住自己的位子。

我们知道，对于动物而言，一般情况下（当然有例外）雄性（犹如君王）负责"开疆拓土、保卫家园"，雌性（犹如大臣）则负责"经营巢穴、抚育后代"；雌性通常不与雄性争夺"领导权"。这种分工明确、各司其职、各安其命的种群，才能够长期地维持"繁荣昌盛"。"马群"其实也是这样。老先生一定非常清楚，母马既不犯上作乱、也会竭尽全力抚育后代（子民），这正是身为重臣应该具备的品德。换句话说，如果身为重臣，能够像母马那样顺从、勤勉，肯定不会被君王所抛弃。这才是"牝马之贞"的真正含义。可见，身为人臣，既要像母马护驹一样，全力以赴、想方设法地呵护得之不易的成就，又要求恪守为臣的职守，不要心生妄想，越过权力的界限。

牝马之贞，具有多么深刻的内涵啊！

【班门弄斧】为了更好地理解乾、坤两卦，并对理解后续各卦提供思路，下面从另一个角度，将乾、坤两卦对比如下表。

项目		卦	
		乾	坤
卦的主题		为君之道。	为臣之道。
卦辞		元 亨 利 贞。	元 亨 利 牝马之贞。君子有攸往,先迷后得主。利 西南得朋,东北丧朋。安 贞 吉。
卦辞含义比较		1.提出为君之道的完整要求。	1.提出为臣之道的完整要求。2.指出会为"应投奔谁"而困惑。3.指出应包容同僚,不应踩着同僚向上爬。4.指出保持成就的基本方法。
初爻	角色	立志及起步阶段	
	爻辞	潜龙 勿用。	履霜 坚冰至。
	含义比较	1.默默奋斗并收敛锋芒,以免招致非议,导致过早被扼杀。这是为君者的基本素养。	1.着力培养预见性、执行力。这是为臣者的基本能力。
二爻	角色	小有成就阶段,成为"小领袖"	小有成就阶段,成为"小领袖"左膀右臂
	爻辞	见龙在田;利 见大人。	直 方 大;不习 无不利。
	含义比较	1.初露头角就要以成为"小首领"为目标;2.一旦成为"小首领",就要树立高尚的品德,以德服人。	1.辅佐"小首领",应正直不阿、坚持原则、豪爽大气;2.敢于破除陋规旧习,不会导致不良后果。
三爻	角色	为实现更大目标,勤奋准备阶段	
	爻辞	君子终日乾乾;夕惕若,厉,无咎。	含章 可贞。或从王事,无成有终。
	含义比较	1.甘于兢兢业业、勤勤恳恳的不断努力;2.时刻不忘奋斗的目标;3.虽然十分辛苦,但这是必要的。	1.储备好满腹经纶,不怕没人器重你;2.有了满腹经纶,可能就会被王侯看中;即使经验不足,做不出惊天的大事,也会有不错的结局。

117

	角色	收获阶段,有成为"最高领袖"的机遇	收获阶段,已成为"最高领袖"的幕僚
四爻	爻辞	或跃 在渊,无咎。	括囊,无咎 无誉。
	含义比较	1.奋力一搏;2.即使不成功,也没关系。	1.多看少说;2.这无可指责,但也不值得推崇。
五爻	角色	功成名就阶段,成为"最高领袖"	功成名就阶段,成为"最高领袖"的肱股之臣
	爻辞	飞龙在天;利 见大人。	黄裳,元吉。
	含义比较	1.追求高瞻远瞩,不可为琐事所绊;2.追求高尚品德,以德理政。	1.对"最高领袖"一定要恭敬顺从;2.立志顺从,方可平安。
上爻	角色	守成阶段,如何做好"最高领袖"	守成阶段,如何做好肱股之臣
	爻辞	亢龙 有悔。	龙战于野,其血玄黄。
	含义比较	1.谨防飞扬跋扈、不计后果的莽撞行为;2.否则,将后悔不迭。	1.若居功自傲、便不甘人下,争夺大位之战将不可避免;2.篡位大战的后果是血流成河。
用九用六	角色	提醒人中豪杰把握机遇	提醒重臣不要谋逆
	爻辞	见群龙无首,吉。	利 永贞。
	含义比较	1.遇到一群谁也不服谁的精英,那就是天赐良机,要设法让他们臣服于你。	1.一旦成为肱股之臣,就要设法长久地保持这一地位。

提请大家注意:

1. 像乾、坤两卦一样,我们习惯上认为"成对"的卦,例如,否、泰,损、益,大过、小过,既济、未济等,有的确实是"成对"的,有的却不是。对此,后面将不再讨论,请大家注意分辨。

2. 在理解以后各卦时,一定要注意琢磨并补充那些被"刻意隐藏"了的信息,例如上表中的"黑体字"部分。

3. 可能有人会认为,"乾坤"两卦暗含的思想,是"唯心主义、宿命论、天才论"的观点,因为一个人日后是否能够成为"一把手"或"肱股之臣",谁也不能未卜先知,所以,"乾、坤"两卦没有实际指导意义。对于持这种疑问的朋友,建议仔细体会"萃"卦揭示的道理。还应注意,当时是世袭制。

3. 屯（水雷）——权宜之计

一、原文

屯 元 亨 利 贞。勿用。有攸往。利 建侯。

初九 盘桓。利 居贞；利 建侯。

六二 屯如邅如，乘马班如。匪寇婚媾，女子贞 不字，十年乃字。

六三 即鹿无虞，惟入于林中。君子几不如舍，往 吝。

六四 乘马班如。求婚媾，往 吉，无不利。

九五 屯 其膏。小贞 吉，大贞 凶。

上六 乘马班如，泣血涟如。

二、今译

【卦象玄机】"水上雷下"。单卦：上卦为水，指云、积雨云、乌云；下卦为雷，打雷。叠卦：上水下雷，为乌云密布、电闪雷鸣、骤雨将至或大雨如注的景象，在此情况下，人们"不得不"停止、中断正常工作，尽快躲避。

图 屯-1 乌云翻滚、电闪雷鸣的"突然变故"景象

119

说明：

夏秋季节，陕西关中一带常出现暴雨，称为"白雨"或"大白雨"，今亦如此。

夏秋季节的午后至傍晚时分，在晴朗的天边，有时会出现一片急剧翻滚的乌云，并伴着隆隆的雷声急速扩散开来，这往往就预示着一场暴雨即将到来：

远在天边的乌云，伴着雷鸣电闪，以极快的速度遮天蔽日般的"猛扑"过来；片刻之间，就会有一阵夹杂着土腥味的狂风刮过；狂风之后，伴着令人毛发倒立的闪电和摄人心魄的雷鸣，黄豆大的雨滴就铺天盖地的斜着"砸"向地面，一瞬间就会在地面上"溅"起一片白茫茫的水雾！如果在空旷的原野，肆虐的阵风过后，但见柳丝般斜斜的雨丝，在斜阳下幻化出一张无边的白色雨幕，像一道幕墙一样铺天盖地、排山倒海般的猛扑过来，所到之处的一切都在瞬间被雨幕淹没！

这就是关中人所说的"白雨"、"大白雨"情景。"大白雨"的发展、推进速度之快，往往令人躲避不及。过去，在炎热的田间地头劳作的人们，若被暴雨猛然一激，再加上雷电的惊吓，往往会大病一场。所以，在"大白雨"来临之前，人们都会中断手头的工作，尽快找到一个安全的地方躲避（屯）。这大概就是理解本卦"水上雷下"的背景。可见，"屯"的含义是，人们遇到了"无法抗拒的突然变故，不得不停下正在进行的工作，在安全处躲避观望"。

《周易》每一卦的卦象，都能够描绘一个特定的生活情景，给该卦的主题提供一个清晰的背景。但由于时空变换，我们现在很难确定卦象描绘的特定情景，因而就很难理解各卦的主题。各卦的卦名也都有清晰的意境，与卦象一起引出各卦的主题。但这样的主题，往往非常隐晦，且没有太多的线索，应仔细分析。

【卦名意境】屯：本卦中指人们遭遇无法抗拒的突然变故，不得不中断正常的工作（状态），先暂时"安顿（屯）"下来。

图 屯-2 屯—暂时安顿下来

甲骨文、金文中的屯，可能是古时候"客栈招牌"的抽象表示，人们远远看到这样的"招牌"，就知道前面有客栈可以"暂时栖身"。本卦中，"水上雷下"的卦象与

"客栈招牌"的"屯"组合在一起,提醒人们遇到恶劣天气情况时,要赶快找一个暂时栖身的地方躲一躲。

【本卦主题】人们"遭遇无法抗拒的突然变故",不得不中断正常生活状态的情况。

注:在人们的"正常生活"中,常常会遇到"雷电肆虐"这样的"突然变故",打乱正常的生活节奏。本卦讨论的主题,正是这种情况。

【各爻角色】各阶层人士。

说明:

所谓"各阶层人士"是指,不同的"爻位",分别代表不同社会阶层的人士。在《周易》六十四卦的很多卦中:

"初爻"代表社会最底层的民众,即自食其力的贩夫走卒、辛勤劳作的农夫匠人等。本书将"初爻"代表的人群,泛称为"小民百姓"。

"二爻"代表有一定势力和社会地位的下层人士,类似于后世的地主、乡绅等"小康人家"。本书将"二爻"代表的人群,泛称为"小有人家"。

"三爻"代表势力强大、具有较高社会影响力的中层人士,类似于"刘文彩"等"雄霸一方"的土豪;或者现代社会中,很有影响力的"行业大佬"。本书将"三爻"代表的人群,泛称为"大有人家"。

这三个阶层,都属于"民"的范畴,而不是"官"。

"四爻"指社会上层的"官僚"阶层,甚至是"王侯"身边的肱股之臣。这是因为,周初的"侯国"社会结构比较简单,"官僚阶层"也没有分化出很多层次。本书将"四爻"代表的人群,泛称为"将相人家"。

"五爻"指社会顶层的"王侯"或其家族。周文王是殷商末期"西岐"这一"侯国"的"侯"——西伯侯,他以"西岐"的社会生活为背景创作了《周易》,所以以"五爻"一般指"王侯"这一级"侯国的最高统治者",而不是指"侯国的盟主"——殷纣王。本书将"五爻"代表的人群,泛称为"王侯之家"。

"六爻"常常指已经退出权力中心的"四爻",即老迈的肱股之臣;个别卦中,也指"王侯"的父辈,或"卸任的王侯"。另外,有些卦中"六爻"也是全卦的总结,应注意区分。本卦中,"六爻"指"老迈的肱股之臣",本书有时称为"没落的国之重臣"。

以上内容请参阅第一部分第四章。后不赘述。

【字词释义】

盘桓:即磐桓,古时大型建筑前的标志性柱子,后称华表。

邅(zhān):艰难,艰难不进;改变方向;回旋,盘结。此处为回旋、盘结之意,指人们在不得不中断重要工作时,心急如焚却手足无措、像热锅上的蚂蚁的那种状态。

乘马班如:乘马,供人乘骑的马。班,铺开。乘马班如,指疾驰的马群突然遇到不可逾越的障碍时,马匹喷着粗气、长嘶不已,挤作一团、团团打转、不知所措的景象。

图 屯-2 "乘马班如"的意境

匪寇婚媾:匪,按"不,不要"解。寇,骚扰,劫掠;侵犯,侵略。此处为动词,按"主动挑起"解。匪寇婚媾,指不要去谈婚论嫁(当时,可能还没有明确的婚姻制度,故无"婚姻"一说,而称"婚媾")。

即鹿无虞:即,在手边,伸手可及(参见"鼎"卦中的"不我能即")。即鹿,在几乎触手可及的地方,突然蹦出了一只鹿。虞(yu):此处为"预料,料想,(思想)准备"之意。即鹿无虞,指在毫无思想准备的情况下,却在触手可及的地方,突然蹿出一只鹿。

图 屯-3 即鹿无虞

吝:(看起来、听上去、感觉)令人不爽(的事情),难以忍受(的事情);令人不忍心,或不愿意听、看(的事情)。

说明:陕西关中一些地方,如果在嬉戏中挠别人的痒痒,怕痒痒的人就会笑着大叫:"别挠了,把人 lin(四声。下同)死咧!"有些人对尖细的高频声音(如手指甲抠金属)感觉不适,关中人把这种感觉称为 lin;人们对血淋淋的场面,或一大堆蛆虫蠕动的感受,关中人称为 lin。现今字典里,找不到具有上述含义的 lin 字,疑为"吝"。若如此,《周易》中的"吝",就主要指令人产生不爽、不快后果的事情,而非字典中"悔恨、遗憾"之意。

泣血涟如:眼里哭出的"血泪",在地上都汇集成了泪坑。

三、今译

屯:上水下雷。乌云翻滚,雷鸣电闪,预示着骤雨将至。在此情况下,就像人们突遭变故,应中断正常工作,暂时"屯"而不前,方为上策。

㊙元亨利贞。㊙勿用。㊙有攸往。㊙利建侯。

人们在遭遇无法抗拒的突然变故时,应"坚定信念(元),寻求顺利发展机遇(亨),努力实现目标(利),并守护当前的成果(贞)"。突遭变故后,不可丧失信心、一蹶不振(勿用),还要把没有完成的事情(有攸)继续做下去(往)。如果能够从突然的变故中迅速恢复过来(利),坚定地朝着既定的目标继续进发,具有如此强大心理的人,一定可以完成像"建侯"(建侯)这样的大业。

初九 ㊙盘桓。㊙利居贞;㊙利建侯。

小民百姓(初九)突遭变故时,不可自暴自弃、一蹶不振,让美好生活的大厦轰然倒塌,而应像磐石一样顽强地挺立(盘桓)着直到时机好转。能够处理好突然变故(利)的人,就能平安长久(居贞);能够从接二连三的不幸遭遇中恢复过来(利)的人,其强大的心理,足以支撑其完成犹如"建立侯国"(建侯)一般的大业。

六二 ㊙屯如邅如,㊙乘马班如。㊙匪寇婚媾,女子贞 不字,十年乃字。

小有人家(六二)遭遇突然变故或不幸,打乱了正常的生活节奏(屯如),往往会像热锅上的蚂蚁(邅如),心急如焚却手足无措。在此情况下,要像正在狂奔时突然遇到深壑的马群(乘马班如),虽然会挤作一团、盘旋长嘶,但却会积极寻求出路一样,也要尽快从打击中平静下来,积极寻求解决问题的办法。对于丈夫突然亡故的年轻妇人(女子),不要(匪)马上就想要(寇)改嫁(婚媾),最好是先守寡(贞不字),待十年(十年)之后幼子长成之时,再考虑改嫁(乃字)。

六三 ㊙即鹿无虞,惟入于林中。㊙君子几不如舍,㊙往吝。

对大有人家(六三)而言,再大的打击也能经受得了,但突然之间的喜从天降却会让人手足无措。就像在毫无准备的情况下(无虞)突然从身边蹿出一只鹿(即鹿),然后一步三回头地隐没于树林之中(惟入于林中),此时,面对近在咫尺、唾手可得的小鹿,即使是豁达大度的君子(君子)也想中断正常的行程去追赶,但进入林中追逐,却可能遇到意想不到的事情,于是,内心纠结、踌躇不决(几不如舍)。如果真要去追逐(往),可能出现令人不愿看到(吝)的结局。

六四 **乘马班如。求婚媾,往吉,无不利。**

将相人家(六四)突遇变故、打乱了正常生活时,要像奔跑的马群(乘马班如)突遇深壑阻拦,盘旋长嘶、寻求出路一样,主动寻求恢复正常生活的办法。这时,如果谈婚论嫁(求婚媾),提亲时不会遭拒(往吉),也不会留下不良的后果(无不利)。

说明:过去,民风淳朴,人们富于同情之心。当别人遇到不幸或困难时,人们会以各种形式、最大限度地予以关怀和帮助。例如,若未婚夫病重,可向未婚妻提出提前举行婚礼的请求,一般不会遭到拒绝;此时结婚被称为"冲喜"。在今天的关中农村,此等遗风仍存。这可能就是"求婚媾,往吉,无不利"之说的背景。

九五 **屯其膏。小贞吉,大贞凶。**

王侯之家(九五)如果突遭变故(屯),便会受到重创,就像重重地挨了一刀,白花花、血淋淋的肉(其膏)都会翻了出来。这样的事情若能尽快解决(小贞),令人宽慰(吉);若长期解决不了(大贞),麻烦就大了(凶)。

上六 **乘马班如,泣血涟如。**

没落的国之重臣(上六)若突遇变故,也会像奔跑的群马(乘马班如)突遇深壑阻路,盘旋长嘶、寻求通途一样,想尽快寻求出路。但,你已经日薄西山、风光不再,没人还愿意为你卖命。与往昔权势显赫时人人都想巴结你的景况相比,眼前树倒猢狲散的凄惨场景,怎不令你泣血如雨(泣血涟如)!

四、补记

【东拉西扯】本卦比较全面地展示了六十四卦的一般结构特征,故应仔细领悟。只有充分理解了第一部分的内容和本卦中的说明,才能更好地理解《周易》的风格。

【主题乱弹】理解本卦的要点之一,在于理解乌云密布、电闪雷鸣、骤雨将至或暴雨如注时,人们不得不中断正常工作或生活状态的景象,参见图屯-1(引自网络,向作者致谢)。这种情况下,不管你手头上的工作有多么重要,也必须先中止,并找一个安全的地方安顿下来再说;如果贸然前行,轻则淋个落汤鸡,感冒后大病一场,重则遭受雷电盖顶,性命难保。所以,即便是你急得像热锅上的蚂蚁一般,也要坚决地停下手头的事情,待到形势好转、时机成熟时,再作打算。

后面将会看到,本卦的主题与坎、蹇卦的主题类似,都是人们遭遇某种"挫折、打击"。但从遭受打击的后果来看,却有很大的不同。举例来说,若去医院看病钱被盗了,让人一时想不开,这是一个挫折,一道坎;若家里被盗贼洗劫一空,不得不中断很多计划,甚至从此不得不以另一种方式来生活,这是屯的情况;若家里的"顶梁柱"因车祸致残,家庭生活就会陷入长期无望的困境,不知出路何在,这是蹇。

【哲理漫说】屯卦的主题是,遇到突然变故时,人们不得不中断当前正在从事的事情或正常的生活状态。对一般人们而言,足以打乱正常生活节奏的"突然变故",都具有"负面"的影响。但对不同的人群而言,足以打乱正常生活节奏的"突然变故"事件,显然是不一样的。

对于古时候的小民百姓(初爻:盘桓。利居贞;利 建侯),可能遇到的"突然变故事件"太多了,例如,小孩的不幸夭折(在古时应是常见的事情);怀孕的母马难产死掉了(对农家那可是非常重大的损失);连阴雨中房屋坍塌(导致无处栖身);意外失火烧毁了本就不多的家产(正常的日子马上就难以为继了),等等。人说"福无双至、祸不单行",由于小民百姓承受打击的能力很差,一次严重的打击往往会导致"连锁反应",从而出现"接二连三的灾祸"。若遇到严重打击,很多人就从此一蹶不振,一个好端端的家庭,可能就因此而毁掉了。所以,老先生希望人们能够像屹立不倒的石柱子(盘桓)一样,能够坚强地挺过这艰难的时光。能够挺过(利)严重打击的人,就有能力把以后的日子过好(居贞);在接二连三的打击下,还能坚强地挺过来的人(利),一定具备坚强的毅力和强大的生存本领,一定会做出在别人看来根本做不到的事情(建侯)。

对有一定抵御风险能力的小有人家(二爻:屯如邅如,乘马班如。匪寇婚媾,女子贞不字,十年乃字)而言,上面提到的那些突然变故都是"小事",不至于对其构成"伤筋动骨"般的打击。老先生没有讲在当时的社会中,什么事情才会对"小有人家"造成"严重打击",只是指出了在经受严重打击时,小有人家也会出现手足无措、焦躁不安的心态(屯如邅如),并会积极采取应对措施(乘马班如)。值得注意的是,老先生给出了一个非常现实的例子,那就是,家中正值壮年的男子"突然亡故",是对"小有人家"的一个非常严重的打击。在此情况下,老先生没有讲"小有人家"应该如何面对这一变故,而是对"新寡"的年轻女子,提出了希望:匪寇婚媾,女子贞不字,十年乃字,视角非常独特。

雄霸一方的大有人家(三爻:即鹿无虞,惟入于林中。君子几不如舍,往吝)财大气粗、人丁兴旺、权势熏天、炙手可热,对他们而言,没有什么事情能构成"严重打击",什么样的变故他们都能从容应对。那么,本卦中怎样写此等人家的"突然变故"呢?哈哈,这一问题显然难住了老先生,思来想去就是找不到符合主题的"不幸事件"。于是,老先生不得不退而求其次,要找一找"令他们纠结的突发事件"。对这样的人家而言,如果走在路上,突然从身边蹿出一只鹿(即鹿无虞),跑入树林(惟入于林中),他们就会为追还是不追而犯难(君子几不如舍)。不追吧,鹿就出现在手边,说不定还受伤了;追吧,还不知会遇到什么不测。没办法,老先生只好用这事充数了。对现实生活中雄霸一方的"大佬"而言,确实很难找到让他们手足无措的突然变故事件,但突然出现的"重大利好"机遇,却可能让他们阴沟里翻船。不可不察。

与二爻类似,对将相人家(四爻:乘马班如。求婚媾,往吉,无不利)可能遇到什么样的"严重打击",老先生也没讲。但与二爻相较,这里却少了"手足无措、焦躁不安(屯如邅如)"的焦灼状态,只是强调了应积极寻求出路(乘马班如),这是可以理解的。在将相人家经受"变故导致的郁闷"之后,如何"摆脱不快情绪困扰"方面,老先生想到了他们常用的一种方式,就是"冲喜",即"求婚媾"。将相人家有充足的条件,用"纳妾"的方式来"冲冲霉运",这可能是此等人家在当时"摆脱烦恼"的一种惯常手段。

周文王老先生认为,"王侯"人家(五爻:屯其膏。小贞吉,大贞凶)一旦遇到"突然变故",后果非常严重。显然,一般的小灾小病、财产损失等"突然变故",对王侯而言都不是问题。对王侯人家而言,称得上"突然变故"的事情,大概只有"王位"能否顺利交接这一件事。如果不能顺利交接,肯定有一场你死我活的争斗,无论哪个有资格的"王子"败下阵来,对王侯家而言都像重重地挨了一刀,白生生的肉(其膏)都翻了出来。无论如何,这样的争斗能够尽快平息(小贞),就能令人欣慰(吉);如果因此而导致长时间、大规模的杀戮(大贞),甚至因此而丧失了天下,那就不妙了(凶)。其实,哪个社会、什么时候,又不是这样呢?

本卦的六爻(乘马班如,泣血涟如),暗指曾经权倾朝野、如今风光不再的那些老迈的国之重臣。他们突遇变故时闪展腾挪的能力(乘马班如),显然不能与昔日相提并论了,不免生出许多悲哀来(泣血涟如)。可见,对世态炎凉的哀叹,早在殷商末期就有了。

【班门弄斧】对"乘马班如"的理解,是本卦的一个难点。"乘马班如"字面的意思,可以这样想象:在空旷的原野上,一班人马快速驰骋(暗指人们在正常的生活轨道上,顺利、快速、势不可挡地前行);突然之间,"阴风四起,飞沙走石,乌云压顶(上卦水),雷鸣电闪(下卦雷),一场骤雨不期而至";一时间,疾驰的马儿突然驻足,前蹄高扬,长嘶一声,整个马队乱作一团,而骑乘的人们也惊出一身冷汗;震惊之余,首要的任务就是要寻求安全之处,暂时躲避;于是,整个马队中断了原来的行程,左冲右突、寻找栖身之所。老先生用这样一种景象,来比喻人们在不期而至的、不可克服的困境面前,慌乱无措的情形,以及寻求新的出路的急迫状况。

【会心一笑】二爻的"匪寇婚媾,女子贞不字,十年乃字",让无数人困惑。这里的"匪寇婚媾",指"不要立即寻求新的婚媾"。这话是对谁说的?显然是对后文中的女子。女子为什么要"寻求新的婚媾"?"立即"是对什么而言的?回答这些问题,必须回到本卦的主题。

本卦的背景(卦象)是,电闪雷鸣、骤雨将至或已经大雨如注,人们不得不中断"正常生活状态";二爻是指有头有脸、家境殷实的"地主"家庭。显然,"地主家"有条件"再嫁(字)"的女子应该比较年轻,其"正常生活状态"应该是操持家务、相夫教子,过着悠闲的"小资生活"。对这样的女子而言,"中断正常生活状态"的合理理由,只能是"亡夫";若是丧子,还可再生(哈哈,那时候没有"计划生育"政策),也不需要"改嫁"。所以,对"匪寇婚媾,女子贞不字,十年乃字"的合情合理解释,只能是:嫁人体面人家(二爻)的年轻女子,面对"突然亡夫"的人生变故,不要急于改嫁(匪寇婚媾),而应守寡(贞 不字)十年(十年),待到幼子成人后再改嫁(乃字)吧。

【史海寻贝】在依靠媒妁之言撮合婚姻的年代,被撮合的双方先要"合八字";"八字"不合,则不能婚配。"合八字"的行为,意味着谈婚论嫁程序的启动。是否有"字",往往是指女子是否已经有了谈婚论嫁的对象。

非常有趣的是,二爻出现的"不字、字"等概念,从【会心一笑】的分析中可以看出,这里的字,就是指谈婚论嫁,而且是"改嫁"。古代女子没有名字,只有姓,被称为某氏,如张氏、李氏。结婚后随夫家姓,也就是夫家给她填一个字,如张氏嫁入李家则被称为李张氏。所以女子没出嫁前就被称为待字闺中。

4. 蒙（山水）——开愚启智

一、原文

蒙　亨。匪我求童蒙，童蒙求我。初筮告，再三渎，渎则不告。利贞。

初六　发蒙。利用刑人，用说桎梏，以往吝。

九二　包蒙，吉。纳妇吉，子克家。

六三　勿用，取女。见金夫。不有躬，无攸利。

六四　困蒙，吝。

六五　童蒙，吉。

上九　击蒙，不利为寇，利御寇。

二、注释

【卦象玄机】"山上水下"。单卦：上卦为山，指山坡；下卦为水，指山坡低洼处汇集的降水。叠卦：上山下水，为山涧溪水之状：山涧流水，自上而下，溪水所经之处，草木茂盛；无水之处，长不出能够成材的大树来。

图　蒙-1　无水的地方长不出大树

注:上图情况在陕西关中一带较为常见。

【卦名意境】蒙:此处意为,像"蒙受"了雨露的滋润才能苗壮成长的草木一样,只有"蒙受、经受"了智者的点化、开导、教诲,愚昧无知的人(孩童)才能"开化、开窍",成为顶天立地的人。

蒙的本意为覆盖、遮盖,指在上方用遮盖物进行防护,保护下方的东西免受伤害。本卦中意味着:社会生活中的智者、聪明人,用成功的生活知识、经验,"覆盖"那些没有生活经验的人,使他们免受现实生活的折磨、摧残;意近现今的"教育"。因此,"蒙"是为了达到保护的目的,自上而下进行的遮蔽、覆盖行为;而"启蒙"似乎是揭开、掀开、撤去覆盖物的行为,两者的含义似乎是南辕北辙。

【本卦主题】开愚启智。

【各爻角色】社会各阶层对子女的教育之法。

【字词释义】

童蒙:童,儿童。童蒙,对儿童进行教育。

包:陕西关中方言中,"bao"的应用十分普遍,意为"甭,不用,不要,不必,不管"等。但现今字典中未见含此意的"bao"字,疑此"包"即为古之"bao"字。类似情况尚有几处,如"姤"卦中"包无鱼"的"包"。

金夫:周初为青铜器之鼎盛时代,这里的"金"应指青铜,不应理解为金钱。金夫,应为青铜器制作匠。当时的青铜器制作匠,应该是各种工匠中地位比较高的人。

不利 为寇,利 御寇:利,实现(了)愿望。寇,坏人,敌人(注:此处的寇,与屯卦"匪寇婚媾"中的寇,含义截然不同。此处为名词,"匪寇婚媾"中为动词)。不利 为寇,利 御寇,教育不成功(不利,没有实现愿望),他可能成为坏人;教育成功了(利),他则会成为坏人的克星。

三、今译

蒙:开愚启智。

㊀亨。㊁匪我求童蒙,童蒙求我。㊂初筮告,再三渎,渎则不告。㊃利 贞。

若能够开化"愚民",就会让他们顺利发展(亨)。但应注意教育的方法,不要(匪)我们(我)老跟着(求)不懂事的人(童)的屁股后面,对他们进行教化(蒙);而应该是他们(童)撞了南墙吃了亏,想听从我们的教导(蒙)而来求助我们(求我)时,再告诉他们应该怎样做。教化就像占卜,对初次占卜(初筮)的人,可以把占卜结果毫无保留地告诉(告)他;如果他一而再,再而三(再三)地来占卜,那就是怀疑(渎)占卜者;既然他不相信(渎)你,那就不可再为他占卜了(则不告)。因此,凡因一件事情一而再,再而三"求教"的人,一定是心不诚,这是对智者的亵渎,这样的人不可再教。教化的目的,就是要使人明白"实现其愿望(利)、守护其成果(贞)"的方法。

初六 ⊙发蒙。⊙利用 刑人,用说桎梏,⊙以往 吝。

对小民百姓(初六),要用启发式(发)的教化(蒙)方法。可以通过身边活生生的案例以案说法(利用),使其明白什么样的行为将导致牢狱之灾(刑人),从而使其(用)远离(说,通脱)牢狱(桎梏)之灾。若经过这种现身说法式的教化,他们还要重蹈覆辙(以往),那也没有办法,只是让人感觉很不爽(吝)。

九二 ⊙包蒙,吉。⊙纳妇 吉,⊙子克家。

对小有人家(九二)的子弟,无须(包)刻意教化(蒙),应使其在大人的行为中,受到潜移默化的教育。如果他们能够从父辈身上学到良好的品行和持家的本领,这样的子女将来一定有出息(吉)。尽早地为他们娶媳妇(纳妇)不失为一个好办法(吉),这能使他们(子)切身地感受到持家的不易,从而尽快地掌握持家(克家)的本领。

六三 ⊙勿用,取女。⊙见金夫。⊙不有躬,⊙无攸利。

对于大有人家(六三)的子弟,亦无须刻意教化(勿用),也可以尽早地给他们娶媳妇(取女),使其切身地感受到持家的不易。也可以让他们面对面(见)的与青铜器制作匠(金夫)交流,从而感受到高尚的事业也充满着艰辛和不易。如果他们不能(不)从中受到启发,从而沉下身子(有躬)扎扎实实做人,也是没有办法的事情(无攸利)。

六四 ⊙困蒙,⊙吝。

对将相人家(六四)的子弟,如果任其胡作非为,直到撞了南墙、撞得头破血流(困)时,才想起来对其进行教化(蒙),就令人非常不爽了(吝)。

六五 ⊙童蒙,⊙吉。

对王侯之家(六五)的子弟,若能自幼(童)就进行教化(蒙),则会有好结果(吉)。

上九 ⊙击蒙,⊙不利 为寇;⊙利 御寇。

对那些顽劣少年(上九),宜用"挫折法"(击)进行教化(蒙),就是放开手脚让他们独自经风雨、见世面,在挫折中成长。经过这样的教育,那些不成器的(不利），以后可能成为祸害百姓、为害一方的盗寇（为寇）；而那些成器的（利），则会成为维护社会安定（御寇）的顶梁柱。

四、补记

【主题乱弹】老先生的教育观点可以用"上山下水"这一景象具象化。

周文王老先生主要生活在关中的黄土高原。"上山下水"这一景象让他联想到，从山坡上汇集到低洼处的水，会让低洼处的"草木"生长茂盛，而水难以到达的山坡上，草木很难生存。这就像对孩子的教育，有了"智慧"的开化，小孩就会成才；而没人"管教"的孩子，就可能不成器。可见，在老先生的教育理念中，"教育"就是用"水"去滋润"草木"，而"学习"则是"草木"吸收"水"的过程。

对"草木"而言，吸收"水"的多少和时机，取决于"草木"自身的需求和储存水分的能力，多余的"水"应该流走，而不是聚集在"草木"周围形成"水塘"，这样会将"草木"淹死。显然，"浇水"的人应该把握好"浇水的时机和水量"，才能取得"最佳"的效果，否则，可能事与愿违。显然，这是一种因材施教、有的放矢的教育理念。反观我们近些年来的教育，与这些最基本的理念都格格不入。有些道理吧？但这是老先生的观点，如果听信了这一观点，影响了您学校的升学率，奖金发少了，可别怪罪我。

【史海寻贝】难能可贵的是，老先生在三千多年前已经意识到了教育的重要性，并且明确地提出了教育的观念和教育的方法。不知这是否是人类最早提出的教育观点。

【东拉西扯】对于高等动物，获得基本生存技能的主要方式有二。一是来自于"基因"的指引、控制，即所谓的本能或遗传。例如，很多动物的"幼崽"，生下来就能够找到母亲的乳头，这是天生的。二是后天的教育与学习。例如，小狮子的嬉戏、打闹，观察并模仿成年狮子的捕猎过程，都是学习的过程；如果不能掌握捕猎的技巧和捕猎时的注意事项，小狮子是无法生存的。对动物而言，如果在最佳学习期错过了学习生存技能的机会，将不能适应自然状态下的生存环境，这已被大量的科学观察所证实。人类同样如此，也许人类是最早的、甚至是唯一的对子女有意识、有目的、有计划地进行教育的物种。

人类有意识、有目的、有计划的教育与学习行为，应该可以追溯到史前。现在遗存的很多古老"岩画"，应该就是一种"教具"，用来教育小孩"识别"哪些是应该回避的强敌，哪些是可以猎取的对象，甚至包括狩猎不同的动物的技巧和注意事项。

我们现在把生存技能的学习过程,按照行为主体的不同,区分为"教育"和"学习"两个方面。"教育"指传授知识、技能的过程,而"学习"是接受知识、技能的过程。这两者是如何相互作用的? 应该具有什么样的相互关系? 在现今的教育界,恐怕也没有一致意见,这可能是中、外教育理念,国内不同教育理念差异化的根源。

老先生在本卦中暗含的"不强行灌输"的教育观点,对今人应有所启发。但今天的社会发展及教育体系的完善程度,在古时候是无法想象的。所以本卦中的部分观点,今天看来已不妥当,但仍具一定的启发意义。不过,本卦的内容,对我们了解当时的社会状况,有一定的帮助。

【哲理漫说】就爻辞表现出来的教育内容、方法和欲达到的目的,与现代社会有很大的不同。但不应否认,老爷爷指出的是最基本的生存之道和基本要求,应该是人们亘古不变的永恒追求。希望我们的教育工作者,能够认真反思现在的"状元"式教育、学前教育,其目的是否背离了"人"的生存目的和意义。

哈哈,对教育一窍不通的人,竟然摆出一副教训人的架势,装模作样,装腔作势,像一个跳梁小丑,让人笑掉大牙了。但希望您笑过之后,静下心来认真想想,也许还有那么一点点道理。但愿如此。

【史海寻贝】应注意本卦中的"筮"、"刑人"、"狱"、"金夫"。

卦辞中的"初筮告,再三渎"说明,在周初时,"占卜"确实是一种常见的活动。换句话说,当时已经存在"占卜"的风气,也有一套"占卜"的方法,这是史学界应关注的一个问题。另一方面,也许正是因为"占卜"活动在当时比较普及,于是后人推测,当时的"占卜"方法可能还有缺陷,所以有必要对其进行改进;于是,周文王才有"改进和完善占卜方法"的动机,写出了更为详尽的《周易》;因而得出《周易》是"占卜之书"的结论。但这样的推论,在逻辑上似乎有瑕疵,请有心者进一步研究。事实上,《周易》的目的,并不是用来占卜。

"刑人"的出现,说明当时的社会,已经具备了"法律、审判及惩戒体系"。但其完善程度,有待法学史界的朋友进一步研究。

"金夫"的提法稍显突兀,这很可能是当时社会对"青铜器制作匠"的称谓。我们知道,西周是中国青铜器制作的鼎盛时代;"青铜器制作"工作,应该是当时的"时髦工作"。所以,这一"行业"对当时雄霸一方的大有人家子弟而言,也有极大的诱惑力。当然,这种让当时的人们心驰神往、趋之若鹜的工作,不可避免地充满着危险和艰辛。也许正因为如此,"见金夫"才会成为"大有人家"教育子弟的一种方法。

5.需(水天)——取之有道

一、原文

需　有孚;光亨。贞吉,利涉大川。

初九　需于郊,利用恒。无咎。

九二　需于沙,小有言。终吉。

九三　需于泥,致寇至。

六四　需于血,出自穴。

九五　需于酒食,贞吉。

上六　入于穴。有不速之客三人来,敬之,终吉。

二、注释

【卦象玄机】"水上天下"。单卦:上卦为水,指云;下卦为天,指天空。叠卦:上水下天,是云(水)在天外,天上无云(水)的景象。

图　需-1　"天上无云、众盼甘霖"的景象(左)与金文中的"需"(右)

注：夏秋季节的关中，往往天上无云，久旱不雨，天气炎热，庄稼枯萎，人心焦急（参见上面的合成图，上半部分是天上无云的景象，下半部分是庄稼枯萎的情形）。此时，盼雨既是百姓性命攸关的事情，祈雨也是统治者的大事。因此，祈雨仪式，由来已久。现存的北京天坛，即为皇家祈雨的场所。天上无云，众盼甘霖，故以"需"为名。

【卦名意境】需：众人都期盼、追求的东西。

金文中的"需"，是"在雨中手舞足蹈的人"的形象。但这一形象不是"现实的描绘"，而是"期盼的幻影"，即幻想着天降甘霖、人们在雨中欢欣鼓舞的景象。为什么这样讲呢？因为，如果在人们苦苦盼雨时，天遂人愿果真降雨了，人们确实会在雨中手舞足蹈，但这是"解"、而不应是"需"的情况，因为"需"已经满足了，干旱已经"解"了。如果在人们苦苦盼雨时却"天上无云、云在天外"，人们就会期盼着来一场大雨，想象着能够在雨中尽情地欢呼的情形，这才是需的本意。

现代汉语中"需"的含义是"需要；求索，索取"，暗含着两层意思，第一，"需"是为了满足"个体的欲望"；第二，通过个体的"努力、付出"就可以实现这一欲望。例如，我需要喝口水，他需要一把伞。但是，这种解释与本卦的意境和金文"需"的含义是不尽一致的。本卦把"天上无云、云在天外，大家翘首盼雨"的情况称为"需"；而金文中的"需"，是对降雨的一种期盼式幻想，与本卦的意境完全吻合。由此可见，"需"的本意是"人人都想得到的东西或人所共求的东西"。"人所共求"意味着，一方面这是"群体的愿望"，另一方面，通过群体的"努力、付出"，愿望并不一定就能够被满足。可见，"需"在本卦中的含义应该是"人所共求"。

【本卦主题】"人所共求"的东西。对人人都渴望的东西，周文王的观点是，人们都应"取之有道"。

【各爻角色】社会各阶层。

【字词释义】

孚：正常的行为，可接受的行为。

光：光明正大（的行为）。

涉大川：渡过大江大河，隐指（可以）完成十分困难、危险的任务。

注：在殷商末期的关中地区，大江大河之上，没有证据表明已有舟楫、桥梁供人横越大川，因而人们只能"涉水过河"。显然，对不谙水性的关中人来说，"涉大川"即涉水过河，是极其危险、困难的事情。因此，"涉大川"是比喻"极其困难、危险的事情"。

三、今译

需：对人所共求的东西，应取之有道。

🉑有孚；🉑光 🉑亨。🉑贞吉，🉑利 涉大川。

面对人人都渴望得到的东西，个人的行为不可过分（有孚）；只有光明正大（光）地获得自己应该得到的东西，才可以顺利发展（亨）。一旦获得了自己期盼的东西，要设法一直保持下去（贞），这才是令人欣慰的事情（吉）；实现了自己梦寐以求的愿望（利），就要有信心追逐更大的目标（涉大川）。

初九　🉑需 于郊，利用 恒。🉑无咎。

身为小民百姓（初九）所盼望的（需），无非是郊外（于郊）的庄稼能够有个好收成；而庄稼要有好收成，在靠天吃饭的情况下，只能期盼风调雨顺。靠天吃饭，只能耐心等待（利用恒）老天爷的眷顾，急也没用。即使事与愿违，也无可奈何（无咎）。

九二　🉑需 于沙，小有言。🉑终吉。

对于小有人家（九二），你所期盼的（需）无非是进一步扩大家业；而要实现这样的愿望，对你而言就像在沙地（于沙）上长途跋涉，无比艰辛。你为了扩张自己的势力可能不择手段，从而招致别人的怨恨（小有言）；你的努力也可能没有得到应有的回报，而让你满腹牢骚（小有言）。但只要坚持不懈、不断进取，一定会（终）有令你满意的结果（吉）。

九三　🉑需 于泥，致寇至。

大有人家（九三）追求的（需），无非是广有钱财之后再想谋个一官半职，好在人前抖抖威风。但如果无人提携、引荐，你要想跻身官场就像身陷泥沼（于泥）一样，不但无处着力、难以自拔，而且寸步难行、坐以待毙，只能干着急、没办法。如果你想求助他人（致），前来帮忙的人可能正如盗寇一般，只是想趁机劫掠你的财物（寇至）而已，并不是真心来帮你的忙。

六四　🉑需 于血，出自穴。

已经身为社稷重臣（六四）的你，所渴求的事情（需）无非是挤掉上司、取而代之，甚至觊觎"九五大位"。你应该清楚，身处"王位"的人不会坐以待毙，更不会自动缴械、将"王位"拱手相让；你要想实现愿望，势必是一场你死我活的血拼（于血）。因此，你要先想清楚：最终流血的人，可能正是你自己（出自穴）。

九五　🉑需 于酒食，🉑贞吉。

身为王侯（九五）如果所需之物仅是酒食而已（需于酒食），则说明你管理有方，在你的治理之下，事事井井有条，国泰民安，天下太平。如果你事必躬亲，整天像消防员一样东奔西走、疲于应付各种事情，而且稍有不周之处就会捅出娄子，让你寝食难安,那么,你一定是无能之辈。若能够保持(贞)天天只管饮酒吃饭、其他事情不用操心的状态,你的事情就做到家了(吉)。

上六　㊙ 入于穴。㊙ 有不速之客三人来,㊙ 敬之,㊙ 终吉。

对已经退出权力中心的国之重臣(上六),无论你以前的功劳有多大、地位有多高,都不要再抛头露面(入于穴)、指手画脚了。然而,即使你想功成身退,却会有(有)与你素昧平生的人(不速之客),络绎不绝(三人)地求到你的门下(来)。若对他们敬而远之(敬之),而不是纠缠不清,终会有令你高兴的结局(终吉)。

四、补记

【哲理漫说】本卦是《周易》中最为精彩的卦之一,处处闪烁着智慧的光芒,故多说几句。

本卦的"需"意味着"群体性"的盼望、期盼、翘首以待,这与现今的解释不尽一致。

对小民百姓(初爻)这一群体而言,祈求、盼望的目标在郊外(需于郊)。在当时的农耕社会里,郊外是庄稼生长的地方,"需于郊"显然是指大家都祈盼庄稼能够有个好收成。但对靠天吃饭的农人来说,是否风调雨顺才是决定庄稼能否丰收的关键因素;对此,人们除了耐心等待(利用恒)老天爷的眷顾之外,没有任何其他办法"干预"老天爷的意志、行为。因此,如果庄稼歉收也只能认命,这怨不得谁(无咎)。由此可以看出,在当时可能还没有"祈雨"这一试图影响上苍意志的行为。

对当时的小康人家(二爻)这一群体而言,庄稼的偶尔歉收并不会影响他们的正常生活,因此,他们祈求、盼望的焦点并不在郊外的庄稼上。那么,他们最期待的又会是什么呢?"人心不足蛇吞象"这一俗语揭示了人性的一个真相,那就是"贪心不足"。对于有了一定积蓄的人们而言,会遇到更多的发展机遇,也自认为具有进一步发展的物质条件,于是便贪婪而执着地追求更大的目标。但是他们并不清楚,要追逐具有诱惑力的目标,单凭手头那点"积蓄"还远不够,还需要其他条件(例如相关知识、团队协作、社会背景、风险规避等)的配合。一旦贸然踏上追求目标的道路,就像踩上了松软的沙地,每走一步都十分艰难。所以周文王指出,这样的人家祈盼、追逐(需)的目标,往往会把他们引向充满艰难险阻的沙地(于沙);一旦贸然踏进沙地、陷入步履维艰的境地,他们往往会牢骚满腹、抱怨不断(小有言)。例如,前些年手里有些"闲钱"的人,贸然进入股市后被套,就像这种情况。

但如果能够不畏艰辛、奋勇直前(终),就会有令人欣慰的回报(吉)。

三爻指事业达到巅峰、实力足以雄霸一方的地方豪强。这一群体期盼、追逐的目标,显然已经不再是"物质追求",而是"精神追求"——满足虚荣心。第一部分第四章指出,三爻仍属于"民"的范畴,还不是"官僚阶层",对他们而言,满足虚荣心的最佳方式,是捞个一官半职(美国影星施瓦辛格不计报酬去当加州州长,大概也是出于同样心理)。但对没有"官场"背景的豪强来说,如果无人提携,仅靠一己之力"挤进"官场并非易事,这就像身陷泥潭的人难以自拔一样。所以周文王老爷爷指出,这一群体要想实现愿望(需),就像身陷泥沼(于泥)一样,要想脱困只能求别人帮忙;一旦你流露出求人帮忙的意愿(致),貌似前来帮忙的人却可能是一群盗寇(寇至),只想劫掠你的财物,而不是真心帮忙。

四爻指"一把手"的左膀右臂、股肱之臣,或"王侯"的众多兄弟叔侄,属于"官僚阶层"中的顶尖人物,其"地位"距"一把手"仅一步之遥,因此,他们紧盯不放的目标往往是"龙椅宝座"。但要实现这样的愿望(需),往往是一场你死我活的血淋淋场面(于血);为此,必须做好最终流血的是自己(出自穴)的心理准备。在文学作品中,这样的故事古今中外都屡见不鲜,相信大家都明白。

五爻(指王侯)的"需于酒食",周文王老爷爷笔锋一转,从"寇、血"等敌对状态,转到了"酒、食"等悠闲状况,这个一百八十度的大转弯,让无数人为之困惑。如果明白这一爻的爻辞是写给"王侯、一把手"的,其含义就好理解了。身为王侯等最高领袖、一把手,自然是大任在肩、夙夜在公、日理万机、不敢懈怠,稍有差池就会食不甘味、夜不安寝。因此,如果把"最高领袖、一把手"看成一种工作,可能是世上最为辛苦的工作,这是其工作性质所决定的。但是,这份工作也可以做得"很轻松",这就需要高超的管理技巧。换句话说,身为一个王侯,如果只管吃饭喝酒,其他事情无须操心的话,他一定是一个优秀的管理者。所以周文王对王侯、一把手们提出了一个追求目标,就是只管吃饭喝酒(需于酒食)也不会出什么差错,这显然是一个极难达到的目标,其实也是每一位王侯、一把手都为之不懈努力的目标。对王侯、一把手而言,如果能够实现并保持(贞)这一状态,就是再好不过的事情(吉)。史上真正做到这种状态的"王侯",不说一个没有,却也凤毛麟角。

本卦的上爻指已退出权利中心的将相重臣,周文王老爷爷对他们的忠告是"入于穴"。与艮卦的行其"庭"、困卦的入于其"宫"相比,这里的"穴"字意味着幽暗、深邃,强调"深藏不露"。因此,"入于穴"的弦外之音就是安享天年,不要再过问政事,更不要对新政指手画脚或横加干预。至于"强行发挥余热"带来的不利后果,虽然老爷爷没有讲,想必人人都能理解。但是,这些将相重臣即使想深居简出、深藏不露,在别人眼里却还有巨大影响力和利用价值,因此,还会有素昧平生的人、络绎不绝的不请自来(有不速之客三人来),其目的是显而易见的。对此等人,老爷爷的观点是"敬之",即礼节性的以礼相待、礼貌拒绝,而不是无原则的"携之(提携)、荐之(举荐)、助之(帮助)"。这很容易让人联想起"敬而远之"。只有这样,才能保持令人崇敬的晚节(终吉)。

【东拉西扯】从上面的分析不难看出,老爷爷准确地把握了不同社会阶层人们的心理。令人惊讶的是,老爷爷总结的规律和提出的忠告,三千多年来竟然历久弥新,仍然具有鲜活的生命力和指导意义。

【黄裳之拜】古往今来不知有多少觊觎王位的人,不断地用血淋淋的事实,为老爷爷的"需于血,出自穴"做着注解!2012年底的一个深夜,当几近麻木的大脑,突然明白了老爷爷这句话的意思后,我不禁毛发直立,差一点惊出一身冷汗!唉,有几个人看透并听从了老爷爷的警告啊?不见血的血淋淋……

可惜的是,三千多年来,竟然没人读懂这本如此伟大的著作!能说什么呢?

【文苑拾珠】如果把老爷爷的几个爻辞稍加改写,可能就是非常深刻的经典词语:

需郊用恒:小民百姓要想过上美好的生活,只能耐心地等待"老天爷"什么时候能够发发善心。

需沙有言:人们刚刚有些小小成就的时候,往往豪气冲天,目空一切;若在继续奋斗的过程中遇到一些小挫折,却又会怨天尤人,牢骚满腹。

需泥致寇:如果人们为了获得更高的社会地位,却把自己置身于难以自拔的泥沼,就只能任人宰割了。

需血己出:人们若想占有他人根本不会放弃的东西,结局只能是互拼老命;但最终血洒疆场的,可能正是自己。

入穴敬客:功成身退的人应深居简出、安享天年,对继任者不要指手画脚、横加干预,对求到门下的人也要敬而远之。

如果我们能够常常用这些词来提醒自己,可能会减少很多悲剧的发生。

6. 讼（天水）——息事宁人

一、原文

讼　有孚；窒 惕。中吉，终凶。利 见大人，不利涉大川。

初六　不永所事，小有言，终吉。

九二　不克讼，归而逋其邑。人三百户，无眚。

六三　食旧德，贞 厉，终吉。或从王事，无成。

九四　不克讼，复即命。渝 安贞，吉。

九五　讼，元 吉。

上九　或锡之鞶带，终朝三褫之。

二、注释

【卦象玄机】"天上水下"。单卦：上卦为天，指满天下；下卦为水，指洪水。叠卦：上天下水，是天下洪水泛滥的景象（参见图讼－1）。洪水滔天就会殃及无辜，就像人间祸事也会给他人带来灾难一样。无辜遭灾的人们总想要讨个说法，一个"讼"字就在所难免了。

【卦名意境】讼：争辩是非；替人辩冤；诉讼；责备；颂；公，公开。此处意为争辩是非，打官司。

【本卦主题】无故遭殃，因愤而争。

【各爻角色】社会各阶层。

图 讼－1 洪水滔天,殃及无辜

【字词释义】

窒惕:窒,堵塞,闭塞不通畅;抑制,遏止。惕,警惕,戒惧。窒惕,警惕到大气儿都不敢出的状态。

逋:逃跑,逃亡(到)。

眚:眼睛生翳;疾苦;过失。

食旧德:德,恩惠。食旧德,吃老本;依靠老关系。

渝:改变;违背;泛滥;解脱。此处指改变。

锡:通赐。

鞶带:古代男子束衣的大带,革制;(盛佩巾等的)系在腰间的小口袋。

褫:剥夺,夺去;解下,脱去;废弛。此处指剥夺,夺去。

三、今译

讼:洪灾泛滥殃及无辜,就像灾祸不请自来。面对飞来横祸,愤懑之下争辩是非,是人之常情。故以"讼"为名。

㊉有孚;㊎窒惕。㊌中吉,终凶。㊍利见大人,㊏不利涉大川。

因为遭遇飞来横祸、无辜受害而提起诉讼时,应顾及自身的形象和社会的舆论(有孚),不可轻讼、妄讼,能不讼则不讼。即使诉讼,也要诚惶诚恐(窒惕)地认真对待。胜诉自然让人高兴(中吉),但也可能就此埋下了祸根,最终还是害了自己(终凶)。如果打赢了官司(利),得饶人处且饶人,要表现出高尚的品德,让人们看到一个品行高尚的人(见大人);而不要穷追猛打,必欲置人于死地而后快。通过赢得官司而得到好处,无助于实现更加远大的人生目标(不利涉大川)。

初六 〔爻〕不永所事,〔占〕小有言,〔断〕终吉。

小民百姓(初六)遭遇飞来横祸时,不可没完没了、死缠烂打,一定要讨个说法,该收手时就收手(不永所事)。如果没有达到目的却见好就收,可能受人冷嘲热讽(小有言);但与劳神费力、没完没了的死缠烂打,最后弄得倾家荡产、甚至家破人亡相比,其结果要好得多(终吉)。

九二 〔爻〕不克讼,归而逋其邑;〔占〕人三百户,无眚。

小有人家(九二)遭遇殃及无辜的横祸,若不能胜诉(不克讼)就赶快回归故里隐匿起来(归而逋其邑),有几百户人家(人三百户)的庇护,不会有大事(无眚)。

六三 〔占〕食旧德,贞厉,终吉。〔占〕或从王事,无成。

大有人家(六三)若遭遇横祸,往往会利用祖上的荫德或以前的交情,托关系、找门子(食旧德),一定要胜诉。但世态炎凉、人情冷漠,找人帮忙可能会处处碰壁(贞),令你十分难堪(厉)。若最终能找到念及旧情的关键人物,也许会有满意的结果(终吉)。人们如果仅仅依靠托关系、找门子来解决问题,即使混个一官半职(或从王事),也难成大事(无成)。

九四 〔爻〕不克讼,复即命。〔境〕渝安贞,〔断〕吉。

将相重臣(九四)若遭遇飞来横祸,如果不能胜诉(不克讼),就要意识到对方比你更强大、后台更硬,所以,就要赶快认命(复即命)息讼,该干什么就干什么去吧;并且,自此以后转变观念(渝),不再纠缠这件事情,安分守己(安贞)好好过日子。如此,方可平安无事(吉)。

九五 〔爻〕讼,元〔断〕吉。

身为王侯(九五),如果有人因为遭遇不白之冤需要由你来裁决,那一定是影响面很大的事情。你若能秉公而断(讼),则可引导社会向善的风气,有利于社会的安宁、稳定。若能以秉公而断为出发点(元),则会对整个社会有利(吉)。

上九 〔占〕或锡之鞶带,终朝三褫之。

对已退出权力中心的老迈重臣(上九),如果遭遇了不白之冤,也会找"现任王侯"讨个说法。但胆敢与你叫板的人岂是等闲之辈?即使你的说法打动了王侯,他能给你的无非是像鞶带之类的赏赐之物(或锡之鞶带),以示安慰;然而,如果王侯听信了他人的撺掇,转变了对事情的看法,那么在朝堂未散(终朝)之时,你被剥夺的东西,岂是所赐之物就能了得(三褫之)?

四、补记

【**东拉西扯**】当今社会,国人对"合理维权"的态度,仍有文王之遗风,即"息事宁人",这与依法治国、依法维权的现代理念,有相当差距。可见,消除 3000 余年来的思想观念,建设法治社会,仍任重而道远。

研究中国法律历史的学者,或许能够从本卦中,对中国的法学观念、法律体系的起源和演变,看出一些端倪来。

不懂这方面的知识,只好闭嘴了。

【**黄裳之拜**】老爷爷在卦辞中给出的忠告及"不永所事"的豁达态度,在当今构建和谐社会的过程中,真可谓至理名言。抛开意识形态观念,单从人性层面而言,这也是放之四海而皆准的真理。

【**古音遗韵**】"食旧德,厉"透露出的世态炎凉、人情冷暖,大概就是现今"人走茶凉"情形的远古写照。

7. 师(地水)——御兵要义

一、原文

师　　贞。丈人吉,无咎。

初六　师出以律;否藏 凶。

九二　在师中,吉,无咎。王三锡命。

六三　师 或舆尸。凶。

六四　师左次,无咎。

六五　田有禽,利执言,无咎。长子帅师,弟子舆尸。贞 凶。

上六　大君有命,开国承家。小人勿用。

二、注释

【卦象玄机】"地上水下"。单卦:上卦为地,指大地;下卦为水,指"地下水"。叠卦:水藏地下,如兵藏于民,平时为民,战时为师。这可能是当时的军事制度,类似于后世的"屯田制"或"军垦制",或者类似于"民兵"组织。

【卦名意境】师:军队编制;老师;榜样;效法;师承关系;擅长某技者;对出家人尊称。本卦中意为治军。

【本卦主题】驾驭军队。

【各爻角色】初爻:普通"兵卒";二爻:带兵的初、中级"军官";三爻:指挥独立作战部队的"战地指挥官";四爻:统领若干独立作战部队的"将领";五爻:作战部队的"统帅";六爻:曾经有过突出战功的"老迈战将"。

【字词释义】

否:坏、恶。此处指不利于行军、作战的不良风气和行为。

143

锡:通赐。

舆:车,车厢。此处指用车装载。

左次:字面含义类似于"向左看——齐!"即整齐有序的依次排列(战斗)阵型,此处指作战时严谨周密的排兵布阵。

田有禽:用田野中安宁祥和、怡然自得觅食的鸟禽,隐喻人、社会的富足、安详、和睦等境况。在《周易》中多次出现,含义基本一致。

三、今译

师:水藏地下,就像兵藏于民,平时为民,战时为师。故为"帅"。

㊊贞。㊌丈人吉,㊍无咎。

建立军队的目的,就是保卫国家不受外侮,确保天下太平。所以,只有拥有强大的"师"(军队),才可保持(贞)社会的安宁、祥和。在(冷兵器时代的)军队中,人高马大(丈人)、孔武有力的军人,无论平时还是战时,总能得到便宜、占到上风(吉);而身小力弱的人,则会处处受欺侮。这没什么可说的(无咎)。

初六 ㊎师出以律;㊏否藏 凶。

对于兵卒(初六),出师作战之时(师出),必须军纪严明(以律),所有人都要严格遵守号令。行军作战的部队之中,若存在(藏)严重的不良习气(否),就可能因个别人的轻率行为,导致全军覆没(凶)。

九二 ㊐在师中,㊑吉,无咎。㊒王三锡命。

中、下级军官(九二)的职责就是带兵打仗。要带好兵,平时就要与兵卒朝夕相处,同甘共苦,荣辱与共,才可能在关键时刻,率领兵卒赴汤蹈火,所向披靡;战时则要身先士卒,冲锋陷阵,奋勇当先,鼓舞士气。因此,中下级军官要与兵卒朝夕相处(在师中)、同甘共苦,才能带出英勇无敌的队伍(吉),这也是中下级军官应尽的职责(无咎)。若能与兵卒同甘共苦,而不是撇下兵卒不管,只顾自己花天酒地、独自享乐,就会常常得到王侯的嘉奖(王三锡命)。

六三 ㊓师 或舆尸。㊔凶。

率领部队独立作战的战场指挥官(六三),应足智多谋,不可乘匹夫之勇。只有智勇双全,才可攻无不克、战无不胜、所向无敌,率领部队胜利班师(师);若有勇无谋只会猛打猛冲,或满腹经纶却只会纸上谈兵,都可能导致战场上损兵折将、丢盔弃甲、溃不成军的结局,只能凄惨地搬运战死将士的尸体了(或舆尸)。战场指挥官的任务艰巨、责任重大,成功理所应当,败则成为替死鬼(凶),千万别掉以轻心。

六四 　⊞ 师左次,　⊠ 无咎。

高级将领(六四)在作战时的主要职责,是运筹帷幄、出奇制胜的排兵布阵(师左次)。若能够决胜于千里之外,其他方面则无须苛求(无咎)。

六五 　⊞ 田有禽,　⊠ 利执言,　⊠ 无咎。　⊞ 长子帅师,弟子舆尸。　⊞ 贞 凶。

军队统帅(六五)的职责,一是确保国泰民安,二是保护将士的利益;军权在握的统帅,既是王侯倚重的支柱,也是将士们的靠山。在战事频仍的年代,军队统帅的地位稳固(田有禽),绝无后顾之忧,因此,对于战事要敢于仗义执言(利执言),可为则为之,不可为则不为,即使有些意见让王侯不高兴,也不要过多考虑(无咎)。作为王侯,也常会对军队统帅采取牵制性手段,让其长子(长子)率领部队(帅师)冲锋陷阵,让其他子弟(弟子)做好后勤保障(舆尸)。如此一来,如果战事取胜,统帅的实力也会有一定损伤,不会对"王位"构成重大威胁;如果战事失利,就可以顺利的用别人取而代之。因此,统帅的位置虽然风光,但若留恋不舍(贞),则会暗藏凶险(凶)。

上六 　⊞ 大君有命,开国承家。　⊞ 小人勿用。

功成身退的高级将领(上六),如果是德行高尚的人,就会得到国君(大君)的青睐、重用(有命):可能委任其担当开疆拓土(开国)、镇守一方的重任,甚至可能临终托孤,担当辅佐幼主(承家)的责任。但对品行低劣(小人)的有功战将,千万不可委以重任(勿用)。

四、补记

【东拉西扯】《周易》六十四卦中,与行师、作战相关的仅此一卦。

周初的军队组织体系尚不清楚,故各爻所指的各色人等如何准确界定,并不清楚,上面仅是一种假设。

以"地中有水"来表征"师",倒是一个意想不到的比喻。这似乎意味着,当时的军队组织形态是非专业化、非常态化的组织形式,即,当时并没有专业化的军队,而是藏兵于民。这让人联想到,后世的"屯田制"、"军垦制"、"民兵"甚至"民团"等武装力量的组织形式,很可能类似于当时的军事组织制度。

对此不懂,希望相关专家进一步研究、考证。

【哲理漫说】对于卦辞中的"丈人吉",后世的解释五花八门,在这里,应指身材高大的伟岸丈夫。丈，为古代的长度单位，现在的市制（非法定计量单位）中，1丈等于3米。有研究表明，古代的"丈"比现在的"一丈"要短一些，故这里的丈人，指身长接近"一丈"的人，当然，这可能是一种夸张的说法。在冷兵器时代的战场上，身材高大的人，显然有得天独厚的先天优势，平时也会受到人们的尊重，这大概就是"丈人吉"的原因吧。

对初爻的"师出以律"，后世基本都能准确解释，即用严明的纪律约束军队，故不再赘言。

对于二爻的"在师中"，老先生强调的是，"基层军官"要与"战士们"打成一片，同甘共苦，而不应在"干部"与"战士"之间隔着一条鸿沟，"干部"只顾自己独自享受，不顾"战士们"的疾苦。这是军队或其他组织，是否能够形成战斗力的最基本、也是最重要的条件，也是非常重要的领导艺术。当然，基层干部与战士同甘共苦，也是对基层干部的最基本要求（无咎），但要做到这一点，却十分不易。后世的很多人，稍微有一点权力，就想在下属面前摆个谱、扎个势，把那点权力发挥到极致，这样的人肯定不会受到重用。但那些真正能够做到与下属同甘共苦的人，则会被高层领导树为榜样，不断受到嘉奖（王三锡命）。

"师 或舆尸"，指的是其行为的后果。是谁的行为呢？当然是"三爻"（独立指挥官）的行为。什么样的行为呢？当然是其职责所赋予的使命，那就是指挥战斗。因此，"师 或舆尸"的完整表达应该是，作为独立作战的指挥官，你的指挥水平将直接决定战事的结果，要么是胜利班师，要么是搬运尸体。在冷兵器时代，战地指挥官必备的素养，是智勇双全。故有上面的今译。

四爻指军队的高级将领。高级将领的职责，并不是带领部队冲锋陷阵，而是根据战场形势、敌我状况，精心谋划、巧妙排兵布阵，以最小的代价夺取最后的胜利。所以，"师左次"就是对高级将领的要求。

五爻指军队的最高统帅，爻辞"田有禽，利执言，无咎。长子帅师，弟子舆尸。贞 凶"包含三层含义。

第一层是对最高统帅所说的，即"田有禽，利执言，无咎"。其含义是，作为武装力量的最高统帅，肯定是王权的主要支柱，也一定是王侯的心腹；因此，最高统帅肯定是没人敢惹的主儿，其地位非常稳固，没有后顾之忧，自家后院一片太平景象（田有禽）。同时，军队的最高统帅，更是将士们的代言人和利益维护者；因此，就要在维护国家利益的同时，也要敢于挺身而出，仗义执言（利执言），珍惜将士们的性命，为将士们争取利益；哪怕为此惹得君王不快，也要尽到义务（无咎）。

第二层是对君王而言的，即"长子帅师，弟子舆尸"，这是君王控制军队统帅的策略。最高统帅手握军权,甚至掌握着君王的命运;作为君王,如何驾驭最高统帅,让其心悦诚服、尽职尽责、尽心尽力地保家卫国,确实是一个千古难题。老先生在此给出了一种解决方案,即,让最高统帅的长子(年长的儿子,而不是专指大儿子),带领军队冲锋陷阵,而让弟子(小一点的儿子)负责战地保障(冷兵器时代,战场上互有伤亡很正常,搬运回自己一方战死疆场将士的尸体,是稳定军心的重要手段)。如此一来,最高统帅一定会尽心尽力地出谋划策,帮助长子取得胜利,否则,可能把孩子们的性命都搭进去;长子为了父亲的荣誉、尊严,也为了小弟们的安危,一定会拼死效力;弟弟为了哥哥的性命,一定会尽职尽责的做好战地保障;父子们为了确保胜利,一定会尽可能减少战士们的伤亡。如果战场上取胜,解除了来自外部的威胁,君王去掉了心病,最高统帅及其子弟获得了荣誉,战士们保全了性命,民众得到了安宁,用嘉奖的方式就可以安慰军队;如果战场失利,就可以名正言顺地除去"不称职"的统帅,另换新人。可见,用这种策略驾驭最高统帅,于君、于帅、于将、于兵、于民而言,都不失为一种好的选择。但对君王而言,这样做的最大隐患是,强大的家族式军事势力,对其统治地位将构成严重威胁(如果最高统帅是君王自身,长子、弟子是君王的孩子,那又另当别论了)。

第三层的"贞 凶",是对最高统帅职位的评价,即,长期干这事,不大会有好结果。这很可能是指,如果君王认为你已经功高盖主、威胁其地位时,或强敌已经灰飞烟灭时,鸟尽弓藏、兔死狗烹,君王便会解除你的兵权,甚至除掉你。这样的事例,后世俯拾皆是。显然,老先生早就看透了这一点。

上爻的"大君有命,开国承家",是对有别于"小人"的君子而言的。对于骁勇善战、威名卓著、品德高尚、没有野心的战将,君王会委以重任,甚至成为托孤的心腹。这样的例子,历史上也不鲜见。

本卦对研究周初时的军事制度,可能有所助益。因本人对军事一窍不通,还请相关专家批评指正。

【黄裳之拜】本卦虽然讨论"军队"的事,但对其他各种各样的"团队",又何尝不是同样的道理呢?

8. 比（水地）——安之若泰

一、原文

比　吉。原筮，元 永贞，无咎。不宁方来，后夫凶。

初六　有孚 比之，无咎。有孚盈缶，终来有它吉。

六二　比之自内，贞 吉。

六三　比之，匪人。

六四　外比之，贞 吉。

九五　显比。王用三驱，失前禽。邑人不诫，吉。

上六　比之无首，凶。

二、注释

【卦象玄机】"水上地下"。单卦：上卦为水，指小水坑、水洼；下卦为地，指地表。叠卦：地上有水，积聚成水洼；在没有镜子的时代，水洼中的水可以当作镜子使用。人与其影，可以对比，故名比。

注：关中之地雨水稀少（年降雨量600多毫米，且多集中在夏秋之际），雨后，地表常有许多大小不一的水洼，农村人真有以水洼为镜的

图　比－1　对"镜"梳妆

情况。记得小时候常爬在水洼边上，看着水中倒映的各种景物或自己的影子，充满各种疑惑。

【卦名意境】比：并列；紧挨着；亲密；勾结；近来；比较，较量；匹配；比喻；依照；比画；倍数关系。此处意为对比，对照。

【本卦主题】人们的攀比之心。

【各爻角色】社会各阶层。

【字词释义】

筮(shì)：占卜。

后夫：夫，助词，无实意。后夫，指"后者"。

缶：盛水、酒等的瓦器；瓦器；瓦制的古乐器。此处指装载粮食等的容器。

匪人：匪，此处指费，折磨。匪人，此处指劳神费力，折磨人。

诫：告诫，警告；戒备；文告，教令。此处指担忧。

三、今译

比：地上有水，可聚成水洼；洼中之水，可以鉴人；人与其影，可以对比，故名"比"。此"比"者指人们的攀比之心。

㊀吉。㊁原筮，㊂元 永贞，㊃无咎。㊄不宁方来，后夫凶。

能够以人或物为鉴，通过比较获得良好的心态，吉祥（吉）。人们应以最初的占卜结果（原筮）（引指最初的愿望）为标准，与已经取得的成就进行比较；若能有这样的心态（元），就能长久（永）地保持满足感（贞）；也应抱有这样一种心态（无咎）。如果这山望着那山高，得寸进尺、得陇望蜀，不断变换追求目标，等到遇到了大麻烦（不宁），才想起（方来）最初的愿望，就后悔莫及了（后夫凶）。

初六 ㊀有孚 ㊁比之，㊂无咎。㊃有孚盈缶，终来有它吉。

小民百姓（初六）要以大家认同的方式（有孚）和良好的心态与人攀比，见贤思齐（比之）、扬长补短；而不要与那些靠歪门邪道致富，或财富来路不正的人进行攀比。这样做是应该的（无咎）。如果靠勤勤恳恳、任劳任怨的辛勤劳作（有孚），挣得盆满罐盈（盈缶），终会有预料不到的喜庆之事降临（终来有它吉）。

六二 ㊀比之自内，㊁贞吉。

小有人家（六二）要为自己制定切实可行的发展规划，并逐步实施。不要不切实际地与他人攀比，而要看是否顺利地实现了自己的计划（比之自内）。如果能坚持不懈、百折不挠（贞），脚踏实地、一步一个脚印地奋力拼搏，终会成功（吉）。

六三　㊎比之，匪人。

大有人家（六三）家道兴盛之后，就会想入非非，整天想着如何才能盖过风头比自己强的人（比之）。真是人心不足蛇吞象啊，唉，这样的攀比，令人劳心费神（匪人）。

六四　㊨外比之，㊦贞吉。

若位居人臣（六四）还能总是（贞）看到别人的长处（外比之），并以他人之长补己之短，则会事事顺心（吉）。

九五　㊎显比。㊎王用三驱，失前禽。㊨邑人不诫，㊦吉。

王侯之间（九五）攀比的往往是谁更为"排场"（显比）。对于王侯（王），如果为了"显摆阔气"，也要像帝王一样用（用）三匹马拉的大车（三驱），则很可能因为这种"僭越"行为，把以前得到的所有收获（前禽），都丧失（失）得一干二净。如果王侯的行为很有分寸，不做出格的事情，不会让其子民（邑人）感到担惊受怕、心存忧虑（不诫），就会吉祥如意（吉）。

上六　㊎比之无首，㊦凶。

曾经地位显赫的国之重臣（上六），因种种原因大权旁落之后，往往会抚今追昔（比之）、感慨良多；稍微受到一些事情的刺激，就不知道是应该安享天命，还是重现昔日的风光（无首）。如果像这样心神不宁、甚至蠢蠢欲动，必会招致凶险（凶）。

四、补记

【主题乱弹】本卦的卦象是"地上有水"，卦名是"比"，应该说主题非常浅显。小时候，大家可能都会有这样的经历，大雨过后，地上会留下一个个小水洼，我们会惊奇地发现，水中会有自己的影像。可见，水洼的作用，就像镜子一样，可以"照"出自己的样子。本卦"比"的意思，就是以别的东西，显示出自己的形象。卦爻辞中，将"比"的意思又引申了一层，就是人们的对比、攀比心理。

【东拉西扯】攀比是人之常情。攀比者，或纵向比较，或横向比较；或向上比较，或向下比较；或与人比较，或与己比较。如果人们能够拿自己现在的情况，与自己最早的状况或最初的愿望比较，就能心安理得、知足常乐；如果这山望着那山高，拿自己现在的情况与身边的成功人士相比较，往往导致怨愤堵心、心理失衡，从而做出不理智的事情来。

周文王老爷爷早在3000多年前就提出忠告，希望人们从相互攀比中获得幸福、满足感，或找到奋斗的方向，而不是羡慕、嫉妒、恨。为此，老先生指出，要与自己最初设定的目标（原筮）进行比较，才能保持良好的心态。老先生也给不同的人群如何进行攀比，提出了中肯的告诫。这些教诲，现在仍然有现实意义，值得大家深思。

俗云：人比人，气死人。在心浮气躁的现代，真正能够进行理性攀比的人确实不多；通过攀比来激励自己，从而做出更大成就的人可能更少；而不恰当的与人攀比，导致的坑、蒙、拐、骗、偷，甚至杀人越货等恶行，倒是屡见不鲜。

老爷爷上面所讲的道理浅显易懂，如果能够仔细领会，认真践行，就能够找出正确的与人攀比方法，从而做一个真正开心的人。

【哲理漫说】本卦的道理，既浅显、又深刻。说浅显，是因为我们整天都在跟别人比这、比那（如穿衣打扮、工资、住房、职务高低等等）；说深刻，是因为我们并不清楚应该如何攀比，也总结不出攀比的一般规律和注意事项。

本卦的卦辞是"吉。原筮，元 永贞，无咎。不宁方来，后夫凶"。

第一个字"吉"，令人费解。这应该是老先生对"攀比目的"的要求，就是说，与人攀比的目的，是要让自己高兴、快乐，而不是自寻烦恼，甚至痛不欲生。

后面两句包含两层意思。第一层是"原筮，元 永贞，无咎。"即，与人攀比时，不要忘了自己最初的愿望；如果总是用最初的愿望衡量现在的状况，就会永远满足。第二层是"不宁方来，后夫凶"。人们往往这山望着那山高，不断追逐更高的目标，把最初的愿望（原筮）忘得一干二净；等到哪天遇到大麻烦（不宁）了，才想起当初的愿望早已实现，便会问自己为什么还要追逐那些虚无缥缈的东西呢（方来）？人们在事业的起步阶段或艰难时期，往往会制订一个较低的追求目标；而一旦处于顺境时（后夫），就会得意忘形、贪得无厌，昧着良心、不择手段、甚至自欺欺人的不断追逐更高的目标，从而把自己置于危险的境地（凶）。可见，如果通过攀比，能够"比"出个高兴快乐、心态平和（吉），才是最为可取的态度。

初爻的"有孚 比之，无咎。有孚盈缶，终来有它吉"，是希望小民百姓能够见贤思齐，靠勤劳致富；而不是害红眼病，用不正当的手段或不切实际的幻想去实现愿望。

二爻的"比之自内，贞 吉"指出，家业有一定基础的人，应该与自己的"自内"相比，而不受外界的干扰。何谓"自内"？将其理解为自己的"发展计划、规划"，显然是合理的推测。

三爻（比之，匪人）是指雄霸一方的人家。他们瞄准的攀比对象，显然不是和自己一样或不如自己的人。在当时的社会里,雄霸一方的人到底会与什么样的人家进行攀比,我不敢确定,但肯定不会是"坏人、匪徒"(匪人);所以,这里的"匪人",显然不能按"坏人、匪徒"来理解。

按照《周易》描述的社会结构及其内在逻辑,雄霸一方的人家攀比的对象,应该是官僚阶层,这在很多卦中都有暗示(如需卦三爻的需于泥)。值得注意的是,这其实与现今的状况很相似。现实告诉我们,无论表面上如何,在官员们的内心里,其实看不起那些有钱的"土豪";因此,富甲一方的"土豪",要想真正融入官僚圈子,将会令他们身心俱疲(匪人)。这才应该是"比之 匪人"的含义。

四爻的"外比之",与二爻的"比之自内",形成鲜明对照。四爻已经位居人臣,不大可能与人攀比财富(当时的官僚可能是封邑制;官僚们财富的多少与封邑的大小有关,而封邑的大小可能与官职的大小成比例),而是与人攀比聪明才智。因此,取人之长、补己之短,应该是"外比之"的潜台词。

五爻的"显比。王用三驱,失前禽。邑人不诫,吉"非常有趣,讲了三层意思。

一是"显比"。"显摆"可能是人性的弱点,因此,各路诸侯讲排场、比阔气,可能也是当时的风气。"显比"可能是白描式地指出了这一点。

二是"王用三驱,失前禽"。这很可能意味着,在当时的社会里,已经有很严格的等级制度和相应的规定(困卦九四爻似乎支持这一猜测),即,不同等级的人,乘用不同规格等级的马车(这与后世的"官轿、公车"的等级,似乎一脉相承)。可能只有"帝王"(殷商的天子)才能乘坐三匹马拉的马车,诸侯"王"不准乘坐这样的马车;"王"一旦"用"了三匹马拉的马车(三驱),就是僭越行为,就会受到严厉的惩处(失前禽)。这大概就是"王用三驱,失前禽"的含义。

三是"邑人不诫,吉",从一个很特殊的侧面,告诫王侯不要"臭显摆"。这个侧面来自臣民,即不要让你的子民为你的行为担惊受怕。想想这样的场景,就能明白这一道理:有些人为了在人前逞能,不计后果的去做违规违法或用身家性命去冒险的事情,家里的妻儿老小为他揪心、担惊、受怕。如果他能考虑妻儿老小的感受,不让他们担惊受怕(邑人不诫),就不会去做不该做的事情;这样,对大家都是好事(吉)。

上爻是"比之无首",意思是"不知道该跟什么东西比较";或与以前的状况比较后,摇摆不定,不知道下一步该如何行动。该爻代表已经失势的权贵,"前后比较(比之)"之后往往导致他们心理失衡,不知道应该是安享天命,还是该继续奋斗(无首)。他们的这种摇摆不定、甚至蠢蠢欲动的举动,肯定会引起王侯的强烈猜忌,显然不会有好结果(凶)。

【班门弄斧】在以往的解读中,"后夫、匪人"两个词,往往当作"(女人)后来的丈夫"、"坏人"讲,似不妥,简析如下。

从卦辞"原筮,元 永贞,无咎。不宁方来,后夫凶"来看,这里的"后",是相对于"原筮"的"原"而言的。"原筮"字面意思为"原来的占卜结果",隐指原来制订的奋斗目标。

我们知道,人们在春风得意的时候,往往就忘记了当初的志向或愿望,不择手段的一味追逐更高的目标;如果最终堕入万劫不复的境地,此时回头,悔之晚矣。如有的人,在穷乡僻壤苦苦挣扎、寒窗苦读的时候,立下的志愿是"跳出农门",能够在城市过上安稳、舒适的日子;走出校门后,因心地善良、为人质朴、工作勤奋,逐步踏入仕途;随后机缘巧合,顺风顺水,官做得越来越大;于是,野心越来越大,忘了本性,不择手段,投机钻营,违法乱纪,以致走上不归路;身陷囹圄之时,方才想起当初的志向,后悔不迭,但已晚了。近年来,这样的事例很多,也是人性的弱点。如果能够以最初的志向为标准,安居乐业,知足常乐,顺势而为,而不是疯狂地追名逐利,就能安稳、舒适的过日子。

如此看来,老先生真是看透了人性的弱点。果真如此的话,"后夫"就是"后者"的意思了。

"比之匪人"一句中,如果把"匪人"看作是"比之"的对象,那么,"匪人"可以理解为"坏人"等意思。但问题是,已经雄霸一方的人,要与"坏人"攀比什么呢?显然给不出合理的答案。

如果把"匪人"看作是对"比之"这一行为的评价,则要重新考虑"匪"的含义了。这要从两个方面分析。

第一,如果"匪人"是评价,那么"比之"这一行为的对象是什么?第一部分已经详细分析过各卦的结构和各爻指代的对象,三爻指的是雄霸一方的大有人家,大体类似于现今各行业的"大老板"、"大佬"。这样的人会与什么样的"对象"进行攀比,我想大家都能够理解,因此,爻辞里并不需要特别指明。换句话说,卦的结构和社会常识,已经暗示了"比之"的对象,因此不需要"匪人"作为对象。类似的情况在《周易》里还有多处,请大家留意。

第二,是"匪"的含义。"宝鸡青铜器博物馆"的证据表明,周初时的文字还处于快速演进时期,当时"匪"的含义可能与今天的含义不尽相同;后世在修订、传抄《周易》的过程中,也可能对个别字词用其他通假字替代,例如此处用"匪"替代"费"。关中方言中,有"费人的很"的说法,意为令人心力交瘁,或让人备受折磨。

从全卦整体意境来看,将"比之匪人"写为"比之,匪人",并按上述意思来理解,更为合乎逻辑。

9. 小畜(风天)——不贪横财

一、原文

小畜　亨。密云不雨,自我西郊。

初九　复自道,何其咎? 吉。

九二　牵复,吉。

九三　舆说辐,夫妻反目。

六四　有孚,血去惕出。无咎。

九五　有孚挛如,富以其邻。

上九　既雨既处,尚德载。妇贞厉。月几望,君子征凶。

二、注释

【卦象玄机】"风上天下"。单卦:上卦为风,指人们的欢快心情;下卦为天,指高处。叠卦:上风下天,指人们的欢快心情飞到了高处。本卦卦象十分难解,分析见"补记"。

【卦名意境】小畜:畜,抚养,养育;喜爱;积蓄,积聚;容纳,容留。小畜,本卦中意为"意外之财"(就像今日的"中奖")。

【本卦主题】意外收获,或不义之财。

【各爻角色】初～五爻,社会各阶层人士;上爻,全卦总结。

【字词释义】

复:指回复(到以前的状态)。

说:通"脱"。

血去惕出:指把本不属于自己、但却不忍放弃的东西(血)舍弃了(去),紧张焦虑、惶恐不安(惕)的情绪就烟消云散了(出)。

挛:连在一起,牵系;抽搐;蜷曲不能伸直。此处指牵系。

尚:上;增加,添饰;胜过,凌驾;推崇,注重;喜好;夸耀,自负;辅佐;主管;匹配;久,远;风尚。此处指高尚。

既雨既处:指天上或降雨(既雨),或不降雨(既处)(是由天不由人的事情)。

三、今译

小畜:意外收获;不义之财。

⊞ 亨。⊞ 密云不雨,自我西郊。

能有意外收获,就有助于顺利发展(亨)。但若得到的是不义之财,就让人总会觉得良心不安,心头就像有一片来自天际的无边乌云(密云不雨,自我西郊),压得人喘不过气来,使人心烦意乱、魂不守舍。

图 小畜-1 "密云不雨,自我西郊"的意境

初九 ⊞ 复自道,何其咎? ㊤ 吉。

对于小民百姓(初九),意外之财虽能够暂时改善家境,但却解决不了根本问题,日子很快还会回到(复)以前的状况(自道),这不能怪罪谁(何其咎)。但能有意外收获,总是一件让人高兴的事情(吉)。

九二 ㊣ 牵复,㊤ 吉。

小有人家(九二)如果得到了意外收获,不应高兴得忘乎所以;若能强迫自己

(牵)回归(复)到原来的生活轨道,继续循规蹈矩的过日子,就会是好事情(吉)。

九三　舆说辐,夫妻反目。

大有人家(九三)一旦得到了意外收获,却会像装载了太多货物的大车(舆),不堪重负而被压断了轮辐(说辐)一样,往往会导致夫妻反目(夫妻反目)。

六四　有孚,血去惕出。无咎。

将相人家(六四)财大气粗,财产多一些或少一些都意义不大;所以,面对不义之财,应考虑到自己肩上的社会责任(有孚)和道义,散尽不义之财(血去),也就没有了令人提心吊胆、担惊受怕的祸根(惕出),才能够心安理得。这无可厚非(无咎)。

九五　有孚挛如,富以其邻。

身为王侯(九五)面对意外收获,应高风亮节(有孚),站在别人的立场上替别人着想(挛如),而不应将意外收获据为己有。意外收获若是拜上天所赐,则应让黎民百姓也能够分享恩泽(富以其邻)。

上九　既雨既处,尚德载。妇贞厉。月几望,君子征凶。

意外收获就像降雨,可遇不可求(既雨既处)。要用高尚的品德对待意外之财(尚德载)。如果像妇人(妇)保护贞节(贞)一样不愿放弃不义之财,就会让良心倍受折磨(厉)。如果像盼望月亮按时盈圆(月几望)一样,期盼不义之财如期而至,这对正人君子(君子)而言,如果这样干(征)肯定会威望尽失、颜面扫地(凶)。

四、补记

【主题乱弹】本卦的卦象为"风上天下",以"小畜"为名,其意非常隐晦,令我困惑了很久很久。困惑之中,对主题竟有数种解读,却都不能满意。直到与卦名意义相近的几卦比较之后,始有所悟。

要较好地理解本卦,应注意与"大有"、"大畜"两卦比较,因为"小畜"、"大有"和"大畜"卦,其卦象分别是"风上天下"、"火上天下"和"山上天下";其下卦都是天,而上卦却分别是风、火、山。当然,也应与其他下卦为天的各卦比较,比较的结果是,这三卦的内容,联系最紧密。

从这三卦的卦象、卦名、卦爻辞分析,其着眼点都是人们拥有的"财产",但财产的来源却不相同。

"大有"卦中的财物,似乎是来自于辛勤劳作终于获得的丰厚回报。例如,在当时的社会,人们辛勤耕作了一年,加上风调雨顺,地里的庄稼获得了喜出望外的好收成;或者在现在社会,人们辛辛苦苦、兢兢业业干了一年,年底获得了意料之外的高额奖金。人们为此欢欣鼓舞,燃起"庆祝丰收"的篝火,以致火光冲破了天际(大有:"火上天下"。参见"大有"卦的"补记")。

"大畜"则是经过长期坚持不懈的艰苦奋斗,终于积攒了可观的财富。例如,当时的人们积攒了丰厚的家底;就像今天的人们,经过大半辈子的辛苦工作,终于拥有了自己的房子、车子等等。这些财富,可是省吃俭用、一毛一毛积攒下来的血汗钱啊。虽然如此,当人们静下心来回顾创业的历程,面对着"山"一样高大的财富时,往往都不敢相信自己的眼睛:"哇,我竟然积攒了这么多财产!当年,这可是比登'天'还难的事情,连想都不敢想啊!"(积累的财富像"山"一样高大,终于戳破了"天"。大畜:"山上天下")。

与此形成对比,"小畜"卦中的财物,似乎是不期而遇、偶然所得的财物,就像现在社会中的"中奖"。例如,在当时的社会,意外地"捡了"一头牛、一只羊等,这样的"意外之财"(或不义之财),会让小民百姓非常兴奋,高兴的心情像"风"一样,一下子飞到了"天"上。相信现在那些还要为吃、穿、住、行发愁的工薪阶层人士,如果花2元钱买了一张彩票,却中了几万元的奖,一定也会有这样的感觉。这大概就是老先生心目中,"兴奋的心情像风一样飘上了天"的形象。下图也许能说明这种心情。

图 小畜-2 放飞心情

【哲理漫说】小畜说的是类似现在的"中奖"、"中彩"一样的意外收获。"中奖"、"中彩"（其实也是合法的赌博）是合法收入,人们可以心安理得地拥有这些收入。但如果是"白捡"了几万元,对于心地善良的人来说,很难心安理得的将其据为己有,如果不设法归还而私自隐匿,会受到良心的谴责和折磨。对于不那么高尚的人来说,也可能担心被人看到、举报,令自己颜面扫地、让人瞧不起,从而使自己惶恐不安。这种感受,大概就像心头被大团乌云所笼罩的感觉（密云不雨,自我西郊）;如果把钱还回去,就像乌云终于落下一场大雨,随即雨过天晴,自己内心也一片阳光灿烂。

按照"小蓄是意外之财、不义之财"的思路,各爻的爻辞就很好理解了。

初爻的"复自道,何其咎? 吉"是针对小民百姓而言的。白捡一头猪、一只羊这样的意外之财,虽然会让小民百姓喜出望外,但却不足以根本性地改变其生存状况。换句话说,那些意外收获消耗殆尽后,日子还会回复（复）到原来的（自）轨道（道）上去。对此,不可怨天尤人（何其咎）。但有意外收获,总是令人开心的事情（吉）。

二爻"牵复,吉",则是对类似于"地主"、"小康人家"而言的。对这样的人家,白捡一头猪、一只羊,就算不得喜出望外的意外之财了。对他们而言的意外之财,可能会对他们的生活方式或习惯产生较大的影响。例如,现在拥有几套房子的中产阶层,可能由于房价的暴涨而身价暴增;或者是有点闲钱买彩票的彩民,突然中了几百万奖金,从此厌恶了过去平平淡淡的生活,过起了花天酒地的生活。老先生指出,在此情况下,如果还能迫使（牵）自己回归（复）到正常的生活轨道,才是可取的态度（吉）。

三爻指雄霸一方的大有人家,对他们而言,物质财富已算不上意外收获了;能称为意外收获的肯定是能够强烈影响其生活状态的东西。当时社会的"意外收获"是什么,不得而知,但显然不再是"钱财"。但对现今社会的"大佬、巨头"们,什么才是"意外收获"（红颜知己?）相信大家会有自己的答案。面对不期而遇的"意外收获",往往会压断"大佬、巨头"们"家庭之车"的"车轴",导致"夫妻反目"。这大概就是"舆说辐,夫妻反目"的弦外之音。

四爻的"血去 惕出",是"一旦'出了血',就不用提心吊胆了"的意思。对现在的"四爻们"而言,什么样的"意外收获"会让他们"提心吊胆",相信大家都会有自己的看法。但我实在想象不出,对当时的官员们而言,什么样的东西才是让他们"坐立不安"的"意外收获",所以,难以给出恰当的例子说明"血去 惕出"的含义。但若理解了"出血"的含义,也就懂得了这句话的意思。

"出血"是关中口语中常用的一个词,意为贡献出自己特别珍爱、不愿意舍弃的东西,甚至是"血本"。例如,某人得到了一笔奖金、稿费,或升了官,或晋升了职称等等,朋友们就想"狠狠地宰他一顿"(让他请客),这就是让他"出点血"。可见,"出血"的这种用法,可能来自于远古(如"血去")。于是,"血去 惕出"就是提醒将相重臣,即便是你爱不释手、视若珍宝的东西,但如果是不义之财,还是要忍痛割爱(血去),不可私匿;只有这样,才不会提心吊胆、惶惶不可终日(惕出),才能问心无愧,心安理得。唉,三千多年前的这些话,现在听起来,还振聋发聩。不是吗?

五爻的"富以其邻",与泰卦四爻的"不富以其邻",形成鲜明对比。这里"富以其邻"的意思是,让"邻居"也分享你得到的"好处";而"不富以其邻"则是说,别让"邻居"分享你得到的"好处",以免邻居"羡慕嫉妒恨"!但应注意的是,泰卦中的"邻居",确实指一般意义上的邻居,而本卦中王侯的"邻居",却指天下的老百姓。

那么,对当时的王侯而言,意外收获会是什么呢?这肯定是一个不解之谜。按常理,应该是周边侯国出现严重内乱,导致了顺手牵羊般的扩大疆域的意外机会,或"难民"的突然涌入,导致人口的突然增加;或是预计不到的农业大丰收。若是前者,老先生指出,应持"有孚 挛如"的态度,即站在对方的立场上妥善处理这些问题,这有些类似于现今的国际关系处理原则。若是后者,老先生指出,应"富以其邻",即让老百姓也能够分享意外大丰收带来的好处,而不要因此就增加税负,充盈了国库,老百姓还是紧巴巴的过日子,这有些类似于现今的国内问题处理原则。

上爻的"既雨既处,尚德载。妇贞 厉。月几望,君子征 凶",也令我困惑了很久,百思不得其解,直到"意外收获"的主题清晰之后,才想明白了这句爻辞的道理。

"意外收获"就像天上的降雨,显然是可遇不可求的(既雨既处);得到了,是幸运,得不到,也不应怨天尤人,要以高尚的情操对待它(尚德载)。如果设法把可遇不可求的东西,变为一种可靠的收入来源,就像历史上有些官员,收受、甚至索要不义之财一样,那就不是高尚的品德。有的官员,对于意外收获、甚至不义之财,像妇人呵护子女(妇贞,此处类似于牝马之贞)或贞操(也可以理解为妇人的贞操)一样,珍爱有加、不愿与人分享,但内心却如坐针毡、惶惶不可终日(厉)。近年报道的一些贪官,其"廉洁"程度令人惊讶:收受的财物几乎是分文未动、毫厘未用!这也从一个侧面注解了妇贞 厉的哲理。关于"月几望,君子征 凶",则是提醒人们不能人心不足蛇吞象。意外收获的特征就是不可预期,如果像盼着月亮盈圆(月几望)一样,期待(征)意外收获不断降临,是不可取的(凶)。例如,有的人买彩票偶然中了奖,就认为自己有中奖的命,还会不断地中奖;于是不断地买,不断的期待,越买越多;不知不觉中,已经债台高筑,甚至倾家荡产。真到了这一步,就"凶"了。

【岁月留痕】本卦中老先生对待"意外之财"、"不义之财"的是非观,与我小时候在淳朴的乡下,所受到的道德教育观念相当一致。当年的民风非常淳朴,即便是别人家的鸡,阴差阳错地把蛋生在了自己家,也会毫不犹豫地送还给人家,否则,好像做了贼似的没有脸面见人。城里人可能会嘲笑这样的说法,认为是胡编乱造,因为根本不可能分清哪枚蛋是哪只鸡生的;我想说,在"割资本主义尾巴"的岁月,一家一户只能养几只鸡,农村人确实能够分辨每只鸡所生的蛋,甚至包括邻居家的鸡!

【黄裳之拜】【文苑拾珠】面对"不义之财",老爷爷"血去惕出"的教诲,实在是正人君子扫清"密云不雨"的心理阴影,坦坦荡荡做人的灵丹妙药。

10. 履(天泽)——慎行致远

一、原文

履　(履)虎尾,不咥人,亨。

初九　素履,往 无咎。

九二　履道坦坦。幽人 贞 吉。

六三　眇能视,跛能履。履虎尾,咥人,凶。武人为于大君。

九四　履虎尾,愬愬 终吉。

九五　夬履,贞 厉。

上九　视履,考祥其旋,元 吉。

二、注释

【卦象玄机】“天上泽下”。单卦:上卦为天,指天底下;下卦为泽,指沼泽、湖泊。叠卦:上天下泽,即天底下的沼泽。天底下的泥沼之地,凶险暗布,一步不慎就可能枉送了性命(参见图履-1);而人生在世,犹如步入泥沼,同样是危机四伏。故应步步小心,处处留意,故名“履”。

【卦名意境】履:践踏;鞋子;穿(鞋);疆界,领土;行走;登上;践行。此处为动词,意为行走,脚踩着(的地方)。

【本卦主题】人生在世,危机四伏;步步谨慎,小心为上。

【各爻角色】各阶层人士。

【字词释义】

(履)虎尾:(应蹑手蹑脚、小心翼翼地行走,)就像每一步都会踩在老虎的尾巴上一样。注:某些版本中为“虎尾”,无“履”。可按“履虎尾”解。

图 履—1 危机四伏的沼泽

咥：关中方言，指津津有味地吃；现今常指狼吞虎咽地大口吃东西。

素履：素，在关中方言中，指"原本的样子"，即不添加、点缀其他东西。例如，"素饺子"指没有肉的饺子；"素面（粉）"指未添加其他东西的纯粹面粉；"素布"指没有花纹装饰的纯色布料。素履，字面意思是没有任何装饰的鞋子，本卦含义为，走路时想怎么走就怎么走，无须考虑太多。

幽人：谨小慎微的人。

眇：偏盲，一眼瞎。

愬愬：恐惧状。

夬：关中方言中意为：调皮捣蛋；恶作剧；（恶作剧式的）性挑逗。参见"夬"卦。

三、今译

履：人生路上危机四伏，步履谨慎才能走得远。

⚏（履）虎尾，不咥人，⚏亨。

人生江湖，凶险暗布，危机四伏，就像只身一人行走于密林深处，每一步落脚的时候，都可能踩到老虎尾巴上。因此，每一步都要小心翼翼、蹑手蹑脚，即使不小心踩到了老虎尾巴上（〔履〕虎尾），也不要弄痛老虎而被老虎吃掉（不咥人）。只要每一步都如此小心谨慎，就可顺利发展（亨）。

初九　⚏素履，⚏往无咎。

对于小民百姓（初九）无须瞻前顾后、小心翼翼，而要率性而为（素履）、无所顾忌,随心所欲、随兴所至,想干什么就干什么(往),这无可指责(无咎)。

图 履-2 小心虎尾

九二 ㊙履道坦坦。㊣幽人 贞 ㊤吉。

小有人家(九二)前程似锦、前途坦荡(履道坦坦),但也并非一帆风顺,可以为所欲为。若能像病弱之人(幽人)一样,战战惊惊,小心翼翼走稳每一步(贞),才能有满意的结局(吉)。

六三 ㊣眇能视,跛能履。㊙履虎尾,咥人,凶。㊣武人为于大君。

大有人家(六三)虽然财大气粗、家大业大,但往往也是众矢之的;要想保持家业兴旺、长盛不衰,就要深谋远虑、未雨绸缪,不断增强抵御风险的能力。这就像一个人要有两只眼、两条腿一样,即使偏盲了(眇)也还能看见东西(能视),即使瘸了一只脚(跛)也还能行走(能履);否则,一旦遭到打击就会元气大伤、一蹶不振,就像一不小心踩到(履)老虎尾巴(虎尾)、而被老虎吃掉(咥人)一样,这样就凶险了(凶)。维持这样一个巨大的家业,就像一介武夫(武人)伺候一个大国之君(为于大君)一样,伴君如伴虎、时刻有风险,一定要加倍警惕和谨慎。

九四 ㊣履虎尾,愬愬,㊤终吉。

身为人臣(九四)更要时刻警觉,每走一步都要像踩在老虎尾巴上(履虎尾),却不能惊动沉睡的老虎。每日提心吊胆、战战兢兢(愬愬)地做人、做事,终将获得满意的回报(终吉)。

九五 ㊙夬履,㊤贞厉。

身为王侯(九五)往往刚愎自用、意气用事,全然不顾别人的逆耳忠言,甚至

163

"逞能"式的不顾别人劝阻,恶作剧般的(夬)对别人的忠告置若罔闻、我行我素(履)。如果总是这样(贞)做,要想保持江山不改、社稷永安,将十分困难(厉)。

上九　㳡视履,考祥其旋,㓜元吉。

每个人(上九)都应该经常回过头来看看(视)走过的路(履),仔细考察(考祥)是否走了弯路(其旋)。若具备这样的心态和作为(元),就会大有好处(吉)。

四、补注

【主题乱弹】本卦是《周易》中非常精彩的一卦,其揭示的哲理,对今人仍然不失其现实的指导意义。

周文王老爷爷认为,人生的路程,犹如进入沼泽一般,凶险暗布、危机四伏,稍不留神就可能险象环生;若麻痹大意,就可能招致灭顶之灾。因此,走入沼泽,一定要小心选好每一步落脚的地方,才可能走出泥沼。这就是为什么以"履"作为本卦卦名的原因。

【哲理漫说】在爻辞中,老爷爷又提出了"履虎尾,不咥人"的境界,就是要小心谨慎到这样的程度,即使踩到了老虎的尾巴,也轻柔到不惊动老虎,不致被老虎吃掉。

当然,老先生并不要求每个人都要如此小心翼翼、提心吊胆地过一辈子。老先生认为,小民百姓(初爻)可以无所顾忌,怎么开心怎么来,不必考虑过多;对于小有人家(二爻),应该谨慎一些;对于大有人家(三爻),就要加倍小心了;对于将相等人臣(四爻),小心翼翼就是非常重要的事情了;而身为王侯(五爻),不能故意找别扭,明知不可为之事,非要为之。道理何在?相信大家能够参透,不再细言。

值得注意的是,三爻中的"武人为于大君"的含义,可有二解。一是大君身边的武夫,犹如今天高官身边的警卫或保镖;二是武夫成为大君。

按第一解,暗指要维系一个雄霸一方的大家庭及其巨大家业,并不是一件容易的事情,因此要像一介武夫伺候国君一样小心谨慎;因为武夫的文化素养和礼仪修养一般不高,很难摸清大君的秉性脾气、喜怒哀乐,在大君身边服务时,很可能因礼数不周或言语失当而遭遇灭顶之灾。

按第二解,就是一介武夫却篡夺了君王的王位,这与本卦的主题实在难以相容。不妥。

【东拉西扯】谨小慎微是一种为人处世之道,但与当今一些人的观念有一定差异。不可否认,本卦的哲理,是一位智者在经历了人生的风风雨雨之后,发自肺腑的由衷之言,这些观点,建立在对社会、人性深刻剖析的基础之上,应引起我们的深入思考。

【**史海寻贝**】本卦中反复出现的"履虎尾"似乎表明,周初时关中之地老虎颇多,一不小心就可能遇到老虎。

11. 泰（地天）——妇贤夫仙

一、原文

泰　小往大来。吉，亨。

初九　拔茅茹，以其汇。征吉。

九二　包荒，用冯河，不遐遗。朋亡。得尚于中行。

九三　无平不陂，无往不复。艰贞，无咎。勿恤其孚，于食有福。

六四　翩翩。不富以其邻，不戒以孚。

六五　帝乙归妹，以祉元吉。

上六　城复于隍。勿用师，自邑告命。贞吝。

二、注释

【卦象玄机】"地上天下"。单卦：上卦为地，指女人；下卦为天，指男人。叠卦：上地下天，指女上男下（做爱）。

【卦名意境】泰：通达，流畅；安宁，安定；好，美好；宽裕；奢侈；使大；极；古酒器。此处意为舒坦，舒服，安逸，爽快。

【本卦主题】地上而天下，在古人眼里，没有这样的自然现象。如果将天、地分别看作男、女，则是女上而男下，令人联想到做爱。用此体位，男子可以不疾不徐，尽享天道之乐，故谓泰。泰者，泰然，舒服，爽。

【各爻角色】做爱的各阶段。

【字词释义】

茅茹：茅，此处指茅草，是关中常见的一年生草本植物。茹，指茅草的根须，状似"阴毛"。参见图泰-1。

图 泰-1 野生的关中"茅草"(左)及其根部(右)——茅茹

汇:聚拢,汇合。

包荒:包,疑为关中方言,意为"甭,不要,别"(参见"蒙"卦)。荒,疑为"慌"的别字。包荒,方言,不要着急,不要慌张。

冯河:不明其意,也可能是传抄过程中出现的错别字。有人解释为"徒步过河",似不妥。存疑。

不遐遗:遐,远;长久;远去;边陲。遗,意近今天的"遗精、梦遗"。不遐遗,应指不要早泄。

得尚:尚,上;增加,添饰;胜过,凌驾;推崇,注重;喜好;夸耀,自负;辅佐;主管;匹配;久,远;风尚等。此处指喜好的事。得尚,得到喜悦、满足。

中行:此处指有节制的(做爱)动作。

朋亡:指全然忘记狐朋狗友之间的事情(例如与朋友的约会等)。

陂:倾斜不平的样子。

恤:担忧,忧虑;怜悯,体恤;顾及,顾念;救济,周全。此处意指吝啬,不舍。

翩翩:翩,快飞的样子,如飞似飘。翩翩,轻快飞舞的样子,此处指(做爱过程中)飘飘欲仙的状态,犹如翩翩起舞的样子。

图 泰-2 "翩翩"的意境

戒:防备;鉴戒;谨慎;戒除;禁戒的事情。此处指禁戒的事情,不可以做的事情。

孚:高尚的行为;公众认可的行为。

帝乙:殷商纣王之父。

祉:福。

隍:无水的护城河。指修筑城墙时,取土留下的壕沟。

167

三、今译

泰:女上男下做爱。

（描）小往大来。（判）吉,亨。

描述女上男下做爱时的行为方式及感受。小往大来,指男子以幅度较小(小)的"引诱"动作(往),换得女子大幅度(大)的配合动作(来)。吉,亨是从男子的角度,对这种体位的感受。

初九　（做）拔茅 茹,以其汇。（做）征（判）吉。

开始时(初九),将两人身体上类似茅草根部(拔茅 茹)的地方"凑"在一起(以其汇);然后就那样干(征),感觉会很好(吉)。

九二　（做）包荒,用冯河,（求）不遐遗。（境）朋亡。（求）得尚于中行。

接下来(九二)要慢慢来,不要着急(包荒),"用冯河"(不明其意);不要(不)刚一开始就一泻千里(遐遗)。在这样美妙的时刻,哪里还顾得上与狐朋狗友的约定(朋亡)?要想尽得其妙(得尚),就要不疾不徐(于中行)、掌握好节奏。

九三　（描）无平不陂,无往不复。（描）艰贞,（判）无咎。（境）勿恤其孚,（判）于食有福。

再下来就是兴动之时(九三),要相互配合,有起有伏(无平不陂),有来有往(无往不复)。这时候,要想坚持不泄(贞)是非常艰难(艰)的,即使坚持不住也无可指责(无咎)。在此过程中,(男子)要温柔体贴、曲尽迎合(勿恤其孚),还要不吝啬赞美之词让她开心;把她哄高兴了,回头就会有美食(于食)等着你,你就可以大享口福了(有福)。

六四　（描）翩翩。（境）不富以其邻,不戒以孚。

接下来是情至浓处的时候(六四),她会大呼小叫、手舞足蹈、飘飘欲仙,其情其景,就像仙鹤翩翩起舞(翩翩)。但是,你们不可忘乎所以,不要(不)搞得动静、叫声太大,让邻居们都羡慕、嫉妒、恨(富以其邻);但也不要怕(不戒)人们的飞短流长(以孚),从而把一个欢快愉悦的事情,搞得闷声不响、死气沉沉。

六五　（境）帝乙归妹,（求）以祉（判）元 吉。

再次之就是高潮之时(六五),(男子)要像怀里抱着帝乙(帝乙)新娶的小妾(归妹)一样,尽可一发而不可收拾,让她尽享醋畅淋漓的快感(以祉)和天地之间最伟大的快乐(元 吉)。

上六　▦ 城复于隍。　求 勿用师，自邑告命。　判 贞 吝。

事毕（上六），精疲力竭的她，会像颓废的城墙（城）倒入（复于）城壕（隍）一样，歪倒在你身旁。让她歇息吧，不要（勿）强迫（用师）她再那样干。如果你余兴未尽，那就自己（自邑）披挂上阵吧（告命）；强求她再如此做（贞），可能让你扫兴（吝）。

四、补记

【东拉西扯】上述惊世骇俗的解说，定会招致骂声一片；特别是那些道貌岸然的学究们，定会对此口诛笔伐，鞭挞不休。且慢，先请诸君静下心来，仔细听我慢慢道来。

远古之时，人们的生存环境可能极为恶劣，生产力低下，战事频仍。因此，"人丁兴旺"是整个社会的共同希冀，更是统治者追求的主要"政绩"之一。希望"人丁兴旺"这种观念，在中国根深蒂固、源远流长；直到毛泽东时代，仍将与此观念唱反调的马寅初先生打入了"地狱"。因而不难想象，在殷商末期，生活物资的生产和人口的繁衍，一定是最为重要的两件事情；即便是现代社会，有些人口少的国家，还有鼓励生育的政策。所以，周文王老人家谈论性事，无可厚非。

在我看来，老人家论及性事主要受卦象的启发，相当自然流畅。而且，论述的内容，既有对人性的深刻认识和总结，亦有发人深省的哲理，更有社会行为规范的意味。在三千多年前，这应该是具有里程碑意义的教科书，即便在今天看来，仍不失其无人能及的睿智。这与现在动不动就"戏不够，床戏补"的境界是不可同日而语的。

对于今人，偷尝禁果的年龄越来越小，小学生谈恋爱（不管是否真的懂得什么是恋爱）亦屡见不鲜。个中缘由，见仁见智，不一而足；但不争的事实是，传媒、信息的爆炸式发展，及其无孔不入的渗透，是一个重要的动因。这种史无前例的信息交流的繁荣情景，即使是在数十年前，也是难以想象的。

【岁月留痕】记得小时候在农村，青年男女结婚时，同辈分、低辈分的男男女女、老老少少，都会去闹三天洞房（长辈一般不会去凑热闹）。闹洞房的内容、形式，无非是让一对新人搂搂抱抱，相互亲热，激发他们对性结合的本能。现在想起来，这种活动有重要的社会意义，就是传授性经验，帮助新人完成性结合。也曾听说，以前有些地区的大户人家，会在女儿的嫁妆里藏上"压箱底儿"的物件，无非也是春宫图、性交模型等，以形象化的方式，暗示男女之事。由此可见，在鲜有相关资讯的年代,教会青年男女完成性结合,是一项重要的社会责任。

宝鸡青铜器博物馆的实物资料表明,在周文王所处的年代,文字尚处在快速发展阶段;能够以文字方式记录、获取信息的,可能仅限于极少数人,而绝大多数人还要靠口口相传的方式,来传递、学习相关知识。而性事是很私人的话题,不同辈份之间、甚至同辈之间,对此大都难以启齿,讳莫如深。本卦文字的晦涩,就是一个例子。因此,以文字的方式,总结一些在性方面的经验,既符合当时的社会利益和需要,也有利于这些经验的传承。所以,本卦及相关各卦的文字,也就顺理成章了。

【主题乱弹】学人常以"否极泰来"这一成语的惯常含义来解释否、泰两字,认为否与泰是相互对立的两种极端状况,一种是"坏到了头",一种是"好到了头"。在这种先入为主的思维定式下,既无法解释否、泰两卦的相似词语,也无法解释否卦中的很多"喜庆"意味,同样也难以解释类似的其他各卦。

不可否认的是,历史上曾经有人摸到了老先生的脉搏,较好地理解了某些卦爻辞的意义,例如"三阳开泰"、"三人行"等等,但终究没有勇气揭开这些卦的谜底;或许,在讲求"礼教、正道"的社会里,根本就容不得这种"低俗"之声的传播。

【班门弄斧】试想,对人类而言(动物又何尝不是如此),无论人们的政治倾向、宗教观念、意识形态有多大差异,其全部社会行为、活动的目的,无非是追求"更好的生活"。至于"更好"的"标准"是什么,因人而异,无法给出统一判断;而"生活"却是非常有意义的一个词语。感谢古人发明了"生活"这一如此精准、贴切的词汇。

何谓"生活"?"生"者"繁衍"也;"活"者"存在"也;"生活"者"繁衍并存在"也。显然,**"生"是"活"的目的,"活"是"生"的前提。没有"生","活"就失去了意义;没有"活","生"就没有了基础,这是亘古不变的自然法则。**可见,人类的一切活动,归根结底,都是为了"生"!(哈哈,如果人类真有"长生不死"的那一天,并且不准再"生",估计那一群"活着的"、比乌龟还老的老人们,个个都会活腻歪了,失去了活着的激情和勇气,在眼看着太阳之火慢慢熄灭之前,人人都会疯掉,或者相互残杀,或者自杀,从而使"地球人"这一物种,在宇宙间自行灭亡!)因此,"性"是最自然不过的事情!让"性事"这一与人类全部"生活"内容相关的活动,带有一些欢娱的色彩,"何其咎"?!

我们不应该强求古人为现代意识形态服务,而应不带有任何偏见地正确解读古人的思想,正视古人的观点在当时背景下的进步意义。只有这样,才能心平气静地接受上述"离经叛道"、甚至"大逆不道"的解说。

需要提醒的是，《周易》中，或多或少涉及性、性行为的卦还有否，颐，大过，睽，损，益，夬，中孚，既济，未济等等。请别吃惊，事实如此。

【会心一笑】三爻的"勿恤其孚，于食有福"，其含义是，（在做爱过程中）不要吝惜你对女人的溢美之词，用言语把她哄高兴了，你就可以大享口福了！

哈哈，感情中国妇女为了抓住男人的心，先学会变着法儿抓住男人的胃，自远古时候就有这一"优良传统"了！同时，男人为了"于食有福"，也变着法儿讨好老婆，形成了中国男人特有的"君子风度"。难怪中国美食名扬天下。难道，难道，法国的美食，也是因为这样的原因而闻名天下的吗？

另外，老先生也在这里对男人提出了要求，即"勿恤其孚"，否则，哼，胆敢不讨好老婆，就等着喝西北风吧！这也从另一个侧面表明，老先生是主张男女相互尊重、平等相处的，并不像孔夫子那样极力倡导男尊女卑。可喜的是，现在的社会观念已经回归到了老先生的主张上来了，女子摆脱了长久以来被强加的"卑贱"的标签。现在，谁胆敢欺负女性，且不说"妇女儿童权益保护法"跟你过不去，单是丈母娘那一关，就够你"喝一壶"了！哈哈，玩笑了。

必需要说明的是，当我突然领悟本卦的主题、读懂本卦的意思后，为自己竟然用如此"肮脏"的思想和眼光，亵渎如此"神圣的经典"，而深深地感到自责。因此，我赎罪似的赶快进行尝试，虔诚的从各种"高尚"的角度，试图重新给出解释，但都遗憾的不能自圆其说。于是，只能静下心来，仔细揣摩老爷爷这样写的意图及其合理性，因而才有了"补记"中的文字。现在的人们已经活的够累了，但愿社会能够多一些宽容，抛开束缚人性的道德观念，让人性回归本真。

等着挨板砖。但我坚信，我的理解是正确的。

12. 否（天地）——夫涩妇嫌

一、原文

否　否之匪人，不利君子贞。大往小来。

初六　拔茅茹，以其汇。贞吉，亨。

六二　包承。小人吉，大人否。亨。

六三　包羞。

九四　有命，无咎，畴离　祉。

九五　休否，大人吉。其亡其亡，系于苞桑。

上九　倾否，先否后喜。

二、注释

【卦象玄机】"天上地下"。单卦：上卦为天，指男人；下卦为地，指女人。叠卦：上天下地，指男上女下（做爱）。

【卦名意境】否：闭塞，不通；困厄，不顺；坏，恶。此处意为懈怠，疲惫，费力。

【本卦主题】男上女下做爱。

【各爻角色】各阶段。

【字词释义】

承：驾驭，践踏。可有两解，一是按"乘"解，即，乘匹夫之勇（猛冲猛打，一战到底）；二是按"逞"解，即"乘"的别字，当"逞能"讲。爻辞中，两者区别不大。

畴离：开垦过的熟地。此处指有性生活经验的女子。

苞桑：苞，指花朵未开时包裹花朵的叶片，此处隐指女子阴部。桑，指桑葚，桑树之果实，此处隐指女子乳头。苞桑，隐指女子的"三点"。

三、今译

否:男上女下做爱。

㊞否之匪人,不利君子贞。㊞大往小来。

对于男子,常用(否之)此种体位做爱,既耗费体力(匪人),也不利于(不利)长时间坚持不泄(君子贞)。其动作特征是,男子大幅度的动作(大往),换来女子小幅度的回应(小来)。

初六　㊞拔茅 茹,以其汇。㊝贞 ㊤吉,亨。

开始时(初六),将两人身上类似茅草根部的地方(拔茅 茹)相汇在一起(以其汇)。坚持下去(贞),美妙、酣畅(吉,亨)。

六二　㊝包承。㊞小人吉,大人否。㊤亨。

接下来(六二),(男子)不要乘匹夫之勇(包承),一战到底。用此体位,女子享受(小人吉)而男子辛苦(大人否)。慢慢来吧(亨)。

六三　㊝包羞。

再下来(六三),不要羞于(包羞)启齿,要言语助兴。

九四　㊙有命,㊤无咎,㊞畴离 祉。

次之(九四),(男子)会舍命相搏(有命),这没话可说(无咎)。此时,有性经验的"熟女"(就像开垦过的土地)(畴离),会得到满意的享受(祉)。

九五　㊙休否,㊤大人吉。㊞其亡其亡,系于苞桑。

再次之(九五),(男子)一泻千里(休否),酣畅淋漓,大爽(大人吉)。然后,刚才还威武雄壮的大老爷们,此刻却像撒了气的气球一般,死鱼一样瘫倒一旁。造成这一幕景象的原因,就像儿歌:"其亡其亡,系于苞桑";我本英豪,不惧财狼;若非苞桑,如何肯"亡"?英雄本色,完败娇娘。

上九　㊙倾否,㊤先否后喜。

稍事休息(上九),一不做二不休,再而战之(倾否);先否,后知味也,此味足喜。

四、补记

【岁月留痕】2011 年初冬某深夜,我深深地被文王老爷爷看似随兴所至,随口吟出的"其亡其亡,系于苞桑"的诗句所困扰,百思不得其解。坐在书桌前,随着香烟一根一根燃尽,屁股已经生痛,后背及肩、颈已近僵硬、麻木,灯光也变得有点迷离。

凌晨两三点钟,苦思冥想却也百无聊赖的我,随手再次翻开词典查找"桑"字,目光却阴差阳错地停留在"桑葚"上。突然间,女性乳头的景象跳入脑海!噢,老先生竟是用"桑(葚)"暗示乳头!一瞬间,"苞"的形象也突然清晰起来。再细细琢磨"其亡其亡,系于苞桑"这一诗句,突然顿悟:原来是说,让强壮勇猛、锐不可当的男子,转瞬之间缴械投降、一败涂地的,竟然是弱女子的"三点"!顿悟之后,我不禁独自哑然失笑,竟长达十余分钟而不能自已!

一笑老爷爷也是血肉之躯,也有七情六欲,毫不隐瞒自己的观点和感受,从未假模假样装出一副正人君子的架势。而后世的学究们,出于所谓"礼教"的需要,非要给老人家强行戴上一幅正人君子、甚至圣人的假面具,把老先生打扮成不食人间烟火的怪物。不知老爷爷对此做何感想?

二笑老爷爷在"其亡其亡,系于苞桑"中流露出的些许谐谑,或者玩世不恭的神情。从这一诗句中仿佛能够看到,囹圄之中的老爷爷,不眠之夜面对着窗外的满天繁星,蜷缩在破絮之中,任凭寒风在窗外肆虐,脑海中却翻江倒海、苦苦思索、字斟句酌、反复推敲的情景。突然间,老人家的脑海中冒出了这一诗句,老爷爷大喜过望、一阵狂喜,欲与他人分享,却发现身在囹圄。于是,一阵悲伤之后,星光下,老爷爷的脸上浮现出一丝苦涩的笑容,眼神中透出些许得意,却也掺杂着惆怅、或许迷茫的神情。那一天晚上,我仿佛穿过时空,真真切切地看到了老爷爷那苦涩而复杂的表情。哈哈,老爷爷实在太可爱了。

三笑老爷爷用词之精准、奇绝,实在令人击掌叫绝。笑过之后,我陷入深深地感叹,感叹老爷爷在3000多年前,就具备如此高超的驾驭文字的功力,我辈实难望其项背矣。这等感叹,在阅读其后的卦中又多次出现,以致令多少有点轻薄、狂妄的我,汗颜不已。正是由于面对老爷爷精巧绝伦的美文,本书不敢以不敬之心与老爷爷争长论短。

四笑古往今来不知有多少人,青灯古卷、彻夜不眠,玩味着"其亡其亡,系于苞桑"诗句,苦苦寻觅着这一诗句与江山社稷、国家命运间的蛛丝马迹。有的熬白了少年头,有的昏花了老眼,有的甚至死不瞑目,却也不得要领;但即便是打死他们,他们也不敢往这种"低俗、淫邪"的方面想,以致这八个字被反复揣摩了几千年,却也没有人读懂。这能怪谁呢?老爷爷是一位坦坦荡荡的"人",可后人却硬给老爷爷弄了一个光彩夺目的光环,把老爷爷装扮成了一个"神";后人谁敢把"神"的著作,用"人"间的俗事来解释?

五笑后世那些道貌岸然的学究们,一旦明白了老爷爷竟然说的是这等事情,在突然间地哈哈大笑、抑或会心一笑之后,脸上会流露出怎样的神情,是目瞪口呆?是长叹不已?抑或是……?哈哈哈哈,由它去吧,反正我们现在也不可能把那些老学究们,从坟墓里挖出来问个究竟!

明白了"其亡其亡,系于苞桑"的意思,也就找到了打开"否、泰"两卦奥秘之门的钥匙。

【东拉西扯】在领悟泰、否两卦主题之前,我为此困惑了很久、很久。困惑的原因是如下的矛盾:"否极泰来"的意境暗示两卦"应该冲突、对立",但两卦初爻的爻辞却高度一致,其他各爻的爻辞也毫无"冲突、对立"之感。

读了《周易》之后,我强烈感觉到"否极泰来"这一成语,应该源自于后世对"否、泰"两卦的解读。于是,"否极泰来"的含义,就把"否"与"泰"置于对立的境况。如果成语中的"否、泰"确实来自于两卦的卦名,则两卦的意境应该是对立的。于是,我起初一直按这一思路来解读两卦,但却深陷泥潭、苦苦挣扎,无论如何也无法自圆其说。

另一方面,令人十分困惑的是,两卦的卦、爻辞有很多相似之处(请大家对照),就字面而言,似乎找不出导致其意境对立的蛛丝马迹。于是,我暂时放弃了从意境对立的角度解读两卦的企图。

通过对两卦卦象、卦辞、爻辞的逐一对比,发觉两卦似乎在讲大体相同的事情;再进一步分析才恍然大悟,都是在说性爱的事情。可以说,我是同时明白了这两卦的主题。但对这样的理解,我犹豫、踌躇、甚至自责了很久,直到明白了"其亡其亡,系于苞桑"的含义后,才算释然。

其实,后世应该有人已经理解了"苞"的含义,也常常使用,如旧时风月场所的"开苞"一说。而后世没有解读出两卦的含义,很可能是因为被"礼教"思想所束缚。

至于本卦为什么以"否"为名,可能是因为男上女下做爱是常用体位;常用则疲,容易丧失新鲜感,甚至有例行公事之嫌,所以称为"否"。

有了"否"卦的支持,相信冥顽不化的学究们,可能也会或多或少地接受前面对"泰"卦的解读。

13. 同人（天火）——萍水相逢

一、原文

同人 于野,亨。利 涉大川,利 君子贞。

初九 同人于门,无咎。

六二 同人于宗,吝。

九三 伏戎于莽。升其高陵,三岁不兴。

九四 乘其墉,弗克攻,吉。

九五 同人先号咷 而后笑。大师克相遇。

上九 同人于郊,无悔。

二、注释

【卦象玄机】"天上火下"。单卦:上卦为天,指天底下任何地方;下卦为火,指炊火、生活用火。叠卦:天下有火,指天底下到处都有的"人间烟火"。

【卦名意境】同人:指同伴,同事。

【本卦主题】萍

图 同人–1 同路人的炊火

水相逢。即因为某种原因,短暂聚集在一起的人(如战友,工友,同学,同事等)。

【各爻角色】社会各阶层。

【字词释义】

埽:城墙,墙。

号咷:嚎啕。

三、今译

同人:萍水相逢的人,即因为某种原因短暂聚集在一起的人(如战友,同学等)。

囲(同人)于野,亨。囲利 涉大川,利 君子贞。

古时人烟稀少,若只身孤影跋涉于荒郊野外,风霜雨雪无人相依为命,虎豹豺狼可能危及性命。能得同路人相伴左右(于野),则可旅途顺利(亨)。人生之途上,能得志同道合者(利),则没有不能克服的艰难险阻(涉大川);有同志相伴(利),亦可增添君子(君子)百折不挠(贞)、勇往直前的勇气。

初九 囲同人于门,判无咎。

对于小民百姓(初九),积蓄无多、生活艰辛,整日需要为生计奔波。背井离乡、结伴出门在外时,常与自家兄弟为伴(同人于门),图的是能够相互照应,患难与共,共同打拼,共谋生计。此乃人之常情,无可厚非(无咎)。

图 同人-2 结伴打工的小民百姓(左)与影视剧里的兄弟反目成仇(右)

六二 囲同人于宗,判吝。

对于小有人家(六二),欲谋大事,一己之力往往难以完成,需要左膀右臂鼎力相助。选择同宗兄弟为伴(同人于宗),共同创业、共谋大计,亦是顺理成章之事。但因种种原因,最终往往反目成仇,令人不爽(吝)。

注：可以共苦、难以同甘似乎是人之秉性。兄弟、夫妻共同创业，一旦获利却反目成仇之事，近些年屡见不鲜。

九三 🈂️伏戎于莽。🈂️升其高陵，三岁不兴。

对于雄霸一方的大户人家（九三），也会面对共同的敌人，经受生死攸关的考验。在共同的威胁面前，这些地方豪强往往会结成同盟，共同应对强敌。结成同盟之后，他们就像在莽莽丛林之中（于莽）并肩作战的战士，共同伏击敌人（伏戎）。但谁要想在这样的同盟之中成为盟主，得到大家的共同拥戴，却像要登上（踩踏）别人家的祖坟（升其高陵）一样，会受到别人强烈的、本能的阻挠（陵，现常作陵墓讲，不知周初是否指祖茔？是否有崇敬祖坟的习俗？近代华人社会均极其看重祖茔，疑为古之遗风）。要想在这样的盟友中，树立起自己的威望和领导地位，化费三年时间（三岁）也不一定成功（不兴）。

图 同人－3 伏戎于莽（左）；乘其墉，弗克攻（右）。

九四 🈂️乘其墉，弗克攻，🈂️吉。

同朝为臣（九四）的同僚之间充满着竞争。这种竞争往往暗潮涌动，甚至剑拔弩张，凶险叵测。朝臣之间要想压制别人、出人头地，应采用这样才策略：就像在两军对垒的战场上，优势一方可登上敌方的城墙（乘其墉），形成若要夺取城池，将是易如反掌的态势，使对手明白你的实力，对你敬畏三分；但不要试图攻克城池（弗克攻），不要把对方逼上绝路，让对手做困兽斗；否则，他可能下定破釜沉舟的决心，与你决一死战，要知道兔子急了也会伤人，如果最终落个鹬蚌相争、渔翁得利的结局，将得不偿失。若能遵循这样的策略，让对手对你长存畏惧之心，才是最好的结局（吉）。

九五 🈂️同人先号咷 而后笑。🈂️大师克相遇。

身为王侯（九五），如果感到有必要与人结为同盟（同人）之时，一定是遇到了令自己欲哭无泪（先号咷）、难以克服的困难；如果此时有人愿意与你结成同盟，互为支撑、共襄大举，则会令你破涕为笑（而后笑）。但要想别人与你结盟（相遇），你没有强大的实力(大师),令他有畏惧之心(克),是不可能做到的。

注:此爻的"同人"也可理解为"王位争夺者"。失利者因王位无望而号咷,但很快就会因高枕无忧、不受苦累而欢笑。同为王位争夺者,势力大者得天下。

上九　境同人于郊,判无悔。

对于已经退出了历史舞台聚光灯的人(上九),无论你曾经多么显赫,还是多么平庸,若是有人愿意陪伴你(同人)在郊外(于郊)散散心、遛遛弯,而不是像见到瘟神一般见你就躲,说明你的人品还不错,受人尊重。如果有人愿意陪伴你打发无聊的时光,你就心满意足吧(无悔)。

图　同人-4　同人于郊

四、补记

【主题乱弹】在老爷爷的脑海中,"天下有火"的景象,是萍水相逢的人们暂时性地聚集在火堆旁,或为取暖,或为烹食,或为驱兽。于是,即便是偶然相遇,聚在一起的人也会相互依赖、风雨同舟,甚至一个锅里搅勺把。待到可独自行动之时(如天亮后),便会各奔东西。这种萍水相逢、暂时结为同盟的人,老爷爷称其为"同人"。

要理解本卦的主题,就要抓住凡是有人的地方,就有"人间烟火"这一关键。天底下的"人间烟火",什么地方都可能有,而共同营造"人间烟火"的人,并不一定是同一家人,而可能是来自五湖四海、素昧平生的同伴、同事、同学、战友等等。素昧平生、利益诉求各异的人聚在一起,就可能产生各种各样的利益纠纷,本卦讨论的,正是素昧平生的人聚在一起时,如何处理利益关系。

【东拉西扯】人乃社会性群居动物,往往会因自身利益的考虑,自发性地结合成不同规模的团体,小到二、三人的小组,中到大、小企业、单位,大到政府、国家,无不如此。而人类社会又是等级社会,即便是素昧平生的两个人见面,也会依据对方的外貌、言谈举止、衣着饰物等,在极短时间内分辨出地位高下来。所以,老人家在本卦中着重谈到了"同人"间的利益、地位问题。

对于"同人"间的利益、地位问题,老人家的视角非常独特,见解亦非常深刻,用非常简洁而形象的语言,抓住了不同等级人群间问题的实质,令人印象深刻。

【哲理漫说】现今社会的小民百姓(初爻),为了生计往往结伴出门打工:下井挖煤,垒砖砌墙,洗脚按摩,扫街擦窗。同行之人,也多是兄弟同行、姐妹照应、夫妻相伴、父子并肩(同人于门)。其所以这样做的原因,一是相互之间能有个照应,少受外人欺负;二是自己尝到甜头,也尽量让至亲得到些好处,肥水不流外人田。因此,社会底层人们的"同人于门",既是弱者的自我保护措施,也是小人物视野的具体表现(初爻的"同人"形式是共同做工)。

"改革开放"初期的私营经济实体(二爻),很多是家族式企业,为家族共同拥有。创业初期,凭着一股子心气儿,大家齐心协力、同甘共苦、不计个人得失,全部心思和精力都投入进去,把一个事业搞得蒸蒸日上、红红火火。但是,一旦赚了钱,在利益面前各人便开始打起了自己的小算盘,你想往东、我想向西;于是,嫌隙渐生、矛盾凸显,最后的结局往往是不欢而散,或撕破脸皮,甚至兵刃相见,把一个好端端的大好前程,彻底地断送掉,让人不禁扼腕叹息。可见,国人"可以共苦,不能同甘"的秉性,老爷爷三千多年前已经看透,并在二爻发出了"同人于宗,吝"的警示。可惜的是,三千多年来,国人的这种秉性还在生枝发芽,没有根本性的改善。究其原因,**是在利益分配方面,传统的大家族式管理模式,依赖的是"权威人物(如家长)的意志",而不是靠"事先约定的规则";当"权威"在利益面前丧失威严的时候,就是人心涣散、分崩离析的开始。**中国数千年的封建统治,实质上也是一种家族式管理:朝代的更替,仅仅是"权威人物"的轮换而已。因此,数千年来的历史发展轨迹,只是一条时上时下、曲曲折折的曲线,走不出"轮回"的怪圈。令人欣慰的是,现在的社会管理,已经不可逆转地从"权威"向"规则"转变,逐步摆脱"吝"这种结局的宿命(二爻的"同人"形式是共同创业)。

对于那些已经赚得盆满钵满的富豪(三爻),例如这些年的"房地产大鳄",饱受诟病的"两桶油"们,遇到旨在打破其行业垄断地位、切断其暴利根源的"调改政策"这等"大敌"的时候,就会捐弃前嫌、不计"个人"恩怨,自觉结成同盟、站在同一个战壕,"伏戎于莽",共同寻找政策的漏洞,竭尽全力地维护行业的既得利益。但在风平浪静、波澜不惊的太平岁月,他们谁也不尿谁,相互之间争得你死我活。如果一个想站在另一个头上,形成有权威的领导核心(升其高陵),难上加难(三岁不兴)(三爻的"同人"形式是共同御敌)。

那些"同朝为臣"的官员们(四爻),为了巩固自己的地位,或为了自身的利益,往往明争暗斗。但最为高明的争斗形式,不是置对手于死地,而是让对手心存忌惮,对你敬畏三分。因为置对手于死地的后果有二,一是对手会绝地反击,很可能形成鱼死网破、两败俱伤的结局;二是即便如愿以偿,对手被彻底清除,但取而代之的其他人,可能比现在的对手更加难以对付,形成"刚走了豺狼、却来了老虎"的局面。要让对手对你心存忌惮,就要抓住足以置对手于死地的把柄,并且或明或暗地让对手知道你手里的底牌,使他乖乖地听命于你,而不敢明火执仗地与你较量;这就像在战争中,让你的部队登上敌人的城墙,但却并不发动最后的致命一击(乘其墉,弗克攻)(四爻的"同人"形式是同朝为臣)。

我不了解"王侯"级(五爻)的大人物的处境和心态(可以参考前几年伊拉克的萨达姆、利比亚的卡扎菲),五爻的爻辞请大家自己琢磨,也希望能有高人指点。

上爻针对大权旁落的老迈功臣。当今社会,那些曾经位高权重的人,等到退休了、没有权势了、门前冷落了,没人前呼后拥的时候,如果独自在外散步的时候,还有以前的故人、属下愿意陪你一起散散步、说说话,说明你在位时为人处事还不令人厌恶,那么你就满足吧(同人于郊,无悔)(上爻的"同人"形式是郊外散步)。

【黄裳之拜】我实在想不明白,老先生在三千多年前,为什么就能够非常深刻而准确地抓住"同人"的这些规律或关键点,轻而易举地把小民百姓"同人于门"、小有人家"同人于宗"、大有人家会齐心协力的"伏戎于莽"、而将相之间会"乘墉弗克"、落魄重臣会感激"同人于郊",这些满含着睿智的规律呈现给我们,真是让人匪夷所思。老爷爷,您竟然一眼看穿了三千多年,让我用什么话来赞叹您呢?

朋友,如果您觉得我的这些奉承话让人恶心,就请您对"同人"卦重新写出您的爻辞来!看看三百年后(咱们不提三千年),是您被批得体无完肤,还是我被骂得无地自容?

14. 大有（火天）——为富行仁

一、原文

大有　元 亨。

初九　无交害，匪咎。艰 则无咎。

九二　大车以载，有攸往，无咎。

九三　公用 亨于天子。小人弗克。

九四　匪其彭，无咎。

六五　厥孚 交如，威如，吉。

上九　自天佑之，吉，无不利。

二、注释

【卦象玄机】"火上天下"。单卦：上卦为火，指庆祝丰收的篝火；下卦为天，指夜晚的天空。叠卦：火光冲天，指熊熊火光冲破了天际，隐指人们欢天喜庆祝丰收。参见图大有－1。

【卦名意境】大有：好收成，好年景。

【本卦主题】丰收之后，人们欢欣鼓舞。

【各爻角色】社会各阶层。

【字词释义】

彭：盛多之状。

厥孚：厥，为天子所宝之石，如壁、玉等。

图　大有－1　火光冲天

孚,指为人们所认可的品行。厥孚,指如宝石般令人赞美、向往的品德。

三、今译

大有:仓廪丰实,衣食无忧,人寿年丰,百事遂愿。

㉈元亨。

人寿年丰是人们的共同追求(元),也能为顺利发展提供保障(亨)。

初九 ⑱无交害,㉍匪咎。⑱艰㉈则无咎。

小民百姓(初九)遇到丰收年景、衣食无忧的时候,相互走动、相互看望、交流(交)感情与生活经验,取长补短、相互促进,于人于己均无害处(无害)。即使平时日子过得紧巴巴的人家,体体面面地"走一回"亲友,也不要(匪)去责怪(咎)。但丰收之后,不应大手大脚、铺张浪费,还要勤俭节约、省吃俭用(艰),这是应该的(则无咎)。

九二 ⑱大车以载,有攸往,㉈无咎。

小有人家(九二)衣食无忧的时候,因为某种必要的原因(例如"下聘礼")(有攸往)而用大车(大车)装载(以载)礼物,也是应该的(无咎)。

图 大有-2 老式马车(也称"大车")

九三 ⑱公用 亨于天子。⑱小人弗克。

雄霸一方的大有人家(九三),仓廪丰实之时,将部分家财用于公益(公用)事业,布云施雨、济穷救困,会受到天子的嘉许(亨于天子)。若无此实力(小人),就不要为博虚名而打肿脸充胖子(弗克)。

九四 ⑱匪其彭,㉈无咎。

对于将相重臣(九四),即使家财万贯而不事张扬(匪其彭),也无可指责(无咎）。

六五　㊣厥孚㊙交如,威如,㊚吉。

对于王侯（六五），无论天下丰与歉，其德行应如玉石一般（厥孚）恒久不变，让天下的百姓感到（交如）可亲、可敬，获得民众的尊重（威如）和爱戴。若能做到这些就是好事（吉）。

上九　㊣自天佑之,㊚吉,无不利。

（上九）如果人人都能丰衣足食，开开心心的过日子，那是因为风调雨顺，受到了老天爷的保佑（自天佑之）。如果人人都能欢天喜地（吉），那就会天下太平（无不利）。

四、补记

【主题乱弹】【岁月留痕】20 世纪六七十年代，我生活在咸阳郊区的农村。按照习俗，每年农历正月三十晚，各家各户都在家门口"笼"一个火堆（点燃篝火堆），家人都要从火堆上跨越三次，以"燎"去一年的烦恼和晦气，祈盼来年一帆风顺，这被称为"燎荒荒"（音，不知确切用字）。其时，但见火光之中，全家男女老幼在嬉笑声中次第跨越火堆；家中的老人，或独自一人、或由儿孙搀扶，或颤颤巍巍、或磕磕绊绊，或怪模怪样，滑稽可笑地跨越火堆，往往引得众人一片欢声笑语；年轻人、特别是少年儿童，则身姿轻盈、欢蹦乱跳地跨来跨去。谁家的人缘越好、火堆越大、点燃的时间越长，则聚集的村民越多，你方跨罢我也来凑热闹，来来往往、跨越不断，人影憧憧、其乐融融，欢声笑语、不绝于耳。然而，也有刚刚经历了不幸的人家，或没有人缘的人家，或家道不济的人家，无心点火，也不愿到别人门前凑热闹。作为春节庆典大剧的最后一个节目，"燎荒荒"这一习俗承载着太多的幼年记忆。唉，三十余年没有在故乡度过正月三十晚，不知今日是否还有此风俗。怀念……

依稀记得 2002 年的正月三十晚，与单位的一大帮同事夜宿咸阳，晚上在郊区也看到了有人在"燎荒荒"。当晚，我与城里长大的几个女孩子去乡下看热闹，没有见过这等稀奇事情的女孩子们，在别人家的火堆旁嘻嘻哈哈、打打闹闹，没完没了地蹦来蹦去；篝火的主人家虽然再也挤不到跟前，看着一帮疯女子的嬉闹，却也张着大嘴、傻乎乎地跟着一起大笑。这一幕，倒有些儿时欢乐的影子。

关中部分地区的此等风俗，可能是古时欢庆丰收的遗风。现今，西南部分少数民族（如彝族）仍有"火把节"之类的节庆日，可能也是上古之遗风。

"燎荒荒"或火把节之类的节庆中，火光冲天的篝火，往往是人们欢天喜地、庆祝丰收的象征,这可能正是周文王老先生把"上火下天(火光冲破天)"这一卦象,与表示大丰收的"大有"联系起来的主要原因。

【哲理漫说】对本卦爻辞的上述解说,道理似乎没有说透,心里总觉得不是很踏实,再多说几句。

先说初爻的"无交害,匪咎。艰则无咎"。我不知道"过年(过春节)"的习俗是从什么时候开始的,但现在关中过年时,一个必不可少的内容就是走亲访友,"交"大概就是指这种走亲访友的活动。"交"的"无害,匪咎"包含两层含义,一是对光景较好和光景平常的人家而言的,即在交往中怎么做都是对的、无害的;二是对光景不好的人家而言的,他们在走亲戚时携带的"礼物"通常比较寒酸,但在丰收之后,偶尔奢侈的"大方一回",也不要去责备他,这大概就是"匪咎"的含义。"艰则无咎"则是对正常过日子而言的,就是说,即使丰收了,也不要大手大脚、铺张浪费,还是要紧细着过日中。

二爻"大车以载"的情景,在数十年前的关中农村倒是屡见不鲜。那时候的农村,载运货物主要依靠马车,就是"图 大有－2"中的老式马车,我们把它就叫"大车"。当时,男女青年建立婚约关系时,主要还是靠媒妁之言。婚前有两件大事:订婚、结婚。订婚时,男方家要给女方家下聘礼,结婚时女方家则会有陪嫁的嫁妆。家境好的人家,聘礼和嫁妆都非常丰富,需要用马车来装载、运送。这大概就是"大车以载"的情形。当然,家境不好的人家,可就没有那么多的聘礼或嫁妆,用自行车就可以运载了。当然了,那时候"娶媳妇"的主要交通工具,就是"大车",只是要在车上搭个类似于乌篷船顶那样的"顶棚"。

三爻中的"公用 亨于天子",令人费解。看到这里的"公",第一感觉是指"特定的人"——"大公",就是有头有脸的大人物。例如,"鼎"卦四爻中的"覆公𫗧"。"公用"在"解"卦上爻中也出现过,即"公用射隼于高墉之上",其中的"公"也指"大公"。但结合本卦情况,"公"指"大公"似乎不妥,因为若指"大公","公用 亨于天子"的字面意思就是,当(三爻)称雄一方的人家"丰收"时,"大公"把他用来"亨于天子"。那么,是把他推荐给天子? 还是剥夺他的财产来孝敬天子? 似乎都于理不通。当时的"天子"只有一个人,就是殷商的统治者,诸侯国的诸侯们尚不敢以"天子"自称,只能自称为"王"。对天子而言,称雄一方的人(三爻)还属于"平民百姓"行列,还没有资格"面朝天子"。因此,"大公"把"富豪"推荐给天子,或剥夺其财产孝敬天子,都讲不通。如果把"公用"理解为"公共用途,公益事业",意思是,当称雄一方的人"丰收"时,拿出部分财产作为公用、进行公益活动,那么,这种行为被"天子"知道后,会受到天子的称赞和褒奖,似乎就顺理成章了。果真如此的话,老先生就是在"劝人向善",或者说,3000多年前老先生就提倡"慈善事业"了。后世在兵荒马乱的年代,有钱人家向落难流亡的人们"施粥舍饭"的善举,也许就是这种思想的具体表现。

四爻的"匪其彭"也很费解。"彭"是盛多之状,"匪"可以理解为"不,不会","匪其彭"则可以有两种理解。一是"不会改变其财产众多的状况";这是因为,将相人家或国之重臣,其家财本身就很多,一年"收成"的多与寡对财产总量的影响不大。二是"不愿意让人了解其财产的多寡情况",这与国人现在的观念较为一致,所以上面用了这种解释。

本卦的五爻应指王侯在"丰收"的时候的情况。爻辞"厥孚 交如,威如"中,"厥"应解释为"天子所宝之石"(注意,与"睽"卦五爻"厥〔咒骂〕宗〔祖宗〕噬肤〔因气愤而咬一口〕"中的"厥"差异很大),厥孚应指如宝石般令人赞美、向往或不变的品德。爻辞中的"交",应该是指王侯与其子民的交往("丰收"时给子民更多的好处),这样,就会在子民中间建立起自己的威望,得到子民的爱戴、敬重。如果把"交"理解为王侯之间的交往,可能就不妥了,因为大家都是王侯,并不会因为你在他困难的时候给予的帮助,他就会对你感恩戴德,即使他表面上敬重你,但心里怎么想就难说了。想想看,这些年我们在国际上也支持了很多弱小国家,但得到的效果可能事与愿违,最典型的就是"同志加兄弟"的越南。

上爻是全卦总结,着重指出了在靠天吃饭的古时,能够丰收都是老天爷保佑的结果。当然,这一观点在现在看来,值得商榷。

【岁月留痕】2012年2月21日晚补注:

今天是农历龙年正月三十,正是一年一度"燎荒荒"的日子。因惦记着本卦的补记,于今晚6~8点,携夫人专程驱车数十公里回到了老家一带,看看这一古老的习俗还有没有延续。结果令人一喜一忧。喜的是,这一古老的习俗,仍然在延续着;忧的是,其热闹喜庆的氛围,已大不如前了。回到西安,就立即坐到书桌前记下这一幕。

下午6点多钟天还很亮,出城的道路很不畅通,进入西安绕城高速公路就接近六点半了。待到穿过咸阳城已接近7点,天已经全黑了。十几分钟后抵达村口,零零星星已有人家点火了。由于村口现在是一条繁忙的公路,车来车往,灯光明亮,火堆不很明显,少了当年的感受,就驱车到了邻村。

一到邻村村口,就有三三两两的人家门口点起了小小的火堆,依稀有当年的感觉;只是火堆旁,少了往日成群结队的大人小孩,只有各家的老人、妇女或幼童等几个人,寂寞地跨着火堆,然后任由火堆慢慢熄灭。经过了数条街道、数十堆火堆,却几乎完全没有听到往日的欢声笑语,也没有见到火光冲天的景象。暗淡的火堆旁,老人们脸上挂着的似乎只有对往昔岁月落寞的追忆,然后便虔诚地、仪式般地、循规蹈矩地守护着这一习俗。我把相机的镜头,数次对准了那些没有表现出太多欢乐的人们,又慢慢放下,实在不忍心让这样的画面,淡去我脑海中往昔的欢快景象。倒是城里长大的夫人,因为第一次看到这样的景象,显得比那些"燎荒荒"的人们更兴奋,不时兴高采烈地告诉我,那一家的火堆旺、那一家正在准备点燃火堆。返程的路上我给姐姐打电话,询问她是否带着孙子"燎荒荒"了,她一时居然没反应过来什么是"燎荒荒"了,然后才是会心的大笑。是的,城市没有条件"燎荒荒",这些习俗也不可能进军并占领城市。

现在浮躁的社会,把青壮年都吸引到像我们生活的大城市,这让大城市人满为患,连喘口气都觉得压抑;而农村,仅仅是离咸阳城区几公里的乡下,古老的火堆旁,却仅剩下老人、妇女和儿童。曾经带给我们那么多欢乐的古老习俗,很可能将在我们这几代人的手里,化作发黄的纸堆里没人能够想起来的文字。但是,又有几个人仔细地想过,汽车化、城市化这两样我们正在追求的东西、让我们浮躁的东西,却可能在200年后的人们眼里,将被看作是人类历史上干得最糟糕的两样事情。我们正在干的事情,是给子孙后代谋福利,还是在掠夺子孙后代的生存资源,我不知道。我也不知道,我们留给后人的,到底是遗憾,还是值得骄傲的欢乐。当下,我们应该做点什么? 希望大家都能想想。

嗨,又扯远了。这等事情,还是留给政治家们去操心,我等小民百姓,还是关心关心什么时候到云贵一带的火把节上去"燎荒荒"!

【史海寻贝】关于"公用 亨于天子"中"公用"一词的含义,希望相关专家给予关注。个人认为,这很可能是后世"公益事业"、"善举"的最早印记。

15．谦（地山）——自降身段

一、原文

谦　亨。君子有终。

初六　谦谦君子，用涉大川。吉。

六二　鸣谦，贞 吉。

九三　劳 谦，君子有终。吉。

六四　无不利。撝谦。

六五　不富以其邻。利 用侵伐，无不利。

上六　鸣谦，利用行师，征邑国。

二、注释

【卦象玄机】"地上山下"。单卦：上卦为地，指下一阶层的一般大众；下卦为山，指上一阶层的大人物。叠卦：山藏地下，指大人物自降身段，与大众打成一片。参见图谦－1。

图　谦－1　无垠的大"地"（左）与地下的"山"

【卦名意境】谦：谦虚，谦让；减损，丧失；满足。本卦中意为自降身段，与民众打成一片。

【本卦主题】即使巍峨如高山的大人物，却心甘情愿地隐匿于普通民众之中，不显山、不露水。

【各爻角色】各阶层人士。

【字词释义】

鸣：此处意为声名远播，闻名。

撝：挥手示意，指引人注目、让人知悉。

三、今译

谦：即便巍峨如高山、令人敬仰之人，却不盛气凌人，心甘情愿的与普通民众打成一片。谦，自降身段。

㊣判 亨。㊣判 君子有终。

即便是伟大的人物，若能自降自段，与下层民众打成一片，则会受到民众的爱戴和尊重，就会赢得顺利发展的广阔空间（亨）。谦谦君子（君子）会有良好的结局（有终）。

初六　㊣求 谦谦君子，㊣境 用涉大川。㊣判 吉。

小民百姓（初六）如果拥有可以信赖的谦谦君子（谦谦君子）做领头羊，能够带领大家（用）完成十分艰难的事情（涉大川），那是小民百姓的福分（吉）。

另解：具有谦谦君子风范的人（谦谦君子），会受到百姓的拥戴，成为带领民众完成重大事情的头领和主心骨（用涉大川）。这会令大家开心（吉）。

六二　㊣求 鸣谦，㊣判 贞 吉。

小有人家（六二）如果谦逊品德声名远播（鸣谦），且谦逊修为口碑不衰（贞），就是大好事情（吉）。

九三　㊣做 劳 谦，君子有终。㊣判 吉。

大户人家（九三）若能像君子（君子）一样具有勤劳质朴（劳）、谦逊做人（谦）的品德，就一定会有良好的结局（有终）。若能这样，令人欣慰（吉）。

六四　㊣判 无不利。㊣做 撝谦。

封疆大吏、肱股之臣（六四）若能谦逊做人，则无不利（无不利）。（让人们感受到）向人们展示（撝）你的谦逊（谦）吧。

六五　㊎不富以其邻。㊍利用侵伐，无不利。

身为王侯（六五），即使国力强盛，足以雄视天下，亦应谦虚谨慎，而不应炫富于邻邦（不富以其邻），以免引起邻国的警惕和敌视，促使其与他国结盟，形成强大的敌对势力。待到条件成熟后（利）再兴师侵伐（用侵伐），则无不利（无不利）。

上六　㊍鸣谦，利用行师，征邑国。

对于功勋卓著、且以谦逊著名（鸣谦）的骁勇战将（上六），即使其已经远离军旅，却可以赋予其率师（利用行师）征伐邑国的重任（征邑国）。其理由，一是其经验丰富，且为人谦虚谨慎，堪当大任；二是将士拥戴，能振奋士气，且无内乱之虞；三是敌方摄于其盛名，不战自溃。

四、补记

【东拉西扯】谦逊谨慎是中华民族的传统美德，一部中华文明史充分说明了这一点。当然，在当今国际社会尔虞我诈、变幻莫测的背景下，国际交往中，我们继续保持谦谦君子的风度，是福是祸，则见仁见智、各有其理，不说也罢。

【班门弄斧】然而，面对谦虚谨慎这一国人须臾不离的美德，历史上对"谦"卦的注释却乏善可陈，实在令人遗憾。即便是对诸如"劳谦君子有终吉"、"不富以其邻"等句，如何用现代的标点符号进行断句，不同版本的专著亦有较大分歧，这就充分反映了人们没有很好地把握老爷爷的思想脉搏。

【主题乱弹】理解此卦的要点，是牢记卦象中"山藏地下"的意蕴，那就是，即使你是一位高高在上的大人物，如果不计较个人的身份、地位，能够与下层民众平等相处，而不是趾高气扬、倚势凌人，那就是谦。对比当今社会的各色人等，相信大家对老爷爷所谓的"谦"，会有更加深入的理解。

【哲理漫说】三爻的"劳谦君子有终吉"，在贺华章先生的《图解周易大全》中，断句为"劳谦君子，有终吉"，还有其他断句法，兹不列举。本书断句为"劳谦，君子有终。吉。"其含义为，对于雄霸一方的大有人家来说，也应该勤劳而谦逊，这样的谦谦君子，会有好的结局；若能做到这样的程度，就会令人高兴。我们知道，当人们的势力到了三爻、可以雄霸一方的地步，往往就会飞扬跋扈、巧取豪夺、鱼肉乡里，为乡邻所不齿；"勤劳、谦逊"这样的品德，往往就与他们无缘了。如果处于这样的地位，还能够保持"勤劳、谦逊"的修为，一定会是大家眼中的正人君子，即使遭遇飞来横祸、蒙受不白之冤，大家也会毫不犹豫、全力以赴地给予帮助,或道义上的支持,让他感受到大家的真情、得到精神上的宽慰,这大概就是"有终"的意境。回想"文化大革命"中遭受不幸的那些大人物,其处境大不相同,有些人不招人待见,情景凄惨;有的人却得到小人物们的悉心呵护,得到真情的回报,这在很大程度上与其以前的为人、品行有关。显然,老先生的观念是"劝人向善"。

本卦其他内容比较容易理解,不再赘言。

16. 豫（雷地）——横行霸道

一、原文

豫　利 建侯行师。

初六　鸣豫，凶。

六二　介于石，不终日。贞吉。

六三　盱豫，悔。迟 有悔。

九四　由豫，大有得。勿疑，朋盍簪。

六五　贞 疾；恒 不死。

上六　冥豫。成 有渝，无咎。

二、注释

【卦象玄机】"雷上地下"。单卦：上卦为雷，指威名远扬或恶名远播的人；下卦为地，指大众。叠卦：地上有雷。地上滚雷，令人恐惧，闻之使人望风而逃，或唯恐避之不及。图豫－1 比较形象地说明了这一景象。

【卦名意境】豫：安乐，安逸；喜悦，喜欢；巡

图　豫－1　地上滚雷令人恐惧，人们唯恐避之不及

游;厌烦;欺诈;犹豫,迟疑;预备;参与,干预。本卦意为使人恐慌、唯恐避之不及的人;或对别人具有震慑力、所向披靡的人;或具有威望的人。

【本卦主题】横行霸道、欺男霸女、无恶不作的恶棍、泼皮无赖;或令人闻风丧胆、退避三舍的好汉、硬汉。

【各爻角色】社会各阶层。

【字词释义】

鸣:与"谦"卦中的意思相同,指声名远播,闻名。

盱:张大眼睛。此处指瞪大眼睛(吓唬人的样子)、吹胡子瞪眼(的样子)。

由:听任,顺随;原因,缘故。此处指听任,顺从,即"爱怎么样就怎么样"。

盍簪:盍,合,聚合;为什么不;为什么。簪,发簪。盍簪,指用簪子将头发聚拢起来,引申为人们向某处聚拢、围绕。

冥:昏暗;夜;幽深,深奥;愚昧;迷信称阴间,地府。此处指阴间、地府,隐指死亡。

渝:改变;违背;泛滥;解脱;通愉,欢喜。此处指欢喜。

三、今译

豫:泼皮无赖;硬汉。

㊣利 建侯行师。

具有(利)所向披靡、令人闻风丧胆的威慑力的人,就能够成就建功立业(建侯)、统兵打仗(行师)的功绩。

初六 ㊣鸣豫,㊣凶。

身为小民百姓(初六)如果恶名在外(鸣豫),迟早要遭殃(凶)。

六二 ㊣介于石,不终日。㊣贞 吉。

小有人家(六二)要树立起自己的威望,让人对你忌惮三分,就要跨越挡在前面的一道道障碍(介于石)(即,要征服一个个强硬的对手),但这不是一天两天就能做到的事情(不终日)。只要坚持不懈(贞),总会有你开心的结果(吉)。

注:"不终日"也可以理解为"要不了一天",即打败对手、突出重围,是指日可待的事情。但这不符合社会规律,应理解为:不是一天就能够做到的。

六三 ㊣盱豫,㊣悔。㊣迟 ㊣有悔。

刚刚成为雄霸一方的大有人家(六三),如果为了建立自己的威望而吹胡子瞪眼（盱）地恐吓别人（豫），想要强迫别人臣服于你，搞不好，就会弄出令你后悔不迭（悔）的局面。但是，如果你早已身家万贯却迟迟（迟）没人买你的账，你拥有的财产与你的社会声誉严重不相匹配，定会让你悔恨不已（有悔）。

图 豫-2 介于石，不终日

九四 〇由豫，〇大有得。〇勿疑，〇朋盍簪。

对于人臣（九四）、特别是武将，要顺着（由）自己的天性，水到渠成、顺其自然地建立自己的威望（豫），这样就会大有所得（大有得）。有威望的人，朋友（朋）自然会聚集（盍簪）在你的身旁，对此，无需置疑（勿疑）。

六五 〇贞〇疾，〇恒 不死。

对于势力强大的王侯（六五），总想（贞）让其他的侯国都臣服于你的淫威之下，这会惹出很大的麻烦（疾）。同样的，如果一个王侯总是保持（恒）令人敬畏的实力，就没人敢欺负你，就能确保江山稳固（不死）。

上六 〇冥豫。〇成有渝，〇无咎。

（上六）即使死后进入阴曹地府（冥）（周初可能还没有"天堂"的概念，所以是阴曹地府），也要让活着的人对你敬仰三分，或心存畏惧（豫），这应是人生追求的一种境界。做到了这一点（成）就实现了人生的价值（有渝），就可死而无憾了（无咎）。

四、补记

【岁月留痕】豫卦的卦象是"上雷下地"，可以理解为地上滚雷。相信很多人对"平地一声炸（惊）雷"的景象，会有深刻记忆；在我苦苦思索"豫"卦意境的一个个难眠之夜，正是三十多年前的一阵惊雷，让我理解了"上雷下地"的意蕴。

大约在1976年夏秋之交的一天午后,天空阴云密布、大雨欲来,田野阴风阵阵、令人不安。我和我们"生产队"(当时农村的最基层组织机构)队长,赶着马车给庄稼地里送农家肥。出了村口,隆隆的雷声就自远而近向我们逼来;马车到了目的地后,雷声越来越响。我和队长一边挥舞铁锨(一种农具)撒肥,一边商量这一车完工后就收工。就在我们快要结束工作时,一道道闪电在不远处的低空划过,一声声炸雷在我们耳边爆裂。闪电划过的时候,头发会有直立起来的感觉;低沉的雷声似乎与胸腔发生了共鸣,不由得心跳加速;而尖利的雷声,似乎会把耳膜撕裂;向来天不怕地不怕的生产队长,似乎也被雷电的肆虐所震慑,眼里已经看不出丝毫的镇定与自信;就连驾车的马匹,眼中也露出恐惧的神色,长嘶着想驾车返回。我们一起草草把肥料撒完,驾着马车飞快地返回,渐渐地把雷鸣电闪留给了身后孤独的大地。回到村子后,我暗暗地长舒了一口气。

三十多年过去了,我的生活轨迹也离开农村三十余年了,很多事情已慢慢淡出了记忆,但这一幕,却历历在目、难以忘怀,即使现在闭上眼睛,眼前还会浮现出当时的完整画面和每一个细节。

还记得2008年仲夏时节的一个午后,我和我的司机朋友驾车到晋中一座名山的山巅观赏山景。虽然我们所在的山脊处阳光普照,但山谷中的乌云却伴着隆隆的雷声,慢慢地向我们逼来。朋友准备将车移向更高的地方时,我正手持相机,专心致志地拍摄远处云雾中的山影。突然,全身自上而下感受到一种从未有过的、令人战栗的奇怪感觉,后背尤其明显,头发刹那间就竖了起来,随即一声炸雷在耳边震响!大约一两秒钟后等我回过神来,回头看看脚后的土地,在距我不足一米远的地方,只见一小股尘土慢慢升腾起来!此时我才明白,刚刚躲过了一场生死劫难。我不由自主地环视周围,距我大约十米开外有两位女性游客,趴在一道斜坡的脚下,一动不动;朋友在几十米之外的停车场,也紧张的向这边张望。我快步向两位游客趴着的坡脚下躲避,走到她们跟前时,她们才从地上爬起来,脸色苍白,眼神里满是惊恐不安,一言不发地快步下山。司机朋友将车开到跟前后,我惊魂未定地钻进车里,掉个头就逃跑似地向山下冲去!如果当年那个闪电再稍微向前偏一点,大家就看不到这些文字了。感谢上苍。

【主题乱弹】由此不难想象,每个人在令人震惊的惊雷面前,多多少少都会感到恐惧,想必老爷爷也经历过类似的事件。当老先生一人静夜长思的时候,"上雷下地"的卦象也可能勾起了老人家的某种惊恐记忆,从而想到了人们在这种情况下,因惊雷而产生的惊恐不安。

当然,人类社会中,就像"地上惊雷"般令人惊惧不安的情景,可谓多不胜数:

可以是横行霸道、欺男霸女、无恶不作的恶棍、泼皮无赖；可以是令人闻风丧胆、退避三舍的好汉、硬汉；也可以是令人心怀畏惧、不敢正视的大人物；还可以是所向披靡、令敌人望风而逃的著名战将。人们遇到这些人的时候，往往退避三舍、敬而远之，或闻风而逃、绕道而行。这才是"地上滚雷"的"豫"的含义。如果把"豫"理解为字典里的"喜悦"，本卦是无法解读的。

【哲理漫说】"令人畏惧"，既可以是一个人的优点，也可以是一个人的缺点，取决于什么人、什么事。

如果身为小民百姓（初爻：鸣豫，凶）而令人畏惧，畏惧你的人也肯定是小民百姓。所以，这样的人一定是欺压百姓、横行乡里的恶棍、泼皮无赖。众所周知，恶名远扬（鸣）的恶棍（豫）一般没有好下场（凶），正所谓"不是不报，时候未到"。

对于有了一定地位的人（二爻），总希望别人尊重自己，甚至建立起让人肃然起敬的威望。这种威望，显然不是针对小民百姓而言的，而是针对与自己地位相当或更高的人而言的。例如，一个人刚刚当了个"科长"，在老百姓眼里已经是大人物了，大家会给予应有的尊重；但在那些资深的科长们面前，你仍然是个"小字辈"，要得到这些人的尊重，又谈何容易！对你而言，要想建立起自己令人望而生畏的威望，这些人就像横亘在面前的一个个大石头；此时的你，就像陷入了一个巨石阵之中（介于石），要建立威望，就要越过挡在你面前的一个个大石头，但这绝不是一天两天就能做得到的事情。这就是"介于石，不终日"的含义。据说，蒋介石先生的名字就来自于二爻的"介于石，不终日"这句爻辞；如果蒋先生在天有灵，看到这样的解释，不知做何感想？

三爻的"盱豫，悔。迟 有悔"一句，令我困惑良久。我以为本句有两层意思，第一层是"盱豫，悔"。对于那些仅在"财富"方面可以傲视群雄的人，如果你的为人处事让人侧目，例如后世的那些无良商人，就不会有人对你心存畏惧或敬重，而只有鄙视；在此情况下，要想靠着对别人吹胡子瞪眼（盱），动不动就训人或吓唬人那一套伎俩，不能建立起你的威信来，甚至会搞出让你后悔不迭的事情来。第二层意思是"迟 有悔"，其潜台词是，如果在你有了巨大财富、权力后，经过很长时间（迟）仍然得不到与财富、权力相称的社会认可度，仍然没人敬重你，你也要反思你的作为。

四爻的"由豫，大有得"一句，我认为更多的是针对军队的高级将领而言的。如果你由着性子、可着劲儿的在"敌人"那里建立起你的威望，让"敌人"听到你的名字就腿肚子打哆嗦，那么"大有得"就是不言而喻的事情。史上那些赫赫有名的战将，大多都有令敌人不寒而栗、闻风丧胆的威望，大概就是对本爻的注释。

五爻的"贞 疾;恒 不死"说了两层含义,一是"贞 疾",二是"恒 不死"。先说"贞 疾"。此处的"疾"可有两解,一作迅捷、迅速讲,于此处显然不妥;一作疾病讲,引申为惹麻烦,这应是正解。考虑到本卦的主题是令人不寒而栗、闻风丧胆的威望,"贞"是指保持这种状态,于是"贞 疾"的含义就是,作为势力强大的王侯,如果总想着在其他王侯面前显示自己的强势,甚至大发淫威,往往会惹来麻烦。再说"恒 不死"。身为王侯,虽然你不想欺负别人,但如果你没有足够的实力,别人就会反过来欺负你,这是人类社会的普遍法则(丛林法则);所以,你要想保住(不死)自己的"一亩三分田",就必须保持(恒)一定的威慑力。

【会心一笑】老爷爷在五爻的"贞 疾;恒 不死"中所揭示的道理,完全适合现在的美国和中国,美国就是"贞 疾",中国就是"恒 不死"。

二战之后,美国在一直(贞)在谋求全球的霸权(豫)地位,特别是自苏联解体以后,就没人能够挑战美国的霸权地位。于是,在其他国家眼里,美国就是"地球村"里欺男霸女、横行霸道的恶棍,别人只有忍气吞声的份儿;而在美国眼里,其他国家的实力不值一提,对它构不成任何威胁,所以,它有资格随心所欲、为所欲为,让别人按照自己的意愿,俯首帖耳、唯命是从。为了保持(贞)这种横行霸道的地位,美国对其他国家无所不用其极,例如,前不久斯诺登曝光的"监听门"事件表明,即便是对其坚定盟友,美国也绝不手下留情。但老爷爷讲了,如果一直这样下去,美国也会有众叛亲离的那一天。那时候,就是真正的"疾"了。

1949年共产党建立政权时,中国积弱积贫,在国际社会更是谈不上"尊严"二字。那一时期及其后,以美国为首的"联合国军",挑起了朝鲜战事;其后,印度在别人的怂恿下,找中国的麻烦;再后来,苏联也想找碴儿教训中国;就连"小兄弟"越南也在背后乱咬。试想,如果中国当年不勒紧裤腰带,搞出个"两弹一星"的撒手锏,谁会把中国这只"病大猫"放在眼里?!怎么可能为后来的快速发展,赢得宝贵的机会和时间?!可见,要想"不死",保持(恒)必要的威慑力是多么重要啊!这大概也是"乞丐也要有个打狗棍"的道理吧。现在的中国,虽然已经有了很强的实力,但切不可高枕无忧,还要谨记"恒"有威慑力,才是"不死"的根本保障。

【哲理漫说】上爻的"冥豫。成有渝,无咎",可以说是人生追求的最高境界。古往今来,真正达到了这一境界的人可谓凤毛麟角,其中最著名的,当属周文王老爷爷自己。古人认为,人死后就进入了另一个世界,就是"冥"界;现在的人祭祖时烧"冥币",就是希望祖先在冥界不受穷。老先生的"冥豫",并不是指人死后也要在冥界"令鬼望而生畏",而是即使身死后,还要让"阳界的人"望而生畏或敬仰。例如,"孔圣人"身后两千多年,仍然令人敬仰;诸葛亮死后,还让司马懿胆战心惊;

当然,一部《周易》更是让人神魂颠倒了三千多年。这些,都是"冥豫"的著名例子。"渝"有高兴、欢喜的意思,"成有渝,无咎"是说,如果身死后还能令人敬仰,就是让人高兴的事情,为人一世就没什么遗憾了。看似轻描淡写,可有几个人能够做到啊?

中国近现代历史上的许多伟人,给本卦的四、五、上爻提供了很好的注脚。略过不提。

17. 随(泽雷)——偏听偏信

一、原文

随　元亨利贞。无咎。

初九　官有渝,贞吉。出门交有功。

六二　系小子,失丈夫。

六三　系丈夫,失小子。随有求得,利居贞。

九四　随有获,贞凶。有孚,在道以明,何咎?

九五　孚于嘉,吉。

上六　拘系之,乃从维之,王用亨于西山。

二、注释

【卦象玄机】"泽上雷下",自然界无此现象。单卦:上卦为泽,指有性欲望的女子;下卦为雷,指"猴急"的男子。叠卦:泽下有雷,可看作男女之事,女子在上面怎样动作,男子在下面就怎样配合;也可以理解为,女子以性事为筹码,勾动男子的欲望,从而附带其他要求。上述两种情况,都可以引申为男子听从女子的摆布,即"枕边风"。史上最著名的"枕边风",可能就是"妹喜之于夏桀,妲己之于殷纣王,褒姒之于周幽王"了。

【卦名意境】随:跟从;追逐,追求;顺着,依据;听任;顺便;像。本卦意为偏听偏信,只听从一种或个别人的意见。请注意本卦与"巽"、"涣"卦的联系与区别。

【本卦主题】偏听偏信。

【各爻角色】各阶层人士。

【字词释义】

渝:改变;违背;泛滥;解脱;通愉,欢喜。此处指改变。

维:纲纪、法度。

三、今译

随:意为男子听从女子的摆布,引申为"枕边风",泛指社会上的偏听偏信现象。

⑩ 元 亨 利 贞。 ㊤ 无咎。

在男性为主导的社会中,男人要树立起听从妇人意见的意识(元);能够听取妇人的意见,一个家庭才能发展顺利(亨),才能实现预期的愿望(利),也才能保持家庭的兴旺发达(贞)。听妇人的话,并不丢人(无咎)。

注:这应是针对古时,女子在家庭中地位不高的情况而言的;但是,即使在现在的陕西关中地区,"大男子主义"的思想仍然根深蒂固。不知这种思想,是否在周初就有?

初九 ⑩官有渝,㊤贞吉。⑩出门交有功。

小民百姓(初九),若总是(贞)遵守官方(官)的指令而改变(有渝)自己的作为,就不会有错(吉)。若多出门与外人交往(出门交),多听大家的意见、而不是仅仅只听老婆的话,就可以取得更大的成就(有功)。

六二 ⑩系小子,失丈夫。

小有人家(六二)常常目光短浅且急功近利,往往只顾眼前的小利益、而看不到长远的大利益;因此,容易听信身边小人的诌媚之言,而听不进有识之士的逆耳忠言,从而使小人得势(系小子),君子心寒(失丈夫)。

六三 ⑩系丈夫,失小子。⑩随有求得,⑩利居贞。

大户人家(六三)既见多识广、又家财雄厚,能顾全大局而不图小利;因此,遇事冷静分析,舍小利而取大义,故而亲君子(系丈夫)、疏小人(失小子)。在做出重大决定(有求)时,会认真听取别人的意见,仔细分析之后按照正确的意见(随)行事;这样,往往会得到(得)自己想要的结果。如果某种方法能够实现自己的愿望(利),就要持之以恒(居贞)地坚持下去。

九四 ⑩随 ㊤有获,⑩贞凶。㊥有孚,⑩在道以明,何咎?

身为将相等人臣(九四),总是按照王侯的意志行事似乎天经地义,也能得到王侯的信赖从而有所收获;但若奴颜婢膝、亦步亦趋,事事都遵从上司(随)的意见,即使王侯的决策明显失误也只会唱赞歌,从不仗义执言、不为社稷安危着想、不为庶民百姓请命,只顾拍上司的马屁,希望得到些甜头(有获),长此以往(贞)会有凶险(凶)。应该遵循最起码的做人标准(有孚),在其位(在道)谋其政,胸怀磊落、光明正大(以明),并时时提醒王侯做出正确的抉择。真正能够做到这些,贤明的君王怎么会怪罪你呢(何咎)?

九五　　㲊孚㊀于嘉,㊁吉。

身为王侯(九五),要使众人心悦诚服地追随在你左右,为你分忧解难,共保江山社稷,就要以大家认可的、公正的(孚)嘉奖为手段(于嘉),重君子而远小人,扬人长而避人短,功过分明、奖罚得当。这样,才会有令人乐见其成的结果(吉)。

上六　　㊀拘系之,乃从维之。㊁王用亨于西山。

即使君主贤良、社会清明,总有不法之徒(上六)不遵从社会道德,不跟随社会潮流。对于此等人,就要用相应的纲纪、法度强行约束(拘系之)其行为,使其行为符合(随)社会行为规范(乃从维之)。若能如此,社会就会人人遵从法纪,风清气正,呈现一片祥和安宁、繁荣昌盛的景象,王侯就可以在西山祭祀中(于西山),用江山社稷欣欣向荣的成就,来告慰先祖的亡灵(王用亨)。

注:对"王用亨于西山"的含义,也可解释如下:

对于严重违背社会行为规范的人(不能"随"的人),为严明法纪,王在西山祭祀时,对罪大恶极者应当场处决,以儆效尤。但这似乎与《周易》中体现的"宽仁"思想体系不一致。

四、补记

【主题乱弹】虽然在本书第一部分已经提及,但还是应该注意,本卦中"泽"被赋予了一种非常特殊的形象,即"有欲望的女阴"。

泽,一般可以理解为湖泊或沼泽。湖泊,可以理解为"储水之地";沼泽,令人联想到芦苇丛生的水面。就人体的生理常识而言,在做爱时,女阴会分泌一种被称之为爱液的液体,俗称为"水"。因此,把女阴视为"储水之地"也应是古人的一种朴素认识;而浸润在爱液中的阴毛,与水面上丛生的芦苇之间,也多少会有一些类似。这大概就是老先生赋予"泽"以女阴形象的原因。

这种解释似乎很牵强,甚至很邪恶,但正像在泰、否两卦中看到的那样,至少在遥远的古时候,这些却是很正常的事情。其实,在后面的几个卦中,这一形象还出现了多次。请不必大惊小怪,还是要站在古人的角度去看待这样的事情。其所以做这些补充,是因为一位朋友前几天(2013年6月间)告诉我,我写的东西还是不大容易读懂；所以，还要尽更大的努力，让更多的朋友较容易理解老先生的思想。

随，虽然从"上泽下雷"这一卦象及男女之事的形象引申而来，但在爻辞中，老先生的"随"似乎已经有了当今心理学中"从众"的概念；并且，老先生对民众的"从众"心理和行为，基本持肯定态度。但我们注意到，与后面的"巽"、"涣"卦进行比较，这里的"随"，老先生更多地强调听信个别、部分人的意见，多少有点"偏听偏信"的意思；而现代意义上的"从众"概念，更多地体现在"巽"卦中。至于"涣"卦，则是找一个激励自己不断进步的榜样或目标。换句话说，随、巽两卦大体上都讨论"听信别人意见"这一主题，但对"偏听偏信"、"从众"两个心理学概念，区分尚欠清晰。

与此形成鲜明对照的是，在"晋、升、临、观、复"各卦中，老先生对空间、时间概念的把握却相当准确，这在后面再讲。可见，老先生对物理学的直觉，比对心理学的直觉更加精准。望大家慢慢体会。

【哲理漫说】老先生对不同阶层人士"随"的行为，进行了深入剖析，然后进行了归纳：肯定了庶民百姓（初爻）的"随官"行为；基本否定了新富起来的"小有人家"（二爻）听信小人谗言的行为；基本肯定了成熟的、作为支撑社会结构重要基石的"大有人家"（三爻）"重君子，远小人"的行为；否定了为人臣子（四爻）"溜须拍马，一味媚上，唯上司马首是瞻"的行为；肯定了最高决策者（五爻）以公正嘉奖为手段聚拢人心的行为；最后（上爻）对不能随社会潮流而动的人，提出了用纲纪、法度严加约束的主张。

【东拉西扯】本卦的卦名来历似乎不雅，但内容却十分严肃认真。个人认为，各爻中提出的这些观点，即便在当今建设民主社会的进程中，也应该基本上照单全收：

小民百姓（初爻）要按照（跟随）国家（官）的大政方针和战略部署，及时调整（有渝）自己的行为，为社会进步，贡献自己的力量。

有了一定社会地位的人（二爻），不要老是算计着自己的得失，只看到鼻子尖上的那点儿利益，经不起"小人"的撺掇（系小子），而失了大义（失丈夫）。

那些对社会发展和稳定具有重要作用的行业"精英"们（三爻），要识大体、顾大局，亲君子（系丈夫）、远小人（失小子）；因为只有社会步入良性发展的正常轨道，个人或小团体的利益才能长远。

特别是对四爻所指的各级官员，应该细细体味"随 有获，贞 凶。有孚，在道以明，何咎？"的意境，若真正能够达到老先生心目中的理想境界，何愁民不富、国不强？

作为引领、掌控社会发展航向的决策者（五爻），应该充分发挥"奖与罚"的引领示范和约束惩戒作用，让人们的"随"能够有方向，有目标，又有底线，有自律。"罚"（建设"法制社会"的核心）的策略，犹如治水时的"堵"，虽然必要、但效果不一定最佳；"奖"（建设"文明社会"的核心）的措施，犹如治水时的"疏"，是引领社会风尚的举措，搞好了，能够起到事半功倍的效果。但现在，与较为完善的"法律惩戒体系"相比，目前尚未形成一套完善、有效的"奖赏激励体系"，很多政策还在削弱着社会的创新精神和积极性，没有很好地从奖赏的角度，鼓励、扶持社会发展的探索者、先行者。如果老先生"孚 于嘉"的策略能以"制度"的形式加以固化，成为调节社会发展的有效手段，将是一件很好的事情。事实上，诸如"知识产权保护政策"，就是"孚 于嘉"这一理念的一种具体表现。附注：可喜的是，在 2017 年，社会激励机制似乎正在形成和完善。

上爻的"拘系之，乃从维之"，显然也是"法治"理念中的"刑罚"手段，但老先生主张的，似乎只是起到"以儆效尤"的震慑作用，而不是普遍的惩戒措施。

18. 蛊（山风）——溺爱有度

一、原文

蛊　元亨，利涉大川。先甲三日，后甲三日。

初六　干父之蛊，有子，考无咎。厉终吉。

九二　干母之蛊，不可贞。

九三　干父之蛊，小有悔，无大咎。

六四　裕父之蛊，往见吝。

六五　干父之蛊，用誉。

上九　不事王侯，高尚其事。

二、注释

【卦象玄机】"山上风下"。单卦：上卦为山，指威严高大的父亲；下卦为风，指严父对子女的柔情。叠卦：上山下风，即山下有风。对山下有风，可有两解，一是，暑天的凉风令人神清气爽，因而贪恋不舍；但吹的时间长了，却很容易使人感冒不适，甚至可导致眼歪嘴斜，乃至面瘫；因此，像山风一样的"诱人之物"，短则有益、长则有害。此为"蛊"之一解。二是，山象征威严的男子，风象征其温柔、慈祥的柔情，故山下有风象征威严高大的严父，也有柔情似水的一面。本卦中，取第二种含义。

【卦名意境】蛊：人腹寄生虫；毒虫；陈谷子所生的虫；巫术中害人之物；伤人的恶毒之气；诱惑，迷惑。近、现代汉语中，"蛊"的一般用法，是用美丽的外表包藏险恶的用心，即，用迷人的外表使人一步步陷入圈套，从而受到伤害。可见，"蛊"主要特征首先是"迷人的外表"。本卦中，也只取了"美丽外表"这一层意思，意为

"严父柔情"。

【本卦主题】结合爻辞,本卦中的蛊有溺爱、纵容、放纵子女之意,即严父柔情,或舐犊之情。

【各爻角色】各阶层人士。

【字词释义】

先甲三日,后甲三日:此处,似乎并非确指天干地支中"甲日"的前、后三天。与此类似,巽卦中的"先庚三日,后庚三日"也不是确指"庚日"的前、后三天。如果将"甲"看做是"嘉"的别字,将"庚"理解为"梗"的别字,可能更为合理一些,即,"甲、庚"可能分别是"嘉、梗"的假名。"三日"表示多的意思,《周易》中很多处用"三"来表示多的意思,犹如后世的"一而再,再而三"。所以,"先甲(嘉)三日,后甲(嘉)三日"是指"蛊"的方法,即事先要多引导、鼓励(嘉),事后要多褒扬、嘉奖(嘉)。

干父、干母:应指义父、义母。在我的故乡,将小孩拜继给别人为义子是常见的现象;小孩将义父、义母称为干父、干母(干爸、干妈)。此俗仍存。

考:指父亲或祖父。本卦中应指父亲。现多指祖父。

裕父:应指"富裕(有学识)的干父"。

三、今译

蛊:溺爱、娇惯子女;严父柔情,舐犊之情。

㉠元亨,㉡利涉大川。㉢先甲三日,后甲三日。

身为父亲,适当溺爱、娇惯子女,甚至放纵子女,为其创造良好的成长环境,使其感受到浓浓的父爱,是人之常情(元),也有助于孩子顺利成长(亨)。在这种浓浓的父爱氛围中长大的孩子(利),大都人格完整、心智正常、胆识过人,具备成就大业的基础(涉大川)。但溺爱应有度,方法要恰当,对孩子的良好行为要事先引导(先甲三日),事后褒奖鼓励(后甲三日)。

初六 ㉠干父之蛊,㉡有子,㉢考无咎。㉣厉㉤终吉。

小民百姓(初六)往往家境逼仄,生活不宽裕,总希望子女能够尽快地成长起来,担负起持家的责任和义务;因此,常常用简单粗暴的方法对待子女、教育子女,这并不利于孩子的成长。要像干爹(干父)对待义子一样,以赞赏、鼓励(之蛊)为主,讲道理、辨是非,使孩子认识到什么才是正确的行为。能将子女教育成人,成为顶天立地的汉子、具有持家立业的本领(有子),作为父(考)母也就尽到责任了

（无咎）。但管教子女时严厉一些（厉），最终会有好处（终吉）。

九二 ⊕干母之蛊，不可贞。

小有人家（九二）家境殷实，对待子女往往像干妈（干母）对待义子一样，是非不分、一味溺爱（之蛊），即使其行为明显超越了社会行为规范，也舍不得责备。这样一味溺爱，会惯坏孩子，成人后他们也很难保持良好的品行（不可贞）（现在的"富二代"现象，很能说明这一点）。应该适当溺爱，但不可一味骄纵，以免惯坏孩子，否则，悔之晚矣。

九三 ⊕干父之蛊，⊕小有悔，无大咎。

大有人家（九三）条件优越，并不需要子女能够很快地担当起持家的重任。因此，应该像干爹（干父）对待义子一样，耐心的、慈祥的以赞扬、鼓励（之蛊）为主进行教育。这样教育出来的子女，虽然可能已经长大成人，却还难以大有作为，难以尽快担当大任，甚至会有一些出格举动令人遗憾（小有悔）；但在良好的环境下，孩子能够通过耳濡目染也会成器，这不会有大问题（无大咎）。

注："小有悔，无大咎"也可以理解为，大有人家子女众多，即使个别孩子不成器，成了"败家子"，让人有小小的遗憾，但对家族事业的发展而言没有大碍。

六四 ⊕裕父之蛊。⊕往见吝。

将相等官吏人家（六四）总是望子成龙，也希望从小就给子女奠定良好的发展基础，所以，常常把孩子"拜继"给有权有势的同僚（裕父）为义子。这样做的目的，是希望孩子能以有远见卓识的裕父为榜样（之蛊），激励其从小就树立远大的目标，学会为人处世之道。但常带孩子去见（往见）学习的榜样，很可能因为见到一些世俗的、阴暗的东西，使偶像的形象大打折扣，从而不利于孩子的成长（吝）。

六五 ⊕干父之蛊，⊕用誉。

对王侯之家（六五），应该像干爹（干父）对待义子一样，以耐心的、慈祥的鼓励（之蛊）为主教育子女。教育子女时，要着重培养其珍惜家族荣誉、注重个人信誉、不玷污王室声誉的荣誉感（用誉）和责任感。

上九 ⊕不事王侯，⊕高尚其事。

对满腹经纶或术有专攻的世外高人（上九），应教育子女具有高尚的气节（高尚其事）和经天纬地的才能，而不要培养那些溜须拍马、阿谀奉承、奴颜婢膝、追名逐利的小人（不事王侯）。

四、补记

【主题乱弹】字典对"蛊"给出的解释是：人腹寄生虫；毒虫；陈谷子所生的虫；巫术中害人之物；伤人的恶毒之气；诱惑，迷惑。

对于"蛊"的来历，有一种比较流行的说法，即：远古时候，巫师将百种有剧毒的虫子置于一个坛子之中，封口后埋于地下。由于坛子里的虫子相互残杀，若干年后，仅剩一条最毒的虫子，称为"蛊"。凡被这条虫子咬伤，或不慎误食了这条虫子的人，必死无疑。这条虫子还可以使人心智迷乱，完全听从虫子主人的摆布。因此，"蛊"可以使人在不知不觉中受到操纵和摆布，因此，"蛊"具有诱惑、迷乱、淫邪等含义。从"蛊"的字形看，可能就是最后从器皿中爬出来的那条虫子（玩笑了。其实，繁体字的"蠱"，上面是三只虫子。因此，也有另一说，即器皿中的食物腐败了，爬满了虫子，就是"蠱"。故，"蠱"即腐败）。但这一传说，可能仅仅是一个传说而已。

对现代人来说，"蛊"字似乎从来都不是一个好字眼，这大概与"蛊惑人心"这一成语有关。"蛊惑人心"的大意是，以美丽的外表掩盖邪恶的用心，让人在美丽外表的诱惑下，不知不觉地受到实质性的伤害。由此可见，"蛊"首先应该是一般人眼中"美好的东西"、"具有诱惑力的东西"，它什么时候具备了"实质上的邪恶"含义，我不知道，但从本卦来看，殷末似乎还没有"实质上的邪恶"的含义。

"蛊惑人心"的上述意境，让人联想到三国时期王充与董卓的故事。故事中，王充为了除掉董卓，把貂蝉暗中许给吕布，又明着送给董卓，导致二人相争，从而借吕布之手除掉了董卓。这里的貂蝉，被王充当做"蛊"送给了董卓，最终害死了董卓；对董卓而言，确实中了王充的"蛊"；但作为"蛊"本身的貂蝉，显然并不是邪恶的化身。所以，"蛊"可以理解为具有诱惑力的"美好的东西"。

根据卦辞、爻辞，特别是初爻中的"有子，考无咎"等提示，仔细考虑后就会发现，干父、干母、裕父之蛊的"蛊"，应是引导、教育、使其受益的含义，是以"诱惑"中的"诱"为手段，而不是以令其"惑"为目的。因此，本卦的"蛊"，并不具有习惯上认为的"邪恶"的含义，而有"正面引导"的含义。

【东拉西扯】干父、干母中的"干"，以往常被解释为"干预，纠正"；而把"干父之蛊"，解释为"纠正父辈的过失"。这种解释，实在难以令人苟同。我认为，人们其所以这样进行解释，主要是先入为主的把"蛊"解释为"过失，腐败，淫邪"，既然"蛊"是邪恶的，就需要纠正。此外，对"干"也有其他解释，但对卦辞、爻辞的解释同样不能自圆其说。用义父、义母来解释"干父、干母"似乎是最为可取的,也符合陕西关中的习俗。

【岁月留痕】儿时的农村,给孩子拜干爹、干妈的风尚比较流行,我自己也有干爹、干妈。当时,各家的小孩都较多,但一般只会给家中非常宠爱的第一个"宝贝男孩"拜干爹、干妈。选择干爹、干妈也是有讲究的,干爹、干妈通常是具有良好的社会声望、生育的(男)孩子较多且健壮、而且两家关系较好的夫妇。据说把孩子"拜继"给这样的人家,借着干爹干妈的福分,"宝贝男孩"就容易养大成人。对干爹干妈而言,由于义子是别人家的"宝贝",加之干爹干妈一般都为人善良,两家关系较好等因素,所以,对义子一般都宠爱有加、非常珍视。考虑到《周易》成书的地域背景,及其一贯的社会哲理性风格,将"干父、干母"解释为"干爹、干妈",可能更符合文王老爷爷的原初想法。但这样一来,显然就不能按"邪恶"来解释"蛊"了,因为干爹干妈无论如何也不会"伤害"义子。

在前文中已经提及,"蛊"卦的卦象为"上山下风",即"山下有风"。这种情形,很难与"邪恶"的"蛊惑"挂起钩来。在现今的陕西关中,夏末秋初气候闷热难耐;太阳落山之后,从大山的沟谷之间,往往会有阵阵凉风习习吹来,令人神清气爽、暑热全消。想必,老先生当年可能也领略过暑天山风之清幽;或者,看到"山下有风"的卦象,老先生脑海中浮现的,是威严如山的父亲却显露出温情如风的柔情。其所以用"蛊"为本卦命名,老先生看重的可能仅是"蛊"的诱人之处。

【哲理漫说】因为跳不出"蛊"字的"邪恶、诱惑"等负面意境,"蛊"卦让我迷惑了很长时间。让我明白本卦完整意境的关键有两点,一是初爻爻辞中的"有子,考无咎",二是各爻的角色指代规则(参见第一部分)。

"有子,考无咎"中,"有子"显然不是指"有了可以传宗接代的儿子",而应该是"儿子真正长大成人了,能够承担起赡养家庭的重担"。因为古时候,人们的子女都比较多,没有儿子的情况很少(虽然不能说没有),所以,一个人如果炫耀自己"有了儿子",显然是很愚蠢的事情。但人们对子女的期望往往很高,望子成龙、望女成凤,一旦父母对子女的行为失望,往往会说出一些过分的话,例如,"我没有你这个儿子"。"我没有你这个儿子"这句话的潜台词是,你如此不成器,不能承担起赡养家庭的责任,真是丢尽了父母的颜面,让父母在人前抬不起头来。反过来,如果某人的儿子非常优秀,人们常会夸赞道,"看看人家的儿子(多么有出息)"。因此,"有子"应该是指"有一个非常优秀、很有出息、能够光耀门楣的儿子"。想想看,世上大约一半人是男子,但能够让父母自豪地说"我有个好儿子"(有子)的,又有多少? 如果儿子非常优秀,说明父母教育有方,自然就"考无咎"了。

　　由此可见,本卦关心的,主要是"子"是否能够成器,因而是"教子之法"。

　　本卦的六段爻辞中,有五个爻都在讲"父、母之蛊",但后果或方法却不相同。如果不考虑爻位的角色指代作用,卦、爻辞简直无法理解。如果考虑到初爻到五爻,分别不言自明地代表小民百姓、小有人家(相当于后世的地主)、大有人家(雄霸一方的豪强)、将相之家、王侯之家,即,各爻的爻辞是分别针对不同的人而言的,爻辞就很好理解了。对此,上文已经讲了很多,滋不赘言。

19. 临(地泽)——大局为重

一、原文

临　元亨利贞。至于八月有凶。

初九　咸临。贞吉。

九二　咸临。吉,无不利。

六三　甘临。无攸利。既忧之,无咎。

六四　至临。无咎。

六五　知临,大君之宜。吉。

上六　敦临。吉,无咎。

二、注释

【卦象玄机】

"地上泽下"。单卦:上卦为地,指大地、平地;下卦为泽,指沼泽、湖泊。叠卦:地下有泽,应理解为比"地"低一些的地方有湖泊,这显然是从高处观看湖泊的情形。参见

图　临-1　"临"的意境:一览无遗

图临－1。高处看湖,湖中景色尽收眼底,意指人们能够了解、把握全局。

【卦名意境】临:登高看;察看,监视;统治,治理;来到,到达;面对;接近;将要;模仿;哭吊死者。本卦意为识大体,引申为顾大局。

【本卦主题】高屋建瓴,掌握全局。

【各爻角色】各阶层人士。

【字词释义】

至于八月有凶:指等到事情已成定局(八月),才能够掌握全局,为时已晚。

咸:一般释义为"全,都",这在本卦中也能讲得通,但并不确切;在本卦中,"咸"指"同,共,兼"。如陕西的咸阳,"位于关中平原中部,渭河北岸,九嵕(zōng)山之南,因山南水北俱为阳,故名咸阳",可见,"咸阳"是"兼具山南水北之阳"的意思。

甘:心甘情愿。

至:身临其境。

知:预知,洞察。

敦:敦厚,宽仁。

三、今译

临:居高临下,把握大局。引申为能够顾全大局。

（卦）元亨利贞。（爻）至于八月有凶。

面对一个具体的情况,如果人们能够试图(元)居高临下、把握全局,从总体情况出发,对事情的发展做出正确的预判,提前采取必要的措施,避免不利后果的出现,那么,就可以发展顺利(亨),实现预期目标(利),也才能够保持取得的成果(贞);如果等到事情已成定局(至于八月),才看清了事情的全貌,那时再想采取补救措施,就为时已晚,于事无补了(有凶)。

初九 （求）咸临。（卦）贞（判）吉。

小民百姓(初九)遇到共同问题时,大家都要(咸)能够把握大局、顾全大局(临),对如何解决问题达成共识,并采取一致行动。若事事都能这样做(贞),就是大好事情(吉)。

注:"咸临"的字面意思是,你看到的也就是我看到的(整体情况),引申为都能看到事物的全局。

九二 （求）咸临。（判）吉,无不利。

小有人家(九二)面对同一问题时,大家都要(咸)能够把握大局、顾全大局(临),对如何解决问题达成共识,并采取一致行动。这样,就会取得各方都满意的结果(吉),而不会出现大家都不愿看到的不利局面(无不利)。

六三 ⓐ甘临。ⓑ无攸利。ⓒ既忧之,ⓓ无咎。

大有人家(六三)遇到棘手问题的时候,要能够把握大局、顾全大局(临),为了整体的共同利益,心甘情愿(甘)地做出一定的牺牲。这样做,对你自己可能没有什么好处(无攸利),特别是时过境迁之后,当时的受益者可能对你做出的牺牲并不领情,让你自己耿耿于怀(既忧之)。这些担忧不无道理,无可指责(无咎)。

六四 ⓐ至临。ⓑ无咎。

对于将相等为臣之人(六四),一旦出现了非常复杂、棘手的事情,就要亲临现场(至),了解事情的来龙去脉,及影响事情发展的各种因素(临),正确决断,恰当处置。对你而言这是应该的(无咎)。

六五 ⓐ知临。ⓑ大君之宜,ⓒ吉。

身为王侯(六五),应该具备深刻的洞察力和把握大局的能力。一旦出现复杂、棘手的事件,只需了解事件的大致信息(知),就能对形势做出全面、正确的判断(临),并采取恰当的处置措施。这是作为一个大国之君应具备的基本素养(大君之宜);如果具备了这一素养,自会吉星高照、江山永固(吉)。

上六 ⓐ敦临。ⓑ吉,无咎。

(上六)如果人们都能够怀着敦厚、宽仁之心(敦),顾全大局(临),并愿意为整体利益做出适度的牺牲,则世事吉祥(吉)。也应该这样做(无咎)。

四、补记

【东拉西扯】关于本卦"临"的含义,贺华章先生在《图解周易大全》中指出:在金文中,"临"的右边是人,左上角像人的眼睛,左下角像众多的器物,整个字的形象是人俯视器物的样子,所以,临的本意是从高处往下看。还指出:本卦的卦象是"泽上有地",是站在泽边上的土地上,向沼泽里看,这就是临,可见,卦象与卦名的含义还是较为一致的。

对贺先生的上述看法表示赞同,特别是第二种看法。但不无遗憾的是,贺先生没有把这种比较准确的看法贯穿到底,在对爻辞的解释中,误入了歧途。此话表过不提。

【**主题乱弹**】贺先生看出了卦象的含义,就是站在泽边上的土地上,向沼泽里看,可惜的是没有深究这一"看"的意境。立于高地俯视沼泽,视野开阔,沼泽中的景象一览无遗。因此,老先生想强调的是,视野开阔、统揽全局。

我们知道,很多人看待事物时"只见树木不见森林",不能从总体上把握事物的全局,导致判断、决策失误,甚至造成巨大的损失。历史上和现实中,由于不能全面把握事情的全局,片面做出决策,导致严重失误、损失的事例,比比皆是(请大家自己找恰当的例子)。因此,居高临下、把握大局、顾全大局,是每个人在处理各项事务时,应具备的一项基本素养;否则,大家共同的利益,可能受到巨大的损害。这正是本卦想说的主题。

【**哲理漫说**】卦辞的"至于八月有凶",史上的各种解释均不尽如人意。对其真正含义分析如下。

本卦为"临",意指能够(从空间上)居高临下、把握全局,从而能够根据整体情况做出正确的预判,提前采取必要的措施,避免不利后果的出现。这就是说,(从时间、空间上把握大局的)"临"的目的,是要求人们具有"整体性"的眼光,从而使做出的判断具有"全局性、前瞻性、预见性及预防性"。如果不能把握全局,就不可能做出全局性、前瞻性、预见性及预防性的判断,等"事到临头"、不得不面对的时候,才手忙脚乱地采取应对措施,就难以挽回了。因此,"至于八月有凶"的意思是,"临"不应该拖到"八月"才进行,到了"八月"才想起来"临",就麻烦了。这是为什么呢?

在农耕社会的关中一带,到了农历八月时份(大体在公历9月份),粮食作物即将收获,一年一度的农业生产活动已经接近尾声,一年来庄稼收成的好坏,已经基本定型。如果此时才发现疏漏或隐忧,再想采取任何补救措施,都为时已晚。故,老爷爷指出,到了八月份再来居高临下的全面分析全局情况,已经于事无补了,故有凶险。

另一方面,人的一生,与草木的一秋又何其相似!草木到了秋天,一年的果实已基本定型;人到壮年,一生的成就也已基本定型。到了秋天才发现草木需要灌溉、施肥,对一年的收成已无多大作用;人到了壮年才知道自己有很多的不足,需要完善,对一生成就的作用也不大。因此,如果把人的一生看作一年的话,"八月"相当于中年以后的壮年阶段,如果在壮年才学会居高临下地看问题,才学会了如何把握大局、顾全大局,可能就晚了。这可能才是"至于八月有凶"的真正含义。

关于"咸"字,有些解释为"交感,感应",并把"咸临"解释为"感应来临",如此一来,"临"的上述含义就荡然无存了。显然,按照这种理解的思路,对爻辞的解释只能是误入歧途。

个人认为,以"居高临下,把握大局,引申为能够顾全大局"来理解"临"及卦、爻辞,应该比较符合文王老先生的原意,因此,才有以上解说。如果将"临"理解为"来到、到达"或类似含义,就很难准确把握本卦的含义了。

虽然本卦的爻辞非常简单,主要的观点只有"咸、甘、至、知、敦"五种"临"的状况,但结合其后的点评性意见,老先生的观点应该已经表达的非常清晰、明确了。仔细体味,即使对现代社会,这些观点也非常精辟、深入。希望我们能够深入地领略老先生的智慧,在生活中正确地运用"咸、甘、至、知、敦"五种"临"的策略和技巧。

【黄裳之拜】本卦的"临",指从高处观察一个"湖(沼泽)"的空间结构,引申为社会生活中的"高瞻远瞩、放眼全局"。从物理学角度讲,"临"就是要求人们能够把握一个问题的"全部空间信息"。对此,有人可能会认为是牵强附会的矫情,且慢,在这里先指出这一点,是想留下一个伏笔,以免在后面的相关讨论中,让您感到突兀。

20. 观(风地)——见微知著

一、原文

观　盥而不荐,有孚 颙若。

初六　童观。小人无咎,君子吝。

六二　窥观。利女贞。

六三　观我生,进退。

六四　观国之光,利 用宾于王。

九五　观我生,君子无咎。

上九　观其生,君子无咎。

二、注释

【卦象玄机】

"风上地下"。单卦:上卦为风,指凛冽的寒风;下卦为地,指冰天雪地。叠卦:风行地上,是常有的自然现象,为什么会以"观"为本卦命名?这里的"观"又有什么样的含义呢?

图　观-1　疾风吹过地面

虽然"风行地上"是常"有"的自然现象,但却很难被直观的"看"到。在北方,人们能够真切地"看"到"风行地上"的情形,往往是严冬季节。严冬时节,冰天雪地,北风呼啸时,疾风卷起雪花迎面扑来,让人寸步难行;尤其对独自长途跋涉的人而言,稍有闪失就有性命之忧。图观-1中,我们从行人腿部的景象,就能切切实实地"看到"疾风吹过地面的景象。

古人如果想出远门办事,遇到这种情况时,只能先躲在安全的地方,观察风的强弱变化、天的阴晴雨雪,然后决定何时出行。这种躲在安全地方观察外面情况的变化,并根据观察资料对事物的发展情况做出预判的行为,就是"观"的意思。因此,"观"就是观察事物的发展动向、并据此做出预判,意近现在所说的"洞察力"、预见能力。

【卦名意境】观:看;察看;观赏;给人看,显示;外观,景象;看法。意为观察、并预判事物的发展趋势、规律、动向等。

【本卦主题】人们对事物发展状况的"洞察力",预见能力。

【各爻角色】各阶层人士。

【字词释义】

盥(guàn):洗手,洗手器皿。盥礼指周初祭祀时,为表示祭祀人的虔诚,在祭祀前洗手的礼节。按照"宝鸡青铜器博物馆"的介绍及其他资料,盥礼的形式是,主祭人洗手时三名辅助人员为其服务:一人站立执"壶"在上,为主祭人的双手淋水;一人半蹲执"盘"在下,接收余水;一人俯身执擦手毛巾,供主祭人擦手。显然,"盥"是祭祀仪式中非常隆重的一个环节。

图观-2为"宝鸡青铜器博物馆"的"盥礼仪式"塑像。

图 观-2 盥礼仪式

荐:衬,垫;进献,祭献;超度亡灵仪式;推举。此处指祭祀仪式上的"献祭"程序,即将祭祀用的祭品,按照一定的礼仪逐一敬献供奉。

颙(yóng):大的样子;肃静,严肃,仰慕,敬仰;期待。此处指人们(对祭祀仪式)庄严肃穆的期待状态。

三、今译

观:用局部所见的事物变化迹象,推断事物发展的规律,待到条件具备时,再完成相关工作。观,即"洞察力"、前瞻性,或沿着时间正向(+ t)预测的行为。

㊙ 盥而不荐,㉣ 有孚 颙若。

在举行重大祭祀仪式的时候,主祭人在进行祭祀准备工作(盥)的同时,要仔细观察参加祭祀活动的人们的状况,而不要急于进行正式的祭奠仪式(而不荐)。要等到大家都按照祭祀时应有的行为规范做好准备(有孚),满怀敬仰期待之情、庄严肃穆(颙若)的时候,再开始正式祭奠(即要通过观察,拿捏好祭祀的时机)。

初六　㊦ 童观。 ㉣小人无咎,君子吝。

对于小民百姓(初六),把握事物发展规律、判断事物发展动向(观)的能力,就像小孩(童)看待问题一样,理解并不深刻、预判也不准确。这对普通百姓(小人)而言,无可厚非(无咎),但对胸怀大志的君子(君子)而言,就令人惋惜了(吝)。

六二　㊦ 窥观。 ㉣利女贞。

对于小有人家(六二),把握事物发展规律、预判事物发展动向(观)的能力,并不全面、也很难抓住要点,往往是只看到一些局部现象(窥),就据此做出判断,难免管中窥豹、有失偏颇。这种观察事物发展的方法,由于往往以偏概全、甚至只看到不利的一面,而看不到事物的诱人之处,就可能丧失了追求美好事物的机会。这就像女人从门缝里看外面的世界,看不到吸引人的地方,从而安居绣楼一样(利女贞)。

六三　㊀观我生,进退。

对于大户人家(六三),经历了太多的艰难曲折、荣辱成败,要从自己的这些切身经历(我生)中,总结经验与教训(观),清楚自己的长处和不足,并依此决定自己在什么情况下应该进(进)、什么情况下应该退(退),而不是盲目的"哪里天黑哪里歇"。

六四　㊀观国之光。 ㊦利用宾于王。

身为将相等人臣(六四),要能够根据自己的观察及经验,正确预判一个国家的兴衰前景(观国之光),并能提出恰当的应对措施。如果具备了正确预判一个国家兴衰前景的能力(利),你就能成为君王的座上宾(用宾于王)。

九五　⬚观我生,⬚君子无咎。

作为王侯(九五),要能够根据自己的切身经历(我生),客观、正确地评价自己的功过得失,并对未来的发展做出正确的预判(观),扬长避短,从而造福民众、稳固江山社稷。若能做到这一点,对以天下安危为己任的君子(君子)而言,就无可指责了(无咎)。

上九　⬚观其生,⬚君子无咎。

(上九)人们应该从对别人功过是非(其生)的评判中,把握事物发展变化的规律(观),并做出做正确的决策。这是人中俊杰(君子)应该做的事情(无咎)。

四、补记

【黄裳之拜】本卦中的"观",与上一卦的"临",都强调"视、看",但"视、看"的着眼点不同。"临"强调"视野",即把握事物的"空间"组成和结构,而"观"则强调洞悉事物发展变化的"过程",即把握事物发展的"时间"趋势和规律。也可以说,**"临"强调观察事物的"空间(x、y、z)分布",把握其"空间特征";而"观"强调观察事物的"时间(t)分布",把握其"时间特征"。**

夜深人静的时候,我在冥冥之中深切地感受到,文王老爷爷已经意识到了事物发展的"空间"、"时间"特征,及其之间的相互关系和差异。对此,也许有人会认为是牵强附会,无原则地拔高了老爷爷的智慧,但我认为,在"晋"、"升"、"复"、"观"卦中,有充分证据表明,周文王对"时间、空间"问题有过深入思考。通过比较我们将看到,"临"卦讨论"空间(x、y、z)的结构","晋"卦讨论"平面(x、y)的扩张","升"卦讨论"竖向(z)的升迁";"复"卦讨论"时间的回溯(-t)",而本卦讨论"时间的前瞻(+t)"。请大家仔细对比"临、晋、升、复、观"各卦中的"时、空"概念,就能理解老先生三千多年前的深刻。

【班门弄斧】这样看来,文王老爷爷将"临"和"观"卦安排在一起,也许是有深意的。但这种含义,却绝不是"十翼·序卦传"中所谓的"……蛊者,事也。有事而后可大,故受之以临。临者,大也。物大而后可观,故受之以观。可观而后有所合,故受之以噬嗑……"等等胡说八道。历史上,"序卦传"的胡说八道不知将多少人引入了歧途,与"十翼"的其他篇目相比,如果其他篇目尚有一些可取之处的话,

"序卦传"则一无是处。

【哲理漫说】"临"卦中,老爷爷针对不同人群,分别提出了"咸、甘、至、知、敦临"五种从空间上观察事物的策略或方法,是对人们如何把握大局的提示、引导或要求。而"观"卦中,老人家同样针对不同人群,提出了"童观,窥观,观我生,观国之光,观其生"五种从时间上"前瞻"事物的方式或要求。其中,童观、窥观指两类人观察事物方式的一般规律,其他则是对另外四类人观察事物提出的要求。

"观我生,观其生"不难理解,其完整的表述应该是,"观,依据我的人生经验","观,依据他人的是非功过"。但"观国之光,利 用宾于王",却不知难倒了多少人,给出了多少荒谬的解释。其实,"观国之光"就是观察一个国家荣辱兴衰的征兆;如果能够根据观察的结果,准确把握一个国家荣辱兴衰的先兆,你自然就是国君们的座上宾。

后世最著名的"观国之光"的例子,莫过于诸葛孔明的"高卧隆中"。诸葛孔明在"躬耕南阳"时,就在"观国之光"的基础上,准确把握了天下难以统一的征兆,看出了"天下三分"的大趋势,从而以其"隆中对"成了刘备的座上宾。但孔老夫子终其一生似乎也没有修炼到如此的火候,周游列国时屡屡吃闭门羹。也许诸葛先生正是汲取了孔老夫子的经验教训,才不愿意去侍奉如日中天的曹操、孙权,免得落个吃闭门羹、坐冷板凳的下场。为什么诸葛先生取"孔明"为字,也许多少与此有关吧。若果真如此,诸葛先生可能真正理解了"观国之光"的真谛。

淡淡一笑。

21. 噬嗑（火雷）——贪婪嘴脸

一、原文

噬嗑　亨。利用狱。

初九　屦校灭趾。无咎。

六二　噬肤灭鼻。无咎。

六三　噬腊肉，遇毒。小吝，无咎。

九四　噬干胏，得金矢。利艰贞，吉。

六五　噬干肉，得黄金。贞厉，无咎。

上九　何校灭耳。凶。

二、注释

【卦象玄机】"火上雷下"。单卦：上卦为火，指眼睛里冒出凶光；下卦为雷，指喉咙里发出可怕的吼声。叠卦：火上雷下，没有相应的自然现象。卦象令人联想到这样的情形：老虎、狮子等动物捕获猎物后，为了保护猎物，面对前来抢夺猎物的同类，眼里冒着凶狠的目光，喉咙发出雷鸣般的吼声，试图吓退对方。参见图噬嗑－1。

人们又何尝不是如此？有几个人会把到了嘴里的肥肉让别人抢走？

【卦名意境】噬（shì）嗑（kē）：噬，咬；吃，吞食；侵吞。嗑：闭，合；何以，为何；喝。噬嗑，本意指闭嘴大嚼的样子，本卦中指人们的贪婪之相。

【本卦主题】眼睛死死盯着别人碗里的肉，嘴不露齿地大嚼着自己碗里的东西。嚼不露齿之状,引申为"贪而不露"。

图 噬嗑-1 恐吓对方的狮子,眼露凶光、喉咙低吼。

【各爻角色】各阶层人士。

【字词释义】

屦(jù):麻、葛等制成的鞋;穿鞋。

校(jiao):古时枷械类刑具的总称。

趾:脚;脚指头;踪迹。

胏:带骨的肉。

何校:何,通荷,负荷,戴。何校,戴上枷具。

三、今译

噬嗑:目露贪婪之色,眼睛死死盯着;嘴里大嚼大咽,闭唇而不露齿。噬嗑者,贪婪也。借用一个时下流行的调侃句式就是,噬嗑这种事,搞好了就是锲而不舍、矢志不渝;搞得不好,就是欲壑难填、贪得无厌。

㊉亨。㊀利用狱。

如果人们锲而不舍,就可顺利发展(亨);若是贪得无厌,就要用牢狱之刑(利用狱),加以惩戒。

初九 ㊀屦校灭趾。㊉无咎。

对于小民百姓(初九),贪婪之性根深蒂固,往往经受不住一些蝇头小利的诱惑,干出些偷鸡摸狗的事情来;即使被人抓住痛打一顿,甚至被戴上了脚镣(屦校),也会好了伤疤忘了痛,甚至把脚镣留下的痕迹擦掉(灭趾),再去干同样的勾当。但这对于家无隔夜之粮、身无裹体之衣,整日为生计奔波,穷困无助的黎民百姓来说,也怪不得他们(无咎)。

注:对"灭趾"一词,上面解释为抹掉行走过的痕迹,也可理解为被剁掉了脚趾以示惩罚。虽然两者意义相去甚远,但在本卦的大背景下,爻辞全句的意义却基本相近,都能得到合理解释;但前者似乎更为合理。

六二　㊎噬肤灭鼻。㊋无咎。

对于小有人家(六二),虽小有家财、衣食无忧,但仍会贪婪地抓住一切机会,占有更多的财富。人们对财富占有的贪婪之状,就像吃不掏钱的肉,恨不得一大口咬下去(噬肤)连整个鼻子都陷进肉里去(灭鼻)。唉,这也无可指责(无咎)。

图　噬嗑-2　搞笑图片,想象一下"噬肤灭鼻"的情景

六三　㊎噬腊肉,遇毒。㊋小吝,无咎。

对于大户人家(六三),虽然财力雄厚,但其贪婪本色却丝毫不减。对于财产占有的贪婪,就像吃肉一样:鲜肉吃不完就腌成腊肉;腊肉腌制得太多了,又怕放坏了可惜;于是,在不断把鲜肉腌制成腊肉的同时,却拼命地吃即将放坏了的腊肉(噬腊肉);即便是因为吃了已经变质的腊肉,把肚子都吃坏了(遇毒),也舍不得丢掉或与别人分享。这虽然让人小有不爽(小吝),但也无话可说(无咎)。

图　噬嗑-3　现在的腊肉。不知古时的腊肉是什么样子?

九四 ㊂噬干胏,得金矢。㊍利艰贞,㊉吉。

身为人臣(九四),干的这份差事虽然令其他人垂涎欲滴、望眼欲穿,但个中的艰辛却只有自己知道。干这份差事的艰难程度,就像啃食风干的骨头(噬干胏),虽然上面带着一点肉,但却劳神费力、伤唇苦齿,食之不饱、弃之不舍。但其所以死死地咬住这份差事不放,是希望得到意外的收获,这就像啃骨头时,总期待着能够吃出(射杀猎物时遗留在骨头里的)青铜箭头(得金矢)。唉,到了位极人臣这个份儿上(利),只有咬牙坚持了(艰贞)。能够坚持,也许真能吃出一个金箭头来,自然是值得庆幸的事情(吉)。

图 噬嗑-4 肉骨头,风干了可能就是"干胏"。

六五 ㊂噬干肉,得黄金。㊍贞 ㊉厉,无咎。

身为王侯(六五)看似风光,可谁知为王者的苦衷?家事国事天下事,事事都关己,风花雪月天伦乐,哪个敢沉溺?稍不留神,就会社稷不稳、王位难保。身为王侯这等事,犹如啃食干肉(噬干肉),咬不动、弃难舍,所能期待的,就像希望天上掉馅饼一样,期待着从干肉里竟然能吃出黄金来(得黄金),得到意外的惊喜。对王位恋恋不舍(贞),真是令人心力交瘁啊(厉),但这又能怪谁呢

图 噬嗑-5 "干肉"。没有好牙齿,就别揽这活。

（无咎）？

上九　㊣何校灭耳。㊣凶。

对于那些有功的权贵们（上九），往往贪恋权力带来的荣华富贵，不肯识相地自动退出历史舞台；或者即使名义上退出了权力中心，但却暗中作祟，以图重现往日的辉煌岁月。如果这样做，等待你的将是连耳朵都会遮盖（灭耳）的厚重枷锁（何校），再想逃脱，基本无望。果真如此，那可就大祸临头了（凶）。

注：这里的"灭耳"一词，类似于初爻中的"灭趾"，也可以有两种解释。一是厚重的枷具，又厚又大，连耳朵都遮盖了。二是不但戴上了枷具，连耳朵也被割掉了；或者戴枷锁的时间太长了，连耳朵都磨掉了。两种解释的含义都能说得通。

四、补记

【黄裳之拜】本卦可以说是一篇典型的心理学著作。老爷爷细致入微的观察，高屋建瓴的归纳，生动深刻的描述，传神会意的形象，跃然纸上，淋漓尽致地表现了一位伟人的超人智慧，及其传神入化的文字驾驭能力。

【主题乱弹】"火上雷下"这一卦象，很难找到对应的自然现象。面对这一卦象，老爷爷的脑海中可能会出现两种景象。一是如虎、豹、豺、狼等食肉动物，一旦捕获一只猎物，若有其他动物胆敢靠近想抢夺胜利果实，它们眼中会流露出一种可怕的凶光（火），喉咙里发出可怕的警告声音（雷），摆出一副誓死保卫既得成果的架势，试图恐吓对方，令其知难而退。二是贪婪的人，一旦出现可以获取利益（如食物）的机会，便不顾一切地扑上去抢到一块，一边嘴里大嚼大咽（雷），一边眼里死死地盯着（火），试图再获得更多的份额。这些景象，都会令人联想到那些贪得无厌、欲壑难填的人的嘴脸；于是，老先生选取了噬嗑（嚼不露齿）这一动作形象，表达人们的贪婪状况。

【哲理漫说】当然，贪婪是人的本性，哪个阶层的人士都有贪婪之心，这本无可厚非。但如果过分了，就为道德所唾弃、为法律所不容。故在卦辞中，老先生对贪婪的态度也有两种：对贪婪有度，能够坚守道德底线者，为"亨"；而对贪得无厌，罔顾道德，损人利己的行为，要"用狱"予以惩戒。

初爻的"屦校灭趾。无咎"和上爻的"何校灭耳。凶"，分别对应小民百姓，和曾经权倾朝野但已"过气"的权贵们。两者贪婪的动机，显然不可同日而语。一个是为家人果腹,维持最基本的生存权利,一个却贪恋曾经显赫的风光,图谋颠覆朝纲、国法;一个为老百姓所不容,一个为当权者所不容。其结果虽然都是锒铛入狱,刑具上身,但一个的行为"无咎",很快可以重获自由;一个却是"凶",再想有出头之日,只能在梦中了。简单几个字的差异,却揭示了多么巨大的命运差异!

"噬腊肉,遇毒"一句,把富有人家(三爻)那种贪得无厌的神态,刻画得细致入微、栩栩如生:一方面新鲜的肉吃不完,不断地制成腊肉;另一方面,害怕堆积如山的腊肉放坏,放着鲜肉不吃,却拼着老命、可着劲儿的吃腊肉;哪怕腊肉已经变质,吃坏了身体也在所不惜。唉,现在的人,何尝不是这样呢?

"噬干胏,得金矢"(四爻)与"噬干肉,得黄金"(五爻),则把笼罩在那些威震四海、令人仰慕的帝王将相身上的光环,剥得一丝不剩!将其无奈的神情,活脱脱地摆在了世人面前。在常人的心目中,帝王将相们呼风唤雨、风光无比,令人垂涎不已;可实际上,他们的"那份工作"不但劳神费力、还讨人嫌,满意的人少、骂娘的人多。按说,他们的财富和地位,足以让他们过一辈子舒舒服服地好日子,可是,却没有一个人会心甘情愿地放弃自己的地位和权力。例如,现在的"地球球长"奥巴马先生,虽然已经把满头的黑发熬煎得有些斑白,却干了一届还要干一届。他们为什么对其地位如此恋恋不舍呢?老爷爷给出的解释是,这些人其所以像"啃骨头、嚼干肉"一样,虽然无比艰辛、但却恋恋不舍"那份工作",是期望从骨头、干肉里吃出金矢、黄金来,得到意想不到的回报。这样的解释虽然不一定得到大家的认可,却也可能是当时政治环境下,帝王将相们的心理写照。

【黄裳再拜】最令人击掌叫绝的是"噬肤灭鼻"!就是在吃一大块肉的时候,狠狠地咬一口下去,连鼻子都陷到肉块里去!好一个"噬肤灭鼻"!把小人物不顾礼义廉耻的贪婪神态,刻画得惟妙惟肖、活灵活现、生动传神,读来不禁令人击掌叫绝。

试想当今社会的人们,追名逐利的贪婪之状,有几个超越了老爷爷3000多年前为其刻画的脸谱?无语。

【史海寻贝】另外,文中出现了"腊肉,干肉,干胏"等食物,说明腊肉、干肉等食物在当时已经普遍存在了,相应的制作方法也已成熟。但奇怪的是,如今的关中地区基本不出产腊肉、干肉等,不知何故。也许这里的"腊肉",就是今天关中常见的"腊汁肉",而不是我们常说的用盐腌制的腊肉?

还有,文中与"金矢"一起,还出现了"黄金"一词,且"金矢"与"黄金"分别对应于"将相"和"王侯"这样不同等级的人群,暗示"黄金"似乎比"金矢"更为珍贵。

据此推断,"金矢"中的"金"与"黄金"中的"金",应该有不同的含义:前者很可能指"铜"或"青铜",后者可能指今天所说的"黄金"。据 2012 年上半年 CCTV10 播出的某档节目称,与周初大体处于同一历史时期的以色列所罗门王朝(?)已经大量使用黄金了。也许,周初已经有"黄金"了,期待相关学者考证。

　　附注:2013 年 12 月我有幸参观了山西省博物馆。馆藏文物表明,远在公元前 16～前 11 世纪的殷商时代,已经出现了"黄金"饰品(参见图 噬嗑-6)。因此,五爻中的"黄金",应指现今意义上的黄金。

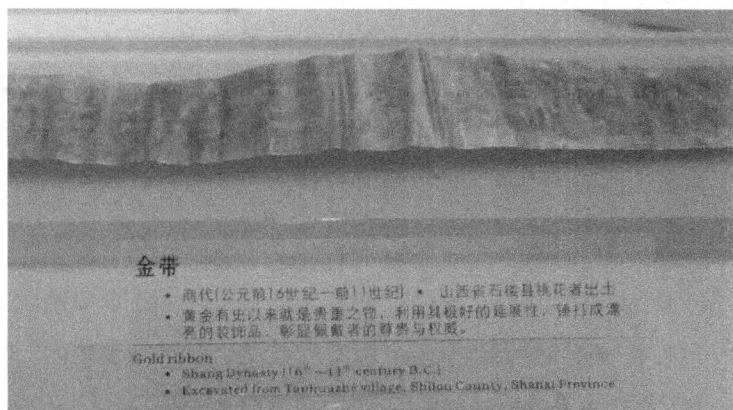

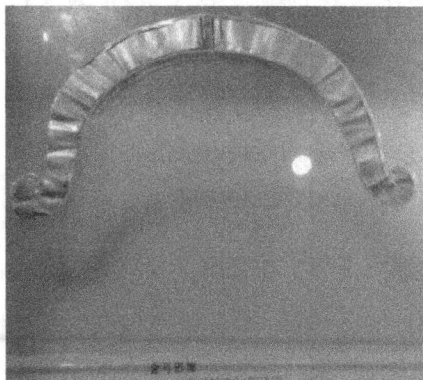

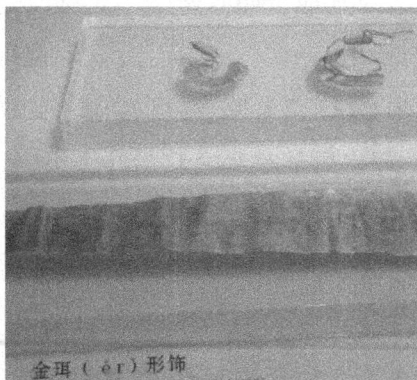

图　噬嗑-6　殷商时期的金饰品

　　另,本卦中出现了"狱",这也许是中国历史上第一个有关"狱"这一限制人身自由场所的文字记载。这对研究中国的司法历史,可能具有一定的意义。

　　【文苑拾珠】本卦中的"屦校灭趾"、"噬肤灭鼻",对刻画小人物的屡戒屡犯、屡教不改的贪婪行为及其贪婪的嘴脸,可谓入木三分、惟妙惟肖,可以当作成语来使用。

22. 贲(山火)——娱人悦己

一、原文

贲　亨。小利,有攸往。

初九　贲其趾,舍车而徒。

六二　贲其须。

九三　贲如濡如,永贞吉。

六四　贲如皤如,白马翰如,匪寇婚媾。

六五　贲于丘园,束帛戋戋。吝,终吉。

上九　白贲,无咎。

二、注释

【卦象玄机】"山上火下"。单卦:上卦为山,指高山;下卦为火,指烧荒开垦的火。叠卦:山下有火,指山上观火,观火者应在山上,且无火灾殃及自身之虞。山上观火,因为火的装饰,大地平添一丝绚丽风景。

图 贲-1 山下有火(放火烧荒),

【卦名意境】 贲:文饰,装饰很美。意为刻意装饰、打扮。

注:"贲"在近、现代关中方言中,似乎未见使用,故取字典释义。可以讲通。

【本卦主题】 适当打扮,取悦、炫耀于人。

【各爻角色】 各阶层人士。

【字词释义】

趾:此处指脚趾。

徙:迁移;转移,变化;调动,调职;流刑,把犯人流放到边远地方;夺取。此处意为徒步行走。

濡:浸湿;滋润;迟缓。此处指滋润、满足的样子。

皤:白;大。此处指规模宏大,奢华。

翰:锦鸡;鸟羽;毛笔。此处指用锦鸡的华丽羽毛进行装饰。

帛:古代对丝织物的总称;写在帛上的文字、书信。此处指装饰用的丝织物。

戋戋:戋,小,少。戋戋,形容少,小。另一说"戋戋"指多,大量。本卦中取后者似乎更为妥当。

三、今译

贲:在力所能及的情况下,适当点缀、打扮、装饰自己,取悦自己,炫耀于人。

㉠ 亨。㉡ 小利,有攸往。

适当打扮自己,装点一下门面,一方面可以增强自信心,让自己容光焕发、精神昂扬、风度翩翩;一方面也可以令人刮目相看、不敢小觑。故,适当打扮可以亨通顺利(亨)。即使为了一些小事(有攸)而求人(往),也应适当(小)打扮后(利)再前往,而不要一副邋里邋遢、窝窝囊囊的样子就去见人。

初九 ㉠ 贲其趾,舍车而徒。

小民百姓(初九),因其家贫却又怕被人瞧不起,常有浅薄、可笑、可悲、又可怜的装扮或举动。例如,为了在人前显摆自己穿着一双新鞋(贲其趾),即使有车坐,也宁可徒步(而徒)而不愿乘车(舍车)。

六二　㋜贲其须。

小有人家(六二)的男子汉,都想成为美髯翁,把自己的胡须(其须)修饰得(贲)漂漂亮亮,以显示出美男子的风度。

九三　㋜贲如濡如,㊌永贞　吉。

大有人家(九三)过着满意而富足的生活,总要把自己打扮得(贲如)体体面面、滋滋润润(濡如)。若能够长期(永)保持这等生活状况(贞),就让人心满意足了(吉)。

六四　㊌贲如皤如,白马翰如,匪寇婚媾。

身为将相(六四)等权贵人家,且不说人的穿衣戴帽极尽奢华,即使是其屋宇也会装饰得(贲如)大气而华美(皤如);就连其乘坐的高大白马(白马),也会打扮得犹如锦鸡(翰如)一样绚丽多彩,虽然并不是(匪)为了(寇)娶妻迎亲(婚媾)。

六五　㊌贲于丘园,束帛戋戋。㋤吝,终吉。

王侯之家(六五),即使对后花园(于丘园)也会进行华丽的装饰(贲);因此,厅堂之内尽悬丝帛(束帛),华丽壮美无比(戋戋)自不在话下。如此奢靡浪费,会让心系百姓疾苦的有道仁君感觉不爽(吝);但如果人民能够长期安居乐业,社会安定、社稷无虞,以这样的方式显示社会的安定、繁荣,也是令人高兴的事情(终吉)。

上九　㊌白贲,㋤无咎。

对于昔日的权贵(上九),如果子女不肖,便不能守住先人留下的基业,家道中落而没有能力对居所进行任何装饰(白贲),又能怪谁呢(无咎)?

四、补记

【东拉西扯】我以为本卦初爻的爻辞最为精彩,甚至勾起了一段辛酸的记忆。好一个"贲其趾,舍车而徒",将处于穷困之中的小民百姓,那种囊中羞涩还想臭美的虚荣心理,刻画得活灵活现、栩栩如生。

"贲其趾"的字面意思为装扮脚趾头,大概相当于今天的"美甲",就是在手指甲、脚趾甲上涂抹油脂或点缀图案。不知周初时是否有像今天一样的"美甲"风俗？这里,暂且把穿一双新鞋也看作当时的一种"美甲"方式吧,从意思上也能说得过去。

【岁月留痕】记得小时候(20 世纪六七十年代)整个社会物资匮乏,农村生活更是艰辛。那时候的家乡,小孩子们往往在过年的时候才能得到一套新衣服、一双新鞋子,平时,很难有穿新衣服的机会。大孩子穿不了的衣服,小一点的孩子接着穿;衣服打补丁是司空见惯的事情。鞋子,基本上是手工制作的布鞋。由于男孩子"匪事"(不安分,爱动,调皮捣蛋),一双新布鞋大概穿不到一个月,就会露出脚趾头;补一补接着穿,直到鞋底前后磨出两个大洞,无法再穿为止。那时候,如果能够得到一双新鞋,特别是新买的"球鞋",就会像宝贝一样的加以珍惜,恨不得晚上睡觉时也搂在怀里。穿上新鞋后,总是有意无意地在人前显摆,生怕别人没看见。在当时,真的能够做出"贲其趾,舍车而徒"的傻事啊。即便是现在,有些贫困地区的小孩,也会为有一双新鞋而兴奋不已,参见图贲 –2。

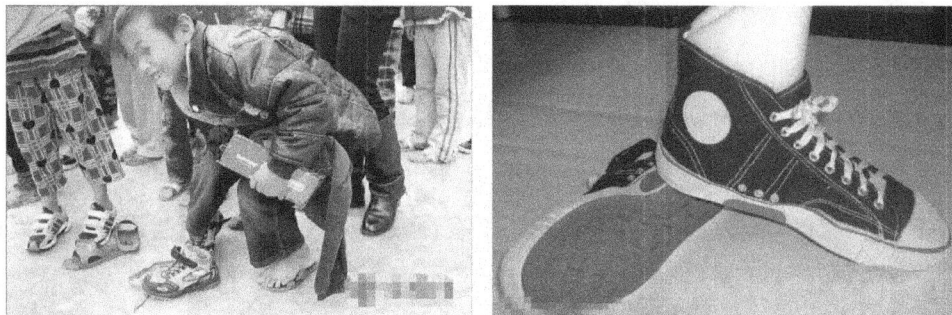

图　贲 –2　穿上新鞋的喜悦(左)与记忆中的著名品牌"球鞋"(右)

至今我还清晰地记得,拥有平生第一双新球鞋时的兴奋心情,那种激动简直无以言表!比图中的小孩还兴奋!那可是一双当时知名品牌的球鞋啊(哈哈,就是右图那种款式,纯白色。好不容易在网上找到的!)恨不得马上穿出去在人前显摆,特别是希望自己心仪的女孩子能够注意到。但是,却舍不得穿;将它仔细包好,放在"最安全"的地方,有空还要拿出来仔细端详半天。后来,真的穿脏了以后,便极其仔细认真地洗净、晾干,再用"从学校偷来的粉笔"涂白…

唉,相信经历过困苦岁月的人们,对此多少都会有一种无以名状的感受。但愿我们的子子孙孙,不再有这等令人心酸的记忆。

【哲理漫说】美髯,可能是中华文化中男性美的一个重要标志,历史上不乏鼎鼎大名的美髯翁。即便是现今的传统戏曲里,男子大都美髯飘飘,可能便是遗风。记得小时候,村里还有白须飘飘的老者,倒也给人一种仙风道骨的感觉,令人肃然起敬。这可能是"贲其须"的缘由吧。

"贲于丘园,束帛戋戋"指的是王侯家的气魄。拥有丘园的人家,自然不是一般的老百姓。用"束帛"来装扮丘园,由于风吹雨淋,很快就会失去装饰的作用,倒是会有一种破败的景象,似乎不大可取。所以,"束帛戋戋"应不是指"贲""丘园"的方式,而应是厅堂等室内的装饰方式。故在上述解说中,将本句拆为了两层含义。

其他各爻,无须赘言。

23. 剥（山地）——抑人显己

一、原文

剥　不利 有攸往。

初六　剥床以足。蔑贞 凶。

六二　剥床以辨。蔑贞 凶。

六三　剥之，无咎。

六四　剥床以肤，凶。

六五　贯鱼。以宫人宠，无不利。

上九　硕果不食。君子得舆，小人剥庐。

二、注释

【卦象玄机】"山上地下"。单卦：上卦为山，指在水流、风沙等的长期"冲刷、风蚀"作用下，原本较为平坦的大地上，逐渐凸显出来的"山"一样的地貌单元。例如，美国科罗拉多大峡谷（参见本卦后面所附的照片）中耸立的"山峰"，或峡谷两岸"形状如山"一样的边坡。下卦为地，指"山峰"、"形状如山"的边坡脚下，比较平坦的"大地"——其实是宽阔的谷底。叠卦：上山下地，指因水流等不断剥蚀大地，逐渐凸现的"大山"。

【卦名意境】剥（bao）：去掉果实外面的壳或皮。剥（bo），割裂；削；去皮、壳；脱落；除去，夺去。本卦中意为不断压制、削弱别人的势力，从而凸显自己。

【本卦主题】如果想要像大地上的山丘一样出人头地，可以把周边的不利因素逐渐剥去，从而显出自己的高大形象。此处的剥，是"削弱别人，凸现自己"的意思。

【各爻角色】各阶层人士。

【字词释义】

床：今指卧具；古指坐具。此处应指坐具。

注：关中之地，卧具以"炕"为主，以前鲜见有"床"。有些电影作品中，直到秦汉之际似乎还没有供人就座的"床"，而是席地而坐。根据本卦意境，这些影视作品似乎不符合史实。

蔑：消灭；无；轻视。此处指轻视，漠不关心。

辨：区别，辨认；明晰，清楚；通"辩"，论辩，辩解；动听的言辞；巧言，善言辞。此处通"辩"，指巧言，引为伶牙俐齿。

肤：古亦指肌肉。

贯鱼：贯，古代穿钱的绳子；钱币单位，一千枚钱为一贯；串联，穿通等。贯鱼，指用绳子穿在一起、首尾相接的鱼。其含义接近或类似成语"鱼贯而入"。此处意为：（文武百官）首尾相接，一副顺从、守规矩的样子。参见图剥－1（抱歉，找不到首尾相接的图片，想象一下）。

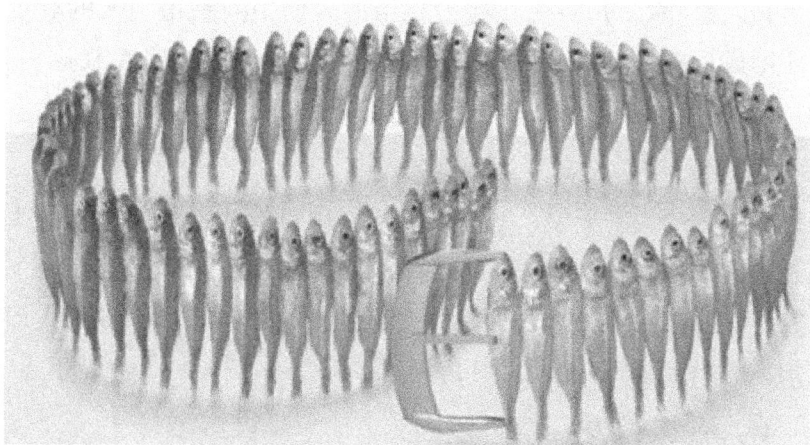

图　剥－1　"贯鱼"示意图

舆：车；轿；大地，疆域；古吏卒；众，多。此处指车，隐指地位。

注：现在的人们往往以座驾（汽车）彰显身份，与此处的"舆"有类似的作用。

庐：田间的小屋；简陋的房舍；古代沿途迎候宾客的房舍；居住；寄居。此处指简陋的房舍，可能指小窑洞。

三、今译

剥:削弱别人,凸显自己。

㊢不利 ㊫有攸往。

以压制、削弱别人为手段来凸显自己,不是一种可取的方法(不利);但在有必要(有攸)的情况下,也可以采用(往)。

初六 ㊝剥床以足。㊫蔑贞 ㊢凶。

对于小民百姓(初六),要想在众人面前赢得一席之地(床),得到别人的尊重(有自己的座位),就要靠自己的"拳脚"实力(以足)打压别人,迫使别人服从你、尊重你(剥)。如果不重视(蔑)保持(贞)这种实力上的优势,就只有被别人打压的份儿了(凶)。

六二 ㊝剥床以辨。㊫蔑贞 ㊢凶。

对于小有人家(六二),要想在势力相当的人们中间获得别人的尊重(床),要靠你的伶牙俐齿(以辨)来压制别人(剥),显示你的才能、使人服你。如果轻视(蔑)保持(贞)这种口才上的优势,就只能听从别人的摆布(凶)。

六三 ㊫剥之,㊢无咎。

对于称雄一方的大有人家(六三),你的周边没有旗鼓相当的人家与你争雄,不需靠压制他们来抬高你的地位。你所需要的,只是压制、削弱近旁的小有人家和小民百姓,保持你的显赫地位。因此,要不断打压对你不恭不敬的人(剥之),别让他们骑到你的头上来,这样做无可指责(无咎)。

六四 ㊝剥床以肤,㊢凶。

对于位极人臣之人(六四),要想在同僚之间建立自己的威望和地位,要依靠你的人品、智慧等综合实力。如果仅仅依靠蛮力(武力)为手段(以肤),恐吓、威胁别人顺从你(剥),想要在同僚之中建立自己的权威(床),就会有凶险(凶)。

六五 ㊎贯鱼。㊝以宫人宠,㊢无不利。

身为王侯(六五),要以强硬的手段使文武百官犹如被穿起来的鱼儿一样(贯鱼),绝对服从你的权威,俯首帖耳地听从你的差遣,而不可放任其自以为是、各自为政。对于照顾你饮食起居的宫人(以宫人),应恩威并济,使其对你悉心照料、爱戴有加(宠),而不可使其心怀叵测,妄图加害于你。能够做到这一点,则无不利(无不利)。

上九　求硕果不食。翩君子得舆，小人剥庐。

人们（上九）应该珍惜通过打压别人得到的荣誉和财富（硕果），不可挥霍靡费（不食）。对于能够珍惜这些荣誉和财富的君子（君子），你所取得的成就会保障（得）你的地位（舆）永固；而不能够珍惜的那些无道小人（小人），到最后，可能会为给自己挖一个（剥）栖身的"简陋窑洞（庐）"而劳神费力。

四、补记

【主题乱弹】"剥"卦是令人费解的一卦，而其卦象更是让人摸不到头脑。

按照"山立地上"的卦象，以"剥"为名，自然令人想到山体逐渐剥落的情形，直到山体化于无形。因此，"剥"是一个事物逐渐消亡的缓慢过程。这样理解，无可厚非。事实上，古往今来的绝大多数人，都是按照这一思路理解"剥"。可惜的是，这的确错了。

山立地上是非常常见的现象，与"剥"联系起来，老先生想说什么样的意思呢？要理解老先生的意图，先要搞清楚一个非常可笑的问题，那就是什么是"山"？

大家都知道"山"，但却不一定能给出"山"的确切定义。《古今汉语词典》给出的定义是："地面上由土石构成高耸的部分"。这显然是一个"人文的定义"，而不是一个"科学的定义"，看似明白无误，实际上含混不清。且姑妄听之吧。

如果在"一大片平地"上，出现一个由土石形成的高大突起物，把它叫作"山"大家基本上不会有意见；但如果在"一大片平地"上，突然出现一道深沟，要把深沟的"边坡"叫作"山"，很多人就不会同意了。但是，如果这条沟的底部很平坦，也是"一大片平地"，那么，住在这"一大片平地"上的人，就会把沟的"边坡"看成是"山"。这样讲，也就能说得过去了。事实上，有些"山"确实是因为"冲、蚀"过程而逐渐显露出来的！换句话说，"剥"也可以是一个事物逐渐形成的缓慢过程！——例如，浮雕。

考虑到这样的理解，"山"的形成大体可分为"地质成因"和"地表成因"两类（请地学方面的专家批评指正）。

所谓"地质成因"即地质上的造山运动，包括板块运动、挤压，火山喷发等等。

所谓"地表成因"，有"堆积"与"剥蚀"两种性质不同的过程。堆积过程可以包括：冰川的搬运与堆积过程（如冰碛垄），风力的搬运与堆积过程（如沙丘）；剥蚀过程可以包括：冰川的切削与侵蚀，风力剥蚀，水力剥蚀、冲刷等过程。剥蚀过程其实是形成了"深谷"，从"谷底"来看，"谷的边坡"犹如山一样。也有一种特殊情况，就是在剥蚀过程中，较硬的"核"保留下来形成"小山丘"，如新疆乌尔禾魔鬼城（参见图剥-2）。

图 剥-2 新疆乌尔禾魔鬼城的风蚀地貌

老先生在"大畜"卦中，把"山"的形成看成是一种缓慢的堆积过程；而在本卦中，老先生已经清楚地表明了，剥蚀过程也能够形成"山"。这应该是一个了不起的认识。

陕西关中地区，主要是由风力搬运的黄土堆积而成的黄土高原。高原在水力冲刷、剥蚀作用下，形成了纵横交错的沟壑。随着沟壑的不断切割、发育，高原的顶面变得支离破碎，有些地方的地貌甚至已经成为山区。但站在高处可以看到，这类山区的各个山头基本上处于同一高度，如果把它们连接起来，大体就是原来的高原表面了。在"卡丹地貌"中（如新疆"乌尔禾"魔鬼城），也可以见到因风蚀作用形成的"山"。

因此，本卦中的"山立地上"可以理解为，不断剥蚀"山"脚下的"地"，"山"就可以逐渐立于"地"上，且越来越高大。这其实就是老先生想说的"剥"的意思。

针对人类社会的情形，如果你能够把别人全都打压下去（剥），你就能够像"山"一样凸显出来。其实，"压制别人，凸显自己"是一种常见的社会现象。如此一来，卦、爻辞就好理解了。

【岁月留痕】再说对"床"的理解。

后世很多人，把本卦中的"床"理解为"睡觉用的卧具"，这是不正确的。实际上，关中地区供人们休息、睡觉用的是"炕"，而不是现在所说的床。作为卧具，"床"进入关中地区应该是晚近的事情。

按照比较权威的解释，"床"最初是坐具。不难想象，周初时能够拥有专属于自己的"床"（一席之地）的人，一定是有身份、有地位的人，一般人没有资格享有专用的"床"。那么，要想在同阶层的人面前拥有自己的"床"，也就是有资格在别人面前"坐着"（别人只能站着），就要靠自己的本事把别人压制下去，才能把自己显示出来。这就是本卦中"剥床"的意思，即，通过压制别人，为自己赢得"坐"的权利。

忽然想起英文中有个词"chairman"，即坐在舒适椅子上的人，常被翻译为"主席"。如果把洋人的"chair"视作中国古时的"床"，那么，"剥床"就大体相当于洋人的"obtain a chair for himself by power"。

【哲理漫说】我们也可以通过分析以往的解释，来反证上述观点的合理性。

各爻的爻辞中，"剥床"出现了三次，分别对应于小民百姓（初爻）、小有人家（二爻）和将相人家（四爻）；而"剥床"的手段，分别是"足，辨（有的版本为辩），肤"。按以往的观点，如果把"床"理解为睡觉的家具，把"剥"理解为剥落，"剥床"就是把睡觉的床搞坏。要想把床故意搞坏，经过"长时间坚持不懈的努力"，用脚、用肤有可能把床搞坏；但如何用"辨"把床给"区分、辨别"坏，或用"辩"把床给"说"坏，实在难以理解。所以，有人（据说是郑玄）就说了，"辨"就是"足"上边的那部分小腿。哈哈，这样似乎就能够自圆其说了，即把床的破损都归结为"外力"的作用。但是，无论如何，一个好好的床，为什么非要用外力故意把它搞坏呢？周文王老爷爷吃饱了撑得慌了，没事儿研究起如何把床搞坏的规律来了！而且，还想用床如何损坏的规律，来说明一些"深奥的哲理"！这实在是滑天下之大稽，硬是把老爷爷的智慧看成是不入流的下三烂了。实在可恶。

再说爻辞。

在文王老爷爷的脑海中，"剥"这种"逐渐显露自己"的过程，在人类社会中有什么样的表象呢？老爷爷想到了打压别人以显示自己（强行使别人认可）的情景，因此一连用了三个"剥床"。而打压别人的方法，根据其自身的社会地位，分别是采用"蛮力"（初爻，足），"智力"（二爻，辨）及"强力"（四爻，肤，肌肉）；但对"剥"的后果却有不同评价，认可"足"和"辨"的方式，而要警惕"肤"的方式。想想看，这几种手段、方式及其效果，确实与相应人群的社会地位非常符合。

例如，前些年那些欺行霸市、强收"保护费"的小混混们（初爻），结成帮派，靠的就是一种不要命的架势，用不讲道理的蛮力（拳脚），迫使那些怕事的人屈服。久而久之，这帮人到所到之处，也会受到那些想要息事宁人的人们的"尊重"（剥床以足）。这些帮派一旦解散，每一个单独的帮派成员都失去了欺负别人的实力，就可能受到那些曾经被欺负过的人的报复，只剩下落水狗般的可怜相（蔑贞 凶）。

现在社会上，有些人凭着伶牙俐齿、巧舌如簧，也混得人模狗样（二爻）。如果有人胆敢挑战他们的"权威"、向他们发难，他们便会使出泼妇的劲儿来，把你骂得狗血淋头、吐血不止，别人只能退避三舍了。现在网络上经常上演这样的剧目，不是吗？这大概就是现代版的"剥床以辨"吧。

现在有些官员（四爻），为了在同僚中间树立自己的"威望"，往往炫耀"肌肉"般的以自己强硬的后台，或强大的社会关系网吓唬别人（剥床以肤）。可叹的是，对这样的人还真有人买账；更可叹的是，还真有人为其"罩场子"。遥想当年，这样做是行不通的，所以老先生才说，这样做的后果是"凶"。世道变迁、世事难料，如果老先生活在当今，不知做何感想？

对于地方豪强（三爻），由于称霸一方，在其他盘上无人与其争雄，也就是说他们本已有了坚固的"床"，故无须再去"剥床"，而只需"剥之"，即不使别人威胁其地位即可。这也是现代人为稳固其地位，而惯常采用的一种方法。例如，谁敢挑战某"大佬"的权威，"大佬"就会对"马仔"发话："去，把 XXX 给收拾了！"于是，XXX 就很快被削平了。这就是"荡平一切障碍"的"剥"。

对于王侯（五爻），要"剥"的对象，肯定是文武百官及其宫人中那些不顺从、不听话的刺儿头，而不是黎民百姓，也不是其他王侯。老爷爷指出，对于王侯，应通过"打压"的手段使百官顺从，要让他们像串在一起的鱼（贯鱼）一样，听从你的指挥、任凭你的摆布；而对于伺候你的宫人，则要采用"笼络"的手段，"剥"去她们对你的憎恨情绪，使其对你死心塌地、关爱有加（以宫人宠）。

上爻可以指功成身退的国之重臣，也可以说是全卦的总结（上述解说中取了后者）。对于前者可理解为：由于你已经"身退"，已经失去了"剥"的手段和资本，故已经没有能力再"剥"了，只能吃老本了，故要"硕果不食"。如果能够有计划的利用好"老本"，还能在世人眼中保留应有的尊严；如果把"老本"很快挥霍一空，就可能沦落到"豪宅换小屋、小屋换草房、草房屋换土窑"的下场（这样的例子就太多了）。显然，两者都能说得通。

【东拉西扯】关于占卜。

不知从何年何月起，《周易》得到了一个"占卜之书"的"雅号"。现在，很多或俗或雅的人，都打出了"《周易》算命"的"金字招牌"；很多对《周易》不甚了了的人，最为关心的问题是，《周易》真的能算命吗？怎么算？

【会心一笑】别人会不会算命我不知道，我确实不会。但，用老先生的观点对某些问题进行分析，倒确实是一件有趣的事情。下面的文字，全当开个玩笑吧。哈哈，如果因此导致中美关系出现问题，可别找我的麻烦！

【班门弄斧】美国的历任总统中，不知是否有人曾经"占"得过一个"剥"卦，但美国在国际上的做派、行为，却确实在采用"剥"的手段。

明眼人都能看出，美国鬼子深谙"剥"道，并且将其发挥到了极致！"剥"掉了

"苏联"这个敢与其争雄的最大对手之后,接着就是打压萨达姆、卡扎菲及其他一些毛猴子,使其不能成气候;现在又轮到了打压中国(指美国的重返亚太战略)。

美国现在的做派,是在实践着"剥之,无咎"的策略,认为想收拾谁就可以收拾谁,但这充其量也就是个"三爻"的角色。

当然,它也在极力地试图使国际社会都成为服服帖帖的"贯鱼",从而为自己"剥"出一个"九五之尊"的"床"位,然后高枕无忧的稳坐头把交椅。十分显然的是,美国自己也清楚,目前单靠一己之力,还不可能实现这一愿望,所以,还不得不借助诸如"北约"、日本或其他小喽啰、马前卒为其卖命、充当炮灰。即使对这些小喽啰、马前卒而言,美国也还不敢"剥床以肤",它也知道这样做就有"凶",也就是说,对小喽啰们美国还不敢以"四爻"自居。

那么,这些小喽啰、马前卒为什么愿意跟着美国跑呢?显然,是想在美国这座"大山"的后面,也能够为自己保留一座"小山头"。如果美国能够如愿以偿地收拾完了主要对手,到了打算将这些"小山头"也都"剥"平、独享"九五之尊"的时候,美国就会沦为众矢之的,面临着被"铲"平的危险!所以,美国大概永远不敢有这样的打算。那么,美国是否有可能将国际社会调教到"贯鱼"的状态呢?依我看来,短暂地出现这种情况都很难,更不要祈望这会成为一个长期的状态。原因很简单,美国的总统都是你方唱罢我登场,没有人能够长期占据这一位置;人类历史上也从来没有一个王朝长生不死。这是"人性"使然,没有人或一个族群能够像"山"一样,长期兀立不到。

因此,美国要想"外部形成'贯鱼'的局面,内部达到'以宫人宠'的状态",将不可能实现!假如美国的总统先生能够看到这段文字,不知做何感想?这也算是我的一个"算命"实例吧。让大家笑话了。

【岁月留痕】可以说,本卦把我整惨了,为解此卦让我焦头烂额,很多次都恨不得求求老爷爷:饶了我吧。感谢老爷爷的怜悯,终于让我在"科罗拉多大峡谷"找到了头绪。为此,以几张科罗拉多大峡谷的照片作为纪念。

1. 闻名遐迩的科罗拉多大峡谷,仅仅是那一抹金色下面的一道"冲沟"而已

2. 毫不起眼的"冲沟"里,却隐藏着"崇山峻岭"

3. "崇山峻岭"都是这条河流与时间的雕塑杰作

4. 若站在大峡谷的谷底,谁能说这样的"边坡"不是"山"

5. 飞机上看到的边坡,"山"一样雄伟、险峻

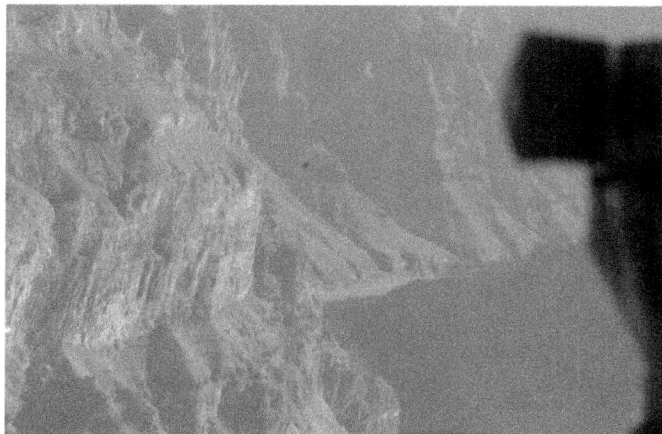

6. 这就是"山立地上·剥"的真相

24. 复（地雷）——回望自省

一、原文

复　亨。出入无疾。朋来，无咎。反复其道，七日来复。利有攸往。

初九　不远复，无祗悔。元吉。

六二　休复。吉。

六三　频复。厉无咎。

六四　中行独复。

六五　敦复。无悔。

上六　迷复，凶，有灾眚。用行师，终有大败。以其国君凶。至于十年不克征。

二、注释

【卦象玄机】"地上雷下"。单卦：上卦为地，指山谷高处的平地；下卦为雷，指隆隆的雷声。叠卦：地上雷下，是地下有雷，应理解为站在山谷之巅的高地上，俯身倾听山谷之中雷声隆隆、余音不息，就像雷公来回往复、反复巡视

图　复-1　地下惊雷

一般。故谓"复"。

相信大家从图复－1这张照片中，一定能"听出"地下惊雷往复不绝的回音；这张图，浑然天成地解释了"地上雷下"的"卦象"。感谢上帝，感谢图片的拍摄者。

【卦名意境】复：返回，回还；还原，恢复；回答，答复；报复；履行，实践；免除；又，重，仍旧；覆盖；倾覆。本卦中意为反思，自省，即回顾过去，总结经验。

【本卦主题】回顾，反思。

【各爻角色】各阶层人士。

【字词释义】

祗：恭敬；合适，恰好。此处指"相应的"。

眚：眼疾；疾苦；过失。

三、今译

复：反思，自省；回顾过去，总结经验。

㉨亨。㉨出入无疾。㊟朋来，㉨无咎。㉣反复其道，七日来复。㉫利有攸往。

做人若能时刻反思、自省，检讨过去、总结经验，就可以顺利发展（亨），"外交（出）内政（入）"均无忧患（无疾）。若能时刻自省，你就会是一个有远见卓识的人，大家就会信任你、依赖你，你自然就会高朋满座（朋来），这没什么可奇怪的（无咎）。要做到不断回顾过去、总结经验（反复其道），那么，每隔数日（七日）就要对近期的行为进行回顾（来复）、反思。若能够做到适时自省（利），一旦有了合适的追求目标（有攸），就可以一往无前（往）。

初九 ㉫不远复，㉨无祗悔。㊟元吉。

小民百姓（初九）家小业小、经不起折腾，要不时地（不远）回过头来进行反思（复），就不会做出令人后悔不迭的事情（无祗悔）。如果一条道上走得太远，等到铸成大错才回过头来总结经验，就后悔莫及了。若能树立不断反思的坚强信念（元），就会很少犯错，就会取得好的结果（吉）。

六二 ㉫休复。㉨吉。

小有人家（六二）虽然小有家财、生活无忧，但一旦在重大问题上决策失误，万贯家产就可能瞬间付之东流，从而导致家道中落的可怕后果。因此，即使重大决策已经付诸实施，必要时也要停下来（休）认真进行反思（复），深刻总结经验、做出正确决断，方可取得预期的成效（吉）。

六三　⊗ 频复。⊗ 厉 无咎。

对于大有人家（六三），虽然家大业大，具备了较强的抵御风险能力，也有享受生活乐趣的资本和条件，但也应频繁地（频）、经常性地进行反思（复），总结各项事务中"得与失"的经验和教训。这对过惯了舒坦日子的人来说，是一件烦人且辛苦（厉）的事情，但也应该认真去做（无咎）。

六四　⊗ 中行 独复。

身为人臣（六四）应与同僚们保持步调一致（中行），既不过于激进、也不要落在后面。但不应盲目的随大流，而要不时地独自（独）进行反思、自省（复），从而做出正确的抉择。

六五　⊗ 敦复。⊗ 无悔。

身为王侯（六五）应怀着敦厚（敦）、宽仁之心，时时反思、自省（复），总结得失、扬长避短，则不会干出令人后悔的事情（无悔）。

也可以理解为，身为王侯，不可总是沉溺于声色犬马、花天酒地的生活之中；如果能够接受别人的敦促（敦）而反思、自省（复），总结得失、扬长避短，则不会有悔（无悔）。

上六　⊗ 迷复，凶，有灾眚。⊗ 用行师，终有大败。⊗ 以其国君 凶。⊗ 至于十年不克征。

（上六）虽然人人都知道适时总结经验的重要性，但却往往做不到。等到在不断出现的问题面前茫然失措、迷失方向（迷）的时候才进行反思（复），就有麻烦了（凶），甚至就有灾祸了（有灾眚）。如果是统兵打仗（用行师）的将领，遇到手足无措的局面时，才想起来总结经验、汲取教训，那么，你注定会有大败而归的结局（终有大败）。若身为国君（以其国君），等到出现了不可收拾的局面时方才回顾以前的得与失，则江山社稷的安危就已命悬一线了（凶）。对于平民百姓，如果等到茫然不知所措时才进行反思，十年也干不成一件大事（至于十年不克征）。

四、补记

【主题乱弹】与"剥"卦的"山立地上"类似，本卦"地下有雷"的卦象也令人费解。"山立地上"中的"地"，应该是山谷谷底的地面；与之相反，"地下有雷"中的"地"，却是山顶高处的地面。有了"剥"的思路，本卦的卦象就相对简单了。

按常识，地下有雷似乎不可能发生；但若把"地"看作是"山巅上的平地"（参见图复-1），那么，山谷中的雷鸣就可以看作是"地下有雷"。在"豫"卦的补记中，记载了我差一点被雷电击中的一件往事，当时，山谷中就有隆隆的雷声；虽然闪电的位置高于我们站立的山巅，但隆隆的雷声确实在山谷中产生了很明显的回声。因此可以想象，老先生也可能在山顶上，听到过雷鸣在山谷中产生的经久不息的回声。这大概就是"地下有雷"的现象。雷鸣在山谷中的回声，余音不息，犹如"雷公"来回往复、反复巡视一般。所以，"地下有雷"为"复"，即来回往复之意，引申为回到过去、再来到现在，即不断回顾。

【东拉西扯】"复"卦与"观"卦似乎都是从"时间"的角度，对事物的发展趋势、规律进行观察，以决定下一步的行动方案。但其着眼点似乎又有所不同，即，"复"强调的是"时间上的向后看，回顾（-t）"，而"观"则更多地强调"时间上的向前看，前瞻（+t）"。就这一点而言，"复"卦和"观"卦将时间的方向进行了区分："复"是沿着"-t"方向行进再返回原点（现在），"观"则是沿着"+t"方向行进再返回原点。与此类似的是"晋"卦和"升"卦，把空间的方向进行了区分，其中，"晋"讲"x、y"平面上的扩张，"升"讲"z"高度的上升。另外，还应注意到"临"卦讲的是"空间（x、y、z）结构"。

这非常有趣，也令我不断地感到惊讶。不知文王老爷爷当时是否已经清晰地意识到了，这些卦中暗含了现代意义上的"时间、空间"特性。

【哲理漫说】另外，本卦上爻的爻辞是相对较长的一段文字，描述的情况相对比较浅显。理解这段爻辞的关键是抓住"迷复"这一关键词，它不但适用于第一段文字，也分别适用于其后的三段文字，只是将"迷复"二字省略了而已；理解时，都要再加上去。

"回顾过去、总结经验、以利将来"的道理，人人都懂，上述解说对卦爻辞也基本说清了，故不再赘言。

【班门弄斧】令人不解的是，上爻的文字浅显易懂，为什么历史上未见有人正确理解这段文字的含义呢？如果正确理解了，就能够找到理解其他文字的钥匙。也许，罪魁祸首是《象》辞。在上爻的这段文字后面，"十翼"中最重要的《象》辞却写道："迷复之凶，反君道也"。可能正是圣人的这句话，让后人陷于"君道"而不能自拔，反而看不到老爷爷的真实用意了。

唉，不替古人瞎操心了。

25. 无妄（天雷）——尊上敬天

一、原文

无妄　元 亨 利 贞。其匪正有眚。不利有攸往。

初九　无妄。往吉。

六二　不耕获，不菑畲，则利 有攸往。

六三　无妄之灾。或系之牛，行人之得，邑人之灾。

九四　可贞。无咎。

九五　无妄之疾，勿药有喜。

上九　无妄 行有眚。无攸利。

二、注释

【卦象玄机】"天上雷下"。单卦：上卦为天，指地位很高的大人物；下卦为雷，指脾气暴躁的人。叠卦：上天下雷，自然现象。雷虽然吓人，但却不敢施虐于"天"，把天炸出一个大窟窿。雷的本性就是"欺下而不妄上"，故"无妄"。参见图无妄－1。

图　无妄－1　晴天霹雳，欺下而不妄上

【卦名意境】无妄:妄,胡乱,随便;不法,非分;荒谬,不合理。无妄,不犯上作乱,不欺妄。本卦中的"妄"有一个明确的"指向":自下而上,即以下犯上;"无妄"指对比自己地位高的人有敬畏、戒惧之心,不要犯上作乱。

【本卦主题】不犯上作乱;欺软怕硬。

【各爻角色】各阶层人士。

【字词释义】

其匪正有眚(shěng):匪,通非。眚,疾病。其匪正有眚:(脾气暴躁的人,其所以不犯上作乱,)并非是因为身体有恙。

不菑(zī)畬(yú):菑,开垦,开荒;初耕的土地;通灾。畬,开垦过三年的田地,熟地。不菑畬,指不开荒就有熟地可耕种。

有喜:怀孕。今陕西关中一带,将女子怀孕称为"有喜"。

三、今译

无妄:欺软怕硬;不犯上作乱。

㊣ 元 亨 利 贞。㊣ 其 匪 正 有 眚。㊣ 不 利 有 攸 往。

做人如果能够立志(元)不欺软怕硬、不犯上作乱,而是安分守己、与人为善、平等相处,就可顺利发展(亨),实现预期目标(利),也才能保持应有的社会地位(贞)。人们其所以能够与人为善,即使忍气吞声、逆来顺受,也不犯上作乱,并不是他们没有胆量"造反",也不是因为他们身体有问题(其匪正有眚)而没有"造反"的能力。如果他们被逼得走投无路,不得不犯上作乱时(不利),就会为了维护自身的利益(有攸),揭竿而起(往),拼个鱼死网破。

初九 ㊣ 无妄。㊕ 往 吉。

小民百姓(初九)要安分守己,不犯上作乱(无妄)、不欺软怕硬。能够做到这一点,则干什么事情(往)都会有好结果(吉)。

六二 ㊣ 不耕获,不菑畬,㊏ 则利有攸往。

小有人家(六二)应该好好想一想,正是因为你的家仆、下人从不犯上作乱,你才可以不耕作(不耕)而有收获(获),不开荒(不菑)而有良田可耕种(畬)。明白了其中的道理,你就会知道(则利):为了维持(有攸)这种舒坦的生活就要善待(往)家仆,而不要把他们逼上绝路,逼迫他们犯上作乱。

哈哈,这有点像现代的"劳资关系",老爷爷规劝"资方"应善待"劳方",满足"劳方"的合理利益诉求,从而打消"劳方"犯上作乱、"罢工"等念头。

六三　描 无妄之灾。描 或系之牛，行人之得，邑人之灾。

大有人家（六三）往往仗着财大气粗，便飞扬跋扈、颐指气使，对安分守己、从不犯上作乱（无妄）的平民百姓带来横祸（之灾）。譬如，你自己家里丢了一头牛（或系之牛），其实是被路人牵走了（行人之得），而周围的穷人（邑人）却受到无端的猜忌、牵连而不得安生（之灾），蒙受不白之冤，甚至遭遇飞来横祸。这种仗势欺人、无中生有的灾祸，对小民百姓来讲，就是“无妄之灾”。切记、切记。

九四　判 可贞。判 无咎。

身为人臣（九四）如果能够安分守己、不犯上作乱，就能戴稳乌纱帽（可贞）。这也是身为人之臣的本分（无咎）。

九五　描 无妄之疾，勿药有喜。

身为王侯（九五），如果你没有做过伤天害理、丧尽天良的事情（无妄）（所谓人在做，天在看），而家人的身体却出现了不适状况（之疾），那么，你就不必“求神拜佛”、求医问药（勿药），因为她只是怀孕了（有喜）。

上九　境 无妄 判 行有眚。描 无攸利。

曾经权倾朝野的重臣（上九），一定要谨言慎行，不做犯上作乱的事情（无妄）。即使你的一举一动根本就没有犯上作乱的图谋，但稍有不慎举动（行）都可能给你带来祸患（有眚）。如果你真有犯上作乱的图谋，也很难得逞；省省心吧，别产生这种没用的念头，那不会什么好处（无攸利）。

四、补记

【会心一笑】本卦第四爻的爻辞只有两个判词“可贞，无咎”，对此人们都未能给出合理的解释。其实，这是《周易》中一个值得注意的现象，也正是这种现象，才让我明白了“各卦的结构及爻位的指代作用”，以及它们在理解《周易》时的重要性。其实，这里的判词是针对四爻的无妄行为而言的。

《周易》中的爻辞，往往先给出一个比喻性的场景、动作或事件，然后再给出相应的评判。而这里只给出了断语，因而我们不禁要问，这个断语是对什么人的什么事情、什么行为所做的评判呢？是不是老爷爷搞错了呢？是不是在传抄过程中“遗漏”了什么字词？事实上，这正是老先生故意迷惑人的一种手段。

【主题乱弹】想象一下“上天下雷”的情形就会明白，无论多么厉害的“雷”，即使把“地”炸为焦土，也不敢把“天”炸出一个大窟窿；对社会而言，无论脾气多么暴躁的人(雷),敢于向身边的任何人发脾气,但却不敢挑战高高在上的大人物(天)。在老爷爷眼里,这一情形就是"无妄"。可见,本卦的主题就是"不犯上作乱"。

因此,四爻的两个判词,就是针对将相人家的"无妄"行为而言的,没有必要进一步说明。但是,按照这一逻辑,其他爻辞中先后四次提到的"无妄"似乎也没有必要,也应该省略,老先生为什么还要不厌其烦地写出来呢?

【哲理漫说】相对于其他社会阶层而言,社会最底层的小民百姓(初爻)"犯上作乱"的代价最小、顾忌也最少,再加上人数最多、和认识上的局限性,决定了他们是最容易"犯上作乱"的人群。但是,一旦"犯上作乱"受到惩罚,对他们中的任何一个个体而言,都将是灭顶之灾;所以,老爷爷要明确地告诫小民百姓,要做到"无妄",不要用鸡蛋去碰石头。

想想看,现在散落在大山深处的村落里,"村霸"们只能欺负老百姓,想"犯上作乱"都找不到对象。由此不难想到,在当时人口稀少的社会结构中,小有人家(二爻,相当于后世的地主)也很难有"犯上作乱"的机会;但是,他们家的"家仆、下人"却可能对他们"犯上作乱"。于是,老爷爷提醒小有人家:你其所以能够"不垦而耕,不耕而获(不菑畬,不耕获)",是因为你的"家仆、下人"们没有"犯上作乱";但他们并不是没有"犯上作乱"的能力(其匪正有眚),而是没有被逼到那个份儿上;言下之意,如果被逼无奈,他们也是会犯上作乱的。由此可以看出,老先生是在善意地规劝"资方"应该善待"劳方",不要逼得"劳方"罢工、甚至"造反";只有这样,"资方"才能够享受不耕而获的滋润生活。

称雄一方的豪强(三爻)虽然财大气粗、人多势众,但他们能混到这个分儿上也一定清楚,以自己的一己之力"犯上作乱"、对抗"朝廷",却无异于以卵击石;因此,他们一定不会傻乎乎地去自找麻烦、自寻死路。虽然他们"对上"能够做到无妄,但在"向下"方面,却可能给诚实善良却无权无势的小民百姓带来"无妄之灾",使其蒙受不白之冤。人的权势一旦到了"豪强"的地位,害死一个小民百姓就像碾死一只臭虫一样容易,一念之差(或系之牛,行人之得)就可能对身边的小民百姓(邑人)带来灭顶之灾(之灾)。所以,老爷爷提醒豪强们要注意收敛其行为,不做伤及无辜、伤天害理的事情。

对个个都是人中豪杰的将相人臣(四爻),不用老爷爷明示,他们也应该明白老爷爷的潜台词,就是要安分守己,不要犯上作乱;只有这样,才能够保住乌纱帽(可贞),甚至才能保住小命!不犯上作乱,显然也是为人臣子的本分(无咎)。

对于敦厚宽仁的王侯(五爻),老爷爷告诉他,如果你没有做伤天害理之事(无妄),那么,家人表面上的身体不适(之疾),实际上是身怀六甲(有喜)、喜事一件,不必求医问药(勿药)。表面上看,这有些"迷信"的色彩,但实质上却是劝人向善之举。

对曾经权倾一时的重臣(上爻),老爷爷则明确地警告他们,不要企图犯上作乱(无妄);因为你的任何兴风作浪、犯上作乱行为(行),只会带给你灾祸(有眚),而得不到任何好处(无攸利)。古今中外,这样的例子不胜枚举。

再次提醒,类似本卦第四爻的爻辞,其他卦中还有一些,以后不一一讨论了。如果不清楚各卦的结构及爻位的指代意义,类似的爻辞几乎无法解释。

【文苑拾珠】另外应注意的是,老先生通过一个例子,对"无妄之灾"的确切含义给出了解释,就是"或系之牛,行人之得,邑人之灾"。

这句话的意思是:"例如你(人有人家)家里丢失了一头牛,实际上是被一个过路的人牵走了,但你却认为是被村里那些从来都惧怕你(无妄)的人偷去了,然后就不断地给他们找麻烦,让他们受到巨大的精神、财产损失。那些从来不敢挑战你权威的人所蒙受的冤屈,甚至遭受的灾难,就是无妄之灾。"

从这个解释中我们可以看出,无妄之灾的含义应该是:一个小人物从来都没有冒犯一个大人物的念头和行为,但大人物却把自己在某件事上蒙受的损失,错误地归罪为小人物,并对小人物造成不应有的损害;小人物受到的"误伤"就是无妄之灾。换句话说,"上"对"下"造成的"误伤",才是"下"的"无妄之灾";如果是"下"误会了"上"的好意,一气之下使"上"受到了不应有伤害,则不能称这为"上"的"无妄之灾",而是"好心恶报"。

【东拉西扯】本卦的写作风格在《周易》里非常典型,理解起来也比较容易,对理解其他各卦有很好的借鉴意义,希望大家用心揣摩。

26.大畜(山天)——居安思危

一、原文

大畜　利 贞。不家食 吉。利 涉大川。

初九　有厉。利 已。

九二　舆说 輹。

九三　良马逐,利 艰贞。日闲舆卫。利 有攸往。

六四　童牛之牿。元 吉。

六五　豶豕之牙。吉。

上九　何天之衢。亨。

二、注释

【卦象玄机】"山上天下"。单卦:上卦为山,指数量庞大的财产;下卦为天,指非常高的衡量(财富)标准。叠卦:山下有天,即山高于天。

对于很高大的山,常有云雾悬于山腰的景象;而云的高

图　大畜-1　云在山腰,"山比天(云)高"

度,往往就是人们眼中"天"的高度。因此,云在山腰的情形(参见图大畜－1),不禁让人发"山高于天"的感叹。在今陕西岐山的周原,南望太白山(秦岭主峰,海拔3700余米),常见山腰有云的情况。面对如此高山,古人不禁要问,这要多少土石才可积聚而成? 在这里,老先生把财富堆积如山,称为"大畜"。注:关于"山"的成因,请参考"剥"卦"补记"。

【卦名意境】大畜:畜,饲养禽兽;抚养,养育;喜爱;积蓄,积聚;容纳,容留。大畜,意为积攒了大量的家财。

【本卦主题】财富堆积如山。

【各爻角色】各阶层人士。

【字词释义】

已:停止;完成,完毕。

舆说輹(fù):说,通脱。輹,车轴。舆说輹,指车厢脱离了车轴。

闲:栅栏;马厩;界限;限制;捍卫;空闲。此处指捍卫、保卫。

牿(gù):绑缚在牛角上防止牛伤人的横木。

豮(fén)豕(shǐ):豮,阉割的猪,阉割。豕,猪。豮豕,指被阉割了的公猪。

衢(qú):四通八达的道路;岔路;树枝交错。

三、今译

大畜:财富堆积如山。

㉘ 利 贞。⑩ 不家食 ㉘ 吉。⑰ 利 涉大川。

人们在财富堆积如山之时,往往就已经实现了愿望(利),也有利于保持现状(贞)。虽然财富堆积如山,但也不应一门心思的只想坐享其成,从而养成坐吃山空的懒惰行为。如果能够不断的到处奔波(不家食)以求更大发展,则令人高兴(吉)。有了雄厚的财富(利),就应追求更大的人生愿望(涉大川)。

初九 ⑪ 有厉。⑩ 利 已。

小民百姓(初九)不要梦想一夜暴富。果真一夜之间突然暴富,对你来说并不是一件好事,这会让你不知所措,甚至担惊受怕、寝食难安(有厉)。只要能够实现你原来的梦想(利),过上舒坦的日子就行了(已),不要有过高的奢求。

九二 ⑪ 舆说輹。

对于小有人家(九二),你还没有面对巨大财富的心理准备、能力储备、以及相应的物质条件,突然面对着巨大的财富,可能让你不堪重负、把人压垮,就像一辆小车子(舆)装载了太多货物一样,就会压断车轴(说輹)。

九三 ㉙良马逐,利艰贞。㉙日闲舆卫。㉙利有攸往。

对于大户人家(九三),即使已经富足到(利)良马成群(良马逐)的地步,也要精打细算(艰)管理好财富,保障这样的状况能够持续下去(贞)。要筑起牢固的防范措施(日闲)防止财富白白流失(舆卫)。一旦有了(利)新的目标(有攸),就要一往无前(往)、毫不退缩。

六四 ㉘童牛之牿。㉛元吉。

将相人家(六四)本已权势熏天,如果再有取之不尽、用之不竭的巨大财富,往往会滋生骄横之气,常常恃强凌弱、伤害无辜。所以,要时常以"童牛之牿"提醒自己,给自己的"犄角"上也绑缚一根横木,防止一不小心伤着别人。在为人处事时,若能处处以不伤害他人为出发点(元),就一定会有好结果(吉)。

六五 ㉘豮豕之牙。㉛吉。

身为王侯(六五),一旦兵多将广、财力雄厚,往往就会像没有被阉割的公猪一样,胡撕乱咬、主动挑起事端,从而惹来不必要的麻烦。所以,要时常以被阉割了的公猪的牙齿(豮豕之牙)提醒自己,低调做人、谨慎行事,既不贸然挑起事端,也不惧怕别人的挑衅,如此才会万事如意(吉)。

上九 ㉗何天之衢,亨。

(上九)如果财富越积越多,那么,生财之路则会愈加宽广(何天之衢),发展就会更加顺利(亨)。

四、补记

【主题乱弹】看到"大畜(山天)",很容易联想到"小畜(风天)"及"大有(火天)"。事实上这三卦的卦象、卦名及主题,确实有内在的联系。这一点,前面已经讲过,不再细言,仅将其主题再归纳如下:

"小畜(风天)":偶然所得的意外之财,或不义之财;就像现在的"中奖"。

"大有(火天)":一年辛苦付出的丰厚回报;就像现在的"高额年终奖"。

"大畜(山天)":长期积累的大量财富;就像现在的人终于拥有了自己的房子、车子。

【**哲理漫说**】本卦中,有三个爻的爻辞让我十分感慨,分别是:"初九 有厉。利已"、"六四 童牛之牿。元吉"、"六五 豮豕之牙。吉"。

先说"初九 有厉。利已"。

初爻,一般是针对平民百姓而言的。"有厉。利已"是说,对小民百姓而言,如果突然之间拥有了大量财产,并不是一件好事,反而"有厉";老先生对小民百姓的忠告是"利已"。这似乎有些令人费解。

如果平民百姓依靠自身的努力,逐渐积累起了大量的财富,达到了"大畜"的状况,按照《周易》的逻辑,那他本身就已经是小有人家(二爻)或大有人家(三爻)了,不可能还身处小民百姓这一阶层(初爻)。因此,平民百姓的"大畜"状态,应该是指类似"一夜暴富"的情况。

【**岁月留痕**】当时的平民百姓是否会有一夜暴富的可能性,现在不得而知,但现今社会,这种情况却会实实在在地发生。例如,中外媒体上报道过很多小民百姓突然"中了大奖"、一夜暴富的事例。中奖的人,有的不敢公开去领奖,乔装打扮后才敢去,生怕被人认出来,搅乱了原有的平静生活;有的领完奖后就突然消失,过起了"隐姓埋名、背井离乡"的生活,失去了往日平静生活带来的快乐;有的领了大奖后,因为利益分配问题搞得家人反目成仇、众叛亲离、一团乌烟瘴气;有的一夜暴富后,形成大手大脚、挥霍浪费的恶习,很快又一贫如洗,沦落到流落街头的境地。赵本山等人也演过一个小品,一个人因中了大奖而精神出了问题,小品表达的意思,跟老爷爷的观点如出一辙。因此,老爷爷说一夜暴富便会"有厉",还真是一言中的、击中要害。因此,老爷爷"利已"的忠告就显得尤为弥足珍贵了:对于平民百姓,不要试图一夜暴富,够吃够用、能过上无忧无虑的日子就行了;真的让你一夜暴富,可能反而害了你。

但这并不是说小民百姓就不要积蓄财产了,不要追求无后顾之忧的舒心日子,而是说不要成为"葛朗台"式的人物,一味地积攒。

【**哲理漫说**】再说"六四 童牛之牿。元吉。"

四爻通常是针对将相人臣而言的,他们相当于现今各团体、单位、部门的副职。对此等人家,在财富堆积如山的背景下,为什么会提出"童牛之牿"这等警告语?

牿,原本是绑在公牛角上的横木,防止尖利的牛角伤人。对于老牛,如果牛角曾经伤过人,一定会受到严厉的惩罚,汲取了教训,它以后就不敢再伤人了。但初生牛犊不怕虎,横冲直撞,把谁都不会放在眼里,敢于冒犯任何人,因此,就要在小牛的牛角上绑上一根横木,防止小牛伤人,这就是"童牛之牿"。对于将相人家,本已权势熏天,就像一只雄健的野牛;再加上财产如山,就像野牛还长着锋利的犄角,因此,他们随时都可能给别人带来巨大的伤害。特别是将相人家的下一辈——就像今天的某些"官二代",自恃家境优越、有权有财,更是会仗势欺人、惹是生非。因此,老爷爷对此等人家提出忠告,时刻不要忘记在小牛的犄角上绑一根横木,以免这些愣头青伤了别人;否则,既给别人带来痛苦,也给自己惹来麻烦。

至于"六五 豮豕之牙。吉"则是对王侯而言的。到了国君这个份儿上,总会有更大的野心。这种野心体现在两方面,一是对内,恨不得把整个天下都看成自己的私有财产,肆无忌惮地横征暴敛,满足自己的私欲;一是对外,恨不得把别人的江山也夺过来,据为己有。但很多时候,他们有此等野心、却没有这等实力。一旦国库爆满、财力雄厚,加上兵多将广,有的王侯就像没有被阉割的发情公猪,对内欺男霸女,对外无故挑起事端,谁敢不顺从,就用长长的獠牙伺候。这,往往会导致悲剧式的结局。因此,老爷爷对王侯们的忠告是,对待自己应该像对待公猪一样,自行阉割、"去势",从而保证不会主动伤人,以保江山永固。

【岁月留痕】但纵观古今中外,似乎鲜有自行阉割的霸权者,或者说,对老爷爷的善意领情的人似乎不多。可悲,可叹。

当今社会的美国,用长长的獠牙咬死了伊拉克的萨达姆、利比亚的卡扎菲,咬伤了埃及的穆巴拉克,叙利亚的阿萨德,现在还在咬伊朗、朝鲜、中国的南海等等。可惜的是,当今的国际社会,还没有人有本事把它给阉了,让它收起气势汹汹的獠牙。哈哈,玩笑了。

【古音遗韵】另外应注意,"豮豕之牙"对研究"猪"的驯化史可能有所启发。现在的猪,最初是由野猪驯化繁育而来的。野猪在驯养的初期阶段,应该还保留着很强烈的野性,常常会伤人,这在现今驯养野猪的农场还常常出现。古人防止野猪伤人的做法是,将公猪进行阉割,防止其在发情期无端伤人。其效果如何不得而知,但根据爻辞应该有一定作用,且已成为当时的一种常用手段。据此可以想象,在周初时,对野猪的驯化可能还处于初期阶段。不懂畜牧,瞎掰,不足为凭。

【会心一笑】按照《周易》的内在逻辑,初、二爻代表的人家,还达不到"大畜"的富裕程度,只有到了三爻,才是"大畜"的人家。所以,老爷爷在写到二爻爻辞时,就想到了小有人家还没有"消受"大量财富的福分,只会被大量财富所压垮;因而,面对大量财富,就会出现"舆说輹,夫妻反目"的情形;于是,老先生就匆匆写下"舆说輹"三个字。可是,一想不对,这句话在"小畜"中已经用过了,不能再重复;

但左想右想,就是找不出更好的替代语句。几经踌躇,老爷爷心一横:干脆省掉后面几个字吧,随它去了! 老夫没那么多时间琢磨了!

哈哈,老先生,是这样吗?

【黄裳之拜】【文苑拾珠】"童牛之牿"、"豮豕之牙",实在是非常深刻而形象的两个成语,可惜被埋没了数千年!

27. 颐（山雷）——性趣盎然

一、原文

颐　　贞吉。观颐，自求口实。

初九　舍尔灵龟，观我朵颐。凶。

六二　颠颐。拂经于丘，颐征凶。

六三　拂颐。贞凶，十年勿用，无攸利。

六四　颠颐，吉。虎视眈眈，其欲逐逐，无咎。

六五　拂经，居贞吉。不可涉大川。

上九　由颐，厉吉。利涉大川。

二、注释

【卦象玄机】"山上雷下"。单卦：上卦为山，隐指男子的阳具；下卦为雷，隐指女子喉咙发出的低沉吼声。叠卦：山下有雷，平常现象，未足奇也。然周文王对此现象以"颐"名之，其意颇耐人寻味。颐者腮也，卦辞又言"贞吉，观颐，自求口实"，结合爻辞，老先生似将女为男口交、情到浓处女子不堪之状与此象相联系。

【卦名意境】颐：下巴，腮；保养。本卦中意为"口交"。

【本卦主题】本卦之颐，应为"口交"。

注：若有违老人家之本意，则罪过大矣。然实在不得它解，诚恐诚惶，唯愿老人家见谅（谨识于 2012.1.7 深夜）。

【各爻角色】口交过程。

【字词释义】

灵龟：此处隐指男性性器官。注：现今，"龟头"仍是对男性性器官前部的正规称呼。

朵颐:朵,耳朵。颐,腮。朵颐,泛指面部,此处隐指口交之状。

颠:头顶,顶;倒置,错乱,颠倒;倾覆。此处指上下或前后颠倒。

拂经于丘:拂,轻擦,擦拭;违背。经,织物上的纵向(丝)线,此处隐指女子的头发。拂经:此处指用手轻抚发丝。丘,小山包,土包,此处隐指隆起的地方,即男子阳具;也可以理解为"球"的别字(注:关中方言中,"球"也指男子阳具)。拂经于丘,指男子不由自主地轻拂其发丝。

三、今译

颐:口交。

做 贞 判 吉。做 观颐,做 自求口实。

(女子为男子)口交时(男子)能够坚持不泄(贞),则可尽享其中的美妙(吉)。男子"观颐",可令男子神怡;而"自求口实",可令女子心旷。

初九　描 舍尔灵龟,观我朵颐。描 凶。

(初九)女子:"嗨,舍尔灵龟,观我朵颐!"好家伙,厉害(凶)!

六二　做 颠颐。做 拂经于丘,判 颐征凶。

初(六二),男子翻身(颠)仰面而卧,女子颐之(颐)。男子轻抚女子的发丝(拂经于丘),女子之颐(颐征)则会更猛烈(凶)。

六三　做 拂颐。求 贞 判 凶,做 十年勿用,判 无攸利。

次(六三),男子难以忍受时宜暂时中断(拂颐)。此时,男子若想坚持(贞)极其困难(凶);但若一泻千里则有害无益(无攸利),因此,十年也不可一试(十年勿用)。

六四　做 颠颐,判 吉。描 虎视眈眈,其欲逐逐,判 无咎。

再次(六四),男女互换(颠),男子颐之(颐),女舒坦(吉)。男窥女阴处,虎视眈眈、其欲逐逐,这是男子之常情,无咎。

六五　做 拂经,居贞吉。求 不可涉大川。

再次(六五),相互搂抱、轻抚发丝(拂经),曲尽缠绵(居)、贞而不进(贞),吉。不可急于交媾(不可涉大川)。

上九　做 由颐,描 厉吉。做 利涉大川。

末(上九),放任(由)女子由其颐之(颐),虽难以忍耐(厉),然此等美事有何不吉(吉)。后交而合之(利 涉大川),则酣畅淋漓。

四、补记

【东拉西扯】对本卦原本不想再多说一句,大家看懂多少算多少。但不知多少人还在为此绞尽脑汁,不彻底搞清楚决不罢休,故再费点笔墨稍加说明。

【主题乱弹】大家都认为"颐"是一个"好字眼",意为"保养"。大清朝的帝王,将其休闲之地称为"颐和园";各阶层人士也都追求"颐养天年"的闲适境界;权威的《古今汉语词典》中,对"颐"的释义是"下巴,腮;保养"。

在对"颐"卦的诸多解释中,大多将其解读为"养生之道"。我不清楚,人们自何时、何处把"颐"解释为"保养",将"颐"卦解读为"养生之道",但我强烈认为,《周易》中的"颐"卦确实是讲"口交"这一"有伤大雅"之事。

其所以有此等"卑劣"的认识,原因主要来自于《周易》本身。一是从《周易》的思想体系来看,写这等事情完全在情理之中;二是从"颐"卦的文字来看,其他各种解释都不能自圆其说。所以,希望大家对这种离经叛道,甚至"卑鄙无耻、大逆不道"的解释,给予一些宽容之心,认真思索一下,看看有没有一些可取之处。或许,大家眼中神圣不可亵渎的老先生,说的确实就是这回事。

【班门弄斧】记得在讨论"泰、否"两卦时,我确实诚惶诚恐。

但仔细想想,在基本解决了温饱问题后的古时候,晚上没有电视、没有收音机,也不可能天天晚上搞一个篝火晚会,或者约一个饭局,或者打几圈麻将,那么,古人如何打发无聊的漫漫长夜?即便是现在,人们有丰富多彩的夜生活,但与"性"有关的活动,仍然占据着重要的位置。例如,您随便打开一个网页看看,有多少或明或暗与性有关的信息,您就能体会到,性活动在社会生活中是多么的普遍。这样,也就不难理解老先生为什么用很多篇幅讨论性事。

在人类进入文明社会之后,因为生存压力减少,人们追求自身感官满足的欲望越来越强烈,由此也推动着社会不断快速发展。在作为满足感官需求重要方式的性生活中,人们从来都不缺乏尝试的勇气。事实上,口交绝不是某些民族、特殊人群的个别现象,而是人类的普遍行为(对此,我不想提供任何证据)。隐约记得,近几年有媒体报道,在高等灵长目动物中也存在这种行为。可见,性行为的目的,并不仅仅限于传宗接代,还有很重要的"娱乐"功能。哈哈,说这些,无非是给自己找理由罢了。

【古音遗韵】老爷爷在《周易》中,大量采用了动物、植物、社会生活、自然现象等场景,来暗示自己的意思。例如,涉及动物的有:履虎尾,虎视眈眈,大人虎变,鸣鹤在阴,豮豕之牙,童牛之牿,黄牛之革,十朋之龟,鸿渐于磐,羝羊触藩,鸟焚其巢,晋如鼫鼠;涉及植物的有:拔茅茹,枯杨生华,据于蒺藜,系于苞桑;涉及人的行为的有:噬干肺,拂经,臀无肤;涉及自然现象的有:密云不雨,日中见斗……等等(参见第一部分第五章)。

不难看出,假借人们熟悉的各种场景来暗示自己的思想,是《周易》文字最为鲜明的一个特征。

【会心一笑】《周易》中多次提到"虎",如"履虎尾,咥人,凶","虎视眈眈,其欲逐逐","大人虎变"等。

"履虎尾,不咥人"是指老虎吃饱喝足之后,一副懒洋洋、心满意足的样子。此时,即使有人踩到它的尾巴上,老虎也是一副气定神闲、不愠不怒、懒得理你的架势,不失百兽之王的风度。

图　颐－2　履虎尾,不咥人

"虎视眈眈,其欲逐逐"则刻画了老虎捕食猎物时,一副死死盯着猎物、蹑手蹑脚、慢慢靠近、随时准备致命一击的样子;其专注的神情、蓄势待发的神态,跃然纸上。

图　颐－3　虎视眈眈(左),其欲逐逐(右)

"虎变"则像是老虎在捕食猎物时没有得手,正卧在地上呼呼喘气、懊恼不已的时候,虎仔不识相的在其身上上蹿下跳地嬉戏,惹怒了老虎,老虎发出低沉、威严的警告,吓得虎仔东躲西藏的样子。

图　颐－4　虎变

【史海寻贝】这些景象,在诸如 CCTV 的"动物世界"等节目中可以见到。问题是,3000 多年前老爷爷的脑海里,为什么会浮现出关于老虎的如此生动的形象呢?答案应该是,当时的关中地区有大量老虎,且老虎就生活在人类的视野之中。

【黄裳之拜】本卦中,老爷爷仅仅用了"虎视眈眈,其欲逐逐"八个字,就把男子面对一览无遗的女阴时,那种神情专注的神态、蓄势待发的架势,刻画得形神兼备、惟妙惟肖,令人叹为观止。撇过描述的内容不谈,单就老爷爷驾驭文字的能力,以及比喻的生动、形象、准确、传神而言,在我读过的文字里实在找不出可与其比肩者。令人叹服。

28.大过(泽风)——浅尝辄止

一、原文

大过　栋桡。利 有攸往。亨。

初六　藉用白茅。无咎。

九二　枯杨生稊。老夫得其女妻,无不利。

九三　栋桡,凶。

九四　栋隆,吉。有它吝。

九五　枯杨生华。老妇得其士夫,无咎 无誉。

上六　过 涉灭顶,凶。无咎。

二、注释

【卦象玄机】"泽上风下"。单卦:上卦为泽,隐指有性欲望的女子;下卦为风,隐指不固定的男性伴侣。叠卦:泽下有风,自然界没有这样的现象。在周文王看来,"储水之地"的泽,隐指有性欲望的女子;而风则像飘忽不定的男性伴侣。于是,泽下有风就可以理解为,女子与飘忽不定的男子媾和,就是"性乱"。当今,"性乱"是错,为世所不容;而老爷爷却认为"性乱无咎",但不应"大乱","大乱"则过之,应浅尝辄止、适可而止。故以"大则过之"(简称"大过")为卦名。今天,对犯了错误的人给予"记大过"处分,意为犯了"大的过错",与老爷爷原意不符。

注:关于"泽"的类似形象,参见:17 卦"随",泽下有雷;31 卦"咸",泽下有山;38 卦"睽",火下有泽;41 卦"损",山下有泽;43 卦"夬",泽下有天等。

【卦名意境】大过:过,经过;转移;传染;过去;去世;过活;超过;过分;过失;犯错;责备,怪罪;交往;交谈。大过,本卦中意为:(女子)把此事(性事)看得太

"大"、太重要,就有些"过"分了。

【本卦主题】女子之"性乱","大"则"过"分,可浅尝辄止。

【各爻角色】各阶层女子。

【字词释义】

栋桡:栋,房屋主梁,此处暗指家中的顶梁柱——男子,引申为男子的性功能。桡,弯曲;屈服;枉屈;扰动;干预。此处指弯曲,隐指房屋主梁失效,引申为男子性功能丧失。栋桡,此处隐指家中的男子无用了(亡故或性无能)。

藉用白茅:藉,借。茅,指茅草,参见"泰"卦。白茅,指风干、晒干后的茅草。藉用白茅,指铺上干茅草,或在干茅草堆上"苟且行事"。

稊(tí):树木再生的嫩芽。

栋隆:隆,高;增高,突出;兴盛;深厚;尊崇。此处指兴盛。栋隆,隐指男子性功能强盛,引申为性事频繁。

华:通花。

三、今译

大过:女子"大"乱则"过"分。

㊀栋桡。㊀利 有攸往。㊀亨。

女子其所以与他人"私通",一般是因为自己的男子无用、无能。在男子无用、无能(栋桡)时,如果女子有需求(利),就会想着与他人私通(有攸往)。适度的私通,可使女子心情舒畅(亨)。

初六 ㊀藉用白茅。㊀无咎。

小民百姓家的女眷(妻、妾)(初六),如果其夫君亡故或性无能(栋桡),为解决性饥渴问题往往会与别人暗通曲款,甚至公开勾勾搭搭,在干茅草堆上(藉用白茅)"苟且行事"。这无可指责(无咎)。

九二 ㊀枯杨生稊。㊀老夫得其女妻,㊀无不利。

如果小有人家的男子亡故或性无能,得不到"雨露滋润"的女眷(九二)就像杨树几近枯萎,神情萎靡,精神不振。她们往往不甘寂寞,私下里追求"性福",重新焕发出活力,就像枯萎的杨树(枯杨)又会萌生出嫩芽(生稊)。但受制于社会行为规范的束缚及舆论压力,她们不会不加选择、明目张胆的与人私通,而是会选择可靠且受人尊重的、老成持重之人(老夫)与之私通(得其女妻),这样就不容易引起人们的怀疑,从而不会造成不良的社会影响。这对双方都有好处(无不利)。

九三　🎴栋桡，🎴凶。

如果大户人家的男子性无能或亡故了（栋桡），由于家大户大、耳目众多，且宅深院大、飞鸟不入，即使其女眷（九三）想要委身于人，也没有多少机会，只能空对孤枕，独守空房。这样的日子，何时才能出头？想起来就令人不寒而栗（凶）。

九四　🎴栋隆，吉。🎴有它吝。

身为将相人臣，自然妻妾成群，即使其精力旺盛、金枪不倒，但被打入冷宫或难沾雨露的妻妾（九四），不知又有多少。对于妻妾成群的夫君而言，日日红袖添香，夜夜笙歌不绝（栋隆），何等欢快（吉）；但那些苦苦挣扎在冷宫之中、受到冷落的怨妇们，可能会折腾出一些让你不爽的事情来（有它吝）。

九五　🎴枯杨生华，老妇得其士夫。🎴无咎　无誉。

身为王侯，亡故之后，其女眷（九五）便失去雨露滋润，犹如几近枯萎的杨树（枯杨），尽显凋零之状。但王侯的遗孀们岂肯独守空房，终老于寂寥之中？她们要是做出"出格的事情"，她们的儿孙辈又怎能去阻止？正所谓"天要下雨、娘要嫁人，只能由它去了"，甚至还要为她们遮遮掩掩。所以，王侯的遗孀（老妇）会半遮半掩地寻求年轻力壮的"面首"（得其士夫），尽享黄昏之风流（枯杨生华）。此等事情，也是人之常情（无咎），但也不应提倡、赞扬（无誉）。

注：唐武则天与其"面首"张氏兄弟的情况，即为著名的例子。

上六　🎴过涉灭顶，🎴凶。🎴无咎。

女子寡居（上六），其情何堪，偶尔"乱"之，情有可原。但若过之（过），扰乱治安，拆散别家，罪莫大焉，犹如涉水（涉），灭顶（灭顶）则险（凶）。如何把持？顺其自然（无咎），趁着年轻，再结新欢（哈哈，我这是怎么了？神经错乱？竟然鼓捣出几句顺口溜。留着吧，也是当时心境之写照）。

四、补记

【东拉西扯】本卦说"私通"这档子事，不再多言了，否则有诲淫诲盗之嫌。

【岁月留痕】但愿我对"大过"的理解，不要犯下"大过"。

【黄裳之拜】【古音遗韵】【文苑拾珠】枯杨生稊、枯杨生华两词，说的基本是一个意思，都是指女子长期得不到性满足时，就会像枯萎的杨树，失去生命的活力、勃勃的生机；如果偶尔与人"私通"，这种点缀式的性生活，可使其重新焕发活力，犹如枯萎的杨树又生发了星星点点的嫩芽，或开出了稀疏的花朵。

抛开"私通"行为的伦理、道德问题不谈,单从生理学角度讲,枯杨生稊、枯杨生华两词在本卦中的意境,是非常科学的,也达到了非常高的科学认知水平。这充分说明老先生已经认识到,性生活对于女子的身心健康具有的重要作用。出于对寡居女子的同情,也为其切身利益考虑,老先生对女子的"私通"行为,持适度的赞同、甚至鼓励态度,而不是从"礼教"出发加以贬斥或鞭笞。这既体现了老先生对女性权益的尊重,也体现了老先生的"仁爱"之心。这一思想,贯穿于整部《周易》,望大家仔细体会。

枯杨生稊、枯杨生华两词中,稊、华传达的意境有明显的差异。从美学或审美的角度看,"嫩芽"与"花朵"虽然都具有审美价值,但却不可等量齐观。其所以有"嫩芽"与"花朵"的区别,一方面是具有同样行为的女子,有地位上"贱"与"贵"的差别;另一方面,老先生也敏锐地察觉到,在不同的环境条件下,"私通"产生的效果不同。简要分析如下。

小有人家的寡妇(二爻),没有深宅大院遮人耳目,一举一动都暴露在众人的目光之下。因此,只能选择不引人注意的"老夫"(显然,只能是"下人")作为"私通"对象。不难想象,这种与"下人"、"老夫"的"私通"行为,只能是遮遮掩掩、偷偷摸摸、急急忙忙、草草收场的状态。对于女性,这只是一种"饥不择食"的选择,是精神高度紧张之中的"偷鸡摸狗"行为,只能算是枯燥、郁闷生活的一种点缀,而不可能彻底放开身心、倾情投入。这种情况,就像枯萎的树木只是长出了几个"嫩芽"而已,而不可能绿树成荫、开出花朵来。

但对王侯之家的寡妇(五爻)而言,儿孙辈对其生米已成熟饭的"私通"行为,也只能听天由命,睁一只眼闭一只眼,甚至制造冠冕堂皇的理由为其遮掩。不难想象,由于有较大的选择余地和自由的私密空间,这种"私通"行为的对象,显然不会是地位低下的"下人"、年老体衰的"老夫",而是"体面且强壮"的"士夫";幽会时也不用担心受到影响、打扰,且可以长期维持这种"私通"状态。这对年老色衰的女性而言,就像枯萎的树木又遇到了第二春,不但会长出"嫩芽",而且还会开出"花朵"。

从上面的分析可以看出:

第一,从生物学角度看,老先生对人的本能及性生活对身心健康的影响,认识非常深入、科学,表现出了超越时代的伟大智慧。

第二,从两词构词的逻辑看,老先生从美学角度出发,结合一般社会规律,对环境心理学进行过深入思考,得出了科学的心理学结论(稊与华的差异),表现出了惊人的洞察力。

第三，用极具浪漫色彩的字词，精准、简洁地描述了复杂的事物及其社会学意义，表现了高超的文字功力。

第四，两词意蕴表现出的态度和思想，充分体现了老先生对女性的尊重，对女性追求幸福权利的支持，以及强烈的人文关怀情操和"仁爱"之心，表现出了悟透人性、"以人为本"的永恒社会行为理念。

面对短短2个词、寥寥几个字，却表现出如此令人惊叹的生物学、逻辑学、美学、社会学、心理学、文学、伦理学、社会行为学、历史学等等含义，除了心悦诚服的跪拜之外，我还能说什么呢?!

如此光彩夺目的璀璨明珠，竟在众人眼皮底下沉睡了3000余年，人们却视而不见，对此，我们还能说什么呢?! 无语……

29.坎（水水）——委曲求全

一、原文

坎　有孚。维心亨。行有尚。

初六　习坎。入于坎窞,凶。

九二　坎有险,求小得。

六三　来之坎坎,险且枕。入于坎窞,勿用。

六四　樽酒簋贰;用缶;纳约自牖。终无咎。

九五　坎不盈,祗既平。无咎。

上六　系用徽纆,寘于丛棘,三岁不得。凶。

二、注释

【卦象玄机】"水上水下"。单卦:上卦为水,指积水;下卦为水,指积水。叠卦:水下有水,为深水。有深水聚集之处,必有"坎"。"坎"为聚水之地形,可为坎垄,可为坑。

【卦名意境】坎:坑;掘坑;墓穴;垄。本卦意为坎坷,挫折。

【本卦主题】遭遇坎坷。

【各爻角色】各阶层人士。

【字词释义】

习:鸟反复飞;学习;熟悉;习惯。此处指(养成)习惯,引申为适应。

窞(dàn):坎中的小坑;深坑。

枕:枕头;临近。此处指临近,引申为近在咫尺、迫在眉睫。

簋(guǐ):古代祭祀、宴享时盛黍稷的器皿,一般为内方外圆,二耳(字典如是解释)。此处指古时日常用的食器。

缶(fǒu)：瓦罐；瓦器；(瓦制)乐器。此处指乐器(2008年北京奥运会开幕式上，有"击缶"的场景，但此"缶"的形状已非古之形状)。

牖(yǒu)：窗户，窗子。

祇(zhī)既平：指(水位)最多到了与坑的边缘平齐的程度。

徽(huī)：(三股)绳索；捆绑；美，善。此处指捆绑。

纆(mò)：(二股)绳索。

寘(zhì)：放置，安置。

三、今译

坎：人生境遇的坎坷，挫折。

（做）有孚。（求）维心亨。（境）行有尚。

人生在世，谁都会遇到一些坎坎坷坷。遇到坎坷时，最起码要恪守社会行为的底线(有孚)，千万不可一蹶不振、自甘堕落、自暴自弃，甚至轻生；正常的做法是，尽可能泰然处之，慢慢调整好自己的心态(维心亨)；最高境界是，坚强不屈、自强不息(行有尚)，哪里跌倒哪里爬起来。

初六　（境）习坎。（描）入于坎窞，（判）凶。

小民百姓(初六)抵御风险的能力很弱，因此经常会遇到坎坎坷坷。对可能遇到的挫折和坎坷，要有足够的心理准备(习坎)和应对措施；否则，一个小小的坎坷或一个小小的挫折，也会让你陷入(入于)无力自拔的深坑(坎窞)，那就不妙了(凶)。

九二　（描）坎有险，（求）求小得。

对小有人家(九二)而言，能够取得现在的成就，一般就不再有迈不过的坎坎坷坷。因此，一旦遇到令你感到棘手的麻烦事(坎)，那就预示着你在某些方面还有很大的风险(有险)。因而，不要事事强求圆满，在有些事上面，小有所得(求小得)就收手吧，不要因小失大，惹出更大的麻烦。

六三　（描）来之坎坎，险且枕。（求）入于坎窞，勿用。

大有人家(六三)称雄一方，谁敢不给你面子让你栽个跟头？你若遇到麻烦，一定是比你更厉害的"主儿"要"收拾"你。所以，一旦遇到(来之)让你感到棘手的坎坷，那可就不是坎坷和挫折，而是大麻烦了(坎坎)；这种麻烦，既致命(险)又迫在眉睫(且枕，即近在枕头边上)，随时都会要了你的命。因此，千万不要去惹(勿用)那些会让你陷入(入于)万劫不复深渊(坎窞)的大麻烦。

六四 ㊚樽酒簋貳；㊚用缶；㊣纳约自牖。㊠终无咎。

将相人家（六四）如果遇到小的坎坷，一定是你的行为令人不爽，别人故意来找碴儿。如果是得罪了哥儿们，人家找上门来，那就诚心诚意的请人家小酌几杯（樽酒簋貳），说道说道、解释解释，求得谅解；如果是更厉害的"主儿"，人家来兴师问罪，要击缶相迎（用缶），礼遇有加，赔礼道歉，消消人家的怨气；如果是你惹不起的"主儿"，人家不愿屈尊，那你就负荆请罪、登门受责吧，哪怕人家只是让"门卫"从窗户（自牖）接受（纳）了你的道歉书（约），你也就认了吧，接受这样的屈辱。若赔礼道歉的事做到了这个份儿上，无论结果如何（终），都只能这样了（无咎）。

九五 ㊐坎不盈，祗既平。㊠无咎。

王侯之家（九五）如果平时能够善以待人，深得臣子、民众的爱戴和拥护，那么，在你遇到坎坷时候，自会有大家为你排忧解难，不会有大问题。这就像洪水冲到家门口，众人就会主动地为你加固、加高堤坝（坎不盈），洪水有多高，堤坝就会有多高（祗既平），洪水不会漫过来一样，坎坷自然会化解。身为王侯，做人若能做到这个份儿上，还有什么可说的（无咎）？

上六 ㊒系用徽纆，寘于丛棘，三岁不得。㊠凶。

曾经的重臣或皇亲国戚（上六），一旦遇到坎坷那麻烦可就大了，其结果将是被绳索紧缚（系用徽纆）、置于荆棘丛中（寘于丛棘）、三年不得解脱的下场（三岁不得）。别自找麻烦了，否则真的就凶险了（凶）。

四、补记

【东拉西扯】在现代汉语中，"坎"是一个常用字，如坎坷。从上面的解说中不难看出，坎在《周易》中的意义与现在大体相同。但以往对本卦的解释大多不可取，与老先生的原意也相去甚远。由于每个人都会遇到大大小小的坎坷，故将老先生的主要观点再梳理如下，或许对大家有所裨益。

【主题乱弹】本卦的卦象为"水水"相叠，可以看作是"积水、深水"的现象。"水往低处流"的道理众所周知，"积水"之处必定有"坑"（哈哈，我不想抬杠，请别找漏洞），否则不可能有"积水"。一般说来，"坑"的边沿会有"坎儿"，所以，老先生从"积水"的情形联想到了"坎"，故将"水水"用"坎"命名。然后从"坎"可能把人绊倒，或很多"坎"就会导致路面坑坑洼洼、使人行走困难的情况，联想到人生的际遇也并非一帆风顺，而是坎坎坷坷、起起伏伏。所以，本卦的切入点就是人生际遇中遇到的坎坷。

【哲理漫说】社会各阶层人士都会遇到坎坷,但造成坎坷的原因各不相同;对不同的人,同样性质的坎坷造成的后果也不相同。人们遇到坎坷时,有的怨天尤人,有的暴跳如雷,有的怒不可遏,也有的垂头丧气,有的一蹶不振,有的自暴自弃,……不一而足。我们应该如何面对人生际遇的坎坷? 不同的人会给出不同的答案。

老先生给出的答案是:有孚,维心亨,行有尚。这8个字提出了三个层次的要求:

最低的要求是"有孚",就是要恪守社会行为规范的底线,不要做出过激的反应。例如,有些人丢了工作,或者失恋了,甚至小孩考试成绩不理想,动不动就干出一些跳楼、上吊等寻死觅活的悲剧,或者投毒、谋害等杀人越货的勾当,不但给别人、也给自己造成了无可挽回的损失,也极大地伤害了父母、亲朋好友的感情,实际上是一种置社会行为规范于不顾、极不负责任的行为,违背了"有孚"这一基本要求。

其次是"维心亨",就是要保持良好的心态,检讨自己的行为,对不足之处加以改进;而不是怨天尤人,指责别人。失去良好心态,就可能出现各种消极的行为。消极行为大体可分为两种,一种是"激进式"的行为,如各种形式的"报仇"、"出气",其极致行为就是"拼个鱼死网破";一种是"逃避式"的行为,如沉沦,自暴自弃,其极致行为就是自杀。这样的例子俯拾皆是。但是,正在写这些话的我,和正在读这些话的你,面对坎坷、挫折时,又有谁能够真正做到"维心亨"呢?

最高境界就是"行有尚",就是哪里跌倒哪里爬起来,保持一种积极向上的精神,继续坚强地往前走,从而赢得别人的敬佩和尊重。这样的例子也是不胜枚举。

【黄裳之拜】可见,老先生的"有孚,维心亨,行有尚"提出了三层要求,且层层递进,把人们在坎坷面前的行为,逐步从"不给社会造成伤害"的最低要求,推进到"不把自己前途当儿戏"的一般警示,再引向"自强不息"的最高境界,多么深刻,又多么发人深省啊! 这等力透纸背的铿锵文字,确是我等平庸之辈今生所仅见! 可惜,能够领略其瑰丽魅力者,古往今来,能有几人?! 唉,又激动了,臭脾气!

其它文字,上面已基本说清楚了,不再赘言。

【古音遗韵】【文苑拾珠】"纳约自牖"给我们描述了一幅负荆请罪时,接受屈辱遭遇的场景:如果得罪了大人物,主动到人家门口负荆请罪,希望得到宽恕;可是,人家连家门都不让进,只是让仆人从门房的窗户里,傲慢、冷漠地接受了你的道歉书……

好一个纳约自牖! 让我们看到了人世间多少委曲求全的心碎场面!

30. 离(火火)——生离死别

一、原文

离　利贞。亨。畜牝牛吉。

初九　履错然。敬之,无咎。

六二　黄离。元吉。

九三　日昃之离。不鼓缶而歌,则大耋之嗟,凶。

九四　突如其来如,焚如,死如,弃如。

六五　出涕沱若,戚嗟若,吉。

上九　王用出征,有嘉。折首,获匪其丑,无咎。

二、注释

【卦象玄机】"火上火下"。单卦:上卦为火,指火;下卦为火,指火。叠卦:火上有火,为大火。犹如有水必有坎一样,有火必有事物的消失。因火而消失的事物,即为这里所指的"离"。故火火为离,意为逝去,消失,不可再见。

受"十翼"的影响,以往的解释中基本上把"火火"理解为"丽",实为不妥。按照老先生的逻辑,"火上有火"即为大火。大火过处,烧掉了森林(参见图离-1),焚掉了庄稼,毁掉了家园,把遇到的一切东西化为灰烬(当时的情况);灰飞烟灭的时候,只留下一片焦土,和满目的苍凉……。面对这灾难性的无情大火,谁能无动于衷? 谁不痛心疾首? 有谁会抱着"欣赏壮丽景象"的心态,幸灾乐祸般地欣赏这无情的大火?

【卦名意境】离:分开;距离;背离;缺少。通"罹":遭受,触犯。通"丽":附着。本卦中指老人的逝世,离世。

图 离－1 森林大火，"火上有火"

【本卦主题】生离死别。

【各爻角色】各阶层人士。

【字词释义】

牝牛：母牛。参见"坤"卦的牝马。

错：磨石；粗糙；琢磨；交错，杂乱；过失；坏，差；错过。此处指交错、杂乱。

黄离：黄，指衣裳被（关中黄土高原的）黄土染黄，隐指匍匐在地（参见"坤"卦的"黄裳"）。黄离，隐指家中的老人，是在子女能够虔诚尽孝（如早晚请安，匍匐于地，以致衣服沾染黄土而变黄）的情况下，安详地离开人世。

昃（zè）：太阳西斜。

获匪其丑：匪，通非。丑，现今的解释包括，（戏曲里的）丑角；相貌难看；丑恶；憎恶；羞愧等。在关中方言中，丑还有"不愿意拿出来见人，见不得人的东西、心思、想法"等意思。关中方言中，因为"被人揭了短而害羞、害臊"，也可以说"把人丑（害羞的意思）死了"。因此，获匪其丑意为，"实际得到的东西（获），并非（匪）自己（其）心里盘算的、羞于见人（丑）的东西"。

三、今译

离：（一般指老人的）生离死别。

㋐利贞。亨。㋺畜牝牛㋐吉。

远古之时，生产力低下，物产不丰，丧失了劳动能力的老人，就成为家里的拖累。所以，古时自然条件恶劣的地方，有"弃老"的习俗。"弃老"可减轻家庭负担，所以，（当时、部分地区的）人们希望老人离世，故有"利、贞"之说。老人不去，则不可多养孩子（因为养家糊口的资源有限），故"弃老"可使家庭发展顺利（亨）。多畜牝牛可多生牛犊,就像多畜妻妾能多生孩子一样,子女成人后家族势力就会进一步壮大。故弃老畜妾,先"利贞",然则"亨",吉。但古时的关中,应是风调雨顺、物产丰富的地方,生存环境还不至于恶劣到需要弃老的程度,故无"弃老"之俗。

注:这段解说云里雾里,似乎不知所云。补记中再细说。

初九　㊣履错然。㊣敬之,㊙无咎。

小民百姓之家(初九),在老人离世的事情上,很难做好周全的准备。老人一旦离世,就会是一派忙乱景象:各色人等,忙前忙后,进进出出,脚步杂乱(履错然)。对小民百姓而言,在老人离世后,"丧事"办得是否盛大并不重要,只要尽心尽力、恭敬虔诚(敬之),就无可厚非(无咎)。

六二　㊙黄离。㊙元吉。

小有人家(六二),对垂暮的老人应时时关照,嘘寒问暖、端茶递水、尽心伺候。在老人欠安的时候,如果后辈们能够衣染黄尘(黄)、跪地请安问好,衣不解带、寝不安枕,尽心尽孝,那么,老人在这样的氛围中离开人世(离),也就能够安详地瞑目了。如果人人都愿意(元)这样对待老人,社会就会一片祥和安宁(吉)。

九三　㊣日昃之离。㊣不鼓缶而歌,则大耋之嗟,㊙凶。

对于大户人家(九三),维系大家庭的纽带往往是家长,即家中的老人。一旦老人离世,大家庭往往分崩离析,四分五裂。故大户人家老人的离世(之离),往往预示着大家庭最辉煌的时期已经过去,将要面对日薄西山的景象(日昃)。如果子女们不能够(不)齐心协力让大家庭充满欢声笑语(鼓缶而歌),而是大家庭里已经出现了难以弥合的裂痕,那么(则)将要离世的耄耋老人(大耋),只有对天长叹(之嗟)、死亦不能瞑目了。果真如此,大家庭的前景堪忧(凶)。

九四　㊣突如其来如,焚如,死如,㊙弃如。

对于将相重臣(九四),特别是权倾一时的国之重臣,往往因为飞来横祸而不能寿终正寝。夺人性命的飞来横祸,就是如此的突然(突如)而至(其来如),不但毫无征兆,而且令人猝不及防。当你身陷囹圄、生死未卜之时,你的至爱亲朋心焦如焚(焚如),无比煎熬,甚至生不如死(死如)。为什么会有如此结局?都是因掌控你命运的王侯,已经彻底放弃(弃如)了你,必欲杀之而后快!

六五　㊙出涕沱若,戚嗟若,㊙吉。

老王侯(六五)谢世的时候,新王侯因为即将登上权力中心的宝座而心中窃喜。心虽窃喜,但在老王侯出殡(出)之时,新王侯一定要显出一副涕泪横流(涕沱若)、凄凄惨惨(戚嗟若)、不忍离弃之状。只有如此,方会有好结果(吉);否则,能否顺利登上宝座,能否坐稳龙椅,还很难说。

上九 ㊞王用出征,有嘉。㊤折首,获匪其丑,㊤无咎。

对功勋卓著的战将(上九),虽然早已远离戎马生涯,但如果在危难之时,能够服从王侯(王)的调遣(用)而出征(出征),就会获得王侯的嘉奖(有嘉)。但你毕竟年老体衰,不堪重任,因而,折戟沉沙、身丧疆场,甚至身首异处(折首),亦在情理之中。如果落得(获)以这种方式离别人世的下场,就不是(匪)你(其)出征时在心里所盘算的结果了(丑)。唉,这也没办法(无咎)。

四、补记

六十四卦中,仅此一卦讲人间的生离死别,甚至暗含着亡国之痛。

【主题乱弹】先说说本卦的卦名"离"。

在本卦卦辞下面,"十翼"之《象》辞曰:"离,丽也。日月丽乎天,百谷草木丽乎土,重明以丽乎正,乃化成天下。"这里的一句"离,丽也",使得后世的文人数千年来不敢越雷池半步,都把"离"看成是"美丽光耀"的意思。此等方向上的错误,已与老爷爷的想法背道而驰,又如何能够理解老爷爷的卦辞、爻辞呢?

本卦的卦象为"火火",因此,对"离"可有两种理解。一是,火焰之上的火焰,消失得无影无踪,此为一"离"。对古人来说,如果观察篝火,火焰从燃烧物上蹿起,随风上升,下面又会生出新的火焰;而上面的火焰上升到一定高度后,就暗淡下去,直至消失。所以,"离",可以看作是对上面火焰消亡的描述。二是,有火必有可燃之物,经过燃烧,可燃物消失了,只剩一堆灰烬。所以,"离",可以看作是对可燃物消亡的描述,此为二"离"。当然,对"火火"之"离"还可以有其他解释,但显然都指向"死亡"。

的确,老爷爷对"火"也赋予过"丽"的意思,如"贲"卦中的"山下之火"。但"山下之火"显然是"小火"(相对于"火火"),而不是大火。当时的人们应当娴熟地掌握了用火的技巧,因而,"烧荒"显然是一种可以想象的合理行为。对于可以控制的"小火",或对人们的生产、生活有益的"小火",老先生也会"坐山观火"(贲),欣赏火蛇狂舞的壮丽景象。但对疯狂肆虐、不可控制、造成灾难的"火火",老爷爷想到的却是,鲜活的生命轻飘飘的消失,就像在大火中消失的草木一样,了无踪迹。

　　从另一角度看,老爷爷显然还不至于笨到如此的地步,在"贲"卦、"离"卦中,对"火"取同样的含义或形象;否则,其他与"火"有关的卦,又怎么写下去? 若按照"离,丽也"这等低劣的逻辑推论,那就不可能有六十四卦了。

　　所以,"离,丽也"绝不成立。

　　【史海寻贝】再说卦辞。

　　"离"卦的卦辞"利 贞。亨。畜牝牛吉"似乎有悖常理。对一个家庭而言,老人死去,为什么"利 贞 亨"呢?

　　"利"指实现了愿望、期待,"贞"指保持现有的状态,而"亨"则指发展顺利。就字面而言,这里"利 贞 亨"的含义是,如果老人离开人世,就实现了(活着的人的)愿望(利);要保持(贞)没有老人(让老人离世)这样的状态;老人离世后就能顺利发展(亨)。照此说来,难道人们都巴不得老人早点死去? 难道老人去世,家庭就会发展顺利? 显然,这与现在的道德观念明显矛盾。

　　但不要忘记,这里说的是 3000 多年前的情况,而不是当今。站在当时的立场看,人们确实希望老人早点走。虽然残忍。

　　【东拉西扯】前面已经提到,当时人们的生存条件非常艰苦。一方面生产力低下,生存物资供应紧张,要想多养一些人口确实不易;另一方面,虎豹狼虫的掠食,疾病的折磨,以及战争的摧残,导致人口的增加非常缓慢。因此,人口的增长,是当时社会的共同期待。在农耕社会,丧失劳动力的老年人,对人口增长的贡献与其消耗的生存资源相比,就成为家庭、社会的负担,特别是在自然条件恶劣、生存资源匮乏的地方,这种负担可能更重。

　　【岁月留痕】因此,历史上在某些地方就有"弃老"的习俗,以减轻家庭负担。所谓"弃老",就是在老人到达一定年龄,或丧失劳动能力之后,将其遗弃于荒郊野外,或封闭于悬崖绝壁之上的小洞之中,任其自生自灭。2009 年第 9 期《中国国家地理》杂志,就刊载了鄂西北等地至今尚存的"弃老洞"遗迹。据称,今天陕西商洛市商州区(靠近鄂西北)附近河谷岩壁上的洞穴,也是"弃老洞"。

　　可见,在过去的岁月里,至少部分地区、部分时段,人们确实是期待、甚至逼迫老人离世。如果老先生是针对"弃老"习俗而言的,卦辞就不难理解了;当然,"畜牝牛 吉",也就顺理成章了。原因之一是,牛作为农耕社会的重要生产资料,母牛越多、牛犊越多,家庭越富裕;二是,用"畜牝牛"暗指少一个老人吃饭,就可以多养一个妾(参见"归妹"卦),可以多生孩子,有利于家庭人丁兴旺。

图 离-2 "弃老洞"遗迹

【哲理漫说】再说爻辞。

初爻的"履错然",是平民百姓家中老人离世时的真实写照。一旦老人离世，街坊邻里都会来帮忙，一片人来人往、步履交错的情景。现在的关中农村，情况依然如此。在办理"丧事"时，很多人会为了"体面、风光"而大肆操办，丧事过后就陷入难以为继的困境。因此老爷爷说，"丧事"办得是否风光并不重要，只要尽心尽力（敬之）就行（无咎）。可见，老爷爷主张量力而行的"薄葬"。

如果大家对"坤"卦的"黄裳"还有印象，二爻就不难理解了，两处"黄"的含义相同，都在暗指"下跪"般的顺从、虔诚。如果子孙们能够在病重的老人床榻之前，恭顺地匍匐于地（黄土染黄衣裳）、嘘寒问暖、尽心伺候，撒手人寰的老人就是"黄离"。这对老人来讲，还会有什么遗憾呢？可见，老爷爷主张尽心尽力的"厚养"。

三爻的"日昃之离"，有点感叹"树倒猢狲散"的意思在里面。现在的独生子女对此可能难以理解，但在多子女的过去岁月，这是非常正常的事情。即使是现在，如果家里的老人健在，每逢过年过节，后辈们不管路途多么遥远，都会不辞辛苦地赶回家来承欢老人膝下；而一旦老人离世，大家庭的凝聚中心就消失了，就很难期待后辈们再聚到一起了。也有的家庭，老人健在的时候，子女间就是是非非、矛矛盾盾，大家庭已经很难维系下去；一旦老人离世，大家庭就立即四分五裂、分崩离析了。这对有着"四世同堂"心结的国人来说，是令人悲叹的事情。所以，老爷爷针对如日中天的大有人家，借着作为维系大家庭纽带的老人之口，发出了"（如果儿孙们）不（能齐心协力）鼓缶而歌，则（来日无多的）大耋（就会有死不瞑目）之嗟"的哀叹。

四爻代表君王身边的将相重臣。古语讲，伴君如伴虎。对于那些骄奢淫逸、喜怒无常、偏听偏信、毫无主见的昏聩君王，臣子们的处境更是险恶；一旦君王翻脸，可能因为很小的事情，就会产生"必欲杀之而后快"的念头，此时，臣子的末日就来临了。这种灾难，往往毫无征兆，突如其来，令你猝不及防，毫无反抗、周旋的余地。周文王老爷爷在"被拘羑里"时(在殷商王朝,周文王处于四爻位置),可能也亲身经历过这等不幸,对此感同身受;"突如其来如,焚如,死如。弃如"也许就是殷纣王诛杀"九侯、鄂侯"的历史写照。不幸的是,中国封建历史上,这种悲哀延续了太长的时间。

五爻代表的是王侯之家。殷商时代,已经一改尧舜时代的逊让王位之风,而是子承父业,江山社稷不传外人了;周朝也延续了这种做法。但殷商末期似乎还没有形成"立长子为储君"的传统。因此,先王去世后,即使不是"储君"的其他子弟也会觊觎王位,新王的基础并不稳固。新王要想稳固其地位,非常重要的一点,就是要表现出对先王的尊重与崇拜;否则,其他兄弟可能以此为借口而发难,威胁新王的地位。所以,老爷爷对新王提出的忠告是,在先王出殡之时,要摆(装?)出一副不忍离弃、痛不欲生的样子,从而不授人以把柄。这就是"出 涕沱若,戚嗟若,吉"的潜台词。

对功勋卓著的老迈战将,六爻的"王用出征,有嘉。折首,获匪其丑,无咎",讲了两层意思。

第一层"王用出征,有嘉"的意思是,如果老迈战将能够遵从王侯的命令,毅然决然地率军出征,就会得到王侯的嘉奖。很自然的问题是,率军出征是战将义不容辞的职责,为什么仅仅是"率军出征"就会受到嘉奖呢?

其实,这个问题的答案很浅显。谁都知道"岁月不饶人"、"好汉不提当年勇"的道理,因此,除非迫不得已,谁都不会把在战争取胜的赌注,押在老迈的战将身上,特别是在冷兵器时代。显然,如果一个王侯要"差遣"一个老迈的战将出征,一定是国家已经到了危在旦夕的关键时刻。很自然的推论是,作为国之栋梁的那些年富力强的战将们,要么身丧疆场,要么铩羽而归,要么不堪大任,此时已实在无将可派,迫不得已的情况下,只能祭出这最后一着险棋了。而老迈战将还敢于、还能够领命而去,就能让面临生死考验的王侯,在心理上获得一丝安慰,存有一丝侥幸。因此,在江山社稷危在旦夕的紧要关头,为了激励老迈战将的斗志,赢得最后一点

图 离-3 老将出征,福兮祸兮?

希望,王侯一定会不惜血本,对其予以嘉奖、鼓励。这就是第一层"王用 出征,有嘉"的含义。

第二层"折首,获匪其丑,无咎"的意思是,在年轻力壮的战将们,率领精锐之师尚且不能取胜的情况下,老迈战将披挂上阵,带领一帮残兵败将,迎战气势正盛的强敌,其结果肯定也是"折首"的下场(离)。得到这样的结果(获),肯定不是(匪)老将(其)踌躇满志地出征时,内心盘算(丑)的"重拾辉煌、扬名立万、功盖千秋、荫庇后世"的结果。当然,在强敌压境、精锐之师尽失的情况下,王侯也只能垂死挣扎般的寄望于老将了(无咎)。

【黄裳之拜】可见,老先生在这里用老迈战将的身死疆场,来象征国家的灭亡。"亡国",才是最大的、最根本的、最令人痛心疾首的"离"啊。

一个离卦,将人间的悲欢离合,讲得多么透彻,又发人深省…

【史海寻贝】【文苑拾珠】三爻中的"鼓缶而歌"一词,具有深刻的史学及文学价值。

作为一种历史悠久的打击乐器,"鼓"对现代人来说都不陌生。《周易》中两次提到"鼓",一处在本卦三爻,一处在"中孚"卦三爻:"或鼓或罢"。按照这两卦的意境,在殷商末期,"鼓"已经是"乐队"中的重要成员,"鼓声"也已是作战时的重要指挥信号。

在殷商末期,鼓缶而歌应该是民间的一种自娱自乐形式,即在人们闲暇或欢庆时,在鼓、缶的伴奏下载歌载舞。这种载歌载舞的情形,暗示着人们、特别是家人之间的和睦欢快氛围。一旦不能"鼓缶而歌",就说明人们之间嫌隙渐生、矛盾不断,预示着人际关系的恶化,这在传统文化里是一种不祥的信号。现代社会里,逢年过节时单位里举办的各种"联欢活动",应该是"鼓缶而歌"这一自娱自乐形式的延续和发展。

31.咸(泽山)——携手人生

一、原文

咸 亨。利 贞。取 女 吉。

初六 咸其拇。

六二 咸其腓,凶,居 吉。

九三 咸其股,执其随。往 吝。

九四 贞 吉,悔 亡。憧憧往来,朋从尔思。

九五 咸其脢,无悔。

上六 咸其辅 颊 舌。

二、注释

【卦象玄机】"泽上山下"。单卦:上卦为泽,指有性欲望的女子;下卦为山,指像山一样可以依靠的男子。叠卦:泽下有山,指女子找到了可以相伴一生的靠山。恩爱夫妻,相伴人生;彼此拥有,不分你我;我的就是你的,你的也是我的。这才是"咸"的真谛。

【卦名意境】咸:同,共;普遍;和睦。本卦意为共同,共有,合为一体(的东西)。

【本卦主题】共同拥有,不分彼此。

【各爻角色】在人生的不同阶段,恩爱夫妻彼此共同拥有的东西。

【字词释义】

拇:手或脚的大指。

腓(féi):胫骨后的肌肉,俗称腿肚子;枯萎;古代剔除膝盖骨或断足的酷刑。此处指小腿。

憧憧:往来不绝的样子。此处应指类似于情侣之间的相互关注、注视。

股：大腿。

脢(méi)：脊背，后背。

辅颊舌：辅，面颊。也有一说为牙床(参见贺华章的《图解周易大全》)，因为后面还有"颊"，故取此说，即牙床。颊，脸颊。舌，舌头。

三、今译

咸：不分彼此，共同拥有。

㉘亨。㊝利贞。㊚取女吉。

夫妻相伴，若能同呼吸共命运，同甘苦共患难，则家庭和睦，发展顺利(亨)。夫妻应共同肩负持家的重任，才可实现人生的基本愿望(利)，才能保持家道不衰(贞)。在男权主导的社会，女子地位低下，婚姻往往难以自行做主；若心仪的男子愿意把你娶回家(取女)，结为一世夫妻，对女子而言，就是可遇不可求的好事情(吉)。

初六　㊚咸其拇。

在媒妁之言撮合婚姻的年代，即便是日后相濡以沫的恩爱夫妇，新婚宴尔之时(初六，古时人的寿命短，据说平均寿命仅四五十岁，十三四岁就可能已经婚配)，也只是同床异梦的陌生人。此时，将两人命运联系在一起的东西，实在少得可怜，就像只是手指勾着手指而已(咸其拇)。

图　咸-1　咸其拇(可惜，不是大拇指)

六二　㊚咸其腓，㉘凶。㊚居吉。

新婚之初的新鲜劲儿和磨合期还没过去，随着小孩的诞生(六二，"父母"大约也就十多岁吧)，彼此之间的关爱，就会被小孩所分散。于是，会产生一种被忽视、被疏远的感觉，烦心之事就纷至沓来。此时，心智尚未成熟的一对年轻人，血气方刚，年轻气盛，一言不合便拳脚相向，不知是你踢了我一脚，还是我给了你一腿(咸其腓)。呜呜呜，这样的日子还怎么过下去(凶)？唉，年轻人，只要长相处(居)，小两口打架不记仇,难关很快就会度过(吉)。

九三　▣咸其股,执其随。▣往吝。

三年(一说为七年)之痒已过(九三,大约二三十岁),在逐渐增大的生活重压下,各自收敛了"花花心肠",一个不再巴望着"路边野花就想采",一个也不再算计着"何时红杏出墙外"。另一方面,双方也已到了人生的巅峰时期,夫妻生活如胶似漆(咸其股),学会了相互理解、相互迁就,于是,便会夫唱妇随,有求必应(执其随)。但若沉溺于夫妻之道(往)而不可自拔,对其他事情不管不顾,则会有令人不爽的后果(吝)。

九四　▣贞▣吉。▣悔亡。▣憧憧往来,朋从尔思。

人到壮年(九四,三四十岁),高堂犹在,子女尚幼,持家重担越来越重,只能日夜操劳,难得片刻歇息。如果夫妻双方能够保持(贞)有难同当、有福共享的状态,日子就会越过越滋润(吉)。到了这个时候,年轻时的磕磕绊绊、恩恩怨怨,全都抛到脑后了(悔亡),一心只想着把日子过好。随着持家压力的增大,夫妻之间逐渐懂得了相互体贴、相互关照,相互之间都会关爱地注视(憧憧)着对方忙前忙后(往来),时不时地上来搭一把手,就像配合默契的朋友(朋)一样,都会替(从)对方(尔)着想(思),为对方分忧。

九五　▣咸其脢。▣无悔。

华发渐生(九五,四五十岁),腰背渐驼,此时的夫妻,子要娶、女要嫁,不再强壮的脊梁,已被生活的重担压得再也直不起来;面对着彼此疲惫的身躯时,再也无力、也无必要相互安慰,只是在坐下来喘口气时,相互背靠着背(咸其脢),相互获得一丝慰藉。但为了撑起一个家,又能说什么呢(无悔)?

图　咸-2　憧憧往来(左)与咸其脢(右)的意境

上六　㉒咸其辅 颊 舌。

图　咸-3　咸其辅(左)颊(中)舌(右)示意图

　　垂垂老矣(上六,五六十岁。古时活到七十岁的人可能相当少了),相互搀扶,互相照顾,相濡以沫,共度黄昏。此时的夫妻,我的牙就是你的牙,你咬不动的东西,我帮你咬(咸其辅);你病了,我的脸贴着你的脸(咸其颊),为你试试体温;你卧病不起,饭(或药)端到跟前,我先尝尝咸淡、冷热(咸其舌),然后再喂你。唉,怎样一副温情的画面,令人唏嘘。

四、补记

　　【东拉西扯】本卦的一些内容,令人为之动容。若人人都能像老爷爷描述的那样,那就"夕阳无限好"了。

　　【主题乱弹】先说卦名"咸"。参见"临"卦中对"咸"的注释。

　　对于本卦的"咸",传统的解释是"感应,交感"。这一解释,来源于"十翼"中的《彖》辞。为了说明《彖》辞对后世理解《周易》的影响,将"咸"卦的卦辞、及其下的《彖》辞完整地抄录如下:

　　咸亨。利贞。取女吉。

　　彖曰:咸,感也。柔上而刚下,二气感应以相与,止而说(说通悦),男下女,是以亨利贞,取女吉也。天地感而万物化生,圣人感人心而天下和平;观其所感,而天地万物之情可见矣!

　　对于这段《彖》辞的含义,当然也是见仁见智的事情,这里不予评说。但它所定下来的基调,对后世理解老爷爷的文字有着决定性影响,却是不争的事实。在我看来,上述大部分《彖》辞歪曲了老先生的原意,把后世对《周易》的理解引入歧途。这也就是本书在解读《周易》时,为什么彻底不考虑"十翼"文字的原因。如果感兴趣,建议读者在其他著作中查找相关内容。

要理解"上泽下山"这一卦象，为什么取"咸"为卦名，请再回顾一下"八卦"在文王老先生心目中的形象（参阅第一部分第三章），并好好揣摩"大过"卦的卦象和内容。这里不再多说。但如何理解本卦"咸"的含义，还要再啰唆几句。

古城"咸阳"之名，至少自秦时就有，其中的咸字，应带有较多的古意。关于"咸阳"，比较认可的说法是，咸阳古城兼具山南水北之阳，即，古城既在渭水之北，又在九嵕（zōng）山之南，故谓咸阳。引申一步就是，咸阳古城是联系渭水与九嵕山的纽带，既属于渭水之阳、又属于九嵕山之阳。可见，这里的"咸"，主要强调的是"共同拥有"。

【哲理漫说】按照同样的道理，一个孩子（犹如"咸阳"），既属于母亲（类似于渭河），又属于父亲（类似于九嵕山），父母双方共同拥有孩子。因此，对父母而言，这里的孩子就是"咸"（共同拥有）的对象或主体。

古时候，对于素昧平生、经历各异、没有生活"交集"、甚至连面都没见过的一对年轻人而言，因为"媒妁之言"刚刚走进婚姻生活，"共同拥有"的东西能有什么呢？可能只是懵懵懂懂的"手牵手"，即，"共同拥有"的只是"牵在一起的手"（参见图 咸-1）。这大概就是初爻"咸其拇"（拇指勾着拇指）的景象。对这样的情形，20世纪六七十年代的年轻人可能还有深刻的记忆。

二爻的"咸其腓，凶。居吉"，出现了本卦唯一的一个"凶"字。为什么"咸其腓，凶"呢？对许多夫妇而言，随着新婚的新鲜劲儿逐渐消退，以及第一个孩子的诞生，"生活的烦恼"就会接踵而来，"三年之痒"或"七年之痒"不期而至。此时，"冷战"、吵吵闹闹、"软暴力"等情况，在小夫妻之间不说是家常便饭，至少也是屡见不鲜；即使那些白头偕老的恩爱夫妻，也难免有这样的过程。但有些小夫妻，发展到"拳脚相向"的地步，那就不妙了。"拳脚相向"时，就是你踢我一腿、我还你一脚，两人"共同拥有"的，就是"踢到一起的两条小腿"，分不清是谁踢谁。这大概就是"咸其腓，凶"的道理。"居吉"的字面意思是，待在一起就好（别闹离婚，别离家出走），这显然是教给人们处理家庭小摩擦的方法。

过了"三、七年之痒"的阶段，随着大孩子的慢慢长大和其它孩子的陆续出生，相互之间有了更多的了解，也可能各自从内心接受了对方，收起了"花花心肠"，打算死心塌地的与对方过一辈子。于是，达到了"咸其股，执其随"的境界。"咸其股"的字面意思是，共同拥有彼此的大腿；"执其随"的字面意思是，迁就对方的想法。"大腿相互交织在一起，并且迁就对方的想法"，说的应该就是青壮年夫妻之间的那点儿事。但"往 吝"中的"往"是什么意思，我不敢确定，大概就是沉溺于男女之事，淡漠了养家糊口的责任。果真如此，确实是令人（亲朋好友）不爽的（吝）。

这让我想到了现在的一些不太年轻的年轻人,把孩子扔给父母,只顾自己疯玩,美其名曰"抓住青春的尾巴";可是,有没有站在父母的角度想一想,这样做合适吗?

四爻的"贞吉。悔亡。憧憧往来,朋从尔思",是本卦唯一没有"咸"字的爻辞,其实是省略了"贞"字前面的"咸"字。四爻对应的是人到壮年的阶段,"共同拥有"的东西太多了,上有老、下有小,中有维持一个大家庭生计的沉重负担。这时候,夫妻二人若能不离不弃、坚持不懈的(贞)共同分担(咸)这一切,就是幸事一件,也就无憾了。其所以这样讲是因为,在高强度的劳作、沉重的负担重压下,很多夫妇中的一方会出现疾病,难以继续分担家庭重担,给整个家庭的生活蒙上了沉重的阴影。现在的人们很难想象这种情况,但在数十年前的关中农村却屡见不鲜,更何况在生产力低下的古时候。因此在这一阶段,夫妇之间都会细致入微地关注着对方(意境参见 图 咸-2 左),无微不至地照顾着对方,心领神会地关怀着对方,坚定不移地支持着对方,这,就是"憧憧往来,朋从尔思"的境界。

五爻的"咸其脢。无悔",已是到了力不从心、却又不能停下脚步的壮年时期。对于壮年夫妻,可能上有高堂,需要尽心伺候;下有尚未成年的子女,还不能分担持家的重担。而且,可能还面临着孩子们的婚嫁大事,为儿子置办结婚用房及相关用品,为女儿筹办嫁妆。此时的压力之大,绝非今日独生子女家庭的城市人家所能体会。如果在子女成群的早期农耕社会,特别是对社会的中下层人群,要想体面的为老人养老送终,为儿子(们)娶妻生子、分房另住,为女儿(们)置办嫁妆,是非常沉重的负担。如今在经济欠发达的偏远乡村,如果子女较多,这些事情同样是难以承受之重。被生活的重担压得喘不过气来的夫妻,该说的体己话不知已经说了多少遍,似乎连再说一遍的兴趣和力气都没有了。在田间劳作时,如果坐下来休息一下,也会默默地背靠着背(意境参见图 咸-2(右))得到一丝慰藉,或者给对方一种坚持下去的信念、一个坚强的支撑。这就是老爷爷在"咸其脢。无悔"中想传达的意境:共同拥有的,仅是一副虽已佝偻、却强撑着的脊梁而已!好一副悲壮且略显凄凉的剪影,不是吗?

【岁月留痕】"咸其辅、颊、舌"勾起我很多回忆。记得小时候在农村,有些共同走过了人生风风雨雨的老年夫妇,为了尽量不给家人增加负担,总是尽可能的自己料理日常生活。因此,常常能够看到很多令人动容的情景。

当时的关中农村,馒头、锅盔是常见的主食。而且,因为打理家务的时间较少,人们往往一次性做够几天食用的数量。由于气候干燥,这些干粮很快就变得很硬。如果老夫妻中的一方牙齿掉光了,掰不动也咬不动这种干粮,还剩下几颗牙齿的老伴,便会把干粮"咬"成小块,再用稀饭、开水泡一泡,给另一位吃。这是我小时候亲眼见过的情形。现在的人听着可能难以接受,但在过去的农村,这却是充满人间温情的一幅画卷。现在,也有的老人把带壳食物的壳剥掉,把果仁给老伴吃(参见图 咸 – 3 左)。这些,都应该是文王老爷爷所说的"咸其辅"了,意思是"我的牙,就是你的牙;我有牙,就是你有牙"。

有的老夫妻,如果一位有个头痛脑热的,另一位就会守候在跟前。过一会儿,就用额头对着额头,或脸颊贴着脸颊(意境参见图 咸 – 3 中)试一试体温;然后,或者用湿毛巾为其敷一敷额头,或者嘱咐其静静地躺着。这就是老爷爷所说的"咸其颊"了。

有时候,如果老夫妻中的一位卧床不起,另一位就会把煎好的药或做好的饭,端到炕边(相当于床前),并且在递给或喂给之他(她)之前,先尝一尝冷热或咸淡。图 咸 –3(右)中,老先生把剥好的橘子喂给老伴,我们仿佛从"图"中可以"听"到:"吃吧,我尝过了,是甜的"。这才是"咸其舌"。

这才是"咸"的真谛啊!同志们。虽然我还没有老到这等程度,但我能够想象这种温馨的情景。如果有生死相依的另一半能够与你"咸其辅、颊、舌",相信每一位迟暮的老人,都能安享夕阳的余晖,也会坦然地面对上帝的召唤。

人,都会老;谁,将与你"咸其辅、颊、舌"?

【黄裳之拜】"咸其脢。无悔"、"咸其辅、颊、舌"两句,把农耕社会中恩爱的夫妻,虽被生活重担压弯了腰,却无怨无悔、相互体贴,虽被无情的岁月摧残得风烛残年,却不离不弃、心心相印的人间温情,像剪影一般,静静地、不着色彩地呈现在我们面前。正是这淡淡的、淡淡的画面,却让我的心灵,受到了强烈的、强烈的震撼!眼,润了。这也许就是"人"的宿命,摆脱不了的"宿命"……

同样让我震撼的,还有"鼎"卦二爻的"鼎有食,我仇有疾,不我能即"。此是后话。

朋友们,让我们以"我仇有疾,不我能即"的坚韧和体贴,善待身边人吧!即使被生活的重担压得只剩下"咸其脢"了,也要心心相印、相濡以沫,共同度过日后"咸其辅、颊、舌"的温馨时光。

32. 恒（雷风）——墨守成规

郑重声明

截止整理本卦书稿时（2013 年 4 月 27 日），我还不敢确认本卦的主题。

就卦象、卦名而言，"风雷"总是相伴而生，这似乎是"恒定"的自然现象，故"风雷"之"恒"，似应指"夫妇"关系应该"恒定"、稳固，而不应该"出轨"、寻求"婚外情"。但初爻的"浚恒，贞凶"及四爻的"田无禽"，似乎不支持这一主题。

如果把"恒"理解为"试图与其他女子长期保持不正当性关系"，或男子"寻花问柳成性"，各爻的思想、逻辑似乎也不一致。

如果将"恒"引申为"老规矩"或"墨守成规"，主题似乎又很大，缺少明确指向，也很难解释五爻后半段"妇人吉，夫子凶"及六爻的"振恒，凶"。

下面，按"老规矩"、"墨守成规"试给一解，请大家批评指正。

对以下文字存疑。

一、原文

恒　亨。无咎。利贞。利有攸往。

初六　浚恒，贞凶。无攸利。

九二　悔亡。

九三　不恒其德，或承之羞。贞吝。

九四　田无禽。

六五　恒其德，贞。妇人吉，夫子凶。

上六　振恒，凶。

二、注释

【卦象玄机】"雷上风下"。单卦:上卦为雷,指自然界的雷;下卦为风,指自然界的风。叠卦:雷下生风,风伴雷生,亘古不变的自然现象。故谓之恒。

【卦名意境】恒:长久,固定不变;普通,通常。本卦中意为"成规,老规矩",引申为"墨守成规"。

【本卦主题】墨守成规。

【各爻角色】各阶层人士。

【字词释义】

浚(jùn):疏通;深;开发;索取。此处指疏浚,加深。

三、今译

恒:墨守成规。

㉄亨。㉄无咎。㊌利贞。㊏利有攸往。

人们其所以墨守成规,或重蹈前辙(重复他人成功之路),是因为这样的道路别人已经做了很多的探索,能够把风险降到最低,能够保障顺利发展(亨)。即使在重蹈前辙时,轮到自己过河时河里却突然涨水了(过不去了,行不通了),也怨不得谁(无咎)。一般说来,按照前人的成功经验,可以实现自己的愿望(利),也有利于保持已有的成果(贞)。如果有成功的经验(利),应该借鉴(有攸往)。

初六 ㊌浚恒,贞凶。㉄无攸利。

小民百姓(初六)往往墨守成规,或跟着别人屁股后边走(重蹈前辙),在别人挖掘了无数遍的地方还期待着捡到一个大元宝(浚恒)。一味地(贞)墨守成规或跟着别人走,要想致富基本上没什么希望(凶)。这样做,得不偿失(无攸利)。

九二 ㊌悔亡。

小有人家(九二)一旦在一些事情上尝到了甜头,就会把成功的经验坚持下去(恒),并发扬光大。这样做没什么不对(悔亡)。

九三 ㊌不恒其德,或承之羞。㉄贞吝。

对大有人家(九三),能够取得现在的成就,而且没有招致别人的怨恨、不满,肯定是在事业发展的过程中,其祖先以其高尚的品德赢得了大家的尊重和拥戴。

所以,要把先祖的优良传统保持下去(恒)并发扬光大。如果丢失了先祖的美德(不恒其德),就可能招致大家的不满、甚至怨恨,就可能使家族的荣耀和名誉蒙受耻辱(或承之羞)。但,要保持(贞)先人的美德和优良传统,可能令你不爽(吝)。

九四　田无禽。

若位极人臣(九四)却墨守成规,不思进取,则不可能再有新的收获。这就像总是在一个地方狩猎,到后来可能连一只鸟也见不到一样(田无禽),只能空手而归。

六五　恒其德,贞。妇人吉,夫子凶。

身为王侯(六五)应始终保持(恒)普惠天下、爱民如子的好生之德(其德),给民众以休养生息的机会,则可永葆江山(贞)。至于夫妇之间,若专宠一人(恒),对于受宠的妇人(妇人)而言自然是件好事(吉),但对于男子(夫子)却就不妙了(凶)。原因何在?因为身为王侯,按当时的风俗,可广纳美女为妻妾;如果专宠一人,"宠妃"肯定欢天喜地、求之不得;但被丈夫冷落的其他妻妾,还不定做出什么出格的事情来,是故"夫子凶"。

上六　振恒,凶。

人入暮年(上六),若欲抛弃结发之妻而另觅新欢(振恒),则不会有好结果(凶)。为什么?因为人到暮年另结新欢,对男子而言图的是色;而对女子则是为了权势、钱财,而绝非倾心于你;如此的"老牛嫩草"组合,只有自己心知肚明。

四、补记

【哲理漫说】本卦需要再加说明的,是五爻的"妇人吉,夫子凶"和六爻的"振恒,凶"。

前面各爻讲其他事情,五爻后半段转而论述"夫妇"关系,似乎生硬了一些。这也是我不敢确定本卦主题的原因所在。

若完整地讲,五爻的"妇人吉,夫子凶"就是,"如果要想'恒',那么就会妇人吉,夫子凶"。这里的"妇人"并非专指某一个人,但对应的是"夫"和"子",故"妇人"与"夫"、"子"应是分别的"夫妇"关系。这样,"恒"就是指夫妇关系的恒久不变了。为什么"夫妇"关系的恒久不变,对妇人是"吉",而对夫、子却是"凶"呢?

要注意五爻对应的是王侯家庭、最高统治者,在当时的社会环境下,夫、子均妻妾成群,是非常正常的事情。既然妻妾成群,就应"雨露均沾",而不应"专宠",即"不恒"才是正常现象,这是人性使然。在这样的背景下,出现"恒"的情况有两种可能,一是夫、子自身的问题,没有本事寻花问柳,难以做到"不恒";二是专宠一人(如后世的杨玉环)。如果是第一种情况,难以有"妇人吉"之说;如果是第二种情况,"妇人吉"成立,为什么"夫子凶"呢?希望大家到"马嵬坡"(据称是杨玉环葬身之处),去寻找一种可能的答案。

五爻已经转到了"夫妇"关系,六爻顺势而为,也就可以理解了。"振恒"的"振"字,强调的是"做出这种行为的人的一种主动行为",如"振臂高呼"。振的主要意思是摇动、抖动,所以,"振恒"就是主动地摇动恒久不变的夫妇关系了。简而言之,就是抛弃结发之妻,另觅新欢。对此,老先生给出的断语是"凶",为何?因为,六爻对应的是"垂垂老矣"的老者。

现在一些有钱、有权的人会包养情妇,养小蜜、小三。我不否认,确实有年轻女子心甘情愿的愿意与"老男人"在一起,就像当年的杨玉环与唐玄宗一样,演绎着甜甜蜜蜜的人间真情。但这应该少之又少,实属凤毛麟角。在现今这样一个很物质、很现实的社会里,年轻女子愿意投入你的怀抱,绝大部分应该是看中了你的权势和能够带来的利益,而不是你"这个人"。所以,这些年情人成了"反腐"的一支重要力量,也就不足为怪了。但,人毕竟是人,都有人性的弱点,那些处在权力巅峰状态(也往往意味着政治生命即将戛然而止)的人们,有几个能够独善其身,不做出"振恒"的事情来呢?

"振恒凶"也可以理为:对老迈之人来说,如果抛弃多年养成的生活习惯(振恒),则会导致不良后果(凶)。

【东拉西扯】对本卦的解读,虽然尚能说得过去,但总觉得不踏实,特别是逻辑上不能一以贯之。再琢磨吧(2014 年 10 月 9 日注记)。

33. 遯（天山）——知难而退

一、原文

遯　亨。小利 贞。

初六　遯尾,厉,勿用。有攸往。

六二　执之用黄牛之革,莫之胜说。

九三　系遯,有疾 厉。畜臣妾 吉。

九四　好遯,君子吉,小人否。

九五　嘉遯,贞 吉。

上九　肥遯,无不利。

二、注释

【卦象玄机】"天上山下"。单卦:上卦为天,指能够一手遮天、势力非常大的人;下卦为山,指一般人眼里的大人物、惹不起的人物。叠卦:天下之山,无论如何高大,也戳不破天,就像对那些人人敬仰或敬而远之的大人物(山)而言,还有更大的、他们也惹不起的主儿(天)。在"天"一样不可企及的人物面前,"山"一样高大的人物,也应知难而退,甘拜下风,不与其分庭抗礼。此即为"遯"。

【卦名意境】遯(dùn,今作遁):迁移;逃走;隐藏;回避;欺瞒。本卦意为"知难而退,甘拜下风"。

注:注意本卦与"无妄"卦的联系与区别。

【本卦主题】知难而退,甘拜下风。

【各爻角色】各阶层人士。

【字词释义】

遯尾:逃遁的时候,落到了后面。

黄牛之革:黄牛皮制成的绳子。

莫之胜说:说,通脱,逃脱。莫之胜说:不要使其逃脱。

系:拴,缚。

好:爱好。

三、今译

遯:知难而退,或望风而逃。

㓟 亨。 ㊀ 小利 贞。

对一般人眼里"很牛的人"(山)而言,还有比他"更牛的人"(天)。"很牛的人"在"更牛的人"面前,也应知难而退,甘拜下风,不与争锋,才可能顺利发展(亨)。作为"牛人",稍微懂得(小利)知难而退的道理,就可自保平安(贞)。

初六 ㊂ 遯尾,厉,勿用。 ㊀ 有攸往。

小民百姓中的"牛人"(初六),面对毫无胜算把握的"更牛的人"时,应尽快抽身,望风而逃,抽身晚了(遯尾)就可能惹上大麻烦(厉),千万别拿鸡蛋去碰石头(勿用)。但在确实有必要或无路可逃(有攸)时,也要知难而进,或拼个鱼死网破(往)。

六二 ㊀ 执之用黄牛之革,莫之胜说。

小有人家的不肖子弟(六二),自恃有财有势,便目空一切,以老子天下第一自居,不知天高地厚、不懂进退之道,招摇撞骗、惹是生非,迟早要惹出祸患来。对于此等顽劣子弟,家长要严加约束、管教,切不可放任其胡作非为。管教的方法要切实可行,就像用牛皮绳索(用黄牛之革)捆缚(执之)一样,不可任其逃脱(莫之胜说),以免出去惹祸。

九三 ㊀ 系遯,㊀ 有疾厉。 ㊂ 畜臣妾 㓟 吉。

大户人家子弟(九三)虽知书达理,但血气方刚、不知进退,应想方设法将其牵绊(系)在家,使其远离(遯)是非之地。若任其闯荡江湖,可能惹出事端(有疾),那时,就悔之晚矣(厉)。为了达到牵绊的目的,可以给他多娶妻妾(畜臣妾),若能"留"住其身,就是好事(吉)。

九四 ㊀ 好遯,㓟 君子吉,小人否。

官宦人家,财大气粗,门路颇多,可以满足其子弟(九四)的各种兴趣和爱好

（好），使其远离（遯）是非之地，不与他人争锋。这样做，对于那些可以造就之材（君子），也许能成就其一番事业，得到意想不到收获（吉）；而对于那些平庸无能之辈（小人），也许就会玩物丧志，将其一生就废了（否）。

九五　⚏嘉遯，⚏贞吉。

对于王侯，子弟成群，然而，可以继承天下者仅一人而已。如果其他子弟（九五）与储君争夺天下，手足相残，血流成河，就会令人心痛不已。可以让其他子弟得到实实在在的好处，并以令人赞赏（嘉）的方式知难而退（遯），放弃与储君争夺王位的念头。若能如此，这些子弟就无性命之忧，也可永葆（贞）江山社稷，皆大欢喜（吉）。

上九　⚏肥遯，⚏无不利。

对于那些曾经立下赫赫战功的有功之臣（上九），可使其得到丰厚（肥）的利益，消弭其不满和野心，使其能够心悦诚服地安身立命（遯），则没有不良后果（无不利）。

四、补记

【主题乱弹】初看起来，本卦的"知难而退"与"无妄"卦的"不犯上作乱"，意思似乎有些雷同，但从卦爻辞分析，在老爷爷眼中两者还是有明显区别的。其主要区别在于卦象，即"天"下面的"山"与"雷"，在社会地位上的差别。

"无妄"强调，脾气暴躁的下层人士（雷）对高高在上的上层人士（天），不可以"犯上作乱"。着眼于下层人士对上层人士的敬畏、忌惮，从而不敢犯上作乱。例如有些人，在哥们弟兄面前，脾气暴躁、蛮横无理，稍不遂意就非打即骂；但见了领导却低三下四，屁都不敢放一个，一副谄媚的嘴脸。当然，在爻辞中，老先生也希望那些脾气火爆却很耿直的人，要敢于对上司的错误直言相告，甚至不惜冒着风险犯颜直谏，而不是唯唯诺诺，见风使舵。

而"遯"卦讲的是，同一社会阶层内部，"势力小的人或团体"（山）在"势力大的人或团体"（天）面前，应"知难而退、不与争锋"。例如后世的一些王子（山），在别人的撺掇下私欲膨胀、不自量力，非要与王储（天）争夺江山，却落得个"需于血，出自穴"的下场。再如，足球场上两支球队的"闹事球迷"，人多势众、心狠手辣的一方（天），往往将势单力薄、赤手空拳的一方（山），追打得东躲西藏、抱头鼠窜。这都是不懂得"遯"的策略的表现。

【东拉西扯】前段时间（2013年初），坊间流传着一则八卦新闻，对"遯"的主题也是一个很好的注释。据称，某位副省长（一说为一副市长）的孩子考上了研究生，并专程到京"做东"请孩子的导师吃饭，并叮嘱导师一定带上夫君。届时，导师的夫君未能出席，"东家"很是不快，责怪导师。导师解释夫君公务繁忙，没有时间出席，"东家"更是不悦，言称请他吃饭是给他面子，竟如此"不识抬举"，并逼问导师其夫君的姓名。无奈之下，导师说出了夫君的姓名，竟是时任总理，"东家"吓得尿裤子了。唉，都是"官"儿，差别咋就这么大呢？这泡尿，大概就是"遯"的象形体现吧。

【哲理漫说】【会心一笑】初爻的"遯尾"之"厉"，在现代社会，中、外都不乏其例。例如，国外的足球赛后，常有球迷闹事。一旦警察出面干预，眼睛亮的闹事球迷早早就跑掉了，那些落在后面的，一顿高压水龙，先把你浇个落汤鸡再说（参见图遯-1）；还撑着不跑的，那就催泪瓦斯、辣椒水伺候；胆敢坚持到底，蛮横到就是不走的，"破力士们（policeman）"不管三七二十一，先把你送到连耗子都进不去的地方再说，在那里，自有你的苦头吃。哈哈，老爷爷在3000多年前就对这些洋弟兄们提出了忠告，凡是尝到过辣椒水滋味，或者免费乘坐过警车的哥儿们，肯定没有好好读过老爷爷的著作，或者没有理解老爷爷的忠告。不过话说回来，这也不能怪罪这些洋弟兄，因为我们自己还没有弄明白老爷爷到底讲了什么东东，有谁会讲给他们听呢？

图 遯-1 高压水龙驱散闹事球迷

至于本爻后面的"有攸往"，研究文字的朋友应注意，前面没有"利"字。为什么呢？因为，"利"的一般含义是"实现了愿望"，具体到本卦中，意味着"学会了知难而退"；而"有攸往"一般是指"有必要就那样去干"，具体到本卦，意味着"就要拿着鸡蛋往石头上撞(迎难而上)"。因此,本卦中若是"利 有攸往",意思就是"学会了知难而退,有必要时就要拿着鸡蛋往石头上撞(迎难而上)",显然逻辑不通,所以只有"有攸往"。这样一来,很自然的问题是,老先生为什么要"教唆"人们"拿着鸡蛋往石头上撞"?俗话说,兔子急了也咬人,何况是有血有肉的大活人!现实生活中,那些逆来顺受、从不惹是生非的人,实在忍无可忍之时,往往会迸发出不可思议的力量,采用或明或暗的手段,把那种欺男霸女、横行霸道、恶贯满盈的家伙,彻底给废了。这就是典型的"以卵击石",且取得胜利的极端例子,大概也是"有攸往"想要表达的意思。

二爻所说的"执之用黄牛之革,莫之胜说",对现今的人们,特别是对独生子女的父母们,谁舍得去这样干?!显然,老爷爷用《周易》算命的功夫还不到家,竟然没有算到3000多年后的20世纪末期,中国社会出现了一个特殊群体,就是"独生子女"。父母搏命打拼,好不容易混到了"小有人家"这一阶层,对于独苗娇生惯养、有求必应、要啥给啥,谁还舍得用绳子捆着不准出门?但不幸的是,还是有个别的人家,后悔没有早点听老爷爷的话,以致孩子闯了大祸,害人害己害社会。我身边就有这样的例子。唉,此话题沉重,不说也罢。不过,我感兴趣的是,如果老爷爷看到了今天的社会,会怎么写这一句爻辞?

【会心一笑】三爻的"系遯,畜臣妾 吉",显然与今天的政策格格不入。老爷爷显然也没有料到,我们今天的情况与他老人家的时代相比,发生了天翻地覆变化。老人家的时代,可能多少有些像今天的俄罗斯或其他一些国家,为"生产"不出足够的人口而发愁。于是,你要是精力旺盛,爱惹是生非,就给你多娶几个老婆,看你还能有多少劲儿去胡作非为?另一方面,也可以为国家多做一些贡献,搞不好还能给你发一个什么"英雄爸爸"之类的奖章。而我们国家,早早就听了老人家的话,咱们的人口那可真叫多呀!每人每天喝上几口水,看你贝加尔湖能撑几天?哈哈,要是老人家能够活到现在的话,肯定会手捋胡须笑得合不拢嘴。这正是老爷爷伟大战略思想的辉煌成就和丰硕成果!但是,后辈的不肖子孙,竟然弄出什么"一夫一妻制"、"独生子女政策",明明跟老爷爷唱对台戏,打乱了老爷爷让炎黄子孙征服地球、迈向宇宙的战略部署!老爷爷当年管教我们的方法是,给你多娶几个小老婆,不要出去惹是生非了。好家伙,当年的"无奈之举",在今天看来,简直太奢侈了!今天,如果谁胆敢这样做,哪怕是偷偷摸摸地搞个"小蜜"、"小三",说不定你一丝不挂的"光辉形象",早就有人替你免费做宣传,让你一夜成名;如果你脑袋上还有个乌纱帽,那可就丢得没影儿了。唉,不知要是活在老爷爷的时代,会是多么幸福的事情。身为男人,怀念老爷爷的时代,"无奈之举"都那么诱人!

哈哈,玩笑开大了,罪过罪过。但愿人们能从这些玩笑中,感悟老人家的思想,以及当时社会生活的一些蛛丝马迹。

四爻相当于今天的官员。对于那些"官二代"们,使其能够远离是非之地,不惹是生非,老先生也没有好办法,只有一个"好遯",就是满足他们的爱好,只要不惹是生非就行。老爷爷也深知,这一办法的后果是"君子吉,小人否"。估计现在的官爸、"干爹"们,也想不出比老先生更好的办法,也只能由着孩子们的性子,顺着他们的爱好,任其"飙车",任其"晒富"。不可否认的是,很多人因此成就了一番大事业,当然也有不成器的,让"父辈"伤心不已。

对王侯(五爻)的一大群儿子们而言,能够继承父辈江山的仅一人而已,其他人只有唉声叹气的份儿了。但也有一些不知天高地厚的兄弟,总想以卵击石,争夺"王储"的名分,甚至直接夺取王位!结果大都壮志未酬身先死,成为人们茶余饭后的谈资。这样的人,肯定没有好好揣摩老爷爷"嘉遯"的忠告。

关于六爻的"肥遯",实在不清楚老先生是如何想出来的,应该说是高明之极。记得前些年,"高官"临退休前,就会被安排到"肥得流油"的国企去做"高管",挣几年大钱后"肥遯"。这也许是稳定社会的一种有效措施,但带来的负面效应也同样显著,特别是社会发展到今天,更是如此。

噢,小民不言政,闭嘴了。说着"遯"卦的道理,却冒犯了"遯"的原则,真不知天高地厚了。

34. 大壮（雷天）——一介莽夫

一、原文

大壮　利贞。

初九　壮于趾，征凶。有孚。

九二　贞吉。

九三　小人用壮，君子用罔，贞厉。羝羊触藩，羸其角。

九四　贞吉。悔亡。藩决不羸，壮于大舆之輹。

六五　丧羊于易。无悔。

上六　羝羊触藩，不能退，不能遂，无攸利。艰则吉。

二、注释

【卦象玄机】"雷上天下"。单卦：上卦为雷，指脾气暴躁、无所顾忌的人；下卦为天，指一般人眼里的大人物、惹不起的人物。叠卦：雷在天上，即天上炸雷，雷声震天，犹如一介莽夫的一声断喝，足以令他人胆战心惊——想想猛张飞。于是，一介莽夫往往养成了天地不怕，目空一切的强悍、骄横之气，甚至敢对上司吆三喝五。故谓"大壮"。

【卦名意境】大壮：本卦意为"强悍，骄横，目空一切，敢在太岁头上动土"的人。

【本卦主题】天不怕地不怕的人；一介莽夫，"半吊子"，"二杆子"。

【各爻角色】各阶层人士。

【字词释义】

趾：脚趾。

罔(wáng):同网;法网;编结;蒙蔽;欺骗;陷害;无,没有。此处指蒙蔽、欺骗。

羝(dī)羊触藩(fān):羝,公羊。藩,篱笆;用篱笆圈起来。羝羊触藩,指公羊试图用犄角冲破羊圈的篱笆墙。可惜,找不到合适的图片。

羸(léi)其角:羸,瘦弱;衰弱,疲惫;破旧;凋落;毁坏,缺损;通累,缠绕。此处指毁坏,损毁。羸其角:损毁了公羊的犄角。

丧羊于易:不知确切含义,疑为当时社会的一个典故。参见"旅"卦的"丧牛于易"。有一说法是,商汤七世祖王亥,驱牛羊至河北有易氏部落进行交易,结果被杀身亡。此说见贺华章《图解易经大全》。

三、今译

大壮:目空一切的强壮、蛮横之人,敢对上司发火的人;一介莽夫,"二杆子","半吊子"。

⊞利贞。

农耕社会,冷兵器时代,身强力壮之人,大都会受人尊敬,或令人敬畏。因而,与一般人相比,强壮、蛮横之人更有利于实现自己的愿望(利),保持已取得的成就(贞)。

初九　㋡壮于趾,㋤征凶。㋲有孚。

小民百姓中的"二杆子","半吊子"(初九),仅仅是身强力壮、拳脚功夫了得(壮于趾)而已。如果凭借蛮力横行霸道(征)、欺男霸女,谁都不放在眼里、什么事都敢做,迟早要吃大亏(凶)。要懂得天外有天、人上有人的道理,只有遵守基本的社会行为规范(有孚),才是正道。

九二　⊞贞吉。

小有人家(九二),如果家道如日中天,人丁兴旺且个个强壮,那么,远亲近邻都会敬畏你。如果能够保持这种状态(贞),就令人高兴(吉)。

九三　⊞小人用壮,君子用罔,㋤贞　厉。⊞羝羊触藩,羸其角。

大有人家(九三)若人丁兴旺、兵强马壮,往往目空一切、恃强凌弱、欺上瞒下。对于邻里、仆人等小人物(小人),一味压迫欺诈、巧取豪夺,谁敢说个不字,轻则流血、重则丧命(用壮);而对达官贵人(君子),则是花言巧语、欺骗蒙蔽(用罔),恨不得多长几个舌头。若想长此以往(贞),老天总有睁眼的时候,那时候就有麻烦了(厉)。到那时,你就像被圈在羊圈里的公羊(羝羊),想要用犄角冲破藩篱围墙(触藩),可能折断犄角(羸其角)也冲不破围墙。

图 大壮-1 在坚固的篱笆面前,如此强壮的犄角也会被折断

九四 ㊘贞 吉。㊘悔亡。㊌藩决不羸,壮于大舆之輹。

身为肱股之臣(九四),如果既强壮有力、又敢作敢为,就可替王侯分忧解难,让王侯感到有所倚靠。如果能够保持强而有力的状态(贞),对你来讲自然是好事(吉);对于王侯而言,能有天地不怕、敢打敢拼、所向披靡的得力臣子,也就没有遗憾了(悔亡)。如果你像关在羊圈里的公羊,可以轻松地冲破任何围墙(藩决)而不伤其角(不羸)(参见图大壮-2),那么,对于君王而言,强壮有力的你,就像君王的大车上(大舆)永远不会折断(壮于)的车轴(之輹)一样,是坚强的依靠和信心的源泉。

图 大壮-2 有这样的犄角,什么样的篱笆墙撞不开!

六五 ㊌丧羊于易。㊘无悔。

对于年轻气盛的王侯(六五),切记"丧羊于易"的典故,凡事不可用强,居则安、征则险。若能如此,则无悔矣(无悔)。

上六 ㊌羝羊触藩,不能退,不能遂,无攸利。㊙艰㊘则吉。

图 大壮－3 这犄角，要是挂到"篱笆"上，就麻烦了。

无论多么强壮的人（上六），在纷繁复杂、利益交错的现实面前，想冲破牢固的藩篱（触藩），也会像公羊（羝羊）一样，往往进退两难（不能退，不能遂），难达目的（意境参见图大壮－3）。省省吧，僵持下去，毫无意义（无攸利）。该放弃时就放弃，这样做，虽然心有不甘（艰），但可能是最好的选择（则吉）。

四、补记

【主题乱弹】"雷在天上"的卦象，与"无妄"卦的"雷在天下"正好相反，给人的直观感觉，就是敢于"犯上作乱"。敢于对比自己社会地位高的人"耍横"，大概有两种人：一是确实有本事、有实力，上司不得不依靠的人；二是"脑子缺根弦"，有点"白痴"的人（关中方言中的"半吊子"、"二杆子"），人们不与其计较。

第一种人，社会上比比皆是：有的人仗着一身蛮力（特别在冷兵器时代），看着谁都不顺眼，如《水浒》里的李逵，《三国》里的张飞；有的恃才傲物，天王老子都不放在眼里，如史上那些风流不羁的"才子"，现代那些自以为是的"愤青"、"精英"；有的功高盖世，以欺负"幼主"为乐事，如指鹿为马的赵高，挟天子以令诸侯的曹操；有的"店大欺客"，动不动就给领导"撂挑子"，如在汽车还是稀有物件的时候，有的"司机"也会牛皮哄哄，欺负领导不会开车，在车辆上做点手脚，就以车有问题为借口，把领导扔在荒郊野外。凡此种种，不一而足。相信大家在各爻中，能够找出相应人物的影子。

第二种人，关中方言称其为"二杆子"、"半吊子"，大家一般都不与他计较。但有些人却借酒发疯、装疯卖傻，充一回"二杆子"、"半吊子"，干一些"犯上作乱"的勾当,就有点可笑了。虽然各爻的人物中,多少能看出有些"二杆子"的样子,但在本卦中,老爷爷并没有讨论那些"真正缺根弦"的人。

【哲理漫说】本卦的爻辞,除二爻外,字数是比较多的,可见,老爷爷比较用心。也许正因为如此,可补记的东西却不多。只想对三爻的"小人用壮,君子用罔,贞厉。羝羊触藩,羸其角",做一些很多人不想看的议论。

【东拉西扯】如今的某些地方官员,大体上处于老爷爷眼中的三爻这一层次。对这一庞大的群体,客观地讲,绝大多数人是有良知的,其工作也是竭尽全力的,承受的来自上上下下的压力也是巨大的。正是由于这一群体数量庞大,其中不乏老爷爷所说的对"小人用壮",对上司等"君子用罔"的人,欺上压下、目空一切、不可一世。对此等人,总有一天会感受到,你也被冲不破的藩篱包围着,你的犄角还没有强壮到不会折断的程度。好自为之吧,别为了大一点的乌纱帽,或丁点儿小利,连犄角都搭进去。唉,又犯了文人的毛病,何况咱还算不上文人。

另外应注意的是,对于"小人用壮,君子用罔"一句,还可以有另一种解读,就是,三爻雄霸一方的人中,那些品德低下的"小人",只会一味地"用壮",即用武力解决所有问题;而其中的"君子",却会"用罔",即用欺瞒的手段解决问题。按照这样解释,似乎也能说得过去,但这里的"君子"就是"假君子"了,而不是令人敬重的"真君子",这与《周易》"无诳语"的风格不符,故未取此说。

【班门弄斧】本卦中的一个重要形象,就是出现在三、四、六爻的"羝羊"。本卦中的"羝羊"不但指"公羊",而且特指"好斗的公羊",以此来比喻"好狠斗勇的人"。参见图大壮-4。

图　大壮-4　公羊(左)与好斗的公羊(右)

三爻所代表的"雄霸一方"的人,性格里面一定带有一些好狠斗勇的成分,这一性格特征的突出表现,就是对地位低下的人"用壮",即"武力征服";而对那些彬彬有礼、性格温和的上层人士"用罔",即"假象欺骗"。稍微留意一下我们身边那些"三爻"们,这一点就会看得非常清晰。

应注意的是,在三爻里,与"小人"对应的是彬彬有礼的"君子",而不是"大人"、"丈人"或"大君"之类的"强势人物",这里大有学问。

一方面,"君子"的形象,一般都是城府颇深、彬彬有礼、性格温和的样子,往往会宽以待人,不大会"较真"。另一方面,也是更重要的,君子往往是"副职",可以说,"君子风度"就是"副职的标签"。对此观点,结合现代社会的特征,简要分析如下:

第一,"正职"往往会给人一种"威严"感,有股子"煞气",这是因为他们掌握着"生杀予夺的大权"。显然,没有这种"煞气"的人,也坐不稳"正职"的位子。

第二,在不危及自身地位的问题上,"副职"往往会"稀泥抹光墙",从而表现出一种"君子风度"。这是因为,在不涉及自身地位的问题上如果"较真",就需要强而有力的"权力"做后盾;而"副职"却往往没有"惩处"手段;因而在惩处问题上,需要仰仗手握权力的"正职";如果"正职"不予支持,最后"丢人现眼"的反而是"副职"自己。因此,"稀泥抹光墙"也是"副职"的一种自我保护方式,无须指责。

正是抓住了"君子"的这一弱点,雄霸一方却好狠斗勇的人,才敢用"糊弄"的手段,对"君子用罔"。如果敢用同样的手段对付"老大",他可能"死得很惨"。

四爻指将相等人臣,而"贞 吉。悔亡。藩决不羸,壮于大舆之輹"的爻辞,显然是希望这些人,特别是武将,敢于"犯颜直谏"。如果真心为了江山社稷的安危,不顾自己的前程甚至性命,以一介武夫的性格特征不给王侯留面子,这样的忠臣,特别是战场上所向披靡的战将,圣明的王侯一定会视其为栋梁之材(大舆之輹)。历史上,有几位所向披靡的著名战将,就是火爆脾气,甚至敢于不给"老大"面子。当然,到了和平年代,这种人的结局往往不太好,这是他们的宿命;但在战事频仍的时期,"老大"往往会非常倚重他们。

至于六爻,是全卦的总结,告诫好狠斗勇的人,在社会这个无形的藩篱面前,不要试图总是以"好斗"的方式去解决所有问题。

【古音遗韵】关于五爻的"丧羊于易",与"旅"卦的"丧牛于易"似乎出自同一典故。有一流传甚广说法是,商汤七世祖王亥,驱牛羊至现今河北的有易氏部落进行交易,结果被杀身亡。可见,"殷商"是最早进行"贸易"的族群,据说,这也是把从事贸易的人称为"商人"缘由。至于王亥被杀的原因,有传说认为是王亥等"商朝人",因为"手里有钱"便骄奢淫逸,引起了当地有易氏部落的不满,因而被杀。但从五爻的"丧羊于易。无悔"来看,王亥的被杀可能另有隐情。为了分析这一隐情,先要理解本句爻辞的本意。

　　就字面来看,对五爻的"丧羊于易。无悔"可有两解,一是"虽然出现了丧羊于易这样的不幸事件,也无怨无悔,还应照样去做";二是"如果能够汲取丧羊于易的经验教训,就不会有悔"。假如"丧羊于易"的典故确实指王亥的丧生事件,那么,按照第一种解释是:"即使王侯们知道了王亥丧生的典故,却还要步王亥的后尘,且无怨无悔",这显然讲不通。故在上述解说中取了第二种解释,即"王侯们如果能够从王亥丧身的典故中,汲取应有的教训,并引以为戒,就不会有悔"。

　　应注意本卦的主题是指天不怕地不怕的人、"二杆子"或者敢于犯上作乱的人。对王亥而言,其身份为殷商的"天子",至少也是王侯级别,肯定不存在"犯上作乱"的问题。那么,老先生在本卦五爻中提及王亥丧生的典故,暗示着王亥到有易氏部落进行牛羊贸易时,其行为应该是乖张暴戾,"耍二杆子"脾气,借故找茬,甚至欺人太甚,导致有易氏部落忍无可忍,群情激奋,最终以犯上作乱的方式将其杀掉。这,才可能是王亥身丧异地的真实原因。

35. 晋(火地)——势力扩张

一、原文

晋　康侯用锡马蕃庶,昼日三接。

初六　晋如摧如。贞 吉。罔孚,裕 无咎。

六二　晋如愁如。贞 吉。受兹介福,于其王母。

六三　众允,悔亡。

九四　晋 如鼫鼠,贞 厉。

六五　悔亡。失得勿恤。往 吉,无不利。

上九　晋其角,维用伐邑,厉 吉,无咎。贞 吝。

二、注释

【卦象玄机】"火上地下"。单卦:上卦为火,指人们做饭用的炊火;下卦为地,指大地。叠卦:地上有火,是遍地炊烟的景象,表明"王土广阔,人丁兴旺,一片繁荣"。这就是"晋"的意境。晋,并非古人所谓的"进、升"而是地盘扩张、欣欣向荣之意。

【卦名意境】晋:《古今汉语词典》:进,升。本卦意为"人丁兴旺,疆域广阔"。

注意与"升"卦比较。"晋"者,应为地盘(平面)的"扩张";"升"者,则为地位(高度)的"上升"。

【本卦主题】疆域辽阔,人丁兴旺,欣欣向荣。

图 晋-1 遍地炊烟袅袅,到处欣欣向荣

【各爻角色】各阶层人士。

【字词释义】

康侯:康,安乐,安宁;丰盛,富足;褒扬,赞美;健康。康侯,值得赞扬、褒奖的侯。参见"补记"。

锡:通赐。

蕃:(草木)茂盛,滋生,繁衍;众多。此处为动词,指使繁衍。

庶:众多;平民,百姓;非正妻所生子。此处指平民百姓。

摧:折断;毁坏;挫败;忧愁;使沮丧;催促。此处指挫败,使沮丧。

罔孚:罔,同网;法网;编结;蒙蔽,欺骗;陷害;无,没有。罔孚,指罔顾社会行为规范,即不愿受制于道德规范的约束。

介:疆界,边际;间隔,阻碍;处于两者之间;介绍;佐助;耿直;大;铠甲;量词,个。此处指大。

鼫(shí)鼠:《古今汉语字典》引《说文·鼠部》称:鼫,五技鼠,能飞不能过屋,能缘不能穷木,能游不能度谷,能穴不能掩身,能走不能先人;引《本草纲目·鼫鼠》称:鼫为居山之田鼠。此处,只要把鼫鼠看作"一种会打洞的鼠"就行。

三、今译

晋:疆域广阔,人丁兴旺,欣欣向荣。

㊉康侯用锡马蕃庶,㊍昼日三接。

受人敬仰、爱戴的王侯(康侯),会把赏赐给自己(用锡马)的宝马良驹分赠给庶民百姓(蕃庶),从而使国人安居乐业、人丁兴旺、欣欣向荣。这样的王侯在"国内"巡游的时候,所到之处,无不受到庶民百姓的前呼后拥、热情款待,往往是刚从东家出来,西家就来迎接,一日三餐、应接不暇(昼日三接)。

图 晋-2 "康侯"巡游,前呼后拥!咦?康侯人呢?还没穿越过来?

初六 㧑晋如摧如。㓨贞吉。㦮罔孚,㓨裕无咎。

小民百姓(初六)要想家业兴旺、势力扩张(晋如),谈何容易,期间充满多少令人沮丧的艰辛和哀伤啊(摧如)。但若能够坚持下去,始终不渝(贞),就会取得令人欣慰的成就(吉)。不要顾忌大家怎么说、怎么看(罔孚),能够富裕起来(裕),就没什么过错(无咎)。

哈哈,这不就是"白猫黑猫,抓住老鼠就是好猫"、"发展才是硬道理"吗?

六二 㧑晋如愁如。㓨贞吉。㧑受兹介福,于其王母。

小有人家(六二)要想家业进一步兴旺发达(晋如),不知要为多少事情发愁(愁如)。坚持下去、始终不渝(贞),就会有满意的成效(吉)。但是,家业到了现在这样的地步,能够享受饭来张口、衣来伸手的大福分(受兹介福),主要功劳应归功于大家庭的母亲(于其王母),因为这是母亲能够体谅、照顾到每一个子女的利益,能够把大家紧密地凝聚到一起,同甘共苦、共同奋斗的结果。

六三 㳂众允,㓨悔亡。

大有之家(六三)称雄一方,家业发展、扩张到了这一步,若能获得社会的一致认可(众允)和尊重,自己也就心满意足了(悔亡)。

九四 㧑晋如鼫鼠。㓨贞厉。

位极人臣(九四)之人,要在同僚中进一步扩大权势(晋),往往不会明火执仗地强取硬夺,而是像老鼠打洞一样(如鼫鼠)暗地里挖别人的墙脚。但若把这种不光彩的手段,当作克敌制胜的法宝(贞),一旦被人识破,后果严重(厉)。

图 晋-3 到处都是老鼠洞,这样的"基础"还稳固吗?

六五　⟨判⟩悔亡。⟨境⟩失得勿恤。⟨求⟩往⟨判⟩吉,无不利。

身为王侯(六五)已广有天下(分封之地),应心满意足(悔亡),安享天命。对你而言,普天之下莫非王土,天下百姓都是子民,国富民富都是家富,国贫民贫均为家贫,所以,不应计较一时一事之得失(失得勿恤),凡有利于国富民强的事情该干就干(往),怎么干都没错(吉),都不会有不良的后果(无不利)。

上九　⟨描⟩晋其角,维用伐邑,⟨判⟩厉吉,⟨判⟩无咎。⟨描⟩贞吝。

曾经于国有功的战将(上九),如果王侯再次倚重于你,扩大你的权势,一定是看中你的"好斗之角"(参见图晋-4),让它更加坚强有力(晋其角),用来平定候国内的叛邑之乱(维用伐邑)。因为"作乱"的大都是你的故交,干"平乱"这种事情,真会让人进退维谷(厉);干好了自然大家高兴(吉),干砸了,也无话可说(无咎)。但这种事情

图 晋-4 晋其角,维用伐邑

如果总是让你去干（贞），可能会有令人不爽的事情（吝）。

四、补记

【主题乱弹】《古今汉语字典》中，"晋"字条下共有七个意思：①、进，升；②、六十四卦之一；③、周代诸侯国名；④、朝代名；⑤、五代之一；⑥、山西的别称；⑦、姓。由此可见，"晋"自身的含义仅有"进，升"一条，其余均为代词。在现代，"晋"常用来指人的地位、阶层的上升，如"晋级"；也常把"晋"和"升"连起来用，即"晋升"。但在《周易》中，分别有"晋、升"两卦，也就是说，在周文王老先生的眼里，"晋、升"具有不同的含义。那么，文王眼中的"晋"是什么含义呢？本卦的卦象可以为我们提供线索。

"晋"卦的卦象为"上火下地"，可以理解为"遍地有火"。如果把"遍地有火"理解为森林大火、草原火灾等自然现象，则与"离"的卦象含义雷同，对解释社会现象的意义就不大了。因此，"遍地有火"应是"人为"的景象。刀耕火种的年代，为了垦荒，也可能人为地造成遍地有火的景象，但从类似于"不耕获，不菑畬"的描述中，老先生所处年代的关中地区，应该已有了成熟的农业生产，"遍地有火"的刀耕火种景象，不大合理。故，合理的解释就是"遍地炊烟"。

【东拉西扯】我们知道，相对于现在，周初时候的人口数量相对较少，当时的情况是"地广人稀"。因而，人口是一个国家（诸侯国）主要的资源。人口多了，就有更多的劳动力从事农耕，"国库"才能充盈，王侯贵族才能享受更好的生活；同时，也就可以有更多的兵源，能够保卫家园，或发动侵略战争。所以，作为当时的统治者，总是希望人口众多，疆域辽阔。另一方面，每一个家庭，也都希望人丁兴旺，家业不断扩大。直到现在，中国人"期盼人丁兴旺"的情结仍然根深蒂固。

"遍地有火"的实质内涵可以理解为"遍地炊烟"景象。显然，有炊烟的地方就有做饭的"火"，就有人家在生活，所以，"遍地炊烟"本身就是"遍地有火、人丁兴旺"的景象，也就是统治者"疆域辽阔、繁荣昌盛"的写照（参见图 晋－1）。本卦中，老先生用"晋"来表示这种景象，因此，在老先生看来，"晋"指"势力范围的扩张"。在老人家的眼里，对个人、家庭而言，"晋"就是你耕种的土地面积扩大了，或你的知名度、影响力扩大了，或你的权利更大了（并非因你的职位上升了），或你的财富更多了，或愿意追随你的人更多了，等等；对各种社会团体（如国家）而言，"晋"就是其疆域更大了，人口更多了，实力更强了，愿意追随、附庸的团体更多了，等等。

可见，"晋"是指"平面(x、y)上势力的扩张"，而"升"则是"竖直方向(z)上地位的上升"，即"晋强调扩大，升强调上升"。希望搞语言文字的朋友，能够对此做出评判。

但也应看到，在中国封建社会的政治制度下，"晋"和"升"往往互为依存、相辅相成。因而，"晋、升"连用也有一定的合理性。但在西方的所谓"民主"政治制度里，"晋"和"升"的联系似乎要弱一些。

【哲理漫说】先说说如何理解"康侯"。

贺华章先生在《图解周易大全》中，对"康侯"的注释是：康侯，即康叔封，文王的第八个儿子，武王的同母弟弟，为周的司寇，初封于康，所以称康侯。周公平定武庚叛乱后，封叔康于卫(河南淇县朝歌)，所以后世也称卫叔康。一些易学家正是因为晋卦的卦辞反映的是文王之后的事情，所以认为卦辞并非文王所创。

我认为，若说卦辞中的"康侯"特指"康叔封"，有些牵强。要证明"康侯"特指"康叔封"，至少必须证明"康叔封"曾经用被赏赐的马，分赠给黎民百姓，并受到百姓的爱戴。显然，依照目前的资料，要想证明这一点非常困难。即使以后的资料证实了这一点，从逻辑上讲，还不能完全证明"康侯"就是特指"康叔封"，因为，这只是一个必要条件，而不是充分条件。

如果按照某些易学家认定《周易》是康侯之后写成的逻辑，我也可以"抬杠"的讲，卦辞应该是在"武则天"以后写作的，因为在"大过"卦中，有"枯杨生华，老妇得其士夫"的爻辞，而这恰恰可以理解为"武则天"宠幸"面首"张氏兄弟的事情。《周易》中还可找出很多类似的情况。因此，"康侯"不应理解为"康叔封"，应有它解。"康"应该取"丰盛，富足"或"褒扬，赞美"的含义。上面解说中取了后者，实际上两者均能讲通。而后世的"康叔封"纯粹巧合，甚至是有意按照《周易》取名的。

卦辞"康侯用锡马蕃庶，昼日三接"的字面意思是：受人赞扬的王侯，把受赏得到的良马分赠给庶民百姓，一(个白)天就会受到三次隆重的接待。这句话的逻辑显然不完整，一是赏赐得到的良马不可能很多，不够分赠给百姓，因此，只能是用这些良马，繁育更多的马驹，再行分赠；二是谁对谁一日三接？显然是因为百姓得到了王侯的馈赠，心怀感恩之情，知道了王侯前来"视察工作"，便争先恐后的隆重接待。在这样的情况下，王侯馈赠的良马让百姓过上了好日子，封国也就富裕了，王侯的势力也就增强了，于君、于民都实现了"晋"的愿景。这让我想起了现代社会中，如果一个单位、一个企业搞好了，员工的工资待遇上去了，员工们个个笑逐颜开，逢年过节时，争着抢着请领导(昼日三接)，领导也觉着脸上有光；如果单位、企业不景气，工资都发不出来，员工见了领导，要么视而不见，要么绕着走，甚至怒目而视，搞得领导也灰头土脸。可见，家家都能揭开锅（炊烟遍地），才是"晋"的精髓。

初、二、五爻的道理比较浅显，上面已基本解说清了，略过不提。

三爻的"众允，悔亡"，又省略了"主语"，即"雄霸一方的大有人家"。但这里又出现了一个问题，就是，相对于"众允"就有"众不允"的情况，难道"雄霸一方"的人家，还有不被大家接受的情况？

大家可能都知道当今的一些巨富，如计算机行业泰斗比尔盖茨，传媒大亨默克多，赌王何鸿燊，地产大亨李嘉诚等老牌富豪，可以说久负盛名，对其财富和地位，社会是接受的、认可的，即是"众允"的，所以，大家对他们非常尊重。但像当年俄罗斯的石油巨头，中国内地的某些"大佬"，靠着不明不白的"第一桶金"起家，然后便是巧取豪夺，明抢暗占，惹得天怒人怨。这样的人，虽然也建立起了"雄霸一方"的家业，但却是"众不允"，得不到人们应有的尊重。这样的事例俯拾皆是。如果是清清白白做人、干干净净做事，跻身到"雄霸一方"的行列，得到了"众允"，还会有什么憾事？

关于四爻"晋 如鼫鼠"的句式，相信史上很多人，是按照初、二爻"晋如摧（愁）如"的套路去理解，于是，非要考究出"鼫鼠"到底是个什么玩意儿，否则解释不了爻辞。其实，初、二爻中的"如"，只是语气助词，没有实际含义，而四爻中的"如"，却是"像……一样，就像……"的意思。因此，"晋 如鼫鼠"的意思是：将相等人臣的势力扩张行为，往往像会打洞的鼠类一样，是在暗处蚕食别人的根基，然后等着你的自行垮台，而不是明火执仗的"攻城略地"。这种在儒家看来"不道德"的行为，作为一种"战术"偶尔用一下还说得过去，但总是用（贞）这种"卑劣"的手段拆别人的台，一旦被人揭穿，就可能遇到大麻烦（厉）。可见，老先生也不屑于这种卑鄙的行为。

上爻的"晋其角，维用伐邑，厉 吉，无咎。贞吝"文字很多，说了好几层意思。

首先，从爻辞来看，本爻的"主角"是"国之功臣"，而不是全卦的总结。"国之功臣"也不是随随便便的有功之臣，而是好狠斗勇、谁的面子都不给，或不食人间烟火的"二杆子"人物。其所以这样讲，是因为王侯"扩张"的仅仅是你的"角"，是"战斗的武器"。这不禁让人联想起"大壮"卦中的"羝羊"形象。因此，本爻的主角，应该是"好狠斗勇的功臣"。

其次，"好狠斗勇的功臣"，往往也是王侯刻意提防的对象，为什么还要"扩张"他的势力？原来，要让他去平定"侯国、封国"内的"叛乱"。"邑"是比"侯国、封国"更小的社会结构单元，那么，"伐邑"的原因只能是"邑"的"内乱、叛乱"。平定这种内乱，不能用心慈手软、没有强硬手段的人，如果那样，只会给无辜的人带来更多的痛苦。这便是"晋其角，维用伐邑"的意思。

第三，"厉 吉，无咎"一句，对这种平定内乱行为的后果，给出了评价。其所以"厉"，是因为你所面对的是你的"骨肉同胞，兄弟姐妹"，甚至"领导叛乱"的头领是你以前的"战友"，打也不是、不打也不是，让人非常纠结（厉）。另一方面，"军人的天职是服从"，这样的担子既然落在了你的肩上，你就要毫不手软、毫不留情的平定内乱，让更多的人享受太平宁静的生活。这对社会而言，是好事（吉）；而对那些煽动群众、制造事端的人，坚决予以打击的做法，无可指责（无咎）。

第四，"贞 吝"是说，如果你老是去干（贞）这种事情，可能令人不爽（吝）。道理浅显，不再细言。

应说明的是，在推进民主化进程的当今，我们的社会已经意识到，引起"内乱"的原因，有些是出于民众对正当利益的诉求，有些则怀有不可告人的险恶用心，应区别对待。例如，对那些因强行拆除房屋、强行侵占土地导致的群体事件，我们的政府已明令禁止"强力部门"出面干预；而对"藏独"、"疆独"分子煽动的内乱，则要坚决、果断予以打击。这应该说是社会的一大进步。

36.明夷(地火)——韬光养晦

一、原文

明夷　利 艰 贞。

初九　明夷于飞,垂其翼。君子于行,三日不食。有攸往,主人有言。

六二　明夷。夷于左股,用拯马 壮,吉。

九三　明夷于南狩。得其大首,不可疾 贞。

六四　入于左腹,获明夷之心,于出门庭。

六五　箕子之明夷。利 贞。

上六　不明晦。初登于天,后入于地。

二、注释

【卦象玄机】"地上火下"。单卦:上卦为地,指大地,引申为(某一社会阶层中的)一般人;下卦为火,指像火一样引人注目的东西,引申为(同一社会阶层中)出类拔萃的人。叠卦:上地下火,把"火"掩藏到"地"下,即掩饰自己的聪明才智,不让众人看到其熠熠生辉的一面。老先生把这种行为,称为"明夷"。

【卦名意境】明夷:夷,少数民族("周礼"中有"四夷"的说法);外国人;平坦,平安;平和;铲平;诛灭;伤害;创伤;安放;同辈;倨傲。本卦中指伤害,创伤。明夷,字面意为,若继续在大庭广众之下,显露出出类拔萃、令人妒恨的本领或实力(明),则会受到伤害(夷)。故要暂时收敛锋芒,以免引起众人的妒忌。可引申为收敛锋芒,韬光养晦。

所以,本卦中"明夷"有两层含义,其本意是"太明则夷",说得文绉绉一些就是"皎皎者易污",说白了就是"太惹眼的人就容易受伤害";其引申含义是,为了减少无谓的伤害,就要收敛锋芒,即"韬光养晦"。应注意区分。

【本卦主题】为了不受伤害,就要收敛锋芒,韬光养晦。

【各爻角色】各阶层人士。

【字词释义】

左股:左大腿。

南狩:指在南边、南部狩猎。

大首:不明确切含义。暂解释为:通过韬光养晦的方式,积聚力量,一举成为独霸一方的强大首领。

箕子:贺华章在《图解周易大全》中,对"箕子之明夷"作注为:箕子为纣王的亲戚。见纣王做了一双象牙筷子,便预感到纣王会因此而逐渐淫佚起来,箕子劝告纣王却没有效果,于是就开始装疯为奴,不想暴露纣王的昏庸而显示自己的才能。其他资料也有类似说法。从之。

晦:农历每月最后一天;昏暗;夜晚;隐晦;隐藏。此处指隐晦,隐藏。

三、今译

明夷:"太惹眼就容易受伤害",因而要收敛锋芒,韬光养晦。

（境）利艰贞。

人们应学会(利)韬光养晦的处世策略,即使这样做起来非常困难(艰),也要保持(贞)这种蛰伏的状态。

初九 （求）明夷于飞,垂其翼。（求）君子于行,三日不食。（往）有攸往,（判）主人有言。

对于小民百姓(初九),如果你一帆风顺、意气风发,就会显得出类拔萃(明),就像展翅高飞的鸟儿(于飞)容易受到攻击一样,你就会树大招风,容易引起别人的嫉恨,稍有闪失,别人就会群起而攻之,使你受到伤害(夷)。所以,你即使像鸟儿一样已经飞起来了,把别人远远地抛在身后,也不要非常张扬地舞动翅膀,招致别人的羡慕、妒忌、恨;而应把翅膀谦逊的垂下来(垂其翼),给人一幅你飞不高、飞不远的印象,这样,就不会招致更大的伤害。如果你真的遭到别人的妒恨,处处找茬难为你,你也应像那些志向坚定的君子(君子)那样,即使在长途跋涉中(于行),

遇到断绝口粮、很多天都饿着肚子(三日不食)的情况下,依然要奋力前行;你要在任何艰难困苦面前,都能矢志不渝、奋力拼搏,朝着既定目标(有攸)不断前进(往)。若能做到这些,自会有欣赏你的人(主人),在你受到伤害时保护你,为你出头做主(有言)、撑腰打气。

六二 ㊙明夷。㊏夷于左股,用拯马 壮,㊒吉。

小有人家(六二)做事不要太过张扬,而要学会韬光养晦(明夷)。应该在人前装出一副左腿受伤(夷于左股),即使上马都困难、更不可能策马扬鞭的假象,而在暗中将自己的马匹养得膘肥体壮(用拯马 壮),积聚力量,一旦有条件,就可以取得令人瞠目的成就(吉)。

九三 ㊙明夷于南狩。㊐得其大首,不可疾 贞。

大有人家(九三)为免遭明枪暗箭的伤害(明夷),可以采用"狩猎南山"(于南狩)的策略,韬光养晦,逃离人们的视线;却在暗中操练兵马,为实现自己的抱负做好准备。要想成为独霸一方的强大首领(得其大首),不可操之过急(不可疾);能做到这一点,才可保持(贞)不断发展壮大的势头。否则,别人对你早有提防,可能在你羽翼未丰之际,就已经将你灭了。

六四 ㊎入于左腹,获明夷之心,于出门庭。

身为将相等人臣(六四),要时常设身处地的想一想:如果你突然之间左腹有疾(入于左腹),丧失了与人争锋的能力,你希望别人怎样对待你?想明白了这一点,你就能懂得(获)收敛锋芒、韬光养晦(明夷)的道理(之心),从而约束自己出门在外(于出门庭)、与人打交道时的行为。

六五 ㊐箕子之明夷。㊏利 贞。

作为王侯(六五),应该从箕子的典故(箕子之明夷)中,学会韬光养晦的策略。懂得了(利)韬光养晦的道理,才能很好地保持(贞)已有的成就。

上六 ㊐不明晦。㊐初登于天,后入于地。

(上六)人们,特别是有些小聪明、小才能的人,往往不明白(不明)收敛锋芒、韬光养晦(晦)策略的重要意义。这样的人,很可能暂时受到赏识,从而一步登天(初登于天);但终会遭他人嫉恨、排挤,如果自己稍有闪失,别人就会落井下石,将你彻底打入地狱(后入于地)。

四、补记

【东拉西扯】本卦令我茫无头绪、寝食不安了很长时间，所以，上述文字有些太过详细了。但还应补充说明三点，一是"明夷"与"谦"的区别；二是爻辞中两次出现的"左"如何理解；三是对各爻的道理，再做一些说明。

【主题乱弹】先说"明夷"与"谦"的区别。

"明夷"卦的卦象为"火在地下"，主题为"韬光养晦"；"谦"卦的卦象为"山在地下"，主题为"谦虚谨慎"。两者的卦象有相似之处，其爻辞也具有类似的含义，但又有明显不同。对比两卦可以看出，周文王老先生已准确地把握了两者的区别。试分析如下。

两卦的卦象中，其主体一个是"山"，一个是"火"，但都藏于"地下"。

"山在地下"中的"山"，是"令他人（'地'）仰视的人（'山'）"。从社会地位上讲，对"地"而言，"山"本身就高出一等，所以，"山在地下"表示"本身就处于社会上层的人士，能够与下层人士融为一体，而没有居高临下的架势"，这种"屈尊的行为"就是"谦"。这与我们今天对"谦"的理解是一致的。

"火在地下"中的"火"，可以理解为"能够给别人（地）明亮、温暖的人（火）"，也可以理解为"显而易见，出类拔萃，或令人（地）关注的人（火）"。但从社会地位上讲，这里的"火"与"地"，原本处于同样的地位、层次，对"地"而言，"火"并不具有居高临下的先天优势；而一些人其所以显得"火"，是因为在同一层次人群中，比别人更"聪明"、更"有能耐"一些，甚至只是"爱出风头"一些而已，从而获得了"成功"，"火"起来了。但在取得这种"成功"、"火"起来的初期，往往会受到身边人的忌恨，人们本能地具有试图扑灭这种"火"的冲动。例如，昨天还跟你干着同样事情的好哥儿们，或一个办公室的同事，或一个级别的干部，突然要飞黄腾达了，明天就成了你的上司，你在惊愕、酸楚之后，往往有一种把他拉下来的冲动，否则，似乎自己在人前都抬不起头了。于是乎，要么是散布流言，要么是匿名信，不管自己上得去上不去，只要能把他拉下来就行。唉，当今社会这样的事例太多了。所以，刚刚"飞黄腾达"的人，最好收敛锋芒、韬光养晦，而不要趾高气扬，把得意都写在脸上！免得勾起别人的妒火，给你造成伤害。这大概就是老爷爷对本卦形象的联想。

还应注意的是，大部分卦的卦象、卦名之间的逻辑关系为"卦象→卦名"，甚至是"卦象＝卦名",如"谦"卦,"山藏地下(大人物主动与老百姓打成一片,不分尊卑)＝谦逊";而本卦的逻辑关系却是:"∵卦名,∴卦象",即"因为太惹人注目(明),就会受到伤害(夷),所以要把引人注目的东西隐藏起来(火入地下)"。而本卦的主题又引申了一层,即,"火入地下却不要熄灭,而要积聚能量,寻求更大规模的爆发"。这样的策略,就是"韬光养晦",所以,主题是"韬光养晦"。

另外要注意的是"明夷"一词,在本卦的"经文"中,有时应理解为"惹人注目容易受到伤害",有时应理解为"韬光养晦的道理"。

唉,老先生的"弯弯绕"太多啦,把我绕得云里雾里、迷迷瞪瞪、晕头转向了很久,才悟出了"韬光养晦"的主题。

【哲理漫说】再说"左"。

二爻的爻辞中讲到"夷于左股",为什么不是"右"股?

周初,人们已经成功地驯服了马,并将其用于农耕、作为坐骑,这一点,《周易》的诸多文字可以佐证。但当时的坐骑,是否已经有了"马镫"尚不敢确定。如果已经有了马镫,一般人都是左脚先踩上马镫后,然后骑上马背;如果左腿有问题,想骑上马背,就十分困难了。所以,"夷于左股",就是"假装左腿受伤了",这就能给人留下"不能骑马了"的印象。显然,这是一种"欺骗"式的韬光养晦手段。哈哈,当然有人会抬杠说,也有从右边上马的,如何解释? 我只想说,多数人是从左边上马的。

四爻的"入于左腹"一句,老先生显然没有表述完整,因为很自然的问题是"什么东西"入于左腹? 根据二爻的"夷于左股",合理的推论应该是"夷""入于左腹"。故,这里的"左",已经起到了承上启下的作用。至于为什么这里还是"左"而不是"右",不做深究也关系不大。后面将会给出一种推测。

补充一个题外话。据2012年中央电视台的一档纪录节目称,中世纪前或后(记不清了),欧洲的骑兵没有"马镫",战斗力十分有限。自从中国的马镫传入后,其战斗力有了大幅度的提高。这就是说,中国人在较早的时候就已经"发明"了马镫。如果殷商末期已经有了"马镫","夷于左股"就暗示"上马困难,更难以扬鞭策马"。

关于四爻"入于左腹,获明夷之心,于出门庭"这一爻辞,让我颇费思量。通过这句爻辞,老先生想给身为将相人臣的人们,传达一种什么样的思想呢?

理解这一爻辞,最为重要的是不能忘记本卦的卦象。作为人臣,如果你在一班同僚之中突然"火"起来了,此时,要清醒地意识到,会有很多双眼睛流露出"羡慕、嫉妒、恨"的神情。面对此等情况,你该如何与同僚们打交道? 人们的做法大体有二。

一是沾沾自喜,趾高气扬,进而目空一切,在同僚们面前颐指气使,吹胡子瞪眼。当今社会有些浅薄的人,在背后议论那些在他看来"不顺眼"的人时,动不动就放出狠话:等我当了什么什么(指官衔),看我怎么收拾他! 也有的人,刚做了"芝麻大的官",就自我感觉超级良好,在过去的同事面前指手画脚、飞扬跋扈、不可一世。如此等等的嘴脸,相信大家都见过,不说也罢,免得生闲气。

二是站在别人(伤心人、失意人)的立场上,揣摩别人此时此刻的心情:如果是别人"火"了(从而让自己感到受到了伤害)(夷于左腹),希望他怎样对待自己(获明夷之心)。如果能够设身处地的这样想,就知道自己"火"了后,应该如何去跟别人打交道(于出门庭)。

显然,老先生希望人们采取第二种做法。

果真如此的话,"入于左腹"中的"左腹",就有所讲究了。想必,老先生已经懂得了"人的心脏在左腹"的解剖学知识,而当时心脏被认为是人最重要的器官(甚至是管"思维、思想"的器官)。故"夷"入于左腹的潜台词就是,你自己摊上了"这样'伤心'的事情"。所以,整个爻辞的意思是,用你自己摊上了"这样'伤心'的事情",去领悟同僚中那些失意、伤心的人(本来"火"起来的人,说不定是他),对你的行为有什么样的期待;然后,就以同僚们期待的,能够认可、接受的方式,去与他们打交道。其实,这一点对每个阶层的人都适用,这就是我们今天常说的"换位思考"。因此,老先生其所以用"左腹",实际上是暗指"伤心"。

初、三爻已经解说得很详细了,略过不提。再说说五、六爻。

五爻的"箕子之明夷。利 贞",是对王侯而言的,要搞清楚爻辞的思想,首先要知道"箕子之明夷"的典故。贺华章先生对"箕子之明夷"的解释是:箕子是(殷)纣王的叔叔,当时纣王无道,箕子完全可以发动一场政变而自己掌握君权。但是他没有这样做。他也可以联合其他诸侯国灭掉无道的纣王,可是他也没有这样做。他忠于商朝,又无能无力挽救商朝的灭亡,在这种情况下,箕子选择了装疯。

假定上述说法是可信的,那么,"箕子之明夷"就意味着,在无力改变自己不满意的现状时,哪怕以装疯卖傻的方式,也要避免杀身之祸。由此可以看出,老先生通过"箕子之明夷"想说明这样的道理:即使对贵为王侯的人来说,当你遇到强大的、难以战胜的敌对势力时,不要试图不自量力的以硬碰硬,哪怕是采用装聋作哑、甚至装疯卖傻的方式,也要避其锋芒,韬光养晦;一旦出现了合适的时机,一举战而胜之,扭转局面。这样的认识,很可能是周文王以"无辜被拘"的沉痛教训换来的。

但无可辩驳的史实是,周文王、武王推翻了不可一世的殷纣王。至于在这一过程中,"韬光养晦"的策略发挥了多大的作用,那是历史学家们应该关心的事情,在这里我就不操这份心了。

至于上爻的"不明晦。初登于天,后入于地",回想一下三国时期"聪明反被聪明误"的杨修(不明晦),从大红大紫(初登于天),到因为传说中的"一人一口酥"(即"一合酥",当时文字竖着写,拆开后可以读作"一人一口酥")而被曹操砍了头(后入于地)的故事,就很好理解了。不再多言。

37. 家人（风火）——治家方略

一、原文

家人　利 女贞。

初九　闲 有家。悔亡。

六二　无攸遂,在中馈。贞 吉。

九三　家人嗃嗃,悔,厉 吉。妇子嘻嘻,终吝。

六四　富家。大吉。

九五　王 假 有家。勿恤,吉。

上九　有孚;威如;终吉。

二、注释

【卦象玄机】"风上火下"。单卦:上卦为风,指"火塘"上的热风;下卦为火,指"火塘"里的火。叠卦:风上火下。"火上有热风"的情景,想必大家体验过。不妨想一想,你是在什么情况下,知道了火上有风? 大概是在烤火的时候(特别是北方)。冬天烤火时,往往是一家人围坐在一起。所以由"风上火下"的卦象,让人联想到围坐在一起的"家人"。

【卦名意境】家人:以夫妇关系的稳定性为切入点,论述如何治家。

【本卦主题】治家方略。

【各爻角色】各阶层人士。

图　家人-1　"火上有风"一家亲

【字词释义】

闲:栅栏;马厩;界限;限制;捍卫;空闲。此处指捍卫,保护。

遂:如意;进;举荐;通达;顺从;完成,成就;养育;道路。此处指如意。

馈:送食物;吃饭;饮食,食物;赠送。此处指饮食、食物。

嗃嗃:嗃,大声嚎叫。嗃嗃,连用,此处指相互抱怨,争争吵吵。

嘻:笑,笑貌,笑声。

假:借;租赁;给予;凭借;代理;宽容,宽纵;虚伪;冒充;暂时,姑且。此处指宽容。

三、今译

家人:治家方略。

䷤ 利 女贞。

人人都希望有个家,有了家也就实现了人生的重大愿望(利)。女子(女)有了家以后,也就有了终身的归宿,就可以安守妇道了(贞)。

注:关于"女贞"的含义,参见"牝马之贞","牝牛之贞"。

初九 ䷤闲有家。㉚悔亡。

对小民百姓(初九),身为丈夫,能够出色地履行保卫家庭(闲)的义务和责任,才能够保全一个完整的家庭(保住其女人)(有家)。能够拥有一个温馨的家,就没有什么遗憾了(悔亡)。

六二 ㉜无攸遂,在中馈。㉙贞吉。

对于小有之家(六二),丈夫持家的目标,最关键的是夫妻互敬、家庭和睦,一日三餐(在中馈)夫人都会精心料理,令你舒心惬意。除此之外,其他事情是否如意并不重要(无攸遂)。若能保持(贞)这种状态,就会让人心满意足(吉)。

九三　㊣家人嗃嗃,㊙悔,厉吉。㊣妇子嘻嘻,㊙终吝。

大户人家(九三)自然妻妾成群,子女众多。如果家人之间(妻妾之间,子女之间)恶语相向(家人嗃嗃),举家不宁,作为丈夫自然羞愧难当(悔);若能严厉(厉)管教妻妾子女,就会有令人满意的家庭氛围(吉)。如果小妾(妇)与年长一些的子弟(子),整天嘻嘻哈哈(嘻嘻),没大没小,没有规矩,最终(终)可能出现令人不愿看到的事情(吝)。

六四　㊙富家。㊙大吉。

将相之人(六四)不应只顾自己的小家庭独享富贵,还要肩负起使整个家族(家)繁荣昌盛(富)的责任。若能使门庭显赫、家族昌盛,才是光宗耀祖、泽被后世的大好事情(大吉)。

九五　㊙王假有家。㊙勿恤,㊙吉。

作为王侯(九五 王),应以宽容(假)之心对待黎民百姓,让天下黎民都能享受家庭的温暖(有家)。不要吝惜(勿恤)你的宽仁之心、好生之德,不要罔顾百姓疾苦,这样才能天下太平(吉)。

上九　㊙有孚,㊙威如,㊙终吉。

作为家长(上九),治家的首要任务是,让家庭的声誉、形象符合社会的期望(有孚),主要手段是恩威并济(威如)。这样,才不会出现令人侧目的事情,才会受到人们的尊重(终吉)。

四、补记

【主题乱弹】本卦所述的观念似乎没有多少新奇之处,但很有意思。其原因有二,一是揭示了中华大地上,人类社会进入父系社会之后,有关家庭结构的一些信息;二是中国人家庭观念的演化。

如果把本卦的卦名"家人",按照现代的含义理解为一个集合名词,就有些平淡了。如果把"家"按"动词"解释可能更为妥当,即,"家人"就是如何去"家(动词)"其他的家人。这虽然有些别扭,但可能更符合老先生的原意。

卦辞仅有三个字"利 女贞",按照老先生的意思就是,如果一个女子被男子"家"了以后,女子也就进入了有家的状态,且这个状态可以持续下去。反过来讲,尚未被"家"的女子,其状态未必是可持续的。这显然是父系社会的特征,即女子被"家"了,也就找到了一生的归宿(贞)。

【哲理漫说】关于如何"家"其家人,针对不同社会阶层的人家,本卦的爻辞提出了不同的理念。

对于小民百姓(初爻),重点在于"闲 有家"。"闲",指栅栏,引申为防护、保卫的含义。"有家",可以有两种理解,一是"已经拥有了家庭",二是"才可以保全、保有一个家庭"。显然,"闲"是问题的关键。老先生其所以在这里强调"闲",应当表明当时的婚姻关系还不牢固,没有"法律、道德"予以保护,家庭随时可能解体。只有好好看护、守卫住"自己的女人",才能够拥有一个完整的家庭。由于"闲"是针对男子提出来的,所以,表明女子有比较大的选择主动权,即使已经被一个男子"家"了,女子也可以随时与其他男子重新组建家庭。这与后来的封建社会截然不同。这种演变是如何逐步发生的,有待相关专家研究。

这里,"闲有家"中的"闲",对现代人而言,应该是一个很有意思的奇特视角:家庭(主要指象征家庭的"女人")需要"防护、保卫",否则,如果"守不住(自己的女人)",也就会失去了家庭。这让我们想到那些"没本事、没能耐"的男人,守不住自己的女人,只能独自伤悲的情形。事实上,现代社会中,这样的事情比比皆是。话题沉重,略过不提。

对于小有人家(二爻,大体相当于后世的地主),家庭经济基础较好,社会地位较高,应该是女子较为理想的归宿(参见"渐"卦)。故,对这样的人家,主要问题已经不是怕自己的女人见异思迁,随他人而去了,而是"在中馈"。中馈应该指饮食,这说明在当时的家庭中,女人的主要职责是以饮食"回馈"自己的丈夫。在中馈应该主要强调饮食的质量。当时关中的饮食材料及品种,应该比较单调,如何把这些单调的材料合理搭配,做出更多花样的食物,满足家人的口腹之欲,可能是小有人家对女人(妻子)的主要要求。

对大有人家(三爻,相当后世称雄一方的豪强),既不怕其女子(妻妾)随人而去,也不需要妻妾操劳饮食之事(自有家仆操办),主要问题在于"妇子嘻嘻"。根据其他卦的描述,纳妾是当时社会的普遍现象,因而大有人家自然是妻妾成群。因此,其年纪较长的子女,与小妾的年龄相仿应在情理之中。所以,"没大没小"的"妇子嘻嘻"情况,可能带来伦理上的问题。所以,如何处理好家庭成员之间的关系,规范其行为,便是这等人家的主要问题了。按照或正或野的史料记载,即使有些贵为皇子的人,虽然自己妻妾成群、嫔妃无数,竟也敢染指其父的"小妾",说明史上"妇子嘻嘻"、并闹出一些乱伦事件的情况并不鲜见。

　　四爻的主要爻辞，只有"富家"两个字。对"富家"，可以有两种解释，一是"使自己的小家富起来"；二是"让整个家族都富起来"。

　　如果按第一种解释，也就意味着，王公贵族，或将相人家可能还有穷光蛋，这似乎不通。另一方面，当时是"采邑"供给制，官职越高，"采邑"越大；而"采邑"是由王侯指定（分封）的，将相、王公贵族不能决定自己"封地"的大小，故很难、甚至无法通过自身的努力，改变自己的"贫富状态"，因而也就不存在"富家"的问题。这多少有点类似于"固定工资"，给你"定"的工资就那么多，想富也富不了，想穷也穷不到那里去。

　　如果按照第二种解释，似乎也有问题，因为王公贵族都是世袭的，不存在需要兄弟相助的问题，也就无须担当"让整个家族都富起来"的责任。所以，只有一种可能的情况：凭借自己的能力从平民晋升为"将相"的大臣，却有"富家"的义务。这就意味着，有些将相大臣是从平民百姓中选拔上来的，换句话说，在殷商末期，有自下而上的升迁（加官晋爵）途径，使平民百姓也能跻身官吏阶层（请参阅"困"卦中的"朱绂"），这可能类似于后世的"科举制度"。只有这样，对某些将相人家而言，才有"让整个家族都富起来"的理由。

　　如果这样的理解是正确的，至少说明两点。第一，由于当时将相重臣的族人中还有穷光蛋，因此还没有"官场腐败、裙带关系"问题。第二，"富家"的理念，可能导致了"一人得道鸡犬升天"的社会风气。对此，希望专家学者给出合理解释。

　　至于五爻的"王 假 有家"，史上未见有令人满意的解释。这里的关键，在于"假"字。"假"有宽容、宽仁之意，故"王 假 有家"的意思是，既可以按上述解说来理解，也可以理解为：作为一国之主的国王，若能够有宽仁之心，以天下黎民百姓的福祉为重，才能使大家像对待"家长"一样拥戴你，你也才能拥有整个天下这样一个大家庭。

　　六爻的"有孚 威如"是对治家的总结，分两层意思，一是治家的目标，一是治家的手段。无论是黎民百姓，还是帝王将相，治家的目标就是"有孚"，就是要树立家庭的良好社会形象，获得良好的社会声誉，得到广泛的社会认可，说穿了，就是要"有面子"。现在依然如此。治家的手段就是宽严相济、恩威并施（威如）。我们耳熟能详的"棍棒底下出孝子"、"宁可给好心，不要给好脸"等谚语，其观念实际上与"威如"是一脉相承的。

38. 睽(火泽)——一见钟情

一、原文

睽 小事 吉。

初九 悔亡。丧马 勿逐 自复。见恶人,无咎。

九二 遇主 于巷。无咎。

六三 见 舆,曳其牛,掣其人,天且劓。无初有终。

九四 睽孤,遇元夫。交孚,厉 无咎。

六五 悔亡。厥宗噬肤,往 何咎?

上九 睽孤,见豕负涂,载鬼一车。先张之弧,后说之弧。匪寇婚媾。往 遇雨则吉。

二、注释

【卦象玄机】"火上泽下"。单卦:上卦为火,指渴望性爱的男人;下卦为泽,指春心荡漾的女子。叠卦:上火下泽。上有"火"之炽烈,下有"泽"之饥渴,男女四目相对,张目注视,不忍失之交臂。大概就是今天的眉目传情,一见钟情。

【卦名意境】睽(kuí):字典释义为"背离,不合",似不妥。睽:应为(男女)相互张目注视的样子。本卦意为眉目传情,一见钟情之状。

【本卦主题】(男子主动,女子情愿)一拍即合,共赴云雨。

【各爻角色】主要从女子的角度,描述各阶层男女的一见钟情。

图　睽－1　眼神

【字词释义】

恶人：关中方言中，可以指厉害、强悍的人。此处指对女子具有致命诱惑力的男子。

遇主：主，方言中意为"主儿"，指（婚配）对象（犹指女子的婚配对象）。遇主，指遇到了一见倾心的"主儿"。

曳（yè）：拉，拖；穿着。此处指拉，拖。

注：在关中方言中，"曳"指面向前进方向，向前匍匐身体，用力向前拉。"拽"指背向前进方向，向后仰着身体，用力向后拉；也可指向下用力。

掣：牵引，拉；抽，拔；疾速而过。掣（音，并不一定是此字）在关中方言中指强拉硬拽，或胡撕乱拽。

天且劓（yì）：天，黥额，即面部刺字的刑罚。劓，割掉鼻子的刑罚。

睽孤：孤，孤儿，幼丧父（母）；年老无子女者；孤单；辜负；独特；王侯自称。睽孤，指因为守寡而与别人一见钟情，共度良宵。

厥（jué）宗：厥，石块；短，缺；疑为方言中"日嘛（取其音，不知确切用字）"之嘛。"日嘛"，关中方言中为"辱骂"的意思。厥宗，指辱骂祖宗。

噬（shì）肤：指（因憎恨其行为）恨不得咬上一口。

三、今译

睽：一见钟情，一拍即合。

🈡 小事 吉。

对于怀春女子,偶尔(小)与一见钟情的男子共赴巫山云雨(事),则会心花怒放,喜不自禁(吉)。但不应老惦记着红杏出墙。

初九 ㉣悔亡。 ㉤丧马 勿逐 自复。 ㉤见恶人,无咎。

小民百姓家的怀春女子(初九),能够遇到一见钟情的男子,一拍即合、共赴巫山云雨,就不会留下遗憾(悔亡)。怀春女子遇到倾心之人,犹如脱缰之马,因贪图一时之欢而缠绵不归(丧马),也是人之常情。遇到这种情况,夫君不必到处寻找(勿逐),她终会有激情消退、意尽自返(自复)的时候。遇见(见)的男子也许风流倜傥,对女人具有致的命诱惑力(恶人)。而这样的男子往往朝秦暮楚,不会用情专一,即使女子很快就被抛弃了,也不要耿耿于怀(无咎)。

九二 ㉤遇主 于巷。 ㉣无咎。

小有人家的妙龄女子(九二),也许在村口、巷子(于巷)里,就会遇到(遇)让你心动不已、两情相悦的男子(主),这也正常(无咎)。

六三 ㉤见 舆,曳其牛,掣其人,天且劓。 ㉣无初有终。

大有人家的青春女子(六三),坐着车子(舆)外出时,路遇(见)心仪的男子,眉目传情、情不自禁,引得男子甘愿冒着刺字(天)、割鼻(且劓)的风险,也要把拉车的牛(其牛)曳(曳)到僻静处,强拉硬拽(掣)的把女子(其人)拉下车来,在隐蔽处成其好事。这样的事情,虽无青梅竹马的基础(无初),却也可能是一世的牵挂(有终)。

九四 ㉤睽孤,遇元夫。 ㉥交 ㉦孚,㉣厉 无咎。

将相之家的哀怨女人(九四),因孤枕难眠(孤)而寻找意中之人(睽),可能成就一段两情相悦、如胶似漆的情感,就像遇见(遇)命中注定的(元)夫君(夫)一般。但在与他的交往(交)中,不可恣意妄为,一定要顾及社会影响(孚)。这样偷偷摸摸地交往,注定难解相思之苦,这让人愁肠百转、度日如年(厉),但也是没有办法的事情(无咎)。

六五 ㉣悔亡。 ㉦厥宗噬肤,㉥往 ㉣何咎?

王侯之家的"饥渴"女子(六五),若能够遇到两情相悦的男子,偶尔得到"雨露滋润",也算没有辜负了青春年华(悔亡)。能有这样的机遇,即使被人骂遍祖宗(厥宗)十八代,甚至恨不得咬上一口(噬肤)才解气,也不管不顾、在所不惜。干出(往)这等事情,何错之有(何咎)?

上九 ㉤睽孤,见豕负涂,载鬼一车。 ㉤先张之弧,后说之弧。 ㉥匪寇婚媾。 ㉥往 ㉣遇雨则吉。

徐娘半老的风韵女子(上九),因孤枕难眠(孤)而寻找意中人(睽),对你有意的人,只是像满身泥浆(负涂)、内心肮脏不堪的猪(见豕),或者有所图谋的一群鬼(载鬼一车)。最先凑到你跟前的,是有所图谋的人(先张之弧);后到你跟前的,也可能是真心对待你的人(后说之弧)。到了这把年纪,不要(匪)希望再续(寇)婚约(婚媾)。真要有这种打算(往)时,先要像淋一身透雨(遇雨)一样,让自己冷静下来后再做决定,这样,才能有个好结果(则吉)。

四、补记

【东拉西扯】对本卦的主题,史上众说纷纭、莫衷一是。但主导性的意见是,"睽"为背离、不合,或两情相违。产生这种认识的根源,可能来自于《象》。《象》曰:睽,火动而上,泽动而下。二女同居,其志不同行。因此,"睽"具有了背离、不合的含义,即便是权威的《古今汉语词典》,对"睽"也只给出了简单的"背离,不合"的释义。

【史海寻贝】但应注意的是,《古今汉语词典》在释义后给出的例句很有意思:"三皇之知,上悖日月之明,下睽山川之精(《庄子 天运》)",这是想告诉人们,庄子也认为"睽"的含义是"背离、不合"。这至少说明了两点。一是到了庄子(公元前369年~公元前286年)的时代,"睽"已经有了现今字典中的含义。据此可以推断,"十翼"的形成年代,应早于庄子时代,因此,"十翼"出自孔子(公元前551年~公元前479年)或其弟子之手的可能性很大。二是自"十翼"以降,"睽"字的释义基本上没有发生过变化。据此可以推断,对"睽"卦,史上没有产生过有影响的、异于"十翼"的新见解。因此,可以不严谨的讲,数千年来没有人读懂过"睽"卦。

【主题乱弹】前文已经指出,《周易》各卦主要论述人类的社会现象和规律;形成每卦主题的灵感,来自于由"先天八卦"两两相叠形成的卦象。因此,要搞清楚各卦的主题,就要正确理解"先天八卦"的社会形象。

本卦的卦象是"上火下泽",在老先生的脑海中,这里的"火"代表男子的"欲火",这里的"泽"则暗指春心荡漾的女子。因此,"上火下泽"的"睽",就是欲火难耐(火)的男子,与春潮荡漾(泽)的女子,四目相对、眼放光明、眉目传情(睽)、欲成好事的形象,引申为社会生活中一见钟情,然后不管不顾的玉成好事的现象。这种事情,在道学盛行、人性压抑的时代,被称为"勾搭成奸"。

"睽"卦的内容说明,男女"勾搭成奸"的现象在当时并不鲜见,但也不为当时的社会行为规范所容,一旦被抓住,将会受到"天且劓"的刑罚惩处。正因为"勾搭成奸"时有发生,才需要男人使出浑身解数,严防死守"看管住"自己的女人,捍卫自己的家庭。这与"家人"卦中的"闲有家"遥相呼应。这表明,当时社会的"婚姻关系"还是比较脆弱的。其原因何在?是母系社会的遗风尚存?抑或是其他原因?还需专家仔细研究。但应注意,对"勾搭成奸"的行为当时已经有了"天且劓"的严厉惩罚措施,甚至是"法律条文"。即便如此,仍有人敢于以身试法,可见人性之"顽劣"。

若按照"一见钟情(便勾搭成奸)"来理解"睽"字,"睽"卦就很容易理解了。

【哲理漫说】要理解本卦的意蕴,首先要明确一个观念,就是老先生对"勾搭成奸"这种"男女私情",持宽容、甚至纵容的态度,而不是谴责。这与在其他卦中表述的思想,是一致的。

初爻的"悔亡。丧马 勿逐 自复。见恶人,无咎。"对于小民百姓家的女人,说了三层意思。

第一层是"悔亡"。这显然是半句话,没有交代"悔亡"的前提。按照《周易》的逻辑,这里的前提就是"睽",就是"一见钟情后的偶然出轨"行为。所以"悔亡"是说,对于小民百姓家的女人来说,有"一见钟情后的偶然出轨"行为,就人生无憾了(其中的道理就不再展开说了)。这,明白无误地表明了老先生的一种人生观,即,每个人都应该、也有权利追求自身的"性"福,无论其"婚姻状况"如何。当然,这与现代法律观念相悖。

第二层是"丧马 勿逐 自复",似乎是对男人讲的,就是说,如果你的女人像走失的马匹一样,几天不见踪影(丧马),你不要着急,也不要去寻找(勿逐),过几天她就会自己回来(自复)。其中的道理,在现今社会中也很容易理解。想想看,一个有夫之妇,跟着一个无权无势,也没有经济实力的有妇之夫"鬼混",能有什么前途?她真能下定决心抛弃家庭,心甘情愿的"待岗"?显而易见,对同处社会底层,陷入"婚外情"的"已婚男女",激情殆尽、迷途知返,只是迟早的事情。但若外界给予他们很大的压力,可能反而促使他们试图更长期地保持这种关系。所以,老先生对"迷失的马匹"提出"勿逐"的处理方法,具有非常深刻的心理学意蕴。

第三层是"见恶人,无咎"。显然,这里的"恶人"不是指"坏人",而是指"很厉害的人"。因为,"睽"是指两情相悦、一见钟情,所以,女人不可能心甘情愿的与自己眼里的"坏人"一见钟情。这里的"见恶人",是指遇见了让(女人)自己获得了极大地,或从未有过的"享受",因而欲罢不能的(男)人。有幸遇到这样的事情,当然没什么说的(无咎)。

二爻的"遇主于巷。无咎"表达了类似的含义。要特别注意这里的"主"字,不应理解为"主人",而是"主儿"的意思。在关中方言中,"主儿"是"对象"的意思,特指"女子的婚姻(性)对象"。例如,"给这姑娘寻个主儿",意思是给这个姑娘找个男朋友。二爻对应的是类似于"地主"的家庭,虽然自己"出身高贵",但其妻妾却不一定来自同一社会阶层,很可能来自地位较低的阶层,就像现在的一些"小三"、"小蜜",可能出身贫寒之家。如果是老夫小妾,小妾的不如意之处不言而喻。因此,小妾在街头巷尾遇到"意中人(主)"的可能性很大,"勾搭成奸"也是情理之中的事情(无咎)。

三爻的爻辞应该断句为"见舆,曳其牛,掣其人,天且劓。无初有终。"但今见的《周易》版本中,大都被断句为"见舆曳,其牛掣,其人天且劓。无初有终。"这显然是错误的。

三爻对应大有人家,其小妾也很有可能出身贫寒之家。例如,新中国成立前一些有头有脸的人所纳的小妾,就出身贫寒,甚至来自于花街柳巷。小妾出门省亲、郊游、踏青时,"乘舆"是合情合理的。路途之中(舆)遇到(见)心仪的男子,你有情、我有意,眉目传情、甚至言语挑逗,使男子心急火燎,便不顾一切地曳其牛(拽住驾驭舆车的牛,迫使舆车停下来),掣其人(生拉硬拽的把车上的女子拉下来),先成其好事再说,早把可能要受到刺字、割鼻的刑罚(天且劓)抛到九霄云外。这也从一个侧面反映了当时社会男女之间的关系,是比较自由开放的,或者是比较野蛮、暴力的。同时应该注意,对这种"婚外情"或"强奸"行为,在当时已经有了"天且劓"的刑罚。

按照常见版本中的"见舆曳,其牛掣,其人天且劓。无初有终",此句爻辞实在解释不通。事实上,也确实没有见过合情合理的解释。

四爻的"睽孤,遇元夫。交孚,厉无咎",上面基本解说清楚了,只是"元"字应该考究一下。在其他地方,"元"指具有正确的志向,这里按照"天生的、天设地配的、命中注定的"来理解,可能更为恰当。本爻的道理,应该比较好理解,不再赘言。

五爻的爻辞为"厥宗噬肤,往何咎"。字典对"厥"的解释是"石块",给出的例句是,"《荀子 大略》载:和之璧,井里之厥也,玉人琢之,为天子宝"。按此解释,在本卦里,"厥宗噬肤"难以合理解释。例如,《图解周易大全》将"厥宗噬肤"解释为"同宗设宴吃肉",也有人解释为"同宗的人唇齿相依"或"大义灭亲",显然都与本卦的主题毫无关联。

关中方言中有"日嶡(取其音,不知确切用字)"或"嶡人"一词,意为"骂人,辱骂,咒骂",但字典中未见有此含义的"jue"字。个人强烈认为,爻辞中的"厥"就是

"咒骂"的意思。果真如此的话，"厥宗噬肤"可以解释为："（在王侯过世后，其妻妾遇到心仪的男子、并能够与其玉成好事，）哪怕被（王室的）人骂遍祖宗（厥宗）十八代，哪怕让（王室的）人恨得恨不得咬上几口（噬肤）才解气，也在所不惜"。这与三爻的思想，是一脉相承的。

上爻的"睽孤，见豕负涂，载鬼一车。先张之弧，后说之弧。匪寇婚媾。往 遇雨则吉"，很难给出确切的解读，特别是"先张之弧，后说之弧"，不知应该如何解读。按照《周易》的结构规律，本爻应指风韵犹存的半老徐娘，而"睽孤"则指出了其处境是"独守空枕"。于是，她便有了"睽"的冲动，甚至希望再续"婚媾"。我们不清楚在当时的社会背景下，独守空枕的半老徐娘可能会有什么样的"出路"，但从本句爻辞来看，老先生似乎"不主张老妇人追求性福"。老先生的主要理由是，能"看中"你、似乎与你一见钟情的男人，其实怀有不可告人的目的。老先生把这样的男人，看作是浑身裹满了肮脏泥浆（负涂）的猪（豕），和假装出来迷人面孔的鬼（载鬼一车）。所以，想与这样的人"再婚"，一定先要让自己冷静下来（遇雨），考虑清楚后再做决定，才会有好结果（则吉）。

但要说明的是，我对"载鬼一车。先张之弧，后说之弧"到底想要说什么，没搞清楚。

本卦及其他相关各卦（包括"泰、否、颐、大过、损、益、夬、姤、革、渐、归妹、中孚、既济、未济"），从不同侧面表明了周初社会男女之间的关系，以及老先生对此的态度。应该说，周初社会是一个性关系开放的社会，男女都有追求性自由的权利。这可能与当时人口稀少，社会希望人丁兴旺的现实状况有关。

39. 蹇（水山）——身陷绝境

一、原文

蹇　利西南,不利东北。利 见大人。贞 吉。

初六　往蹇,来誉。

六二　王臣蹇蹇,匪躬之故。

九三　往蹇,来反。

六四　往蹇,来连。

九五　大蹇,朋来。

上六　往蹇 来硕,吉。利 见大人。

二、注释

【卦象玄机】"水上山下"。单卦:上卦为水,指雨水;下卦为山,指险峻崎岖的山路。叠卦:上水下山,即山上有水,是山路遇雨的情形。山路本就险峻,行走已属不易,若再加上湿滑,更是险象环生。山路孤旅,雨疾风寒;山高林密,虎啸狼伴;精疲力竭,长路漫漫;呼天抢地,神灵不现;出路何在? 天昏地暗;能否坚持,仅在一念。艰辛无望,被称为"蹇"。

【卦名意境】蹇(jiǎn):跛脚;困苦,不顺;傲慢,不顺服。本卦意为步履维艰,毫无希望地艰难跋涉。

【本卦主题】身陷绝境,步履维艰,漫无目标地艰难跋涉。

【各爻角色】社会各阶层。

图 蹇-1 山上有水,长路漫漫,何处是尽头?

【字词释义】

利西南,不利东北:后天八卦(文王八卦)与方位有如下对应关系:震东兑西,离南坎北,东南为巽,西北为乾,东北为艮,西南为坤。这里的西南、东北,应该暗指(坤)地和(艮)山。

三、今译

蹇:在绝境中漫无目标的艰难跋涉,引申为在极端困难的境况中,艰难度日。

㉝利西南,不利东北。㉝利见大人。⑩贞㉝吉。

身陷绝境的人,在艰难的长途跋涉中应选择宽阔平坦的道路(利西南),而不要再攀爬荆棘遍地、道路险阻的山路(不利东北)。如果经过艰难困苦的长途跋涉,终于走出了困境、实现了人生目标(利),就是令人肃然起敬的大人物(见大人)。遇到艰难险阻,能够坚忍不拔、锲而不舍(贞),就会有令人满意的结果(吉)。

初六 ⑪往蹇,来誉。

对小民百姓(初六),如果能够坚强地面对(往)极端困难的境况(蹇),锲而不舍并顺利渡过难关,就会赢来(来)一片赞誉(誉)之声。

六二 ⑪王臣蹇蹇,匪躬之故。

对于小有人家(六二),要想成为一个受人尊敬、恪尽职守的乡绅(王臣),那将是充满艰辛、甚至令人绝望(蹇蹇)的漫漫长路。其所以会这样,并非(匪)是你自身(躬)能力的原因(之故)。

九三　🔳往蹇,来反。

大户人家(九三)如果陷入(往)绝境(蹇),不要指望能够得到别人的同情和帮助。你能够得到(来)的,可能是墙倒众人推,甚至落井下石(反)的结果。

六四　🔳往蹇,来连。

身为将相(六四),如果陷入(往)难以自拔的绝境(蹇),同僚们往往会对你施以援手(来连)。

九五　🔳大蹇,朋来。

身为王侯(九五),如果遇到极其严重的困难境况(大蹇),会有不请自来的朋友相助(朋来)。

上六　🔳往蹇　来硕,吉。🔳利见大人。

(上六)如果你陷入(往)绝境(蹇),能够得到(来)众人的鼎力相助(硕),说明你的人品得到大家的尊重,应该感到欣慰(吉)。在绝境中能够得到众人鼎力相助(利)的人,一定是道德高尚的大人物(见大人)。

四、补记

【东拉西扯】本卦各爻的爻辞非常简洁,这在《周易》中并不多见。卦、爻辞如此简洁的原因,我认为主要有三点。一是该卦的主题非常明确,且易于理解;二是卦、爻辞表述的道理非常浅显,无须多费笔墨;三是支持卦、爻辞中道理的社会现象纷繁复杂、头绪繁多,难以面面俱到,只能简而化之。对第三点,就不多说了。

第一点,关于"蹇"的含义历代注家基本上都正确理解了。例如,朱熹在《周易本义》中指出:"蹇,难也。足不能进,行之难也。为卦艮下坎上,见险而止,故为蹇。'西南'平易,'东北'险阻,又艮方也。方在蹇中,不宜走险"。基本上都说对了。

第二点,虽然卦、爻辞表述的道理浅显,可是史上的注释却乏善可陈。个中原因,可能是大家还没有掌握各卦的结构及写作风格。例如,还是《周易本义》的注释:"初六 往蹇来誉;往遇险,来得誉。九三 往蹇来反;反就二阴,得其所安。六四往蹇来连;连于九三,合力以济"等等。由于大家对"爻位的指代作用"没有搞清楚,显然就不可能体会爻辞中的道理,以及涉及的社会现象。

【主题乱弹】字典中,"困苦,不顺"的释义基本上表达了"蹇"在本卦中的含义。本卦的"蹇",与"坎"卦的"坎",都有艰难、不顺、遇到困难或坎坷的含义,似乎区别不明显。但"坎"强调的,只是一种暂时的、短暂的困难,即偶然的挫折;而"蹇"则是一种长时间的、难以摆脱的困境,即长期的困顿。用现在的情况举例,如果失恋或小病一场等是"坎"的话,那么,失去配偶或瘫痪在床,就是"蹇"了。

要搞清"坎"与"蹇"的区别,就要回到卦象上来。

"坎"的卦象是"上水下水",可以理解为"很深的水坑"。雨天,人们行路时往往会踩着水坑,一般情况下都能安全通过,不会有大问题;但也可能遇到很深的水坑,表面上看起来与其他水坑无异,但一脚踩进去就可能摔一跤,弄得一身泥水,甚至崴了脚、折了腿(古时候不可能一脚踩进下水道丢掉了性命)。这种情况一般都是"坎"。所以,"坎"或"坎坷",就是让人一时(短时间)不爽的事情。

"蹇"的卦象是"上水下山",可以理解为"雨中走山路"。三千多年前的山路,应该是险峻崎岖的羊肠小道,加之不期而遇的虎豹豺狼,本身就危机四伏,难以通行。如果再遇到淅淅沥沥的阴雨或疾风暴雨,在这样苔藓湿滑、泥泞不堪的山路上行走,更是险象环生、步履维艰。但,雨天行走在山路上的人,不能停下赶路的步伐,因为那将意味着丧身荒郊野岭的后果。现在那些喜欢"山地穿越"的"驴友",对此应该有深深地体会。无论环境多么艰难,无论路途多么遥远,长途跋涉在风雨飘摇山路上的人,为了魂牵梦绕的温馨家园,一定会咬紧牙关,彳亍而行。这幅情形才是"蹇"。

人类社会中,"蹇"还有很多其他的表现形式。例如,前段时间(约2012年)有报道说,一个贫困山区的孩子,父亲重病在身卧床不起,不但丧失了劳动能力,就连生活都不能自理,而母亲却撇下他们独自离家而去。家里除了一些薄田没有其他收入来源。年幼的孩子,既要照顾父亲的生活起居,又要伺候地里的庄稼,还要赶很远的山路去上学。如此沉重的生活重担,竟然压在了一个小孩稚嫩的肩上,这是一种什么样的境况啊!更何况,那个小孩还不足十岁啊!这样的家庭,这个小孩,是不是就像风雨飘摇的山路上,孤身长途跋涉的人,随时都面临着灭顶之灾?我们只能默默地为孩子祈祷!孩子,坚强些,坚持住,希望就在前头。

【哲理漫说】初爻对应小民百姓,就像报道中的那个孩子,已经陷入了(往)极端困难的境地(蹇)。如果这个孩子能够用稚嫩的肩膀,扛起家庭和学业的重担,并学业有成、与家人一起过上好日子,人们一定不会"羡慕、嫉妒、恨",只会赢得(来)人们的尊重和赞誉(誉)。这就是"往蹇,来誉"阐述的道理。

二爻说的是，要做一个安分守己、尽职尽责的臣民（王臣），这样的道路将十分艰难困苦，甚至令人绝望（蹇蹇）。但造成这种艰难而漫长的困境的原因，并不是你自己的过错（匪躬之故）。为什么这样讲呢？

在当时的社会中，小有人家（相当于后世的地主）可能是"侯国权力结构"中最基层的单位，担负着最低一级管理者的职责，类似于现今的"村长"角色，因而也是"王臣"。他们可能要负责从各家各户征收地租（或类似的东西），然后再统一上缴给王公贵族（就像当年"村干部"的职责），因而是王公贵族们各种供给的主要渠道。

果真如此的话，首先，为了完成王公贵族下达的"征收任务"，他们不得不在乡亲们面前"耀武扬威"，充当"十恶不赦"的恶人、"狗腿子"角色，让乡亲们"恨之入骨"。其次，如果王公贵族贪得无厌、挥霍无度，就会给他们摊派更多的"任务"、施加更大的压力，一旦完不成"任务"，自己"倒贴腰包"不说，如果惹得王公贵族不高兴，他们又成了出气筒、替罪羊。第三，"替王侯贵族管事"这一差事，"当仁不让"地落在他们的肩头，想推也推不掉，不干也不由他，于是，他们就要日复一日、年复一年的经受良心上的折磨（来自乡亲）和精神上的摧残（来自上司）。第四，无论他们如何体贴关怀乡亲，向上司请求减免"征收任务"，但在乡亲们眼里，他们都是仗势欺人、吃人不吐骨头的坏蛋、恶棍；无论他们如何对上司忠心耿耿、尽职尽责，尽可能完成摊派的任务、甚至倒贴自己的财物，但在上司眼里，他们都是表面积极顺从、暗地里中饱私囊的无耻小人。老爷爷正是看清了这些人的尴尬处境，所以才有了本爻"王臣蹇蹇，匪躬之故"的爻辞。当然，这只是一种推测，真实情况有待专家进一步研究。

三爻的"往蹇，来反"是对雄霸一方的大户人家而言的，即，这样的人一旦陷入（往）巨大的麻烦中（蹇），只会得到（来）"墙倒众人推"（反）的结局。其中的道理，三言两语难以说清。但想想近一段时间（2013年度），一旦有贪腐地方高官落马，网络世界中便是一片"加菜、买酒、放鞭炮"等庆贺之声，也许能够悟出些道道来。

四爻的"往蹇，来连"揭示的是，在"兔死狐悲、物伤其类"的心态促使下，"官官相护"这一行为规律。官场上，为了利益、权势，同僚们平时钩心斗角、尔虞我诈，但若有人"犯了事"，面临生死未卜的前景时，其他人却会联手"捞人"。其中的道理，想必大家能够理解。但，是一些什么样的现象，让老先生在三千多年前，就看穿了"往蹇，来连"这种行为的本质，就不得而知了。

作为"一国之君"，遇到"大蹇"的情况就会"朋来"，其中的道理，我参不透。

但这让我想起了最近(2013年)国际社会中,闹得沸沸扬扬的叙利亚阿萨德政权。似乎,坚定不移地支持阿萨德的,主要就是俄罗斯和伊朗。这样的现实让我领悟到,本爻的"朋来",既可以指"朋友来到相助",也可以指"只有这时,才能看出来谁是真正的朋友"。

上爻的道理很容易理解,略过不提。

至于卦辞中的"利西南,不利东北",字面意思在"注释"中已经说清楚了,其背后的含义是,人一旦陷入绝境,就要尽可能寻找比较容易(大地,引申为坦途)的途径走出困境,而不要去尝试那些"荆棘遍布、吉凶难料"(山,引申为险路)的新路径。

【岁月留痕】在殷商末期的社会中,什么样的原因能够让不同阶层的人陷入绝境(往蹇),我们不得而知。由于"往蹇"的原因不明,为什么会出现"来誉,来反,来连,朋来,来硕"等不同后果,也就缺乏合乎逻辑的答案了。因此,上面列举的例子,仅仅是一种隐隐约约的感觉,或者是揣测。非常希望有人能够给出更可靠、更合理的解释。

没有很好地理解老先生文字背后想表达的意思,也算是一个遗憾吧。

40. 解（雷水）——闻令而动

一、原文

解　利西南。无所往，其来复，吉。有攸往，夙吉。

初六　无咎。

九二　田获三狐，得黄矢。贞吉。

六三　负且乘，致寇至。贞吝。

九四　解而拇。朋至斯孚。

六五　君子维有解，吉。有孚于小人。

上六　公用射隼于高墉之上，获之，无不利。

二、注释

【卦象玄机】"雷上水下"。单卦：上卦为雷，指雷雨时的响雷；下卦为水，指雷雨中的雨水。叠卦：上雷下水，指雷鸣之后，漫天降雨的情形。

关中之地，夏秋之时，常有雷雨：一声雷鸣之后，瓢泼大雨就铺天盖地地降下来。这样的情景，就像是"雷"一声令下，"雨水"便立即奉命行事。其着眼点是，按照"雷的指令"而冲锋陷阵的"雨"，可以理解为"雨对雷的服从、响应"，强调的是"闻令而动"。

【卦名意境】解：在本卦中意为"有令必行；唯命是从；有求必应"，强调闻令而动。

【本卦主题】闻令而动；有求必应；唯命是从。

【各爻角色】各阶层人士。

图　解－1　奉"雷公"之命，"雨滴"齐刷刷的立即行动

【字词释义】

利西南：后天八卦中，西南表示"地"。参见"蹇"卦注释。

夙(sù)：早，早晨；早年；旧，陈旧；平素，向来；肃敬。此处意为旧，陈旧，引申为最初、原始，纯真、纯粹、未受"污染"。

隼(sǔn)：形似鹰的一种猛禽，飞行速度快，善于袭击其他鸟类。

三、今译

解：有求必应；唯命是从。

㉤利西南。㉟无所往，其来复㉤吉。㉥有攸往，㉤夙吉。

别人有困难时，如果你能够做到有求必应(解)、尽力相助，就会为自己铺就宽阔平坦的人生之路(利西南)。即使别人没有求助于你(无所往)，你(其)也会主动的(来)、不断的(复)去帮助那些需要帮助的人，这是一种不可多得的好品行(吉)。对别人的困难能做到有求必应(有攸往)、鼎力相助，就是最纯真(夙)的美好品德(吉)。

初六　㉤无咎。

小民百姓(初六)若能够做到：对上司有令必行、雷厉风行，对亲朋好友有求必应、尽力相助，则无可指责(无咎)。

九二　㉤田获三狐，得黄矢。㊙贞㉤吉。

小有人家(九二),若能对上司有令必行、唯命是从,就能够得到丰厚的回报(田获三狐),甚至得到意外的收获(得黄矢)、奖赏。要能一如既往地坚持下去(贞),就会得到好结果(吉)。

六三 ⊞负且乘,致寇至。 ⊞贞吝。

对雄霸一方的大有人家(六三)而言,若一味地唯别人马首是瞻,看着别人的眼色行事,对别人唯命是从,就是以高贵的身份(乘)去做卑贱的事情(负)。这就像露出财宝就会招引贼寇光顾一样,你无原则的顺从态度,就会招致(致)那些欺软怕硬的小人(寇)不断欺侮你(至)。长此以往(贞),就会让人为你惋惜(吝)。

九四 ⊞解而拇。 ⊞朋至斯孚。

身为将相重臣(九四),对那些曾经与你出生入死、患难与共的老朋友们,若能做到有求必应(解)、鼎力相助,这对大权在握的你而言,虽然只是举手之劳(而拇),而对那些人生境遇不如意的朋友们,却是雪中送炭。他们定会对你(斯)的行侠仗义品德(孚)赞赏有加,愿意簇拥在你的身边(朋至)。

注:"家人"卦第四爻为"富家",表明周初社会中,来自社会底层的人也可能升迁到官僚阶层。参见"家人"卦补记。这样的"官"一定会有一帮子穷朋友。

六五 ⊕君子维有解, ⊞吉。 ⊞有孚于小人。

贤明的王侯(六五)就像谦逊的君子(君子),一定会(维有)倾听黎民百姓的呼声,了解小民百姓的诉求,解决小民百姓的困难(解),而不是横征暴敛,搞得民不聊生。能这样,就会天下太平(吉)。要以宽厚仁爱之心,普施恩德(有孚)于小民百姓(于小人)。

上六 ⊞公用射隼于高墉之上,获之,无不利。

老迈的战将(上六)如果受到召唤,就要陪同"老迈的旧主"(公),在高高的城墙上(于高墉之上)晒晒太阳、看看风景、聊聊往事。也许在闲聊之中,你们会"老夫聊发少年狂","旧主"(公)让你(用)再引弓射隼(射隼),一试你的身手。如果你还能箭无虚发(获之),则令人无比开心(无不利)。

四、补记

【东拉西扯】"解"字的字义丰富,大家也都很熟悉,是现代汉语中广泛使用的一个字,也与其他字组成了很多词。也许正因为如此,大家会觉得"解"卦应该比较好理解。但无情的事实是,"解"卦一如既往地秉承了《周易》晦涩难懂的风格,甚至有过之而无不及。

对于用作"卦名"的字,绝大多数我都翻阅了字典,而"解"字是少数几个没有查字典的卦名之一。在我的脑海中,"雷下有水"的"解"的形象,就像一场及时雨,解决了干旱、饥渴大地的迫切需求一样,是一种"解危济困"的高尚行为。这样的认识,应该是大多数"注家"对"解"的第一直觉。例如,朱熹在《周易本义》中就指出:"解,难之散也"。但若用"解危济困"作为本卦主题,却不能逻辑连贯的解读卦、爻辞。也许正是这一貌似简单的卦,却看不出任何鲜明的主题,从而导致后人产生了《周易》根本就没有鲜明主题的错误认识。

我也被本卦的主题困扰了很长时间,直到 2013 年初,方才领悟。

【主题乱弹】"雷雨作"利于庄稼生长,对干旱的庄稼而言,确实是一种"解",也是身处农耕社会的人们,最为直观的感受。但在本卦里,老先生却绕了一个弯,没有按正常思路走下去。老爷爷的脑海里,浮现的是另外一幅景象。

关中地区,夏秋多雷雨。雷雨来时,原本晴朗的天空,霎时就被乌云所笼罩;随着一道闪电划过长空,一声响雷就在耳边炸响;迅即,黄豆大的雨点就砸向了地面。我不懂气象学,不知道积雨云中较大雨滴的降落,是否与雷的"震动作用"有关。但在老先生眼里,只有"响雷"的一声令下,"雨滴"才会响应号召、服从命令,齐刷刷地自天而降。这样的一幅图景,让老先生想到了社会生活中,陷入困境的人们"振聋发聩"的一声呼号(雷),就会让心地善良的人们齐刷刷的立即行动起来,对其施以援手(雨)。

对这样的情景稍加引申,"雷下雨作"的自然景象,就类似于"有求(雷)必应(雨)"这一具有普遍意义的社会现象。当然,"有求必应"的价值指向,实际上就是"扶危济困";但老先生的视角却停留在"有求必应"上,而不是聚焦于"扶危济困"。与"有求必应"含义类似的,还有"唯命是从",故本卦的主题是"唯命是从;有求必应",就看对谁说。

【哲理漫说】"利西南。无所往,其来 复,吉。有攸往,夙吉"这句卦辞中,"利西南"是说,你对别人有求必应,就会给自己铺就宽阔的人生之路,这一道理浅显,不再多说。"无所往,其来 复,吉。有攸往,夙吉"中,最难琢磨的是"无所往"与"有攸往"。

本卦主题是"有求必应",即"求"在前,"应"在后。一般人的做法是"无求不应"。有些"很硬气(有骨气)"的人,遇到再大的困难也绝不低头求人,但仍有一些好心人,还是会主动地、默默地向其伸出援手,这大概就是"无所往"的含义,即"无求亦应"。能够做到"无求亦应"的人,往往会默默地关注受助对象,并在必要时毫不犹豫的再次给予帮助。这种行为大概就是"其来复",即"一而再、再而三"。现在一些慈善家,就经常有这种高尚的行为。

如果陷入困难的人发出求救信号,别人便立即伸出援助之手,这样的行为大概就是"有攸往"。老先生认为,这是"人"的一种原始的、与生俱来的(夙)优良传统(吉)(人性本善)。

有了这样的说明,各爻的爻辞就不难理解了。下面,只对难以理解的爻辞再加说明。

二爻的"田获三狐,得黄矢",意思是"得到丰厚的回报(田获三狐),甚至得到了超出预期的意外收获(得黄矢)"。很显然的问题是,相当于后世"地主"的二爻人家,因为什么、从谁那里得到回报(参见"蹇"卦补记)?

我们知道,殷商末期的贵族,实行的是"封邑"供给制,也就是说,王公贵族都有各自的"采邑"。那么,由谁来负责从采邑内的各个村落,收缴"进贡"的物资呢?显然,二爻最适合干这种事情(道理就不讲了)。换句话说,二爻的小有人家,像前些年农村的"村长"一样,肩负着"催缴公粮"的职责;类似的,完成这份"工作",也会有"额外的报酬"(田获三狐)。这里"额外的报酬"可能是指,除自己田地里的收获之外,由"采邑的主人"奖励的"工资性收入"。如果干得好,可能会得到额外的奖励,就像捡到了一只死狐狸,还意外地得到了一只珍贵的青铜箭头(黄矢)。因此,二爻的小有人家,是因为对上司能够"有令必行、唯命是从",圆满地完成了上司交代的任务,从而得到了丰厚的回报。

对三爻"负且乘,致寇至"的原因,史上各路"注家"基本上都能分析透彻。但对这句爻辞的意境,与"解危济困"的"解"之间有什么样的逻辑联系,实在说不出一个道道来。如果把"解"理解为"唯命是从",则爻辞就顺理成章了。于是,爻辞的意思是:作为一个有头有脸、雄霸一方的大有人家,如果对"父母官"总是低眉顺眼、"唯命是从"、要什么就给什么的话,就像一个身份高贵的人(乘)却在干"下贱人"的事情(负),就会招惹(致)小蟊贼(寇)都敢觊觎你的财物(至)一样,就会导致手里有点权力的人,谁都想骑在你的头上作威作福、颐指气使。如果你总是(贞)这样窝囊,让人都看不下去(吝)。例如,有些单位的"顶梁柱"(但却不是"官"),虽然在某些方面是绝对的台柱子(相当于三爻),但性格上却逆来顺受、唯命是从,由于自己的窝囊而常受小人物的气,让人都替他惋惜。现实生活中,类似的情况太多了。

五爻对应的是王侯,显然"不能要求"他们对谁都"唯命是从"或"有求必应"。所以,老爷爷从"资深王侯"的角度,"提醒"王侯们要倾听"小人"的呼声,解决"小人"的困难,这就是"君子维有解"的意思,即,道德高尚的君王(君子)对小民百姓的困难,应该(维有)有求必应(解)。"有孚于小人"是说,要让小民百姓(小人)感受到你的高尚行为(有孚),只有这样,小民百姓才能与你同心同德,你的江山社稷才能稳固。

上爻的"公用射隼于高墉之上,获之,无不利",让我们看到了一副温馨的画面:

一位曾经在战场上叱咤风云的老将军,被无情的岁月遗忘在孤寂之中,默默地守护着那份被社会遗忘的孤独。

在一个风和日丽的春日,年迈的老王侯(公)被人搀扶着,颤颤巍巍地登上了高高的城墙,享受阳光的沐浴。看着眼前一片欣欣向荣的市井景象,老王侯不禁触景生情,想起了那些曾经一起浴血奋战,为创下眼前这份基业出生入死的战将们。老王侯皱着眉头、扳着手指头,一个个缅怀那些已经作古的故人,唏嘘不已。突然,老王侯昏花的老眼一亮:赶快差人去请硕果仅存的老将军。

听到来人转达的老王侯的邀请(有求),老将军顾不上抹去眼角激动的泪水,还像当年一样,穿戴好一身戎装,心急火燎地随着来人登程(必应)。

两双枯槁的手,紧紧握在一起;四行眼泪,顺着干瘪的脸颊流淌。此时此刻,没有君臣,只有患难与共的战友。

两个老者,突然之间都像换了一个人似的,"老顽童"般"没尊没卑"地嘻嘻哈哈,全然不顾别人异样的目光。兴之所至,老王侯眯着眼、望着悬停在空中的鹰隼,撺掇着老将军引弓搭箭;哇塞,竟一矢中的!一片赞叹……

类似的画面,在前几年的一个古装电视剧中(好像是张国立扮演清皇帝,李保田扮演老臣,一起洗澡)也出现过,只不过,君臣同乐的"项目",由"射隼"改为了"洗澡"。

这,大概才是"解"卦的本意。

【史海寻贝】上爻中的"公用射隼于高墉之上"一句,描述相当直白,与《周易》其他文字晦涩难懂的写作风格形成鲜明对照,与大约同时期的其他文献相比,这句话的直白程度有过之而无不及。这至少说明一个问题,即《周易》的作者,可以写出很完整、很容易理解的文字。换句话说,作者有足够的能力和水平,把《周易》写得通俗易懂、明白无误,让人人都能读懂。这也从一个侧面表明了,《周易》其所以"故弄玄虚"般的让人看不懂,是作者的"刻意行为"。这也为"文王拘而演周易"的记载提供了佐证。

至于这一句为什么又写得如此直白,我想不明白。

41. 损(山泽)——善待娇妻

一、原文

损　有孚。元吉,无咎,可贞。利有攸往。曷之用? 二簋可用享。

初九　已事遄往,无咎。酌损之。

九二　利贞,征凶。弗损益之。

六三　三人行,则损一人;一人行,则得其友。

六四　损其疾,使遄有喜。无咎。

六五　或益之十朋之龟,弗克违,元吉。

上九　弗损益之,无咎。贞吉。利有攸往,得臣无家。

二、注释

【卦象玄机】"山上泽下"。单卦:上卦为山,指高大强壮的男子;下卦为泽,指娇小玲珑的妻子。叠卦:上山下泽,指在性爱中,体格壮硕的男子可能对娇小玲珑的女子,造成生理性伤害、创伤。这种伤害、创伤即为"损"。

"上山下泽"是很常见的自然景观(参见图损-1),为什么会有如此"低俗"的解读呢? 理由只有一条,那就是,卦、爻辞就是这么说的。

【卦名意境】损:减少;丧失;伤害,损害;毁坏;抑制,谦退;刻薄,恶毒;挖苦人。本卦意为伤害,创伤。

【本卦主题】壮男对娇妻可造成"性创伤"。

【各爻角色】壮男娇妻相处之道。

图 损－1 上山下泽，这样的美景，实在难以与“损”联系在一起

【字词释义】

曷(hé)：疑问代词，谁，什么，何时，为什么。

簋(guǐ)：食器，祭器。此处指食器。

遄(chuán)：迅速，迅捷。

酌：酌情。

有喜：指怀孕。

十朋之龟：十朋，指十个手指头，即两只手。龟，指男性器官。十朋之龟，指两只手才能握住的男性器官，暗指勃起后的粗大男根。

图 损－2 “十朋之龟”示意图

三、今译

损：在夫妻生活中，壮男会使娇小之妻受到伤害、创伤。

(境)有孚。(做)元 (判)吉，(判)无咎，(求)可贞。(做)利 有攸往。(描)曷之用？二簋可用 亨。

　　壮男对于娇妻的性行为,要符合人们的善良期许(有孚),应倍加温柔体贴,不可暴戾粗鲁而给她造成伤害。能够抱着这样良好的愿望(元)对待夫妻间的性行为,就会有好的结果(吉)。若有此愿望,即使没有把握好而对娇妻造成了伤害,也无可指责(无咎)。应注意的是,这种伤害不应超过女子能够忍受的限度,这份甜蜜才能维持下去(可贞)。有了和谐的性经验以后(利),就可以随兴所至、随心所欲了(有攸往)。什么时候"交合"比较合适(曷之用)?简单餐饮(二簋)后行事(可用)舒坦(亨),可别空着肚子瞎折腾,也别腆着肚子乱哼哼。

　　初九　求 已事遄往,判 无咎。求 酌损之。

　　新婚宴尔(初九)不宜贪婪,完事后(已事)就赶快收兵(遄往),这是应该的(无咎)。记住,刚开始的时候,不可使其受到过度的损伤(酌损之)。

　　九二　求 利贞,描 征凶。境 弗损 益之。

　　稍后(九二),待她稍微适应(利)后,做的时间可以长一些(贞),但粗鲁行事(征)仍不可取(凶)。这个阶段仍不可粗暴,以免她再次受到损伤(弗损),应舒缓行事,让她慢慢感受到性爱的乐趣(益之)。

　　六三　求 三人行,则损一人;描 一人行,则得其友。

　　对于没有性经验的小妾(六三),如果是妻妾成群的富户人家,若是三人行事(三人行)只宜损伤其中一人(则损一人);若是仅有一妻的小户人家,能够让她尽兴(一人行)她就会死心塌地的跟定你(则得其友)。

　　六四　做 损其疾,使遄有喜。判 无咎。

　　习以为常之后(六四),她就可以享受疾风暴雨般(损其疾)的性爱乐趣。但这可能让她(使)很快(遄)怀孕(有喜)。这很正常,没什么好说的(无咎)。

　　六五　求 或益之十朋之龟,境 弗克违,判 元 吉。

　　生儿育女之后(六五),娇妻也能充分享受性爱之乐(或益之十朋之龟),不再因为害怕受到伤害而推三阻四。对她的要求不要拒绝(弗克违)。能抱有相互满足的愿望(元),对双方都有利(吉)。

　　上九　描 弗损益之,判 无咎。做 贞 判 吉。求 利有攸往,判 得臣无家。

　　人到中年(上九),壮男再也不会对娇妻造成伤害(弗损),而她则能够充分享受其中的乐趣(益之),这很正常(无咎)。如果能够长期保持(贞)这种两情相悦的状态,就是好事(吉)。在她有需求的时候(利)能够满足她(有攸往),她就会死心塌地伺候你一辈子(得臣无家)。

四、补记

【东拉西扯】像前面的"泰、否、颐"等卦一样,本卦和后面的"益"卦,又回到了"性"这一主题。

我对性行为没有做过研究,各爻描述的情况似乎也没有逐句分析的必要。然而,其中的一些说法或观点,还是值得注意。

【哲理漫说】先说说"二簋"。

很多学者认为,这里的"簋"是指祭器,我认为这是一个认识上的错误。诚然,在高级别的古墓中出土了很多簋、鼎等器物,但因此就说这些"陪葬品"就是"专用祭器",逻辑上明显有缺陷。理由如下。

现代社会中,按照有些地方的习俗,人们会在去世的亲人"口中"衔上一枚"铜钱"、或其他物件,也会把其生前的珍爱之物作为随葬品。像"慈禧老佛爷"这样身世显赫的贵人,口中衔着的则是她生前心爱的"夜明珠"。如果按照"陪葬品是专用祭品"的逻辑,这里的"铜钱"、"夜明珠"等就是专用的祭祀品了,显然与事实不符。故,把"二簋"当作"薄祭"来解,显然于理不通。

结合其他各卦透露出的、当时社会"夫妻关系不稳定"的背景来看,如果壮男不能保障娇妻享有"简单的一日三餐"(二簋)的稳定生活,娇妻可能会随他人而去。故"二簋"可以意味着"简单而稳定的生活"。这是一种解释。另一方面,本卦的主题是"壮男对娇妻的性行为",空着肚子或吃得太饱,都可能对性生活有不利的影响(哈哈,纯粹瞎猜),故,"简单的饮食(二簋)"后,才是最佳的时机。这是另一解。

【岁月留痕】史上对"十朋之龟"的解释,可谓五花八门、不一而足。

比较一致的看法是朱熹在《周易本义》中提出的"大宝也",即,"十朋之龟"就是指"大宝贝"!哈哈,这话让还真让朱老夫子说对了!因为,"十朋之龟"就是勃起的男根,不但对男人、女人,就是对其他动物而言,这样的家伙也是"大宝贝"!但遗憾的是,朱老夫子并不知道自己"对在哪里",因为朱老夫子的原话是:"两龟为朋,'十朋之龟',大宝也"。可见,就字面而言,朱老夫子认为20只乌龟(2×10)才是"大宝贝"。

这种滑稽的情况,让我想到了后人对《周易》的评价。后人对《周易》顶礼膜拜的原因,大概也是说:"《周易》,大宝也"。但要问问"宝"在哪里?为何是"宝"?却没有几个人能够回答,或者胡诌八扯一气。唉,感情国人不求甚解、糊弄搪塞的习性,是得了圣人、先哲的真传啊。

在"颐"卦中曾经讲过,"龟头"现在仍然是一个规范性的学术术语。结合全卦的文字,这里的"龟"确切无疑的是指男性性器官。所以,"十朋之龟"应是指"某种状态"下的男性性器官。问题的关键是,应该如何理解"十朋"代表的"某种状态"。

【古音遗韵】我们知道,早期的人类就对"度量衡"有了现实的需求,从而形成了各种各样的"度量衡"标准。正因为如此,人们才把秦始皇统一度量衡,看成是对中国历史发展做出的巨大贡献之一。那么,在秦始皇统一度量衡之前,人们用什么样的"尺度"标准,来衡量、描述常见的事物呢?

这似乎是一个较为专业的"技术问题",其实却并不深奥。古人想到的"尺度"标准,就是一种与生俱来、自己非常熟悉的"自然尺度"标准。例如:

庹(tuǒ):人的两臂水平伸展以后,两手中指尖之间的最大距离。大约等于人的身长。

拃(zhǎ):人的手掌伸展后,中指尖与拇指尖之间的最大距离。对成人大约为 20cm。

指:一根手指头的宽度。成人约为 1 cm。某些地方,对猪肉肥瘦程度的表述是"几指膘"。例如,"四指厚的膘"就是指,猪肉肥膘的最大厚度,与四个手指并拢后的宽度相当。请伸出您的手比划比划,就有一个直观的印象。

(头发)丝:用来形容细小如发丝的尺寸。大约为 0.1 毫米。其实,"丝"曾经是一个"规范的尺寸单位",1 丝 =0.1 毫米。

一脚(长):即一只脚的长度。英文现在还在用的"英尺",就是 foot,其原意就是一只脚。一英尺约为 30cm,可见,西洋鬼子的脚要比我们的脚大一些。

还有"一人(高)"、"一眨眼(工夫)"等等。

可见,古人总是试图用熟悉的自身尺度单位,衡量其他事物。这在人类进化进程中,似乎是一种普遍现象。

从"朋"字的演变来看,它是一个象形兼会意的字,表示"身体挨着身体"。那么,人身上什么东西是"身体挨着身体"的呢?符合这一特征的最明显的东西,就是"并拢的手指头",恰好有十个。所以,把十个手指头称为"十朋",是再恰当不过的比喻。

【会心一笑】通过上面的分析,"十朋之龟"的形象已经呼之欲出了,那就是"用双手才能握住的男性性器官"!哈哈,相信,每个成年人对此都不会陌生!

【班门弄斧】"得臣无家"似乎也有一些说道。就字面而言,不确切地说,就是

"得到一个无家可归、完全臣服于你的人"。就实质而言,就是"死心塌地跟定你的人"。结合本卦的主题,就是说,如果你能够体贴入微地关怀一个女子,她就会死心塌地的跟你一辈子,不会再有其他想法。

我们也许会注意到,有些"罪大恶极"的犯罪分子,其罪行暴露之后,其"妻子、女友"仍一往情深的眷恋着他。就是说,在别人眼中十恶不赦的坏人,却未被"他的女人"所抛弃。这种现象背后,应该有其深刻的生理学、心理学基础。对此我不懂,但我觉得,"得臣无家"好像就是说这样的情况。

另外,本卦中的"损"字,也不能都按"伤害"来理解。例如四爻的"损其疾"中,"损"应该是指做爱这种行为本身。

还应注意,纳妾行为在殷商末期较为流行,有些小妾"初婚"的年龄应该较小(例如,约十二三岁),容易受到"损"伤。这可能是本卦讨论这一主题的客观原因。

42. 益（风雷）——逢场作戏

一、原文

益　利 有攸往。利 涉大川。

初九　利 用为大作。元 吉,无咎。

六二　或益之十朋之龟,弗克违,永贞 吉。王用享于帝,吉。

六三　益之用凶事,无咎。有孚 中行。告公用圭。

六四　中行 告公从。利 用为依迁国。

九五　有孚惠心。勿问 元吉。有孚 惠我德。

上九　莫益之,或击之。立心勿恒,凶。

二、注释

【卦象玄机】"风上雷下"。单卦:上卦为风,指轻浮、不专一,风一样周旋于男人之间的女子;下卦为雷,指"经不起勾引"的男子。叠卦:上风下雷,指周旋于男子之间的风流女子。

大自然中很难找到"风上雷下"的情形,因此,这也是一个难以捉摸的卦象。于是,周文王面对这一卦象,又开始"胡思乱想"了。下图可能有助于理解老先生的想法。

【卦名意境】益:水漫出来;富裕;多;增加;利益,好处;有益。本卦意为有益于,使受益,使享受。

【本卦主题】交际花式的女子。

【各爻角色】与风流女子的相处之道。

图 益－1 早年欧洲宫廷中的"交际花"

【字词释义】

圭(guī)：古时帝王、诸侯举行隆重仪式所用玉器,长条形,上尖下方(类似于"方尖碑",只是尺寸小多了)。其形状,多少有点类似男根。参见下图。

图 益－2 不同时期的"玉圭"

三、今译

益：对交际花式的女子,可以使其享受性爱。浪女猛男,相得益彰。

利 有攸往。 利 涉大川。

时机成熟时(利),可以与之做爱(有攸往。利 涉大川)。

初九 利 用为大作。 元 吉,无咎。

小民百姓如果遇到了(利)对你有意的风流女子(初九),便可以大展身手(用为大作)。美事一桩(元 吉),无可指责(无咎)。

六二　(做)或益之十朋之龟，(境)弗克违。(境)永贞 (判)吉，(描)王用享于帝，(判)吉。

小有人家如果遇上对你有意的风流女子（六二），勿拂其意（弗克违），可以让她充分享受性爱（或益之十朋之龟）。过程越久（永贞）越好（吉）。遇到这等事情，犹如王侯享用到了帝王般的享受（王用享于帝），美妙自知（吉）。

注："王用享于帝"中的"享"，有的版本为"亨"。本书采信"四库全书（精华）"中的"享"。

六三　(做)益之用凶事，(判)无咎。(境)有孚 (求)中行。(境)告公用圭。

大有人家（六三）有此等美事，用疾风暴雨般的威猛刚强（用凶事）满足其欲望（益之），没话可说（无咎）。过程中要体恤有加（有孚），舒缓有度（中行）。至于轻重缓急（用圭），尊重她的意见（告公）。

六四　(求)中行 告公从。(做)利 用为依迁国。

身为将相（六四）遇到此等事情，宜舒缓行事（中行），有求（告公）必应（从）；并按其要求变化体位、方式（利 用为依迁国）。

九五　(境)有孚 (境)惠心。(做)勿问 (判)元吉。(描)有孚 惠我德。

身为王侯（九五）遇到此等事情，要温柔有加（有孚），让她感到心暖（惠心）。不再相约聚首之期（勿问），对大家都好（元吉）。她若是有情有义之人，会因你的德行（有孚）给你关爱（惠我德）。

上九　(做)莫益之，或击之。(描)立心勿恒，(判)凶。

对于交际花式的女子（上九），不应与之长期"私通"，必要时，就要摆脱那种关系（莫益之），甚至要采取措施让她死心（或击之）。不要希望与其天长地久（立心勿恒），否则会有麻烦（凶）。

四、补记

【东拉西扯】本卦的解说稍显简单、隐晦，甚至让人不甚了了。但相信大家能够明白其意。哈哈，老爷爷当年没有讲得那么直白，我这里也就免了吧。不过，还是要发几点感慨。

第一，大家应该理解老先生描写性事的初衷。

前面曾经说明过，在三千多年前，人口是一个国家最为重要的财富，鼓励生育也应是当时的基本国策，这不足为怪。希望在有条件的时候，再详细讨论关于生命的意义,但在这里只想说,人类的终极目标其实就是"生存(或生活)"。

所谓"生存","生"就是繁衍后代,"存"就是为"生"提供最基本的条件。没有"生","存"就失去了意义;没有"存","生"就没有了前提。因此,可以简单地讲,"生"与"存"是生命活动的基本要素;归根结底,人类的一切活动都是为了更好的"生存"。所以,对于人类,作为"生"的必要条件,性事是古今中外无法回避的日常、重大话题,其重要性堪比一日三餐。因此,老爷爷在六十四卦中,花很多篇幅讨论有关问题毫不奇怪,如果老爷爷不涉及此类话题,反而是极不正常的事情了。如果真是那样,其可能的原因,一是老爷爷是一个彻底的伪君子,犹如后世那些道貌岸然的伪君子一样;二是老爷爷是一个性无能者;三是老爷爷的智慧,充其量比我们高明不到那里去。可喜的是,老爷爷是一个非常正常、甚至超常的伟岸丈夫,而且,是一个光明磊落、敢作敢为、智慧超群的正人君子,绝非后世的伪君子、假道学可比。古今中外历史上,曾经有些文化视公开讨论性事为洪水猛兽,但大多数对此持开放态度。

第二,后世学者曲解了老爷爷的本意,强行给老先生戴上了他们编造的、骗人的"光环",硬生生在老爷子的马褂上打了一个领带,把老先生的形象搞得不伦不类,掩盖了老爷爷的纯真、质朴和骨子里渗出的伟大。

老爷爷以智者的大彻大悟,用貌似隐晦、实而浅显的语言,为我们揭示了生活中最重要的事情的规律、以及他老人家的观点,提纲挈领,举重若轻,言简意赅,微言大义,饱含哲理,历久弥新,岁月难挫其光芒,沧桑更增其珍贵。只有还原《周易》的原貌,我们才能从《周易》的只言片语中,窥见一个丰满的、鲜明的、活生生的、全方位的、甚至有点狡黠或玩世不恭的,然而却更加可爱、可亲、可敬的老爷爷的形象,而不是被后人戴上假面具的、拿来吓唬人的、虽然可敬却一点都不可爱的伪君子的形象。因此,本书冒天下之大不韪,把老爷爷关于性事的描写,如实地进行了解说,希望还原一个真实的老爷爷。但愿这是老爷爷希望的事情。

第三,后世对《周易》"标签化"的理解,将自己推进了死胡同,难以理解老爷爷的初衷。更有甚者,以讹传讹,牵强附会,故弄玄虚,甚至妖魔化了老爷爷的智慧。

可能是自孔圣人(很可能冤枉了孔圣人,果真如此的话,还望孔圣人见谅)以来,就给老爷爷贴上了"正人君子"的标签,给人们留下了一种印象,那就是老爷爷根本就不屑于谈论"性"这种"肮脏"的事情。当我看到老爷爷确实是在谈论"性事"的时候,感到十分惊恐,深感罪过,怎么能够依照凡夫俗子之心,亵渎先哲的神圣?但在逐一排除能够想到的可能性,以及后世那些自相矛盾、前言不搭后语的解释后,只剩下"性事"这种唯一合理解释的时候,我非常仔细地揣摩老人家的用心,然后释然了,然后一切疑问都迎刃而解了,然后体会到了老爷爷的豁达和智慧,然后似乎看到了老爷爷的良苦用心。再回过头来,看后世那些自欺欺人的曲解,不觉哑然、愕然、愤然、怒然。建议大家翻翻其他相关书籍,或在网上搜搜,看看后世的"易家"是如何以讹传讹,牵强附会,故弄玄虚,甚至妖魔化了老爷爷的。

第四,以讹传讹、自相矛盾的解释,使人们离《周易》的原意越来越远。

对于以讹传讹的原因,我没有兴趣、也没时间研究。关于自相矛盾,却俯拾皆是。"否极泰来"、"有损无益"等耳熟能详的词语,给现在的人们留下了"否"与"泰"、"损"与"益"是相互对立的事物的印象。因此,当诸如"拔茅茹,以其汇"、"益之十朋之龟"同时出现在"否、泰"、"损、益"卦中的时候,易学家们八仙过海,各显神通,试图给出各种"合理"解释,但都经不起推敲。于是乎,各种玄之又玄的解释应运而生,却离老先生的本意越来越远。呜呼,舍近求远,盖因死要面子活受罪!为什么不想想老先生也是活生生的人呢?至于后世发展出来的形形色色的"易学",我没有做过研究,甚至都没有耐心去了解,其功过是非,我也不想妄加评论。但它们对人们试图了解《周易》本意的愿望和冲动,确实有负面影响,这一点毋庸置疑。

第五,老爷爷的思维非常缜密,描述非常细致,区分非常精准。

【主题乱弹】就"损"、"益"两卦而言,"损"卦的卦象是上山下泽,"益"卦为上风下雷。两卦相邻,应是老爷爷有意为之,以加强对比,传达理解卦意的暗示。

"山泽损"卦,以"山的稳定不动,泽的恒久不变",暗示"山泽"组合的稳定性,隐指夫妻(妾)之间稳定的性关系。而"风雷益"卦,则以"风的飘忽不定,雷的时有时无",暗指一种萍水相逢的、不稳定的性关系。因山的伟岸、壮硕,联想到壮男可能对娇小妻妾造成创伤,这里的人物形象,已跃然纸上。因此,"损"的主题也就顺理成章。而如风一样飘然而至,有意勾动雷鸣电闪的女子,怕什么样的惊涛骇浪?什么样的"惊涛骇浪"对她而言,也只是"有益而无害",于是,成就了"益"卦的主题。老爷爷在"损"卦中一再提醒壮男,切莫给娇妻带来大的创伤和痛苦;而在"益"卦中,却指出什么样的"大作"才能相得益彰。这种细致入微的描述,和对人性的深刻把握,即使对当代的很多人来说,也具有不可多得的、宝贵的、现实的指导意义。若能遵循老爷爷的教诲,不知今天的社会将会减少多少性伤害事件(性的不作为也是一种伤害)?

另外,关于"十朋之龟",是"损、益"两卦中都出现的一个重要形象,对理解两卦的主题,有重要启发和决定性意义,故再啰唆几句。

　　虽然历史上曾经提出过很多解释,但似乎都离题较远。理解了两卦的主题后,"十朋之龟"显然想表明男子"阳具"的壮硕。如何才能隐晦地表示阳具的壮硕呢?相信成年男子大都能理解。对黄种人而言,用双手才能握持的阳具,大概就是壮硕的标准了。如果直接称为"双手之龟",就显得有些直白、媚俗,与《周易》的整体风格不一致。故老先生用"朋友一样不分离"的"十个手指头",来表示"双手",于是就有了"十朋之龟"。

　　感慨发完了,对此我也不会再纠结了。嬉笑怒骂,悉听尊便。

43. 夬（泽天）——对付花痴

一、原文

夬　扬于王庭。孚号有厉。告自邑，不利即戎。利有攸往。

初九　壮于前趾。往不胜为咎。

九二　惕号。莫夜有戎，勿恤。

九三　壮于頄，有凶。君子夬夬。独行遇雨，若濡有愠，无咎。

九四　臀无肤，其行次且。牵羊悔亡。闻言不信。

九五　苋陆夬夬。中行无咎。

上六　无号，终有凶。

二、注释

【卦象玄机】"泽上天下"。单卦：上卦为泽，指在性事方面"欲壑难填"的女子；下卦为天，指天一样大的事情。叠卦：上泽下天，指把性事看作比天还大的女子。

面对"如此刁钻"的卦象，老先生竟然联想到这等主题，真是让人叹服！

【卦名意境】夬（guài）：《古今汉语词典》：坚决，果断。在关中方言中，"夬"意为让人不快或反感的事；有些地方，尤其指女子明目张胆的与男子打情骂俏、勾勾搭搭的行为。

【本卦主题】在性方面"欲壑难填"的女子，"花痴"。

【各爻角色】不同阶层人士。

【字词释义】

孚 号有厉:孚,大家认可、接受的行为。号,号叫,嚎叫,训斥。孚 号有厉,要顾忌社会影响,(因为"夬"这种事情而)大声嚎叫、吵吵闹闹,让人非常难堪。

戎:兵器总称;战车;士兵;战争,征伐;敌寇;少数民族。此处指惩罚。

前趾:暗指男根。

頄(qiú):《图解周易大全》解:指颧骨。引指脸颊,脸面。

次且:趔趔趄趄,行走困难的样子。

苋:一种草本植物。具体所指说法不一,一说为"马齿菜",一说为苋菜。马齿菜、苋菜,都是关中常见的野生草本植物。

三、今译

夬:性方面欲壑难填的女子。即性欲旺盛的女人,或花痴般的妇人。

注:20世纪六七十年代,关中有些地方的农村,将主动勾引、挑逗男子的女子,戏称为"夬女子"。但这与本卦中的"夬",似乎还有一定区别。本卦中的"夬",指"欲壑难填",有点"花痴"的意味。

㊀扬于王庭。㊁孚㊂号有厉。㊃告自邑,不利即戎。㊄利有攸往。

"夬女子"什么地方都会有,王庭之中亦不乏其人(扬于王庭)。如果你受到"夬女子"的"骚扰、烦扰",要顾及她的颜面(孚),不要到处乱嚷嚷(号),搞得尽人皆知,这会让她非常难堪(有厉)。对欲壑难填的老婆,要自己解决问题(告自邑);实在不胜其烦(不利),就要诉诸武力(即戎)。如果你能够招架得住(利),就尽可能满足其要求吧(有攸往)。

初九 ㊀壮于前趾。㊁往不胜为咎。

身为小民百姓家的男子汉(初九),要拿出男子汉的气势(壮于前趾),满足花痴般妇人的"贪欲"。如果连老婆的性需求都满足不了(往不胜),还有什么脸面见人(为咎)?!

九二 ㊀惕号。㊁莫夜有戎,勿恤。

小有人家的男人(九二),持家不易,非常辛苦。对妇人的不断索爱,要加以警惕(惕),并私下加以斥责(号)。要夜夜(莫夜)如临大敌(有戎),"严防死守",不让妇人得逞。不要过多的"怜悯"、迁就她(勿恤),不要把自己搞得精疲力竭、黄皮蜡瘦(方言)。

九三 ㊀壮于頄,有凶。㊁君子夬夬。㊂独行遇雨,若濡有愠,㊃无咎。

大有人家的男人(九三),若仅仅是为了顾及男子汉的颜面(壮于頄)而逞能,总是满足妇人的无度需求,会有凶险(有凶)。放下君子(君子)风度,宁可耍赖也不要硬撑(夬夬)。要让妇人的处境,就像独自长行(独行)的饥渴之人,只能偶尔遇到雨水(遇雨)的滋润,暂时缓解"饥渴"。虽然她偶尔得到雨露滋润(若濡)时会有怨言(有愠),但也只能这样了(无咎)。

九四　㊙臀无肤,其行次且。㊣牵羊　㊒悔亡。㊙闻言不信。

身为将相(九四),对欲壑难填、没完没了,甚至不顾场合"不断索要"的妇人,要好好"修理"一顿,把她的屁股打得皮开肉绽(臀无肤),让她连路都走不成(其行次且)。她若能记住教训,像牵着的羊(牵羊)一样温顺,这顿打也就没有白挨(悔亡)。无论妇人如何哀求(闻言),都不要心软(不信)。

九五　㊙苋陆夬夬。㊙中行　㊒无咎。

身为王侯(九五),摊上花痴般的妇人,要视其如路边献媚的草木(苋陆),装作什么也没看到(夬夬)。无视妇人的不断纠缠,我行我素(中行),这无可指责(无咎)。

上六　㊌无号,终有凶。

(上六)对花痴般妇人的不断"索爱",如果不加斥责(无号)使其收敛,终会(终)有不想看到的后果(有凶)。

四、补记

【史海寻贝】理解本卦的要点,是对"夬"的含义的准确把握。

《彖》曰:"夬,决也,刚决柔也"。《序卦传》进一步认为:"益而不已必决,故受之以夬,夬者,决也"。受此"权威解读"的影响,后世均以"夬"为"决"。但此言大谬矣。

《古今汉语词典》中读音为"guài"的字,主要有四个,分别是:"乖、拐、怪、夬"。但四个字的释义中,均没有关中方言中"guài"字的含义。

前三个字,都是现今汉语中的常用字,虽然字义丰富,但都与关中方言中的"guài"字相去甚远。而唯独"夬"字,释义只有两条:"六十四卦之一;坚决,果断"。对"易学"稍有涉猎的人都会明白,这两条释义实质上是一回事,都来源于"易经"。而把"夬"解释为"坚决,果断",实际上,是采纳了"十翼"中《彖》、《序卦传》对《周易》的解读。显而易见,现今对"夬"字字义的理解,不是当时、当地方言中"夬"字的本意。由于前人的解读是错误的,所以,一直沿用这种错误解释的后人,就不可能正确的理解"夬"卦了。

【岁月留痕】现今关中某些地方的方言中,"guài"字(暂用"夬"字代替)指让人反感、不快的事情,或无伤大雅但"不符合大众美好期望的行为"等意思。数十年前(不知现在如何),关中乡下有些地方,把"不自重的女子"那种"明目张胆地挑逗"男子,或者与男子打情骂俏、勾勾搭搭的行为,就叫作"夬"。依此推想,古时候,"夬"可能指"女子公开勾引男子"的行为。

【古音遗韵】现今,关中部分地方的方言中,对"夬"的用法如下:

第一,指"令人反感、不快的事情或行为"。这常用于小孩子的一些故意的破坏性行为。例如,大人告诫小孩子不要干某种(破坏性)事情(例如在不应撒尿的地方撒尿,糟蹋食物,破坏玩具等),小孩子却"故意作对似的"继续这样做,大人就会责备到:"你咋这么夬!"对有这种行为的小孩的评价是:"这娃夬得(音 di)很"。

第二,指"虽无伤大雅但不符合大众美好期望的行为"。这种行为,在方言中称为"撒夬"。"撒夬"中的"撒",与"撒泼"的"撒"含义相同。"撒夬"常指男孩子或男子的不合道德规范、但亦无须较真的行为,如故意损坏别人的小东西,对动物实施性行为,轻微的欺侮女性等等。

第三,指"女子明目张胆地对男子进行性挑逗,或与男子打情骂俏、勾勾搭搭"的行为。这种行为也称为"撒夬"。例如女子在众目睽睽之下,用突然间的袒胸露怀(注:20 世纪中叶,年轻女子当众敞胸露怀给小孩喂奶的情形,在关中农村司空见惯),或故作亲昵等举动,故意"挑逗性地取笑"害羞的男子。

第四,指"故意对着干"的行为。即别人规劝、不让干的事情,却偏偏夸张性的去干。例如,某人吃面条时发出很大的"吸溜声",别人善意地提醒他,注意不要发出太大的声音,他却故意发出更大的声响,令人不快。这样的行为,也叫"夬"。

考虑到语言的发展演变,第三种用法可能更接近本卦名中"夬"的含义。而第四种用法,应该是三爻、五爻中的用法。按照上述含义,卦辞、爻辞就可以得到较为合理的解释。

【主题乱弹】从上面的分析可以看到,方言中的"guài"字,应该就是本卦中"夬"。

本卦的卦象是"上泽下天"。"泽"指有性欲望的女子,而"天"指天一样大的事情。于是,卦象就可以理解为,"女子把性事看成比天还大的事情"。这样解释,与关中方言中"夬"的含义相近。因此,应该按照关中方言的含义来解释"夬"及"夬"卦。

【东拉西扯】现实生活中,有些性欲旺盛而又无所事事的女子(例如有些被包养的"小三"),不管自己的男人或性伴侣正在忙多么重要的事情(天),只要自己来了兴致(泽),就不管不顾的非要强迫他满足自己的欲望(泽上天下)。若男子放下手头的工作及时满足她的欲求,对她而言,这是应该的事情;如果得不到满足,就跟你没完没了地闹别扭,甚至以男人的某种隐私、弱点为砝码,对男子进行要挟,搞得男子狼狈不堪。这,很可能是导致很多"情人"最后不欢而散,甚至反目成仇的重要原因。

当然,即使是很恩爱的正常夫妻,在某些特定或特殊情况下,其妻子也可能会提出这种"无理"的要求。产生这种"无理"要求的原因,可能是在性爱问题上,女性有一种"角色优越感"。即,女子自认为在性爱中是被动方、甚至"受害方",如果主动提出性爱要求,那就是给予男子"施舍、恩赐"般的"福利","沾了光"的男子应该"无条件配合";一旦"不配合,竟敢拒绝",那就绝不给你好果子吃。

所以,本卦的主题,也是一种比较普遍的社会现象。

【哲理漫说】虽然上面的解说已经很详细了,但由于对"夬"字的错误解读,导致很多误解,故再用多少夹杂一些陕西方言的话,啰唆几句。

先说"扬于王庭。孚 号有厉。告自邑,不利即戎。利有攸往"这句卦辞。老先生指出,古时候,欲壑难填、把性事作为头等大事的这等女人,在王室中也是存在的(扬于王庭)。对待这种因愿望没有被满足、动不动就"胡搅蛮缠"的女人,还是要顾及社会舆论(孚),不要张扬。如果张扬出去(号),让别人背后讥笑"男人没本事,女人不要脸",大家都没有颜面(有厉)。这种事情,只能自己私下解决(告自邑)。如果道理讲不通,她还要胡搅蛮缠(不利),那就要狠狠地"收拾一顿(即戎)"。如果经过沟通以后,她不再胡搅蛮缠了(利),那就该怎么地就怎么地吧(有攸往)。

初爻的"壮于前趾。往不胜为咎",让人看到了老爷爷的谐谑。"趾"通常指脚上的大趾,那什么是"前趾"呢?难解。但结合本卦的主题和卦辞,仔细分析本句爻辞,就能看出老爷爷"活脱脱搞怪"的可爱模样:"你,说你呢,看你 wo(字典中似乎无此字,意思接近'那')球样儿,竟然如此没用,还好意思说。没事了把你'wo东西'(前趾)养好(壮)! 连自己媳妇都搞不定(往不胜),还有脸出来见人(为咎)!"

二爻的"惕号。莫夜有戎,勿恤",是老爷爷对看似风风光光,但却疲于奔命的"地主"们说的:"对你的'歪婆娘(方言,指厉害的媳妇)'要提防啊(惕),不行就给她点颜色看看(号)。夜里要像防着盗贼一样防着她(莫夜有戎),不管她如何挑逗、哀求,都不要给她机会(勿恤)"。

三爻的"壮于頄,有凶。君子夬夬。独行遇雨,若濡有愠,无咎",是老爷爷对那些在外面"势扎的很大"、在家里却被妻妾快要榨干的"豪强"们提出的忠告:"你就是死要面子(壮于頄)活受罪,再这样下去,迟早要'招祸'(有凶)!拿出点男子汉大丈夫(君子)的气势来,她想要、你偏不给(夬夬),看她能翻天!就让她自己'闲着'去(独行),你想起来了就给她些甜头(遇雨),想不起来就算球了。如果她得到一些好处(若濡)时还要埋怨(有愠),那就随她去吧(无咎),不要理。"

【会心一笑】在领会了四爻的"臀无肤,其行次且"时,深更夜半,我独自笑了很长时间,原因是,老爷爷竟然给男人出了个"使用暴力"的馊主意!而且要把屁股打得皮开肉绽,行走困难!同样的馊主意,在下一卦中也出现了。哈哈,社会发展到现在,还是怜香惜玉为好,不要过度地使用暴力,否则,丈母娘可不答应了。当然,人性是很难改变的,饱打一顿能否让胡搅蛮缠的女人,像温顺的羊一样听话(牵羊),我不知道,但如果能有如此立竿见影的效果,当然就"悔亡"了。

五爻的"苋陆夬夬。中行 无咎"中,终于出现了"视而不见,我行我素,不予理睬"的"冷暴力"手段。当然了,贵为王侯就有"牛 X"的资本,你想胡搅蛮缠,我就故意(夬夬)视你为路边(陆)的草芥(苋),把你晾在一边,我该干什么干什么(中行)。由此看起来,即使贵为王妃,有时候也有很多不如意啊。

上爻作为全卦的总结,"无号,终有凶"表明,老爷爷对因欲望不能满足、从而胡搅蛮缠的女子,总体上持"强硬态度",要严加训斥。他老人家认为,如果不严加训斥(无号),一定会惹出麻烦来(终有凶)。

【文苑拾珠】从本卦来看,"往不胜为咎"可以一般地解释为:以调侃式的口吻说:"连这么简单的分内之事都干不好,你还好意说。"如果能够按照这样的内涵,把"不胜为咎"当作成语来用,也是很有趣的事情。

44. 姤（天风）——调教泼妇

一、原文

姤　女壮。勿用 取女。

初六　系于金柅,贞 吉。有攸往,见凶。羸豕 孚 蹢躅。

九二　包有鱼。无咎,不利宾。

九三　臀无肤,其行次且。厉,无大咎。

九四　包无鱼。起 凶。

九五　以杞包瓜。含章。有陨自天。

上九　姤其角,吝,无咎。

二、注释

【卦象玄机】"天上风下"。单卦:上卦为天,指天下;下卦为风,指狂风、邪风。叠卦:上天下风,即阴风阵阵,搅得环宇不安。这让周文王联想到了泼妇撒泼的情形。老先生以天下狂风大作的景象,来比喻胡搅蛮缠、不可理喻的泼妇撒泼时,搞得鸡飞狗跳、满世界不得安宁的情形。感情世人崇敬了三千余年的周文王老爷爷,也曾见识过泼妇的厉害! 可见,古往今来,世道变迁,却人性难移。

【卦名意境】姤(gòu):善,好;邪恶。本卦意为:不可理喻、胡搅蛮缠、不讲道理的女人。

【本卦主题】泼妇撒泼。

【各爻角色】不同阶层人士。

【字词释义】

柅(nǐ):树木名;止车的木块;遏止,停止。《图解周易大全》:缫车上的横木。
我认为,"柅"应为古时一种主要由妇女使用的劳动工具(或工具上有代表性的部件),故"缫车上的横木"较为贴切。从关中地区的实际生活状况来看,大概指"织布机"上的某个易磨损的部件。

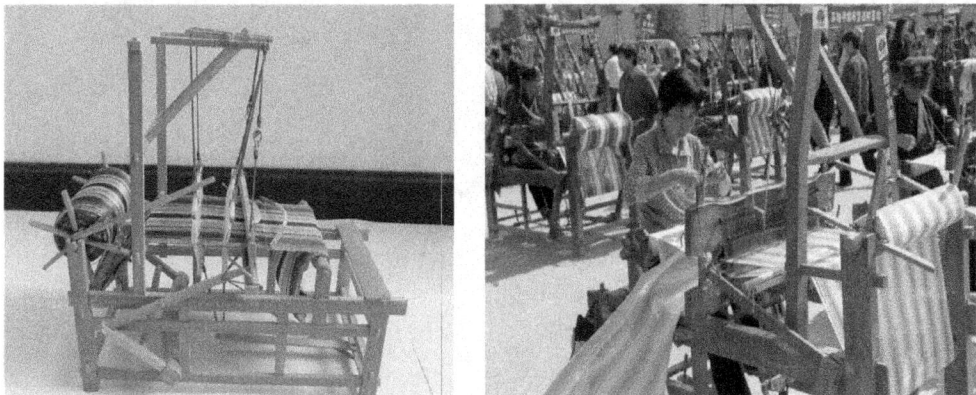

图 姤-1 老式"织布机",不知有没有"柅"?

嬴(léi)豕孚蹢躅(zhí zhú):嬴,瘦弱的人;衰弱,疲惫;破旧;凋落;毁坏,缺损。豕,猪。孚,指行为,德行。蹢躅,犹豫不决,徘徊不前。嬴豕孚蹢躅,含意为,瘦弱不堪的猪(嬴豕)其德行(孚)就是病病快快、有气无力(蹢躅)。

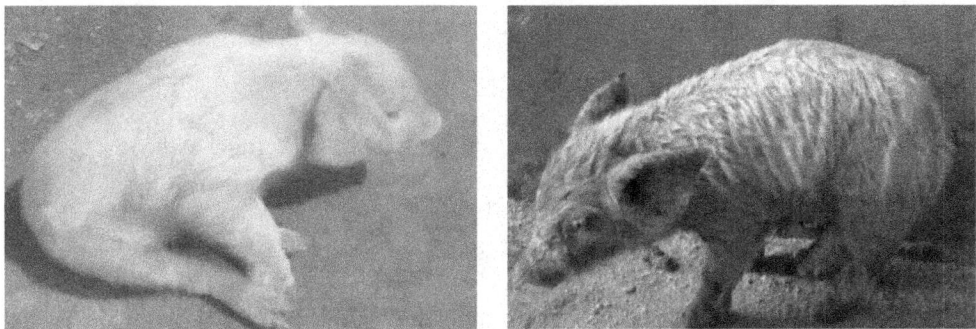

图 姤-2 嬴豕孚蹢躅。

包有鱼,包无鱼:包,疑为关中方言,意为"甭,别,不要"。包有(无)鱼,即饮食中不要有(无)鱼(吃)。

以柅包瓜:瓜,代表胡搅蛮缠的女子。包,指包裹(注意:这里的"包"意为包裹,与"包有鱼"中的"包"含义不同)。以柅包瓜,指用枸杞的枝条将瓜包裹起来。其含义是,由于枸杞的枝条上长有尖锐的刺,用柅条将瓜包裹起来,貌似给瓜一个柔软舒适的保护,但瓜却不敢乱动,否则就会被扎伤。所以,以柅包瓜有绵里藏针的意味。另外,在关中方言中,"瓜"(音)指"傻",后世也有"傻瓜"一说。这里的傻瓜、"瓜"等,并不是指因为智力障碍造成的弱智,而是指在某些方面一时犯傻。

图 姤-3 枸杞(左)与枸杞枝条上的"利刺"(右)

三、今译

姤:不可理喻、胡搅蛮缠的女子。

㊉女壮。㊉勿用 ㊉取女。

不可理喻、胡搅蛮缠的女子(女)往往人高马大(壮),这样的"泼妇"一旦撒起泼来,就会搞得鸡飞狗跳、举家不宁、邻里不安。对胆小怕事、三脚也踢不出一个屁来的男人来说,如果摊上这样一个"泼妇",最好不要再跟她生活下去(勿用),另娶(取)一个女子(女)回家过日子算了。否则,有你"受用"的时候。

初六 ㊉系于金柅,㊉贞吉。㊉有攸往,见凶。㊉赢豕孚 蹢躅。

小民百姓(初六)如果不幸摊上了一个泼妇,想要"休了她"另娶一个女人,往往心有余而力不足,怎么办?那就要想方设法把她"捆绑"在(系于)织布机上(金柅),让她一天到晚忙着干活,直到把她累得有气无力、病病快快的时候,看她还有力气发飙、撒泼?如果这样的日子能够过下去(贞),那就是好事一桩(吉)。如果有人胆敢欺负你们(有攸),那就让你家的泼妇去(往)把他臭骂一顿,让他见识一下(见)什么才是厉害(凶),看他以后还敢不敢欺负你!但要记住,病病快快、瘦弱不堪的猪(赢豕),其德行(孚)就是有气无力、东倒西歪(蹢躅),不会有精神跟你捣蛋。把你家的媳妇也累到瘦弱不堪,她就没有力气撒泼了,你家也就有了安宁的日子过了。

九二 ㊂包有鱼。㊄无咎,㊅不利宾。

小有人家(九二)如有泼妇,虽然你家能够养得起,但不可大鱼大肉地宠着、惯着,否则,她会蹬鼻子上脸,越发嚣张了。怎么办?一日三餐只有粗茶淡饭(包有鱼),看她还有力气撒泼?这样就能煞煞她的臭脾气。这虽然没有什么问题(无咎),但可要注意,她可能拿你的客人当出气筒(不利宾),给你的客人难看,骚你脸上的皮(方言,让你没面子)。

九三 ㊅臀无肤,其行次且。㊄厉,无大咎。

大户人家(九三)若摊上了泼妇,还是"面子"要紧,可不能让人看笑话。若泼妇动不动就发飙,那就饱打一顿,把她的屁股打得皮开肉绽(臀无肤),让她连路都走不成(其行次且),看她还敢不敢撒泼?这虽然有点过分(厉),但无大错(无大咎)。

九四 ㊂包无鱼。㊅起凶。

将相之家(九四)的媳妇,可都是有来头的,可别来硬的。如果摊上了泼妇,要哄着宠着,生活要照顾周到,大鱼大肉伺候(包无鱼),不要给她发飙撒泼的借口。她若是闹将起来(起)撕破了脸皮,大家都没好果子吃(凶)。

九五 ㊅以杞包瓜。㊏含章。㊏有陨自天。

身为王侯(九五)遇到泼妇,那可是轻不得、重不得、打不得、骂不得、哄不得、宠不得,怎么办?要像用枸杞枝条把瓜果包裹起来(以杞包瓜)一样,要用看似温柔、实则严厉的措施束缚她,一旦她胆敢发飙、撒泼,就会暗地里受到严厉的惩罚。但身为王侯也要有涵养(含章),尽量不要招惹她,这样大家都有颜面、都能安宁。唉,即使贵为王侯,遇上一个泼妇,就像天上掉下来一块陨石(有陨自天)偏偏砸中了你,你也只能认命了。

上九 ㊅姤其角,㊄吝,无咎。

对于泼妇(上九),也要让她有机会适当发泄一下(姤其角),否则,可能"憋出毛病"来。让她撒撒泼,虽然令人不爽(吝),但这也是没办法的事情(无咎)。

四、补记

【会心一笑】哈哈哈哈,本卦让人捧腹不已!笑声之中,我们隐约能够窥见一个敦厚老实、一脸无辜、抑或有些狡黠的老者，傻傻地跟我们一起憨笑！

依现在的观点来看，在如何对待"泼妇"的问题上，老爷爷的一些观点简直就是馊主意！咱们也试着"给老爷爷上一课"吧：

【哲理漫说】老爷爷，"壮女"、即便是"泼妇"也要嫁人！我替古往今来的壮女们求情，您可别撺掇天下的男子都不娶壮女！何况，真要把人家赶回娘家，于心何忍？您可能有点"妻管严"，可不要一朝被蛇咬，就让三千多年后的我们也跟着您怕井绳啊！壮女也有温柔似水的，壮女也需要有人爱！

如今的平民百姓（初爻），谁愿意按照您老的经验，把老婆拴在织布机上，一天到晚手脚不停地操劳，累得有气无力、病病快快？人家心疼还来不及呢！至于让老婆抛头露面大骂别人一顿，替他出一口恶气的男子，虽然还大有人在，但以这种方式解决问题的机会，可比您老人家的年代少多了。

"不给老婆鱼吃"的惩罚方式（二爻），如今也早已过时了。现在的女士们大都自食其力，兜里都有钞票，甚至咱们的那点儿薪水也攥在人家手里。咱不给人家买鱼，人家会"对自己下手狠一点"，说不定人家天天下馆子，整的还是鲍鱼呢！而咱们在家可就痛苦了，可能只有窝窝头就咸菜了。如果咱们真敢来个"包有鱼"，您老人家担心的"不利宾"的情况，那可就会铁定发生！咱们的面子可就丢大发了。如果听您的话，说不定，咱们连家门都进不去了。

至于"把人家的屁股打得皮开肉绽"的馊主意（三爻），在现在社会那可是犯法的事情，咱们还是别用为好。否则，那帮警察可不是吃干饭的。搞不好，人家一个"110"，咱们就会因为"虐待妇女"免费住几天"号子"。即使有本钱搞个"小三"、"小蜜"的那帮哥儿们，一旦"小三"、"小蜜"翻脸，也得让着点，不敢来硬的，否则，那麻烦可大着呢！更何况让"原配""臀无肤"，借他个胆儿也不敢！这里的利害关系，您老可能不清楚，但他们都知道。

您老的"包无鱼"，可谓金玉良言。这年代，能混到这个份儿上（四爻）的哥儿们，都是人精，大家都能遵循您老的指示，您老大可放心。这帮哥儿们，很多都是沾了老丈人的光，看在"乌纱"的份儿上，他们也会想方设法讨老婆的欢心。虽然在外面可能是"彩旗飘飘"，但在家里那是绝对"红旗不倒"。当然，对那些无须再借重老丈人，便休了"黄脸婆"，另攀高枝的小人，咱们都没辙，也就别再给人家讲"包无鱼"的道理了。

最为赞赏的，是您老的"有陨自天"（五爻）。这种豁达大度、泰然处之、甚至自嘲一把的心态,不知后世是否得到真传? 可惜,很多人这辈子不可能体会了。但困惑的是,"以杞包瓜"在现实中到底应该如何做,实在不得要领。哎哟喂! 我们真不该问这种问题。不过,要是像奥巴马那样的洋兄弟想问同样的问题,不知您老会不会给他们传授点儿经验?

您老的"姤其角"(上爻),完全符合现代心理学理论。相信那些玩心理学的家伙们,定会对您老三千多年前的见解佩服得五体投地! 唉,人性难改,本性难移,不让泼妇适当地发泄发泄,说不定还真就能憋出毛病来。

【东拉西扯】老爷爷,咱们也要与时俱进。假如您有机会来到当今的社会,不知您对上述卦辞、爻辞,会做怎样的修改?

别光顾着傻笑!

【古音遗韵】玩笑过后,请大家一定要注意一个问题,那就是,"孚"在"羸豕孚蹢躅"中的用法。

《古今汉语词典》对"孚"的解释是:诚信;信服,使信服;符合,相应。对"孚"字,后世往往按具有褒义的"诚信"来理解,因此,也用于人名或地名。人名如吴佩孚,地名如福建厦门附近的几个地名。"孚"在《周易》中反复多次出现,对理解《周易》有重要影响。若按"诚信"解释,大部分也勉强能说得过去,但在"羸豕孚蹢躅"中就无法解释了。在综合了《周易》中"孚"的各种用法后,可以看到,"孚"就是指"正常行为"。在有些情况下也可以解释为:良好的品行,受人赞扬的行为,公认的、众所周知的行为(见第一部分第六章)。用"正常的、公认的、众所周知的行为",就可以很好地解释"羸豕孚蹢躅"中的"孚"了。

【主题乱弹】回过头来,再看看本卦的主题。

本卦的卦象是"上天下风",即"天下有风",这是常见的自然现象。这一现象与人的社会生活有什么关系呢?

"天下有风"的情形可以有很多,如:春日的风和日丽,夏日的凉风习习,秋日的金风送爽,冬日的寒风料峭;或狂风大作,风急雨骤,或清风拂面,风摆杨柳……等等。每一种情形,都会让我们产生无尽的联想。那么,老爷爷联想到什么呢? 从上面的分析来看,答案显然是"泼妇"搅起的"漫天狂风",搞得鸡飞狗跳、乌烟瘴气。老爷爷把这种情况,称之为"姤"。现代字典里把"姤"解释为:"善,好;邪恶",显然,没有领悟老爷爷的意境。

45. 萃（泽地）——众望所归

一、原文

萃 亨。王假有庙。利 见大人,亨。利 贞。用大牲 吉。利有攸往。

初六 有孚。不终,乃乱乃萃。若号 一握为笑,勿恤。往无咎。

六二 引 吉,无咎。孚 乃利用禴。

六三 萃如嗟如,无攸利。往 无咎,小吝。

九四 大吉。无咎。

九五 萃有位,无咎。匪孚,元 永贞,悔亡。

上六 赍咨涕洟,无咎。

二、注释

【卦象玄机】"泽上地下"。单卦:上卦为泽,指沼泽,湖泊;下卦为地,指大地。叠卦:上泽下地,指地上的沼泽、湖泊。

沼泽、湖泊,是地面上流水的汇集之处。地面上的水,无论远近、多寡,都会曲曲折折、磕磕绊绊的流向湖泊。而有些人,就是周围人们的聚集中心。周围的人们,无论亲疏、贫富,都会寻寻觅觅、陆陆续续聚集到这些有"凝聚力"的人的身边。这样的情形即为"萃"。

【卦名意境】萃:聚集;聚集在一起的人或物;停止,到。本卦意为围拢,聚集,引申为有凝聚力的人;众望所归的人;有号召力的人。

【本卦主题】众望所归的人。可以是凝聚,投靠,相逢,聚会等情况。

图萃 -1 麦加,朝圣者汇集的中心

图萃 -1 是壮观的"麦加朝觐"场面,充分体现了先知穆罕默德的巨大"凝聚力"。这可能就是"萃"的一种形象体现吧。

【各爻角色】社会各阶层人士。

【字词释义】

禴(yuè):古代宗庙四时祭祀名称之一。夏商代指春祭,周代指夏祭。

赍(jī)咨涕洟(yí):赍,送钱物给人;持,携带;怀有,抱着。咨:商议,询问;叹息。涕,先秦时指眼泪。洟,鼻涕。赍咨涕洟,指感叹、唏嘘不已,涕泪并流之状。即,怀着无尽的感慨、感叹、叹息、唏嘘,而涕泪并流、泣不成声。因此:

赍咨涕洟≈(感慨万千+唏嘘不已)+(涕泪横流+泣不成声)。

如此好的一个"成语",竟在人们的眼皮子底下沉睡了3000多年而视而不见,可惜。

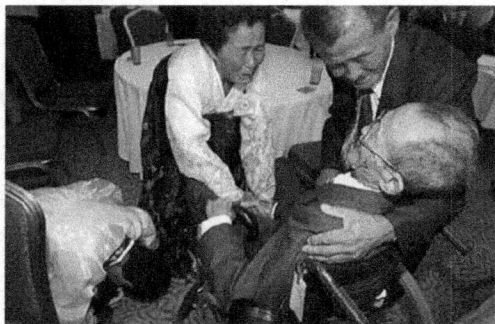

图萃 -2 这就是一种"赍咨涕洟"。

三、今译

萃:相聚,聚集,围拢在(某人的周围)一起,引申为众望所归,或有号召力

周易新解

的人。

㉽亨。㉳王假有庙。㉳利见大人，㉽亨。㉺求利贞。㉿用大牲㉽吉。㉺求利有攸往。

具有号召力、凝聚力的人物会受到众人的拥戴，办什么事情都会顺利（亨）。众望所归的人，王侯（王）也会把你树立为榜样，让你成为（假）大家崇敬、向往的中心（有庙）。一个人若能受到大家的敬仰和拥戴（利），就更应该成为一个品德高尚、智慧超群、有情有义、胆识过人的大人物（见大人）。若能这样，自然亨通顺利（亨）。做人要是做到了这个份儿上（利），就要继续保持（贞）这样的品德和威望，而不要虎头蛇尾、让大家失望。有的人，为了得到大家的拥戴，也会用"仗义疏财"的方式聚拢人气，不惜杀牛宰马（用大牲）来款待大家，能这样做也是好事情（吉）。得到了大家的认可和拥戴（利），就要勇往直前（有攸往），坚持不懈。

初六　㉳有孚。㉳不终，乃乱乃萃。㉺若号一握为笑，勿恤。㉿往㉽无咎。

身为小民百姓（初六），如果大家都把你当成主心骨，你就要肩负起相应的道义责任（有孚），尽心尽力地为大家排忧解难。但不要指望每一个人都永远信服你（不终），愿意聚在你身边的那些人，今天他走了（乃乱），明天我来了（乃萃），就像走马灯一般，变幻无常。对于那些哭哭啼啼（若号）来向你倾诉的人，也许你一番开导的话，或一个真诚的握手（一握），就能让他们破涕为笑（为笑）；遇到这样的事情，不要吝啬（勿恤）你的宽仁之心。对东家长、西家短这些鸡毛蒜皮的事情，既然大家求到了你，你就要尽力帮助他们调停（往），这是你应尽的义务和责任（无咎），谁让你是人们心目中的主心骨呢？

六二　㉳引　㉽吉，㉽无咎。㉳孚乃利用禴。

对于小有人家（六二），由于家大业大，同胞手足之间也难免有小误会、小摩擦。让你受了很大委屈的同胞兄弟，他若能意识到自己的过错，即使舍不得面子、不愿直接向你认错，而是让别人从中撮合，带着他（引）来向你赔不是，你也应冰释前嫌、既往不咎，如此皆大欢喜（吉）。你能这样做，不丢份儿（无咎）。如果你能够不孚众望（孚）、主持公道，大家就会公推你（乃利）担任（用）家族"祭祖"（禴）时的主祭人。

六三　㉳萃如嗟如，㉽无攸利。㉿往　㉽无咎，㉽小吝。

大户人家（六三）雄霸一方，自然声名远播，远亲近邻、不速之客，尽来投靠（萃如），这是人之常情。前来投靠的人，无非是求你解决一些葱胡子、蒜皮子的小事情,让你哭笑不得(嗟如),而不会给你带来什么好事(无攸利)。对有求于你的人,能够满足的尽量满足(往),这没什么可说的(无咎)。但也要注意,人心不足蛇吞象,有求必应、一味地满足他们的需求,久而久之,可能会出现一些令你浑身不爽(小吝)的事情。

九四 ⊞大吉。⊕无咎。

身为将相重臣(九四)这等显贵之人,若有人敢毛遂自荐、投奔到你的门下来,必是身怀绝技的世外高人。这些人投靠到你的门下,愿意供你差遣,真是天上掉下大馅饼(大吉)。做人能做到你这份儿上,还有什么说的(无咎)。

九五 ⊗萃有位,⊕无咎。⊗匪孚。⊗元永贞,⊕悔亡。

身为王侯(九五),你所重用的,经常鞍前马后围拢(萃)在你身边的人,必须是有品位(有位)且有利于江山社稷稳固的正人君子,千万不能是那些阿谀奉承、见风使舵、欺上瞒下、阳奉阴违的小人。在用人的问题上,若能火眼金睛、明察秋毫,则无可指责(无咎)。至于哪些人可以重用,哪些人不可以重用,不要管别人怎么看、怎么说(匪孚)!用人的出发点(元)应该确保江山社稷永固(永贞)。人选对了,才不会有悔(悔亡)。

上六 ⊞赍咨涕洟,⊕无咎。

对于老迈垂暮之人(上六),在风风雨雨、是是非非,甚至是尔虞我诈、钩心斗角之中,流逝了多少青春年华、美好时光。行将就木之际的耄耋老者,无论曾经是敌是友、是君是臣,若能相聚一起,回首往事、细数得失,叹人间冷暖、世事沧桑(赍咨),动情之处,怎禁得捶胸顿足、涕泪纵横(涕洟)!唉,人之暮年,其情也真,其言也善啊!能说什么呢(无咎)?

四、补记

【东拉西扯】本卦的解说大概是最详细的,大家对老爷爷的思想,应该已经有了清晰的了解。我相信,凡有一些人生阅历、人生感悟的人,对本卦所述的道理,都应该能够理解。下面,仅想说明几点。

第一,本卦是《周易》中论述最为精辟的卦之一。

【黄裳之拜】本卦针对不同的社会阶层,深入分析、并精彩归纳了人们的各种"荟萃"行为及其规律。虽然这些行为和规律,基于3000多年前的社会生活实际,但却深刻地揭示了一些社会现象的本质,对今天的我们而言,也具有重要的现实指导意义。虽然现在的社会形态与3000多年前相比,已经发生了天翻地覆的变化,但老先生3000多年前总结的规律,在今天竟然不可思议的完全适用!这真是令人震惊,老先生似乎看穿了时空!设想一下,今天的我们,谁能够准确地预言10年、20年后的情况?老先生的伟大,于此可见一斑。

第二,记住老爷爷总结的规律,或是忠告。

【哲理漫说】这些规律或忠告是:

你若是小民百姓(初爻),愿意围着你转的人,都很真诚,但不要指望他们会对你"天长地久"。因此,你不要过于自信,也不要计较他们的去或留,不要过于依赖他们。

若你事业小成(二爻),与同胞手足,或同甘共苦、共同打拼的弟兄们,要和睦相处。即使他做了什么对不起你的事,也不要耿耿于怀,还是要给他们一个台阶下。

若你获得了巨大成就(三爻),凡有情、有恩于你的人,无论新朋老友、远亲近邻,能帮则帮,不要嫌弃(就连刘姥姥进了大观园,也是满载而归啊)。虽然有时候会觉得烦,那就一笑了之吧,什么事都会过去。

若你位高权重、地位显赫(四爻),要礼贤下士,虚怀若谷。

你若执掌帅印、朱笔在握(五爻),定要以江山社稷为重,任人唯贤,疏远小人,不要为世俗观念或人情所累。

你若垂垂老矣、去日无多(上爻),要常念旧情,并有相逢一笑泯恩仇的气度。

第三,望各位仔细揣摩老先生指出的这些规律背后的原因,也许你会有所感悟。

【班门弄斧】在"坤"卦的最后,曾留下了一个小疑问:怎么能够在很小的时候,就知道一个人日后会有大作为?对此问题,本卦的思想多少给出了一些答案。

本卦的"萃",指有凝聚力的人、众望所归的人,或有号召力的人。这样的人物,往往会成为日后的"一把手"或"股肱之臣"。换句话说,日后的"一把手"或"股肱之臣",往往会从这样的人中间涌现。事实上,"萃"的能力从小就会表现出来,可以说是一种与生俱来的能力、品质。

例如,在中、小学,甚至在幼儿园,有的学生就是"天然的学生领袖"或"娃娃头",同学们都愿意聚集在他(她)的身边,心甘情愿地听从指挥、供其差遣。这样的学生,常常不是学习最好的,不是长相最英俊、最漂亮的,不是家里最有钱的,也不是家庭最有背景的,但却有一种无形的个人魅力,令人信赖、依靠。这种魅力,就是日后"一把手"或"肱骨之臣"的基本素质。这可能就是"自小看大"这句老话的基础。

另外,日后的"股肱之臣",往往会把自己的"辅佐才能"误认为是"领袖气质",常常会"先迷"。直到有一天,遇到了自己真正的"领袖"(后得主),才会明白自己的使命,才能心安理得地"安身立命"、辅佐领袖。这是真正的"英才"。有些人,根本就不是当"领袖"的料,却一辈子都"执迷不悟"的"迷"在当领袖的梦里。这是"蠢材"。

46. 升（地风）——出人头地

一、原文

升　元亨。用见大人，勿恤。南征吉。

初六　允升，大吉。

九二　孚乃利用禴，无咎。

九三　升虚邑。

六四　王用亨于岐山，吉无咎。

六五　贞吉。升阶。

上六　冥升。利于不息之贞。

二、注释

【卦象玄机】"地上风下"。单卦：上卦为地，指大地；下卦为风，指旋风、龙卷风。叠卦：上地下风，即地下有风。如旋风、龙卷风，就像是从地下冒出来一样，钻出地面，扶摇直上。此为"升"。

【卦名意境】升：上升，指社会地位的上升。

图升-1　北方常见的"旋风"

【本卦主题】人的社会地位的升迁。

【各爻角色】社会各阶层人士。

【字词释义】

冥(mín)升:冥,指"阴间"。冥升,指人死后虽然进入"阴间(冥间)",但在"阳间(人间)"的社会地位却越来越高。例如,孔子在活着的时候只能驾着牛车周游列国,老子只能骑牛出函谷关,毕加索只能靠弟弟的资助生活,而在身后,他们都成了令人敬仰的圣人、大师。

三、今译

升:人的社会地位的升迁。

⊛ 元 亨。 ⊛ 用 见大人,勿恤。 ⊛ 南征 吉。

人在社会上艰苦奋斗的方向和目标,就是社会地位的提高、上升。一个人,如果树立了追求自身社会地位不断提高、上升的目标(元),就能找到正确的人生方向。如果能够为提高自身社会地位而坚持不懈地努力,就会得到众人的尊重和扶助,发展就会顺利(亨)。如果你的社会地位上升了,拥有了更大的权利、影响力,就要更好地利用(用)这些权利、影响力,让人们感受到(见)你是一个心地善良、品德高尚的大人物(大人)。请不要吝惜(勿恤)你为民造福的才华,要有像熊熊燃烧的烈火(南,八卦图中南为离、为火)一样的热心肠,热情洋溢地用你的才能为众人谋取利益(征),取得令人欣慰的成就(吉)。

初六 ⊛ 允升。 ⊛ 大吉。

在小民百姓(初六)的心目中,如果你能得到大家的一致认可(允),让你成为他们的代言人、领头羊(升),那就是你最大的荣耀(大吉)。

九二 ⊛ 孚 乃利用禴, ⊛ 无咎。

在小有人家(九二)的家族中,如果你是品德高尚(孚)、众望所归的人,族人就会公推你为宗庙祭祀的主祭人(乃利用禴)。这是顺理成章的事情(无咎)。

九三 ⊛ 升虚邑。

如果你是大有人家(九三)里出类拔萃的代表,就应该把家族的基业进一步弘扬光大,使家族的势力范围进一步扩张。如能这样,即使你并非王公大臣,也没有封地(采邑),但你的实际掌控能力,也不亚于拥有封地的王公大臣(升虚邑)了。

图升－2　祭祖的主祭人

六四　⊗王用亨于岐山，⊗吉 无咎。

王侯身边的近臣（六四）多不胜数。你若能够受到王侯的青睐，被王侯选中，随从王室（王用）一起在岐山（周王的祖庙应在岐山）祭拜祖先（亨于岐山），自然是风光无限的事情（吉），这也是王侯对你的才能和忠诚的褒奖（无咎）。

图升－3　能够"陪同领导"祭祖，自然风光无限。

六五　⊗贞 ⊗吉。⊗升阶。

身为（诸侯国的）"王侯"（六五），首先要能够保障江山社稷稳固（贞），而不是为了夺取"天子"之位而横征暴敛、穷兵黩武，导致民不聊生、怨声载道，否则，很可能壮志未酬身先死。如果能够看明白这一点，自会吉祥（吉）。当然也不能忘记，韬光养晦、卧薪尝胆的目的，就是要一统天下、登上最高的台阶（升阶）（这应是文王老先生当时真实心理的写照。其后，他与武王一起实现了自己的愿望）。

上六　（求）冥升。（境）利于不息之贞。

对于真正的智者（上六），眼光不要局限于今生今世，更不要落个千古骂名。而应该留下千古美名，或给后人留下宝贵的精神财富，即使身死，其身后（冥）的赞誉之声也会日渐高涨（升）。为了身后流芳千古（不息之贞），现今就要倍加努力（利于）。

四、补记

【主题乱弹】古人眼里的"旋风"，好像是从地底下钻出来的。因此，"地下有风"的卦象，让周文王老爷爷想到了"旋风"。

关中地区，春、夏之季常见旋风（参见图升－1）。小时候，对突然出现在眼前的旋风，印象特别深刻。旋风在春季的农村很常见，规模小的（最下端的）直径也许只有一二十厘米，高度也就三四米；规模大的，通常出现在旷野之中，估计直径可达数十米，高度可有数十到近百米。旋风将地面上的东西"卷"起来带到空中的现象（参见图升－1），相信大家都看到过。

对突然出现在身边的旋风，让儿时的我非常困惑，不知道它是从哪里"钻"出来的。为了一探究竟，我甚至仔细检查过"旋风"行经的路线下面，是否隐藏着什么东西。当然是失望而归。直到现在，我对小规模旋风的"生成、维持机制"，还没有完全搞懂。我认为，小型旋风与"飓风"的形成和维持机制不同，至少前者中的一部分，可能类似于水面的"孤（立）波"。哈哈，扯远了。

正是由于有年少时的这等经历，当我看到老爷爷把"地下有风"这一卦象与"升"联系起来时，几乎第一时间就明白了老先生的想法，即"旋风"似乎是从"地底下"生成，并"钻"出地面、扶摇直上的。也就是说，如果能够想到"旋风"这一形象，从"地下有风"的卦象，到"升"的社会现象之间，就形成了完整的逻辑链条。这一朴素自然、非常容易理解的逻辑链条，坚定了我的一个信念，那就是，老先生遵循着同样的规则：从卦象出发，联想到某种自然或社会现象，给出卦名，然后确定各卦的"主题"。

与其他各卦相比，我读懂本卦似乎是最为"容易"的。

【哲理漫说】也许是因为本卦的主题非常浅显，所以卦辞、爻辞都比简洁。

也许不像后世或现在,普通平民百姓也可以通过"科举"、考大学等途径踏入"仕途",在当时的社会,平民百姓可能根本就没有"仕途升迁"的机会。所以,对小民百姓而言(初爻)的"升",可能只是成为"小头目",类似于现今的"村民小组长",是众人的"主心骨"。老先生说,如果你是众望所归地(允)当上(升)"村民小组长",对你就是大好事情(大吉),说明,大家认可你的能耐。现今的个别"村干部",并不是靠着在群众中的"威望",而是靠着"贿选"、"恐吓"等不正当手段,才得以当选,他们当选后的后果,就可想而知了。

【**古音遗韵**】很显然的是,一个家族是否令人尊重,主要看是否有令人尊重的"家庭成员"。当今社会中,一个家族如果出了个令人尊重的人才(也就是"蛊"卦中所说的"有子"),尤论是做了大官、发了大财或出了大名,大家都会引以为荣、引以为傲。他在家族中的地位,自然也是无人能比的,即使是族中的长辈,也会屈尊相就,以礼相让。例如,在某些传统节日,有些地方仍然保留着拜祭祖宗祠堂的传统,家族中有权、有钱或有名的人物(孚,指社会认可),不论辈分高低,往往都是祭祀活动中引人注目的中心(乃利用禴)。参见图升 – 2。

于是,本卦二爻的"升",并不是指"社会地位的晋升",而是指在"家族中地位的上升"。由此可见,在社会上"吃得开"的人,自然而然地也就成了家族中的"红人"。这一传统,似乎自殷商末期就已经存在了。对这种现象,爻辞中的一个"无咎"包含了太多的韵味,大家慢慢体会吧。

【**班门弄斧**】至于三爻的"升虚邑",现今的个别"大老板",和为其"服务"的无良官员之间的关系,很能说明其中的道理。个别主政一方的腐败、无良官员,往往把一方百姓视为子民,把一方"天下"视为私家财产,甚至把一方土地视为"采邑"。而某些"大老板"、"黑老大",采用"利引色诱"等手段,却能够将此等官员玩弄于股掌之上,而此等官员也乐于为其效犬马之劳。于是,这些"大老板"、"黑老大",虽然没有社会赋予的相应名分,但在有些方面,却拥有与此等官员同样、甚至更高的实际影响力。换句话说,某些"大老板"、"黑老大",在某些方面的"社会地位"并不比个别官员低。这大概就是现今版的"升虚邑"了。

【**会心一笑**】四爻的"王用亨于岐山",令人联想到某些官员身边的"马仔"们。那些受到赏识的"马仔",往往是这些官员家中"婚丧嫁娶"事务的主角(王用),令其它想跻身"马仔"行列的人,眼红耳热、羡慕不已(在同僚眼中,这些人的地位"升"了),自认"地位"不如人家。这是因为,现今社会"婚丧嫁娶"等事务的重要性,大概堪比当年宗庙祭祀(亨于岐山)的重要性了。

【**岁月留痕**】五爻"贞 吉。升阶"的道理,用于当今的国际社会似乎很恰当。

多年来,美国已是事实上的世界霸主,然而,中国也有在世界事务中发挥更大作用的强烈愿望。但就目前(2012 年)情况来看,中国还不足以与美国分庭抗礼,这是事实。所以,中国当前的任务,就是赢得良好的发展环境,加快发展,提升中国在国际事务中的"话语权"(升阶),逐步向拥有更大的影响力、更多的"决定权"(升阶)过渡。如果中国不能保持稳定、快速的发展势头,要实现这样的目标,只能是一个梦想。在中国崛起过程持续了30 余年后的今天,美国对中国所制定的战略目标,就是抑制中国的发展,以保证美国在国际事务中的绝对主导权。采取的主要战略措施,一是在中国国内不断制造社会矛盾和混乱,二是在国际社会不断抵消、瓦解中国的影响力(例如在非洲、南亚地区)。当然,美国也没有刻意掩盖过这一司马昭之心。可悲的是,国内有些人或装聋作哑,或视而不见,甚至一些丧失民族气节的人还在为美国摇旗呐喊。希望有民族自尊心的国人能够认清,只有使多年来快速发展的势头长期保持下去(贞),中华民族才可能赢得美好的明天(吉)。而如果像无能的晚清时期,或其后的封建割据、军阀混战、内乱不断的状况持续下去(贞),那就"凶"了。记住我们的目标、使命是"升阶"! 所以,不要再干那些"亲者痛、仇者快"的勾当!

唉,又犯了文人的贱毛病! 何况咱还算不上文人,操哪门子闲心?

【黄裳之拜】老爷爷提出的"冥升。利于不息之贞。"实在是太高明、太精辟了,我真不明白老爷爷是如何悟出这些道道来的!

"冥升"是指,即使到了"阴曹地府",也要让"阳世"的人们心存敬畏! 这一点,孔子、孟子、老子等"圣人"们做到了,诸葛亮做到了,还有许多形形色色的人做到了。他们生前,也许并不是历史舞台上的风云人物,但在身后,却都成了"历史"的主角。然而,回望历史长河,古往今来,真正做到了"冥升"人,我认为,周文王老爷爷才应是当之无愧的第一人。

"利于不息之贞"是对人们生前的行为,提出的奋斗目标。前面重复讲过,一般地,"利"指"实现愿望","贞"指"保持成果"。那么,这里要实现什么愿望呢? 就是"不息之贞"。那么,何谓"不息之贞"呢? 就是永不淹没(不息)的受人敬仰(贞),用现在的话说就是"流芳千古"。所以,"利于不息之贞"就是说,为了身后的千秋美名,从现在就开始做起吧。由此看来,"留得身后千秋名"的主张,老爷爷在三千多年前已经提出来了。

【文苑拾珠】应该注意卦辞中的"南征"一词。前面已经指出,对待卦爻辞中的"方位"词,要用"八卦"图来理解。"后天八卦图"中"南"为"离",暗指位于"南方"的诸侯国是"殷商"政权的"帮凶",在"西岐"推翻"殷商"的过程中应首先予以消灭。但这与本卦的主题风马牛不相及。

另一方面,若按照"先天八卦"把"南方"的"离"解释为"火",引申到社会生活中就是"热情",那么,"南征"就可以理解为"热情似火地去干"。于是,结合本卦"升"的主题,"南征"是想告诫人们,为了达到"升"的目的,就要"热情似火地去干好每一件事情"。这应是"南征"的正解。在《周易》中,老先生似乎常用后天八卦的方位,而用先天八卦的含义,表示某些隐晦的含义。

47.困(泽水)——饱不弃碗

一、原文

困　亨,贞 大人吉。无咎。有言不信。

初六　臀 困 于株木。入于幽谷,三岁不觌。

九二　困 于酒食,朱绂方来。利 用 亨祀。征凶,无咎。

六三　困 于石,据于蒺藜。入于其宫,不见其妻,凶。

九四　来徐徐。困 于金车,吝,有终。

九五　劓刖。困 于赤绂。乃徐有说,利用祭祀。

上六　困 于葛藟,于臲卼。曰动悔。有悔,征 吉。

二、注释

【卦象玄机】"泽上水下"。单卦:上卦为泽,指沼泽、湖泊;下卦为水,指沼泽、湖泊中的水。叠卦:上泽下水,即水在泽下,是指水慢慢渗入地下,沼泽逐渐干涸的景象。在沼泽逐渐干涸的过程中,生活在水中的蝌蚪等,就会"陷入困境"。

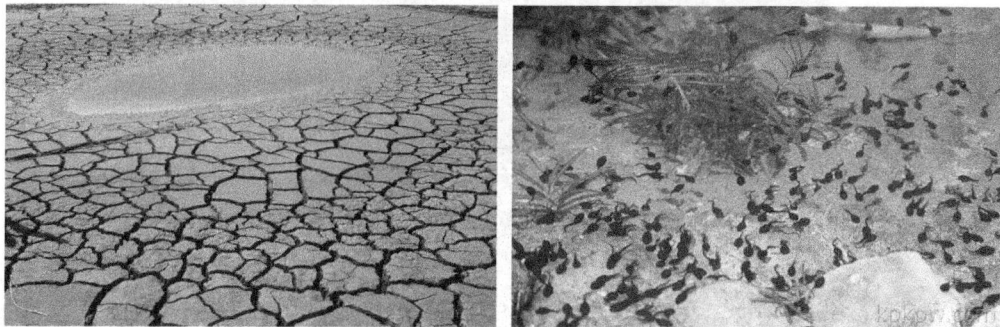

图困-1　水去哪儿了(左)? 水快干了,我们怎么办(右)?

【卦名意境】困：困境，处境艰难。

【本卦主题】就像身处即将干涸水塘中的蝌蚪，人也会"陷入困境"。

【各爻角色】各阶层人士。

【字词释义】

臀：屁股，引申为坐着不动，懒惰。

觌(dí)：见，看到。

绂(fú)：系官印、佩玉的丝带；熟牛皮制作的蔽膝(蔽膝：保护膝盖的服饰或护具)。此处应指系官印、佩玉的丝带，隐指华而不实的虚名的诱惑；或暗指"官位"。

石：石头；古八音之一，石制乐器(如磬)；古治病之石针；通"硕"，大。未听说周原一带出土过石制乐器或石针，所以此处的"石"应理解为"硕"。

劓(yì)：割鼻之刑。

刖(yuè)：剁足之刑。

图困-2 传说中的玉玺(官印)之"绂"？

葛藟(lěi)：葛，葛麻。藟，葛类蔓草；缠绕。葛藟，指相互缠绕的藤蔓，引申为错综复杂的人际关系网。

图困-3 相互缠绕的藤蔓，织成巨大的网，牵一根动全身。

臲卼(niè wù)：不安的样子。本卦中含义不明，存疑。关中方言中有读音类似的"nian wo(音近'年窝')"一词，意为"严密，周全，不留漏洞"。例如，"把你裹

nian wo"，意为"把你包裹严实"。"虩虩"疑为方言中的"nian wo"，含义可以讲通。

三、今译

困：有时候，人们的处境，就像在小水塘中挣扎的蝌蚪一样，生存空间狭小，陷入困境。

亨，贞 大人吉。 无咎。 有言不信。

如果像困在小水塘中的蝌蚪，在水塘干涸之前能够顺利蜕变成小青蛙一样，人若能在毫无希望的困境中大难不死、绝处逢生、华丽蜕变，那么，在以后的发展道路上，就不会有比这更大的坎坷，就会一路顺畅（亨）。如果能够珍惜（贞）曾经的困苦经历，对胸怀大志的人（大人）来说，就能保持旺盛的求生欲望和必胜信念（吉）。人生在世谁都会遇到困境，遇到了也不要抱怨（无咎）。遇到困境时，要坚定信念、保持冷静、认真分析、积极寻求脱困良策，切不可为众言所乱（有言不信）而毫无主见，白白错失良机。

初六 臀 困 于株木。 入于幽谷，三岁不觌。

对于小民百姓（初六），如果因为懒惰（臀）、不愿好好耕田种地（株木），而使生计陷入困境（困），那就像走入树木遮天蔽日的幽谷（入于幽谷）之中，三年也走不出去了（三岁不觌）。注：臀，引申为坐着不动，暗指懒惰。故，"小民"困于"懒"。

九二 困 于酒食，朱绂方来。 利用亨祀。 征 凶，无咎。

小有人家（九二）可能因为"佳酿美食"（于酒食）而陷入困境（困）。难道是自己把自己吃穷了？不对，并不是为了满足自己的口腹之欲，而是为了捞个一官半职（朱绂）、不断请客吃饭所致（难道古时，也有请吃请喝的"不正之风"？）如果在被吃得倾家荡产之前能够如愿以偿（方来），那就是值得大肆庆贺的事情。为了庆贺实现了愿望（利），拜天地、敬鬼神（用亨祀）也是情理之中的事情。然而，人心不足蛇吞象，人们往往是得陇望蜀、得寸进尺。如果好不容易刚刚有所收获，便马上就想实现下一个更大的目标（征），虽是人之常情、无可指责，但却暗藏凶险（凶）。这就是人的本性啊（无咎）。故，"小富"困于"名"。

六三 困 于石，据于蒺藜。 入于其宫，不见其妻，凶。

大有人家（六三）日思夜想、牵肠挂肚（困）的事情，就是如何进一步扩大家业，使家业更加"硕"大(于石)。陷入这等贪得无厌的境地,也是人性使然。为了把庞大的家业进一步扩大,需要付出极为艰辛的努力,有时候不得不自食苦果。这就像攀爬险峻的高山,有时候不得不抓住荆棘(据于蒺藜)向上攀爬,否则,就可能粉身碎骨。而且,一心扑在家业上的你,有时候根本照顾不了妻小。等到身心俱疲,回家寻求安慰的时候(入于其宫),妻小可能早已不甘寂寞、另结新欢了(不见其妻)。如果这样,那就不妙了(凶)。只知进,而不知为何进、如何进,今人困于此者,不可胜数矣。故,"大鳄"困于"硕"。

九四 〇来徐徐。〇困 于金车,〇吝,有终。

让将相之人(九四)情迷心醉(困)的事情,就是如何得到梦寐以求的"高级座驾"(金车),以此来彰显自己的身份、地位,或在人前显摆(就像有权、有钱的人,用豪华的轿子、轿车彰显身份一样)。但是,能够标识其身份、地位的"金车",并不会因为你的急切盼望就能够立即拥有,"金车"只会按照它自己"高傲的步伐"款款而来(来徐徐)。为了拥有"金车"而不断拼搏,虽令人不爽(吝),但只要不放弃,终会遂愿(有终)。故,"人臣"困于"显"。

九五 〇劓刖。〇困 于赤绂。〇乃徐有说,〇利用祭祀。

令身为王侯者(九五)垂涎欲滴、梦寐以求的(困),就是必须用鲜血才能换来的、象征着君临天下的"玉玺"!而系在玉玺上的丝带(赤绂),不知因为沾染了多少人的鲜血,已经被染成了血的赤色!要想得到玉玺,还是先掂量掂量吧,看你是否已经做好了甘愿冒割鼻断足(劓刖)之风险的准备。要想扩张势力范围不可着急(乃徐),慢慢来才可能成功(有说)。拜一拜祖先(利用祭祀),想一想祖先的创业历程,仔细权衡以后再做决定吧。故,"人主"困于"权"。

上六 〇困 于葛藟,于臲卼。〇曰动悔。〇有悔,〇征 〇吉。

(上六)人生在世,困扰(困)人们的往往是藤蔓(于葛藟)般纵横交错、盘根错节的人际关系、利益格局,牵一发而动全身,难免顾此失彼(于臲卼),难求万全。这让人难于抉择,似乎怎么做都会留下遗憾(曰动悔),茫然失措。但世事难全,不要求全责备,该干就干(征),肯定会有一点遗憾(有悔),但应在所不惜。说不定到头来,却有意想不到的效果(吉)!故,"世人"困于"情"。

四、补记

【东拉西扯】本卦看似浅显,实则不然。我在研习本卦时,于2011年留下的感叹是:"'困'卦困吾月余而不解其意矣。于夜半辗转之时,或梦寐之中,犹见老先生窃笑吾辈之无能耳。"这是当时状况的真实记录。

本卦卦名后的"饱不弃碗"一词,肯定让人莫名其妙。关中方言中有句话是"吃饱不知道撂碗",字面意思是"吃饱饭了还不想撂下碗",其含义是"在利益面前人们往往得寸进尺、贪得无厌、不愿收手"。"饱不弃碗"就是"吃饱不知道撂碗"的缩写。其实,本卦的"困"就有这样的含义,至少是因为"饱不弃碗"的原因使自己陷入困境。

【主题乱弹】"泽下有水"为何是"困"? 令我很长时间不得要领。最初浮入脑海的情景,是河流中的"水"自高处"冲"入沼泽底部后,就再无出头之日,被"困"在了沼泽原有的水中,于是,"困"指"河水"被"沼泽中的水"所困。但河水与沼泽中的水,不像泾、渭之水一清一浊,界限分明,而是混为一体,难以区分,故不成立。其次想到,"泽下有水"是因为水渗入地下(或被蒸发),故泽中无水。泽中既然已经无水,为什么是"困"呢? 想不明白。

【岁月留痕】偶然之间想起儿时的一幕:"浇地"(即灌溉农田)时,在水渠中会留下一些水塘;水塘里常有许多小蝌蚪;伴着水塘的逐渐干涸和小蝌蚪的逐渐长大,水塘中的蝌蚪就会显得密密麻麻;随着水塘的进一步缩小,这些小蝌蚪简直就是挤在一起,似乎陷入了"困境",看上去要不了几天就会干死。当时,也没有细究这些蝌蚪是否能够顺利地蜕变,或如何蜕变。但却依稀记得,在已近干涸的水塘附近,常常能够见到遍地欢蹦乱跳的小青蛙(脱困了)! 现在想来,那些蝌蚪,一定有相当一部分顺利地蜕变为小青蛙了。

这一幕似乎能够把"泽下有水"与"困"联系起来。但殷商末期可能还没有"农业灌溉"这回事,那么,老爷爷当年是如何受到启发的呢? 这一问题让我又想起了"涝池"。

儿时村中下雨时,雨水会顺着街道的排水沟渠,汇聚到一个地势低洼的地方形成池塘,村人称之为"涝池"。关中旱塬上的农村,村村都至少有一个涝池。涝池是人们洗衣、喂养牲口、村民盖房等日常用水的重要水源地,也是小孩游泳、戏水的唯一场所。儿时,小伙伴们常光着屁股在涝池抓青蛙、捞青蛙卵、捞蝌蚪,涝池将要干涸时,也会看到一些鱼。

不难想象,古时候关中旱塬上(周文王也生活在同样的环境里)的农村,也一定有涝池。随着季节性降雨的变化,涝池(或许就是老先生眼里的"泽")可能时干、时满,老先生一定见到过涝池干涸时,蝌蚪受困的情况。这可能就是老先生把"泽下有水"与"困"联系起来的根源。由此可见,"泽下有水"这一卦象揭示的"困",是指"赖以生存的资源几近干涸"的意思。但在各爻里,老爷爷却从"受困的蝌蚪"的角度出发,讨论不同社会层次的人为什么会"受困"的原因,并将受困的原因归结为"吃饱不知道撂碗"。

在有些人看来,上面所说的情况要么难以想象,要么牵强附会。但如果对数十年前关中农村的生活有所了解的话,就会理解上述情况。在关中之地(特别是周原一带,皆为黄土高原),夏秋之季,久雨成泽。雨后,水逐渐渗入地下(当然,也有蒸发),沼泽就会逐渐消逝。这种季节性沼泽中有大量蝌蚪,在沼泽逐渐干涸的过程中,蝌蚪被困在越来越小的水洼里苦苦挣扎的情形,可能是很多人记忆中挥之不去的深刻印象。蝌蚪蜕变后的小青蛙,成群结队、无忧无虑、欢天喜地、欢蹦乱跳的情形,在3000多年前的老爷爷眼里,可能也是一道亮丽的风景。老爷爷一定仔细观察、思考过这样的问题:陷入困境的蝌蚪,如何成功地蜕变为自由自在、不再会受小水塘折磨的小青蛙,并从中悟到一些人生的哲理。这,大概就是形成本卦主题的渊源。

应注意的是,这里的"蝌蚪受困"一说,在下一卦的"井谷射鲋"中,似乎得到了印证。可惜现在的农村,夏秋时节几乎再也听不到遍地蛙鸣了。不知是青蛙被我们给吃光了?还是青蛙对农药的抵抗力太差?人吃了那么多农药还活得好好的,青蛙怎么就那么娇气呢?

【哲理漫说】"亨 贞,大人吉。无咎。有言不信。"这句卦辞所透露出的哲理,似乎有些过于曲折迂回、令人费解,但实际上却非常深刻,发人深省。

当小蝌蚪苦苦挣扎在小水塘中的时候,飞禽走兽、无知小儿都能对其形成致命威胁,完全处于一种听天由命、任人宰割的状态,吉凶难卜、祸福难料。蝌蚪一旦蜕变为小青蛙,由于能够主导自己的命运,生存条件就会有实质性的改善。人生也是一样。如果能够像小青蛙一样,从随时都可能有灭顶之灾的困境中幸存下来,并且能够主导自己的命运的人,就会迎来宽广的发展机遇(亨);困苦的经历,会让人更加珍惜(贞)眼前来之不易的机遇。相信那些经历过硝烟弥漫、九死一生的战争场面,或经历过惊心动魄、生死未卜的地震、洪水等自然灾害的人,或者经历过艰苦卓绝的生存考验的人,对此深有体会。当然,这样的"不幸"经历,并不是对所有的过来人都会产生积极的影响和激励,有些人会把这种曾经的苦难岁月当作资本,炫耀自己的伤疤以博得别人的同情,甚至以流血的伤口要挟社会。而像曾经吃着窝窝头、住着破窑洞,在看不到任何前途和希望的情况下,但却胸怀大志、自强不息的人(大人),那些刻骨铭心的苦难磨砺却成了他们人生的宝贵财富,成为推动他们不断前行的动力源泉(吉)。当然,当人们经历过深重的灾难之后,不要老是舔着自己的伤口顾影自怜,而应勇往直前,这是应该的(无咎)。最好不要听从那些别有用心的挑唆(有言不信),不要以自己流血的伤口要挟社会,坚强地爬起来,像小青蛙一样欢蹦乱跳地面对现实,才是可取的态度。这大概是卦辞的现实意义。

在讲完这一段大道理后,老先生转而探讨人们"受困"的原因。

对农耕时代的小民百姓(初爻)而言,老爷爷认为他们是因为懒惰而受困。有些懒惰的人,屁股(臀)根本就不想动一下,任凭地里的庄稼(株木)荒芜。这样的人家,吃了上顿没下顿(困),又能怪谁呢?人一旦懒惰到这种地步,家庭的日子就会陷入"暗无天日"的黑暗境地,就像进入无边的森林(入于幽谷),三年也走不出来(三岁不觌)。其实,在社会的下层民众中,懒惰行为绝不鲜见、甚至触目惊心。前几天有报道说,有一个年轻的母亲,由于吸毒,懒得管自己年幼的孩子,以至于孩子被饿死了很多天才被被人发现。所以,小民百姓要警惕,切不可滑入"臀 困于株木。入于幽谷,三岁不觌"的境地。

【古音遗韵】二爻的"困 于酒食,朱绂方来。利 用亨祀。征 凶,无咎",与五爻的"劓刖。困 于赤绂。乃徐有说,利用祭祀。"有很多相似之处,对比分析如下。

首先,这两句爻辞揭示了一个史实:在殷商末期,二爻代表的社会中下层人士(类似于后世的地主),可以晋升为"官僚"。论据来自于"朱绂"、"赤绂"两词。

按词典,绂有二意,一是系官印、佩玉的丝带;二是熟牛皮制作的蔽膝。

蔽膝,即缝于长衣之前,遮蔽膝盖的熟牛皮,据称是古时祭祀的服饰,用于在跪拜时保护膝盖,或保护"裳"不受损。但"朱绂、赤绂"仅出现在二、五爻,这说明,令小有人家、王侯人家不惜陷入困境而一定想得到的东西,显然不应是蔽膝,而应指系"官印"的丝带,暗指"官爵"。

这是因为,初爻的小民百姓离官爵太远,对此不会有想法;三爻的大有人家雄霸一方,捞个一官半职也并非难事,或者本身就权大势大,并不稀罕官爵(注意"升"卦中的"升虚邑");四爻本身就是将相人家,有官有爵;五爻的诸侯虽然有封地,但谁不想拥有更大的势力范围?所以,仅有二、五爻才可能对"官爵"朝思暮想。但使两者受困的官爵,虽然在文字上只是"朱"与"赤"的差别,但却有本质上的差异:一个是可以用"酒食"换取的"小官",可以满足一下虚荣心;另一个却可能要冒着"割鼻剁足"(劓刖)、甚至丢掉性命的危险,用血的代价才能染红的更大官印,满足势力扩张的野心。

由此看来,这里的"绂"隐指官印,即"官位",应是确切无疑的。于是,这就说明,二爻的小有人家可以晋身为"官僚"。这可能是周初的一个史实。

其次,再看"亨祀"与"祭祀"的差别。

这里的亨祀、祭祀,虽都是祭祀的意思,在现在来看似乎区别不大,但可能揭示了当时的一些风俗。

从爻辞来看,"亨祀"是在愿望实现之后,为"感天谢地、感恩戴德"而举行的"感激"仪式,可能类似于现今的"还愿"仪式;而"祭祀"是在愿望实现之前,为了"求天告地、祈求保佑"而举行的"祈求"仪式。例如,有些人升了官,或发了财,或找到了称心如意的心上人,或考上了梦寐以求的名牌大学,就会到曾经"许愿"的地方去"还愿",这应该是"亨祀"。而有些人,为了"祈求"神明保佑其升官、发财,找到如意伴侣,考上心仪学校,去烧香叩头,"求拜"、"许愿",这应该是"祭祀"。果真如此的话,至少自殷商末期就有了"许愿"、"还愿"行为。

应注意的是,老先生在这里提出举行"祭祀"活动,并不是浅薄和势利,而是有其深意:希望二爻的小有人家通过"还愿(亨祀)"的过程,牢记"官职"的来之不易,宣示为官以后的志向和作为,尽心尽力守住为官的本分,而不是通过"亨祀"来耀武扬威。希望五爻的王侯通过"许愿(祭祀)"的方式,在祖宗面前细细检讨自己的品德和能力,是否已经具备推翻别人统治、从而扩张自己势利的资格、条件和实力,从而做到心中有数。

【黄裳之拜】可惜的是,古往今来没有几人,能够从看似漫不经心的一"朱"一"赤"、一"亨"一"祭"的差别之中,领悟了老先生的伟大智慧和缜密心思!

注意:"利　用亨祀"中的"亨",在《周易》的有些版本中,为"享",请相关专家予以甄别。

【哲理漫说】三爻的"困　于石,据于蒺藜。入于其宫,不见其妻,凶",是对雄霸一方的大有人家而言的。此爻的难点在于"石"。

字典对"石"的解释有:石头;古八音之一,石制乐器(如磬);古治病之石针;通"硕",大。

显然,对雄霸一方的大有人家(三爻)而言,即使要用石头砌筑豪华的宫室(周原一带未见石城、石屋等遗迹),也不会因漫山遍野到处都有的"石头"而犯难;要想打造几件石制乐器,对他们也不是什么难事,不至于因此而"受困",何况也没有见到石制乐器的出土;如果因治病的石针或因需要石针才能治愈的疾病,使他们陷入困境也不成立。另外,在近、现代,"石(dàn)"也做计量单位用,"一石(粮食等)"等于"十斗",但不知周时是否有此计量单位? 同时,若按计量单位来解释,似乎也不通。因此,对"石"的解释,唯有"硕"可取,即,使家业进一步"壮硕"、"膨胀"。

"越富越贪"似乎是人的本性,也是现代富人挥之不去的心结。为了更加富有,很多富人采取不正当的手段,这就像在爬山时为了借一把力(据于),即使面前是"蒺藜"(蒺藜)也要伸手去抓一样,明知不正当的手段会"扎手",还是要去做。例如,有的"富豪",为了赌大利,不惜高息借贷,拆东墙、补西墙,但窟窿却越补越大;一旦出现了不可收拾的局面,就会身陷囹圄。待到归家的时候(入于其宫),却人去屋空(不见其妻),只留下一地的悔恨(凶)。早知现在,何必当初啊。

四爻的"来徐徐。困 于金车,吝,有终"让人哑然失笑:原来,官员们用"豪华座驾"来装点门面、彰显身份的德行,自古就有啊?!同时,身份、地位没有到那个地步,却敢于僭越、使用"高一级"的座驾,可是"犯法"的行为!要想把"双十八"(排量1.8升,价格18万元,此为前段时间中央政府对某一级官员的座驾给出的最高标准)的座驾换成更高级的(金车),慢慢等着吧(来徐徐)!这虽然让你"憋屈得难受(吝)",也是没办法的事情。如果有足够的耐心,也许会等到那一天(有终)。

上爻作为全卦的总结和点睛之笔,"困 于葛藟,于臲卼。曰动悔。有悔,征吉"一句,揭示了困扰国人3000余年的症结:人情!

千丝万缕、错综复杂的人际关系网(葛藟),牵一发、动全身(臲卼),剪不断、理还乱。上下级,同事间,同学战友,新欢旧好,旧友新朋,七大姑八大姨,十八竿子打不着的XXX,等等等等,身陷这张大网,谁能挣脱!干什么事情都要想一想,思忖着会不会惹得谁不高兴,活得累不累?!现在我们才知道,3000多年前的古人就为此纠结!无语中。

【东拉西扯】从本卦中,我们再次感受到了老爷爷的伟大智慧和对人性的准确把握。老爷爷对导致各色人等陷入"纠结困境"的原因,给出如下总结:

小民百姓因"懒惰"而困;小有人家因"名声"而困;大有人家因"贪婪"而困;将相人家因"显赫"而困;王侯人家因"权力"而困;芸芸众生因"关系"而困。所有这些,都是因为"吃饱了不知道撂碗"般的贪婪惹的祸!

48. 井(水风)——水映百态

一、原文

井　改邑不改井,无丧 无得,往来井井。汔至亦未繘,井羸其瓶,凶。

初六　井泥不食。旧井无禽。

九二　井谷射鲋,瓮敝漏。

九三　井渫不食,为我心恻。可用汲。王明,并受其福。

六四　井甃。无咎。

九五　井冽,寒泉食。

上六　井收勿幕,有孚,元 吉。

二、注释

【卦象玄机】"水上风下"。单卦:上卦为水,指在水井打水时,水桶中的水;下卦为风,指水井中弥散出来的习习凉风。叠卦:上水下风,是在水井打水时,水在水桶中、其下有习习凉风的景象。

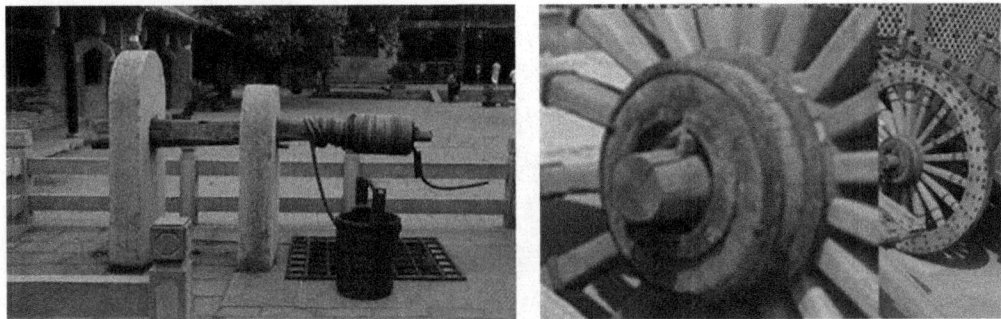

图井-1　井(左)与辘轳(右)示意图

注:实在找不到儿时的"井"的照片,只好用图井-1示意。儿时乡村的"井",与左图中的情形相似,主要的不同有二。一是辘轳。我们的辘轳,是把右图中"车轮"的轮辐锯掉,然后装上一个"铁"制的"辘轳把"。二是"井绳"。我们的井绳,不是"缠"在辘轳上,而是"跨"在辘轳上;井绳两端各拴一只桶,一边上升的同时、另一边下降。

【卦名意境】井:指吃水用的水井。这是日常生活景象,并无深意。

【本卦主题】与饮用水相关的日常生活场景。

【各爻角色】各阶层人士。

【字词释义】

汔:水干涸;将近,差不多;终究。此处指井水几近枯竭(的暂时情况)。

繘(jué):井上汲水用的绳子。在本卦中似不妥,若指"收起井上汲水用的绳子"可能更准确。

谷:山谷,谷地。此处指在水井的井台旁边,积满了水的低洼地。

鲋:有两解:一为鲫鱼,二为虾蟆(蟆,音ma,蛤蟆的省称)。此处应取第二解,即"虾蟆",隐指刚刚由蝌蚪蜕变而成的小青蛙。另外,2014年1月CCTV的一档节目中,将"虾蟆"就读作"蛤蟆"。

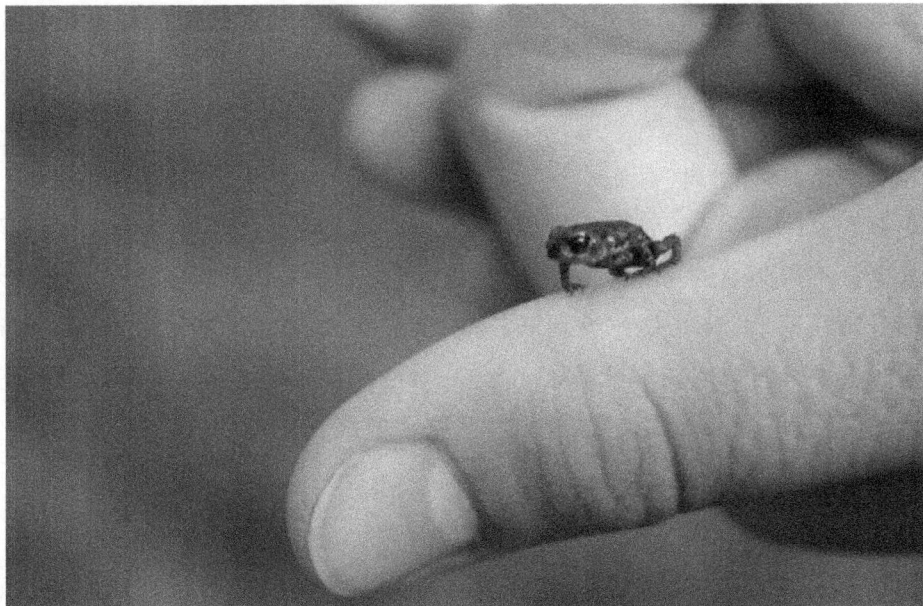

图井-2 老先生的"鲋",其实就是这样的"青蛙崽"

瓮(wèng):关中地区将盛水或粮食的大(瓦、瓷)缸称为瓮。

敝:破旧,坏;损伤;衰败;失败;疲困;丢弃。指破旧,坏。

渫(xiè):清除污秽;污浊;散,发散。均不妥,见补记。

甃(zhòu):井壁;修井;砖;装饰。指装修。

三、今译

井：从吃水现象讨论一些社会问题。水映百态。

（卦）改邑不改井，无丧 无得，往来井井。（卦）汔至亦未（疑漏掉了具有"收"字含义的字）繘，井羸其瓶，（判）凶。

孩子长大成人后，搬离了祖屋（改邑）另立门户，却仍然在原来的水井吃水（不改井），虽然没有丧失应有的（占有水资源的）权利（无丧），但也没有得到新的（水井）资产（无得）。整天在新居与祖屋之间来来往往（往来），无非是因为打水（井井）。因为打水的人多，而井的出水量有限，在井水快要见底的时候（汔至），人们还在义无反顾地打水而不收手（亦未繘），井（井）能够供给你的，只能是每次打上来可怜的小半瓶水（羸其瓶）。唉，这样的状况真可怜（凶）。

初六　（卦）井泥不食。（卦）旧井无禽。

小民百姓（初六），很多人家共用一口井。夏季用水高峰期，你争我抢、争先恐后地打水，直到井底无水，汲水的水瓶"刮"上来的全是无法食用（不食）的泥浆（井泥）方才罢手。因有人用没人管而损毁的旧井（旧井），再也无人在此汲水，禽鸟也不会再来这里（无禽）。

九二　（卦）井谷射鲋，瓮敝漏。

小有人家（九二），盛水的水缸（方言称"瓮"）已经破损渗漏（瓮敝漏），盛不了多少水也舍不得买新的，不得不天天打水。因为不小心，好不容易打上来的水却有一部分洒在地上，顺着井台流到低洼处，天长日久居然形成了小水塘（井谷）。青蛙妈妈会不失时机地在水塘安家，养出一群活蹦乱跳的小青蛙（鲋）。如果受到打水人的骚扰，一个个无忧无虑的小青蛙，就会像离弦之箭（射）一样四散而逃，转瞬之间就无影无踪。

九三　（卦）井渫不食，（判）为我心恻。（求）可用汲。（境）王明，并受其福。

大有人家（九三），高墙深院、戒备森严，自家的水井，宁可让它坍塌、淤积（井渫）而不能用了（不食），也不让小民百姓打水。这样的事情让我心里很不是滋味（为我心恻）。应该让大家一起用你的水井（可用汲）啊，今天水枯了，明天又会溢满，并不会影响你的生活。你应该像贤明的侯王（王明）一样，让大家分享你的恩泽（并受其福）。

六四　（卦）井甃。（判）无咎。

将相人家(六四)的水井自然要讲究一些,用砖石将井台砌筑得漂漂亮亮(井甃),没有什么过错(无咎)。

九五 （求）井洌,寒泉食。

王侯之家(九五)的水井(井),在炎热的夏季,要保持随时可以使用的状态,以便随时都能有新鲜甘洌(洌)、冰凉(寒)可口、泉水般(泉)清澈的井水可供食用(食)。

上六 （戒）井收勿幕,（境）有孚,（判）元吉。

(上六)井水今天枯了,明天又会溢满。天天打水井里的水质水才会更好,所以不要吝啬。自家打够了水(井收),不要把井盖死(勿幕)不许别人用。如果能够从社会公德出发(有孚),能够考虑到(元)别人的需要,就是美好的行为(吉)。

四、补记

【岁月留痕】井,与人们的生活息息相关,但不同地方的井和取水的场景,却各有不同特点。如果用其他地方的井,来想象关中渭北(渭河北边)旱塬上的井,就可能难以理解本卦的卦、爻辞了。故,先对渭北旱塬的深井做一些说明(参见图井-1):

[地形]关中地处渭河平原,南依秦岭,北携黄土高原,渭河自西向东流经其间,渭河两边为黄土阶地。周人的活动地域,主要在渭北的黄土阶地上,因降水稀少,故称旱塬。

周地的食用水,主要来自于水井,其他生活用水,大概主要靠"涝池"(参见"困"卦的补记)。

[掘井之难]周之岐地,井深数十米,乃至将近百米。在靠人工挖掘的年代,"打井"实为不易之事,所需费用也很高,不是一般人家所能承受的。所以,大户人家一般有专用的水井,而小民百姓,则大多是很多家共用一口水井。

古时,挖掘一口水井,不但需要大量的物力、财力投入,而且还是一项"技术活",需要"专业人员"才可能完成。除此之外,不同地点的井水,水质亦有较大差异,如果不巧打出的是一口"咸水井",井水不能食用,那可就前功尽弃了。所以打井还要冒很大的风险。由于有这样的代价及风险,20世纪中叶我生活的农村,一个村庄二三百口人,也就两三口水井而已。当然,大户人家一般拥有自己的专用水井。

不难想象,古时候,一般家庭难以承受"打井"的负担,所以,水井通常是公用的。可能正是因为这样的原因,才导致古时“改邑不改井”的情况发生。

[**井的形制**]“井口”为圆形,直径约80厘米,用砖砌成,防止破损。井口外,常用砖、石等砌成数米见方的“井台”,高于地面,以防雨天地表污水流入井内污染井水,同时,也便于雨天取水操作,免去泥泞之苦。自地表至地下含水层的“井身”,亦为圆形,直径一米左右。井身一般深入含水层约十余米(此段直径稍大),此段为渗水、储水段,井壁用砖围砌,称为“井档”。

如果井档坍塌,进而井壁坍塌,井底便会淤积,就会造成取水困难。这种情况,似乎被称为“井渫”,但我不能肯定。

[**汲水流程**]井口中央上方,有汲水用的辘轳。汲水时,用一根长度略大于井深的绳子(繘,井绳),两端各拴一只水桶。先将一端放到井底(称为“下绳”)盛满水,然后将井绳跨于辘轳,转动辘轳(称为“绞”),将装满水的水桶向上提,同时,井绳另一端的空桶则向下降;待到向上的水桶到达井口时,向下的水桶则到达井底并装满水;将升到井口的水桶中的水,倒入其他水桶之中,然后,交换两只水桶的上下方向后,按相同的方向转动辘轳,将另一只已经装满水的水桶“绞”上来。如此循环往复。

汲水的过程,方言称为“绞水”。开始“绞水”时,由于一边既有已装满水的水桶的重量,还有井绳的重量(井绳是直径约2、3厘米的麻绳,重量远大于一桶水的重量),加在一起重量很大,井绳在辘轳上就会打滑,所以,在空桶的一端需要施加一定的向下的力,井绳才不会打滑。给井绳施加向下的力,通常是由另一个人用手向下拽,称为“拽绳”。故“绞水”通常需要两个人配合才能完成。

为了提高“绞水”的效率,系在井绳上的水桶通常是不更换的,因此,要把绞上来的水,倒换在另外的水桶中运走。倒换的过程中,难免有少量的水洒出来,流到井台旁的低洼处,聚集成“小水塘”;这样的小水塘就应是“井谷”。小时候,每个井边上都会有一个这样的小水塘,但没有见过水塘边上有小青蛙。但在少有人光顾的灌溉渠里的水塘边,常常见到欢蹦乱跳的小青蛙。想必在古时候的井台边,常常可以见到“如箭一般射出去的小青蛙”,这可能就是老先生所讲的“井谷射鲋”吧。

由于井壁渗水的能力是有限的,连续“绞水”时井内的水位就会持续下降,直至水桶不能够装满水,便形成了“羸其瓶”的现象。同时,在水桶的搅动下,井底的水含泥量会越来越大,绞上来的就是泥水了,就有了“井泥不食”的情况。

[**补充说明**]按照字典解释,“井渫”是指井水变得污秽而不能食用。考虑到关中地区井的深度和井水的储藏条件,这种可能性较小。但依稀记得,如果一口井

很长时间不用,重新使用时,人们会先把井里的水"绞干"一两次以后,才重新食用井水。这也可能就是因为"井渫"吧。这种解释,与字典的含义接近。

关中的"三伏天"很炎热,此时喝一口新打上来的井水,感觉非常甘洌可口,暑气顿消大半。这可能就是老先生"井洌,寒泉食"的背景。另外,关中流传着"夏不忌水"一说,意思是夏天可以放心大胆地"喝凉水"(未曾烧开的水)。即使是身体不好的老年人,在三伏天也会毫不忌讳地大喝刚刚打上来的新鲜井水,但却不会喝已经在水缸中存放了几天的"凉水"。

相信上面的说明,有助于大家对本卦的理解。

本卦中,老先生从与井有关的一些生活片段中,看出了一些规律,并阐述了对一些问题的看法和观点。对此,上面已经解说很详细了,仅补充说明两点,一是关于卦辞,二是关于"井谷射鲋"。

【古音遗韵】本卦的卦辞较长:改邑不改井,无丧　无得,往来井井。汔至亦未繘,井羸其瓶,凶。

对于卦辞中的"改邑",后世多理解为"迁移城邑",似不妥。我认为,殷商末期岐地的"邑",一般应指一个较大的地理区域,区域内可能散布着很多十几、几十户人家的小村庄。当时的"邑"不可能指现代意义上的"小城"、"城镇",更不可能是现代意义上的"城市"。本卦中的"邑",规模似乎更小,小到仅仅是指"家园"。因此,"改邑"就是指"改换一个新家园",即"分家另过"。换句话说就是,儿孙辈搬出祖屋,另立门户。理由如下:

如果"改邑"中的"邑"是指"村庄",首先,周地没有"迁村"的环境需要。这是因为,当地是干旱少雨的平原地区,不存在导致必须"迁村"的水文、地质等"天灾"。其次,如果因为躲避战争等"人祸"而需要"迁村",迁移的距离肯定不可能太小,因此,也就不可能因为吃水问题,还需要往来于新、旧两地之间(往来井井)。第三,如果是更大规模的"城、镇"迁移,那么,"往来井井"就更说不过去了,因为,能够搬走一座城镇,却解决不了新址的吃水问题,显然是不可能的。

故,"改邑"只能是儿孙辈们"分家另过,自立门户",搬离祖居地的情况。只有这样,才可能合理地解释"无丧,无得,往来井井"。因此,才有如上解说。

各种不同版本的《周易》中,对"汔至亦未繘井羸其瓶"一句的断句,差异较大。

结合全卦意境,本书的断句为"汔至亦未(疑漏字)繘,井羸其瓶"。其中,"汔至"意为井水即将殆尽;"繘"一般解释为井绳;"羸"为"羸弱",引申为不(饱)满;"羸其瓶"意为,打上来的水瓶里只装了很少一点儿水。故,"汔至亦未(疑漏字)繘,井羸其瓶"的意思是:"井水快要见底了(汔至)还要继续打水(亦未繘),(井能给你的)每次打上来的水,都少得可怜(赢其瓶)"。

按上述理解,就要注意这里的"繘"字。如果"繘"可以理解为"收起井绳",即不再继续打水,则原文中不缺字;否则,应在"繘"前增加具有类似于"收"的意思的字。可见,如果"繘"的原意就是"收起井绳",则原文无误。应注意的是,历史上对原文的传抄、断句过程中,的确出现过差错、谬误,例如,"睽"卦的"见舆,曳其牛,掣其人,天且劓"一句,今本书籍的断句均是错误的。所以,怀疑"繘"字前面遗漏了表示"收"的字。

还应注意一个问题,就是周初时应该没有"桶"这一器具,打水时用的是"瓶"。

【黄裳之拜】关于"井谷射鲋"中的"射"字,令我困惑了很久。突然顿悟的那一刻,我的内心真是翻江倒海、五味杂陈,久久不能平静!简直找不到合适的语言描述当时的心境。所以,这段文字是很久以后(约为2012年初)补写的。

"井谷"是井台旁边的低洼处,经常会有积水,这种情景我小时候常见。按照《古今汉语词典》,"鲋"指"虾蟆"(蟆,音 ma,蛤蟆的省称)。这里的"虾"应指小虾,强调"小"的意思,所以,虾蟆应指"小蛤蟆"。由于"虾"在关中并不常见,把"鲋"解释为"虾蟆",应该是有虾的地方的人给出的解释。刚刚从蝌蚪蜕变的"小蛤蟆"、小青蛙,在关中却司空见惯。如果"鲋"是"小蛤蟆"无疑的话,一个"射"字那就精妙到了无以复加的地步!

刚刚从蝌蚪蜕变的小青蛙,一个个无忧无虑、活蹦乱跳。相信很多人都有这样的经验,当你走到一群小青蛙附近的时候,受到打扰的小青蛙们,立即就会欢蹦乱跳的四散而去。此情此景,老先生仅用了一个"射"字,就把小青蛙四散而逃时的迅捷场景,活灵活现地呈现在我们面前!多么生动传神,又是多么准确精妙啊!简直是神来之笔,绝非人工所能为。对此,除了惊疑、惊异、敬意之外,还能有什么呢?

【东拉西扯】最后再补充两点:本卦有"凑数"之嫌;周文王忠实于自己制定的规则。

与其他各卦相比,本卦的思想性稍显肤浅,例如四、五爻的"井甃。无咎。井洌,寒泉食",仅仅是一种"素描",文字背后几乎没有什么深刻的思想,因而也就缺少令人深思的哲理性。这与其他各卦形成鲜明的对比,给人留下的印象是,本卦有"凑数"之嫌。正因为如此,本卦也令我困惑了很久。我试图从各种不同的角度来解读本卦,从而想挖掘其深刻的思想内涵。这也是为什么本卦的"补记"内容很多的原因所在。但遗憾的发现,本卦就是如此。

出现这样的情况,难道是老爷爷江郎才尽?难到老爷爷没有更好、更有意义的主题来写了? 非也,这是老爷爷忠实于自己制定的规则的直接后果。此话怎讲?

六十四卦的卦象,严格遵循这样的生成规则:"先天八卦"两两相重。因此,一定会有"水上风下"这一卦象。老先生不会舍弃这一卦象,也不会无中生有的搞出一个不伦不类的其他卦象。此其一。

几乎从每一个卦象的形象中,老先生都能联想到一个重大的社会现象,从而给出与此现象相关的重要思想。但面对"水上风下"这一卦象,却让老先生犯了难。同样的困惑,在类似于"水上火下"等卦象中也存在,此是后话。显然,在如此"刁钻"的卦象面前,老先生不愿放弃"卦象+卦名→主题"这一既定规则。此其二。

常识告诉我们,"水下"不可能"有风",即便是现在,也很难找出"水上风下"的现实例子。经过一番搜肠刮肚,老先生终于想到了人们在井里打水时的景象,可以理解为"水上风下",于是,便有了"井"这一卦名。虽然"吃水"问题是当地民众日常生活中的一个重大难题,但在当时也只能如此,老先生也没有更好的解决办法。因此,本卦的主题就显得支离破碎、平淡无奇。显然,老先生也意识到这一问题,因此便有了"井谷射鲋"这等精妙的文字,以弥补主题平淡无奇的缺憾。事实上,直到上世纪七八十年代有了"机井、自来水"后,才根本性地改变了关中旱塬上的用水方式。

49. 革（泽火）——海誓山盟

一、原文

革　已日乃孚。元亨利贞。悔亡。

初九　巩用黄牛之革。

六二　已日乃革之，征吉。无咎。

九三　征凶，贞厉。革言三就，有孚。

九四　悔亡。有孚改命，吉。

九五　大人虎变。未占 有孚。

上六　君子豹变。小人革面，征凶。居贞吉。

二、注释

【卦象玄机】"泽上火下"。单卦：上卦为泽，指有性欲望的女子；下卦为火，指欲火中烧的男子。叠卦：泽上火下，即泽下有火，为女诱男之象。女贪男爱，一拍即合，情到浓处，难以割舍，犹如皮绳相缚，如胶似漆，难以分开。但对大人、君子，不可沉溺于私情，当断则断，勿受其害。

【卦名意境】革：本卦中的"革"，历来被解释为"改革、变革"，甚至指现代意义上的"革命"。但根据本卦的卦象及卦、爻辞，此"革"应指动物皮制成的绳索（即"皮绳"，为关中地区常用的农具），引申为犹如用皮绳"捆绑"在一起（的有性关系的男人和女人），类似于今天的"如胶似漆、难分难舍"的"私情"。"革言"就是今天的"山盟海誓"。

【本卦主题】私情男女。

【各爻角色】如何对待"婚外情"。

【字词释义】

已日:不同版本《周易》中,有"己日"、"已日""巳日"等不同写法,此应为传抄过程中产生的偏差。此处应为"已(yǐ)日"。犹如"蛊(巽)"卦中的"先甲(庚)三日,后甲(庚)三日"一样,这里的"已日"也可以理解为"天干地支"中的称谓,"已"在天干中的排位为第六。"已日"可以指某一事件发生之后的"天数"或"次数"。本卦中,可以理解为"海誓山盟"的男女,有"已(六)"次肌肤之亲。"已日"也可以有很不雅的另一解,即"已"指"已经","日"为粗话的假借字,同"狗日的"中的"日"。

革言:革,指皮革,特指用皮革制成的绳索,即"皮绳",为关中农村常用之物。革言,指将两个人"捆绑"在一起的语言约定,意为"海誓山盟"。

改命:此处指"重新选择伴侣"。

虎变:指老虎"变脸"。

为了领悟此处"虎变"的含义,请考虑《动物世界》之类节目中的以下情景:一只老虎饱餐一顿之后,懒洋洋地躺在树荫下安详地休息。一会儿,几只虎崽来到老虎身边,上蹿下跳地尽情嬉戏,打扰了老虎的休息,老虎显得有些不耐烦。忽然,一只虎崽在嬉戏中,狠狠地咬到了老虎的痛处,惹恼了老虎,老虎一个激灵,突然支起前腿,张开血盆大口,向虎崽发出威严地低吼,虎崽立即四散奔逃。这大概就是"虎变"的情景,强调"只警告,不惩罚"。

图革-1 "虎变"与"豹变"的对比(猜想)

豹变:指豹子"变脸"。

场景同上,只是将"虎"换为"豹"。当豹崽惹恼了母豹的时候,母豹则一声尖叫,并"顺手"给豹崽一个教训性的巴掌!这大概就是"豹变"的情景。强调"不但警告,还要惩罚"。

因此,"虎变"指只给予严厉警告;"豹变"指给予惩罚性的教训。

未占:占,指霸占、占有。未占,指(男子对女子)未(长期)占有,未(长期)霸占。此处的"占"不应理解为"占卜"。

小人革面:小人,指"海誓山盟"中的女性一方。小人革面:指女子悲悲切切、令人不忍拒绝(难以割舍)的面容。

三、今译

革:因为私情,男女之间的"海誓山盟"。

⚖️ 已日乃孚。☯ 元 亨 利 贞,⚖️ 悔亡。

没有正常婚姻关系的男女之间,相互倾心、海誓山盟,如果仅偷情数次(已日)就分手,就不违背(当时的)社会道德规范(乃孚)。如果海誓山盟的男女,能够结成稳定的婚姻关系(元亨 利 贞),就无怨无悔了(悔亡)。

初九 ☷ 巩 用黄牛之革。

一见倾心的男女第一次偷情后(初九),会彼此海誓山盟(巩),就像用皮绳捆缚(用黄牛之革)一样难分难舍。

六二 ☷ 已日乃革之,☷ 征 ⚖️ 吉。⚖️ 无咎。

有了肌肤之亲(已日)以后(六二),更是如胶似漆(乃革之)难分难舍。既然如此,那就继续干吧(征),这样会让你们感到愉悦(吉)。这种事情,没有什么可指责的(无咎)。

九三 ☷ 征 凶,贞 厉。☯ 革言三就,有孚。

如果一方(此处特指男方)不愿意继续时(九三)不要强求,一味强求(征)会有麻烦(凶)。如果情丝难断,定要保持(贞)这种关系,可能会出现很糟糕的后果(厉)。海誓山盟(革)的诺言(言)若能够兑现三次(三就),也算是有情有义的人了(有孚),不要强逼。

九四 ⚖️ 悔亡。☯ 有孚。☯ 改命,⚖️ 吉。

分手时刻(九四)应心平气静,既然曾经彼此拥有,那就是无怨无悔(悔亡)的选择。应洒脱一些,尊重别人的选择(有孚),重新寻找自己的归宿(改命),这才是皆大欢喜的结局(吉)。哈哈,这话好像是给失恋的人说的。

九五 ☯ 大人虎变。☯ 未占 有孚。

分手之后(九五),如果女子还要天天缠着你,你(大人)就要像老虎变脸一样(虎变),给予她严厉的警告,让她远离你。对于不再钟爱的人,不再以虚情假意继续占有、霸占（未占），就是一位有道德的人（有孚）。

上六　求 君子豹变。描 小人革面，判 征 凶。做 居贞 判 吉。

对不断纠缠你（上六）的女子，虽然你（君子）已经给予了严厉警告，但她却仍死缠着你不放，你就要像豹子变脸一样（豹变），给予一些惩罚性的教训。如果因为她悲悲切切、令人怜悯的容貌（革面）让你动了恻隐之心，给予她无望的期待（征），可能出现不希望看到的后果（凶）。如果你实在被纠缠得不行，那你就躲在家里别见她（居贞），让她死了这份心思，可能是个好办法（吉）。

四、补记

【东拉西扯】看到本卦的内容，很容易让人联想起"益"、"睽"，及后面的"中孚"、"既济"等卦的情形。

正像前面讨论过的"临(x、y、z)"、"晋(x、y)"、"升(z)"、"观(+t)"、"复(−t)"等卦，暗含着清晰的物理概念一样，"睽、益、革、中孚、既济"等卦，则对不同类型的"男女私情"现象，进行了清晰的界定。

"睽"指一见钟情之后，便是鲁莽、疯狂的不管不顾、不计后果，不求天长地久、但求曾经拥有的"男欢女爱"行为。

"益"指周旋于男子之间，"地位优越、感觉良好"的风流女子，"赐予"那些"可怜的男子"的短暂柔情。强调的是"交际花"式的女子，令人不禁想起电影里，欧洲宫廷中周旋于王公贵族之间，那些娇艳欲滴的风流女子。

"革"则讲情窦初开的无知少女，或一片痴情的女子，懵懵懂懂、心甘情愿的委身于对其"甜言蜜语"、"山盟海誓"的男子。可怜的女孩，虽然付出了纯情，也许得不到期待的"正果"，就像被抛弃的"小三"。

"中孚"则描绘了一位帅小伙锲而不舍地追求一位优雅的女士，终于得偿所愿的美丽邂逅。是一段童话般美丽、纯真的爱情故事，令人荡气回肠，魂牵梦绕。

"既济"卦却描述了"有情人难成眷属"的悲剧中，那种别离时哀怨忧伤的眼神，两地间牵肠挂肚的思念，再见时相对无言的沉默！想想吧，如果你魂牵梦绕的姑娘，去了遥远而陌生的城市，再见的时候，她已是别人的情人…

唉，人生在世，怎一个"情"字了得！

实际上，《周易》64 卦中或多或少涉及男女性事的有 15 卦之多（还有"丰"卦涉及"男同"）。这 15 卦中，除"泰、否、颐"3 卦直接描述性交过程外，其余各卦的情况对比如下，供大家参考。

卦名	卦象	人物关系		要求或结局
		女	男	
大过	上泽下风	寡妇	情人	偷偷摸摸,半饥半饱
咸	上泽下山	妻子	丈夫	风风雨雨,相伴到老
睽	上火下泽	少妇	俊男	一见钟情,共赴巫山
损	上山下泽	妻妾	壮男	呵护有加,死心塌地
益	上风下雷	风流女子	精英男子	逢场作戏,不求拥有
夬	上泽下天	花痴女子	丈夫	严加约束,维护颜面
革	上泽下火	痴情女子	薄情男子	海誓山盟,始乱终弃
渐	上风下山	少女	男子	寻寻觅觅,天命注定
归妹	上雷下泽	少女	姐夫	渐萌情愫,委以终身
中孚	上风下泽	漂亮女子	仰慕男子	芳心暗许,终偿所愿
既济	上水下火	别人娘子	前男友	藕断丝连,抱憾终身
未济	上火下水	冷美人	倾慕男子	冷若冰霜,融化坚冰

【**主题乱弹**】本卦的卦象为"上泽下火",在老先生的脑海中这是一幅女子"勾引"男子的情景。但,这里的"勾引"却不是"风流成性(益卦)"、"欲壑难填(夬卦)"的女子的"有伤大雅"勾当,而是"情窦初开"、"一片痴情"女子的真情冲动!

而然,让人不解、甚至可气的是,老先生对这种真挚的感情似乎并不珍惜! 只是应付性的"革言三就"、"见好就收",甚至以"虎变"相威胁、以"豹变"相惩罚。对此,除了说老爷爷是一个"熟女控"之外,还能有别的解释吗? 这不是玩笑话。

也许,这是老爷爷的"阶级本性"所决定的。即,高高在上的"老爷们",把那些出身卑微的女子只看做是"偶尔玩玩"的工具,招之即来、挥之即去,不准"纠缠"! 这与现在"一些人"的做法,何其相似! 然而,虽然我同情这样的女子,但不可否认的是,其中一些也确实有些"自贱",自作自受!

同样令我不解的是,不知哪位老先生竟然将本卦的"革"解释为"变革",与后面的"鼎"结合起来,搞出了一个"革故鼎新"的成语,搞得后世的文人墨客云里雾里、晕头转向!

本卦的"革"历来被解释为"变革",因此,以往对卦、爻辞的解释,都遵循着"变革"这一思路。另外,可能因为四爻中的"改命"一说,衍生出了后世的"革命"一词,把"变革"的意思推到了极致。

我实在搞不懂,本卦里的"革"与"变革"之间半毛钱的关系都没有,仅凭把

"虎变"、"豹变"理解为虎、豹的"换毛",竟然整出一个"旧貌换新颜"的"变就是革"的胡说八道出来！难怪国学的传统是不大讲求逻辑,或者只是一些东拉西扯、牵强附会、牛头不对马嘴、甚至强词夺理的混账逻辑！唉,言重了。

【哲理漫说】"已日乃孚。元 亨 利 贞,悔亡"中,"已日乃孚"流露的观点,我不赞同。"已日乃孚"是指"已经把那事办了(已日)"就算对得起她了(乃孚),这是谁家的规矩啊(也许我曲解、冤枉了老先生)?! 后面的这句:如果有情人能够终成眷属(元 亨 利 贞),痴情的女子就心满意足了(悔亡),还说得过去。

初爻的"巩 用黄牛之革"一句,非常明确地指出了,这里的"革"就是指黄牛的"皮"(制成的绳子,即皮绳),就是现在"皮革"的意思。

那么,要用黄牛之革所"捆绑(巩)"的,又是什么东西呢?

众所周知,需要用"皮绳"所捆绑的一般是两个或以上的"物件",以防"它们"分散开来。那么,这里的"物件"指什么呢? 显然,就是卦象中的"泽"与"火",即海誓山盟的"男和女"。这里的"男和女"如果具有血缘关系,或者是固定的配偶,本身就具有割舍不断的关系,自然无需用"皮绳捆缚"。因此,不难想象,这里以黄牛之革捆缚的对象,应该是具有非正常性关系(非配偶)的男女了。所以,"巩 用黄牛之革"的意思是,"泽与火"之间的关系,就像用牛皮绳捆缚一样紧密,难以分离、不能割舍。这显然是指刚刚有了"肌肤之亲"的男女了。这是开始时的情形(初爻)。

事情发展到第二阶段(二爻),就成了"已日乃革之,征 吉。无咎。"即,"已经把那事办了(已日)"仍然难分难舍(乃革之),那就顺其自然接着干(征),感觉良好(吉)。

到了三爻"征 凶,贞 厉。革言三就,有孚"的地步,就"晴转多云"了:再接着干"那事"(征)就有麻烦了(凶);如果打算长期保持这种关系(贞)后果严重(厉)。海誓山盟的诺言(革言)兑现几次(三就)就够了,也算对得起她了(有孚)。这显然指"露水夫妻"了。

于是,"悔亡。有孚。改命,吉"(四爻)就沉浸在自我陶醉中。尝到了甜头,又利利索索地甩开了包袱,这等好事还有什么不满意(悔亡)? 给她一些补偿(有孚)也算对得起良心。赶快另寻新欢吧(改命),再接着过神仙般的日子(吉)。

(五爻)什么? 她又纠缠来了? 看我怎么吓唬她(大人虎变):"少来纠缠! 对我(曾经拥有)的女人,我不限制你的自由、允许你去找别人(未占),已经很给你面子了(有孚)! 再来纠缠,你会死得很惨!"哈哈,这是现在一些人的嘴脸。

(上爻)不死心的傻丫头(小人),还想再用一副哀怜的容颜(革面)挽回情郎那无情的心,招来的却是心灵和肉体双重的痛苦(君子豹变)! 他怕你缠上他,连面都不再闪了(居贞)。唉,现代薄情郎常用的手段啊。

老先生卦里女子的境况,与某些来自现代社会底层、惨遭抛弃的痴情女子的遭遇,何其相似啊。

其实,"今译"里给出的意境与这里的不同,我也不知道哪个更接近原意。但无论如何,对老先生本卦的某些观点,持强烈的保留意见。

似乎有些沉重。换个心情吧。

【史海寻贝】值得注意的是,老先生提出了"虎变"、"豹变"两个情景,可能揭示了两个事实:一是,当时虎、豹经常出没于人们的生活圈子之中;二是,当时的人们对虎、豹的习性有细致入微的观察。

一般人的印象中,虎强于豹,因此,"虎变"应比"豹变"更为可怕。但老人家却把两者颠倒过来,即"豹变"比"虎变"更为严厉,这应该是对虎、豹习性深入观察后得出的结论。注释中对此做了详细分析,兹不赘言。但希望相关专家对此详加审视。

至于将"虎变、豹变"解释为虎、豹换毛之类的说法,显然是在往"变革"的思路上凑,不足为凭。

50.鼎（火风）——锅里乾坤

一、原文

鼎　元吉。亨。

初六　鼎颠趾，利出否。得妾以其子，无咎。

九二　鼎有实，我仇有疾，不我能即。吉。

九三　鼎耳革，其行塞，雉膏不食。方雨亏悔，终吉。

九四　鼎折足，覆公餗，其形渥。凶。

六五　鼎黄耳金铉。利贞。

上九　鼎玉铉，大吉。无不利。

二、注释

【卦象玄机】"火上风下"。单卦：上卦为火，指煮食用的炊火；下卦为风，指为增强煮食时的火力，在炊火下鼓风。叠卦：火上风下，即火下有风，为鼓风助火之状。古时，鼓风助火主要为烹煮食物，故，鼓风助火的景象，让人联想到煮食的主要器具——鼎。

注：从本卦的卦、爻辞来看，周初的鼎是日常生活用具，类似于今日的"锅"，而不是专门的"礼器"。当时，不论黎民百姓、还是达官贵人，均用鼎煮食物，其差异只是制鼎的材料不同而已。对此观点，难以考证。但就四爻爻辞中的"鼎折足"来看，表明当时"将相之家"的鼎，质量也并不是很好，要么是"陶"制的、要么是由质地较脆的青铜制作的。

【卦名意境】鼎：古时煮食的器皿。

【本卦主题】"食器"折射的社会现象。

【各爻角色】各阶层人士。

图鼎–1　古时候的鼎其实应该像左图,只是像右图一样连为一体

【字词释义】

鼎颠趾:指倒扣的鼎,即口朝下、趾朝上,与正常使用时放置的状态不同。这在当时,可能是一种不正常的状态。出现这种状态时,可能表明生活出现了某些麻烦(例如食物不足等),一如后世的"无米下锅"。

仇(音求):同伴,朋友;配偶。此处指配偶,可能多指"妻"。

注:当时已有"夫妻"等称谓,例如"小蓄·九三"中的"夫妻反目"。但"仇"的确切指代不详。

不我能即:指我不在跟前时,她也可以"够(音 gei 或 gen)得着"(关中方言,意为能够拿到)。结合前后爻辞,本句意为:因为"妻子"卧病在床,自己不能煮食,而"丈夫"又不能寸步不离地守护在跟前,于是,"丈夫"把煮好的食物放到"妻子"伸手可及的地方。这表现出一种(对待配偶)周到、体贴的关怀之状。

鼎耳革:字面意思是,鼎的"耳朵"被穿上皮绳。引申为鼎被用皮绳悬吊起来(目的是"藏匿")。

覆公餗(sù):餗,指鼎中的食物,美味佳肴。覆公餗:指给"公(指有身份的人)"准备的美味佳肴,被"倒扣"在地。

渥(wò):光润。这里应该有两层含义,一是指油汪汪的美味佳肴,强调"食材材质的优良";二是指食物已经烹煮了很长时间,强调"烹制过程的精心"。因为,用品质不良的食材,或烹调不精细的加工手段,加工出来的食物难以呈现"渥(润泽)"的外观形态。例如,烹煮的野菜、杂粮,或者半生不熟的鸡鸭鱼肉,都不会有"渥"的视觉感受。

铉(xuàn):提鼎耳的铜钩。

三、今译

鼎:殷商末期普遍使用的煮食器皿。

⊛元 ⊛吉。 ⊛亨。

民以食为天。无论是谁,"揭不开锅"的日子都没法过。所以,把天天都有舒心的一日三餐作为追求目标(元),能够循规蹈矩地过上这样的日子,就是最开心的事情(吉)。顿顿有饭吃,就能平平安安过日子(亨)。

初六 ⊛鼎颠趾,利出否。 ⊛得妾以其子,⊛无咎。

小民百姓(初六),生活艰难,一日三餐,鼎无剩食。"青黄不接"时节,往往无米下锅,只好把鼎倒扣过来(鼎颠趾)。如果别人打趣似的问起缘由来,就以保持清洁(利出否)为由予以搪塞或自嘲。食物短缺时,如果实在支撑不下去的时候,只好举家出门乞讨。乞讨途中,饥饿难耐的女子,可能仅仅因为几口热饭的馈赠,就会感激不尽、以身相报,以致有孕(以其子),因而成为别人的小妾(得妾)。此等事情,实属无奈之举(无咎)。

注:当时的"鼎"就像现在的"锅",是必备的日常用品。饭后"洗鼎(锅)"并倒扣起来,以利残留的"洗鼎(锅)水"自行流出(利出否),保持鼎(锅)的清洁,应是人们的习惯。应注意的是,在"无米下锅"、"揭不开锅"的情况下,鼎也会保持"倒扣(颠趾)"的状态。

九二 ⊛鼎有实,我仇有疾,不我能即。 ⊛吉。

小有人家(九二),家里一般没有仆人打理内务(通常只有干粗活的"短工"或"长工")。如果其妻(我仇)有病(有疾),卧榻不起,夫君又不能日夜守候在旁,于是,只好煮一鼎食物(鼎有实),放在其妻触手可及(不我能即,我不在跟前,她也能够得到)的地方,这样,其妻就不至于挨饿。若能如此,虽家有困难,却很温馨,这又何尝不是一件令人欣慰的事情(吉)!

九三 ⊛鼎耳革,其行塞,雉膏不食。 ⊛方雨亏悔,⊛终吉。

大有人家(九三),烧火做饭这等事情都由仆人代劳。偶尔做一顿好吃的美味佳肴,仆人可能会"藏匿"一部分。私藏的美味佳肴(雉膏)主人却吃不到(不食),被仆人盛在鼎(鼎)中、悬吊(耳革)在别人意想不到的地方(其行塞)(哈哈,如果不悬吊起来,可能又成了猫、狗、耗子或其他仆人的口中之物了,岂不白白担惊受怕一场,却落个竹篮打水!)如果能够善待仆人,使其感受到雨露滋润般(方雨)的恩泽,慢慢就会对私匿行为感到自责、羞愧(亏),从而幡然悔悟(悔),不再干这等事情,终究是好结果(终吉)。

九四 ㉕ 鼎折足,覆公铼,其形渥。 ㉑ 凶。

将相之人(九四),妻妾成群,为了争宠,群妾各显其能。例如,有的妻妾会以美食取悦夫君(参见"泰"卦中的"于食有福")。但是,如果夫君沉溺于其他妻妾之处,把夜来相会的许诺早已忘到九霄云外,让苦苦等候的小妾恶向胆边生,一怒之下砸断鼎足(鼎折足),把为夫君精心准备的美味佳肴(其形渥)洒满一地(覆公铼),就不妙了。这样下去,保不准哪位妻妾因怨生恨,还不定搞出什么样的凶险事情来(凶)。

六五 ㉕ 鼎黄耳金铉。 ㉠ 利 贞。

王侯之家(六五),鼎身因烟熏火燎而不辨其色,然而,鼎耳部分因为经常使用而显露出青铜本色(鼎黄耳)。把鼎从火塘上移开、方便趁热食用的专用工具(铉),也是用非常考究的贵重材料(金)制成。此等景象,尽显王侯之尊贵(利)。但重要的是,要能够长期保持(贞)这种钟鸣鼎食的生活状态。

上九 ㉠ 鼎玉铉, ㉑ 大吉。 ㉑ 无不利。

王侯之考妣(上九),或国之重臣,待到颐养天年的时候,如果儿女孝顺且各有成就,就会把父母所用之食器都装潢得十分考究(鼎玉铉)。父母有此等福分,尽可颐养天年矣(大吉),复有何求(无不利)。

四、补记

【**东拉西扯**】"相传夏禹铸九鼎,商周都以鼎为传国重器,国灭则鼎迁。后用鼎指代王位、政权"(《古今汉语词典》),也许正是这样的原因,后人往往把本卦与王权扯在一起。我以为,本卦中的鼎就是指日常生活中的用具,其作用就是"锅"。这一点毋庸置疑,其他各说,均牵强附会。

后世从相邻的"革""鼎"两卦,"悟"出来一个"革故鼎新"的大道理,实在不理解其思路。但"井、鼎"两卦分说"饮、食",却是谁都能够看明白的。"饮、食、男、女"是人的最基本需求,马斯洛先生在数千年后也认识到了这一点。机缘巧合的是,老先生通过"水上风下、火上风下"与"井、鼎"的联系,已经想到了"饮、食"折射的道德、伦理问题。

虽然"饮"对人来说比"食"更为重要,但"水"是比"粮食"更为容易得到的一种"可再生资源"。即便是在"水贵如油"的黄土高原地区,"水"也比"粮食"更容易得到。所以,在"井"卦中,老先生"我为心恻"的,只是那些不愿意与人分享"老天赐予的可再生资源"行为,对其他情况未加褒贬,甚至心情愉悦地玩味起"井谷射鲋"的轻松画面。但"鼎"折射的社会现象,却要深刻得多。先来看看老先生都想到了什么。

【主题乱弹】在"烧火做饭"的年代,"火上风下"的卦象,很容易让人想到用嘴或用竹管"吹火"的情形。因此,本卦以"鼎"为名应该是非常自然的事情。可以说,围绕着"鼎"展开的生活画面,任何时候都是形形色色、多姿多彩的。老先生也撷取了几个典型的生活片段,希望人们透过这些社会现象,悟出背后那些深刻的道理。

【哲理漫说】先看看卦辞:"元 吉。亨"。

鼎"元 吉"揭示了两方面的道理。第一方面,只要能够天天揭开锅,就是人们最简单、最朴实的愿望;若能做到这一点,就是最基本的幸福。想想看,在什么情况下会出现"揭不开锅"的情形? 要么是无米下锅,要么是无人做饭,要么是没有心情做饭。想明白了这些我们就能理解:简简单单、顺顺当当、平平安安、健健康康才是人生最大的幸福。

第二方面,如果需要鼎,就说明人口增加、人丁兴旺,这对国人就是"元吉"。

这让我想起20世纪六七十年代的农村生活。但凡有儿子成家后分房另过(分家),父母都会喜滋滋的送上一份重要的礼物:一口锅(现在的"鼎")。当时,女孩子多的父母,常常会受到男孩子多的人的"笑话(即调侃)"。为了"反击",他们编了一个自嘲式的顺口溜:"别看你的儿子多,分开一人一个锅;别看我的女儿多,'凤凰''永久'加'飞鸽'",意思是,你家的儿子多,"分房另过(分家)"时给每个儿子都要送一口锅,会给你造成很大的经济负担;而我家的女儿多,出嫁时我会得到"贵重的聘礼"——自行车(凤凰、永久、飞鸽是当时三个著名的自行车品牌)。后来,城里人结婚时,亲朋好友送铝锅、"钢精锅"的情况也很普遍。这在视"多子多福、人丁兴旺"为吉祥的中国,并不难理解。

初爻的"鼎颠趾,利出否。得妾以其子,无咎",说了两层意思。

一是"鼎颠趾,利出否",可能有自嘲的意味。就像现在人们期望"年年有余"一样,"鼎有剩食"可能是当时生活富足的象征。而"鼎颠趾"就是把鼎倒扣过来,可能表明"吃了上顿没下顿"的窘迫状况。对于无米下锅的人家来说,倒扣的鼎可能成为别人调侃自己的"笑柄"。好面子的中国人,面对这种没有多少恶意的取笑,以"利出否"的自嘲来化解尴尬,也许不失为智慧之举(这可能是最早的阿Q吧)。

二是"得妾以其子,无咎",可能是当时的常见现象。记得我小的时候,在春夏之交、青黄不接的时候,走街串巷"乞讨"的人很多,其中不乏女孩子。有些远路来的"乞丐",夜晚或天雨时的栖身之所,大多是当时"生产队"的"饲养室(养马、牛等大牲畜的地方)",而"女性乞丐",则会被村子里那些好心肠的年长妇女收留在自己家里。因此不难想象,在遥远的过去,那些流落在外的女孩子,只要谁能够给一口饱饭吃,就可能"以身相报"。如果怀上了别人的孩子,就可能被"收为小妾"。模模糊糊的记得,附近的村子里,好像就有人收留"乞丐"做了老婆。当然,对身处此等境地的弱女子,这可能也不失为一种可取的选择。

每读到二爻的"鼎有食,我仇有疾,不我能即"一句,几欲令我落泪。透过这句再平凡不过的话语,我们依稀能够看到这样的场景:一个整日为生计操劳的男子,因生活所迫,不能整日守在因生病而卧床不起的妻子身边,只好做一锅饭,放在妻子伸手可及的地方。这样,即使身边没人照料,她也不至于饿肚子。这是一幅多么令人心酸,却又令人宽慰,让人感到温馨,更让人荡气回肠的情景!唉,能做到如此体贴的人,不知有几个。

三爻的"鼎耳革,其行塞,雉膏不食。方雨 亏 悔,终吉。"让我们看到了周初的社会,也有人性丑陋的一面。即使是大户人家,在某些艰难的日子,好不容易搞到了一些好吃的东西,但做好以后,做饭的仆人却将最好的部分(雉膏)私匿起来,用绳子悬吊于神不知鬼不觉的地方,以待回头慢慢享用,而主人却享受不了这等口福。这就是"鼎耳革,其行塞,雉膏不食"传达的意境。其实,现在的某些"公仆"的行为,不也是雁过拔毛式的常把"主人"的"雉膏"私匿起来,供自己慢慢享用吗?

对于本句爻辞的上述解释,大家可能会有疑问。下面的情况,可能有助于佐证上面的解释。

从我母亲的口中,我对上世纪初"地主"人家的生活略有耳闻(母亲小时候的家和她的两个姑姑家,都是当地很有影响的"地主")。听母亲讲,当时"地主家"的日常饮食,与一般人家并无二致,甚至有些"抠门",只是在一些重要的节日,才会"改善伙食"。

由此可以想象,在很早以前,即使是雄霸一方的大有人家也难得有机会改善伙食,一旦有好吃的,近水楼台先得月式的私藏行为,也纯属正常。私藏的地方,一定是隐秘的、人们不常去的地方(其行塞);私藏的方式,"悬吊"起来最为合理、可行。而要"悬吊",最直接的方法就是在鼎的耳朵上穿上绳子,这应该就是"鼎耳革"的意思。至于本爻的"方雨亏悔,终吉"一句,我实在把握不了确切含义。单就字面而言,"雨"可能指云雨之事;"方雨"可能是说,仆人一旦得到了主人的"恩宠"后,就会感到辜负了主人的信赖,于心有愧、幡然悔悟。按这样的解读,我对自己的想法都感到有点龌龊。但是,现今社会里,主人与保姆之间干出那样的事情似乎并不鲜见,又让我有些释然。希望高人给予正确解读。

四爻的"鼎折足,覆公𫗧,其形渥",似乎让人看到了一幅类似后宫争宠的哀怨场景:

一位妙龄女郎,守着午后满窗淅淅沥沥的秋雨,满怀期待,面若桃花,眸子里满含着对夫君到来后,欢快场景的期待和憧憬……

昏黄的炉火上,为夫君精心准备的美味佳肴,散发着令人焦灼的阵阵香味……

摇曳的灯火,懒懒的、寂寞地照耀着空荡荡的床帏……

泪水,不知什么时候,已经打湿了她的衣襟……

远处男欢女爱的嬉闹声,伴着鸡鸣声声,无情地钻入她的耳膜……

终于,满腔炉火中,鼎,折了足,可怜地倒扣在炉火旁,满地的佳肴,无辜地散发着袅袅余香……

她,冒火的目光,移向了那个隐秘的角落……

这里"覆公𫗧"中的"覆"字,强烈暗示着"鼎折足"的过程十分激烈:狠狠地一棍"砸"过去,鼎足瞬间折断,鼎便"倒扣"过来。

要理解这一点,需要一些物理知识。如果鼎是因为失误被"碰倒"了,鼎足一般不会折断,而鼎被摔在地上、摔破了,倒是有可能。同时,如果是不小心而"碰倒"了鼎,鼎肯定不会"倒扣"(覆)过来,充其量只是"倾倒"而已。所以,从物理学原理出发,如果想表达"无意间碰倒了鼎"的意思,应该是"倾公𫗧",而不应该是"覆公𫗧"。只有在用力很猛,击打在鼎足部位(甚至导致一两个鼎足突然折断)的情况下,鼎才可能翻转、"倒扣"。由此可见,老爷爷在用字方面极其讲究!如果不用十二分的心思仔细揣摩,实在理解不了老爷爷的缜密和高超啊!同时,不得不佩服老爷爷极为细致的观察力、和准确驾驭文字的功力。是啊,古往今来有几个人想到,一个"覆"字背后凝聚着多少心思,又传达出了多么丰富的意蕴啊!

另一方面,"其形渥"也强烈暗示,鼎里的美食不但食材讲究,制作也十分精细,因此,因失误而"碰倒"鼎的可能性也很小。

好一个"鼎折足,覆公𫗧,其形渥"!一个"覆",一个"渥",把怨妇内心世界里那种翻江倒海的挣扎,歇斯底里的爆发,刻画得淋漓尽致、纤毫毕现!面对这短短的九个字,我还能说什么?!无语,抑或汗颜?

五爻的"鼎黄耳金铉",自然是王侯家的生活写照,不必多言。

　　而上爻的"鼎玉铉"其所以"大吉,无不利",则至少有两层含义:一是表明"子孝",二是表明"子有成"。对年迈的双亲来说,除了"子孝且有成"外,还有什么更能让他们感到自豪和宽慰?

　　【黄裳之拜】希望读者诸君,都能从老爷爷的"鼎"上,读出人世间的千姿百态,喜怒哀乐。

　　这,就是当时社会生活的写照,但又何尝不是当今社会的写照!

51. 震(雷雷)——震怒艺术

一、原文

震 亨。震来 虩虩;笑言哑哑。震惊百里,不丧匕鬯。

初九 震来 虩虩,后笑言哑哑。吉。

六二 震来厉,亿丧贝。跻于九陵,勿逐,七日得。

六三 震苏苏。震行无眚。

九四 震遂泥。

六五 震往来厉。亿无丧,有事。

上六 震索索,视矍矍,征凶。震不于其躬,于其邻,无咎。婚媾有言。

二、注释

【卦象玄机】"雷上雷下"。单卦:上卦为雷,指发脾气;下卦为雷,指发脾气。叠卦:雷上雷下,指大发脾气,雷霆之怒。

【卦名意境】震:震怒,发脾气。

【本卦主题】发脾气的艺术。

【各爻角色】社会各阶层。

【字词释义】

震 来虩(xì)虩:虩虩,(字典释义)恐惧的样子。这里应指人们在盛怒时因愤怒而产生的"xi xi 或 xu xu"的喘息声,为象声词。震 来虩虩,指人们盛怒之时,会因为气愤而"xi xi"喘息。

图震-1 "震来虩虩"的样子。

后笑言哑哑:哑哑,拟声词,笑声。后笑言哑哑,指发完脾气后,又喜笑颜开。

不丧匕鬯(chàng):匕,似勺的食具;短剑;箭头。此处指食具。鬯,香酒;香草,即郁金香;通"畅"。此处应指美酒。不丧匕鬯,指(即使发再大的脾气,也)不因为生气而不吃不喝。

亿:古代指十万;安宁;通臆。此处为"臆",指臆想,揣测,自认为;引申为恐怕、可能。

跻:登,上升。

苏苏:苏,植物名;柴草;割草,取草;取,拿;复活;恢复;须状下垂物。此处取须状下垂物的形象,指人们在受责备时,低头认错,或垂头默不作声的状况。

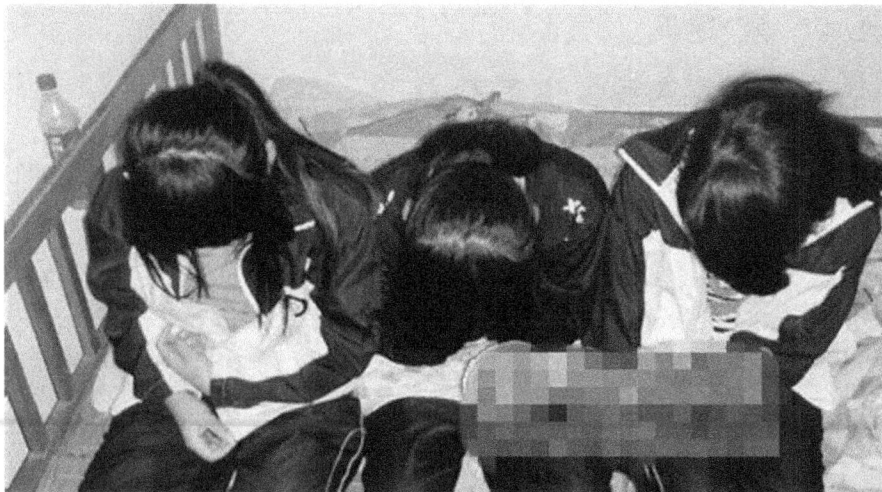

图震-2 "震苏苏"的样子。

眚(shěng):眼疾;疾苦;过失。

索索:指人们在极度愤怒时,出现的浑身颤抖、战栗情形。

视矍(jué)矍:矍矍,《古今汉语词典》解释为"惊恐四顾";《图解周易大全》解释为"眼神惊慌的样子"。均不妥。"视矍矍"应为"侧目怒视"之状。例如,我们在严厉责备某人(如小孩)时,如果受责备的人认为这种责备太过分或没有道理,往往会表现出一种虽然无声、但却倔强的反抗、抗拒状况。此时,他会微微低着头,侧目怒视责备他的人,以表达内心的反抗、愤懑情绪。这应该就是"视矍矍"的情形。

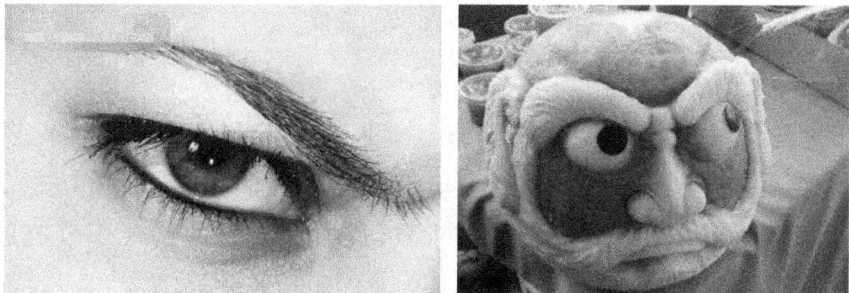

图震-3 "视矍矍"的样子。

三、今译

震:发怒,震怒。

㊀亨。㊁震来虩虩;㊂笑言哑哑。㊃震惊百里,不丧匕鬯。

长辈对晚辈、上级对下级发脾气,都是为了他能够顺利成长、发展(亨)。所以,以发怒的方式教育别人,是一种必要的手段。但人们在发怒的时候(震来)往往控制不了自己的情绪,盛怒之下常会把自己气得嘘嘘喘息(虩虩)。其实,有时大可不必发脾气,在亲密无间、嘻嘻哈哈(笑言哑哑)的和睦、融洽氛围中,也能达到同样的目的。发脾气时,即使你炸雷一般暴怒的吼声(震惊)百里之外(百里)都能听到,过后也不应酒不思、饭不想的自己惩罚自己,该吃还要吃,该喝还要喝(不丧匕鬯)。

初九 ㊀震来虩虩,㊁后笑言哑哑。㊂吉。

作为小民百姓(初九),惹你发怒的,无非是些鸡毛蒜皮的小事,不必大动肝火。发怒时(震来)往往把自己气得够呛(虩虩),但过后(后)要和颜悦色、循循善诱,让家里再次充满欢声笑语(笑言哑哑),而不要对其不理不睬,或冷嘲热讽,继续施加冷暴力。能够做到这样就好了(吉)。

六二 ㊀震来厉,㊁亿丧贝。㊂跻于九陵,㊃勿逐,㊄七日得。

对小有人家(六二)而言,创业难、守业更难。如果晚辈的行为不检点、不长进,往往令长辈痛心疾首、怒不可遏。可是一旦你发起脾气来(震来),却会产生很难预料的后果(厉),可能(亿)让娇生惯养的宝贝(贝)难以接受,或因惧怕,或因不满而离家出走(丧)。他可能约上几个少不更事的伙伴,毫无目标的东游西荡

(跻于九陵),以此来发泄郁闷之情。如果确实发生了这样的事情,不必惊慌失措,不要(勿)马上就呼朋唤友、东寻西找(逐)。放宽心吧,要不了几天(七日)他自己就会回来(得)。请对比"睽"卦之"丧马 勿逐 自复"。

六三　㊀震 苏苏。㊁震 行无眚。

对于大户人家(六三),晚辈一般都会知书达理,轻易不会做出让长辈痛心疾首、怒不可遏的事情。但小的不当行为却在所难免,对此应严加斥责(震),使其能够低头(苏苏)认错。只有对晚辈严加管教(震),其行为(行)才不会有过失(无眚)。

九四　㊂震 遂泥。

身为将相(九四)一般心胸开阔,即使子女有小的过失,也不至于令你大发雷霆之怒。而真正能够让你怒不可遏的事情,其背后必有更隐秘、更深刻的背景。所以,即使你有再大的怒火(震)也不要在人前发作出来(遂泥),否则,可能招致更大的麻烦。

六五　㊁震往 来厉。㊁亿无丧,有事。

身为王侯(六五)不可对臣子颐指气使,动不动就大发雷霆之怒。对臣子发怒,不是解决问题的最佳方法。如果你总是对臣子发脾气(震往),虽然他表面上敢怒而不敢言,但他背后做出来(来)的事情可能令你后悔不迭(厉)。这是因为,你认为(亿)你的严厉斥责很有道理、非常必要,不会使臣子与你离心离德(无丧),但在臣子的心里,可能已经产生了可怕的怨恨之情,从而种下了祸根(有事)。

上六　㊁震 索索,视矍矍,征 凶。㊁震 不于其躬,于其邻,㊃无咎。㊃婚媾有言。

(上六)人们在盛怒之下(震)斥责别人时,发怒的人往往因极度愤怒,把自己气得浑身索索发抖(索索);而惹你发怒的人,在你斥责他时,却可能对你侧目怒视(视矍矍),与你对峙。此时,如果你继续怒火中烧,狂风暴雨般发泄怒火(征),不会有好结果(凶)。人们发怒时(震)往往不考虑自己的过失(不于其躬),而是迁怒于人(于其邻)。当然,人非圣贤,这也难怪(无咎)。但动不动就发火的人,想讨个好老婆(婚媾)可就难了(有言)。

四、补记

【东拉西扯】与"鼎"卦用平凡的事物表现出朴素而深刻的道理一样,本卦从

"发脾气"这件人人都会有的行为中,总结出了至今仍然振聋发聩的哲理。因为人人都会发脾气,相信都能明白老爷爷所讲的道理。

【班门弄斧】人其所以发脾气,是因为在他看来,惹他发火的人的行为是错误的、不应该的,因而要用一种比较激烈的方式,强迫别人接受自己的观点,或发泄自己的愤怒情绪。

无论在以前的农耕时代,还是现在的信息时代,判断一个人的行为"正确与否"的标准,往往是过来人的"经验"。由于长者、权威人士"经验丰富"(至少在他们自己看来是如此),所以,评判别人行为的标准,似乎天然的掌握在他们手里,只有他们才有资格批评别人。如果别人不接受,他们就会发火,其目的是"强迫"别人接受他们的观点。所以,"发脾气"是一种"自上而下"(大对小、长对幼、尊对卑)的、理直气壮的激烈言辞行为。反过来,"自下而上"的激烈言辞行为,不叫"发脾气",而是"抱怨、泄愤"。如果是"地位对等"的人的激烈言辞行为(如两个陌生人相互指责),那叫"吵架"。

【主题乱弹】本卦的卦象是"雷上雷下",以"震"为名,在老先生看来似乎是"老天爷"对人在发怒,由此联想到社会生活中,"自上而下"的"发脾气"行为。

人们在盛怒之下"发脾气"的时候,往往把自己"气得"气咻咻(虩虩)的浑身发抖(震索索),甚至发完脾气后很长时间还"余怒未消",不吃不喝(丧匕鬯)的跟自己过不去,谁劝都不听。而"挨骂"的人,有的吓得不敢吭声、噤若寒蝉,有的郁闷不已、离家出走(丧贝),有的低眉顺目、毕恭毕敬(苏苏),有的嘴上不说、背后使坏(来厉),有的公然对抗、横眉冷对(视矍矍)⋯⋯凡此种种,老先生都以生动鲜明的笔触,为我们一一呈现出来,使我们如身临其境,感同身受。

但让我不解的是,如此浅显的道理,后世为什么看不透呢? 为此,对有些道理再细说如下。

【哲理漫说】"亨。震 来虩虩;笑言哑哑。震惊百里,不丧匕鬯"这句卦辞,说了四层意思。

首先是"亨",指出了"震"(发脾气)的作用,为的是让"挨骂"的人能够顺利发展。这很浅显。

其次是"震 来 虩虩",指人们往往控制不了自己的情绪,一旦"发脾气"(震),往往把自己搞得气咻咻的(来虩虩),这是对"盛怒状态"的形象描述。想象一下你在盛怒时的状态,会"口鼻并用"地发出短而粗的"虩虩"喘气声。因此,"虩虩"是一个象声词,指人们在盛怒时,或激烈运动后,发出的一种喘息声。以往,人们把"虩虩"理解为"恐惧、害怕的样子",这是对"打雷让人感到害怕"这一常识的"推论",虽然逻辑上能够讲得通,但在本卦中几乎没有意义,不符合老先生的想法。

第三是"笑言哑哑",想告诉我们,"发脾气"能达到的目的,在一个和谐融洽、轻松愉快的氛围中也能达到。因此,不一定要用"发脾气"的方式来解决问题,也可以采用轻松愉快的方式来解决。

第四是"震惊百里,不丧匕鬯",这是劝我们,即使生了再大的气、发了再大的火,也不要"气得"吃不下饭、喝不下水。虽然人人都懂,但却没有几个人能够真正做到。有些人一气之下,几天都会茶不思、饭不想,可惹他生气的人早把这事忘到了脑后,该干什么干什么去了。更有些心胸狭窄的人,为一些小事甚至能把自己气出病来。何必跟自己过不去呢?

二爻的"震来厉,亿丧贝。跻于九陵,勿逐,七日得",针对"小康"人家说了两层意思。

一是"震来厉,亿丧贝"。其实,这样的事例在当今社会,真是屡见不鲜。现在城里的独生子女,大都是爷爷奶奶、姥姥姥爷的眼珠子、心头肉,娇生惯养,受不得一点儿委屈。如果因为学习成绩或其他原因受到父母的呵斥(震),动不动就离家出走(来厉,亿丧贝),甚至把这作为一种要挟父母的手段。在这种畸形宠爱的娇惯下,孩子的性格、人格往往出现了扭曲。这是当今社会的一个重要问题,到了该反思的时候了。

二是"跻于九陵,勿逐,七日得",这在当时可以接受,但现在就行不通了。"跻于九陵"就是小孩离家出走后去游山玩水。当时情况下,等到"怨气"消了、兜里也没钱的时候,孩子自然就回来了(七日得)。但现在,外面的世界太复杂,如果任孩子在外游荡而不去寻找(勿逐),很可能会出现意想不到的严重后果,甚至会滑入罪恶的深渊。

五爻的"震往来厉。亿无丧,有事",给现在的"一把手"们敲响了警钟。你对别人发脾气(震往),如果人家给你面子倒也罢了,如果不给你面子,当时就让你下不来台(来厉),你的颜面何存?更有甚者,表面上毕恭毕敬的"聆听教诲",转过身却在背后给你使阴招(来厉),你中枪倒下的时候可能还不知道"子弹"来自何方。不要太过自信,你觉着(亿)发发脾气应该没事(无丧),但可能已经种下了仇视的种子(有事)。

"震索索,视矍矍,征凶。震不于其躬,于其邻,无咎"这一规律性的总结,可以说三千多年前就已揭穿了人性的本质;但世人却往往执迷不悟,一再重复同样的错误。试想,如果你对孩子发脾气(震),你把自己气得手脚发麻、浑身发抖(索索），但他却根本就不服气，甚至对你侧目怒视（视矍矍），恨不得跟你吵上一架的时候，你还没完没了地数落他（征），能起到什么作用呢？其结果只能是事与愿违（凶）。前段时间有报道说，有一个好像已经四五十岁的儿子，一怒之下杀了自己年迈的父母，事情的起因竟然是父母对他发脾气！唉，现在的人们，如果被扣了一些奖金，或受到了批评，就没完没了的抱怨，甚至向无辜者"撒气"（震），很少有人能够自觉地从自己的身上找毛病（不于其躬），却往往迁怒于人（于其邻）。这样的事情太普遍了，所以老爷爷也只能说"无咎"了。

【文苑拾珠】仔细品味虩虩、哑哑、苏苏、索索、矍矍等词语传达的神态，真可谓描述的惟妙惟肖、形神兼备。

另外，用"不丧匕鬯"来表示"有再大的怒火也要该吃就吃、该喝就喝"的豁达心态；用"震厉丧贝"来表示"娇生惯养的子女受到呵斥就离家出走，让父母无可奈何"的情景；用"索索矍矍"来表示"甲对乙发怒，甲把自己气得浑身索索发抖，而乙却侧目怒视、与之对峙"的景象，都是非常好的词语，具有成语的简洁和深刻。

52. 艮（山山）——深藏不露

一、原文

艮　艮其背，不获其身；行其庭，不见其人。无咎。

初六　艮其趾，无咎。利 永贞。

六二　艮其腓。不拯其随，其心不快。

九三　艮其限，列其夤，厉 熏心。

六四　艮其身。无咎。

六五　艮其辅，言有序，悔亡。

上九　敦艮，吉。

二、注释

【卦象玄机】"山上山下"。单卦：上卦为山，指隐藏真相的遮蔽物、假象；下卦为山，指（大量的）财富、资本或技能、技艺等"隐私"。叠卦：山上山下，（上山）掩蔽、遮盖（下山）真相、"隐私"，隐指深藏不露。

【卦名意境】艮（gèn）：《古今汉语字典》：止息；方位名，指东北；时辰名：2：00~4：00。本卦中意为"掩盖隐私，深藏不露"。

【本卦主题】人们刻意掩盖财富、资本、技能、技艺等个人"隐私"。

【各爻角色】各阶层人士。

【字词释义】

艮其背，不获其身；行其庭，不见其人：指人们往往把自己的背部（其背），严严实实地遮蔽（艮）起来，让别人看不清自己的全貌（不获其身）；即使对与你交往很深的人，你也很难了解他的底细，就像你能够进入他家的庭院（行其庭），却不知道他身处何处(不见其人)一样。

限:前人根据本卦从脚趾、到牙床的描摹规律,认为此处的"限"指"腰部"。似不妥。这里的"限"应指"尽可能多"的(身体部位)。

夤(yín):敬重,恭敬;深;攀附;夹脊肉。此处指夹脊肉,引申为支撑,撑腰的人。

辅:牙床(参见"咸"卦"咸其辅颊舌")。

三、今译

艮:人们对财富、资本等"隐私"的刻意隐藏。

🔲艮其背,不获其身;🔲行其庭,不见其人。 🔷无咎。

世人往往刻意隐藏自己的"个人隐私",这就像用假象遮挡(艮)其背部(其背),不想让人看到其全貌(不获其身);即使你进入他家的庭院(行其庭)之中,也搞不清他身在何处(不见其人)。唉,大家都这样遮遮掩掩,生怕别人了解自己的底细,这不怪谁(无咎)。

初六 🔲艮其趾,🔷无咎。 🔶利 永贞。

小民百姓(初六)见识浅薄,对那点少得可怜的隐私,既想要掖着藏着,又想要拿到人前显摆、炫耀。这就像想用一块破布把自己遮盖起来,但比画来比画去,却只盖住了(艮)脚趾头(其趾)。这也难怪(无咎)。对于小民,如果能够懂得为自己保留一些隐私(利),日子就能很好地过下去(永贞)。

六二 🔲艮其腓。 🔲不拯其随,其心不快。

小有人家(六二)虽然颇有见识,但由于可怜的虚荣心作怪,却不可能把自己遮盖得严严实实,而用来遮掩的那块破布只能遮住了(艮)腿部(其腓)而已。对于他们仰仗、依赖的主人(参见"赛"卦),他们会鞍前马后地尽心伺候,但若主人不能满足(不拯)他们曲尽迎奉的良苦用心(其随),他们就会牢骚满腹、怨言不绝(其心不快)。

九三 🔲艮其限,列其夤,厉 熏心。

雄霸一方的大有人家(九三)毕竟见多识广,会尽可能地将自己包裹(艮)得严严实实(其限),生怕别人了解其家底。但却总想显摆(列)他们的后台、靠山(其夤),借此装点自己的门面,在人前抖抖威风。这样做可能导致"后台、靠山"的不悦和斥责(厉),但不拿出来炫耀,会让他们的内心烟熏火燎(熏心),憋得难受。

六四　⬚境⬚ 艮其身。⬚判⬚ 无咎。

身为将相（六四）应谨言慎行，深藏不露，令人琢磨不透（艮）其底细（其身），从而给人一种无形的压力或莫名的威严。这无可指责（无咎）。

六五　⬚境⬚ 艮其辅，⬚求⬚ 言有序，⬚判⬚ 悔亡。

身为王侯（六五），应牢牢地管住（艮）自己的嘴（其辅），该讲的讲，不该讲的坚决不讲，该讲的时候讲，不该讲的时候坚决不讲（言有序），这样，就不会有令人后悔的事情（悔亡）。若是口无遮拦、信口开河、轻易许诺，迟早要后悔。

上九　⬚境⬚ 敦艮，⬚判⬚ 吉。

功成名就、功盖朝野之人（上九），应心甘情愿（敦）的急流勇退、自隐江湖（艮），方可安享天命，赢得善终（吉）。

四、补记

【东拉西扯】看了这一卦人们就会明白，中国人"深藏不露，真人不露相"的性格特征，可真不是一时半会儿练就的，感情早在三千多年前就深谙此道。

本卦中所述的现象，在当今社会仍俯拾皆是。本不想赘言，怎奈当今社会人心浮躁，没人愿意多想，还是啰唆几句吧。

【主题乱弹】现代汉语中，"艮"不是一个常用字，在关中方言中也不怎么用了，对其含义，大家了解并不多。现今词典对"艮"给出的解释是：止息；方位名，指东北；时辰名：2：00～4：00。这些解释似乎都与易经、易学有关。《象》曰："艮，止也"，于是乎，后世都把本卦的意境，朝着"止息"这个方向上生拉硬拽，越走越远。

本卦的卦象是"山山"，可以理解为山下有山，或山后有山。结合卦、爻辞的意境，老先生似乎强调前山遮挡了后山的情况，引申到社会生活中来，似乎是讲人们刻意隐藏"隐私"的行为。

不显山不露水、谦虚谨慎、低调行事等，似乎是国人骨子里带来的性格特征。结合这一特征，本卦"深藏不露"的主题就呼之欲出了。果然，按照这一主题，本卦便能顺利解读。

【班门弄斧】国人为什么会产生"深藏不露"这一性格特征呢？"深藏不露"对中华文明有什么样的作用呢？

中国的农耕文明具有悠久的历史，但自然环境却相当恶劣（注意，黄河中游地区是中华文明的主要发源地），不利于农耕，这从"后稷教稼"、"后羿射日"、"大禹治水"、"精卫填海"等史前传说中，可以得到些许印证。正是由于自然环境恶劣，而"大家庭"抵御风险的能力相对更强,因而生存能力更强,因此国人的"大家庭"意识才特别强烈。为了在恶劣的自然条件下保障"大家庭"的持续繁衍,人们选择了"为自己留一手,以备不时之需"的生存策略。这种生存策略,要求人们不公开自己的家底,以免在社会动荡时期,赖以生存的物资被抢夺一空,导致家族繁衍的中断。换句话说,国人的生存理念是:既要保障空间上的扩张(人丁兴旺),又要保障时间上的延续(千秋万代)。而要保障时间上的延续,就必然要选择"刻意隐藏,深藏不露"的行为模式。

世界上其他的古老文明都已销声匿迹了,唯有中华文明源远流长,可能与中华文化追求"时间上的延续"密不可分。因此,"刻意隐藏,深藏不露"的观念可谓根深蒂固,即使在当今轰轰烈烈的社会前进浪潮中,中央三令五申、民间呼声一片,公开官员财产的举措也难以落实。

"深藏不露"的性格特征,往往导致"独善其身"的社会行为,这可能是"兼济天下"的精神难以发扬光大的一个主要障碍。但从世界古老文明仅剩中华文明一枝独秀的现实来看,中华文明必有其"时间延续性"的优势。对此,还望相关专家仔细研究,揭示其中的道理。

【哲理漫说】国人"刻意隐藏,深藏不露"的性格特征,在现实生活中,有多种多样的表现,不一一列举。从本卦来看,国人这种性格特征的形成,至少可以追溯到周文王的时代,而且当时就已经非常明显了,否则,可能就不会有本卦的论述了。但是,人的本性中还有"炫耀"自己,从而赢得别人的尊重,为自己赢得更好的发展空间的一面。于是,国人的性格中,"深藏不露"与"显摆炫耀"的矛盾经常交织在一起,让人很难把控。

小民百姓(初爻)经常被人轻视,虽然有"深藏不露"的性格特征,但一旦有可资炫耀的资本,总是忍不住要炫耀、显摆一下,满足可怜的虚荣心。因而,其深藏不露的行为,总会演化为一种半遮半掩、欲盖弥彰的行为方式。就像"贲"卦描写的那样,为了"炫耀"一双新鞋,就宁愿屁颠屁颠的走路来显摆,有车也不坐。显然,小民百姓"炫耀"的冲动远大于"遮掩"的需要,因而,其"遮掩"行为就像只遮住了脚趾头。于是,便有了初爻的"艮其趾"。

二爻的"地主阶层"比小民百姓的见识多,"炫耀"的冲动也少一些。但为了让人"高看一眼","炫耀"的冲动仍然大于"遮掩"的需要,因而在老先生看来,其"遮掩"行为,似乎也只是遮掩到了腿部而已,即"艮其腓"。对农耕社会的"地主"阶层而言,可资炫耀的资本显然不是牛羊、粮食等生存物资,而应是显赫的社会关系,就像"刘姥姥"那些住在"大观园"里的阔亲戚。显然,这样的阔亲戚并不一定能够满足他们的所有要求,一旦不能满足要求,"刘姥姥"们就会"嘴噘脸吊"(方言,撇着嘴、吊着脸,一副不高兴的样子),满肚子不高兴。"不拯其随,其心不快"大概就是这样的意思。另外,在"蹇"卦中曾经指出,二爻代表的人家(类似于现今的村长、村民小组长),可能是社会权利结构中的最低一级,因而,一定有支持他们行使权力的"上级(主子)"。如果他们尽心尽力为"上级"办事,"上级"却满足不了他们的一些小小请求(不拯其随),他们就可能满脸的不高兴(其心不快)。这可能更接近"不拯其随,其心不快"的真相。

三爻雄霸一方的豪强人家,其所以能够称雄一方,必有其背后的支撑力量,就像当年的"刘文彩",近年的"黑社会"、"大佬"们,有其"保护伞"一样。这种支撑力量,老先生将其形象化为"夤",即位于"脊柱"两侧、支撑人体"脊柱"的"夹脊肉"(哈哈,果真如此的话,老爷爷还懂一些人体解剖学!)这样的人家,平时将自己遮蔽得严严实实,外人难以了解其底细(现在的"黑社会"更是这样),一个重要原因,就是不想给他们的"后台、靠山"惹麻烦。但是,不在人前"炫耀"这样的"硬靠山、铁关系",他们就会心里憋得难受(熏心)。所以,他们总会有意无意地在人前显摆,谁谁谁是我的铁哥们,想让人高看一眼。但其"后台、靠山"对这种"泄密"的行为,往往是深恶痛绝的,严厉的斥责(厉)显然是免不了的。于是,老先生说这样的人是"艮其限,列其夤,厉 熏心"。

对于手握重权的将相(四爻)而言,在小民百姓面前自然不需要遮遮掩掩,但在掌握着其生杀大权的王侯面前,则必须掩盖其飞扬跋扈、武断专行、贪得无厌、藏污纳垢、甚至草菅人命的真面目,表现出一副谦卑恭顺的姿态。近些年古装电视剧中"和珅"的形象,就是对"艮其身"的最好阐释,特别是王刚先生扮演的和珅。

"艮其辅"是对王侯(五爻)而言的。"辅"即牙床,隐指"嘴",引申为"金口玉言"。就是说,王侯嘴里的话应该遮遮掩掩、云里雾里,让人摸不到头脑。或者说,老先生要求王侯们不能口无遮拦,随便表态。对此,相信大家都能理解。

"敦艮"中的"敦",可以理解为敦厚,引申为自觉自愿、心甘情愿。显然,心甘情愿地将自己隐藏起来的人,特别是对曾经风光无限的人来说,很难做到。老先生奉劝这些人,想要"软着陆"、安享晚年,就要心甘情愿地把自己隐藏起来,远离众人的视线。否则,能否善终还在两可之间。

【文苑拾珠】成语"利欲熏心",可能源自于三爻的"厉 熏心",但似乎不大符合老爷爷的本意。

53.渐(风山)——择夫真谛

一、原文

渐 女归 吉。利 贞。

初六 鸿渐于干。小子 厉,有言,无咎。

六二 鸿渐于磐。饮食衎衎,吉。

九三 鸿渐于陆。夫征不复,妇孕不育,凶。利 御寇。

六四 鸿渐于木,或得其桷。无咎。

九五 鸿渐于陵。妇三岁不孕,终莫之胜,吉。

上九 鸿渐于陆。其羽可用为仪,吉。

二、注释

【卦象玄机】"风上山下"。单卦:上卦为风,指山顶刮起的大风;下卦为山,指山顶。叠卦:风上山下,即山上有风,指刮过"山脊"的大风。

本卦的卦象、卦名及主题之间,逻辑关系链条太长,细说如下:

(1)"山上有风"是常见的自然现象。登上过山顶的人,都会对山顶的疾风印象深刻:即使在"风平浪静、风和日丽"的情况下,山顶通常也有较大的风。这一现象,有其深刻的物理学或气象学成因,这里不去细究。

(2)在合适的情况下,山顶的大风,往往会把

图渐-1 "山上有风"——
喜马拉雅山顶的雪雾

"上风头"山坡上的"枯叶、杂物"刮过山顶(山脊)。被风刮起来的"枯叶、杂物"越过山脊后,随着风力的减小又会"慢慢地飘落"下来。最为显著的例子,就是喜马拉雅山顶上常年被风刮起的"雪雾"。见图渐-1。

(3)"慢慢地飘落"的"枯叶",通常是"打着旋儿"落向地面,就像盘旋着、缓缓落向地面的"鸿雁"。卦名的"渐",即指"物体"盘旋着、自空中缓缓落向地面的这一过程。

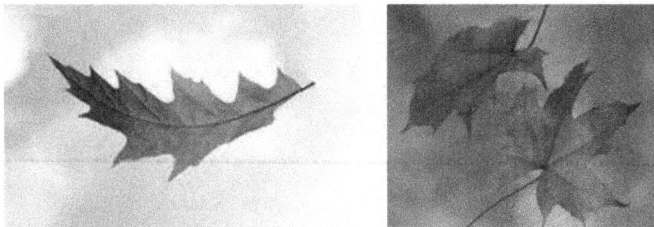

图渐-2　飘落的树叶

(4)"鸿雁"其所以盘旋着、缓缓地落向地面,是在寻找一个食物丰盛、安全无忧的"落脚之地",希望能够怡然自得地度过一段美好时光。

图渐-3　盘旋的鸿雁

(5)尚未婚配的少女择偶时,就像盘旋在(男)人们头顶上挑剔的"鸿雁",寻找自己的"栖身之地"。

(6)少女寻寻觅觅、挑挑拣拣地挑选"意中人"的情形,与"鸿雁"盘旋着、缓缓地寻找"落脚之地"的情形,有着本质的相似性。故用"鸿渐"暗指"少女择偶"。

简而言之,"山上之风"刮起的落叶,晃晃悠悠、洋洋洒洒地落向地面(渐),犹如盘旋的鸿雁寻找落脚之地,象征着少女犹犹豫豫、挑挑拣拣地选择终身的归宿。这就是"上风下山(卦象)"引出卦名"渐"的背景,并由此确定了"少女择偶"这一主题的内在逻辑。

【卦名意境】渐:流人(因获罪而被流放之人);沾湿;浸泡;润泽,滋润;影响。

渐进,逐渐;加剧;疏导;开端;次序。本卦意为,就像鸿雁一般盘旋着慢慢地飘落下来,找到落脚之地;引申为女子飘飘然选择终身的归宿。

应注意的是,在当时的农耕社会,纳妾是普遍现象。社会中上层男子所纳的小妾,完全有可能来自于中下层社会。这就像现在的农村女孩子,或因打工,或因上学留在城市后,可能"嫁给"不同社会阶层的男士。可见,即使出身卑微的女孩子,也有较大的择偶选择余地。可以嫁为人妇安心过日子,也可能为攀高枝而去做"小蜜"、当"小三",这种摇摆不定的选择过程,可能就类似于"鸿渐"吧。

【本卦主题】女子择偶。

【各爻角色】嫁入社会各阶层的女子。

【字词释义】

女归:指女子有了终身归宿,即出嫁。

鸿渐:鸿,天鹅,大雁。此处应指大雁。鸿渐,指令人可望而不可即的美丽少女,盘旋着寻找意中人。

干:岸,水边。此处引申为"落脚地"根基不稳,变化无常,衣食没有保障。

磐(pán):磐石。此处引申为"落脚地"坚实可靠,衣食无忧。

衎(kàn)衎:和乐,快乐。此处引申为安闲自在、无忧无虑的样子。

陆:土地;大土山;道路;跳跃。此处意为大土山,高处,高地。

桷(jué):方形的椽子。暗指用方形椽子建造的华丽屋宇,引申为地位显赫的人家。

注:一般人家建造房屋用圆形椽子,而有权有势或有钱人家,为了美观,却会采用方形椽子。显然,为了起到同样作用,用方形椽子需要更大的木料,一般人家难以承受。图渐-4为故宫的屋檐,可见方形的椽子。

图渐-4　桷——故宫的屋檐(可见"方形"的椽子)

陵:大土山;山头;帝王的陵墓。引申为令人崇敬的地方。

仪:此处指仪仗,引申为装饰,即装点门面。

三、今译

渐:女子飘飘然选择终身的归宿。

〔卦〕女归吉。〔求〕利贞。

女子顺利出嫁,有了好的归宿(女归),自己有了终身的依靠,也了却了父母的心愿,是令人高兴的事情(吉)。女子一旦嫁人了(利),就要保持家庭的圆满(贞)。

初六 〔描〕鸿渐于干。〔判〕小子厉,有言,无咎。

嫁给小民百姓家的女子(初六),就像鸿雁(鸿)落在了(渐)水边(于干)一样,看似衣食无忧,但一不小心就会陷入泥沼。这样的人家,可能经常入不敷出,甚至家无隔夜之粮,过着常常断炊、难以为继的艰难日子。婚后,养家糊口的重担自然就落在了小伙子(小子)的身上,为了生计,他不得不整日操劳、疲于奔命(厉)。但小民百姓一天忙到晚,也不会有多大的收获,这就免不了受到妻子的抱怨(有言)甚至挖苦。唉,嫁给小民百姓,吵架拌嘴在所难免(无咎)。

六二 〔描〕鸿渐于磐。〔判〕饮食衎衎,〔判〕吉。

嫁入小有人家的女子(六二),犹如鸿雁(鸿)找到了(渐)坚实的落脚之地(于磐)一样,就会衣食无忧、安闲舒适(饮食衎衎),过上无忧无虑、悠闲自在的日子。能嫁入这样的人家,自然是件高兴的事情(吉)。

九三 〔描〕鸿渐于陆。〔描〕夫征不复,妇孕不育,凶。〔求〕利御寇。

嫁入大有人家的女子(九三),好比鸿雁(鸿)落在(渐)小山上(于陆)一样,看似风光,却艰辛自知。身为大有人家的子弟(夫),经常为了家国大事出门在外(征),常年不归(不复);也许因为夫君(夫)妻妾成群(征)而难沾雨露(不复)。于是,空虚寂寥的妻子,也许因偷情而"中弹"(妇孕),但是却不敢生出来(不育)。到了此时,方知嫁入大户人家之凶险(凶)。既然贪图人前光鲜而嫁入了(利)大有人家,就要知道境况的险恶,就要耐得住寂寞、经得起诱惑,时刻提防(御寇)红杏出墙所带来的麻烦。

六四 〔描〕鸿渐于木,或得其桷。〔判〕无咎。

嫁给将相重臣为妾的女子(六四),就像鸿雁(鸿)落在了(渐)树上(于木)一样,不一定有很好的位置,很可能因为"抓握不牢靠"或"太拥挤"而随时掉下来。女孩子其所以做出这种孤注一掷的选择,所期盼的是,或许(或)能够幸运地拥有(得)一幢华丽的宫殿(其桷)。唉,鸟往高处飞、人往高处走,此乃人之常情(无咎)。

九五 　鸿渐于陵,妇三岁不孕。 　终莫之胜,吉。

嫁给王侯为妾的女子(九五),则像鸿雁(鸿)飘落于(渐)人人敬仰的宗庙之上(于陵)一样,无比显赫、风光。然而,面对着妻妾成群、公务繁忙的王侯,三年也不一定能够得到眷顾、宠幸(妇三岁不孕)。但若能够受到专宠,或生个一男半女(终莫之胜),地位立马改变,出头之日就来了(吉)。

上九 　鸿渐于陆。 　其羽可用为仪, 　吉。

嫁给老迈的有功之臣为妾的女子(上九),就像鸿雁(鸿)落在(渐)大土丘上(于陆)一样,虽然风光,但可能只是装点别人门面的工具而已。如果在成群结队的妻妾之中,你年轻貌美的外表(其羽)能够独领风骚,成为老头子在人前显摆的道具(可用为仪),那也是幸运的事情(吉)。

四、补记

【岁月留痕】鸿雁俗称大雁,是北方非常常见的一种候鸟。在我们的小学语文课本里"一会儿排成'一'字,一会儿排成'人'字"的大雁们,数十年前还轰轰烈烈地进行着规模壮观的年度大迁徙,但近些年来,不知何故,雁群似乎已经蜷缩进了发黄的小学课本里,慢慢淡出了我们的视线。

记得小时候深秋到初冬的黄昏,天空总有大雁在暮色中盘旋,嘎嘎地叫着,缓缓地、悠悠地飘落在麦田里,然后用青青的麦苗填饱肚皮,休整一宿之后,第二天再继续长途迁徙之旅。

那时候,跨着竹笼(当地人称为"担笼")捡拾大雁粪(用来喂猪),是小孩子帮助家务的一项重要工作。哈哈,那时候小男孩最兴奋、也最快乐的一件事情,就是头上顶着担笼,匍匐着慢慢接近正在享用晚餐的雁群,幻想着能够抓到一只大雁。但无论多么谨慎,尽量不发出声响,而警惕的大雁"哨兵"总能在我们接近雁群的时候报警,然后,雁群便飞到远处。

【主题乱弹】正是由于对大雁的无限向往,那时候的小男孩都仔细观察过大雁的行为:大雁在寻觅落脚点的时候,总会慢慢盘旋、仔细打量,确信能填饱肚子且没有危险时,才肯落地。现在想想,女孩子寻找意中人的情形,何尝不是这样呢?

这一景象,大概就是老爷爷的"鸿渐"吧。可见,"鸿渐"是鸿雁的自主、主动选择行为,而不是受到胁迫、引诱后的被迫行为。

【东拉西扯】我认为,在本卦里,老先生用"鸿渐"来象征"未婚少女的择偶"行为。为了说明这一点,我们把"寻找配偶"的人,按照"男、女"和"未婚、再婚"等因素,分成"未婚男子、再婚男子、再婚女子、未婚女子"四种情况,逐一分析。

"未婚男子"的择偶行为,在现代人眼里似乎与"未婚女子"类似,也可以用"鸿渐"来表现。但在男性占主导地位的农耕社会里,主要的婚配方式是"男娶女嫁",换句话说,男子是"守株待兔",而女子是"择木而栖"。所以,在"择偶"问题上,"未婚男子"不具备"鸿渐"的基本特征,最多像一株"招引凤凰的梧桐",而不会"飘落到"女方家里。

"再婚男子"是指"再娶女子"的男子。在当时的社会背景下,"再娶"有两种可能:一是丧失了"原配",需要"续弦";二是在"原配"之外"纳妾"。一般来说(哈哈,请不要抬杠),男子"再娶"时的选择余地要小一些,"挑挑拣拣"的空间不大,"碰运气"的成分更多一些。这些都不适合用"鸿渐"来表征。

按照国人的传统观念,"再婚女子"的"择偶"余地会更小,一般情况下只能"碰运气"。女子的"再婚"通常已经丧失了"浪漫"色彩,所以,用富有诗意的"鸿渐"来象征,可能就有"挖苦人"的味道了,显然不合适。

【哲理漫说】对"未婚女子"的择偶,拿现在的社会来说,无论"出身卑微"(例如现在那些来自农村的打工妹),还是"血统高贵"(例如刚走出校门的"天之骄妹"),社会为她们都提供了广阔的"鸿渐"空间。决定她们"最终落脚点"的因素,虽然在很大程度上取决于她们的"软件"(内在素质)和"硬件"(外在形象),但其"整机性能"(综合素质)却绝不容忽视。当然,"运气"的成分也是一个重要因素。

(卦辞)对父母而言,女儿有了终身的归宿(女归),那就是令人欣慰的事情(吉)。也都寄望于一对新人能够在婚后(利)恩恩爱爱,白头偕老(贞),这可能是天下父母的共同心愿。

(初爻)今天社会底层的女孩子,如果嫁给一个"工薪族",就像鸿雁落在了水岸边(鸿渐于干),由于没有很好的物质基础,想建一个稳固的"爱巢"就非常辛苦。特别是对于没有多少积蓄、家里又帮不上忙的小伙子(小子)来说,买房子、娶妻子、生孩子等等负担,会压得他连气都喘不上来(厉)。对此,如果小夫妻同心同德、互相理解、互相支持,也到罢了;如果小媳妇一天到晚地数落小伙子没出息、不会挣钱,巴拉巴拉(有言),那真是雪上加霜啊。但到了这一步,又能怎么样呢(无咎)?

（二爻）如果女孩子嫁给一个家底殷实的"小老板"，或小有成就的"金领、银领"，就像鸿雁落在一片坚实的磐石上（鸿渐于磐），不愁吃、不愁穿，没事就找几个闺蜜、姐妹去逛逛街、喝喝茶、打打牌、美美容，活得滋滋润润、风风光光（饮食衎衎），这才是现在女孩子羡慕的小资生活（吉）。不过话说回来，这种"腐朽的资产阶级生活方式，对我们这些经历过无产阶级文化大革命洗礼的人来说，是绝不能接受的"！但从"人性"的角度讲，这也正是大多数人所追求的"小康"生活。

（三爻）也有些女孩子经不起物质的诱惑，成为"大老板"的"小蜜"、"二奶"，住豪宅、开名车、出入高级场所，风光无限（鸿渐于陆），过着醉生梦死、纸醉金迷的生活。但这样的"夫君"今天能够"要"你，明天就可能"要"别人，你的位置随时会有人取而代之！如果"夫君"很长时间没见过你（例如国外"二奶村"的那些女孩子，可能一年半载也见不到"夫君"，这也是一种"夫征不复"），而你的肚子里却怀上了孩子（妇孕），打死你你也不敢生出来（不育），否则，你的麻烦大了（凶）。如果你想保住这样的生活（利），就要能够抵御各种诱惑（御寇），而不是偷偷摸摸的红杏出墙。

（四爻）总有一些"很有心计"的女孩子，对自己信心满满，宁愿"挤"在"前程无限的官员"这棵大树上（鸿渐于木），其目的总希望能够"转正"，从而有资格住进"方形椽子"建造的华丽宫殿中（或得其桷）。对"优秀"的女人来讲，有这样的"企图"也是人之常情（无咎）。抛开社会道德层面的考虑，这种行为实际上是对"优良基因"的追逐，确实无可厚非。

（五爻）对于那些处于权利核心的人而言，确实是优秀女子追逐的对象，甚至不惜为此心甘情愿地做"地下情人"，当然，这是在"一夫一妻制"的情况下，"迫不得已"的做法。如果像过去一样允许三妻四妾，对女子而言，能够嫁给"一把手"显然是风光无限的事情（鸿渐于陵）。但在妻妾的"激烈竞争"中，能否"杀出一条血路来"，实难预料。一旦竞争失利，连怀上"龙种"的机会都没有（妇三岁不孕），那"前途"也就基本无望了，出路大概就只有"深宫怨妇"一条了。但若"运气好"，受到"专宠"或能够生个"龙子"（终莫之胜），那就牛Ⅹ了（吉）。

（上爻）有些"不甘沉沦"的妹子，"抢不到"正值盛年的"绩优股、潜力股"，便会退而求其次。只要能够满足她的虚荣心（鸿渐于陆），就会心甘情愿地跟着"曾经风光无限、现在余威尚存"的"老头子"。她很清楚，这种结合主要是给人"装点门面"（其羽可用为仪），至于解决生理需要，她压根儿就没指望"老头子"。对此，"老头子"也心知肚明，大家只是各取所需。

凡此种种，与三千多年前老爷爷看到的情况差别不大。我希望，"软、硬件"条件都一般的小妹妹,仔细读读来自于三千多年前的忠告,最好还是选择"鸿渐于磐,饮食衎衎",而不要贪慕虚荣,落个"夫征不归"、"未得其桷"、"三岁不孕"、"羽用为仪"的尴尬境地。

【古音遗韵】通过对本卦"鸿渐的地点及其结局"的分析,我们对当时社会的等级结构、生活状况,可以看出一些端倪来。爻辞中,鸿渐的地点有"干、磐、陆、木、陵"的区别,其结局也有明显的不同,有的"有言"、"饮食衎衎"、"夫征不归",有的"或得其桷"、"三岁不孕"、"羽用为仪",揭示了女子"嫁入"不同社会等级的人家后,导致不同的命运。

另外,本卦中的"渐",隐指女子的择偶行为。结合相关的卦、爻辞可以看出,当时女子的择偶行为,具有一定的"自主性、主动性",即,当时的社会允许女子自主择偶。

54.归妹（雷泽）——妾之宿命

一、原文

归妹　征凶，无攸利。

初九　归妹以娣，跛能履。征吉。

九二　眇能视。利幽人之贞。

六三　归妹以须。反归以娣。

九四　归妹愆期。迟归有时。

六五　帝乙归妹，其君之袂，不如其娣之袂良。月几望，吉。

上六　女承筐，无实；士刲羊，无血。无攸利。

二、注释

【卦象玄机】"雷上泽下"。单卦：上卦为雷，指"震撼灵魂、摄人心魄"的男子；下卦为泽，指有性欲望的女子。叠卦：雷上泽下，指"姐夫"让情窦初开的"小姨子"不断受到心灵的震撼，从而对"姐夫"产生好感、甚至暗恋的情愫。

【卦名意境】归妹：指收归（娶）"小姨子"。即把妻、妾家已经成人的妹妹也娶过来做妾。引申为纳妾。

【本卦主题】纳妾，特别是纳妻妾之妹为妾。

【各爻角色】各阶层人士。

【字词释义】

娣（dì）：古时，若姐妹同嫁一夫，则长为姒、幼称娣，后泛指同嫁之女；同夫之妾。

跛能履：指（姐妹同嫁一夫，其夫就像有两只脚）即使一只脚跛了也还能够走路。

眇(miǎo)能视：眇，一眼瞎，偏盲。眇能视，指(姐妹同嫁一夫，其夫就像有两只眼睛)即使一只眼睛瞎了也还能够看清东西。

幽人：此处指羸弱的人，如病病怏怏、弱不禁风的人。

须：等待；需要；应该；胡子；须状物。此处指需要。

愆(qiān)：过，超过；过失，罪过；失掉，错过。此处指错过(约定的时间)。

袂(mèi)：袖子。此处指类似于"连襟"的关系。

刲(kuī)：刺杀；割取。此处指宰杀。

三、今译

归妹：纳妾，尤指纳妻妾之妹为妾。

⊕ 征 凶, ⊕ 无攸利。

如果没有良好的感情基础，还没到"水到渠成、瓜熟蒂落"的时机，就强行(征)把妻、妾的妹妹娶来做妾，可能不会有好结果(凶)。强娶"小姨子"为妾可能有害无益(无攸利)(一方面，老丈人不可能将姑娘全都嫁给你；另一方面，妻妾多了也会导致种种问题)。

初九 ⊕ 归妹以娣，跛能履。⊕ 征 ⊕ 吉。

对小民百姓(初九)，如果身为姐姐的妻子有什么不幸，若能把她的妹妹再娶过来(归妹以娣)，这个家庭就能像已经跛了脚(跛)的人一样，还能用另一只脚走下去(能履)。若有这种机会切勿错过(征)，这将是一桩幸运的事情(吉)。

九二 ⊕ 眇能视。⊕ 利 幽人之贞。

对小有人家(九二)，如果妻子羸弱而不能操持家务，若能迎娶妻妹为妾，姐妹共同持家，这个家庭就能像偏盲(眇)的人，还可以用另一只眼睛看东西(能视)。娶妻妹入门(利)帮助姐姐，羸弱的妻子(幽人)也就有了依靠，会有一个良好的归宿(之贞)。否则，如果丈夫娶一个毫不相干的女子进门，羸弱的妻子还不知道要受什么样的罪呢。

六三 ⊕ 归妹以须。⊕ 反归以娣。

对大有人家(六三)，如果必要(以须)可以再迎娶妻妹(归妹)。同样的道理，若有必要，也应将自己家的小妹妹再嫁给(反归)其姐夫(以娣)。

九四 ⊕ 归妹愆期。⊕ 迟归有时。

身为将相(九四)往往身不由己,如果错过了约定的纳妾之期(归妹愆期),(女方)亦应见谅,他迟早会娶你过门(迟归有时)。

六五 ⊞帝乙归妹,其君之袂,不如其娣之袂良。⊡月几望,⊟吉。

身为王侯(六五),特别是像帝乙这样的帝王(帝乙),如果要新纳小妾(归妹),更多的是出于"政治结盟"的需要。为了"政治结盟"而"连襟"时,所纳"小妾"与你素昧平生,对你的感情(其君之袂),显然不如(不如)自己妻、妾的妹妹(其娣)对你的感情(之袂)那么深(良)。因为妻、妾的妹妹是你看着长大的,对你仰慕有加,你们之间有很好的感情基础。如果你们本来就相互爱慕、你情我愿,只等你开口求婚(月几望),这时把她迎娶过来,她肯定愿意死心塌地、心悦诚服的服侍你,这自然是求之不得的好事情(吉)。

上六 ⊞女承筐,无实;⊞士刲羊,无血。⊟无攸利。

老迈之人(上六)纳妾,对女子(女)而言,就像拿了一个装萝卜的大筐子(承筐)一样,却连一根像样的萝卜也得不到(无实),徒有"小妾"之虚名,而无鱼水相欢之实。对男子(士)而言,却像拿着一把木刀子面对着待宰的羔羊(刲羊)一样,吭哧了半天连羊皮都刺不破,更见不到羊血(无血),只能无奈地面对任你摆布的如花似玉的女子,却心有余而力不足。此等人纳妾,劳神、费力、破财、不讨好(无攸利),不纳也罢!

四、补记

【主题乱弹】"鸿渐"与"归妹",虽然都是在谈女子的"择偶"问题,但前者是女子的自主行为,后者却有受胁迫、受引诱的嫌疑,是身不由己的行为。因为按照卦象,前者是"山上的风"吹起的落叶,犹如鸿雁一样,自主的飘然落下;而后者却是令人震惊的"雷",轰轰隆隆的来到毫无反抗之力的"沼泽"之上,兴风作浪。

但我们也会注意到,古往今来,无论是身处社会底层的小民百姓,还是高高在上的达官贵人,都有许多关于"姐夫"与"小姨子"之间的"风流韵事",为人津津乐道。

【班门弄斧】在这一现象背后,似乎有一些心理学方面的原因。其一是"熟人效应",其二是"姐妹同好",第三是"先入为主"。

先说"熟人效应"(我不知道心理学上是否有此说)。这里的"熟人效应"是指,在人与人的交往中,如果在相互陌生的双方之间,有一位双方都很熟悉、尊重的"熟人"从中引见,陌生的双方便会很快建立信任和好感。我没有探究过这一现象的生物学基础,但这样的例子却俯拾皆是。例如,撮合男女青年婚姻的"中间人、媒人",为各种人"牵线搭桥"的"皮条客",形形色色的"中介机构",实质上都利用了"熟人效应"。

再说"姐妹同好",是指同胞姐妹,往往倾向于喜欢同一类型的男子。对这一现象,我也没有探究过其生物学基础,但这种现象似乎也是明显存在的。

"先入为主"是说,人们往往对最先接触到的某种事物,印象深刻、憎恶分明,而对其后再接触的同类事物,则印象淡漠、不置可否。对"妻妹"而言,"姐夫"往往是较早接触的无血缘关系的异性,具有"先入为主"的优势。

也许正是在"熟人效应"、"姐妹同好"、"先入为主"的心理作用驱使下,无论是在生活圈子狭小的过去,还是在选择范围更大的今天,情窦初开的少女,对其"姐夫"往往印象深刻,更有好感,更愿意亲近,甚至到了"不保持距离"的程度。因此,同等条件下,"小姨子"与"姐夫"之间"出现状况"的概率,要远高于其他男子。这可能是中国历史上,常有"姐妹同嫁一夫"(归妹)现象的社会背景之一。同时,"同嫁一夫"现象的现实存在,是理解本卦的关键。

【岁月留痕】有了前面的解读和说明,本卦的意境基本上已经明晰。下面,再对一些难于理解的字句稍加分析。

先通过一个实例,说明隐藏在"跛能履,眇能视"背后的哲理。

那是 N 多年前的事情。一位农家女子嫁给了一位老实巴交的农人,平平淡淡却也恩恩爱爱地过着日子。一双儿女的相继出生,给并不富有的家庭带来了无尽的欢快。

然而天有不测风云,妻子的突然离世,让这个年轻的家庭顿遭灭顶之灾。从此,一双年幼的孩子,遗失了天真无邪的笑容;恍惚迷离的眼神中,失却了往日的光彩;留下的,只是淡淡的哀伤,令人心酸。风华正茂的汉子,那憨厚朴实的笑脸,成了人们哀叹的回忆;他那蹒跚而沉重的脚步,总是让人心头感到压抑;他落寞无助的神情,让人唏嘘。残缺的家庭,就这样,死气沉沉;父子三人,就这样,了无生趣……

终于有一天,孩子们的姥姥、姥爷,做出了令当时的人们十分震惊的决定:将刚刚成人的小女儿——孩子们的小姨,再嫁给孩子们的爸爸!于是,这个就像跛了脚、盲了眼的家庭,又有了一只新脚、一只新眼,很快恢复了生机,久违的欢乐,再次回到了孩子们的脸上。

后来,这个家庭又添了一个小生命。亲亲的一家人,从此过上了其乐融融的生活。

相信读者朋友见过、听过太多关于"后娘"虐待孩子的故事。而这个"后娘"，视姐姐的孩子们如同己出，为了照顾好姐姐的遗孤，自己没有再生更多的孩子（那时候还没有计划生育政策）。而作为外甥的孩子们，也没有把小姨当作外人，很快就改口称小姨为妈，一家人亲亲热热过日子。

已有三十多年没有再见过这一家人了，但愿他们幸福、安康。

【哲理漫说】这大概就是老爷爷所说的"跛能履，眇能视"背后的深意了。可见"归妹"对不幸的家庭有多么重要，特别是下层社会的人家。当然，对于社会地位更高的人家，一般就不需要用"归妹"的方式来支撑家庭生活了，"归妹"就演变为纯粹的纳妾了。因此，从四爻到六爻，就不一定是"娶妻妹"的事情了。

初爻中的"归妹以娣"在二爻中被省略了，解读二爻时应添加进去。二爻的"利 幽人之贞"中，"幽人"应该指身体状况很差、成为家庭拖累的妻子。二爻的小有人家相当于后世的地主，也是家大业大，需要一个能干的媳妇来操持家务。如果媳妇病病快快担不起持家的重任，在当时的社会，丈夫必然会"再娶"一个媳妇。在此情况下，再娶的媳妇如果是别人，天长日久就会嫌弃成为家庭拖累的"大老婆"，即便是有情有义的丈夫护着她，她的处境也不会好到那里去。而再娶的媳妇如果是妻子的妹妹（利），念在一母同胞的份儿上，妹妹肯定不会难为姐姐，即便是无情无义的丈夫嫌弃她，妹妹也能够保护姐姐（幽人），这样她一定能够开开心心地活下去（之贞）。这就是"利 幽人之贞"的含义。

三爻的"反归以娣"让很多人大惑不解，其实也很好理解。三爻指雄霸一方的大有人家，在当时肯定是妻妾成群，子女众多。对其再纳妾的行为，老先生的建议是"归妹以需（须）"，即，没有必要就不要再娶了。相反的，如果自己家年长的女儿嫁给别人为妻（妾），如果必要（例如，姐姐出现不幸，为了照顾年幼的外甥们），也应该把尚未出嫁的小女儿再嫁过去为妾，这就是"反归以娣"的意思。其中的道理很明显，不再多说。

五爻的"帝乙归妹，其君之袂，不如其娣之袂良"，揭示了两层含义。其一是，最高统治者以"连襟"的形式进行政治结盟，在遥远的古代就有了；其二是，就"新妾"对最高统治者的感情而言，妻妾之妹与盟友之妹（或盟友的妻、妾之妹）相比，前者对"夫君"感情肯定更深、更好。

如果从政治结盟的角度看，"连襟"不失为一种好方法。例如，中国历史上，远有昭君出塞，文成远嫁，大小二乔，近有宋氏姐妹，都是政治联姻的著名例子。以前的欧洲王室之间，联姻也是一种重要的政治联盟手段。但与爻辞含义稍有不同的是，这种联姻往往是"娶正妻"，而不是"纳小妾"。

本卦的上爻描述老迈之人的风流事。对此,老先生持一致的反对意见或保留态度。

上爻的"女承筐,无实;士刲羊,无血。无攸利",老先生明确指出,老迈之人纳妾,你不可能给予女方满意的性爱,犹如女方拿了一个大筐,你能装进去的东西,只有少得可怜的一点点而已;在你面前,温顺的美妾犹如待宰的羔羊,你就像准备杀羊的屠夫,可惜的是,你只有一把钝刀,连羊皮都割不开,一滴血都流不出。因此,你只是名义上霸占着女方而已,却白白地耽误了人家的青春年华,对谁都没有实际的好处。

类似的意思,在"渐"、"既济"、"未济"等卦的上爻中,也有表述。

特别提醒:上爻的"女承筐 无实,士刲羊 无血",其文字极具象征意义,这是《周易》文字的重要特征。其中的"筐、实、羊、血"象征意义分别为,"筐"指女阴,"实"指男根,"羊"指女子赤裸的酮体,"血"指女子破处时的"初红"。其他极具象征意义的字词,不一一指出,望能仔细琢磨。表过不提。

55.丰（雷火）——断袖之癖

郑重声明

我对本卦实在不得要领。本不想解读本卦,但恐怕失缺完整性,便勉强解读,实在心有余而力不足。故以下谵妄之语,任凭读者朋友嬉笑怒骂,更希望有人能够给出满意的解读。

一、原文

丰　亨。王假之,勿忧。宜日中。

初九　遇其配主,虽旬无咎。往有尚。

六二　丰其蔀,日中见斗。往得疑疾,有孚发若,吉。

九三　丰其沛,日中见沬。折其右肱,无咎。

九四　丰其蔀,日中见斗。遇其夷主,吉。

六五　来章,有庆誉。吉。

上六　丰其屋,蔀其家,窥其户,阒其无人。三岁不觌,凶。

二、注释

【卦象玄机】"雷上火下"。单卦:上卦为雷,指男子;下卦为火,指男子。叠卦:雷上火下。雷、火者,均指男子,似指"天雷勾动地火",即"男子的同性性行为"。

【卦名意境】丰:《古今汉语词典》:草木茂盛;体态丰满;古盛酒器的托盘;大;丰富;丰满;丰收;富饶。本卦中,丰好像是取"丰富的人生"之意。

【本卦主题】似指男子之间的同性性行为。

【各爻角色】社会各阶层男士。

【字词释义】

王假之:指王侯也能容忍。

蔀(bù):覆盖,遮蔽。

沛:盛大,充足;迅疾;多水草的地方。

沫:古地名;通昧。

阒(qù):空寂,寂静;断绝。

三、今译

丰:男同性恋。

㊚ 亨。㊚ 王假之,勿忧。㊚ 宜日中。

同性性行为亦会让人舒心(亨)。身为王侯(王)的人,也可能有此喜好而不加反对(假之),因此,对此不要担忧(勿忧)或感到丢人。幽会最好在中午(宜日中)。

初九 ㊚ 遇其配主,虽旬无咎。㊚ 往有尚。

小民百姓(初九)遇到(遇其)相互欣赏的"同好"(配主),相处十天半个月(虽旬)也可以理解(无咎)。相处之时(往)应行为高尚(有尚),不可勉强。

六二 ㊚ 丰其蔀,日中见斗。㊚ 往得疑疾;㊚ 有孚发若,吉。

小有人家(六二)若有"同好"者,"约会"之地应严密遮挡(丰其蔀),使其昏暗到即使在中午也能见到星斗的程度(日中见斗)。如果对方"爽约",可能是身体有痒(疑疾),可往而求之(往得)。卿卿我我之时(发若)亦应注意社会影响(有孚),如此才好(吉)。

九三 ㊚ 丰其沛,日中见沫。㊚ 折其右肱,无咎。

大有人家(九三)若有"同好"者,应寻找偏僻的水草茂密之处相聚(丰其沛)。所选择的地方即使在中午(日中)也应光线昏昧(见沫)。相处时即使因"战斗"激烈而伤了胳膊(折其右肱)也很正常(无咎)。

九四 ㊚ 丰其蔀,日中见斗。㊚ 遇其夷主,吉。

将相之人(九四)若有"同好",幽会之处应严密遮挡(丰其蔀),使其昏暗到即使在中午也能见到星斗的程度(日中见斗)。若能遇到(遇其)令其心满意足者(夷主),就是快慰的事情(吉)。

六五 ㊚ 来章,有庆誉,吉。

身为王侯(六五)若"有此等爱好",对方(来)若是有学问(章)、受人崇敬者(有庆誉),才合适(吉)。

上六　🔯丰其屋,蔀其家,窥其户,阒其无人。🔯三岁不觌,凶。

若老迈之人(上六)"有此嗜好",即使把幽会的环境条件准备得再好(丰其屋,蔀其家)恐怕也吸引不了别人,只能是窥其户阒然无人(窥其户,阒其无人),再等三年亦是徒劳(三岁不觌)。有此想法不好(凶)。

四、补记

【主题乱弹】对于本卦,我实在黔驴技穷,百思不得其解。从其卦象来看,疑为男同性恋。

古之帝王将相、王公大臣,虽有美女环伺,但"好男色"者不绝于野史、正传,如恋童癖者不乏其人。及至黎民百姓、不同阶层之人士,因种种原因亦不乏"有同好"者。即使当今之中、外社会,兵营之中、囚徒之间,甚至"神圣"之地,此等事端不绝于耳。国外,更有同性恋者争取权益,欲使同性婚姻合法化。更多情况,有兴趣的读者也可以在网络上查找。

凡此种种,说明同性恋并非个例。因此,如果老爷爷果真是在讲同性恋之事,亦不应大惊小怪。

【岁月留痕】对本卦的解说,愿读者朋友见仁见智,惟望准确理解老爷爷的原意。如果曲解了老人家的意思,就让老爷爷去耻笑吧。

【史海寻贝】另外,后人关于圣人"仰观天文,俯察地理"而做《易》的描述,很可能源自于本卦的"日中见斗"吧。因为除此之外,《周易》中似乎再没有更多关于天象的描述(当然,"密云不雨、有陨自天"也勉强可算作天象)。

【会心一笑】本人的性取向"正常",虽然不反对,但却从未想过或尝试过同性性行为,故对此没有任何经验。所以,对本卦只能是盲人摸象。

【东拉西扯】本卦的卦象为"上雷下火",最直观的印象是"雷击造成的野火"。这种自然现象确实偶有发生,故,老先生看到或听到这种事例,毫不奇怪。所以,一开始,我就一门心思地沿着这条思路走。但"雷击造成的野火",为什么会与"丰"联系起来?"丰"是指庄稼的"丰收"吗?

我们知道,在"刀耕火种"的年代,"烧荒"确实是人们增强"土地肥力"的一种有效手段,"野火"也能起到与"烧荒"同样的作用。因此,在农耕时代"烧荒肥田"的背景下,"雷火"与"丰"之间,似乎也具有合理的逻辑关系。但是,由此逻辑限定的"烧荒肥田、庄稼丰收"的主题,在解释卦、爻辞时会处处碰壁,漏洞百出。最明显的例子是,卦辞中"宜日中"的意思是"最好在中午",这难道是说人们可以"命令老天爷",最好在中午时分出现"雷击产生野火"吗?要圆"宜日中"之说,我不知该从何处入手。遂放弃。

如果放弃卦象,单从"丰"字的含义出发,也是死路一条。

"豐"是一个常用字,含义丰富,无论从那种角度理解,必须能够合理地解释卦爻辞,这是最基本的要求。我转了一大圈,在词典里把"豐"字查阅了无数遍,不得要领。又放弃。

那么本卦的主题,是否来自于对卦象的丰富联想?

在遇到本卦之前,我已确信,各卦的主题与卦象之间,存在着密不可分的逻辑关联。例如"井"卦,为了照顾这种逻辑,老先生宁肯牺牲思想性。但我快把脑袋想破了,也想象不出"雷火"与人的行为之间有什么样的关联。无奈地放弃。

剩下能做的事情,就是反复揣摩卦、爻辞传递的信息。

经过痛苦的试探,否定,再试探,再否定,一个形象渐渐地浮现了出来:"男同性恋"。于是,一切似乎都能纳入一个能够自圆其说的逻辑链条中;于是,才有了上述论述。让我稍感欣慰的,一是在现实生活中,确实存在"男同"现象,而且,似乎并不鲜见。因此,本卦完全有可能描述这一现象。二是在过去的关中农村,这种事情毕竟不是什么光彩的事,为社会观念所排斥,为社会舆论所耻笑,因而不能明目张胆地干,只能在阴暗密闭的角落或人迹罕至的荒郊野外,偷偷摸摸地干。这与卦爻辞传递的意境不谋而合,因而,这种解读也许有其合理性。

但,无论如何,我都不清楚这种解读是否正确。原因只有一个,我没有任何经验,我不知道答案。这可能是对六十四卦的解读中,我最没有底气的一卦。

留待他人做定论吧。

56.旅(火山)——夜未归家

一、原文

旅 小亨。旅贞吉。

初六 旅琐琐,斯其所取灾。

六二 旅即次,怀其资,得童仆,贞。

九三 旅焚其次,丧其童仆,贞厉。

九四 旅于处,得其资斧,我心不快。

六五 射雉。一矢亡,终以誉命。

上九 鸟焚其巢,旅人先笑后号咷。丧牛于易。凶。

二、注释

【卦象玄机】"火上山下"。单卦:上卦为火,指人在野外生火;下卦为山,指山上。叠卦:火上山下,即山上有火。

如果山上有很小的火光,白天一般看不见(除非山林大火,但那是"离"卦讨论的事情),夜晚则赫然在目。夜晚山上有火,说明一定有人在山上生火;生火的人,要么为了煮食,要么为了取暖,要么为了驱兽;这一定意味着,生火的人"夜晚没有回家"。"夜未归家",就是"旅"。

图旅-1 远方的点点灯火,在夜晚非常醒目

【卦名意境】旅：出门在外,夜未(不)归家。

【本卦主题】出门在外,夜未(不)归家的人。

【各爻角色】各阶层人士。

【字词释义】

琐(suǒ)琐:细碎,细小;仔细,详细;卑微,平庸;卑鄙的人。此处指猥猥琐琐,或鼠头鼠脑、贼眉鼠眼的样子。

即次:即,接近,靠近;登上,走上;追寻,寻求。此处指"按照,遵循"。次,等次,次序。此处引申为"计划,规划"。即次,指按照事先制定的计划,依次行事。

怀其资:资,财物,钱财;费用。怀其资,指怀里揣着"货币"。

资斧:指工作报酬,类似今日的工资。

号咷:指哭号,意近现在的"号啕"。

三、今译

旅 夜未(不)归家。

㊞小亨。㊡旅贞㊞吉。

旅,就是出远门,晚上回不了家。出门在外,经经风雨、见见世面、开开眼界,就会有一些小小的收获(小),让今后的路走得更顺畅一些(亨)。旅程(旅)能够圆满、顺利的坚持到底(贞),就是让人高兴的事(吉)。

初六 ㊞旅琐琐,斯其所取灾。

如果是小民百姓(初六)流落在外,晚上没有回家(旅),眼神中流露出惊恐不安、饥寒交迫的落魄神态,一副猥猥琐琐(琐琐)的卑微之象,不用问,这(斯)一定是他(其)闯了祸而吓得不敢回家(所取灾)。

六二 ㊞旅即次,怀其资,得童仆,㊞贞。

小有人家(六二)出远门时(旅),都会制定一个周全的计划,并按(即)计划(次)一步一步实施。身上(怀)也会带着足够的钱财(其资),并带上(得)童仆(童仆)处理各种杂务、照顾起居。这样的旅程一定能够顺畅、舒心的坚持到底(贞)。

九三 ㊞旅焚其次,㊞丧其童仆,㊞贞厉。

大有人家(九三)往往仗着财大气粗,便飞扬跋扈、颐指气使,总是按着自己的心情行事,根本不顾及别人。即使出门在外(旅),也根本不会(焚)按自己制定(其)的计划(次)行事,这让童仆无所适从。一旦什么事情没做到他的心上,对童仆非打即骂,让童仆苦不堪言,甚至会逼得童仆一怒之下不辞而别(丧其童仆),把他一个人撇在半道上。如果老是这样下去(贞),什么事情你都要亲力亲为了(厉)。

九四 旅于处,得其资斧,我心不快。

辅臣良相(九四,例如后世的"师爷")跟随着主人在外地就任(旅于处),虽能挣到(得其)工资(资斧),但却背井离乡、寄人篱下,上不能孝敬父母,中不能享人伦之乐,下不能教育子女,真是有苦难言啊(我心不快)。

六五 射雉。 一矢亡,终以誉命。

身为王侯(六五)肩负着管理天下的重任,须臾不可远离权力中枢。要想散散心,也只能在郊外骑骑马、射射箭、打打猎(射雉)。如果还能一箭就射中野鸡(一矢亡),就能得到一片赞誉(终以誉命)。

上九 鸟焚其巢,旅人先笑后号咷。 丧牛于易。 凶。

鸟焚其巢就像人自毁家园,让自己无家可归,这才是"旅"的极致状态(上九)。古今中外,男人们自毁家园(鸟焚其巢)的原因,大多是因为"红颜知己的诱惑"。一旦成为"自毁家园"的"自由人"(旅人),另结新欢终于可以成为现实,一定会心里笑成一朵花(先笑)。但是,重新组建家庭后,琐事就会接踵而至,号咷大哭(后号咷)的日子就不远了。"丧牛于易"的典故,揭示了"商朝人"为追逐眼前的一些小利而背井离乡,结果赔进去了性命的悲惨教训,大家一定要防止重蹈这种"舍本逐末"的覆辙,不要再为了一点儿新鲜感,就把自己赖以存身的"窝"都给毁了,那样,麻烦可就大了(凶)。

四、补记

【东拉西扯】本卦对我具有特殊意义。其特殊性体现在:

首先,本卦是我读懂的第一个卦。它是我全面理解《周易》的钥匙,也是让我崇拜、迷恋《周易》的根源。

其次,从本卦"山上有火"的卦象,到"旅"字背后的社会景象之间,清晰而曲折的逻辑链条,让我领悟了《周易》各卦的逻辑模式,以及每卦都有一个鲜明"主题"的事实。

第三,从各色人等、形形色色"旅"的状态中,让我感悟到,不同的爻位实际上暗指不同的人群;各爻的爻辞,实际上是针对不同的人群而言的。

第四,从不符合常识的"鸟焚其巢"中,让我顿悟,老先生是用一些鲜活的形象,让人们玩味社会生活中的某些场景,体会其背后的道理。因此,我理解了"比喻"在《周易》中的重要作用。

第五,从"亨、贞、吉、凶、厉"等字词,在表达老先生的"是非观"时所起的作用,让我明白了,老先生是用类似于"占卜"的用语,掩盖自己的真实意图。

第六,从前后一致的思想体系,到贯穿始终的语言风格;从鲜活而隐晦的各卦主题,到曲折复杂的逻辑结构;从"指东说西"、"只言片语"的"哑语"手段(比喻),到"云里雾里"、让人不明就里的用词,所有这一切,让我真真切切地感受到,作者这样做的目的,就是"刻意隐藏"自己的真实意图。于是,如下事实暴露无遗:

(1)《周易》的作者仅有一人,就是周文王老爷爷自己;

(2)确实是周文王老爷爷在被拘羑里期间,呕心沥血写就了《周易》这一人类历史上最伟大的不朽巨著,《史记》记述不谬;

(3)由于写作《周易》时,周文王老爷爷身处命悬一线、危在旦夕的危险境地,暴露自己聪明才智的任何企图,都将置自己于死地,故,他不得不把《周易》写得晦涩难懂,从而掩盖自己的伟大,保全自己的性命。

当然,还有很多感悟,恕不一一列出。

这些文字,权当是为了忘却的纪念。

本卦也是我最为推崇的卦之一。因此,再对本卦啰唆几句。

【岁月留痕】先说说我是如何"读懂"《周易》的。

2009年初,我在书店看到了一本《四书五经》(万卷出版公司,2008年),"编者的话"中有一句话让我大为不满:"《易》又称《周易》,被尊为群经之首,诸子百家之源"。在我原来的印象中,《周易》就是摆摊算卦的骗人把戏,根本当不起如此高的评价!为了一探究竟,更为了"揭穿"这一"骗人的把戏",决心买来一读。但经过几年来对《周易》的研读,我谦恭地认为:如何赞美《周易》都不为过。更有甚者,即便是在文学方面,《周易》也堪称中国历史上最伟大的著作,几乎无人能与之比肩;如果硬要找一个,《红楼梦》差强人意。

当年翻开《周易》,简直就是天书,根本不知如何阅读。幸好在当年的11月,CCTV10播放了台湾曾仕强先生的讲座,偶尔听了几讲,方知"初六"、"九五"等是何物,才知道了《周易》的一些基本概念和术语。但对曾先生的观点没有多少印象。

为了读懂《周易》晦涩难懂的那些文字,此后又买了一本商务印书馆2007年的《古今汉语词典》。对着《周易》原文,就像当年学外文一样,几乎是一个字、一个字地查找、注释,然后,把一句话连起来读;但,简直一塌糊涂。翻阅《周易》中的所谓"十翼",亦不知所云。几近崩溃。

大概是 2009 年底或 2010 年初,本卦中的"鸟焚其巢"几个字,在脑海中始终挥之不去。特别是一个"焚"字,简直有违基本常识。我在想,老先生竟然如此无知,还被后人尊为圣人,简直令人不可思议,甚至怒不可遏!因为我们知道,鸟的巢穴大多为易燃物所建造,易于焚烧,但鸟儿如何才能自焚其巢呢?常识告诉我们,如果鸟儿真的要想烧掉它的巢,那么,在鸟巢未被焚烧之前,鸟儿的羽毛必定先被焚烧光了(参见图旅-2)!所以,"鸟焚其巢"简直就是不可能的事情!老先生简直就是昏了头!

图旅-2 鸟与鸟巢。

一天晚上躺在床上,翻来覆去睡不着,想着老先生应该不会犯如此低级的常识性错误,一定另有深意。于是,脑海中不断翻滚的几个词句"山上有火"、"旅"、"鸟焚其巢"、"旅人先笑后号咷"突然遇到一起,顿觉恍然大悟!哈哈,老爷爷原来说的是这样的意思:

山上有火,意味着"有人"夜未归家;什么是"旅"?晚上没有回家就是"旅"。如果鸟儿把自己的巢穴给烧掉了,也就没有家了,想回家也无家可归了,这就是"旅"的极致状态。鸟儿不可能焚掉自己的巢穴,但人呢?人可以毁掉自己的家,从而处于一种"无家可归"的"旅"的极致状态。但谁又会这样做呢?老爷爷说,这样的"旅人"将会"先笑后号咷"。为什么毁了自己的家还要笑?这就是一个深刻的社会问题。如果有一个红颜知己苦苦地恋着你,或者你苦苦地恋着一个红颜知己,面对着已经没有激情的"家",有的人就会自己动手毁了这个家,彻底去除"家"这个最大的"羁绊";此时,就会为终于可以投入红颜知己的怀抱而欢笑不已。但老爷爷接着说,先别笑得太早,你"号咷"大哭的日子在后头!稍微想想现实中的例子就能顿悟,老爷爷的见解是多么的精辟!简直令人拍案叫绝!

请读者朋友想一想您身边的事例,有几个为了红颜知己毁了家的人,笑到了最后?这正是老爷爷"鸟焚其巢,旅人先笑后号咷"想说的意思。多么精妙、多么深刻啊!

有了这样的理解,就可以看到老爷爷用"焚"字的用意所在。如果是鸟"毁"其巢,或鸟"失"其巢,都会让人将产生这种"悲剧"的原因归咎于天灾人祸,或意外事件,而不会认为这是"鸟"的"自主、自愿行为";这样就失去了"旅人先笑后号咷"的前提,就不能准确无误的表达老爷爷想说的意思了。由此不难想象,老爷爷在"鸟焚其巢"上花了多少心思,"焚"字又是何等的传神。

就是因为对"鸟焚其巢,旅人先笑后号咷"的上述感悟,令我对《周易》顿生敬畏之感,产生了一定要搞清楚《周易》真相的强烈愿望。也正是按照类似的思路,才逐步看到了《周易》晦涩深奥的文字背后,闪烁着伟大的智慧光芒。

【哲理漫说】再说说本卦揭示的道理。

通过本卦,能够了解老爷爷写作《周易》时的大致思路,对此,前面已经详加说明,兹不赘言。下面再将各爻的爻辞详加解说,作为对最初理解《周易》的纪念。

"旅琐琐,斯其所取灾",是对小民百(初爻)姓因惹了灾祸后,不敢归家、飘落在外、风餐露宿、孤立无援、神情落寞等状况的传神写照。大家可以想象这样的情景:一个人因一时冲动对别人造成严重伤害,甚至不知死活;事后,有家不敢回,漂泊流落在外。由于事出偶然,"出逃"时身无分文,生活没有着落,东躲西藏,不敢求告亲朋好友(在民风淳朴的过去,确实是这样的情况)。几天下来,饥寒交迫,却还要躲着人走,稍有风吹草动,便如惊弓之鸟;饥饿难耐之时,远远望着别人悠闲地吃吃喝喝,只有咽口水的份儿。再刚烈的汉子到了这步田地,都是一副猥猥琐琐的样子。所以老爷爷说,如果有人夜不归家(旅),一副猥猥琐琐(琐琐)的样子,这家伙一定是自己闯祸了(斯其所取灾)。

有的"逃犯",东躲西藏了很长时间,由于厌恶了长期的猥猥琐琐的日子,毅然投案自首;结果发现,事情的后果远没有自己想象的那么严重,又重新回归正常的生活。甚至有的罪犯,在被警察抓住的那一刻,会有一种"如释重负"的感觉。可见,"旅　琐琐,斯其所取灾"确实是一个重要的"行为学规律",而在三千多年前,老先生就已经揭示出来了!

"旅即次,怀其资,得童仆,贞"则是对小康人家(二爻)旅行状况的描述。以当今社会为例,刚过上"小康生活"的人,对旅行怀有极大的兴趣。出门之前,他们一定先会做好各种功课和准备(时髦话叫作"攻略"),选择好合适的旅行线路,制定好详细的计划(次,即次序、"线路图"),带上足够的钱财(怀其资),选择一家旅行社(就是现今的童仆!)跟着旅行团按部就班地完成旅程(旅即次)(就字面而言,"即次"中"即"的意思是,"与……相一致、相符合";"次"的意思是"次序、顺序";

合起来就是，"与［计划好的］次序相一致"。这就是《周易》文字的特色）。这正是老爷爷描述的正确的旅行程序，哪一个环节出了问题，都不可能有一个愉快的旅程。

例如，如果个别旅客要求旅行社临时改变行程，可能造成不愉快；如果带的钱不够，看着别人开心地玩，自己只能生闷气；如果是自由行，人多时，吃住的地方都找不到（没有旅行社——童仆的照顾），令人灰心丧气。所以，要想有一个圆满（贞）、愉快的旅程，就要按计划实施（即次），带上足够的盘缠（怀其资），并且有人（童仆）替你打理各种事项。

"旅焚其次，丧其童仆，贞　厉"则是对财大气粗、飞扬跋扈的"旅人"（三爻）的写照。现代社会，很多人的日常工作是在"旅"的状态中进行的，如工程施工者、打工者，甚至异地为官未带家眷者，他们都是"夜不归家"者。有些"头头脑脑"，"官"虽不大，但作风粗暴、飞扬跋扈、颐指气使、不可一世，前面刚讲的话，后面就不认账；做事没有计划（焚其次），毫无章法，全凭自己当时的心境武断地做出决定；稍不如意就雷霆大怒，令手下人（童仆）无所适从，却敢怒不敢言。长此以往，谁还愿意跟你干！等到你成为孤家寡人的时候（丧其童仆），后悔也来不及了。同志们，听听老爷爷三千多年前的忠告吧，好好反思一下自己是否在"焚其次"，是否存在"丧其童仆"的危险。

"旅于处，得其资斧，我心不快"似乎是专门讲给后世的"师爷"们（四爻）听的。当然，现代社会也有类似于"师爷"的"师爷们"。老爷爷早早就了解了你们的苦衷，并流露出极大的同情：抛家别子跟着别人干事业（旅于处），虽然表面风光，也有可观的收入（得其资斧），但内心的苦楚（我心不快）只有自己清楚。唉，好男儿志在四方，也可能有咸鱼翻身的那一天，耐心等待吧。

如果您是一个团体的首脑人物（五爻），混到这个份儿上实属不易，您已经不是为您自己或家庭活着，而是有着更大的责任；很多人仰仗着您，希望您不要有任何闪失。所以，在诸如"旅行"这等事务方面，您只能听任下属的摆布；您能去的地方，无非是"射射箭，打打猎"（射雉）的"郊游"而已。如果您还弓马娴熟，还能一箭射下一只野鸡来（一矢亡），就会得到众人的一片喝彩之声（终以誉命）。您的业余生活，老爷爷三千多年前已经看透了，您也不要责怪身边的人这样限制您，记着，五爻的"射雉，一矢亡，终以誉命"的断语，就是您在业余生活中所能追求的最大乐趣了。

六爻的爻辞，上面已经仔细讲过，不再赘言。

【古音遗韵】下面简单说明"丧牛于易"的典故。贺华章先生的《图解周易大全》指出：王亥，商汤的七世祖。率领商部落，赶着牛羊到其他部落进行交易，使商部落的经济得到迅速发展，故后世将专司贸易之人称为“商人”，即源于此。但在最后一次贸易时，王亥将牛羊赶往今河北的有易氏部落，却被有易氏部落杀害了。这就是“丧牛于易”的典故或传说。

老爷爷其所以引用这个典故，可能想说明两点：一是“商人”抛家舍口的“经商行为”，也是一种长途跋涉、祸福难料的“旅”；二是，为了追逐牛羊交易中的小“利益”，却把自己置于祸福难料的境地，风险太大。

【文苑拾珠】另外，给“鸟焚其巢”鸣个不平。

《周易》中的一些词句，已经成为我们耳熟能详的成语，如“虎视眈眈”、“突如其来”等，但“鸟焚其巢”却鲜为人知。在这里强烈呼吁，把“鸟焚其巢”作为一个成语来对待，用来刻画为了得到红颜知己的青睐，不惜抛弃结发之妻，但到头来却后悔不迭的负心汉子。简单地讲，就是类似“陈世美”的人。

【史海寻贝】请相关学者对二爻的“怀其资”，加以特别关注。

第一，可怀之资必非粗物，至少表明当时的社会经济生活中，已经有了类似于现代意义上的“货币”（资）。另一方面，当时的货币体积已经很小，“怀里（胸前）”已经可以揣得下大量的货币（怀其资）。

第二，如果第一点的说法成立，表明当时的社会生活中，通过中介物（货币）的交易非常频繁，范围相对较大（旅行中可以使用）。换句话说，已经有了相当成熟的、通过中介物交易的“贸易体系”。

第三，贸易体系中“流通的货币”，必定来自于有信誉的权威机构，否则，大范围的贸易不可能借助于货币。因此，当时已经有“发行货币的权威机构”。

第四，以货币为中介物的“大范围贸易”现象，表明当时的“交易行为”非常普遍，涉及社会的各个阶层。而“能够自由进行交易”的社会，似乎不是“奴隶制社会”的特征。故，周初的岐地不应是“奴隶制社会”。

当然，上述几点成立的前提是，“怀其资”确实意味着“怀里揣着钱财”。从本卦的整体意境和具体词语来看，这个前提是成立的。20 世纪五六十年代，关中农村的男人还穿“大襟”上衣，习惯在腰间系上“腰带”（其实是一块深颜色的长布条，长约两米，拧起来后直径约 3 ~ 5cm），因而把钱物“揣在怀里”非常安全、方便。这大概就是“怀其资”的生活背景。

还应注意“旅于处”，这表明当时可能已有“异地为官”的现象。“旅于处”的“行为人”所扮演的角色，可能类似于后世的“师爷”。这一点，对早期官吏制度的演化史研究，可能有所助益。另外，“得其资斧”也可能表明，当时也有“发工资”一说。

57.巽(风风)——从众行为

一、原文

巽　小亨。利有攸往。利见大人。

初六　进退。利武人之贞。

九二　巽在床下。用史巫,纷若吉,无咎。

九三　频巽,吝。

六四　悔亡。田获三品。

九五　贞吉。悔亡。无不利。无初有终。先庚三日,后庚三日,吉。

上九　巽在床下,丧其资斧。贞凶。

二、注释

【卦象玄机】"风上风下"。单卦:上卦为风,指风;下卦为风,指风。叠卦:风上风下,指人们"跟风而动,随大流"的"从众"行为。

图巽-1　鸟群——跟风而动(左),随大流(右)

【卦名意境】巽(xùn):八卦中代表风;东南方;通逊。本卦指跟风而动、随大流的"从众"行为。注意本卦与"随"、"涣"卦的联系和区别。

【本卦主题】"从众"行为。

【各爻角色】社会各阶层。

【字词释义】

巽在床下:床,古坐具。巽在床下,听从手下人的意见。

注:下面是对"巽在床下"含义的揣测(参见"剥"卦)。

古时的床,应该是有一定身份、地位的人才可享用的"坐具"。能够享用床的人应该是重要人物,可能有点儿像英语中的 chairman(主席,原意是"坐在椅子上的人");而地位相对低下的人,则没有床可坐。在封建社会中,皇帝高坐在龙椅上,王公大臣只能侍立在侧,没有席位可坐;而在王公大臣的厅堂上,王公大臣坐在椅子上,其他人则侍立在侧;以此类推。因而,侍立在侧的人可能就是"在床下"的人。所以,"巽在床下"可能是指"听从手下人的意见"。

用史巫:史,史官;官府佐吏;历史;史籍。巫,巫师。用史巫,指听从史官、巫师的指导;引申为借鉴历史经验和教训、听从有学问的人的意见。

注:在文明的早期,"巫、史"都是有学问的人,受人尊敬的人。

田获三品:何谓"三品",不详,不必细究。结合上下文,本句意为:可以获得丰厚的回报。

先庚三日,后庚三日:这与"蛊"中卦的"先甲三日,后甲三日"有些相似。这里的"庚",可能是"梗"的假名,意为"打住,暂停"。所以,"先庚三日,后庚三日"应该是指:不要急于做出决断,搁置(梗)几天好好想想再说。

三、今译

巽:"从众"行为。

㉒ 小亨。㉓ 利有攸往。㉔ 利见大人。

"从众"——跟在别人后面,可以顺利发展(亨),但只能得到小利益(小)。因为,走在前面的人不会把"大好事"留给后面的人。如果你是"领头人"(利),必要时(有攸往)就要带领大家往前走;如果你是"领头人"(利),那么,你就要力争成为品德高尚、众望所归的大人物(见大人)。

初六 ㉓ 进退。㉕ 利武人之贞。

对于小民百姓(初六),在"进与退"(进退)的问题上最好还是随大流吧,不要强出风头。对战场上冲锋陷阵的兵卒(武人)而言,如果能够学会(利)随大流,人进我进、人退我退，就能保全性命（之贞）。

九二　⊕巽在床下。㊡用史巫，㊤纷若吉，㊤无咎。

小有人家（九二）在拿不定主意的时候，自作聪明的下人（在床下）往往会给你出主意（巽）、想办法，搞得你无所适从。此时，应以史为鉴（用史），听从巫师意见（巫）。若能在让人无所适从、眼花缭乱（纷若）的意见中，找出合理的方案、做出正确的决定，那就再好不过了（吉）。若不能做出清晰的判断，那么，听从多数人的意见也没错（无咎）。

九三　⊕频巽，吝。

大有人家（九三）如果没有自己的主见，一会儿听这个的、一会儿听那个的（频巽），会导致令人不爽的后果（吝）。

六四　㊤悔亡。㊤田获三品。

身为将相之人（六四），如果不固执己见而能够随大流，就不会出现令人后悔不迭的事情（悔亡）。如果总能顺从王侯的心思，就能够获得丰厚的回报（田获三品）。

九五　㊣贞㊤吉。㊃悔亡。㊡无不利。⊕无初有终。㊡先庚三日，后庚三日，㊤吉。

身为王侯（九五），要坚持（贞）虚心听取他人意见，集中大多数人的智慧，才可保江山无虞（吉）。若能集思广益、博采众长，让大家心甘情愿地追随在你的周围，共同实现你的意愿，那就再好不过了（悔亡）；能达到这样的状态，什么事情都能做成（无不利）。有些人的意见，初听起来好像没有道理，甚至令你无法接受（无初），但可能是真知灼见，是最好的选择（有终）。做出决断之前，若能静心权衡、考虑周全（先庚三日）；做出决断之后，若能征求意见、接受质疑（后庚三日），完善后再下定决心推行，而不是仓促地决断、鲁莽地付诸实施，就会有良好的结果（吉）。

上九　⊕巽在床下，㊤丧其资斧。㊤贞凶。

老迈功臣（上九），如果遇事就按照身边下人（在床下）的意见（巽）办理，可能只落得财产丧尽（丧其资斧），晚景凄凉的下场。如果一味地（贞）听从下人意见，结局就不妙了（凶）。

四、补记

【主题乱弹】本卦中所述的道理，听起来似乎有些别扭，但却是真知灼见，故多说几句。先说说"巽"的形象、含义,及其与"随"的联系和区别。

"先天八卦"中的"风",就是自然界飘忽不定的风;而《周易》中的"巽"却是"风上(下)之风",是"风随风动"的景象,即下(上)面的风一刮起来,上(下)面的风也就跟着刮起来。对人而言,如果别人干什么自己也跟着干什么,那就是"随大流",心理学上称其为"从众"心理或行为。可见,老爷爷已经意识到了"从众"行为,并且看出了"风随风动"与"从众行为"之间的本质联系。更为难能可贵的是,老爷爷已经把"从众"行为进行了更为细致的区分:社会地位较低的是"随大流",社会地位较高的是"接受意见"。

而"随"是指,一个人的行为只受另一(几)个人行为的影响,可以说是"偏听偏信"。虽然"巽"和"随"都是听从别人的意见,但后者是听从个别人的意见,而前者是听从大多数人的意见。"涣"也有类似的情况,后面再讲。

【哲理漫说】先说卦辞"小 亨。利有攸往。利 见大人"。

从卦象看,"巽"的一般含义是"别人干什么、自己也跟着干什么",这就是"从众"行为。例如近些年,有的人往往"跟风走",别人炒股票、基金,自己也跟着炒;别人投资房子,自己也跟着买;别人抢黄金,自己也跟着抢。很显然,总是跟着别人走的人,往往是"买涨",虽然"挣不了大钱",但也能够得到一些小的好处(小亨)。所以,对"目光短浅"的人而言,看到别人走出了成功的路子(利)就跟着走(有攸往),也不失为一种稳妥的选择。但对"领头人",老爷爷一贯地要求他们要有社会责任感,而不能只顾自己。老爷爷说,如果你已经成为"领头人"(利),就要以品德高尚、众望所归为目标,好好修炼,成为(见)不负众望的伟大人物(大人);而不要只顾自己、不管他人,甚至把大家带入死胡同。

初爻的"进退。利武人之贞",对小民百姓说了两层含义。

一是"进退",即要跟着别人走,别人进你也进、别人退你也退,不要别出心裁、标新立异。这样的观点,在当下鼓励"创新"环境下似乎已经落伍;但对一般老百姓而言,特别是对农耕时代的小民百姓,无疑是千真万确的真理。因为,"创新"毕竟是极少数"社会精英"的职责,不是小民百姓应该关心的事情。当然,在农耕社会,种庄稼要掌握好时令,错过时令,就会错失一季甚至一年的收获;所以,必须"人种我种、人收我收";标新立异,吃亏的往往是自己。

二是"利武人之贞"。这里同样省略了"巽"字。这句话的意思是,对于最底层的"兵卒(武人)",在战场上应紧跟大部队,别人向前冲、自己跟着向前冲,别人向后撤、自己跟着撤,才能保全性命,军旅生涯才会圆满。这一道理,就连鸟儿也明白(参见图巽-1)。

二、六爻都有"巽在床下"，但后果不同。二爻的后果是"用史巫　纷若　吉"，而六爻是"丧其资斧，贞　凶"，这多少有点让人难以理解。

二爻对应的是小有人家，通常是处于"上升期"的人家；就现在社会来说，相当于事业初具规模，且处于快速发展、上升阶段的人。对这样的人而言，遇到难题的时候，手下的人都会纷纷出主意、想办法。这些主意和办法，其大方向或出发点，一般都是从有利于当事人利益的角度考虑；原因很简单，只有当事人得到更大的利益，事业有了更大的发展，或有了更高的社会地位，其手下人才会得到更大的好处。但是，手下人往往对情况不能全面、深入的了解，提出的主意、意见，不一定比当事人更高明、更全面。为此，老爷爷给出的建议是"用史巫"，就是以史为鉴、听从高人（巫师）的指点，而不能盲目"从众"。"纷若　吉"是指，如果来自下人、历史经验或巫师的意见各式各样、不一而足，而你能够从中选择最佳方案，圆满解决了问题，才是最好的结局。这里要注意的是，"巫师"在古时是有能耐、有本事的人，而不像现在是指那些装神弄鬼、骗人钱财的人。

六爻对应的是日暮西山、走下坡路的老迈功臣，就像现在"退居二线"、面临退休的高官，已经没有上升的可能性了；其手下人所面临的，是树倒猢狲散的凋零局面。所以，手下人的利益是能捞一把算一把，不捞就晚了。因此，面对难以抉择的问题时，手下人所出的主意往往从自身利益考虑，而不是考虑主子的利益。如果听信这种意见，其后果就是"丧其资斧，贞　凶"了。

同样道理，不难理解看似有些矛盾的三、四、五爻。

三爻对应的是"雄霸一方"的大有人家，就像当今一些富可敌国的富豪。富豪的手下人、身边人，大都抱着攀龙附凤、"跟着龙王凫洪水"（方言，借着大人物发小财）的心思，都想以各种各样冠冕堂皇的借口为幌子，从他那里得到更多的好处，而真心实意维护其利益的人却不多；因此，手下人给富豪所出的主意貌似对富豪有利，实际上却往往夹带着自己的一些私利。如果一味听信这些人的意见，如果富豪"碰巧"得到了什么好处，他们会得到额外的奖赏；而富豪一旦蒙受损失，私下牵线搭桥的他们，其私利可能不会受到太大的影响。想明白了这些问题，也就明白了"频巽　吝"的道理。

应注意的是，这里的"吝"字用得非常准确，意思是"其后果只是有些小损失而已，令你不爽"。为什么这里用"吝"而不用"凶"或"悔"，大有学问。其实道理也很简单，因为胆敢让富豪感到"有悔、有凶"的手下人，定会激怒富豪；而激怒富豪的后果是很严重的，下场是很惨的，这些人不会不懂这些道理。所以，他们一般不会做出很大的吃里爬外、卖主求荣的勾当（当然，能混到"三爻"的人，岂能随便让人糊弄?)或让富豪损失惨重,而只是"小打小闹"地得一些"油水"就收手。大家熟悉的例外情况,可能来自于黑帮电影中出卖"老大"的"马仔",这类电影的固定模式是,"老大"在大祸临头前,都在不遗余力地试图干掉出卖他的"马仔";可见,真正出卖老大的后果是很严重的。

至于四爻和五爻,对应的是大权在握、呼风唤雨的权贵。其手下个个精明强干、聪明绝顶,在主子利益和自身利益面前,都能掂量出孰轻孰重。谁敢以自己利益为先而损害主子的利益? 除非不想混了。因此,权贵的手下人,往往把自己的命运自觉地与权贵的利益捆在一起,一般不会有二心;所以,来自于手下人的意见往往是对主子有利的真知灼见。若能够听取这些意见,特别是大多数人的意见,就不会做错事情,自然就"悔亡"了。这就是四、五爻中"悔亡"的道理。另一方面,权贵们的做事方式,往往是要求提出建议的人去执行相应的决定,这样,一旦出现了差池也可以借机打压"不顺眼的人"。这可能是"悔亡"的弦外之音。

把五爻的"先庚三日,后庚三日"理解为"再三权衡",可能更为合理。即,身为王侯,在做出重大决定的前、后,既要听取大家的意见,又要仔细斟酌,不要鲁莽行事。这样解读,与本卦的主题思想是一致的。因此,这里的"庚"很可能是"梗"字的假借。

【黄裳之拜】纵观本卦蕴含的思想,并与其他卦进行比较,可以看出,老先生对心理学的某些方面进行过深入的研究,并且得出了科学的结论。因此,本卦也可以说是心理学"从众行为"方面的开山之作。显然,老爷爷真是把人心研究透了。

58.兑(泽泽)——互通有无

一、原文

兑 亨 利 贞。

初九 和兑,吉。

九二 孚兑,吉,悔亡。

六三 来兑 凶。

九四 商兑 未宁。介疾 有喜。

九五 孚于剥,有厉。

上六 引兑。

二、注释

【卦象玄机】"泽上泽下"。单卦:上卦为泽,指湖泊、沼泽;下卦为泽,指湖泊、沼泽。叠卦:上泽下泽,指相邻的湖泊或沼泽。自然界中,若两湖相伴,则湖中之水,通过连接两湖的水道(河流、小溪或区分两湖的狭窄水域),相互补给,形成丰欠互补、休戚与共的"共生"关系。水在两湖之间的相互调剂行为,便是"兑"。

图兑-1 双子湖。有"兑"吗?

【**卦名意境**】兑：现代意义为等价交换。从卦象出发，意为"相互周济"。从本卦内容来看，并无传统解释中的"喜悦"之意。

【**本卦主题**】主要指人与人之间的相互周济，也引申为相互"沟通"。

【**各爻角色**】社会各阶层人士。

【**字词释义**】

兑：指相互调剂，相互周济。

和兑：和，和睦，融洽，和谐，协调。和兑，指人们之间和睦融洽的相互周济，帮助暂时遇到困难的人度过困境。

孚兑：孚，指公认的社会行为规范。孚兑：指人们按照大家都认可的方式相互帮助，使遇到暂时困难的人克服困难。

来兑：指来到你这里寻求某种交换。

商兑：指与你进行协商，以图进行某种交换。

介疾：可以有二解。一为不要急于做出决定，意为"戒除急躁"。二为"中介人身体不适"，把需要商量的事情延误了。两者的效果都是把事情拖下来，但前者是因为主动的、有意的行为导致的，后者是因为被动的、意外的行为导致的。按后者解释爻辞，虽然也能说得过去，但显然不妥，故取第一种解释。

孚于剥：剥，指压制、削弱别人，凸显自己（参见"剥"卦）。孚于剥，指压制、打压别人时，应恪守社会道德底线。显然，老先生把针尖对麦芒、以牙还牙，或者你来我往、你死我活的争斗，也看成是一种"兑"。

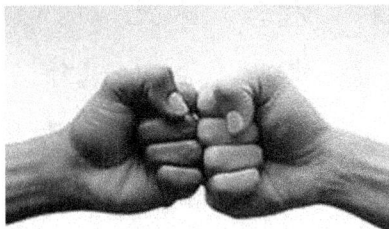

图兑-2　老先生把这也视为"兑"

引兑：指有人从中撮合后，相互沟通。

三、今译

兑：人们之间的相互周济，帮助别人渡过难关。

㉚亨利贞。

人们之间能够相互帮助、相互周济，大家都可以顺利发展（亨）、实现愿望（利）、保持现有的安宁状态（贞）。

初九　㉘和兑，㉚吉。

小民百姓(初九)之间,应和睦相处(和),相互帮衬(兑),共同发展,如此,大家都过上安稳舒适的日子(吉)。

九二 ㊂孚兑,㊝吉。 ㊂悔亡。

小有人家(九二)与平民百姓之间应互通有无(兑),并遵守基本的社会行为规范(孚)公平交易,而不要恃强凌弱、以大期小,或巧取豪夺,这样大家才有好结局(吉)。若能做到平等待人,那就再好不过了(悔亡)。

六三 ㊞来兑凶。

对大有人家(六三)而言,如果有人求到你门下(来)希望与你进行某种交换(兑),一定暗藏风险(凶)。敢来到你门下的人肯定不是什么"善茬儿",也一定是看中了你的心爱之物。若求之不得,他难以释怀、记恨于你,可能给你背后使坏,甚至公开威逼利诱;若你有求必应,则可能是肉包子打狗、有去无回。所以,换与不换都有风险。

九四 ㊞商兑 未宁。 ㊞介疾 ㊝有喜。

对将相人家(九四),若有人想与你商量着(商)交换东西(兑),一定是你难舍之物。难舍之物与人交换,自己心痛;不与人交换,他会一直惦念、纠缠,虽不敢明火执仗地"强逼"你,但会搞得你不得安宁(未宁)。因此,既不要断然拒绝,也不要贸然答应,不要急于做出决定(介疾)。你的迟疑不决,可能迫使对方愿意付出更大的代价,说不定你也会得到梦寐以求的东西(有喜)。

九五 ㊞孚于剥,有厉。

侯国之间(九五)你想吞并我,我也想吞并你;你想把我踩在脚下,我也想把你踩在脚下(剥)。在这种你来我往、明争暗斗式的较量过程中,如果你恪守社会道德底线(孚),用自己的道德标准和美好愿望去想象别人,可能会遇到很大的麻烦,甚至吃大亏(有厉)。

上六 ㊂引兑。

人到暮年(上六),相互之间平生的宿怨难消,即使有心化解,却谁也不愿先低头。这时,最好有人从中撮合(引),让大家坐下来面对面相互沟通(兑),以消弭积怨。时日不多了,还是化干戈为玉帛吧。

四、补记

【东拉西扯】对本卦要注意两个事实,一是卦爻辞非常简单,二是后世大都将

"兑"理解为"喜悦,和悦"。

卦辞简单这一事实说明,文王老先生认为,"兑"这个字以及"兑"的行为,在当时是非常清晰、明白的,不会产生误解,因此,无须多费口舌。而后世对"兑"的错误理解,应该源自于《象》中的"兑,说也"。后人对此说法没有提出质疑,因而以讹传讹了几千年。

下面,分别从卦象、"兑"的习惯用法和"兑"的现代用法三个方面,来仔细考察"兑"的基本含义。

【主题乱弹】本卦的卦象为"上泽下泽",即泽泽相伴。泽即湖泊、大的水塘或沼泽;泽泽相伴,可以看作一个湖连着另一个湖。这种情况在自然界是存在的(参见图兑-1),古人也一定注意到了。前一段时间(2013年4月),我刚刚去了以"铁道游击队"而闻名的山东济宁"微山湖"。"微山湖"亦名南四湖,由微山、昭阳、独山、南阳四个彼此相连的湖泊组成。据称,"微山湖"的得名,因湖内有一小岛,是殷商天子帝乙的长子"启"的埋骨之地,而"启"又称"微子",故称"微山湖"。像这样连在一起的湖泊,如果因某种原因一个湖泊的水位下降了,另一个湖泊的水就会补进来,反之亦然。这就是"兑"的基本含义,即丰歉互补,相互周济。

【岁月留痕】小时候在农村时,作为主食的面粉都是各家各户自己在磨坊里加工的,经常有面粉不够用而来不及加工的情况。这时候,奶奶就会吩咐:去某某家"兑"些面(粉)回来,意思是去某某家"借"一些面粉回来,等到自家有时再还给人家。这应该是"兑"的一个古老用法。对此,应注意两点:

第一点是,这里的"兑",与卦象显示的"丰歉互补,相互周济"的"兑",实质上是相同的:我家的面粉缸(储存面粉的"泽")空了,可以从别人家的面粉缸里"兑"一些过来;等我家有了的时候,再"兑"还回去。

【史海寻贝】第二点是,上述"兑"面粉的行为,现在通常用"借"来表达,但与"兑"相比,"借"字并不确切。"借"字应该用在这样的场合,即把别人家的东西拿过来,使用完了之后"原物"返还;而"兑"是指,把别人家的东西拿来过后就"用掉"了,不可能将"原物"返还,而可以用同数量、同品质的"替代品"返还。所以,我们应该跟别人"借一本书","兑一碗盐"。

【古音遗韵】自然界的"泽泽"之"兑"一般是单方向的,即总是从一个湖流向另一个湖,很少有"倒流"的情况;引申到人类社会生活中的时候,却具有了"双向"的特征,即"兑"回来的东西,一定要"兑"还回去。这样一来,"兑"就具有了"等值交换"的含义。以前生存物资比较匮乏,人们经常会遇到暂时性的困难(如上述的由于来不及加工而缺少面粉的情况),通过"兑"这种形式就能够摆脱暂时的困难。

因而,在小民百姓之间,"兑"的情况经常出现。如果人们相互提防,不肯相互周济(匪孚),谁家都可能会遇到麻烦。因此,在民风淳朴、乡邻和睦、关系融洽的农村,"兑"的范围很大,甚至达到了"互通有无"的地步。例如,你家有的东西我家用,我家有的东西你家用,不用重复置办。显然,这已经超出了"兑"的基本含义,但仍然能够讲得通。个人认为,现代社会婚、丧礼仪中的"礼尚往来",在某种意义上也是一种"兑"的遗风。

【班门弄斧】我们已经看到,"兑"已经不是"原物"的"来与回",而是"等量、等品质"的物品的"交换"。随着这种"交换"行为在空间范围上的扩大、时间范围上的延展,交换的中介物——"货币"就应运而生了;于是,物与物之间的交换,就可以通过"中介物"的交换来实现。这就是我们现今对"兑"的最普遍的用法,如兑付,汇兑等等。

【会心一笑】老爷爷显然已经明白了"兑"可以指"等价物"之间的交换,所以,把"你给我一拳,我踢你一脚"也看成是一种"兑",而不仅仅限于"互惠互利"的关系才算"兑"。这大概就是五爻的意思。

【哲理漫说】有了上面的说明,我们就能够很容易地理解爻辞了。

小民百姓(初爻)居家过日子,不可能置办所需要的全部家当。如果邻里之间能够和和睦睦(和),今天你帮我、明天我帮你(兑),大家都能克服暂时的困难,自然是大家都高兴的事情(吉)。

小有人家(二爻)犹如后世的"地主",一般都是当地的显赫人家,通常一个自然村也就只有一、两家,这样的人家相互之间,一般很少有需要"兑"的东西。但他们与周围的小民百姓之间,却经常会发生"兑"的行为。例如,与小民百姓交换粮食、牲畜、家禽等等。小有人家与小民百姓之间,由于地位、实力的不平等,很容易出现"强买强卖,故意压价"等行为,故老爷爷对他们提出忠告,要求他们"孚兑",就是在交换过程中要恪守社会行为底线,要讲"诚信",否则,就可能会发生令他们后悔不迭的事情(孚兑,吉,悔亡)。应注意的是,这里的"孚"确实具有"诚信"的含义,不知后世对"孚"的解释,是不是来源于此。

大户人家(三爻)就是称霸一方的豪强,敢于来到你家门前、要求与你交换(来兑)某种东西的人,岂是等闲之辈! 这种"敢在太岁头上动土"的人,什么样的稀罕之物都有,而被他看上的东西,必定是你的心爱之物。被他惦记上的东西如果你舍不得给,"强取豪夺"或"耍奸使坏"是必然的结果! 而要是给了,可能就有去无回。果真如此,你的麻烦就大了(凶)。想想现在"富豪"的处境,就不难明白这一点。

身为将相之人（四爻）自然手握重权，或拥兵自重，如果别人觊觎你的东西，肯定不敢"强取豪夺"，但可能来跟你商量着（商）进行某种交换（兑）。当然，敢于跟你商量的人也一定位高权重、势力非同凡响，是你得罪不起的人物。他喜欢上的东西肯定不愿放手，会跟你死缠硬磨，让你不得安宁（未宁）。不要轻易就答应（介疾），多磨一磨，他可能愿意付出更大的代价，说不定你也能够得到梦寐以求的东西（有喜）。

关于五爻、六爻，上面中已经讲清楚了，不再赘言。

显然，按照上述对"兑"的理解，可以很好地解释全卦，而用"喜悦"来解释"兑"，实在难以令人接受。

59.涣(风水)——共勉互励

一、原文

涣 亨。王假有庙。利 涉大川。利 贞。

初六 用拯马,壮 吉。

九二 涣奔其机。悔亡。

六三 涣其躬,无悔。

六四 涣其群,元吉;涣有丘,匪夷所思。

九五 涣汗其大号,涣王居,无咎。

上九 涣其血。去逖出,无咎。

二、注释

【卦象玄机】"风上水下"。单卦:上卦为风,指湍急的水流激起的阵阵清风;下卦为水,指与阵阵清风相伴而行的湍急水流。叠卦:上风下水,好一副轻松欢快的画面:轻快的风儿招着手,引导着溪水向前流;欢畅的溪水唱着歌,催促着风儿快些走;风行而水流,相呼相唤,你唱我和,互为引导,互为激荡,一路欢歌,一往无前。

图涣-1 欢快的小溪。您"看"到了风吗?

此情此景,就像漂亮温柔的姑娘与她心爱的多情小伙子,相约"会师"在著名的学府;于是,成绩优异的姑娘,像风一样飘向前方;不甘落后的小伙儿,发奋图强、紧追不放;于是,二人相互追逐,彼此守望,不离不弃,奔向远方。这,才是"涣"的真谛啊。

图涣-2 "涣"的真谛。

世人多把"涣"解释为"风荡涟漪,逐渐扩散"之象,但却忘了,"先天八卦"中既有"水"又有"泽"。"水"为流水,而"泽"为静水。"流水"表面不大可能有"风荡涟漪"的景象,故,"涣"非"涣散"之象。

图涣-3 水滴在"泽"中造就了诗情画意般的涟漪

图涣-4 风在"水"上吹起的涟漪,似乎缺少了一些美感

【卦名意境】涣:消散,散漫;多,盛。本卦中的"涣"是指,跟随"某种召唤"前行,其含义为相互激励,互相促进,互动。

【本卦主题】指感召、激励人们不断进取的精神支柱和动力源泉。

【各爻角色】社会各阶层人士。

【字词释义】

王假有庙:假,给予;宽容,宽纵。王假,指王侯给予…,王侯容忍…。有庙,指(准许为你)设寺立庙,(容许你)接受拜祭。王假有庙,指君王容许(为你)设寺立庙,(让你)接受香火拜祭;引申为,君王愿意(王假)把你树立为别人学习的榜样(有庙,类似于接受别人的敬仰、祭拜),让你成为激励别人前进的动力。相当于现在的树立榜样。

用拯马(壮 吉):拯马,指帮助人们进行农耕生产,或征战的马匹。用拯马,指用马匹激励你不断前进。

涣奔其机:指用呈现在你面前的"大好机遇",激励自己不断进取。

涣其躬:指用你"内心的强烈欲望",激励自己不断进取。

图涣-5　有这样的马陪着
你干活,还怕什么困难?

涣其群:指用"为了让手下的弟兄们,都有一个美好的前程"为目标,不断激励自己。

图涣-6　涣其群——为了身后的弟兄们,拼了!

涣有丘:指通过与下属相互鼓励,相互促进,打造一支山丘一般强大的团队,横空出世,兀立在世人面前,让人对你刮目相看。

涣汗其大号:指用"能够在代表家族辉煌历史的大旗上,也留下自己的血汗和贡献"的荣誉感,来激励自己不断进取。

涣王居:指用"对得起先王构筑的金碧辉煌的王宫"的责任感,不断激励自己。

涣其血:指用"自己曾经为其流过的鲜血"的光荣历史,不断教育、激励后人。

图涣-7 涣有丘——让别人看看,我们有种!

图涣-8 涣汗其大号(左),涣王居(右)——在自己手上失去这些,有何脸面立于人世!

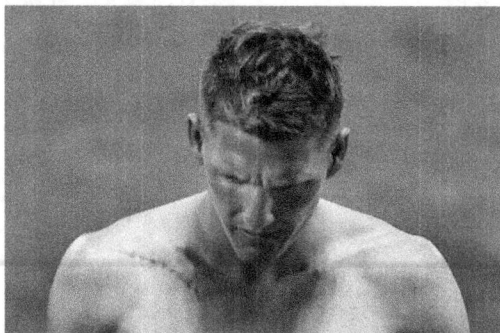

图涣-9 忘不掉的伤痕

逖(tì):远(相对于近)。

三、今译

涣:激励,召唤。

亨。王假有庙。利涉大川。利贞。

有某种"强烈的愿望(理想、信念)"激励(涣)着人们,人们就能一往无前,顺利发展(亨)。能够不断进取的人,君王(王)也会把你树立(假)为榜样(有庙),用你的事迹来激励别人。人,一旦了有了(利)理想、信念,就没有过不去的坎、越不过的川(涉大川)。一旦确定了(利)追寻的目标,就要坚持不懈(贞),勇往直前。

初六 ㊙用拯马,㉠壮 吉。

对于小民百姓(初六),如果漫漫人生长路的艰辛让你对生活感到迷茫,那就好好想想与你朝夕相伴的忠实马匹吧(用拯马),它勤勤恳恳、无怨无悔地奉献,难道不会让你热血喷涌、斗志昂扬、浑身有使不完的劲? 如果你的好帮手(拯马)膘肥体壮、精神抖擞(壮),让你感到得心应手,那么,再大的困难你也能够克服,你就一定能够把小日子过得红红火火(吉)!

九二 ㉆涣奔其机。㉑悔亡。

对于小有人家(九二),你已踏上了事业发展的康庄大道,呈现在你面前的发展机会越来越多。不要小富即安、故步自封、不思进取,而要跟随着(涣奔)那些稍纵即逝的机会(其机)的指引,大踏步地前进! 不要给自己留下终身的遗憾(悔亡)!

六三 ㉆涣其躬。㉠无悔。

对于大有人家(六三),虽然家财堆积如山,应有尽有,但如果坐享其成,也会坐吃山空。所以,家道的兴衰全然在于你自身的态度:你勤奋,家道常兴;你懒惰,家道中落。尽情地释放你内心的激情吧! 让你内心(其躬)那股子巨大的激情,带领你(涣)勇往直前! 如此,方可此生无憾(无悔)。

六四 ㉆涣其群,㊙元㉠吉;㉆涣有丘,㉑匪夷所思。

身为将相(六四),特别是统率千军万马的将领,如果你的手下一个个都是脓包,强敌面前只能望风而逃,你有何面目见人? 你的手下怎么能够出人头地? 为了弟兄们(涣其群)能够在人前抬得起头、直得起腰,你就拼命地干吧! 有此愿望(元),你自然会受到下属拥戴(吉)。如果你能够从弟兄们的利益出发(涣),你就能打造一支强大的团队,山丘一般兀立在世人面前(有丘)! 让那些内心瞧不起你的人目瞪口呆去吧(匪夷所思)!

九五 ㉑涣汗其大号,㉑涣王居,㉠无咎。

身为王侯(九五),不可以躺在先人的功劳簿上睡大觉,只顾享受荣华富贵。要以为家族的荣誉增光添彩(汗其大号)、不辜负富丽堂皇的宫殿(王居)为目标,不断地激励(涣)、鞭策、鼓励自己,鞠躬尽瘁,奋发有为。这才是真正的王者风范

（无咎）！

上九　🀰涣其血。🀰去逖出，🀰无咎。

老迈的征臣战将（上九），要用自己曾为之不惜抛头颅、洒热血（其血）的荣耀历史，不断教育、激励（涣）后人。若能使他人远离（去逖）流血（出）的灾难，也就尽到责任了（无咎）。

四、补记

【东拉西扯】《说文》中有"涣，流散也"，"序卦传"有"涣者，离也"的说法，故，大家都把"涣"按照"离散，消散，涣散"来理解。因此，在一般人的观念里，"涣"字的含义多是负面的，给人留下的印象是"自由散漫"，甚至"蔑视权威"，如"纪律涣散"。

在当代文人的眼里，"涣"是一个有浪漫气息的文字，这可能来自于"风行水上"这一充满诗情画意的景象。《周易》中"风行水上"与"涣"的结合，让人们自然地联想到，静静的水面上，风吹雨打而荡起的涟漪轻轻扩散的情形，给人以无尽的遐想。于是，在浪漫的文人眼里，"涣"便有了轻灵、飘逸的意境。

在历代的注家来看，"涣"之"散"，与"聚"是相反的意境。这大概源自于《序卦传》的"兑者说（通悦）也。说而后散之，故授之以涣；涣者离也"。但，这是一个"美丽的"误解。正是因为这一误解，后世对本卦的解读五花八门，也就不足为奇了。

【主题乱弹】下面，再对本卦中"涣"的含义加以分析。

涣的卦象是"上风下水"即"风行水上"。风行水上，荡起阵阵涟漪，逐渐扩散开来，确实有现今意义下"涣散"的意境；但前提是，这里的"水"应该是一片"静水"，而不是奔流不息的"活水"，因为风在"活水"上荡不起涟漪，也就没有了"涣散"的景象了。

我们应该注意到，"八卦"中与水相关的"象"有两个，一个是与河流相关的"水"（河流，"活水"），一个是与湖泊相关的"泽"（湖泊，"静水"）。如果是"风行泽上"为"涣"，那么"涣"可以有现今的"涣散"的含义；而"风行水上"的"象"，就不支持"涣"的现今含义了。

如果我们站在一个瀑布前，就会感觉到水流搅动的阵阵强劲气流——风。同样的道理，夏日坐在山间小溪旁，也能够明显感觉到阵阵凉风袭来。这里的凉风因水流而生，并逐水流而动，风、水相生相伴，难分难舍，相互激荡，不断前行，这应该是老先生"涣"的含义。不难想象,老先生一定在夏日的河边感受过阵阵凉风,或在冬日的河流旁,看到过流动的雾霭。所以,老先生在本卦中,提出了很多不断激励人们前进的动力源泉。按照这样来理解"涣",爻辞就能得到合理的解释。

【哲理漫说】按照上面的分析,本卦中的"涣",就是人与那些激励人们前进的动力之间的互动作用,有"相互激励、相互召唤"的意境。

拿现在的社会来说,激励着人们日复一日、年复一年辛勤劳作的动力,对中学生来说,就是考上自己心仪的大学;对年轻人来说,就是拥有一个温馨的小窝;对事业小成的人来说,就是为自己搭建一个更大的舞台,等等。正是这些不断变化的目标,召唤着、激励着人们不断前进。老先生在本卦中,也指出了激励人们不断进取的动力源泉。看看他老人家是怎么说的。

农耕时代,小民百姓(初爻)"面朝黄土背朝天",日复一日的辛勤劳作,难免有厌烦的时候,就像现在有些年轻人,总觉得自己工作再努力也看不到出头之日,因而产生厌倦情绪一样。老先生对小民百姓说,看看与你朝夕相处、任劳任怨的马匹吧,它们不辞劳苦地为你卖命,又"图的是"什么呢?以任劳任怨的马匹为榜样吧,你们(人与马)相互鼓励、相互安慰,坚强地走下去吧。这大概就是初爻"用拯马 壮,吉",想表达的意思。

我们知道,如果一个人的事业步入了快速发展的大道,出现在他面前的机遇也就越多。例如,那些艰苦创业的人们,迈出第一步的时候往往非常艰难,而一旦站稳了脚跟,打开了局面,就会忽然发现,原来有如此多的机遇。如果不能够把握好这些机遇,你就只能小打小闹了;而把握住了机遇的人,就能够迅速发展起来。这样的事例,相信在每个人的身边都有,古时大概也一样。所以,老爷爷对事业有了一定基础的人(二爻)说,让呈现在你眼前的机遇(其机),带着(涣奔)你不断前进吧。无论结果如何,只要你尝试过了,就不会后悔了(悔亡)。

对那些事业有成的人(三爻)而言,豪车、豪宅、美女、地位,要什么有什么,似乎失去了前进的方向和动力,于是,有些人就开始浑浑噩噩的过日子,把个万贯家财很快就挥霍一空。但也有的人,从内心深处会产生巨大的尝试冲动,在这种冲动的引导下,他们利用充足的资源,创造条件,实现自己的梦想,从而成就了不朽的传奇。这样的例子很多。这大概就是"涣其躬,无悔"的含义。

现在有些官员(四爻),一旦自己得势,就七大姑八大姨的照顾身边的关系,整出一个个利益团体,而把自己该管的事情搞得一塌糊涂,招致民怨沸腾。更有甚者,有些人竟然搞出"窝案"来。这种情况,似乎也符合老先生讲的"涣其群",即,好像也是为手下的弟兄们着想,可实际上,却是害了弟兄们。真要想让弟兄们在人前抬起头、挺起胸,就要把他们引向正路,形成一个对社会有益的强大团体(涣有丘),让人刮目相看(匪夷所思)。能够从这样的出发点考虑问题(元),才是好样的(吉)。

五爻不光是指"王侯"等最高领导人,而是适用于"任何规模的团体"的"一把手"。你所在的"团体",其所以能够取得辉煌的业绩,是众人长期努力的结果。无论这一"团体"是你一手缔造的,还是你接过了别人的接力棒,既然你在一把手的位置上,就要为更加彰显(涣)"团体"的形象、声誉(其大号)而出大力、流大汗(汗),就要对得起(涣)别人对"一把手位置(王居)"的尊重,这是本分(无咎)。

上爻的"涣其血。去逖出,无咎",有些类似于"革命传统教育",目的是让后人少流血、少受罪,所谓前事不忘、后事之师。

【班门弄斧】应注意的一个问题是,"涣"也具有"听从某种意见而行动"的意味。就这一点而言,它与"随"、"巽"有相似之处。但从卦文来看,老先生对这几个字的含义,有明确的区分:

"随":只听信个别人的意见,强调"偏听偏信,盲目跟随";

"巽":听取大多数人的意见,强调"从众,随大流";

"涣":树立信念,并听从信念的召唤,强调"用信念不断激励自己"。

【会心一笑】"匪夷所思"是现今一个常用成语,显然来自于本卦。但令人匪夷所思的是,本卦中"匪夷所思"的意思与我们常用的匪夷所思的意思,似乎匪夷所思的不尽一致。当然,也不排除我对"匪夷所思"的理解出现了匪夷所思的差错。哈哈,有点儿绕。

60.节(水泽)——只进不出

一、原文

节　亨。苦节 不可贞。

初九　不出户庭。无咎。

九二　不出门庭。凶。

六三　不节若,则嗟若。无咎。

六四　安节,亨。

九五　甘节,吉。往有尚。

上六　苦节,贞 凶。悔亡。

二、注释

【卦象玄机】"水上泽下"。单卦:上卦为水,指河水;下卦为泽,指湖泊、沼泽。叠卦:上水下泽,是河水流入湖泊的景象。河水流入湖泊、沼泽,即失去活力,不再流出,成死水一潭。就像有的人,一旦财富流入他的腰包,就不会再流出去一样。故,这里的"节",是"有进无出,或进多出少"的意思,引申为"积累"。

【卦名意境】节:积累,积攒,不铺张浪费。

【本卦主题】积攒财富;节俭;守财奴,"葛朗台"式的人物。

【各爻角色】社会各阶层人士。

【字词释义】

苦节:指为了积攒财富,舍不得正常地吃、穿和用度,从牙缝里都要抠。

安节:指在保障日常生活安逸的前提下,实施节俭。

甘节:指不沉溺于奢靡铺张的排场,心甘情愿地保持简朴而舒心的生活状态。

图节-1 水流(右)流入湖泊(下),就再也出不来了

三、今译

节：节俭,不铺张浪费。

㊤ 亨。 ㊧ 苦节 不可贞。

适当的节俭,可积累财富;有了一定的财富,就能更好地发展(亨)。积累财富、更好发展的目的,是为了追求更好的生活。如果一味地为了积累财富而积累财富,甚至从牙缝里也要抠出一些财富来(苦节),守着堆积如山的财富却过着乞丐一样的生活,就迷失了聚集财富的意义,这样的日子不可能长久(不可贞)。

初九 ㊧ 不出户庭。 ㊤ 无咎。

对于小民百姓(初九),把省吃俭用、辛辛苦苦积攒的那点儿家底,看成是眼珠子、心头肉,谁要是想打这些家底的主意,就像割他的心头肉一样让他难受。但对自己的儿子,要袜子他会连鞋子都给(不出户庭),这很正常(无咎)。哈哈,老爷爷严重的重男轻女啊!

九二 ㊧ 不出门庭。 ㊤ 凶。

家业殷实的小有人家(九二),如果在天灾面前,即使有足够的能力帮助别人,却只顾着自己家族(不出门庭)的安危,全然不顾其他人家的死活,可能生出祸端(凶)。

六三 ㊧ 不节若,则嗟若。 ㊁ 无咎。

大有人家(六三)家大业大,虽广有钱财但也用度无算,若不节俭着过日子(不节若),一味地铺张浪费,追求奢靡的生活,总会有坐吃山空的一天。若真的到了那一天,就只剩悲叹了(则嗟若)。所以,要养成适当节俭的习惯,这是应该的(无咎)。

六四　⊠安节,㊣亨。

将相人家(六四)虽有固定的"收入来源"("采邑"的供给),但各种用度、靡费之处也很多,这些,都需要别人的辛勤劳作来保障。所以,应在满足正常生活需要(安)的前提下,尽量节俭(节),这样,才能给你的"邑人"更多休养生息的机会,也才能保障你的家业越来越兴旺(亨)。

九五　⊠甘节,㊣吉。⊠往有尚。

王侯之家(九五),锦衣玉食,这些都是民脂民膏。如果能够心甘情愿(甘)地节约各项用度(节),不沉溺于奢靡铺张的排场,就能减轻庶民的负担,就会天下太平(吉)。让你的高尚品德(有尚)惠及(往)黎民百姓吧。

上六　⊞苦节,贞凶。㊀悔亡。

于国有功之臣(上六),如果一方面是抠抠掐掐(方言:吝啬)、紧紧巴巴(苦)地过日子,另一方面却不断地积累财富(节),那么,长此以往(贞)自然会引起别人的猜忌,你想全身而退都难(凶)。所以,该用就用、该花就花,不要积攒太多的财富,不要让令人后悔的事情发生(悔亡)。

四、补记

【东拉西扯】"节"是一个常用的字,其主要含义是"节俭"、"节制"等,对此,后世的理解基本上没有太大问题。其实,老先生在本卦中,对"节"也赋予了类似的含义。同时,本卦的卦爻辞都比较简单,这表明,至少在老先生看来,人们应该很容易理解本卦的意境。事实上,也确实有人理解了老先生的部分思想,例如,贺华章在《图解周易大全》中,对本卦的四爻、五爻的解读,基本上是正确的。但可惜的是,还是没有能够理解全卦的思想,实在令人遗憾。

【主题乱弹】本卦的卦象是"上水下泽"。可能在很多人的眼里"水"与"泽"都是水,没有明显差别,甚至对"上水下泽"是一种什么样的景象都懒得去想,更不用说去理解在老先生的脑海中,这是一幅什么样的图景。

其实,在"先天八卦"形成的远古年代,在古人纯真的眼里,"水"与"泽"还是有着很大的区别,否则,不会分别用它们来命名"八卦"。"八卦"中,"水"的形象主要指"河流",而"泽"则是指"湖泊、沼泽"。

从本卦的卦象、卦名及卦爻辞来看,周文王老先生显然非常清楚水与泽的区别和联系。"上水下泽"的卦象,让老先生想到了"河水"流入"湖泊"后不再流动,湖泊中的水会越积越多的自然景象。这一景象,让老先生联想到,一些人通过日复一日、年复一年的辛苦劳作,从外界得到的财富(例如收获的粮食)像河水一样源源不断地流入其家里。而这些财富一旦进入了这些人的腰包,就像河水流入了湖泊,就再也出不来了,从而导致这些人家的财富越来越多。老先生把财富的这种"只进不出"情形,用"节"来表示。所以,本卦的"节"指"财富的积累"。

【哲理漫说】"拼着老命积攒财富"(苦节),似乎是中华民族的"优良传统"。所以,似乎曾有报道说,现在中国人的"存款总额、平均值"都远远超出全球的平均数。产生这一现象的原因我没有做过任何研究,但农耕社会环境下,由于社会保障的缺失,导致人们通过"个人储蓄"来提供"安全感"可能是一个重要因素。当然,"葛朗台"式的人物,在各种文化中可能都有。

虽然"积攒财富"能给事业顺利发展(亨)提供保障,但一味地不吃不喝、拼命攒钱(苦节)却是不可取的(不可贞)生活态度。因为,迟早会有"败家子"来替你挥霍!

对于小民百姓(初爻)辛辛苦苦积攒的那点儿财富,老先生说"不出户庭。无咎。"我不知道这是老先生对小民百姓的"劝告",还是对小民百姓"行为规律的总结"。在当今社会,我赞同把它理解为一种"劝告",那就是,"辛辛苦苦积攒的那点儿血汗钱,无论别人(家庭以外的人)以什么样的借口'向你借',都不要给(不出户庭),这没什么过错(无咎)"。这话听起来有些刻薄,也不符合传统美德,但却无疑是正确的选择(背后的道理就不讲了);除非,对"借出去的钱"你压根就不指望别人还会"还回来",全当送人了,否则,就不要借给别人。

二爻的"不出门庭。凶",与初爻只是"门、户"的差异,其结局却大相径庭,一个"无咎"一个"凶",让很多人不理解。初爻是指社会最底层的平民百姓,在农耕时代,这些人很可能是吃了上顿没下顿(参见"鼎"卦的初爻),如果把省吃俭用"积累"的那点儿财富,全都周济了别人,如果遇上天灾人祸,很可能在别人有能力"还回来"之前,他自己已经"挂了(时髦语,意为'完蛋了')"。因而,其结果很可能是,用自己的血汗养活了别人、饿死了自己!所以,对小民百姓而言,(辛苦钱)"不出门庭,无咎"是天经地义的事情。但二爻是指类似于后世"地主"阶层的人,他们积累的财富足以让很多人应对大的天灾人祸。如果在天灾人祸面前,你只顾自己"家族"的安危(不出门庭),而不顾下层百姓的死活,可能会出现令你不愿意看到的景象(凶)。例如,在战争时期那些发国难财的商人,仓库里明明有很多粮食,就是不卖给饥肠辘辘的百姓(不出门庭),一味地囤积居奇,很可能导致绝望的灾民进行"哄抢",到头来,吃大亏的还是你自己(凶)。所以,把这里"凶"的背景理解为"灾民的暴动",应该没有太大问题。

三爻的"不节若,则嗟若。无咎",对"富豪人家"主要说了"坐吃山空"的道理。一方面,如果一味地大手大脚、挥霍浪费(不节若),迟早会有让你后悔的那一天(则嗟若)。另一方面,即使你财大气粗,富可敌国,紧细着过日子也是应该的(无咎)。事实上,家道中衰、从"富豪"沦为"乞丐"的大有人在,究其原因,主要是奢靡铺张,无节制的挥霍。当然,更多的"富豪"深知"坐吃山空"的道理,所以,为人低调、生活节俭。这样的报道很多很多,说明老先生三千多年前的思想,已被后人普遍接受、并付诸实践。

四爻的"安节,亨"与五爻的"甘节,吉。往有尚"道理差不多。对将相重臣提出的"安节",可以理解为"心安理得地节俭",也可以理解为"在安安稳稳过日子的前提下,厉行节约"。无论哪种情况,都不会给其"采邑"的民众带来灾难性的伤害,自然就能亨通、顺利(亨)。对王侯提出的"甘节",是要求王侯能够"心甘情愿的节俭",这样才能天下太平(吉)。在老先生的眼里,以殷纣王为代表的王侯阶层,昏庸无道、荒淫无度,对民众自然是横征暴敛,搞得民怨沸腾、天下不宁。汲取这些教训,老先生得出的经验就是"甘节",从而成就了"凤鸣岐山"的太平、繁荣景象。所以,"往有尚"可能就是老先生的感叹,"对待(往)小民百姓,还是要多加体恤、关爱(有尚)"。

四、五爻中的"安"与"甘",虽然意义相近,但在对人物心态的刻画方面还是非常讲究的。试举个不恰当的例子来说明。例如,一个单位的"一把手"和一个"副职"都想换一辆座驾,一把手可能并不考虑价格等因素,只求一个"心甘情愿",即只要自己喜欢就行,这大概就是"甘"。而副职要考虑的,肯定是"不能抢了一把手的风头",因而只能求个"安安稳稳不惹事",而不敢按自己的喜好想怎样就怎样,这大概就是"安"。所以,甘节与安节,充分反映了不同人物的心理状态。可见,《周易》处处都显示了老先生的缜密心思。

上爻的"苦节,贞 凶"可谓一针见血、发人深省,为"已经失势的功臣们"敲响了警钟。如果你是一个已经失势的重臣,不管你曾经有多大的功劳,都不可一味地(贞)省吃俭用,拼命地积累财富(苦节),因为你乐此不疲的这样做(贞),会给你带来灾难(凶)。道理很简单,因为你处心积虑地积累大量财富,表明你很可能有不可告人的野心;而作为最高统治者,不会养虎为患,不会对此视而不见、听而不闻,"收拾你"那只是迟早的事情!"收拾你"是一石三鸟的事情:既除去了隐患(无论真假,肯定对王侯有利),又增加了国库的收入,更给其他有异心的人一个警告!所以,要想"善终"就不能"苦节",该吃就吃、该喝就喝,不要积累大量财富,不要让王侯对你感到"不放心",这样才不会有悔(悔亡)。

【岁月留声】让我们用2008年汶川地震后,民间的几个典型捐助情况,再从另一个方面来仔细揣摩老爷爷所讲的道理吧。

镜头1:有一位"拾荒者"(初爻),倾其所有(虽然数量很有限)捐出了自己的爱心(积累的财富"出了户庭")。舆论在一片赞扬之声的同时,也理智地指出,即使他不捐也完全能够理解,没有人会责备他。这从另一个侧面,对"不出户庭,无咎"做了注释。

镜头2:某些为富不仁的富豪(二爻),其"吝啬"的捐助行为受到了社会舆论的普遍批评,甚至有人号召社会抵制其产品。这,印证了老爷爷"不出门庭,凶"的预言。

镜头3:一家民营企业主(二爻)慷慨解囊,当时就得到了一片赞扬之声。后来,民间普遍支持该企业,以致其产品一度被民众买断了货。这可以看作是遵循了老爷爷"不出门庭,凶"的劝告,做出了明智之举。

可见,初、二爻的"门户差异"和"凶吉之别",具有非常深刻的意义,是老爷爷对社会、人性进行了深刻剖析之后,给出的非常精准的判断。

佩服老爷爷的洞察力和精准的语言文字能力。

61.中孚(风泽)——梦圆东厢

一、原文

中孚　豚鱼吉。利涉大川。利贞。

初九　虞吉。有它不燕。

九二　鸣鹤在阴,其子和之。我有好爵,吾与尔靡之。

六三　得敌,或鼓或罢;或泣或歌。

六四　月几望。马匹亡。无咎。

九五　有孚挛如,无咎。

上九　翰音登于天,贞凶。

二、注释

【卦象玄机】"风上泽下"。单卦:上卦为风,指来无踪去无影的男性性伴侣;下卦为泽,指有性欲望的女子。叠卦:上风下泽,即风下有泽。风掠泽而过,一如蜂之采花蜜,不可不采,亦不可留恋不去。此为一夜情之道也。蜂采花蜜,不可"大孚"而不采,空对花开花谢;亦不可"小孚"采而摧之,致花凋零,无果而终;而应取"中孚",既利人又利己。是故"中孚"。

本卦卦象与"大过"卦的"泽上风下"类似,只是次序相异。在老先生的脑海中,此两卦象所映射的社会现象基本一样,为免重复,本卦只是讲了一个"男女幽会"的故事,可以看作是最早的"西厢记"。

【卦名意境】中孚:孚,此处指公认的社会行为规范。中孚,指中等(道德水准的)社会行为,不宜提倡,也无须反对。

【本卦主题】男女幽会的"一夜情"。应为中国有文字记录以来最早的爱情小说,或最早的"西厢记"。

【各爻角色】幽会的各个阶段。

【字词释义】

豚鱼:豚:字典释义为小猪,本卦中应指"河豚鱼"。豚鱼:即河豚鱼。特定情况下,其"身体"会迅速、显著"膨胀";本卦中隐指"勃起的男性生殖器"。

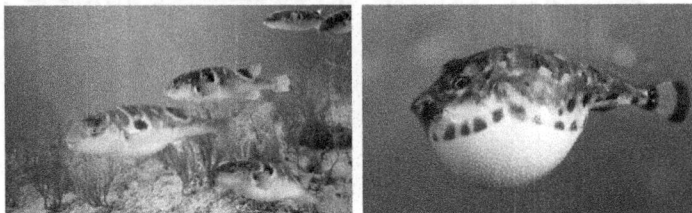

图中孚-1 河豚的状态:正常(左),"生气"(右)

注:今有"河豚"鱼,不知关中古时是否有之?如果以"河豚"鱼解释,倒也非常贴合本卦意境。据说"河豚"鱼被抓后,由于"生气"会把身子鼓得圆圆的。实际上,这是河豚鱼的一种自卫策略:一方面,鼓胀的身体使较小的掠食者无法捕食;另一方面,鼓胀后身体表面的肉刺,也可以令其他掠食者望而生畏。而河豚鱼的这种习性与男子的性器官具有相似之处,都会在受到刺激后变得鼓鼓的。老爷爷在"豚鱼 吉"中,很可能是以豚鱼的秉性隐指男性性器官。

虞:神话传说中的兽;预料,料想;准备,戒备;忧虑,忧患;期待,希望;欺诈;古部落名;通娱。此处指等待,期待。

有它不燕:它,这里指对赴约途中的男子的"其他诱惑",如其他女子的挑逗等。燕,燕类鸟;亵渎,轻慢,通宴:安闲,安逸;快乐;酒食待客。此处指亵渎、轻慢约会对象的行为。有它不燕,有"她"在等待,所有的其他诱惑、羁绊,都不能阻止"他"追寻"她"的脚步。

鸣鹤在阴,其子和之:字面意思是,母鹤在幽暗、隐蔽的地方轻声呼唤小鹤,而小鹤也愉悦地应和着母鹤的召唤。此处借仙鹤母子之间的呼唤和应和,形容等待的女子(母鹤)与赴约的男子(小鹤)之间的呼唤和应答。

图中孚-2 鸣鹤在阴,其子和之(左);我有好爵,吾与尔靡之(右)

我有好爵,吾与尔靡之:此处的"我"、"吾",指迎接赴约男子的女子;"尔"指赴约的男子。全句的意思是,在见到赴约的男子后,女子拿出早已准备好的美酒,与心爱的男子共饮美酒。

得敌:指双方做爱时你贪我爱、旗鼓相当。

或鼓或罢:指或披挂上阵、一番厮杀(做爱),或稍事休息、养精蓄锐。

图中孚-3 或鼓(左)或罢(右)

或泣或歌:指由于两人不能相互厮守、天天生活在一起,偶尔相见时,或因喜极而泣,或因难得一聚而泣,也是人之常情。但只要在一起以解相思之苦,亦会喜笑颜开、欢歌笑语。

图中孚-4 或泣(左)或歌(右)

注:"或泣或歌"一词,把久别重逢的情人那种卿卿我我、缠缠绵绵、似怨似嗔、悲喜交集的情形,刻画得形神兼备、惟妙惟肖。可惜,这么好的成语竟然在我们的眼皮子底下三千余年而无人问津,令人扼腕。

月几望:古时,"望月"指接近盈圆的月亮,因此,月几望的字面意思是,月儿快要圆的时候(日子)。本卦中,"月几望"有三层含义:一是指日期,大约为农历的十三、四日,月亮快要圆的那几天;二是指接近盈圆的月亮已经偏西,快要照进东厢房的窗户;三是指两人都快筋疲力尽了。在关中地区,圆月通常出现在接近东方地平线的地方,等到月儿偏西,从东厢房的窗户可以看得到的地方时,已过夜半。本卦中,将"望"解释为眼睛可以看到,也不牵强。所以,这里的"月几望"可以令人产生很多联想,完整的解释应该是,将要圆的月亮已经偏西的时候,他们才意犹未尽的彼此放手。

马匹亡:这里的"亡"不是"死亡"的意思,而是走失、不见了踪影。潜台词是,由于男子赴约心急,赶路时将马儿打得飞奔;到了约会地后又顾不上喂马,直到夜半马儿还饿着肚子;于是,马儿挣脱了缰绳独自去觅食了。而马儿其所以能够挣脱缰绳,说明男子急于见到

图中孚-5　月几望
(可惜,这是下弦月)

朝思暮想的女子,没有认真地把马拴牢。这非常细腻地刻画了男子心急火燎的情形。

有孚　挛如:挛,连在一起,牵系;抽搐;蜷曲。此处指身体相互紧靠。挛如:指男子紧拥着女子躺在一起的状况。有孚:指大家都会那样做。有孚挛如,指男子小心翼翼地拥抱着女子,相拥而眠。

图中孚-6　有孚　挛如(左);翰音登于天(右)

翰音登于天:翰,锦鸡;鸟羽;毛笔;书信;辅翼。此处指锦鸡,野鸡,有华美的羽毛。翰音登于天,指漫山遍野的野鸡鸣叫声,透过天际远远传来,暗指天就要放亮了。

三、今译

中孚:(本卦讲述的)只是一种符合中等(中)社会行为准则(孚)的行为,既不宜提倡,也无须谴责,任其自生自灭吧。

豚鱼吉。利涉大川。利贞。

男子(的性器官)处于"豚鱼生气(即勃起)"的状态(豚鱼),自然是开心的事

情（吉）。在此状态下（利）可以完成男女的"交合"（涉大川）。对于幸福的人生，就要实现（利）并保持（贞）这种状态。

注：本卦的爻辞讲述了一个故事，每句爻辞都是陈述句。故不再按 憨 求 境 曲 判 对爻辞的"语句意境"进行区分。

初九 虞吉。有它不燕。

期待约会的女子：既望眼欲穿、又惴惴不安地等待着（虞）心上人的到来，羞涩而甜蜜（吉）。赴约途中的男子：把其他所有的事情（有它）都抛在了脑后，不敢怠慢了心爱的姑娘（不燕），一路快马加鞭、飞奔而来。

九二 鸣鹤在阴，其子和之。我有好爵，吾与尔靡之。

他在圆月低挂的夜幕之下，打马飞奔而来；她在影影绰绰的树荫背后（在阴），翘首焦急等待。看到他翻身下马，她便迫不及待地轻声呼唤（鸣鹤）；听到她柔声呼唤，他便不顾一切地扑了过来（其子和之）。她领着他来到她的闺房，手执早已准备好的美酒佳肴（我有好爵），邀请他相拥共饮（吾与尔靡之）。好一副炽烈的幽会场景啊！

六三 得敌，或鼓或罢；或泣或歌。

酒酣耳热之际，他们烈火干柴，恰如遇到了劲敌（得敌），你贪我爱，谁肯罢手?! 一轮战罢、稍加喘息（或罢），便重整旗鼓、再度上阵（或鼓）。战场内外，或喜极而泣（或泣），或宽慰而歌（或歌），悲喜交加，难以自己。

六四 月几望。马匹亡。无咎。

在他们缠绵之时、惓缱之际，不知不觉间更残漏尽、月已西斜（月几望）。门外，可怜的马儿（马匹）早已腹中空空，低头觅食之际，忽见缰绳松脱（看小伙子这粗心劲儿！）于是，寻着芳草，晃晃悠悠的不知将身来到了何方（亡）。唉，粗心的年轻人啊，能说什么呢（无咎）。

九五 有孚 挛如，无咎。

闺房内大战方罢，各自偃旗息鼓。此时，但见一个梨花带雨、潮红未散，一个丢盔弃甲、喘息未定。恍惚间困意袭来，看着身边心爱姑娘那慵懒的娇躯，小伙子轻轻地（有孚）将她揽入怀中，温存地相拥而眠（挛如）。别打搅他们的好梦吧（无咎）。

上九 翰音登于天，贞 凶。

温柔梦乡苦短，不知不觉间，东方已经泛起了鱼肚白。忽然，睡意正浓的姑娘，被漫天遍野（登于天）的锦鸡叫声（翰音）惊醒；看到身边还在酣睡的小伙子，虽然不忍心，还是急急忙忙地摇醒了他："赶快走吧，再待下去（贞）就麻烦了（凶）"！

四、补记

【东拉西扯】本卦,为我们讲述了一个古老而美丽的爱情故事。

短短 54 个 简单的字!

母与子 两只 温情的鹤!

却演绎出

焦灼期待 的 怀春少女 虞 吉;

打马飞奔 的 愣头小伙 有它不燕。

月影深处 的 柔声召唤 鸣鹤在阴,

连颠带跑 的 如饥似渴 其子和之。

余香袅袅 的 美酒佳酿 我有好爵,

醉眼迷离 的 耳鬓厮磨 吾与尔靡之。

你贪我爱 的 惊心动魄 得敌,

欲罢不能 的 舍命相搏 或鼓或罢;

互诉衷肠 的 欲泣还歌 或泣或歌。

独自妒恨 的 幽怨嫦娥 月 几望,

不解风情 的 可怜马哥 马匹亡。

温柔乡里 鸳梦正酣 有孚 挛如。

锦鸡声中 寒星欲落 翰音 登于天。

美妙意境

竟然 可以这样烘托!

爱情故事

竟可 这样气吞山河!

这样的美文

令人回肠荡气 荡气回肠,

其中的味道

还需慢慢咂摸 慢慢咂摸……

【主题乱弹】本卦的卦象是"上风下泽"。这里,"泽"象征有性欲望的女子,而"风"则象征着靠不住的男子。按照现代观点,这种情况对女子不公,但也确实存在着这样的事实。按照卦名来看,在当时,这种情况是可以被社会所接受的,这样的男子也是有"孚"的。虽然这算不上"大孚",但也不是"小孚"、"失孚"或者"失是",可见,当时的男子可以不太负责任。这虽然与现代社会的观点相悖,但却是曾经的存在。这种存在,在当时可能有它的合理性。

【古音遗韵】老爷爷讲的这个故事,用现在的话来讲就是"一夜情"。理由有三。

其一,如果故事中的男女主角具有固定的性关系,例如摩梭人的走婚,那么,男子对幽会地点一定轻车熟路,不需要女子引导,因此无须"鸣鹤在阴,其子和之"。

其二,如果常来常往,女子就藏不住好酒,也就很难有"我有好酒,吾与尔靡之"的情景。所以,这种幽会是很久,或偶然才有的事情。也许是因为有情人未成眷属,聊以弥补遗憾吧。

其三,如果具有世人接受的、公开的情侣关系,两人共度良宵就不怕被别人发现,就无须在"翰音"初起的时候就要赶快离开。可见,在当时就有"一夜情"的现象。

【黄裳之拜】【文苑拾珠】本卦中"有它不燕"、"鸣鹤在阴,其子和之"、"或鼓或罢"、"或泣或歌"、"月望马亡"、"翰音登天"等词语,非常优美,都可作为日常用语、甚至成语来用,既文雅、又有文化内涵,对于大家理解和活用《周易》的一些思想很有好处。这些词语的基本含义,应该留待搞文字的专家去界定。粗浅建议如下:

有它不燕:表示人们一旦有了理想的目标,就应坚定不移地去追求,不为路边的闲花野草所诱惑,也不为世俗的功名利禄所羁绊。意近"心无旁骛",但其难以尽表"有它不燕"的意境。

鸣鹤在阴,其子和之:可以表示美丽温柔的姑娘,羞涩地召唤着风流倜傥的小伙子;而对姑娘仰慕不已的小伙子,也像温顺的小鸟见到了分别已久的妈妈,急不可待地扑向姑娘的怀抱。

或鼓或罢:可以表示人们在做一件事情的时候,既有不达目的誓不罢休的气概,也有张弛有度劳逸结合的策略。

或泣或歌:可以表示久别重逢的有情人,互诉衷肠时那种哀怨别离、欢颜相逢的悲喜交加的场景。与现在的"如泣如歌"的哀怨、伤感格调还是有区别的。

月望马亡:表示一件事情做得太久了,有一种让人感到疲倦的感觉。

翰音登天:表示天将放亮、东方已经泛出鱼肚白,深蓝色的天空中,点点晨星慢慢退去亮晶晶的光芒。

我们期待着文字大师们,创造出更好的意境和优美的文字。

关于本卦更多的信息,请参见"引言"。我被本卦美妙的意境、无与伦比的文字水平所折服。真心话,老爷爷令人痴狂!如果您读懂了他老人家的话。

62. 小过（雷山）——寻求谅解

一、原文

小过　亨。利贞。可小事；不可大事，飞鸟遗之音。不宜上，宜下。大吉。

初六　飞鸟以凶。

六二　过其祖，遇其妣；不及其君，遇其臣。无咎。

九三　弗过防之。从或戕之。凶。

九四　无咎。弗过遇之，往厉必戒。勿用永贞。

六五　密云不雨，自我西郊。公弋取彼在穴。

上六　弗遇过之，飞鸟离之，凶，是谓灾眚。

二、注释

【卦象玄机】"雷上山下"。单卦：上卦为雷，指发脾气，雷霆之怒；下卦为山，指山一样高大的"大人物"。叠卦：雷上山下，指"大人物"发火、发脾气。

【卦名意境】小过：因"小"事情惹怒了"大人物"，要主动"过"去，设法请求其原谅，平息其怒火。

【本卦主题】上司或"大人物"发怒；引申为"小人物"寻求"大人物"的谅解。

【各爻角色】不同社会阶层人士。

【字词释义】

飞鸟遗之音：指飞鸟被击中后，最后的悲惨

图小过-1　飞鸟遗之音。

叫声。

姒(bǐ):祖母或祖母辈之上的女性祖先。一说:父为考,母为姒;过世之母亲。

弗:指不,不要。

戕(qiāng):杀害,残杀;伤害,毁坏。

弋(yì):木桩;带丝绳的箭;取,获得。此处指带丝绳的箭。

眚(shěng):眼睛生翳;疾苦;过失。

三、今译

小过:因小事情惹怒了大人物,要设法平息其怒火,获得原谅。

⊛亨。⊛利 ⊛贞。⊛可小事;不可大事,飞鸟遗之音。⊛不宜上,宜下。⊛大吉。

能把大人物哄高兴才能顺利发展(亨)。学会(利)如何化解危机,才能保住(贞)已有的地位。但要寻求大人物的原谅,一定要把握好一个前提,那就是,导致大人物发怒的原因只能是"小事情"(可小事)。如果因为"不可原谅的大事情"惹怒了大人物,请求其谅解是不可能的事情(不可大事),其后果就像"飞鸟遭遇致命一击时,只剩下一声悲鸣"(飞鸟遗之音)一样,只能坐以待毙了。做错事情引起了大人物震怒时,要赶快设法使其慢慢平息怒火(宜下),而不要火上浇油使其更加愤怒(不宜上)。能够把握好"平息大人物怒火"的策略,就是做人的一大成就(大吉)。

初六 ⊛飞鸟以凶。

小民百姓(初六)如果惹怒了大人物,其后果就像飞翔中的鸟儿(飞鸟)突然遭遇致命一击(以凶)一样,只有悲惨的结局。

六二 ⊛过其祖,遇其姒;⊛不及其君,遇其臣。⊛无咎。

小有人家(六二)如果惹怒了大人物,应主动"过去"(过)向其祖父(或父亲)(其祖)认错,并请求他从中撮合,平息大人物的愤怒(注:老人家一般宽宏大量,不会跟别人过多地计较;由他出面做大人物的"思想工作",可能会有出乎意料的效果);也可以"假装偶然遇到"(遇)其祖母(或母亲)(其姒),恳求她帮助说情(注:老妇人一般思路不清、轻重不分,在有地位的儿孙辈面前的威望,也没有男性先辈那么高,故,只能作为一种退而求其次的选择)。不可以直接去(不及)请求正在火头上的大人物(其君)原谅你,但可以"假装偶遇"(遇)大人物身边的"红人"(其臣），请他向大人物传话，求得大人物的谅解。采用这样一些迂回曲折的方式祈求大人物平息怒火，也是没办法的办法（无咎）。

九三 ⑨ 弗过防之。⑩ 从 或戕之。⑪ 凶。

大有人家（九三）如果惹怒了大人物，千万不要主动"过去"（弗过）寻求他的谅解，而且要时刻提防他加害于你（防之）。如果跟着大人物屁股后面（从）不停地解释，可能直接就遭遇不测（或戕之）。唉，遇上这样的事情，你只能提心吊胆地过日子（凶）了（注：老人家告诉我们，雄霸一方的大有人家一旦惹怒了王公贵族，就几乎没有和解的余地了。其中的原因隐约能够感觉到，但讲不清楚，还望有人能给出进一步说明。）

九四 ⑪ 无咎。⑨ 弗过 遇之，⑩ 往 厉 ⑫ 求 必戒。⑬ 勿用 ⑭ 永贞。

身为将相（九四），因小事（或误会）而惹怒王侯，是免不了的事情（无咎）。不可主动寻求谅解（弗过），可"假装不知道"王侯已经发怒，遇到合适机会（遇之）再做说明，平息其怒火。当时就去（往）解释，会让你"吃不了兜着走"（厉）；若王侯还在火头上，千万不可再火上浇油（必戒），那只能自讨苦吃。要吃一堑长一智，不可在同样的问题上，一再犯错（勿用），只有这样，你的乌纱才能戴稳（永贞）。

六五 ⑪ 密云不雨，自我西郊。⑪ 公 弋取 彼 在穴。

身为王侯（六五）如果惹怒了大人物，那么你面临的形势，就像从西天（自我西郊）铺天盖地压过来一片浓密的乌云（密云），虽然没有降雨（不雨），但却压得你连气都喘不过来（注：这极有可能就是周文王"惹怒"了殷纣王后，周文王被拘前的心理写照）。如果他（公）想要灭掉你（彼），即使你躲在坚固的巢穴里（在穴），他也会用带有丝绳的箭（弋取），如瓮中捉鳖、探囊取物一样抓获你（公 弋取 彼 在穴）（这可能正是文王被拘时的感受）。

图小过-2 密云不雨自我西郊

上六 〔捕〕弗遇过之,〔判〕飞鸟离之凶,〔判〕是谓灾眚。

(上六)如果惹怒了大人物,不是寻求合适的机会(弗遇)求得谅解,而是当其在火头上时就去(过之)解释,其结果只能是,像飞鸟遭遇致命一击一样(飞鸟离之凶)的悲惨结局。这就是(是谓)飞蛾扑灯,自取灭亡,自寻死路(灾眚)。

四、补记

【东拉西扯】个人认为,本卦是《周易》中哲理最为深刻的卦之一。其中描述的"平息大人物怒火"的策略、方法,在当今社会中,小到幼儿园小朋友之间纠葛的化解,大到国际社会外交纷争的斡旋,都能看到这些策略、方法的应用。

例如,如果幼儿园中的一个小朋友甲,把另一个"少爷"或"公主"级的小朋友乙惹得不高兴了,妈妈就会带着甲去找乙的爸爸(或妈妈)认个错、道个歉,这事也就基本"摆平了",两个小朋友也就和好如初了。这就是二爻中"过其祖"的方法。

再如,某小岛国因一弹丸小岛,若把身边的大国真正惹生气了,小岛国看到的将是"密云不雨,自我西郊"的局面。当然,就目前力量对比而言,大国对小岛国尚不具备"公 弋取 彼 在穴"的绝对实力,令人遗憾。让我们期待着"公 弋取 彼 在穴"的那一天吧,那时,"密云不雨,自我西郊"的局面,才能真正发挥"不战而屈人之兵"的威慑力。

从本卦哲理这一角度来看,古人对《周易》做出的"其大无外、其小无内"的评价,倒也说得过去。

【主题乱弹】本卦的卦名比较隐晦,是《周易》中为数不多的几个不够直白的卦名之一。大体上,单字的卦名比较直白,而双字的卦名一般比较隐晦。

看到"小过",人们往往联想到"大过",认为"小过"与"大过"的区别,大体上只是"过失、过度"的"大、小"程度不同而已。现在,我们对犯了错误的人,往往以"记大过"、"记(小)过"作为一种惩罚,这也强化了人们的这种认识。但,这是一个"古老的、传统的"误解!事实上,《周易》中的"大过"、"小过",与我们现今理解的含义有很大的差异!关于"大过",在"大过"卦中已经做了说明,不再重述。现在着重说说"小过"。

"小过"的卦象是"上雷下山",即"山上响雷",这是人人都可以想见的一种自然现象。这在老爷爷的脑海里,是"山"一样高大的大人物因你而发怒(雷)的情形。

如果你把大人物惹怒了,后果可能很严重。后果的严重程度,主要取决于两方面因素:一是你惹怒大人物的"行为",即在他看来的"恶行",是"大"还是"小";二是大人物的"肚量"是"大"还是"小"。但老先生并没有考虑第二个因素,只关注了"恶行"的大与小。

如果你对大人物"犯下的恶行"是杀妻戕子,或挖掘祖坟,或欲取而代之等等"大"的"恶行",显然,不可能得到大人物的宽恕,你的后果只能是"飞鸟遗之音",留下一声悲惨凄厉的惨叫。这样的情况,不是本卦讨论的对象。

如果你的"恶行",只是因为没有很好地领会大人物的意图,或对大人物没有表现出应有的尊重,或者粗心做错了事情,或者好心办了坏事等等,那么,因这些"小事"惹得大人物不高兴的话,就要赶快设法予以弥补。如何弥补?正是本卦要讨论的。

【岁月留痕】为了理解本卦的思想,首先要理解"过"和"遇"两个字的特殊含义。

在关中方言中"过"有"去"的含义,是不及物动词,即"去"往某处,或"去"往某处做某事。例如,在别人家做客后要离开,跟主人告别时可说"我过呀",这既可以是一个陈述句,意为"我要走了",回家或去别处,也可以是一个疑问句,是征询意见,意为"我要走了,可以吗?"再如,与别人相约一起去做某事,但自己不能立即去,可说"你先过,我马上到",意为,"你先去做,我随后就来"。这是现今比较常见的用法。

方言中的"过",还有一种作为"祈动词"的用法,即"央求别人去做某事"。例如,"赶紧过去给人家说说"。这一用法,与本卦中的用法极为接近。因此,"小过"的含义是,如果错误不大,就赶快"去"解释清楚,消除误会。

另一个重要的字是"遇",一般是"不期而遇"的意思。而本卦中,"遇"是寻求化解矛盾的一种策略,显然不可能是常规意义上的"不期而遇",而是一种"刻意安排的偶遇假象",即"假装不期而遇,顺便进行解释"。

【哲理漫说】从上面的解说中,我们能够领略老先生在平息上司怒火、化解矛盾方面的高超策略,这对现在的人来讲,仍然具有现实的指导意义。

卦辞的"可小事;不可大事,飞鸟遗之音。不宜上,宜下",是三条总体原则。一是,对可以被原谅的"小过错",可以寻求谅解;二是,如果是不可被原谅的"大事情",只能等待悲惨结局的到来;三是,拿捏好时机和尺度,防止火上浇油。

初爻"飞鸟以凶"揭示,无论在什么样的社会,小民百姓都"不可以抗拒权威",否则,只能是悲惨的结局。当前国际社会上沸沸扬扬的"斯诺登"事件说明,即使在标榜"民主、自由"的国家,小民敢于对抗权威、"让老板不高兴",其命运也只剩

"悲惨"这一条路。

二爻是对有一定身份、地位的人,如何平息上司的怒火所给出的策略。"过其祖,遇其妣;不及其君,遇其臣"这一策略的核心,是"曲线迂回,避其锋芒"。"迂回"的路径,是通过"与上司最亲近,对其最有影响力,且与你没有利益冲突"的人,出面化解矛盾。国人对这种策略非常熟悉,应用技巧也非常娴熟,兹不赘言。

三爻虽是雄霸一方的富豪,但也只是"民间人士"。对他们而言的"大人物",肯定是权倾朝野的人物。惹怒了这样的大人物,岂容你分辨?岂容别人从中撮合?你能做的,只能是胆战心惊地提防,或引颈待毙。所以,老先生说"弗过 防之。从 或戕之。"现今社会中"富豪们"的种种行为(例如移居),实质上是在提防"或戕之"的后果,而且,已经把一个"防"的策略发挥得淋漓尽致,甚至到了匪夷所思的地步!当然,"防"的方式也绝非老爷爷所能想象。从这个意义上讲,谁能说中国人"不懂《周易》"?面对如此现状,不知对老爷爷是该赞扬,还是批评?哈哈,玩笑了,还是让政治家们去操这份心吧。

对四爻的将相重臣而言,"大人物"只能是"坐拥天下"的王侯,而将相们的职责,就是替王侯出主意、想办法,分忧解难,因而,一不留神就可能让王侯不满意,惹王侯不高兴。如果你惹得王侯不高兴,而且还在气头上,你就屁颠屁颠的去"解释、说明、争辩",或"自我作践",肯定没有好果子吃。因为:

你的"解释、说明、争辩",实质上是想证明"王侯的生气"是错误的(注意,无论你是否已经意识到,但事实如此!)只能说明王侯的气量小或水平差!他能高兴吗?!

如果你是想通过"自我作践"这种溜须拍马的方式讨好王侯,要么你确实是一个蠢材,让王侯产生一种"瞎了眼、认错人"的挫败感,要么你是在试图蒙蔽王侯,一旦你"阳奉阴违"的嘴脸被识破,只能是"火上浇油",招致更大的麻烦。可见,作为英明睿智的王侯,老爷爷对臣子们的心理看得清清楚楚,给出的"无咎。弗过 遇之,往 厉 必戒。勿用 永贞"的忠告,非常中肯。希望现今形形色色的"四爻"们,好好揣摩老爷爷的忠告,及其背后的良苦用心。老爷爷这一忠告的目的,是让你做一个堂堂正正、对得起良心的"人"!

我强烈地认为,五爻的"密云不雨,自我西郊。公 弋取 彼 在穴",是周文王老爷爷从其自身"被拘"的经历中得出的感受、感悟!其中,"密云不雨,自我西郊"的意境,请参阅图小过-2,感受那样一种压抑的氛围。而"公 弋取 彼 在穴"的意思是,用带着绳子的箭到你的巢穴里来猎取你,看你还能跑到哪里去?乖乖地束手就擒吧。"弋"的意思是"带着绳子的箭",其原理就像"捕鲸船"上带绳子的"飞镖",一旦射中就逃不脱了。

上爻的"弗遇过之,飞鸟离之,凶,是谓灾眚",是对全卦思想的再次强调,即,不可试图"立即"平息上司的怒火,而应寻找"恰当的时机"。

应注意的是,四爻的"弗过遇之"与上爻的"弗遇过之",虽然在字面上仅仅是两个字的次序不同而已,但实质上,却是处事方法的巨大差异,当然,后果也天差地别。谨记谨记。

【黄裳之拜】本卦体现的思想,已是中华文化中的一条主流思想,也是指导我们某些行为的重要准则。可惜没人知道老人家在三千多年前,对此已经做了如此深刻的论述!

当然,本卦中的一些观点似乎值得商榷。

63.既济（水火）——旧情难却

一、原文

既济 亨 小,利 贞。初吉 终乱。

初九 曳其轮,濡其尾,无咎。

六二 妇丧其茀,勿逐,七日得。

九三 高宗伐鬼方,三年克之。小人 勿用。

六四 濡 有衣袽。终日戒。

九五 东邻杀牛,不如西邻之禴祭。实受其福。

上六 濡其首,厉。

二、注释

【卦象玄机】"水上火下"。单卦:上卦为水,指湿衣服(里的水);下卦为火,指烘烤湿衣服的篝火。叠卦:上水下火,即水在火上,在本卦中,指在篝火上烘烤湿衣服。

如果在老先生的脑海里,水、云、雾、河流等都可以指"水",那么在日常生活中,"水在火上"的景象就很多了。为了把"水在火上"的景象指向一个明确的生活场景,从而为本卦确立一个鲜活的主题,老先生用"既济"为本卦命名;结合卦象,"既济"这一卦名,把人们的思路引向一个特定的场景:渡河。

从《周易》描述的情况来看,当时的关中似乎还没有舟楫、桥梁供人渡河,人们只能涉水"渡河",打湿衣服在所难免。于是,过河之后生火烘烤湿衣服应该是常见现象:下边是篝火,上面是湿衣服,这也是一种"上水下火"的情形。

前面已经多次看到,老先生以"泽"隐指有性欲望的女子,对应的,此处以"水"

暗喻良家女子。然而,女子毕竟是女人,都有七情六欲,即便是"心静如水"的女人,也经不住男子炽热的"烈火"烘烤,也会心神不宁、春心荡漾。再以"既济"为名,又有"木已成舟"的意境在里面;所以,本卦指"本无非分之想的女子(上'水'),经不住令其心动男子的不断引诱(下'火'),与其'暗度陈仓'、'生米已成熟饭'(既济)"。

【卦名意境】既济:济:古水名;渡河;渡口;越过;贯通;成功;补充;充足;救助;得益;停止;比得上。既济,本卦意为"已经过河",隐喻"生米已成熟饭"。

【本卦主题】在男子的不断引诱下,良家女子以身相许。引申为"旧相好",特指"前女友"。

【各爻角色】社会各阶层经不住诱惑的良家女子;"前女友"。

【字词释义】

濡其尾:濡,浸湿,沾湿;滋润。濡其尾。有些种类的动物,雄性为了讨好雌性从而获得交配机会,便会嗅或舔对方阴部(尾部),这就是"濡其尾"的外在形象。因此,"濡其尾"的含义是,以公开、直接的,甚至是"低三下四"的方式讨好异性(主要指女性)。

茀(fu):首饰。

袽(ru):短衣,短袄;小孩围嘴儿。此处指(女子)贴身穿的短衣。

三、今译

既济:如何面对曾经的旧相好;前女友。

🔠 亨小,🔠 利贞。🔠 初吉 终乱。

若有情人未成眷属,即使藕断丝连也只能暗度陈仓(亨 小),而不能长相厮守。珍惜这段情缘吧(利 贞)。男女初恋(初)温馨而甜蜜(吉),但却往往棒打鸳鸯、空留遗恨;虽然天各一方却是一世的牵挂,若有合适机会仍会旧情复萌(终乱),难以割舍。

初九 🔠 曳其轮,濡其尾,🔠 无咎。

小民百姓(初九)面对旧相好,往往强拉硬拽、死缠烂磨(曳其轮),或大献殷勤、甚至公开调情(濡其尾),以求再续前缘。这都正常(无咎)。

注:曳其轮,不使其走脱;濡其尾,动物求欢之状。

六二 🔠 妇丧其茀,勿逐,七日得。

小有人家(六二)的妇人(妇)如果遗落了首饰(丧其茀),不必寻找(勿逐),过几天就会失而复得(七日得)。因为,首饰遗落在旧情郎处,他自会送还。

九三 [爻]高宗伐鬼方,三年克之。[判]小人 勿用。

如果你的"旧相好"嫁入大户人家(九三),要想与她再续前缘,就像"高宗伐鬼方"(高宗伐鬼方)一样艰难,没有三年(三年)时间,可能难得见上一面(克之)。如果"旧相好"身份变了,环境条件变了,心也变了(小人),早把你忘到了九霄云外了,那么,你就不要再(勿用)痴心妄想、枉费心机了。

六四 [爻]繻 有衣袽。[判]终日戒。

嫁入将相人家的旧相好(六四),由于环境、地位的变化,她的心态、行为也会跟着变化。虽然她可能不忘旧情,但即使再有机会与你幽会(繻),其感觉就像隔着衣服亲热(有衣袽),不可能再有当年的激情和感觉。死了这条心吧(终日戒)。

九五 [爻]东邻杀牛,不如西邻之禴祭。[判]实受其福。

旧相好一旦嫁入王侯之家(九五),想再续前缘就再也无望了。与其痴情地苦苦等候,不如现实一些另寻归宿。其中的道理,就像与其饿着肚子苦等着东邻家杀牛(东邻杀牛)来解馋,还不如到正在举行祭祀活动的西邻家(不如西邻之禴祭),搞一些现成的粗茶淡饭填饱肚子。先用粗茶淡饭饱肚子,总比饥肠辘辘苦等牛肉强啊(实受其福),可怜的孩子(哈哈,这与某宗教主张的"及时行乐"何其相似,只是老爷爷讲得更隐晦、更文雅一些)。

上六 [爻]繻其首,厉。

(上六)人生苦短,能尽欢时须尽欢,不要为痴情所困。守到迟暮之年,即使天遂人愿,也只剩抱头痛哭(繻其首)的份儿了。那时的情景,岂是一个"厉"(厉)字可以了得!

四、补记

【东拉西扯】读"既济"有感(2013.3.5)

食西邻淡饭?

等东邻杀牛?

追古问今,

但见血泪

染千秋……

叹人间,多少青春年少,

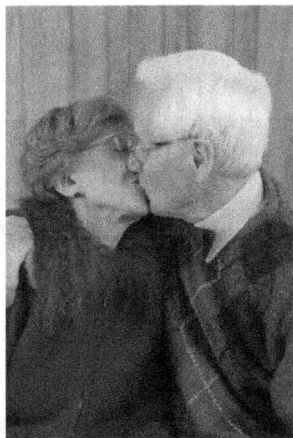

图未济-1 "繻其首"示意图。

誓约天长地久，

却劳燕分飞，

空遗离恨别愁……

梁山伯、祝英台，

朱丽叶、罗密欧……

人间悲剧，一幕一幕……

问苍天！此情此景，

可会有

曲终人散的时候？

苍天不语，只有

造化弄人，天地悠悠……

此恨何时了！

此情何时休？

唯愿有情人，

长相依共相守……

谨以这些文字，纪念初恋。

【哲理漫说】透过老爷爷的文字，依稀可以看到，天下那些心儿碎了的汉子们：

眼看着昔日活泼可爱的她，独自艰难地挣扎在人生的漫漫旅途上，于是，便毫不犹豫的用厚实的肩膀、有力的大手，默默地为她分担一份忧愁（曳其轮）（初爻）；

注：另一种解释。请注意，与原文意境不符。

面对着她依旧含情脉脉的双眸，借着酒酣耳热后迷离的灯光，哪里还顾得上昔日同窗的起哄，大胆地向她传递着难以抑制的渴望（濡其尾）（初爻）。

目送着她月光下急匆匆离去的背影，惆怅、游离的目光，却被她遗落的头饰所吸引（妇丧其茀）；脑海中冒出的念头却是：这是下一次约会的理由（七日得）？还是她会为此受到折磨？如何还给她呢？唉，令人辗转反侧，孤枕难眠（二爻）。

听说，远走他乡的她已今非昔比，化蛹成蝶。这些年来，她的身影，已经慢慢地模糊了；但，对她的思念却与日俱增。不知她过得是否开心？不知她是否还记得当年的他？唉，如何才能再见一面，以解思念之苦（高宗伐鬼方，三年克之）？也许，再见她的时候，她可能视而不见、形同陌路了。哼，要是这样（小人），老子还不想见你呢（勿用）！于是，他，酣然入睡（三爻）。

她，将去往那个大城市；在路口，她，回眸一笑，于是，他的魂，从此，也就飘荡在了遥远的、陌生的远方。但，她却像断了线的风筝。听说，她现在住的房子很大,还有人帮她照顾小孩,她的那个他对她也还算好,隔几天也会偷偷地去看她们母子。唉,就算找到她,她还能是当年的那个她吗(濡 有衣袽)?算了,死了这条心吧(终日戒)(四爻)!

听说"她的那个他",可是个呼风唤雨的风云人物,谁敢让他不愉快,死无葬身之地!改弦易辙吧,要想把跟她的海誓山盟,变成活生生的洞房花烛,祈求下一辈子吧!赶紧另找别人吧(不如西邻之禴祭),别空着肚子等待别人杀牛(东邻杀牛),先填饱肚子再说(实受其福)(五爻)。

风风雨雨一路走来,满头的白发、满脸的沟壑,记录着岁月的沧桑。一切都变了,唯一没变的,是对她的思念。如有再次聚首的一刻,只想抱着她,用苦涩的泪水(濡其首),诉说这一世的相思(厉)(上爻)。

【岁月留痕】谁,都有甜蜜的初恋;初恋情人,未必能够与你携手人生。如果陪你走完漫漫人生之路的人,就是你的初恋,那么,幸运女神一定租用了你家的房子。朋友,珍惜心底深处的初恋吧!那,虽然是隐隐的庝;但,那样的庝,也许就是幸福……

64. 未济（火水）——不懈追求

一、原文

未济　亨。小狐汔济。濡其尾，无攸利。

初六　濡其尾，吝。

九二　曳其轮，贞 吉。

六三　未济，征　凶。利 涉大川。

九四　贞 吉。悔亡。震用伐鬼方，三年有赏于大国。

六五　贞 吉，无悔。君子之光，有孚，吉。

上九　有孚 于饮酒，无咎。濡其首，有孚 失是。

二、注释

【卦象玄机】"火上水下"。单卦：上卦为火，指"火一样红"的狐狸；下卦为水，指河水。叠卦：火上水下，狐狸凫水过河时，漂浮在水面的情形。

"火上水下"，即河流的水面上燃起大火的情形，在远古年代确实是难以想象的。也许，老先生偶然看到过狐狸游泳过河的景象；这一景象可能让老先生眼前忽然一亮，为苦苦思索而不得其解的"上火下水"卦象，找出了现实中存在的形象。正在游泳的狐狸显然还没有上岸，即"未济"。于是，老先生的脑海里，形成了一条长长的逻辑链：小狐还在水中，没有上岸——这就叫"未济"——就是"还在半道上"的意思——也就是"还没有得手"——还没有"搞到一起"——"生米还没有煮成熟饭"——有想法，还没有办到。

【卦名意境】未济：有想法，但"生米还没有煮成熟饭"。

【本卦主题】单相思的男子。即，面对心静如水、无动于衷的冷美人，急不可耐却只能抓耳挠腮的男子。

图未济-1 "水上有火"——船舶起火(左)与小狐兔水(右)

【各爻角色】社会各阶层男士。

【字词释义】

汔:水干涸;将近,差不多;终究;通迄。此处为将近,差不多之意。

三、今译

未济:面对诱惑女子不为所动,生米难以做成熟饭。

㊌ 亨。㊌ 小狐汔济。㊌ 濡其尾,无攸利。

想入非非的单相思也是一件快事(亨)。面对着朝思暮想的冷美人,抓耳挠腮的男子总想着如何得偿所愿(小狐汔济)。但若落花有情、流水无意,即使你大献殷勤(濡其尾),也于事无补(无攸利)。省省心吧。

初六 ㊌ 濡其尾,吝。

小民百姓中有些癞蛤蟆似的人(初六),面对天鹅般的冷美人,即使碰了一鼻子灰、颜面尽失,还要厚着脸皮、轻佻的大献殷勤(濡其尾),让人看着都不舒服(吝)。

九二 ㊌ 曳其轮,㊌ 贞 吉。

小有成就的人(九二)面对冷美人,应不屈不挠(曳其轮)地追求。只要坚持不懈、锲而不舍(贞),终有回报(吉)。

六三 ㊌ 未济,征凶。㊌ 利 涉大川。

飞扬跋扈的人(六三)面对心仪已久的冷美人,若未获其心(未济)而强霸其身(征),不会有好结果(凶)。先做好(利)艰苦卓绝的(涉大川)持久战的心理准备吧。

九四 ㊌ 贞 ㊌ 吉。㊌ 悔亡。㊌ 震用伐鬼方,㊌ 三年有赏于大国。

身为将相(九四)面对心仪已久的冷美人,要耐心(贞)地先获其心,才能有个甜蜜的结果(吉);只有先获其心、再得其身,才是最好的结局(悔亡)。必要时也可恩威(震)并济、软硬兼施,当作一场战役来对待(用伐鬼方),也许花上三年五载(三年)时间可以抱得美人归(有赏于大国)。

六五　㊀贞㊁吉,㊂无悔。㊃君子之光,㊄有孚,㊅吉。

身为王侯(六五)在很多事情上可以随心所欲,但面对垂涎已久的冷美人,也要耐心(贞)地先获其心再得其身,这样才会有好结果(吉),不会留下遗憾(无悔)。应拿出一些君子风范(君子),以高尚的情操、优雅的举止、正大光明(之光)的手段,同时恪守社会行为规范(有孚)赢得美人心,才能称心如意(吉)。

上九　㊀有孚 于饮酒,㊁无咎。㊂濡其首,有孚 失是。

老迈之人(上九)应不作非分之想(有孚),没事了喝点小酒(于饮酒)才是本分(无咎)。否则,即使费尽心思抱得佳人归,也只有搂一搂、抱一抱、啃一啃(濡其首)的份儿。即使这种老牛糟蹋嫩草的行为被社会所接受(有孚),也害了人家一辈子,于理不公、于心有愧(失是)。

图未济-2　本卦"濡其首"示意图。

四、补记

【东拉西扯】表面上初看起来,这似乎是《周易》六十四卦中唯一一个"卦名"与"卦象"毫无关系的卦,似乎给人一种草草收笔的感觉。当然,周文王老先生也一定意识到了这一美中不足,在卦辞中用了"小狐汔济"这一形象,对"未济"这一卦名略加解释,聊做弥补。

【主题乱弹】在《周易》的通篇文字中,处处可见文王老先生的伟大智慧、精妙观点、缜密思维、严密逻辑和严谨文风,因此,本卦"卦名"与"卦象"无关这一现象,着实令人费解。对此,我们可以有各种各样的猜测、解释,但到底是什么原因,估计,将成为永久的谜题了。下面,试着给出一种解释。

在当时的社会背景下,确实很难找出"火在水上"这样的现实场景;因此,这一卦象,难以与人类社会的某种现象之间,建立起一种合乎逻辑的关联。

现在,面对"火在水上"这样的卦象,我们可以联想起很多现实场景,例如,漂浮在水面上泄露的燃油,燃起熊熊大火;以船为家的渔民,生火做饭时的情景;或渔民夜间捕鱼作业时,水面上的点点渔火(参见图未济–3);或夜晚,游船上狂欢的人们,营造出的火红场面,等等。如果当时有类似的景象,老先生也可能据此联想到某种社会现象,例如,由上面景象产生的联想:燃油泄漏的意外灾祸,夜间作业的辛勤劳作,或富人纸醉金迷的夜生活等。

图未济–3　渔火。

对于"火上雷下"这等刁钻的卦象,老先生都能从虎豹等动物保护其猎物时,目露凶光、喉咙发出低沉而威严的威胁吼声,联想到人们的贪婪之状,从而以"噬嗑"为卦名,引出一段高论;而在当时,"水火不相容"却是众所周知的基本常识,谁也没有见过"水在火上"或"火在水上"是什么样的情况,这确实难住了老先生,这也许就是将"既济"、"未济"两卦放在最后才写的原因所在。

苦思冥想之后,老先生能够想到的仅仅是小狐狸渡河时,犹如一团火漂浮在水上的景象。受此情景启发,老先生突然联想到了人们过河后(那时候,只能涉水)难免弄湿衣服,需要用火烤干的情景,这不正是"水在火上"的情况吗?所以,"水在火上"就有了"既济"的卦名,意味着刚刚过河。顺理成章的,"小狐渡河"就有了"未济"的卦名了。于是,老先生终于可以在既定的框架内,按照一贯的思路和形式,顺利完成全部六十四卦的写作了,终于可以长舒一口气了。

从类似于"渡河"这样的"一个情景"中,引出"既济、未济"等"两个卦名"的情况,也出现在"否、泰",及"损、益"等卦。但卦名类似的情况,如"大过"、"小过","大畜"、"小畜"等,其背后的景象却迥然不同,并不代表它们具有某种关联性。卦名上的这种无规律可循的情况，令后世产生了很多困惑和误解。

当然，老先生将"未济"作为最后一卦，也许还有"意犹未尽"的意味。

结合"既济"卦，本卦的道理不难理解，兹不赘言。

【岁月留痕】如果跟随着老先生在《周易》文字里留下的线索，细细捕捉老先生的思想，就能够清晰地看到，在有些卦的写作时那种势如破竹、酣畅淋漓的感觉，而在另一些卦的写作中，那种苦思冥想、绞尽脑汁的煎熬。无论如何，在我顿悟了"鸟焚其巢"的精妙的那一刻，我是带着十分的虔诚，极力揣摩、体会老爷爷的伟大思想历程，随着他老人家一起苦思冥想，一起辗转反侧，一起自鸣得意，一起仰天长笑。

虽然，我也有"意犹未尽"的感觉，但，我的"补记"——辅助性说明，只能到此为止了。

【黄裳再拜】最后想说的是，《周易》的确是一部充满着伟大智慧的书，要想真正理解其精妙，最好在夜深人静的时候，用"心"去读。能够读懂它，实在是一种幸运。

愚钝后世孙　黄裳再拜！

谨识于 2012 年 7 月 30 日 3:31

修改于 2013 年 7 月 14 日 3:56

再改于 2014 年 1 月 12 日 2:40

定稿于 2014 年 10 月 18 日 2:55

再修定于 2017 年 9 月 30 日 2:30

第 三 部 分

问 题 辨 析

围绕着《周易》，三千多年来积累了大量问题，其中比较重大的问题，大体上可以归为四类：

第一类涉及《周易》的背景。例如，关于占卜的"三易"之说，关于"易"的含义的"三易"说，关于《周易》作者的"三圣"之说等。

第二类涉及《周易》的基础。例如，"阴阳、五行、太极、河书洛图、神龟、九五之尊、先天八卦、后天八卦"等文化概念的起源及其实质，以及它们与《周易》的关系等。

第三类涉及《周易》的内容。例如，"帛书周易"、"楚简周易"的内容研究，及其与通行本《周易》的异同等。

第四类涉及对《周易》的评价。例如，"卜筮"说、"哲学"说、"科学"说等。

包括一些严肃的学者在内，人们对这些问题尚未形成一致的认识。本部分将分四章对这四类问题进行讨论，并提出明确观点。本部分内容，不一定能够全部解答这些问题，仅供读者参考。

第一章　《周易》背景问题辨析

本章目的：讨论有关《周易》的一些重大问题

本章主要讨论作为占卜之书的"三易"之说，作为"易"的应用方法的"三易"说，《周易》的内容及其可信程度，以及《周易》的作者等问题。

本书认为，第一，在《周易》之前，不大可能存在《连山易》、《归藏易》；至少《周易》不是脱胎于《连山易》、《归藏易》，或者《周易》并不是受到《连山易》、《归藏易》的启发而创作的。第二，《周易》中"易"的含义，并非"简易、变易、不易"，而是"易位"。第三，与"帛书周易"、"竹书周易"的内容相比，通行本《周易》的文字，更接近周文王《易》的原文，更为可信。第四，《周易》的作者，只可能是周文王姬昌。

第一节　作为"易"书的"三易"之说

一、有关《连山易》、《归藏易》的传闻

1. 关于《连山易》、《归藏易》的"传说"

《周礼·春官宗伯》"太卜"（一说为"大卜"）篇载："太卜：掌三兆之法，一曰《玉兆》，二曰《瓦兆》，三曰《原兆》。其经兆之体，皆百有二十，其颂皆千有二百。掌三易之法，一曰《连山》，二曰《归藏》，三曰《周易》。其经卦皆八，其别卦皆六十有四。"

《周礼》中的这段文字，大概就是关于《连山易》、《归藏易》的最早、"最权威"记载，也可能是《连山易》、《归藏易》、《周易》等所谓"三易"的出处。后世学者大都沿用这一观点，甚至有所发挥，认为《连山易》是伏羲或夏代的占卜书籍，《归藏易》是殷商时代的占卜书籍，而《周易》是周代的占卜书籍。例如：

　　"百度·百科名片"指出:在《周礼》"太卜"的记载中,亦有《三易》的说法;《三易》是指《连山》、《归藏》和《周易》,三个不同朝代的占筮书。据说《连山》是夏朝的占筮书,《归藏》是殷商的占筮书,《周易》是周朝的占筮书。

　　南怀瑾先生在其《白话易经》中指出:

　　据说伏羲时代的易学是《连山易》,首先以艮卦开始,象征"万物莫不归藏于其中"。意思是指人类的文化和文明,都以大地为主,万物皆生于地,终又归藏于地。

　　周代人文文化的开始,便以现在流传的《周易》为宝典,首先从乾、坤两卦开始,表示天地之间,以及"天人之际"的学问。

　　但东汉的大儒郑玄,认为夏代的易学是《连山》,殷代的易学是《归藏》。当然,周代的易学便是《周易》了。

　　又另有一说:认为上古的神农氏世系名"连山氏",又名"列山氏"。所谓"连山",便是"列山"的音别。黄帝的世系又名"归藏氏"。

　　因此两说,又有异同的问题存在其间。如果认为夏代所宗奉的易学便是《连山易》,殷代所宗奉的易学便是《归藏易》,到了周代,经过文王的整理,才构成《周易》体系的易学,那么关于这两个分歧的意见,也就没有太大的出入了。

　　刘大钧先生在其《周易概论》中指出:东汉人郑玄在其《易赞》中说:"夏曰《连山》,殷曰《归藏》,周曰《周易》。《连山》者,像山之出云,连连不绝;《归藏》者,万物莫不归藏于其中;《周易》者,言易道周普无所不备。

　　来自网络的"连山、归藏、山海经研究"(作者:王宁)指出:

　　桓谭《新论正经》云:"《易》:一曰《连山》,二曰《归藏》,三曰《周易》。《连山》八万言,《归藏》四千三百言。《连山》藏于兰台,《归藏》藏于太卜。"

　　由此可见,关于《连山易》、《归藏易》的传说,比较流行的看法是:《连山易》是夏朝的占筮书,《归藏易》是殷商的占筮书,《周易》是周朝的占筮书。也有人认为,上古的神农氏世系名"连山氏",故《连山易》产生于神农时代;黄帝的世系又名"归藏氏",故《归藏易》产生于黄帝时代。

　　按照《周礼》的上述记载,人们"似乎有理由相信",自上古直到周初,"易"约分为三个系统,即《连山易》、《归藏易》和《周易》;同时,将《连山易》、《归藏易》和《周易》并列,给人的印象是,《连山易》、《归藏易》两部著作,一方面比《周易》"成书"更早,另一方面,与《周易》一样,也是具有"伟大智慧"和"完善占卜体系"的"占卜著作"。这便是《连山易》、《归藏易》与《周易》的"三易"之说。

　　2.传说中《连山易》、《归藏易》的内容

　　1)传说中的《连山易》内容

今见的《连山易》内容,学界一般认为系后人伪作。据说,关于《连山易》内容最为完备的辑本是"清代马国翰玉函山辑佚书",其中收录的被认为是较为可信的《连山易》爻辞内容有四条(摘自百度百科,原文照录):

①《剥·上七》曰:"数穷致剥而终吝。"《象》曰:"致剥而终,亦不知变也。"(黄佐《六艺流别》、罗泌《路史》);

②《复·初七》曰:"龙潜于神,复以存身,渊兮无畛,操兮无垠。"《象》曰:"复以存身,可与致用也。"(同上);

③《姤·初八》曰:"龙化于蛇,或潜于窪,兹孽之牙。"《象》曰:"阴滋牙,不可与长也。"(同上);

④《中孚·初八》曰:"一人知女,尚可以去。"《象》曰:"女来归,孚不中也。"(黄佐《六艺流别》)。

以上四条由文字风格来看,是出自同一书,此部《连山》有六十四卦,卦名与《周易》全同,每卦六爻,爻辞多用韵语,每爻下皆系以《象传》,模仿《周易》经传而作,只是阴爻称"八",阳爻称"七",此乃应为《连山》、《归藏》以七、八占之古说。

我们注意到,上述《连山》易的卦名与《周易》的卦名完全一样,而其爻辞却无相似之处。

2)传说中的《归藏易》内容

"天南地北之子"于2014年1月7日,在网络上发表的"秦简《归藏易》"中指出(原文照录):

1993年3月湖北江陵荆州镇邱北村王家台15号秦墓,出土竹简813枚。简文内容有《归藏》、《效律》、《政事之常》、《日书》、《灾异占》。《归藏》简394枚,4000余字。它的出现,轰动了国内外学术界,使《归藏》这部亡佚已久的上古易书重见天日,并旁证了历代古籍中散见的《归藏》记载大部非伪书。

……

以下所列为归藏卦名,按理应该每个卦名前都有个"初"字,但在马、严辑录文中都没有,以此照载。凡与传本周易或秦简卦名不同者,附上;所列卦名后少数有辞,凡有辞者,均解之。

1.舆　坤卦(归藏以坤为首);　　2.乾;

3.屯　屯膏(财富积累);　　4.蒙;

5.溽　《西溪》曰:"需为溽。"为需卦;

6.讼;　　7.师,帅师(率领军队);

8.比;

503

9. 小毒畜　其丈夫(阐述一家之主的责任)参见传本《周易》小畜九三、六四爻。小毒畜,传本《周易》作小畜。

10. 履;

11. 泰　秦简本、帛书《易之义》并作夳。

12. 否;

13. 同人;

14. 大有　秦简本作"大右"。

15. 狠(艮);

16. 鳌(震);

17. 大过;

18. 颐　秦简本作"亦"。

19. 困　秦简本作"囷"。

20. 井;

21. 革;

22. 鼎,鼎有黄耳,利取鳝鲤。(鼎的双耳擦得铮亮,可以用来烹鳝鱼和鲤鱼做祭享。)秦简本鼎作鼏。传本《周易》中鼎卦六五:鼎黄耳金铉,利贞。象曰鼎黄耳,中以为实也。鳝,古之鳝鱼,与鲤鱼一起做祭祀之物。

23. 旅;

24. 丰;

25. 小过;

26. 林祸　临卦,秦简本作临,与通行本《周易》同。帛书本《周易》作林。此卦名当作"林","祸"当是误入。

27. 观　秦简本作"灌"。

28. 萃　秦简本、帛书《周易》并作"卒"。

29. 称　秦简本作"升",帛书《周易》作"登"。

30. 僕　良人得其玉,小人得其粟。剥:良人得其粟。其玉亦瘕,其粟亦沙。(要有秩序),良人可得玉,小人只能得粟。如果失去了秩序,那么玉有瑕,粟混沙。传本《周易》剥卦上九爻:硕果不食,君子得舆,小人剥庐。象曰君子得舆,民所载也。小人剥庐,终不可用也。(上九:最终得到的结果是不相同的,君子得到车辆,小人则在毁坏的房子里寻找残物。)《归藏》中的这一卦的卦文之意与传本《周易》相似,这一卦的形式似乎像传本《周易》中的卦辞和象辞之间的关系。

31. 复;

32. 母亡　无妄　秦简本作"毋亡","母"当"毋"字之误。上博简本《周易》作"亡忘"。

33. 大毒畜　大毒畜为大畜。《归藏》此原卦名当作"大毒"。上博简本《周易》作"大",其字从土竺声,古音与督、毒、畜皆在觉部,音近通假。

34. 瞿　即睽卦。有瞿有觚,宵粱为酒,尊于两壶。两羭饮之,三日然后苏。士有泽,我取其鱼。(有戟[兵器]有酒杯,用黑高粱做酒,倒在两个壶里。两头黑公羊喝酒［自嘲］，三天才醒。别人有水泽，我去拿他的鱼。）传本《周易》之睽卦意为怪异，此卦也有点这个味道。

35．散家人　此卦即《周易》之家人卦也，传抄误。

36．节；　　　　　　　　　　　37．奂　秦简本作涣，与《周易》同。

38．寒；

39．荔　解卦　疑"荔"是"薜"字之残误，"薜"篆文作"　"，"解"下部残泐，所剩如二"刀"，后人更转写为"荔"，因为"荔"下或从三刀作"荔"。"薜"即解卦也。

40．员　秦简本作损，与《周易》同。

41．诚　诚为益卦。黄宗炎曰："咸为诚。"朱太史曰："以损为员，而诚次之，则诚为益也。"

42．钦　为咸卦，上博简本《周易》、秦简本、帛书《周易》并以钦为咸。

43．恒　秦简本作"恒我"，因卦中有"恒我"（即恒娥）而误。

44．规　即夬卦。　　　　　　　45．夜　即姤卦。

46．巽；　　　　　　　　　　　47．兑；

48．离　秦简本作丽。

49．荦　坎卦，秦简本作劳。帛书《易之义》称坎为"劳之卦"。

50．兼　兼为谦。　　　　　　　51．秦简本作陵。

52．分　即豫卦。　　　　　　　53．归妹，承筐。（怀孕）；

54．渐，取女。（娶女）；　　　55．晋　秦简本作　，从艸晋声。

56．明夷，垂其翼。（受伤的鸟）；

57．岑（霁）则既济也。此字当读与"卷"同。

58．未济；　　　　　　　　　　59．遝　为遁，秦简本同。

60．蜀　蛊；　　　　　　　　　61．马徒　为随卦；

62．大壮。

（注：本书仅对本段内容做了编排上的调整）。

传本《归藏》缺噬嗑、贲、中孚三卦。

清代马国翰辑本此下尚有荧惑、耆老、大明三卦名，但他说明是：罗苹《路史注》云，按考证此说不成立，当为人名。马注云："罗苹之说谬误，此三卦不可信。"

我们注意到：第一，上述《归藏易》似乎也是六十四卦，但缺少了噬嗑、贲、中孚三卦。第二，卦名大部分与《周易》的卦名同；卦名不同的，有些可能是传抄时的笔误，有些可能是由于当时文字的不统一所致。第三，该版本出自于"秦墓"，其版本不可能晚于秦。

"王家台秦简"内容摘录(摘自网络,原文照录):

①寡曰:不仁者夏后启是以登天啻弗良而投之渊寅共工队□江□;③胧曰:昔者效龙卜为上天而攴;④蒙曰:昔者□□卜□;⑤讼曰:昔者□□卜讼启□□□;⑥师曰:昔者穆天子卜出师而攴占□□□;龙降于天而□远飞而中天苍;⑦比曰:比之茉茉,比之苍苍,生子二人或司阴司阳,不□姓□;⑨履曰:昔者羿射赌比庄石上羿果射之曰履□;⑩奈曰:昔者考龙卜□□而攴占囷京,囷京占之曰不吉,奈之□;⑬右曰:昔者平公卜元邦尚毋【有】咎而攴占神老,神老占曰吉,有子元□间潦四旁敬□风雷不;⑭大过曰:昔者日月卜望□;⑯囷曰:昔者夏后启卜元邦尚毋有咎而攴占◇;⑰井曰:昔者夏后启贞卜;⑱鼐曰:昔者宋君卜封□而攴占巫苍,巫苍占之曰:吉。鼐之它它,鼐之碎碎。初有咎,后果述。㊱兑曰:兑兑黄衣以生金,日月并出兽□;㊷渐曰:昔者殷王贞卜元邦尚毋有咎而攴占巫咸,巫咸占之曰不吉。不渐于◇。

我们注意到:第一,上述《归藏易》的卦辞,未见与《周易》类似的"卦爻结构";第二,上述卦辞,更像是"占卜记录"。

二、《周礼》有关记录的真伪辨析

由于《周礼》的有关记录,是判断《连山》、《归藏》真伪的决定性证据,如果《周礼》相关记录为真,则史上确实存在过《连山》、《归藏》;若《周礼》相关记录为假,则《连山》、《归藏》可能系后人伪作。故有必要考证《周礼》相关记录的真伪。

学界比较一致的看法是,今本《周礼》在汉代"被发现";关于今本《周礼》的作者及成书年代,一般认为是周公旦作于周初。但也有一种意见认为,今本《周礼》是汉代人假借周公旦之名的伪作。

显然,如果今本《周礼》确实出自周公旦之手,那么,根据《周礼》"太卜"篇的记载,《连山易》、《归藏易》肯定成书于周初之前;如果今本《周礼》是汉代人的伪作,那么,周代之前是否存在《连山易》、《归藏易》,就值得怀疑了。

下面,我将从三个方面证明,今本《周礼》并非成书于周初,也绝不会是周公旦的作品。因此,周代之前就存在《连山易》、《归藏易》的说法,是不可靠的。

1. 今本《周礼》中"经"的含义,直到汉代才出现。

《周礼·春官宗伯》"太卜"篇中有"其经兆之体;其经卦皆八"等描述,其中的"经"具有现代意义上的"经典、经典著作"等含义,后人也是这样解读的。

我们知道,直到汉代"独尊儒术"以后,儒家才取得了文化上的主导地位;为了巩固这种地位,儒家"增删编辑"了一批"经典著作"加以推广;这些"经典著作",便成为儒家宣扬其政治、文化主张的载体。事实上,儒家推崇的"经典著作"中的"精华部分",才被"尊称"为"经"。因此,用"经"这一特定名词来表示"经典、经典著作",是汉代或其后才出现的;而此前,"经"并不代表"经典、经典著作"。由此可见,"其经兆之体;其经卦皆八"等描述,显然不是周代的说法;而包含着这些说法的《周礼》,显然也不可能是周代的作品。

"经"的最初含义是指织物上的"经线",源自"纺织"中的"经、纬"线。这一含义不但现在还广泛使用,而且,在《周易》也能找到其踪影,例如"颐·六二、六五"爻"拂经"中的"经",即指类似于"经线"的"(女子的)长发"。只有到了汉代,"经"才具有了"经典"的含义。

由此可见,今本《周礼》更可能是汉代人的"伪作"。

2. 今本《周礼》中,"经卦"、"别卦"等"专用名词"是后世"易学"中才出现的概念。

《周礼·春官宗伯》"太卜"篇中关于"三易"之说的描述是:"掌三易之法,一曰《连山》,二曰《归藏》,三曰《周易》。其经卦皆八,其别卦皆六十有四。"这里出现的"经卦"、"别卦"等名词,是后世"易学"里才出现的"专用名词",在"易学"形成之前,例如"十翼"中,并无这些名词。

虽然我们并不确切地知道"经卦"、"别卦"等"专用名词"是什么时候出现的,但春秋前的史籍中尚未见到这些概念,所以,它们应该不会早于"十翼"写作的时代。由此可见,今本《周礼》并非出自周人之手。

3. 周公旦不可能将《周易》归为"占卜之书"。

从种种可信的史料及本书的分析来看,周文王在"被拘"期间完成了《周易》的创作。周文王被殷纣王释放后,与周公旦有很长的一段相处时间;而《周易》其所以能够流传下来,周公旦肯定发挥了至关重要的作用,甚至,就是周公旦让《周易》原样流传下来。由此可以肯定,周公旦完全了解《周易》的实质,更清楚它根本就不是一部"卜筮"著作。

在推翻殷商后,为了规范、维护新兴的周王朝统治,周公旦主持制订了"礼乐"制度。不难想象,《周易》中有利于"周初统治需要"的那些思想,肯定会以各种方式被周公旦收录在"礼乐"之中;而与周公旦的"社会管理"目标不一致的那些思想,肯定会被摒弃。换句话说,由于《周易》中包含着不利于"周初统治需要"的一些因素,因此,周公旦没有以"让人人都能读懂"的方式"全面修订"《周易》;取而代之的是,另行制订了一套"管理规范"——"礼乐"制度。但可能出于对先父的尊重,也可能为了不引起"思想混乱",周公旦决定让《周易》原样流传。这样的决定,可能包含着周公旦的一点私心,就是不让《周易》抢了"礼乐"的风头;也可能包含着与后人开玩笑的心态,就是看谁有本事能够读懂《周易》。

在这样的背景下,周公旦没有任何理由"揣着明白装糊涂",硬要把《周易》说成是"占卜之书",从而贬低父亲的形象;同时,周公旦也没有任何动机和理由,在其制定的"礼制"(如"太卜"篇)中,把《周易》与所谓的《连山易》、《归藏易》并列,从而把"占卜"作为自己管理社会的一种手段或方法,降低"礼制"的严肃性,贬损自己的智慧,也余毒于后世。

由此不难判断,至少今本《周礼》"太卜"篇中的那一段话,肯定不是周公旦写的。

鉴于上述理由,可以肯定:今本《周礼》绝非出自周公旦之手。最为可信的情况是,今本《周礼》系汉代、甚至更晚时期后人的"伪作"。因此,史上曾经存在《连山》、《归藏》易的传闻是不可信的;更大的可能性是,《连山》、《归藏》易是后人仿照《周易》"创作"出来的"赝品"。

三、对《连山易》、《归藏易》的质疑

1. 周代之前出现《连山》、《归藏》等著作,几乎不可能。

按照"三皇、五帝、夏、商、周"的中华文明发展史,"三皇五帝"通常被认为是"传说",而夏商周则是较为可信的"史实"。近些年来的考古发现,证实了"殷商"的存在。

从目前的证据来看,殷商是中国第一个有"同时期文字记载"的王朝。殷商时期,出现了中国最古老的"文字"——甲骨文;其后的"周"代出现了"金文"。目前,尚无证据表明,在殷商之前已经出现了"文字"。"百度百科"载(原文照录):

商代甲骨文兼有象形、会意、形声、假借、指事等多种造字方法,已经是成熟的文字。在出土的甲骨卜辞中,总共发现有四千六百七十二字,学者认识的已有一千零七十二字。甲骨文因刻写材料坚硬,故字体为方形。而同时的金文,因系铸造,故字体为圆形。

最早的甲骨文随着殷亡而消逝,金文起而代之,成为周代书体的主流,因铸刻

于钟鼎之上，有时也称为钟鼎文。据考察，商代铜器上便刻有近似图画之金文，其后继续演进，至商末之金文亦与甲骨文一致。此种金文至周代而鼎盛，绪延至秦汉。但商代器物和铭文皆少，秦汉已至末流，所以应算周代为主流。

据统计，金文约有三千零五字，其中可识的有一千八百零四字，较甲骨文略多。金文上承甲骨文，下启秦代小篆，流传书迹多刻于钟鼎之上，所以大体较甲骨文更能保存书写原迹，具有古朴之风格。

金文之全盛时期为周，周以平王东迁分为西周及东周——西周趋于端整雄浑，造成金文之黄金时代；东周因列国割据而形成地域特色。

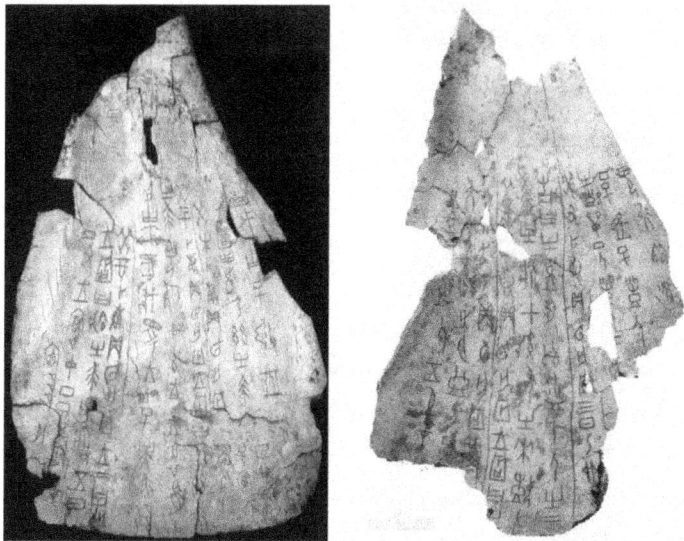

图 3-1-1　甲骨文

根据对学术界的上述看法及对其他资料的分析，我认为：第一，目前没有证据表明殷商之前已经出现了"成熟文字"；故，甲骨文是"汉文字"的"雏形"。第二，除少量"文字"外，甲骨文"尚未定型"；即，除少量"文字"外，表达同一含义的字，在甲骨文中尚不具备可以辨识的"统一形状"。第三，在殷商时期，甲骨文尚不具备"流行文字"或"通用文字"的特征。

由此可见，如果史上真的"曾经存在过"《连山》、《归藏》易，那么：第一，《连山》、《归藏》只能用"甲骨文""书写"，而不可能是"更为古老"的文字，或"更为原始"的书写方法。第二，由于"甲骨文"具有尚未定型、难于"刻写"、不易"编排"等特征，因此不大可能用"甲骨文"来撰写长篇大论的"著作"；即使真的"出现过"这样的"著作"，也只能是"孤本"，而且除了"刻写者"之外几乎无人能够读懂。因此，这样的"著作"要"传播开来、流传下去"，几乎没有可能。因此，伏羲、黄帝时代便出现"大部头"的著作，并能流传开来，难以想象。

甲骨文之后,就是所谓的"金文",即铸造在青铜器上的文字。

周初时的"金文"也还处于初始形态,仍处于快速演化时期,但已基本可以辨识。宝鸡青铜器博物馆的实物证据,及山西博物院的资料都显示,此时的金文仍在不断的演化中。参见图3-1-2、图3-1-3。

图3-1-2　宝鸡青铜器博物馆的"商"尊及其铭文(左),与金文的演化(右)

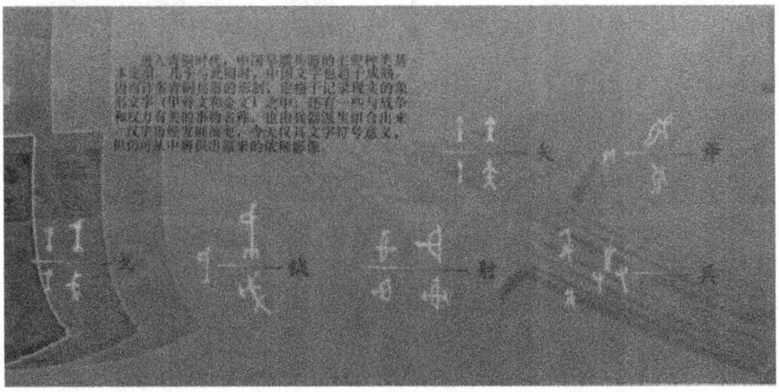

图3-1-3　山西博物院的相关资料

由图3-1-2左图可见,即使到了西周时期,"商"尊铭文的"文字"显然仍处于一种初始状态,很难解读。我们注意到最下一行文字中,似乎有一个"商"字,这大概就是将其称为"商尊"的原因。而右图表明,在"周代"的数百年期间,即使一些非常简单的"字"也仍在快速演化中。由此可以印证一个事实:**周初时"文字"尚未完全定型。**

我们知道,在蔡伦造出"纸张"之前,文字的"书写"和"传播"都非常困难。因此不难理解,在遥远的伏羲、神农、黄帝年代,或在夏、殷商(甲骨文)年代,就出现了"文字"形式的《连山易》、《归藏易》,而且是洋洋洒洒"八万字"和"数千言"的"鸿篇巨制",还能一定程度地"传播"开来,基本上是不可能的!而能够"图文并茂"地流传到后世,就更加不可思议了。

简单想一想,就知道"八万字"的"甲骨文书籍",是多么的不可思议! 假如每块骨头上"刻写"100 个字(事实上,这很难做到),80000 字也需要 800 块大骨头,这样的"书"该怎样读啊? 如果谁拥有这样的一部书,真可谓学富五车了。

因此可见,周代之前就已经"流传"着《连山》、《归藏》等著作的可能性,几乎不存在;而《周易》其所以能够流传下来,应该与周王室的重视和不懈努力分不开。

2.《连山》、《归藏》的内容,显然是"模仿"之作。

从前面引述的《连山》、《归藏》内容来看,显然是后人"模仿"《周易》"创作"的作品,而不是独立于《周易》的"独立占卜体系"。

一个显而易见的事实是,今见的《连山》、《归藏》,都与《周易》有相同的"卦名";即便有些卦名的"写法"不尽一致,应属"传抄中的差错"而已。这一事实无情地表明,今见的《连山》、《归藏》,只是《周易》的"仿品",而不可能是《周易》的"模板"。分析如下。

在第二部分我们已经看到,从《周易》各卦的"卦象"到"卦名"之间,都有一个很长的"逻辑链条";而这一"逻辑链条",又以"特定区域"(陕西关中)的生活背景为基础。因此,要想从逻辑链条一端的"卦象"出发,顺利到达逻辑链条另一端的"卦名",其间的逻辑关系非常特殊、隐晦、复杂、曲折,有些复杂到令人绝望! 这正是两千多年来无人搞懂这种逻辑的根本原因。

由此不难看出,不同的人竟然能够沿着同样复杂的"逻辑线路","各自独立的创造(或发现)"一模一样的卦名,简直是天方夜谭! 但事实上,《连山》、《归藏》、《周易》的"卦名"确实完全相同! 仅存在一些可以理解的"笔误"。这只有一种可能:这些卦名是"互相抄袭"的!

问题是,是《周易》抄袭了《连山》、《归藏》? 还是《连山》、《归藏》抄袭了《周易》?

按照今本《周礼》的"记载",显然是《周易》抄袭了《连山》、《归藏》。但稍加分析就可以看出,这种说法不成立。理由是:

第一,在"文字"尚未定型,甚至还没有"文字"的时候,不可能"写出"《连山》、《归藏》;即使真的"写"出来了,别人也看不到,看到了也读不懂。所以,《周易》"想抄也无处可抄"。

第二,即便是《周易》确实"抄袭"了别人的"卦名",但"抄袭者"却真正了解"卦名"的含义,写出的每一卦都天衣无缝地符合"卦名"的意境;而"被抄袭者"却对自己"卦名"的含义稀里糊涂,"写不出"一个完整、合理的"卦"来,甚至都不懂自己写的到底是什么!

这到底是谁抄袭了谁,难道不清清楚楚吗?

由此可见,**所谓的《连山》、《归藏》,只是后人按照《周易》的模式,假借古人之名的"伪作"**!

3.史上曾经存在过"形式简单"的"占卜规则"的可能性。

考虑到世界各个民族的先民们,大都有"占卜"或类似的活动,因而,在周之前出现过口口相传的、或图形化的、甚至曾被称为"连山"、"归藏"的游戏,也倒是有可能的。

如果在《周易》之前,就存在着"连山易"和"归藏易",那么,它们可能只是古人利用"先天八卦"的"图形",按照一定的规则进行简单地排列、组合,所进行的某种"图形游戏"。这种"图形游戏"的性质,可能与洋巫师利用"撒了盐巴的火焰形状"或古代巫师用"经过火焰烧烤后的甲骨裂纹形状"所进行的"占卜"活动,具有某种类似的性质,甚至也可能被当时的巫师用于占卜。这种"图形游戏"的玩法,也可能各自形成了一套简单的规则("连山"、"归藏");这种规则可能通过"口口相传"的方式,被传播开来、并流传下去。但这种"图形游戏"显然不可能形成"长篇大论"的"文字记录";其"游戏规则"也不可能形成可与《周易》媲美的、能够深刻揭示自然或社会规律的思想体系。所以,即便是把《连山易》、《归藏易》解释为古代的"占卜规则",也是站不住脚的。

如果在《周易》"之后"出现了"连山易"、"归藏易",并且具有高度的思想性、哲理性,那么,就会像《周易》能够流传下来的理由一样,它们也应该能够躲过"焚书"的厄运而流传下来,并为人们所熟知。但对所谓的《连山易》、《归藏易》,我们在浩如烟海的典籍中,只是神龙见首不见尾地看到一鳞半爪;这说明《连山易》、《归藏易》根本就没有流传的价值,早在其流传开来之前就淹没在历史的长河之中,只是泛起了一些涟漪而已。显然,与《周易》相比,所谓《连山易》、《归藏易》的"价值"微不足道,这可能就是我们今天见不到完整的《连山易》、《归藏易》的根本原因。

顺便说一句,也许有人把包括"连山、归藏"在内"大量先秦古籍"的消失,都归罪于"焚书坑儒",这很可能冤枉了秦始皇。如果秦始皇如此憎恨儒家,必欲置之死地而后快,为什么大量儒家经典能够躲过"焚书"厄运,而与《周易》一样同是"卜筮之书"的"连山、归藏"等"先秦古籍",却成了儒家的替罪羊?

四、对《连山易》、《归藏易》的看法

综上所述，我认为：

第一，今本《周礼》不可能出自周公旦之手，系后人"伪作"；因而，它对《连山易》、《归藏易》的记述是不可信的。

第二，史上所谓的《连山易》、《归藏易》，系后人的"伪作"；为增加这些"伪作"的迷惑性，同时"杜撰"了《周礼·太卜》篇中的相关内容。

第三，在《周易》之前，可能存在过"连山"、"归藏"等"图形游戏"规则，但不存在《连山易》、《归藏易》这样的"著作"。即便确实存在过"连山"、"归藏"等"图形游戏"规则，它们对形成完整、精辟的《周易》思想体系，也没有多少参考价值。

第四，现今在网络上流传的所谓《连山易》、《归藏易》图文片段，不具有"信史"价值。

第五，就其思想价值而言，传说中的《连山易》、《归藏易》，不能与《周易》相提并论。

第二节　作为"应用方法"的"三易"之说

一、"易学"的主要观点

人们其所以想弄清楚"易"含义，可能是想寻找正确解读《周易》的思路。

关于"易"的含义，"易学界"有多种说法，代表性的说法主要有：《易纬乾凿度》的"简易、变易、不易"等"三易"说；《参同契》认为的"日月之谓易"；还有人认为"易"即"蜥蜴"，取"蜥蜴变色"的变化之意，等等。

南怀瑾先生在《白话周易》中指出：

《易纬乾凿度》认为，"易"的内涵，包括三个意义：

（一）简易。就是简易、平易的意思。因为天地自然的法则，本来就是那样简朴而平易的。

（二）变易。认为天地自然的万事万物，以及人事，随时在交互变化之中，永无休止。但是这种变化的法则，却有其必然的准则可循，并非乱变。

（三）不易。天地自然的万事万物以及人事，虽然随时随地都在错综复杂，互

为因果的变化之中，但所变化者是其现象。而能变化的，却本自不易，至为简易。

《易纬乾凿度》认为，"简易、变易、不易"为天经地义的易学内涵，这便是后世以儒理说《易》的根据。

到了近代，有人认为"易"便是蜥蜴的简化。蜥蜴这种生物，它的本身颜色随时随地变化多端，当它依附在某种物体时，它的颜色，便会变成与某种物体的色相相同。《易经》是说明天地间事物的必然变化之理，所以便取蜥蜴做象征，犹如经书中的龙、象等一样。但总不能叫它是蜴经，因此便起名为"易"。主张此说的，以日本的学者中最为强调。

那么，《易经》的"易"字，究竟是什么意义呢？根据道家易学者的传统，经东汉魏伯阳著《参同契》所标出，认为"日月之谓易"的定义，最为合理。"易"字，因此更足以证明道家传统和魏伯阳之说"日月之谓易"的定义之准确性。

刘大钧先生在《周易概论》中指出：

《易纬乾凿度》："易名有四义，本日月相衔。"

郑玄："易者，日月也。"

《说文》："秘书曰'日月为易，象阴阳也。'"

《参同契·乾坤设位章》："日月为易，刚柔相当。"

《经典释文》："《易》，经名也。虞翻注《参同契》云'字从日下月'。"

汉人"日月为易"的说法究竟对不对呢？让我们看一下写于战国时代的《系辞》是怎么说的。《系辞》说："《易》者，象也。象者，像也。"又说："在天成象，在地成形。""悬象著明，莫大乎日月。""仰则观象于天。"

很清楚，《系辞》认为"易"成于"象"。又是"在天成象"，天象莫大于日月。故"日月为易"的说法，正与《系辞》符合。可以说，汉人对"易"字的解释，是有根据的，此说可取。

"百度·百科名片"指出（原文照录）：

"易"的解释：

1. 易由蜥蜴而得名，为一象形字，此说出自许慎《说文解字》；而蜥蜴能够变色，俗称"变色龙"，所以"易"的变易义，为蜥蜴的引申义。

2. 必须指出，理解西周之"易"，理当以西周礼乐制度的变革为条件。礼指从容之节，易即雅乐，都是统治阶级驾驭黎民百姓，维护宗法制度的手段和工具。《周易》保存了西周钟鼓"交响乐"的框架规制，钟鸣鼎食在西周的底层社会是难以想象的。

3. 日月为易，象征阴阳。

4. 日出为易。陈鼓应认为这个意思,也是"乾"的本义。

5. 易是占卜之名。

6. 变易、变化的意思,指天下万物是常变的,故此《周易》是教导人面对变易的书。

7. 交易,亦即阴消阳长、阳长阴消的相互变化。如一般的太极图所显示的一样。

8. "易"即是"道",恒常的真理,即使事物随着时空变幻,恒常的道不变。《系辞传》:"生生之谓易"。(生生不息,义似"生命的意义在创造宇宙继起之生命",体会生命之美、日新又新。)

东汉郑玄的著作《易论》认为"易一名而含三义:简易一也;变易二也;不易三也。"这句话总括了易的三种意思:"简易"、"变易"和"恒常不变"。即是说宇宙的事物存在状能的是:(1)顺乎自然的,表现出易和简两种性质;(2)时时在变易之中;(3)又保持一种恒常。

二、本书观点

我认为上述说法均不可取。

"易"应该是周文王对"六十四卦"的"总称",也就是《周易》的最早的"书名"。根据周文王著述《周易》的目的,以及《周易》中所体现出的哲学观念,"易"的一般含义,接近现代汉语中的"换位、置换"、"设身处地",即"易位";或类似于英文的"substitute for",说成是"replace"或"take the place of"也可以。比较确切的含义应该是:"把你放到具体情景中去",或"substitute yourself to"。

《周易》实际是一部"社会生活中的个人行为准则"。当一个人遇到问题、不知所措时,可以在《周易》中找到相应的解决办法,或注意事项;这才是《周易》的宗旨所在。于是,"易"就是想让人们知道,当你遇到问题时,就应"把你放到(substitute yourself to)具体情景中去",寻找相应的办法。具体做法是:

第一步,在《周易》中,找到论述相近主题的"卦"。例如,如果你遇到了一个"母老虎"式的老婆,就去找"姤"卦。

第二步,根据你自身的具体情况,确定你在该卦中应该处于什么样的"位置"(爻位)。例如,如果你是小民百姓,那么,你就处于"初爻"的位置;因而应该去看初爻的爻辞。

第三步,该爻的爻辞,就是解决你现在问题的方案,或注意事项。例如,姤卦初爻的爻辞是："系于金柅,贞吉。有攸往,见凶。赢豕孚蹢躅。"这就是说,你对待"母老虎"式老婆的方法,就是要设法把她拴在"织布机"上,把她累得像病病快快的猪一样有气无力,她就不会"撒泼"了。如果有人欺负你,就让"母老虎"老婆去把他大骂一顿,替你出出气。

"易"的这一含义,实际上就是"六十四卦"的"使用方法"。因而,一个"易"字就是"六十四卦"的完整"使用说明书"!

第三节 关于"易"的书名与内容

"易学"界对于"易"的名称和内容,众说纷纭、莫衷一是,让人感觉"有点儿乱",所以有必要对其进行梳理。第一部分第一章对此有所讨论,再做补充如下。

关于书名,目前常见的有《易》、《周易》、《易经》;关于内容,常见的有"经"、"传"之说。

1. 关于"经"与"传"的各种观点

目前主流意见认为,"经"成书于殷末周初,甚至更早;而"传"则出现于战国时期,甚至更晚。但也有其他意见,略去不提。

关于"经",应该指不含"十翼"内容的"六十四卦"。

现在的"六十四卦",每卦都包括"卦序、卦象、卦名、卦辞、爻名、爻辞"等六部分内容,共约5000字。但从对"六十四卦"写作背景的分析来看,我认为,各卦原本的内容只有"卦名、卦辞、爻名、爻辞"等四部分,其中的"爻名"已经唯一确定了"卦象"。就理解各卦内容而言,"卦序"没有实质性意义。

中华文化中的"经"意为"经典",也就是"经典著作"。显然,"经"包含着后人对前人"著作"的评价,是后人对前人"伟大著作"的一种"敬称",而不可能是作者对其著作的"自称"。被后人称之为"经"的著作,其内容一定具有"伟大、深刻"的思想特质,并受到后人的一致推崇。例如《诗经》,是很多优秀"诗人"作品的一本"诗集";"诗集"中的任何一个作者都不可能将其"自称"为"经"或"诗经";后世将其称为《诗经》,源于对它的"崇敬"。

同理,"六十四卦"的作者也不可能将其"自称"为"经"。同时,由于周初之后便无人真正读懂过"六十四卦",因此,后人将其"敬称"为"经"就显得荒诞不经了。我认为,后人其所以把"六十四卦"称为"经",一方面因为人们对自己不懂的东西,会有一种盲目的"崇拜"或者"鄙夷"情绪(目前的《周易》就面临如此境遇),

崇拜的人尊其为"经";另一方面,由于史上一些"圣人"、"大师"们对"六十四卦"推崇备至,特别是"十翼"的牵强附会,把《周易》推上了神坛而被称为"经"。由于"六十四卦"是"古人"写的,因而将其称为"古经"。

"传"也被称为"十翼"或《周易大传》、《大传》、《易传》、《传》等,包括"《彖》上、下,《象》上、下,《文言》,《系辞》上、下,《说卦》,《序卦》,《杂卦》"等七种10篇文字。其具体内容可在网络上找到全文,兹不摘录。

关于"传"的作者,有人认为是一个人的作品,也有人根据各篇文字的特征,认为是多人所作。还有人认为,"传"是孔子或其学生所作。从种种资料来看,"传"的主体大体形成于春秋之际,个别篇目也可能更晚一些。

2. 本书对《周易》书名及其内容的约定

关于《易》、《周易》、《易经》等书名及其包含的内容,似乎没有统一的约定。本书前面对此进行了约定:

《易》只包含"经",即"六十四卦"的内容;

《周易》的内容等同于《易》;

《易经》的内容包括"经"+"传"。

这样的约定没有实质性的意义,只是一种更符合历史实际的约定而已。

第四节 《周易》作者的悬疑

关于《周易》的作者及成书时间,众说纷纭,尚无定论。下面的观点均来自于网络(原文照录),谨向原作者致谢。

《周易正义》指出:

伏羲制卦,文王卦辞,周公爻辞,孔十翼也。

百度词条(原文照录)认为:

对于《周易》的成书,《汉书·艺文志》曰:"《易》道深矣,人更三圣,世历三古。"此说最为汉儒接受,《周易乾凿度》有云:"垂皇策者羲,益卦德者文,成名者孔也。""三圣"、"三古"之说简而言之,即:上古时代,通天之黄河现神兽"龙马",背上布满神奇的图案,圣人伏羲将其临摹下来,并仰观天文、俯查地理,而做"八卦";中古时代,姬昌被纣囚禁于羑里,遂体察天道人伦阴阳消息之理,重八卦为六十四卦,并作卦爻辞,即"文王拘而演《周易》";下古时代,孔子喜"易",感叹礼崩乐坏,故撰写《易传》十篇。而在宋朝之前,对于重卦者多有疑义,一者王弼认为伏羲画八卦之后自重为六十四卦,二者郑玄认为神农氏重卦,三者孙盛认为夏禹重卦。

直至北宋欧阳修撰《易童子问》,认为《易传》七种之间有互相抵牾之处,并非孔子一人所作:"其说虽多,要其旨归,止于系辞明吉凶尔,可一言而足也。凡此数说者,其略也。其余辞虽小异而大旨则同者,不可以胜举也。谓其说出于诸家,而昔之人杂取以释经,故择之不精,则不足怪也。谓其说出于一人,则是繁衍丛脞之言也。其遂以为圣人之作,则又大缪矣。"(见《易童子问·卷三》)。至于后世,疑古之风渐起,清代姚际恒所著《易传通论》与康有为《新学伪经考》都认为《易传》并非出自孔子之手。20世纪二三十年代,钱玄同先生、冯友兰先生、顾颉刚先生、高亨先生、郭沫若先生等著名学者皆认为《易传》非孔子所作,顾颉刚先生则将《易传》成书年代推断为战国末期至西汉早期,唯有金景芳先生坚持认为《易传》乃孔子所作。

成书于春秋时期的观点:

郭沫若认为:天地对立观念,在中国思想史上出现很晚;周金文中无八卦的痕迹,甚至无"地"字;乾坤等字古书中很晚才出现……。足见《易经》不能早于春秋时期。

成书于西周初年的观点:

张岱年根据卦爻辞中的故事,如"丧牛于易"、"丧羊于易"、"高宗讨鬼方"和"帝乙归妹"、"箕子之明夷"等,都是商和西周的故事,周成王以后的故事,没有引用,推论《易经》成书不能晚于成王时代。

成书于殷周之际的观点:

金景芳等认为,《易经》是殷周之际的作品。他们肯定"卦出于筮"。古之巫史逐年总结占筮活动的大量记录,经过筛选整理,写成《易经》。有的学者还从中国思想发展的逻辑进程和殷商之际社会矛盾中考察《易经》的成书时代,也认为是殷周之际。

存疑观点:

长沙马王堆发现的"帛书"中,已有不少记载间接证明《易传》的作者或相关作者大致是孔子,有待进一步考证。

凡此种种,不一而足。

本书第一部分第一、二章,已经详细论述了《周易》的作者就是周文王。第二部分有些卦的内容,也强烈支撑这一观点。纵观六十四卦表露的内在思想、逻辑模式、伪装手法、文字风格等信息,结合周文王曾经被拘的史实,**我确信,周文王是《周易》的唯一作者,确切无疑**。

第二章　《周易》基础问题辨析

本章目的：讨论涉及《周易》的一些重要文化概念的起源

在人们的印象中，《周易》与很多古老的传统文化概念息息相关，例如"阴阳、五行、太极、河书、洛图、神龟、九五为尊、八卦"等。推崇《周易》的人，爱屋及乌的将这些概念奉为圭臬，声嘶力竭的加以"鼓吹"；而鄙视《周易》的人，殃及池鱼的将这些概念视为垃圾，义愤填膺的予以"谴责"。如此界限分明的对立立场，也深刻地体现着人们对《周易》的认识差异。但若问这些概念到底是如何产生、发展的？其内涵到底是什么？它们与《周易》究竟有什么关系？无论是哪一方却都说不出个其所以然来。

有人认为这些概念是《周易》创作的基础，也有人认为是《周易》派生出来的。事实上，在《周易》之前已经有了"阴阳、五行、河书、洛图、神龟、九五为尊、先天八卦"这些概念，但真正对《周易》创作有重要影响的主要是"先天八卦"。

本章中，将以"逻辑推理"的方式，试图给出这些概念起源的一种解释，剥掉长期以来附加在这些概念上的神秘、迷信色彩，还原其"现代意义上"的科学含义，从而使饱含古人智慧的这些概念，恢复其应有的地位，得到其应有的尊重。

应注意的是，下面的讨论仅是一种"推理"，因而是一种"假说"，而不是"证明"或"实证"。

第一节　"阴阳、五行、太极"的起源及其哲学意义

一、概说

应该说，殷末周初社会、文化的发展高度，远远超出了我们大部分人的想象。当时已经形成的一些文化概念，如阴阳、五行、河书、神龟、九五为尊、八卦等等，确

实反映了古人认识自然的光辉思想,用任何严谨的"现代科学标准"来衡量,这些概念都是非常伟大、非常深邃的。

下面我们将按照"阴阳、五行、河书、神龟、九五为尊、八卦"等概念演进的自然逻辑,讨论这些概念的起源及其内涵。

"阴、阳"概念,应该是中国古人为了解决日常生活中的"物资分配"问题,逐渐归纳、总结出来的一个简单而实用的重要概念。在相当长的历史时期内,人们利用这一概念及其"内禀"的方法,来解决当时的"社会分配"这一主要问题。换句话说,"阴、阳"概念及其"内禀"的方法,给出了解决当时,乃至现代"社会分配"问题的一种"通解"。正是由于这一概念的广泛适用性和操作有效性,一方面在当时的"社会分配"领域取得了巨大的成功,另一方面,也促使人们试图进一步拓展它的使用范围。

在后世不断拓展这一概念的内涵和外延的过程中,有些取得了成功,如中医的发展,一些却误入歧途。那些误入歧途的应用,给"阴阳"概念及其"内禀"的方法,蒙上了神秘、迷信的色彩,与现代科学观念显得格格不入,从而使其遭到怀疑、冷遇、甚至唾弃。

二、原始社会生活中的日常问题——"社会分配"

所谓原始社会,大体是指人类从"采集、狩猎"向"农耕"时代过渡的这一历史阶段。对于这一阶段人类的社会形态和生活方式,学界达成了相当一致的共识,但都忽视了一个非常重要的问题,那就是"社会分配"问题。我们先来探讨这一问题。

原始社会的生产力水平较低,尚不足以"生产"出足够的"生活资料",人们还必须"天天劳动",才能获得可以维持温饱、甚至只够维持最低生存条件的"生活资料(如食物等)"。同时,由于缺少有效的防御手段,人们常常受到自然环境、掠食动物的致命威胁。这种情况,与现今的一些灵长类动物的情形相似。在此情况下,对每个处于食物链中、低端的个体而言,结伴、组群的共同生活方式,可能是最佳的生存策略。于是就形成了所谓的"原始社会"。

原始社会的显著特征,就是人们"共同劳作,共同分享劳动成果",尚未形成阶级分化。学界将这一社会形态,称为"原始共产主义"社会。

达尔文的"进化论"指出,"人"从某种高等灵长类动物——类人猿进化而来。"人"的近亲——猿,目前仍然续存。但是,从现存的猿或其他高等灵长类动物的行为来看,不断有证据表明,即使在较小的族群中,个体之间一般也都存在着"地位"的差别;在有些物种的种群中,甚至存在"阶级"。即使在其他种类的动物群体中,也可以明显地观察到"个体地位"的差异。因此可以合理地推断,在人类社会的早期,不同规模的群落中,个体之间也存在着明显的"地位"差异。换句话说,自从人类"诞生"后,群落中的个体之间就存在"地位"差异。

在大多数种类动物的群体中,不同个体的"进食优先次序",在一段时间内是基本固定的;而"资源分配的优先次序",一般由个体在群体中的"地位"所决定。由此不难想象,在人类"共同分享劳动成果"的"原始共产主义"社会,在"劳动成果"的分配方面,一定也具有某种形式的"优先次序"。在现今的人类社会中,无论社会体制、性质如何,在资源分配或占有方面的"优先次序",依然存在,甚至非常明显。

个体之间其所以会产生"资源分配的优先次序",是因为或"资源"的短缺,或"资源"的品质存在明显差异。如果资源充足且无品质差异,则不需要"优先次序"。例如,在一大片没有明显差异的草地上,一群羊吃草时无需"优先次序";反之,如果羊多草少,或草的品质有明显差异,为了争夺少量、优质的草地,羊群中的个体就会以某种方式(如争斗),形成清晰的进食"优先次序"。这本质上也是"丛林法则"的体现。

事实上,人们能够获得的"生存资源",总会存在品质上的差异,当然,短缺也经常性出现,因此,一定会存在"资源分配的优先次序"。例如,将猎获的猎物分割后,分成不同的"肉堆",每一堆肉的品质(如不同的部位、肥瘦、骨头多少等)都会有优劣之分;同样,采摘回来的果实、捕捞回来的鱼、收割回来的庄稼,分成若干份以后,每一份的品质也都会有差异。于是,谁先挑选,挑选哪一份,就是古人每天都要面对、并要解决好的问题。事实上,当年"生产队"在分配蔬菜、粮食(如红薯、苞米)时,经常为"谁先挑选,挑选哪一份"而闹矛盾。

因此,古人几乎每天都会面临一个问题:按照"参与分配的人数"将"劳动果实"分成若干堆以后,"参与分配"的这些人,依照什么样的次序进行挑选?"轮到"你挑的时候,你会挑选哪一堆?显而易见的是,**"社会分配"问题实质上是"参与分配的人"及"待分配的物"的"排队"问题**。因此可以说,一旦"排队"问题解决了,分配的问题也就解决了。

由此可见,"原始共产主义"社会的一个主要日常问题,就是"排队"问题。其实在现今社会,"排队"也是一个司空见惯、却又非常重要的问题。例如:你今天先干什么、后干什么;选举时先选谁、再选谁;"排座位"时先考虑谁、再考虑谁等,实质上都是"排队"问题。

三、"排队问题"的一种"通解"

所谓的"排队问题通解",就是面对无论多么复杂的情况,都能通过一套"固定的操作程序",排定"符合规则"的次序。显然,要给出"排队"问题的"通解"确非易事。如果不信,请您现在就试试。

有趣的是,"排队论"是现代数学中的一个重要研究课题,其研究成果在很多领域都有十分重要的应用。

在长期的实践中,我们的祖先发现,通过"比较"、"定位"两个步骤,就可以解决"排队"问题(虽然并不是最佳策略)。

1. 比较

"比较"就是将任意两个事物分出"优、劣"来。

要进行"比较",首先要确定两个事物共有的、可以识别的某种"性状",然后针对这一"性状",规定"判别优、劣"的"规则"。例如,用考试成绩比较两个学生的优劣,那么,"考试得分"就是比较的"性状","分数高者为优"就是判别"规则"。

对不同的事物,可以用来"比较"的"性状"五花八门、不一而足。可以是大小、多少,高低、贵贱,高矮、胖瘦,酸甜苦辣,喜怒哀乐,知识多少,官职大小,……,等等等等。所以,很难用一套统一的"性状"和"规则",来准确表达"比较"的过程和结果。这正是人们在具体"比较"时,纠结、难以决断的原因。例如,年轻人在"找对象"时,往往很难做出"二选一"的抉择。

如果用于比较的"性状"和判断优劣的"规则"非常明确,人们就可以轻而易举地确定它们的"优劣"顺序。例如,用"大小"("性状")及"大者为优"("规则")来区分两个苹果,相信大家都会轻而易举地给出相同的判定结果。

2. 定位

如果需要"排队"的"对象"很多,应该如何确定每个"对象"在"队列"中的"准确位置"呢? 我们的祖先找到了如下的"固定的操作程序":

第一步,随机选取两个"对象"(例如 a、b),通过"比较",按"优劣次序"排成"队列"(例如 ab)。

第二步,随机选取下一个"新对象"(例如 x),先将其排在"队尾"(例如 abx)。

第三步,将"队尾"的"新对象"(x),与"队列"中的前一个(b)进行"比较";如果"比较"结果为"劣",则"新对象"(x)留在原位(例如 abx),并重复第二步。否则——

第四步,如果"比较"结果为"优",则"新对象"(x)排位向前移动一位(例如 axb);并以"新对象"(x)现在的位置为新的"队尾"(例如 ax),重复第三步(例如再与 a 比较);

第五步,当"新对象"(x)排到"队列"最前面时,重复第二步;当没有"新对象"需要定位时,结束。

简而言之,上述"操作程序"就是:从队尾开始"比较",遵循"劣"留原位,不再向前;"优"前进一位,再与下一个"比较"的规则,重复进行"比较",直到不能"前进"为止。这样,就可以完成全部排队工作,不会出现差错。

于是,"排队"问题的(一种)通解是:

任取两个,"比较"后排队;其后的任何一个,逐一从队尾开始两两"比较",遵循"劣"留原位,不再向前;"优"前进一位,再与下一个"比较"的规则,重复"比较",直到不能前进为止;直到完成排队。

"排队"问题的这一"通解",类似于数学上的"冒泡理论"。换句话说,我们的祖先在远古时候,就"发现"了"排队"问题的一种"通解";这一"通解"(理论),接近于现今"排队论"中的"冒泡理论"。

四、"排队"方法的普及

现代社会人们普遍具有较高的知识水平,解决一个棘手的"排队"问题,往往易如反掌;但要让没有多少知识的远古人们,普遍接受并熟练使用"排队"问题的"通解",却不是一件容易的事。

于是,智慧的古人想出了一个聪明的办法,那就是随手折来一长一短两根树枝或草棍,作为"教具"来教会别人如何完成排队工作:

两两比较时,用长棍代表"优",短棍代表"劣"。"排队"时,得到短棍的留在原位;得到长棍的前进一位,再与下一个比较;以此类推,循环往复,直至完成排队任务。

可见,我们的祖先用随手折来的"两个短棍"和一套简单的"操作规则",就能轻而易举地解决一个复杂问题。这应该是古人"利用简单教具,有效传播知识"的一大"创举"。由此不难想象,古代的"岩画",也很可能是一种"教具"。

于是,"长、短草棍"就成了古人"解决排队问题"的常用工具了。这"一长一短"两根"教具",大概就是后来的"阴阳符号(— 、——)"的雏形,也是形成"八卦"的重要基础。

五、"阴阳"概念的产生

先民们在熟练地掌握了"排队"方法后,就会试着对身边的事物进行"排队"。

在以"优劣"、"强弱"为特性的"排队"中,古人发现,排列出来的"队形",有的是"线性"的,就像"一字长蛇阵";有的可能有"分叉",即有些个体分不出优劣来,只能并列排放,从而导致"队列分叉",这就像"春运"排队买火车票时,有的人想"插队",别人不让"加塞",但他却赖着不走,于是队伍就出现了"分叉"。

依稀记得,小时候为了争强好胜,小伙伴在一起游戏时,往往会挖空心思找出一些东西,试图压倒对方。例如,你说大刀厉害,我说宝剑厉害;你说手枪比宝剑更厉害,我说步枪比手枪还要厉害;于是,大炮、导弹、原子弹等等都会被搜罗出来,试图压倒对方。记得还有一个人们常玩的《斗兽棋》游戏(大致如此):老鼠怕猫,猫怕狗,狗怕狼,狼怕虎,虎怕狮子,狮子怕大象,大象怕老鼠(理由是,老鼠可以钻到大象鼻子里,大象拿它毫无办法);于是,又回到起点!

想必古人也会用身边的常见事物,来玩类似的游戏。在此过程中,他们也许发现了下述有趣的现象:

土可以阻挡水,故土比水强;木在生长的过程中,树根可以"挤开"周围的土,故木比土强;金属制作的工具,可以砍断木头,故金比木强;火可以融化金属,故火比金强;水可以浇灭火,故水比火强。于是,土克水,木克土,金克木,火克金,水克火,又回到了土克水!哈哈,又回到了起点!陷入了一种"相克死循环"!

按照逻辑关系,陷入了"相克死循环"的"金、木、水、火、土"五种事物,每一种在局部都比其他的事物"强",同时从总体效果上来看,又都比其他的事物"弱"!这显然是一个"悖论"。这一超出古人预期的情况,让他们困惑、迷茫。于是,经过仔细分析后古人会发现,某些特殊情况下,在一组事物的局部之间,存在明确的"强弱"、"优劣"之分;但从整体上看,"强弱"、"优劣"的比较,已经失去了意义。

为了描述这种特殊情况,就需要一种"中性"的概念,既能表明一组事物的局部强弱、优劣"顺序关系",又能显示这组事物整体上都不具有强弱、优劣属性的这一特征。为此,古人引入了"阴、阳"这一组概念。显然,对"阴、阳"这组"中性"概念的要求是,既要能够明确区分不同事物的"相互顺序"(按照相同的逻辑关系),又不能给人留下"一种事物绝对比另一种事物强或优"的"等级"印象。

可见,"阴、阳"这一组概念,一方面,作为"工具"可以完成"排队"问题;另一方面,替代了"强弱"、"优劣"等带有强烈倾向性、选择性的"等级观念"。表明古人已经意识到,有些事物虽然个体之间存在差异,但在整体上却无优劣、强弱、主从等"等级"上的差异。因此,"阴、阳"概念是古人描述某些特殊事物"局部性状"及"整体特征"的一种有效工具和方法,包含着对某些特殊事物内在性质的深刻认识和整体思想。这一认识,使古人能够更加客观、理性的认识事物的本质。想必,这种认识在伏羲时代已经形成,否则,伏羲不可能画出"八卦"。

这一组概念的引入,无疑是人类认识史上的一次巨大飞跃。某种意义上讲,后世所谓的"辩证思想",实质上只是"阴阳"概念的一种体现,或发扬光大。这正是"阴阳"概念的深刻意义之所在。

现在我们看到"阴阳"两个字,往往会无意识地把"阴和阳"与月亮和太阳联系起来,甚至与黑夜和白天联系起来。但"阴阳"的繁体字是"陰、陽",似乎与"日月、黑白"没有什么联系。我们现在不清楚"陰、陽"的最初含义,但在古人引入这一组概念时,肯定没有我们现在脑海里的"迷信"色彩。

六、"五行"概念及其科学意义

显然,古人会对陷入"相克死循环"的一组事物,产生浓烈的"研究兴趣"。他们发现,陷入"相克死循环"的"金、木、土、水、火"之间,竟然还有更为神奇的关系! 即:

金属是从土(矿物)中提炼出来的,故有土生金;在一定气象条件下,金属表面会产生凝结水,故古人误认为金生水;水是植物生长的重要条件,没有水树木就不能生长,故水生木;木材可以燃烧产生火,故木生火(那时候还没有其他形式的"火");火可以把草木等化为"一片焦土",故火生土。好家伙!"金、木、水、火、土"这五种东西,又一次陷入了"相生死循环"的关系之中!

于是,远古先民发现,"金木水火土"五种"元素"具有非常神奇的特性:在"相生"、"相克"两种截然相反的特性上,均陷入了"死循环"的怪圈!

为了说明这种"双循环"关系的奇妙之处,请你先画一个圆及其内接五角星;然后,将"火、土、金、水、木"按顺时针方向(相反方向也行),依次放置在五角星的五个顶点。你会发现,按圆周的顺时针方向,给出了五种"元素"的"相生循环"关系,而按顺时针方向沿五角星的五条边,又给出了五种"元素"的"相克循环"关系。这就是后世所谓的"五行图"。

图3-2-1-1 "相生相克"的五行图

请你仔细看看你画的图形,这是一幅多么简洁优美、又多么深刻的图形!更令人惊奇的是,这一简洁、优美的图形,竟然是由毫不相干的"金木水火土"之间的"相生、相克"关系"所决定"的!换句话说,一幅优美的图形,却深刻地揭示了自然界中一组看似毫不相干的事物之间的"本质关系"!面对着这样一幅不可思议的图形,第一个画出它的古人,将会是怎样的欣喜若狂啊!

这一现象,若用"现代科学"的语言来描述,就是圆及其内接五角星,刻画了自然界中一组不同事物之间的"本质联系"!它是描述自然现象本质关系的一个非常重要的"范式"!本质上,这与我们现在用"曲线、图形"来表示"函数关系"是一致的!

同时,我们也注意到,金木水火土等"五个元素",是可以构成"对立特性双重循环关系"的最短链条!事实上,用现代数学里的"拓扑学"可以证明,"五个元素"确实是构成"具有对立特性双重循环关系的最少元素数目"!

看到这里,难道你不目瞪口呆?不为我们祖先的智慧感到吃惊?!请那些认为中华文明一无是处,口口声声说中华文明不科学的人告诉我:谁,能给出更好的科学范例?!

在人类文明的远古时代,我们的祖先就有如此重大的发现,对启迪人们对自然界的认识具有极其重大的意义。这不禁让人联想到,近、现代科学界的成就中,堪与这一重大发现的意义相媲美的,大概只有量子物理学中的"测不准原理",和数学中的"古德尔定理"了。经过了数十年的深入研究,人们在20世纪才终于认识到,"离经叛道"的"测不准原理"和"古德尔定理",深刻地揭示了大自然最为隐秘的一些本质,它们已经对现代人的思想方法和世界观,产生了极其重要、深刻的影响,已经成为当代哲学中的重要思想。但遗憾的是,"阴阳"、"五行"概念及其背后深刻的思想,却还在为了摆脱"迷信"的标签而苦苦挣扎!这实在有失公允!

另外应指出的是，"五行"概念应该形成于"冶金技术"出现之后，因为人们要产生"土生金"的认识，只能以"冶金实践"为基础。而殷末周初，青铜器铸造技术已经相当成熟，因此，人们应该在更早的时候就掌握了青铜冶炼技术。这就是说，"五行"的概念，完全有可能形成于《周易》之前。

七、"太极"的出现

得到了"五行图"后，我们的祖先并不满足，试图找出"具有对立特性双重循环关系"的更短链条！经过不懈努力，他们发现，如果对"阴、阳"两个元素分别赋予"黑夜"、"白天"这样的属性，则它们既相生、又相克！

这一想法非常奇妙。一方面，"夜晚"过去是"白天"，"白天"过去又是"夜晚"（相生），循环不息；另一方面，是"白天"就绝不会是"黑夜"，是"黑夜"就绝不会是"白天"（相克）。如此一来，仅仅"阴、阳"两个元素，就可以构成具有"对立特性双重循环关系"的链条！这是不可能再短的链条了！

对此读者肯定会发问，既然现代"拓扑学"可以证明，"五个元素"是"具有对立特性双重循环关系的最短链条"，为什么又出现了"双元素"的更短链条？

这是因为"时空"背景不同所导致的结果："五元素为最短链条"是在"三维空间"中得出的结论；而"双元素为最短链条"是在"四维时空"中得出的结论。换句话说，如果不考虑时间因素，即构成"对立特性双重循环关系"的元素应同时存在（三维空间），那么，所需的元素最少为五个；如果允许使用"不同时间出现的元素"，那么两个元素就够了。要想解释清楚这一问题，需要较深奥的物理学知识，兹不赘言；仅举一个不太恰当的例子加以说明：从北京"前往"纽约，我们"只能"沿着地面上空飞行（椭球几何），"弧线"航程为一万多公里；假如"存在"一条穿过地球的"直线通道"（欧几里得几何），则从北京到纽约的"直线"距离不会超过六千四百公里（地球直径）。这就是"时空"对物理现象的影响。对此有兴趣的读者，可参考有关数学、物理学书籍。

好了，回到正题。

由于五元素的"五行图"简洁优美，令人爱不释手、回味无穷，古人自然会试图用相同的方式，考察具有"对立特性双循环"的"阴阳"二元素。

现在，请你再画一个圆，将"阴、阳"分别放在圆的任意一条直径的两端；然后，再以"阴、阳"两点分别为起、止点，在圆内的直径两边，各画一根弧线，它们将首尾相连。于是，你画出了一个类似于"眼睛"的图形。在这个图形上，沿圆周顺时针方向,表示相生(或相克)循环;而沿弧线的顺时针方向,表示相克(或相生)循环关系。于是,我们便有了一个与"五行图"的"生、克性质"相同的"阴阳"图形。

但仔细看看,这一图形总像一只"没有眼珠子"的"眼睛",缺少一些灵气和美感。于是,在"审美需求"的引导下,古人将这一图形进行改造:

首先去掉圆内的两条弧线;然后以大圆的半径为直径,以大圆半径的中心点为圆心,分别再画两个小圆;再分别将小圆的一半抹掉,使两个小圆剩下的一半圆弧形成一个 S 形曲线,把"阴、阳"两点连接起来。

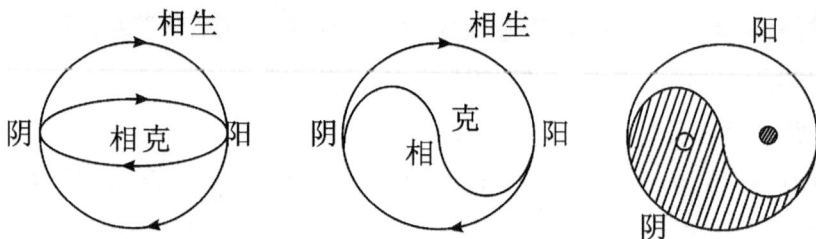

图 3-2-1-2 "太极图"的形成

哈哈,这是一个非常优美、灵动的图形!第一个画出它的人,一定也会欣喜若狂!于是,便出现了"太极图"的雏形。

这一图形,表示了"阴阳"之间的相生相克关系;虽然没有"五行图"表示的事物间的"本质关系"那样"严谨",但也说得过去。但我们不知足的先人还不满意,还要对其改造!看看他怎么想:

如果把"阴阳"理解为"黑夜"和"白天",那么,就可以把图形的一半涂黑,表示黑夜(阴),而把另一半留白,表示白天(阳)。这样一来,不同的颜色就"自然地"表示了"阴、阳"的概念。第一个把图形的一半涂黑的人,也一定为这一"发明"而沾沾自喜。

但必须看到,这一做法导致了两个极为重要的后果:

第一,用"黑、白"来表示"阴、阳"的图形,已经弱化了它与"五行图"之间的本质联系,以致后人认为,"五行图"与"太极图"具有两种完全不同的思想观念。

第二,让古人逐渐产生了"均衡"、"平衡"或"对称"的审美观,以及认识自然的"本体论",并将其演变为中国人的哲学思想——"中庸"。

为了使"太极图"更加"均衡"、"对称"且具有动感,后人又挖空心思地在"太极图"上,画上了所谓"阴阳鱼"的"鱼眼"("鱼眼"的直径,应该是小圆的半径)。这就是我们今天看到的"太极图 ☯"。

公允地讲,"太极图"确实"很美",也具有一种均衡的动感。难怪古人将其提升到哲学的高度来认识,认为它表达了自然现象的本质属性;并成功地把"阴阳、五行、太极"所揭示的思想,应用到人体健康方面,发展出了中医药学。应该讲,以"相生相克、均衡"为理念发展出来的中医药学,并不违背"现代科学"的原则;所以,诋毁中医药学的所有企图,要么浅薄无知,要么别有用心。

另外,很多人都会把"太极图"仅仅视为一个优美的"平面图形",实际上,它也可以看成一个极具动感的"立体图形":如果我们把具有相同直径、外表一黑一白、内壁颜色却相反的两根空心圆管,相互缠绕以后,装进一个合适的大圆管,从端头看去,这就是一幅"太极图"。

八、"阴阳、太极"的现代科学意义

1."阴阳"概念的意义

由前面的讨论可知,"阴、阳"是用于"在某种性质自成循环的一组元素中,标明各元素在循环链条中的顺序关系的概念"。换句话说,只有在某种性质自成循环的元素之间,才可以用"阴、阳"来表明它们在循环链条中的顺序。很明显,如果两个元素可以用"阴、阳"来表示,或者区分,那就意味着它们的某种性质,必定在具有同一性质的一组元素之间形成了循环;否则,它们的关系不应该用"阴、阳"来表示。

哈哈,上面的叙述太拗口了,再换一种更"科学"的表述:

对同样具有"性质 a"的"一组元素 Xi",可以把它们的"集合"记为"Ua(Xi)"。如果按照"性质 a"排序,"元素 Xi 的某种排列"恰好能够形成一个封闭的循环,记为 ①a(Xi),则循环链中相邻的两个元素,才具有"阴阳"关系。换句话说,具备"阴、阳"关系的两个元素,一定属于"一组具有相同性质且构成循环的元素 Xi 集合——①a(Xi)"。

也可以用"集合"的语言表述为:

在性质 a 下,若 X_i、$X_i+1 \in$ ①a(Xi),$i=1,2,\cdots,n$;且有 $X_{n+1}=X_1$;

那么,如果 X_i 为"阴",则 X_i+1 为"阳";反之亦然。

作为说明,若 ①a(Xi) = ①相生(水木火土金),则 ①相生(水木火土金) = 水、木、火、土、金;若 ①a(Xi) = ①相克(金木土水火),则 ①相克(金木土水火) = 水、火、金、木、土;相邻元素互为"阴阳"。

应该注意的是,不满足上述严格规定条件的元素,不能用"阴、阳"表示;否则就是误用,就是对"阴、阳"概念的无知、亵渎。

由上述分析不难看出,"阴阳"概念实质上"隐含"着一种"方法论"——整体论。即,**如果一组事物在"整体上"能够形成一个完整的循环链条,则循环链条上相邻的两个事物之间的关系,才是"阴阳"关系。**

这可是我们的老祖先早在三千多年以前(如果"伏羲画卦"的传说不谬,那么,"阴阳"概念早在伏羲之前就出现了。理由后面会提到),甚至更早就提出来的"方法论"啊。可是,我们早已遗忘了这些概念的严格定义及其背后的光辉思想。于是,有些浅薄无知的人,一方面把老祖宗留下的珍宝视为"垃圾",必欲除之而后快;另一方面,却在妄自菲薄的为"洋人"晚近才提出的"生物链"、自然循环等等"伟大科学发现"而欢呼雀跃!却不知老祖宗早就总结出了如何从整体上把握事物之间辩证关系的方法论。

同时,我们也痛苦地看到,经历过惨痛的教训后,国人终于发现:人是大自然各种循环链条中的一个环节,与诸如草原、森林,湖泊、湿地等等自然环境因素之间,似乎存在着"阴阳"性质的关系;人们只有善待自然环境,大自然才会通过一系列中间环节最终回馈人类,赋予人类更好的生存条件。换句话说,我们终于认识到,需要从"整体上"认识并善待大自然。于是,我们有幸看到了"退耕还草"、"退耕还林"、"退耕还湖"、"天保工程"等一系列措施的实施。如果我们坚持按"阴阳"的观点,从"整体性"上了解大自然的运行规律,也许,我们早就对很多事物的内在联系有了更为深入的理解,也就不会付出那些过于沉重的代价了。

另外,我们不无遗憾地看到,在很多讲求"科学"的地方,现在却非常"不科学"地使用"阴阳"这一朴素的科学概念。例如,医院的"化验单"上,某某"科学指标"呈"阴性"、"阳性";股市"大盘"的走向出现了"三连阴"等。这里的"阴、阳",显然是误用、滥用!至于江湖中的"阴阳先生"、"算命先生"的那些胡说八道,更是把"阴阳"概念的科学内涵,糟蹋得惨不忍睹!这一切,到底是谁之过?!我们,又能做些什么?!

2."太极"中的哲学思想

现代科学成果一再强化人们的一个信念,那就是"对称美是大自然最重要的设计准则"。这意味着,如果一项"科学成果"不符合"对称性(广义)"原则,那么它基本上就是错误的。无论是在近、现代数学里(例如"群论"),还是在近、现代物理学中(例如"粒子物理学"),"对称性"都是引导研究工作方向的不二法则。虽然这方面的例子不胜枚举,但我还是想指出,新近被证实的"上帝粒子"——希格斯玻色子,很大程度上就是希格斯利用"对称性原则"所预言的。当然,还有包括爱因斯坦在内的很多科学巨匠,都对"对称性"推崇备至,将其作为指导自己研究工作的最高准则。

因此可以说,**认为大自然具有"运动、相互转化、对称性"等内在本质,是现代科学恪守的坚定哲学信念,是引导科学发展方向的指路灯。**换句话说,如果人们发现他们的研究成果,不具备"运动、相互转化、对称性"等性质,便会毫不犹豫地予以放弃。由此可见,自然科学工作者对这些性质的信念,是多么的坚定!

现在我们来看看"太极图"。在这一优美的图形里,"运动、相互转化、对称性"等特质,简直呼之欲出!难怪,当我们的祖先得到"五行图"、"太极图",并领悟到其中的奥妙时,是多么期待着用它们来理解世界,从而揭开大自然的神秘面纱!

事实上,我们的祖先也确实把"太极图"显示出来的"运动、相互转化、对称性"等特质,作为大自然的本质规律加以利用,抽象出了"中庸"这一处世哲学思想,总结出了实用的中医药理论,并试图将其用于解释天体运行等方方面面。虽然有些尝试并不成功,例如天体运行等,但不能因此而全盘否定这些尝试的科学价值。

对此,我们应清醒地认识到两点:一是后世一些人们,在急功近利的动机驱使下,在一知半解、甚至不知不解的情况下误解、滥用这些概念,使其蕴含的朴素科学思想,蒙受了被强奸的耻辱,以致这些真知灼见被贴上了"封建、迷信、愚昧无知"等不光彩的标签;二是"太极图"、"五行图"的对称美感,启迪了中国古人的不偏不倚、"中庸"、"折中"等处世哲学,使中华民族逐步演化为一个温顺的、任人宰割的民族,以致在一些特殊的历史时期,后世子孙们不得不饱受外族的欺侮和凌辱。

对历史演进中的这些功过是非,我没有资格评说。不说也罢。

第二节　"河书、洛图、神龟、九五之尊"的实质

一、"神龟""河书""九宫图"及"洛图"

中华文明赋予"龟"以特殊的尊贵地位,耐人寻味。对此,后世的解释大多难

以令人信服。这里，我试着给出一种新的解释。

在遥远的古代，人们为了活命，显然已经开始捕杀并食用温顺的乌龟（占卜用的龟甲就是明证）。后来不知什么原因，人们开始用"龟甲"作为"占卜"的工具，因而，古人一定会非常仔细地观察过龟甲上的"图案"。于是，在历史上的某一天，可能出现了具有纪念意义的如下一幕：

一位古人吃饱喝足之后，或饥肠辘辘之时，百无聊赖地摆弄着一个龟甲，来打发无聊的时光。也许是这只乌龟生过病，也许是因为其他原因，龟甲上一些特殊的、奇怪的斑点引起了他的注意。于是，他仔细端详这些特殊斑点，突然注意到：龟甲上的自然纹理以"井"字形的方式，将龟甲分割成九个区域；每个区域内特殊斑点的数目都不相同，而且，恰巧是"1—9"等九个自然数！他还发现，更为惊奇的是，九个区域内的斑点数，无论是横着、竖着、斜着的三个区域分别相加，加起来的"和"数竟然都不可思议的是15！

哇，不得了！他跳将起来、飞奔出去，将这一"神奇"的发现让所有的人看。大家在惊叹之余一致认为，这是"神"对人的启示，是想让人们知道，自然数竟有如此神奇的性质！人们议论纷纷之后达成共识："神"为了教给人们一些奇妙的知识，就选择了这只乌龟作为"神"的使者，把"神"的启示带到了人间！所以，这是一只"神龟"！于是，人们纷纷传诵着乌龟的神奇，称赞、并羡慕乌龟竟然是能够接近"神灵"的天使！自此以后，人们便对"神龟"顶礼膜拜。

由于这只乌龟是从某条河流捕捞上来的，所以这只龟甲也被人们尊崇为"河书"。注：到底是"河书、洛图"，还是"河图、洛书"，现在的"易学"专家也没有定论。管它呢，由它去吧。

可见，所谓"河书"其实就是我们今天所谓的"九宫图"（参见图3-2-2-1）；即一个3×3格的网格，将1—9九个自然数，按一定规律分别填入九个格子中，使横、竖及对角线上三格中的数字相加总是等于15。（注意：这说明，我们的"算术"，一开始就采用十进位制）。

记得在小学我也填过九宫图，但不知道那就是"幻方"（也被不准确地称为"数独"）的一种情况。"幻方"是"趣味数学"中的一个小分支，也可以说是"数论"的一个小分支。三十多年前我读过一本数学著作，其中似乎提到，到目前为止还没有"幻方"问题的通解；意思是说，三阶（3×3格）、四阶（4×4格）、……、n阶（n×n格）"幻方"的"填写方法"，无规律可循。目前能够"填写出来"的最高阶"幻方"（注意，不是"数独"）好像是7阶（7×7）；即将1—49等49个自然数，分别填入7×7的格子中，使每行、每列格子中数字相加后，其"和"相等。至于更高阶的"幻方"是否"存在",目前没有相关理论。对此,玩过"幻方"的人,都应该非常熟悉。(注:幻方的理论及算法已有长足进展,请大家在网上查找。)

图3-2-2-1 九宫图(3阶"幻方")

对远古的人来说,即使是最简单的"三阶幻方"——"九宫图"这一数字游戏,完成起来也是相当困难的。我们都知道,填写九宫图的关键是:数字5必须填写在正中间的格子中;换句话说就是,"九宫图中,五必须居于正中这一位置",否则,不可能填写出来。一旦"五"的位置确定了,"九宫图"填写起来就容易多了。因此不难想象,"九五为尊"实质上是古人填写"九宫图"的"秘诀"!含义是,"九"宫图中,数字"五"必须居于正中间这一"尊"位。这是显而易见的。

关于"神马负图"(洛图)的传说,我认为只是一个欺世盗名的谎言。如果历史上真有"神马负图"的事件,最多是有人从一匹马身上的某种图案中,独立、重新发现了"某种形式的九宫图"。但更大的可能是,某个古人在已经知道了"九宫图"奥秘的情况下,为了欺世盗名,炫耀自己而编造的一个谎言。按照"概率论"不难想象,在龟甲的自然形态中,有可能"偶然出现"类似于"九宫图"的图案;但在马背上出现类似图案的情况,实在难以想象,除非造假。

至于后世对所谓"河书、洛图"的各种牵强附会演义,基本上都不靠谱。无须细究,表过不提。

二、"九五之尊"的朴素含义

后世人们常用"九五之尊"表示"君王"。对此,学界比较一致的看法是,"九五之尊"这一说法源自《周易·乾》的第五爻。那么,是周文王在撰写《周易》的时候,"发明了"用"第五爻位"代表"君王"呢?还是在《周易》之前,就有"九五"代表"君王"的说法呢?我认为是后者。

从上一段的分析可以看出,"九宫图"与"神龟"、"河书"的概念密不可分。显然,正是由于"九宫图"具有让古人百思不解的"神奇性质",古人才对"神龟"、"河书"赋予了崇高的地位。由于大量传说、文献都将"神龟"、"河书"出现的时间,定位在更为久远的远古时期,因此,"九宫图"的出现应该早于《周易》。

上面已经提到,"九宫图"的中间一格必须填上数字5,否则,不可能得到每行、每列及对角线的三个数字相加,均为15的结果。因此,在文化知识非常落后的远古时期,人们要记住魔幻般的"九宫图"的填写,就必须记住其中的关键。而"九五为尊"就是人们记住"九宫图"填写规律的关键之一。

前面指出,填写"九宫图"的"秘诀"是"九五为尊",其含义是:"九"宫图中,"五"必须位于最"尊"贵的位置——中央。由于"九宫图"外围的8个格子,恰好与古人常用的八个方位相对应,因此,位居正中的数字"五",便有了"坐拥天下"、"环视天下"的"优越位置"感。于是,人们便很自然地把"处于中心地位"的人,与"九宫图"中"五"的位置对应起来;其后的君王也以"九宫图"中的"五"自居,从而"九五之尊"便代表"君王"。

相信很多人注意到,《周易》中排列卦象时,爻位的排列次序是"自下而上",但在爻辞的写作中,却是从"初爻"写到"上爻",顺序恰好相反。

产生这种顺序相反的原因,很可能是周文王有意而为之:既然"君王"的位置应"高高在上",而且有"九五为尊"的说法,那么在"卦象"中,就要用位置"高高在上"的第五爻表示"君王"了;而表示其他阶层的爻位,只能"屈居"在下面了(至于第六爻的位置,可以留作他用)。周文王认为,**当人们看到"九五"这一"爻名"时,便会很"自然"地把它与"君王"联系起来;按照这一线索,人们就可以理解"其他爻名"的含义了。**果真如此的话,那么,第一,在周文王"演易"时,就已经有"九五之尊"一说了;第二,为了迁就"九五"这一"具有特殊含义的爻名",周文王才"迫不得已"的用"九"代表"阳"(呵呵,这解释不了为什么用"六"代表"阴")。

还应注意的一点是,在最初的《周易》中,应该只有文字而没有"卦象","卦象"隐含在"爻名"之中。显然,如果有"卦象"的话,就没有必要用"六、九"来区分阴阳了。

第三节 "八卦"的形成及其哲学意义

一、"伏羲画卦"的真伪

由于史上有"伏羲画卦"的"传说",伏羲便莫名其妙地被卷进有关《周易》论争的是非之地。关于是否有"伏羲画(八)卦"的史实,已不可考;我认为这一"传说"并不可靠。分析如下。

今甘肃天水城北 20 余公里处的"卦台山"，据说是传说中的"伏羲画卦台"。如果按"望文生义"的方式来理解，"卦台山"应该是传说中"伏羲画卦"的地方。

传说中的"伏羲画卦"应该是指：伏羲首先画出了"伏羲八卦"（即"先天八卦"）。但卦台山景点的"卖点"却是：站在"卦台山"上远眺，远处的"山形与流经其间的渭河"，形成了"隐隐约约的乾坤湾"，勾勒出了类似"太极"的形状（参见图 3 - 2 - 3 - 1、2）。换句话说，"卦台山景点"似乎想告诉人们，当年伏羲站在"画卦台"上，"受到地形地貌的启发，从而画出了八卦"；但实际上，如果伏羲"俯察地理，受到启发"，只能画出"太极图"！

图 3 - 2 - 3 - 1　"画卦台"上西望的景象

图 3 - 2 - 3 - 2　卦台山与"乾坤"湾模型

由此可见，要么"卦台山"的传说是虚构的，要么"伏羲画（八）卦"这一说法并不可靠。

当然，历史上"伏羲画卦"的可能性还是存在的。至少，这是数千年来，人们广泛认可的一种美好信念，我不想成为破坏这一美好信念的历史罪人。人们赋予伏羲的伟大历史功绩，充分体现在了"伏羲庙"中伏羲的坐像中，参见图3-2-3-3。

图3-2-3-3 天水伏羲庙中的伏羲坐像

顺便提一下，对于"孔子作传"的说法，学界也有分歧意见。有人认为，《易传》为孔子所作；但在《易传》中有"子曰"这一字眼。由于孔子不大可能自称"子曰"，故《易传》为孔子弟子所作的可能性更大。也有人认为，至少是《易传》的部分内容，是后人假借孔子或其弟子之名的"伪作"。由于本书只讨论"古经"部分，对此分歧不做深究。

关于"成书于殷末周初，文王重卦，周公系卦爻辞"的"现代学界"观点，我认为是错误的。其错误的根源，在于学界对"箕子之明夷"、"康侯用锡马蕃庶"等爻辞的理解有误。请参阅第一部分相关内容。

二、"八卦"及其"图形"

对于古人，"九宫图"就像"五行图"、"太极图"一样，具有强烈的神秘色彩。如果不考虑"九宫图"正中的"九五之尊"这一位置，则其余的八格恰好与古人常用的八个方位对应,所以,"九宫图"也给人一种"坐拥天下"的联想和期盼。

也许有一天,某个古人在完成了一次棘手的"排队"问题(参见本章第一节)后,坐下休息时还不时地摆弄着手里的草棍,用长长、短短的草棍,一上一下地排列各种不同的图案。

他偶然发现,用一长一短两个草棍上下排列,恰好能够得到 4 种情况;而用三根草棍进行上、下排列,恰好能排列出 8 种情况;四根可排列出 16 种情况,以此类推。我们现在知道,用一长一短(2 种元素)的 n 根草棍上下排列,可以得到 2^n 种排列情况。

巧合的是,他恰巧知晓"九宫图"的奥秘!于是他发现,三根草棍上下排列的 8 种情况,不多不少,刚好可以填满"九宫图"外围的 8 个格子。因此,他就把这 8 种组合填到了这 8 个格子里。也正因为如此,我们只有"八卦",而不是"16 卦"或其他情况;因为,如果是"16 卦"或更多,就没有像"九宫图"一样"神奇"的位置可供摆放了。

为了使排列出的图形更好看,他用"两根短棍"(现在的"阴")代替原来的一根短棍,于是就有了现在我们看到的"八卦"及其图形:

此时,"阴阳三叠"的"八卦"图式,还只具有漂亮的形式,而没有被赋予更进一步的含义。

三、"卦名"及"八卦图"

某天某人偶然看到了"阴阳三叠"的"八卦"图式,突然产生了某种灵感:**如果把"阴"理解为容易改变、容易接近、容易抗拒、容易……的事物,而把"阳"理解为难以改变、难以接近、难以抗拒、难以……的事物,那么,"阴阳三叠"的图式,就能够刻画某些事物的本质。**

对古人而言,身边司空见惯、与生活息息相关的自然事物中,最难以接近、改变、抗拒的事物就是头顶上的"天",所谓"比登天还难"。于是人们发现,"三阳"(☰)可以深刻地揭示"天"的属性,因此,把"☰"与"天"视为同一事物的两种表达方式,或者,干脆就把"☰"这一卦象,就叫作"天"(卦名)。

同样的,人们最容易接近、改变、抗拒的事物,就是脚底下的"地"。你想把"地"弄成什么样子就能弄成什么样子,你想挖坑就是坑,你想盖房就是房,你想种树就长树,"地"总是逆来顺受,忠实配合,从不反抗。于是,"三阴"(☷)就揭示了

"地"的秉性。

有了"天、地",其他 6 种情况就只能在天地之间选择,并且是可以与"天、地"相提并论的事物。

我们都知道,从两岸接近"河流"非常容易,但到了河流中间就身不由己了,再想自由行动就非常困难了。因此,自下而上(下同)排列的"阴阳阴"(☵),就可以刻画"河流"的这种特征,故"阴阳阴"代表"水",即"河流"。其实,"水"字的最早写法,既有"河流"的形象,又像"八卦"中"水"的卦象。真不知道是先有"水"的卦象,后有"水"字的写法,还是相反。

如果你见过森林或草原大火,就会知道:森林、草原大火的"火线"(正在燃烧着的"着火带"),一方面顺着风势向前推进,另一方面,在与"风向"垂直的方向上,慢慢向外扩散。于是,从两侧接近"火场",非常困难而且危险,而一旦越过了两侧的"火线",进入已经"过火"的地带中间,却相对"安全"。其实,人们早就使用这一"知识"从火海中逃生:当无法逃脱的大火袭来前,先把自己周围的可燃物点燃,给自己留一块逃生的空间!因此,对于"火海",从两边难以接近,但真正到了中间,却没有太大问题,这正是"阳阴阳"的写照!于是,"阳阴阳"(☲)就代表"火"。

人们在"爬山"时会感到,开始爬非常容易(阴),再爬也不难(阴),但要爬到山顶却很困难(阳)。相信大家对此都会有深刻体会。所以,"阴阴阳"(☶)正是对爬山情形的写照!于是,"阴阴阳"(☶)便代表"山"。其实,"行百里而半九十"表达的意思与"阴阴阳"的含义相近,都说得是"越到最后越艰难"。

对北方人而言,不得不去接近一个很大的"沼泽"时,远远看见一片无边的水面就令人眼晕(阳),走近以后更让人恐惧(阳),但真的置身其中后却发现:"哎哟喂,不过如此而已"(阴)。所以,"阳阳阴"(☱)就真实地代表了北方人对"沼泽"的感受,所以它也就有了"泽"的名称。"泽"应指"大而浅"的一片水面,是北方暴雨后低洼地的积水;南方人用"泽"代表"大而深"的"湖泊",也能说得过去。

北方的冬季寒风刮过时,人在风中初时不觉寒冷(阴);时间稍长,便觉得寒风如刀,令人战栗(阳);如果不赶快躲避,与寒风抗争的结果只能是枉送了性命(阳),故"阴阳阳"(☴)就是对"寒风"本性的深刻揭示(当然,夏季的"凉风"对人也有类似的"杀伤力")。

惊雷一声,夺人心魄、令人畏惧(阳);接下来雷声渐小(阴);再听,雷声已渐渐远去(阴),这是关中一带"雷"的一般特征。故"阳阴阴"(☳)就是人们对"雷"的深切感受。

这样，"八卦"的 8 种图形便有了各自的"姓名"。但让人感觉不可思议的是，**"八卦"的图形特征，恰如其分地刻画了 8 种十分重要的自然现象的本质！**难道自然界各种事物的本质特征，都能用一些简单的符号来深刻揭示吗？这个问题的答案，可能只有上帝知道。

哈哈，如果我们真正理解了 8 种自然现象的本质，那么，就能找到恰当的"八卦"符号来表示它，根本用不着什么"震仰盂、艮覆碗"之类的死记硬背！

现在，"八卦"的 8 个图式——"卦象"，都有了自己的名字——"卦名"，这就是我们熟知的：☰为天，☱为泽，☲为火，☳为雷，☴为风，☵为水，☶为山，☷为地。古人根据自己身处的环境（黄河中下游地区），按照"天"南"地"北，"火"东"水"西，西北有"山"、东南成"泽"，东北"雷"震、西南"风"起的位置，对"八卦"进行了排列，从而得到了"先天八卦图"。

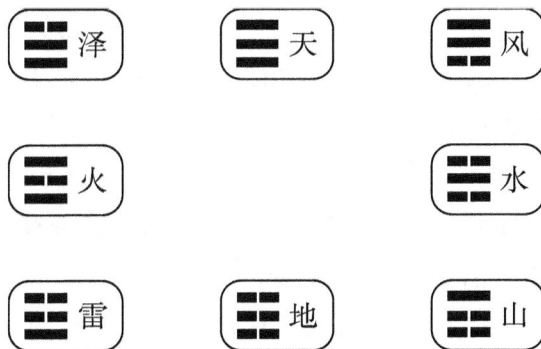

图 3 - 2 - 3 - 4　"先天八卦图"的最初形式。

哈哈，在网上竟然找不到一个"正确"的"先天八卦图"！因为网上的先天八卦图，要么画蛇添足，要么牛头不对马嘴。由此可见，国人到现在也搞不清楚什么是"先天八卦图"。这里给出的图 3 - 2 - 3 - 4 是我自己画的，美感方面差强人意，但其形式应该是原始的。我们应该记住，"先天八卦"的"卦名"只能是"天、地、水、火、风、雷、山、泽"，而不应是其他！

另外，从上面的讨论可以看出，"八卦"的卦象，深刻地揭示了"天、地、水、火、风、雷、山、泽"这些事物的特征，至少在北方人的眼里是这样。这 8 种事物，都是古人眼中的大事物、大现象，人人都能感觉到，但却都没有可以"描绘"的固定形态，因此古人才发出了"大象无形"的感叹。

四、"先天八卦"与"后天八卦"的区别

有了"八卦"，如何将其按照八个方位排列，从而传达某种意图或理念，不同的

人有不同的观点。最典型的,就是所谓的"先天八卦"和"后天八卦"。

据说由伏羲所排列的"先天八卦",与方位对应的关系是:"天"南"地"北,"火"东"水"西,西北有"山"、东南聚"泽",东北"雷"震、西南"风"起。对此排列,有如下特点:

第一,将8种事物两两对应,形成四组对应关系,即天对地,水对火,山对泽,风对雷。从这四组对应关系中,后人"发现"了其中的"深刻内涵",那就是事物之间具有这样的"典型关系":天与地,分出上下;水与火,难以相容;山与泽,有凸有凹;风与雷,相生相伴;这些情形反映在人与人的关系上,就是"上下,不容,互补,并肩"。

第二,在平面上表示"方位"时,占人采用的是"天"南"地"北的规则。即"上南下北、左东右西",或"面南背北、左东右西"。这显然是中国古人观察世界的视角,隐含着"面向光明的悠然坐姿",也就是我们现在常说的"坐北朝南"。与之形成鲜明对比的是,西方人观察世界时,采用"上北下南、左西右东"的视角。这是一种"背对光明、拥抱大地的贪婪姿态"。这两种姿势,暗含着东西方文化对待世界的态度:前者是"光明磊落的泰然处之",有一种"任凭风起云涌,我自岿然不动"的气势;后者则是"见不得阳光的贪婪占有",有一种"贪婪占有、绝不放手"的架势。这大概是东、西方文化特征的"潜意识写照"。

第三,日("火")出东方,"水"自西来;西北有"山",东南聚水("泽"),与中国地理暗合;再加上"天"南"地"北,"风、雷"就仅剩西南、东北两个位置了,如何摆放似乎都无所谓。可见,"先天八卦"的排列方式,体现了(黄河中下游)古人的自然观。

据说《周易》完成后,周文王也仿照"先天八卦图",画出了自己的八卦图,后世称为"后天八卦图"或"文王八卦图"。

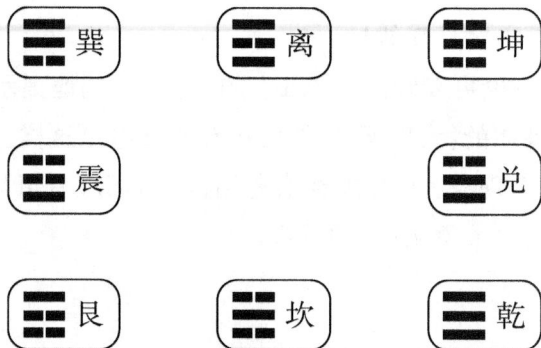

图 3-2-3-5 "后天八卦图"

图 3-2-3-5 中的八卦图,才是正确的"简化后天八卦图"。如果每卦有两

个卦名,或卦名为"天、地、水、火、风、雷、山、泽",那就不是"后天八卦图"了。

第一部分第二章第三节中,详细分析了"后天八卦图"中隐藏的秘密。此处略过不提。其实,真正的"后天八卦图"如下:

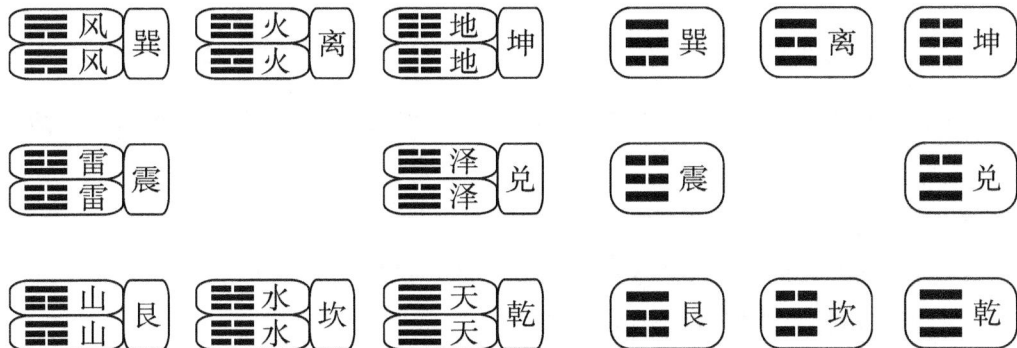

图5－2－4－6 后天八卦图的完整形式(左)及简化形式(右)

"后天八卦图"的方位关系是:"离"南,"坎"北,"震"东,"兑"西,"巽"在东南,"乾"在西北,东北有"艮",西南为"坤"。对此排列,有如下特点:

第一,"后天八卦图"的卦名,由原先的"天、地、水、火、山、泽、风、雷"等八个"单卦名",变成了"乾、坤、坎、离、艮、兑、巽、震"等八个"叠卦名"。八"单卦名"内涵的"自然现象",也由《周易》中对八"叠卦名"给出的"社会现象"所代替。因此,"后天八卦",体现了周文王对当时社会的一种"社会观"或"政治观"。

第二,与"先天八卦"相比,方位上的对应关系完全被打乱;其排列方式,与中国地理或岐山(陕西地名,"周朝"的发源地)的地理特征不相符;这样的排列方式,体现了一种人文观点,而非自然观点。

第三,表面上看,先天、后天八卦图都由"阴阳三叠"的8个卦象组成。但一定要注意,"先天八卦图"确实是由"阴阳三叠"的8个卦象组成;而"后天八卦图"中的8个卦象,都把卦象省略了一半!

第四,《周易》中对八"叠卦名"界定的含义是:"乾"为人上之人,为"君";"坤"为辅佐之人,为"臣";"坎"为坎坷,为"挫";"离"为生离死别,为"逝";"艮"为深藏不露,为"隐";"兑"为互通有无,为"援";"巽"为跟随大流,为"从";"震"为脾气暴躁,为"怒"。

前面曾经提过,对"后天八卦"的这种方位排列,曾仕强先生提出过批评。但事实上,这种排列,暗藏着周文王觊觎"商朝"天下的雄才大略(参见第一部分第二章),也拉开了惊心动魄的改朝换代的历史大幕!然而,即使把风雷激荡、暗潮涌动的这张战略构想图,摆放在无道的殷纣王面前,他也看不出其中的奥妙。哈哈,"后天八卦图"中暗含的雄才大略,确非一般人所能参透。

可惜我不是史学家,不知在其后的"周灭商"过程中,这一战略态势图是否发挥了应有的作用? 也拿不出证据支持上述观点。谁,能还历史以真相?

第四节　传统文化概念的演化脉络

对上面的论述进行简单地梳理,大体就能把握传统文化概念的发展、演化脉络。

分支线路一:

原始社会的人们,每天都要面对"劳动果实"的"分配"问题;

"分配"问题的实质,是"排队"问题;

在漫长的实践中,古人找到了"排队"问题的一种"通解";

为了"普及"排队"知识",古人利用"长短草棍"作为"教具";

古人发现,有些情况下,排队的结果是一个"循环";

为了识别具有"循环"特性的个体,引入了"阴阳"概念;

特殊情况下,同一组元素在两种相反的特性下,都可能形成"循环";

古人发现,具有"相反特性双循环"的元素数目,最少为五个;

古人把典型的、具有最少数目的"相反特性双循环"五种元素,称为"五行";

"五行"的"相反特性双循环"特征,构成了优美的几何图形;

古人把表示"五行"本质特征的几何图形,称为"五行图";

古人发现,引入时间因素,"阴阳"两个元素,也构成"相反特性双循环";

仿照"五行图",古人画出了像一只"眼睛"的"阴阳图";

在不断美化"阴阳图"时,古人最终画出了"太极图"。

分支线路二:

古人在摆弄一只龟甲时,偶然发现了"九宫图";

古人认为"九宫图"是神对人的启示,乌龟是神的使者,于是把乌龟称为"神龟";

古人发现,填写"九宫图"的关键是,5 必须填在中间的格子;

古人用"九五为尊"这一"秘诀",来记住"九宫图"的填写关键;

古人发现,"君王"在社会中的位置,与 5 在"九宫图"的位置类似,于是,"九五之尊"就表示君王了。

汇合线路三:

古人发现,用三根"长短草棍"上下排列,可组成 8 种图形;

8 种图形,恰好可以填满神奇的"九宫图"的外圈;

为了美观,用"两根短草棍"代替"一根短草棍",就形成了"先天八卦卦象";

如果把"阴▇▇阳▇▇▇"的性质,分别解释为"容易、难以",那么 8 个"卦象"就深刻揭示了"天、地、水、火、风、雷、山、泽"8 种自然现象的本质;

于是,8 个"卦象"就有了相应"卦名",即:☰天,☱泽,☲火,☳雷,☴风,☵水,☶山,☷地;

把 8 个"卦象"按一定规则填入"九宫图"的外圈,就形成了"先天八卦图";

发展线路四:

《周易》中,周文王用文字"六、九",分别代表"阴▇▇阳▇▇▇";

为了体现"九五之尊"的位置感,代表"最高领导"的位置,应该放在"上方";代表其他人群的位置,应该依次放在"下方";

于是,把"初、二、三、四、五、上"等各爻的"阴阳"符号,按照"自下而上"的次序依次排列,形成各卦的"卦象(阴阳六叠)";

周文王把如此排列的"阴阳六叠""卦象",拆分为上、下两个"先天八卦卦象";

周文王把上、下两个"先天八卦"的"卦名"组合在一起,分析它们的意境所能表达的"社会意义";

周文王用一或两个字的"卦名",与"卦象"一起,确定一个卦的主题(但不明示);

针对这一主题,指出面对同样情况时,人们的一般行为规律或注意事项(卦辞);

针对同一主题,在代表不同人群的不同爻位后,指出该人群的一般行为规律或注意事项(爻辞)。

这,就是《周易》。

相信从上面梳理出的脉络,可以清晰地看到一些传统文化概念的发展、演化脉络,以及它们与《周易》的相互关系。显然,《周易》或多或少地利用了"阴阳、五行、九宫图、神龟、九五为尊、先天八卦"等概念;但与《周易》直接相关的,却只有"阴阳、九五为尊、先天八卦"等概念,特别是"先天八卦",是形成《周易》的重要基础。

好了,到现在我们已经基本厘清了一些传统文化概念,及其与《周易》的关系。

应特别指出的是,中国传统文化的这些概念及其隐含的线索,将中华文明的源流引向了遥远的原始共产主义社会!这与西方文明形成了鲜明的对比。有鉴于此,我们应科学、深入地挖掘"上古神话传说"的历史价值,也许其中隐含着上古先民与大自然英勇搏斗的历史印记和壮丽史诗。

第五节 后人对传统文化概念的误解

一、古人对阴阳、太极、五行、八卦等的应用

从上面的论述可以看出,古人在生活实践中,逐渐形成了诸如"阴阳、五行、太极、神龟、河书洛图、九宫图、九五为尊、先天八卦"等等概念,并赋予这些概念以深刻的内涵。显然,这一切都是水到渠成、非常自然,且合乎逻辑的事情,没有任何神秘难解之处。这些概念蕴含的思想,如阴阳的"生、克"转换,太极的均衡灵动,五行的严谨逻辑,八卦的深邃内涵,无不给人以美的享受,并使人产生用其解释身边事物的冲动。于是:

有人把太极看作一个整体,作为万事万物起源的模型,用太极生两仪,两仪生四象,四象生八卦的思路,来解释万物的起源和分化,逐渐形成了道家的自然观体系。

有人将"金木水火土"组成的"五行",与人体的五脏对应,应用太极的阴阳、平衡观念,来解释人体的运行机制,形成了中医的理论基础,并逐渐发展出了以经验为主的庞杂中医体系。

有人将"阴阳"及"金木水火土"等五行,与最引人注目的天体联系起来,试图解释天体运行的规律,但没有成功;仅给我们留下了几个星体的名称,让我们记住了这些尝试。

也有人看出了八卦相叠后的景象,与人类社会活动之间的某种关联性,从而对这些活动的一般规律进行了深入研究,并对人们的社会行为提出了一套行为规范(《周易》),以致影响了中国社会三千余年。

而更为洋洋大观的是,人们在对由八卦相叠演绎出的《周易》的研究和应用中,更是派生出诸子百家、诸多学说,使中华文化更加枝繁叶茂。

这些应用性尝试,有的成功了,有的差强人意,有的湮没在时间的长河之中,仅留下"涣散"的涟漪。就方法论而言,这些应用性尝试的思路是:首先研究某一事物的总体特性;然后考察其总体特性是否符合(诸如太极、五行、八卦等)"范式"的特征;再以"范式"行为特征为模式(并不深究其运作机制),解释事物的各种现象。由于采用的方法是以熟悉的模型解释其他事物,所以关注的仅是事物与模型的整体相似性,因此,中华文化被深深地打上了"整体论"的烙印。

二、客观公正地评价中华文化

在很长的历史时期内,智慧且富足的华夏民族自视为天朝大国,对外族的"蛮夷"们不屑一顾。虽然北方游牧民族的铁骑不断蹂躏边疆,但始终没能撼动华夏民族的自信。"金、元"及"清"的入关,并未动摇华夏文化的主流地位,国人仍能够抱着一丝文化上的心里满足感,欣然接受;甚至以具有极强生命力的博大文化优势,将这些"外族"逐步同化!但是,待到坚船利炮强行打开中国的大门,国人才如梦初醒,对自己的文化进行反思。于是乎,对中华文化的各种质疑,甚至全盘否定的浪潮不断袭来。当今社会对中西方文化优劣的论争,仍是社会各方关注的焦点之一。因此,如何客观公正地评价中华文化,就是一个不能回避的问题。

对此,我没有做过研究,不敢置喙。但应看到,一方面,"自由"、"民主"等当今社会奉为神明的文化价值观,不断冲击着我们的文化根基,似乎大有摧城拔寨之势;而另一方面却显得十分诡异,孕育了这些"普世"价值观的那些古老文明,却都已渐渐没落,甚至已经被历史无情地淘汰了!反观古老的中华文明之树,历经了太多的大风大浪,却依旧生机勃勃、枝繁叶茂、长盛不衰!个中缘由,值得深思。

"文化自信"不应视为一个政治口号,而应是我们挺直腰杆做人的底气!更应是激励我们有更大作为的精神支柱!!

至此,对《周易》的基础知识,也算做了一个交代。以上观点是否恰当,敬请各位批评指正。

第三章 《周易》内容问题辨析

本章目的：讨论《周易》原本的内容

本章主要讨论《周易》的文本及其可信度。非专业人士可以略过不读。

第一节 《周易》的基本内容

关于《周易》的基本内容问题，似乎向来都没有多少争议。对这些情况，简要汇总如下。

一、基本情况

现今流传的各种《周易》版本，其基本内容情况如下：

都是六十四卦。

每卦的内容都包括六个部分：卦序，卦象，卦名，卦辞，爻名，爻辞。其中：

卦序在不同版本中，表述方法不尽一致，但其表达的意义完全一致，没有分歧；

卦象在不同版本中均为"阴阳六叠"，完全一致；

卦名在不同版本中完全一致；与卦象的对应关系也完全相同；

卦辞在不同版本之间，仅有个别字词存在微小差异。这种差异，应为传抄过程中的"笔误"。例如，不同版本中可能分别是"亨"或"享"；

爻名在不同版本中，完全一致；

爻辞与卦辞一样，仅有个别字词的微小差异，属于"笔误"。

在不同版本中，卦辞、爻辞的"字数"均（基本）相同；在不同版本中，字词的次序也完全相同。

但不同版本中，卦、爻辞的断句有较大的差异。这表明，史上不同的《周易》"注家"，对卦、爻辞含义的理解，存在较大的差异。

上述情况表明,在《周易》流传的三千多年间,虽然参与"传抄"的人多不胜数,但大家都对《周易》有着宗教般的虔诚,誊写非常认真细致,极少出现差错。感谢那些虔诚的古人,让我们有幸读到原汁原味的《周易》。

应说明的是,我认为,根据周文王写作《周易》时的背景,及其在《周易》中表现出的写作特征,原初的《周易》只包含"卦名,卦辞,爻名,爻辞"等四部分内容;今本所见的"卦序、卦象"等,为后人所加。

二、字数情况

由于统计口径不一,关于六十四卦的确切字数说法不一。

我按照下述口径进行了统计(以第二部分原文为准):

1)不计入"卦序"、"卦象"字(符)数;

2)不计入标点符号;

3)将"卦名"、"爻名"另计;分别统计"卦辞"、"爻辞"字数。

4)有几个卦的"卦名",似乎既是"卦名",又是"卦辞",例如"同人"卦、"履"卦等。对此情况,"卦辞"中未计入"卦名"的字数。

统计结果(可能会有很小的误差)如下表:

表 3－3－1－1 《周易》字数统计表

项目	卦字数			爻字数							
	卦总计	卦名	卦辞	爻名	初爻	二爻	三爻	四爻	五爻	上爻	爻辞小计
合计	4923 字	79	634	772	513	557	655	518	565	630	3438
最多	共15卦	2	29	14	22	19	20	16	20	27	－
最少	共49卦	1	2	12	2	2	2	3	3	2	－
各卦平均		1.2	9.9	12.06	8	8.7	10.2	8.1	8.8	9.8	－

注:具体到各卦的情况,没有多少意义,故未列出。

三、用字词情况

《周易》共使用 776 个字(正负误差小于 10 个字);绝大部分均重复使用。

《周易》所使用的 776 个字

(关键字词)吉凶悔吝无咎孚有攸往涉大川厉;(1)乾元亨利贞初九潜龙勿用

二见在田大人三君子终日夕惕若四或跃渊五飞天亢有群无首;(2)坤牝马之先迷后得主西南朋东北丧安六履霜坚冰至直方不习含章可从王事成括囊誉黄裳战于野其血玄永;(3)屯建侯盘桓居如邅乘班匪寇婚媾女字十年乃即鹿虞惟入林中几舍往求膏小泣涟;(4)蒙我童筮告再渎则发刑说桎梏包纳妇克以家取金夫躬困击为御;(5)需光郊恒沙言泥致出自穴酒食速客来敬;(6)讼窒所归而逋邑百户眚旧德复命渝锡鞶带朝褫;(7)师丈律否藏舆尸左次禽执长帅弟开国;(8)比原宁盈缶它内外显驱失前诫;(9)畜密云雨道何牵辐妻反目去挛富邻既处尚载月望征;(10)虎尾咥素坦幽眇能视跛武愬考祥;(11)荒冯河遐遗陂翩城隍;(12)泰拔茅茹汇羞畴离祉休亡系苞桑倾喜;(13)同门宗伏戎莽升高陵岁兴墉弗攻号啕笑相遇;(14)交害艰车公彭厥威佑;(15)谦鸣劳撝侵伐行;(16)豫介石盱迟由疑盍簪疾死冥;(17)随官功获明嘉拘维山;(18)蛊甲干父母裕;(19)临八咸甘忧知宜敦;(20)观盥荐颙窥生进退宾;(21)噬嗑狱屦校灭趾肤鼻腊肉毒胏矢耳;(22)贲徒须濡皤丘园束帛戋白;(23)剥床足蔑辨贯鱼宫宠硕果庐;(24)远七祇频独灾败;(25)妄正耕菑畬牛药;(26)輹良逐曰闲卫牿豮豕牙衢;(27)颐口实尔灵龟朵颠拂经耽欲;(28)过栋桡藉枯杨稊隆老华士顶;(29)坎心窞险且枕平约丛棘樽贰牖徽纆寘;(30)错然昃鼓歌耋嗟突弃涕沱焚折丑戚;(31)拇腓股憧思脢辅颊舌;(32)浚振;(33)遯革莫胜臣妾好肥;(34)壮罔羝羊触藩决羸角易遂;(35)晋康蕃昼接摧愁受兹福众允恤鼫鼠;(36)夷垂翼拯狩腹庭箕晦登地;(37)馈嗃嘻假;(38)睽恶巷掣劓孤负涂鬼一张弧;(39)蹇故连;(40)解夙狐斯射;(41)损曷簋享遄酌友使违;(42)益作帝圭依迁惠问立;(43)夬扬夜頄臀愠闻信苋陆;(44)姤柅蹢躅起杞瓜陨;(45)萃庙牲乱握引禴位赍咨洟;(46)虚岐阶息;(47)株木谷觌朱绂祭祀据蒺藜徐刖赤葛藟臲卼动;(48)井改汔亦未繘瓶鲋瓮敝漏渫甃洌恻汲并寒泉收幕;(49)巳巩就变占豹面;(50)鼎仇塞覆餗形渥玉铉亏;(51)震虩哑惊匕鬯里亿贝跻苏索矍;(52)艮背身快限夤熏序;(53)渐鸿孕育磐饮衎桷羽仪;(54)妹娣愆期时袂筐刲;(55)丰配虽旬蔀斗沬屋右肱阒;(56)旅琐资斧怀仆雉鸟巢;(57)巽下史巫纷品庚;(58)兑商;(59)涣奔机汗逖;(60)节苦;(61)豚燕鹤阴和爵吾与靡敌罢匹音;(62)遗祖妣及防戕必弋彼是谓;(63)济曳轮茀衣袽戒杀;(64)赏。

上面的字,大体按首次出现时所在的卦序进行了排列,未做进一步的分类。

常用字词使用情况如下:

元27次;亨47次;利119次;贞111次;吉148次;凶59次;悔35次;吝21次;厉21次;无咎94次;孚43次;有攸往22次;涉大川13次。

虽然我花了很长时间进行统计,但上述资料意义不大,仅供有兴趣的读者参考。

第二节　今本《周易》内容的可信度

一、《周易》的三个重要版本

第一个就是现今流行的版本。由上一节的情况来看,在长达数千年的流传过程中,由于传承人的虔诚,今本《周易》的内容基本没有走形,基本保持了《周易》的原貌。这是非常幸运的事情,同时也说明,流传下来的这个版本具有非常高的可信度。

第二个版本,是1973年长沙马王堆出土的《帛书周易》。与今本《周易》相比,存在一定的差异,其卦名就不尽一致。下面是长沙马王堆《帛书周易》卦序及卦名(来自网络,原文照录,谨向原作者致谢):

《键》(《乾》)第一,《妇》(《否》)第二,《掾》(《遯》)第三,《礼》(《履》)第四,《讼》第五,《同人》第六,《无孟(妄)》第七,《狗》(《姤》)第八,《根》(《艮》)第九,《泰(大)蓄(畜)》第十,《剥》第十一,《损》第十二,《蒙》第十三,《繁》(《贲》)第十四,《颐》第十五,《个》(《蛊》)第十六,《赣》(《坎》)第十七,《襦》(《需》)第十八,《比》第十九,《蹇》第二十,《节》第二十一,《既济》第二十二,《屯》第二十三,《井》第二十四,《辰》(《震》)第二十五,《泰(大)壮》第二十六,《余》(《豫》)第二十七,《少(小)过》第二十八,《归妹》第二十九,《解》第三十,《丰》第三十一,《恒》第三十二,《川》(《坤》)第三十三,《泰》第三十四,《嗛》(《谦》)第三十五,《林》(《临》)第三十六,《师》第三十七,《明夷》第三十八,《复》第三十九,《登》(《升》)第四十,《夺》(《兑》)第四十一,《央》第四十二,《卒》(《萃》)第四十三,《钦》(《咸》)第四十四,《困》第四十五,《勒》(《革》)第四十六,《隋》(《随》)第四十七,《泰(大)过》第四十八,《罗》(《离》)第四十九,《大有》第五十,《(潛)》(《晋》)第五十一,《旅》第五十二,《乖》(《睽》)第五十三,《未济》第五十四,《噬嗑》第五十五,《鼎》第五十六,《算》(《巽》)第五十七,《少薮》(《小畜》)第五十八,《观》第五十九,《渐》第六十,《中复(孚)》第六十一,《涣》第六十二,《家人》第六十三,《益》第六十四。

第三个版本,是所谓的"战国竹简《周易》"。关于这个版本,我见到的资料非常少。2004年4月14日,"中国文化传媒网"以"战国竹简《周易》亮相"为题,发表了署名采访报道,现摘录如下(原文照录,向原作者致谢):

中外学术界人士翘首以待的上海战国竹简《周易》"亮相"了！这是迄今发现的最早《周易》。它的正式"亮相"，使我们看到先秦时期《周易》文本的基本面貌，为我们了解和研究"易学"提供了第一手资料。我访问了竹简研究专家、上海博物馆副研究员、楚竹书《周易》考释者濮茅左先生。

濮茅左：楚竹书《周易》总共有58简，涉及34个卦的内容，其中有3个合文，8个重文，还有25个卦画。完整的竹简两头平齐，长44厘米，宽0.6厘米，厚0.12厘米，有上中下三道编绳。竹简的行款，第一字起于第一道编绳之下，最后一字终于第三道编绳之上，一枚完整的竹简一般书写44个字左右。每一个字工整端正，大小一样，字距也基本相同。每一卦，有的占两枚简，有的占三枚简。我们还发现简上的字与字之间补了漏字，说明抄写者在抄完后是经过认真校对的。

……

濮茅左：说它最早、最古老，是它埋在地下已有二千多年。20世纪70年代湖南长沙马王堆第三号墓出土的帛书《周易》，是汉代的，比这部楚竹书《周易》至少晚一百多年。楚竹书《周易》关于卦画的表述是由两个分别独立的经卦组合而成的别卦，以一表示阳爻，八表示阴爻，这一形式与帛书《周易》以及《阜阳汉简》相同，而与王家台秦简和今本《周易》的卦画不同。在文字表述方面，楚竹书《周易》由卦名、卦辞和爻题、爻辞等部分组成。它的用字、用词、用句与帛书《周易》以及今本《周易》有所不同。至于符号表述，楚竹书《周易》中出现的一些组合符号，既不见于出土的文献，也不见于各种传本《周易》。

施宣圆：《周易》历来被人称为儒家经典之首，它包罗万象，博大精深，有"奇书"之称。自汉代以后，我国历史上，几乎每一朝代都有人对它考订、诠释、研究，他们的著作连篇累牍，汗牛充栋。在我国的台湾、香港地区以及国外，对此有兴趣和研究《周易》的也不乏其人。《周易》研究成了一门专门的学科——"易学"。现在楚竹书《周易》问世了，它有哪些重大的学术价值？也就是说，它破译了哪些历史公案？

濮茅左：我看至少有四点。第一点，在"易学"研究中有所谓"九六"的争论，有的人认为"九六"之名是汉代的人加上去的，先秦时《周易》没有"九六"。楚竹书《周易》的问世，真相大白，为这场争论画上了句号。楚竹书《周易》的爻题有阴阳，以六表示阴爻，以九表示阳爻，每卦有六爻，自下而上为序。楚竹书《周易》的问世，证明了"九六"这个名称在先秦的时候就已经存在了。第二点，在"易学"研究中历来有"上经""下经"和"上篇""下篇"的争论。而楚竹书《周易》上下两部分的分割可能采用符号匚，匚在《说文》中读方，所以可称为"匚上"和"匚下"。但不称"上经"和"下经"或者"上篇"和"下篇"。第三点，楚竹书《周易》中出现了一组六种特殊的符号，有的还涂上鲜红的颜色，这是失佚了二千多年的《周易》符号，这一组符号至少在帛书《周易》中已经不存在。所以说，它填补了"易学"研究的空白，其意义非同小可。第四点，楚竹书《周易》的问世，使我们对卦、爻辞有了更深入的理解。今天，我们不仅看到了甲骨文、金文、陶文中有关"易学"的考古资料，也看到了诸如帛书《周易》、《阜阳汉简〈周易〉》、王家台秦简等出土文献，通过楚竹书《周易》和这些文献资料的比较研究，可以看到不同时期的用字情况。

施宣圆：关于第四点，你能不能举几个例子？

濮茅左：在楚竹书《周易》中，常常见到"亡咎"二字，"亡"是避、逃、灭的意思；"咎"则表明灾害。"亡咎"二字，是商代甲骨卜辞中出现的恒语，后世改"亡咎"为"无咎"。我们在《说文》"无"字下看到这样的解释："无，奇字无也。"因此，也被理解为"没有咎。"但是我们根据朱震《汉上易集传》的注释"无咎者，本实有咎，善补过而至于无咎。"朱震的注与楚竹书"亡咎"相印证。再如，今本《周易》卦名"无妄"，帛书《周易》作"无孟"，《史记》引作"无望"，说法纷纭。楚竹书卦名"亡忘"的出现，使这一卦的卦辞得到比较准确的解释。此外，楚竹书有些句子更为简洁，而今本《周易》和帛书《周易》却有增益。所以说，楚竹书《周易》的出现，使我们看到先秦时期《周易》的真实原貌。

施宣圆：楚竹书《周易》中一些符号为何是红色的？

濮茅左：这没有什么奇怪。这在甲骨文的文字中也出现过，红的颜料是朱砂，不过甲骨文是文字刻好后涂上去的，而楚竹书《周易》中是用笔直接涂在上面的，所以，颜色非常鲜艳。这体现了我们祖先的聪明才智。

施宣圆：通过楚竹书《周易》符号位置的确定、符号对卦名的分类、类序以及红黑符号的变化，你认为《周易》是一部什么书？

濮茅左：我们通常看到的今本《周易》有经有传，是经传合一的。楚竹书《周易》只有经，没有传，说明古时候经和传是分开的，它们各自独立成篇。尽管楚竹书有残缺，但我们还是能看到先秦《周易》的基本情况。《周易》在先秦只称《易》，《周易》的"周"是后人加上去的，大概说它是周朝的书吧。……

我还要着重说明的是楚竹书《周易》有六组红黑符号，组成了新的序列，这是其他《周易》所没有的。……

山东大学易学与中国古代哲学研究中心博士生导师林忠军教授，在其"从战国楚简看通行《周易》版本的价值"一文中指出（向原作者致谢）：

通过比较今本和楚简《周易》，认为战国楚简与今本《周易》无论是卦符、卦名，还是卦爻辞,整体内容和文辞意义没有很大的差别。今本虽然经过后世整理,但是文字上仍保留了许多战国本完全相同或意义相同文字,这种今本与战国本关联的事实,无可争辩地证明了今本仍然是《周易》各种版本中最重要的版本,今本整体上优胜于战国本和其他本,其权威性并没有因为近几年许多《周易》文本的出土而削弱和动摇。当然,今本并非十全十美,个别地方仍有错误,不必盲目崇拜。还有个别字的意义,今本不如战国本更清楚。

网上见到有人引用了一本书:"濮茅左.(楚竹书)《周易》(释文考释)[M].马承源.上海博物馆藏战国楚竹书(三)[Z].上海:上海古籍出版社,2003."我未见过过该书,具体情况不详。

关于"战国竹简《周易》",网上也流传着一张实物照片,见图 3-3-2-1。

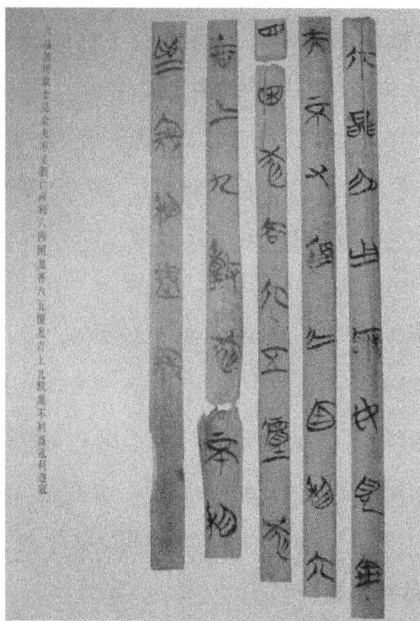

图 3-3-2-1　战国竹简《周易》

二、三个《周易》版本传递出的信息

今本《周易》据说经过了孔子的"编订"。如果这是事实,那么,今本《周易》就是自春秋时期流传下来的、经过"编订"的版本。至于孔子在"编订"过程中是否做过什么"修改",目前尚不得而知,也未见任何有关证据。

我认为,由于孔子"未能读懂"《周易》,所以孔子不可能按照自己的理解,对其"实质内容"——"卦名、卦辞、爻名、爻辞"等进行"修订"。这就是说,今本《周易》

的"实质内容",应该原原本本地保留了"《周易》的基本信息"。如果孔子有所"修订",那么最多只是"形式上"的修订,以便于他人阅读。换句话说,孔子对《周易》的"编订",只可能是"内容上的编辑,形式上的订正"。

我强烈认为,今本《周易》的"实质内容,总体上保留了最原始的风貌"。原因是,一旦"读懂"了《周易》,就能明显感觉到,贯穿于所有卦、爻辞中的思想都以一贯之,没有凌乱、矛盾之处;各卦的行文风格都一气呵成,毫无生涩、迟滞之感;所有文字极为严谨、认真,未见有"败笔"。

关于战国竹简《周易》,目前未见太多的资料。但从上述零星资料来看,专家们对"竹简《周易》"研究后,未对今本《周易》的"实质内容"提出实质性的异议。这从一个侧面表明,今本《周易》的"实质内容"是可信的。正像林忠军教授指出的那样:"今本仍然是《周易》各种版本中最重要的版本,今本整体上优胜于战国本和其他本,其权威性并没有因为近几年许多《周易》文本的出土而削弱和动摇。"

至于"帛书《周易》",其卦名便与今本《周易》有明显差异。但仔细分析,导致这种差异的原因,主要有三个:

第一,由于方言读音的差异,导致了谬误。很可能在传抄过程中,一个人读、一个人抄写时,或许是读走了音、或许是抄写的人听错了,写成了"错别字"。例如《夺》(《兑》),《乖》(《暌》),《赣》(《坎》)。

第二,纯粹的笔误,或自作主张的"意译"。例如《根》(《艮》),《登》(《升》)等等。

第三,受"十翼"影响而产生谬误。有人指出:帛本卦名作"乖",显然是得之《序卦》:"家道穷必乖,故受之以暌"。受《序卦》影响的类似情况可能还有《键》(《乾》)等等。

由上述分析,可以看出:

第一,"帛书《周易》"传抄时,出现了大量的"错别字",或"自作主张"的"意译",而且没有严格校对。因此,抄写时的态度是很不严谨的。

第二,很可能是在"一人读、一人抄"的情况下,完成的传抄本;而且,两人的水平都不是很高。

第三,也许抄写的"范本"本身就有很多差错,导致抄本也出现了差错。

第四,通过对错别字的辨识,也大体能够印证今本《周易》的"实质内容",基本上是可信的。

因此我认为,与今本《周易》相比,帛书《周易》不可信。

综上所述,今本《周易》的实质内容是完全可信的。也就是说,我们现在所看到的《周易》文字,基本上出自周文王之手!当然,由于文字的演化、字义的演进,现今的《周易》"文字",可能已经"不能完全表达"周文王当初的思想了。

第三节 我对"占卜"的理解

我承认,目前还存在一些不能用现代科学解释的"超自然现象"。例如,一些人、甚至严重智力障碍的人士,在某些方面具有不可思议的超常能力,以及第六感、心灵感应、甚至类似于"灵魂附体"等一些神秘现象,还不能用科学来解释。即便有越来越多的现象促使人们正视"二元论",但我目前还不能接受玄学,以及以玄学为基础的占卜理论;至于对认为量子力学的一些现象,可能支持某些神秘现象的推断,我持严重怀疑态度。我没有深入研究过任何一种"占卜、算命"方法,以下内容仅是一些肤浅认识,仅供参考,如有不妥,敬希见谅。

1. 概述

古今中外都存在各种占卜活动,这是不可否认的事实。其所以占卜术与人类历史相伴而生,自有其存在的必要性和合理性。

从《周易》自身来看,至少在殷商末期已经存在"卜筮"(蒙·卦辞:初筮告)和"合婚"(屯·六二:女子贞不字,十年乃字)等与占卜相关的记载;当前,主流观点认为,河南安阳殷墟出土的大量甲骨,也以甲骨文记载了许多占卜事项。可见,占卜、算命活动很早就出现了。

自从包含"十翼"的《易经》广泛流传以后,中国历史上出现了许多占卜、算命的方法。从目前来看,各种占卜算命方法已经难以准确统计,应该至少有数十种之多。在各种占卜方法中,受到《周易》、"十翼"启发而形成的方法,占到了相当大的比例,因此,许多占卜方法都以《周易》或《易经》为招牌。学术界的主流观点大都认为《周易》是"卜筮之书"。

人类社会初期,由于对自然现象的不了解和敬畏,几乎所有的古老文明,都很早就出现了占卜性质的活动(如占星术),并逐步产生了许多占卜方法。所以,占卜并不是中国独有的文化现象。

世界范围内不同文明的历史进程中,均出现占卜活动这一事实表明两点,一是占卜活动有其产生的必然性,二是占卜活动有其存在的土壤。

中国传统文化中,占卜活动依据其方法的不同,有各种不同的名称或叫法,但可以笼统地归结为"占卜""算命"两大类。"占卜"一般是指用"天意"来为一个群体的（下一步）行为做出决断（选择），占卜过程往往具有一定的仪式；"算命"一般指用不同的方法预测个人发展前景的各种可能性，供个人做出选择，达到趋吉避凶的目的，不过分强调仪式感。现在，我们更强调"科学决策"，很少（偏远地区可能还存在）再用"天意"进行决断，因此，各种占筮方法大都被视为"算命"。

无论占卜还是算命，都有其积极的一面，有些方法也具有一定的科学道理，如面相本质上与中医的望诊检查相类似，这些都应该加以肯定。但不可否认，有的方法却具有明显的神秘色彩，让人把占算看成是"迷信"活动加以排斥；甚至有的算命师以敛财为目的，故弄玄虚、信口雌黄，给他人造成损害，这都是要摒弃的。

2. "占卜"的起源与随机性本质

在人类社会的早期，为什么会出现占卜活动呢？

从进化论的角度看，华夏民族的早期，经过"采集渔猎"与"农耕"社会两个形态。

采集渔猎社会中，人口稀少、生产力低下、生存环境恶劣，人们的基本生存条件难以得到保障，只能过着"有就吃饱、没有则饿肚子"的生活。人们面对严苛的自然环境和致命猛兽的威胁，经常处于"要么被饿死、要么拼死一搏"的生存状态之中，因为每一次的采集渔猎过程，都可能是一次性命攸关的生死考验。为了应对无时无处不在的致命威胁，人们不得不以血缘为纽带、以氏族为单位，过着群体共同生活的群居方式，从而形成群落聚居的社会形态（如西安"半坡遗址"）。群落聚居方式能够有效抵御猛兽的威胁，但在外出劳动时，依然要面对猛兽和环境的致命威胁。为应对这些威胁，人们必须结成团队。

但结成团队共同劳动生活，也会出现一个非常重要的问题，那就是团队的凝聚力和领导权问题。特别是在部落形成的初期，在重大问题面前，往往会出现意见纷争。一个没有领袖的团体，就是一群不能有效组织起来的乌合之众，面对共同威胁或重大决策时，人们往往七嘴八舌、难以形成共识。因此，如何保证团队成员协同一致，是大家都会思考、且关乎大家生死存亡的重大问题。于是，卜问先人和鬼神，用"天意"来决定重大事项，是大家都乐于接受的方式。

古人用"天意"来决定重大事项的实践，应是"占卜"的起源。此时的占卜，只是决定人们群体行为的一种形式。可见，"占卜"的初衷是"把决定权交给天意，用天意来凝聚人心、鼓舞斗志"。后世以"天意"凝聚人心、鼓舞士气的例子很多，如牧野之战、陈胜吴广起义等，当然这些例子中的"占卜"有"作弊"之嫌。

显然，最初的"占卜"结果是随机的，人们也都接受这种随机的结果，即"认命"。换句话说，在"占卜"结果和可能发生的实际后果之间，人们并不期待有必然的联系，只是按"天意"行事，无论后果如何都接受"天意"。

如果事情的结果有几次恰好与占卜预示相一致，人们便会认为"占卜"非常灵验，会认为在冥冥之中，"老天爷""天意"会帮助人们做出正确的抉择，从而对"天意"产生强烈的依赖和期待，甚至产生了"提前知道天意"的强烈冲动。如此一来，占卜便从仅有随机性的形式，演化出"预窥天意"的实质内涵。可见，占卜的目的，就是"预先知道天意，据此趋利避害"。现在人们求卜问卦的目的，本质上也是如此。

如果某个巫人的占卜结果"应验率"比较高，别人就会认为他能够通神、懂得天意，是"神人"，因而就受人尊崇、获得权威，从而使"巫师"阶层逐渐分化出来。随着"巫师"这类"权威人士""天然领袖"的出现，"神权社会"便得以形成和发展，从而让部落社会有效地组织起来，提升社会生产力。巫师为了强化"领导"地位，便在占卜活动中更加强调仪式感，从而在部落做出重大决策时，都举行庄重的占卜仪式。这种仪式，也起到了聚集人心、强化神权的作用，客观上也促使占卜活动进一步普及。显然，"巫人"与早期社会的发展，是相互促进、相辅相成的。

然而，随着人们的经验、知识不断积累，对需要用"天意"来决断的事项，能够逐步进行客观理性分析、从而自行做出正确判断时，便会逐渐认识到"天意"的随机性靠不住，于是，占卜活动中的"决策"作用就逐渐淡化甚至消失了；但随着人口的增加、社会结构的日趋复杂，占卜仪式的人际交流、沟通作用却更加重要，因而，占卜活动与"祭祀"活动同步并行。从《周易》本身来看，殷商末期是"巫"（巽·九二 用史巫）与"祭"（观·卦辞）并存的时期。

由此可见，第一，占卜的初衷是凝聚人心、鼓舞士气；第二，虽然占卜结果是概率性的，但其应验率可能超出先民们的预期，促使先民们将占卜结果神化为"天意"，并使占卜具有了"期待预知天意"的内涵；第三，巫师阶层的出现，推动了社会组织形态的产生和发展，有效提升了劳动生产率；第四，仪式化的占卜活动，给人们创造了更多的交流机会，当人们的认识水平强大到不需"天意"帮忙做决策的时候，国之占卜就演化为民间算命。

应强调两点，一是在人类社会的早期，占卜活动起到了一定的积极推动作用；二是当人们意识到，占卜中的"天意"并不比人的判断更准确时，便果断地放弃了用"天意"做决定的方式。但在个人遇到难以决断的事情的时候，往往还会求助于占卜算命。

3. "算命"实践与统计规律

随着农耕时代的到来,人口增加,生产力发展,社会结构日趋复杂化,人们更加关心个体的命运。在占卜可以"预知天机、趋利避害"的信念深入人心的情况下,人们对预测个人发展趋势的需求被进一步激发,"算命"活动应运而生。由于算命更注重于个人的发展趋势预测,这就需要新的预测方法。

人们经过长期观察、分析、总结后发现,个人的发展状况与其个性特征有一定的关联,而个性特征又受到孕育过程中外部环境的影响。现在我们知道,胚胎在发育过程中,不同器官的发育时段不尽相同,对营养物的需求也有差异,在相应的时段获得合适的营养,一些器官就发育良好,否则可能发育不良。在物资匮乏、只能时令性供给的古时候,同一时段出生的人,在孕育期大体有类似的营养供给经历,有大体一致的发育状况和个体表现,因而有大体一致的性格特征和行为模式。这些一致性,是"八字算命"(本质上是依据孕育过程的时令性统计规律)等类似方法的科学基础。其所以说这些方法有一定的科学道理,一方面是因为其一定程度上具有统计学意义,另一方面是隐含了一些生物科学的理论。

虽然"八字算命"等方法具有唯象论的不足,是非常粗糙的初级科学理论,但不应否定其科学价值。事实上,非常科学的现代基因学方法,能够准确预测一些生物性状(例如某些疾病)的发生,但还不能说明基因的作用是如何产生的、如何控制生物的性状,因而本质上仍然是一种唯象论,只是更为精准一些而已。所以我们看到,含有科学因素的"合八字"这种古老文化,依然能够流传到现在。

在众多的算命方法中,有些确实含有一些科学的因素,能够以粗线条刻画一些发展趋势。但这些方法缺乏定量描述和判定可靠性,以及体系的完备性,同时,概率也帮了很大的忙。要获得正确的结果,应该用更加科学的方法进行分析、判断。

4. "占卜"方法多样性的实质

现在,占卜算命的方法很多,这一事实无情地说明,没有一种方法是可靠的!因为如果任何一种方法具有较高的占算准确性,一定会淘汰其他所有方法。

在科学发展的过程中,出现过很多过渡性理论,例如地心说、日心说、热质说、燃素说等等,在更加准确、广泛的理论出现之后,原来相对粗糙的、狭域的、甚至错误的理论,便会销声匿迹、退出历史舞台。显然,诸多占算方法共存的现象说明,没有任何一种方法能够独领风骚,取得压倒性的优势,从而取代其他方法。作为对比,现代科学方法却可以取得压倒性优势。例如,现在人们如果身体出现问题,谁都知道要去找医生治疗,没有谁会再去找神汉巫婆跳大神驱鬼了。

我们还应注意一个十分重要的事实是,同一个求卜问卦的问题,用不同的占算方法难以得到相同的占算结果,即便是采用相同方法的不同占算师,也给不出相同的占算结果。当然,有人以"乾陵"选址时"头簪穿过铜钱眼"的传说反驳,但这里包含有地理学、建筑学和堪舆学的科学因素,不是占卜算命。

人们求卜问卦的目的,往往是在面临抉择时,希望通过"能够通神"的占卜师,预先了解"老天爷"对自己命运的安排,并在各种可能的结果中,选择最为有利的一种并为此努力。从能够引导人们积极向上、向善、不断进取的角度看,各种占算方法都有其积极的作用,这符合现代科学揭示的心理因素作用。某些占算方法(如面相、手相等),事实上体现了现代科学意义上的统计规律,具有较好的效果,应该予以肯定。至于一些鱼目混珠的占算师,则可能给求卜问卦者带来负面影响。关于维系占卜市场长久不衰的根源,在此不做分析了。

5.《周易》与"占卜"

利用《周易》占算的各种方法,大体可以分为两个步骤。一是起卦,即用不同的工具得到一个六爻卦象和其变卦;二是根据卦象和爻辞进行占断。

不同的占卜师采用不同的起卦工具,如蓍草、铜钱、时间、数字等等。如果所得的卦象与所问的问题没有关联,则按一定的方法进行变卦得到新的卦象并结合新的卦象进行占断。显然,起卦的过程是一个随机过程,但这一过程被认为是"天意",或在某种神秘力量的控制下,反映了占卜对象的一些必要信息。

得到卦象后的占断,主要有三种方式。一是根据卦名及其组合的含义进行占断,二是根据卦象的形象、爻位的阴阳性质及其相互关系来占断,三是根据相应的卦爻辞来占断。

我对用上述步骤组合的各种占卜方法的可靠性,持怀疑态度。疑问有四:

第一,随机得到的卦象,是否含有占卜对象的必要信息? 这一问题又回到玄学上来,我不赞同玄学观点。

第二,卦名(六爻卦的卦名)或其组合(指上下两个三爻卦的卦名组合)的含义,是否能够代表占断的结果? 按我的理解,很多占卜师搞错了三爻卦的卦名,或对六爻卦的卦名进行了错误的解读。在错误解读卦名的前提下,怎么可能得出正确的占断?

第三,卦象的形象(如大过卦的"棺材盖"形象,引申为官财)、爻位的阴阳性质及其相互关系,被人为地赋予了不同的社会形象、社会关系,如何保证这种多多少少有些随意性的赋值,能够符合占卜对象的命理?

第四,卦爻辞具有深刻的哲学含义,并有不可思议的预见性,但如果被严重误解、甚至错解,能得出正确的占断吗? 我认为,绝大多数占卜师没有正确理解卦爻辞,怎么可能据此得出正确的占断?

不否认,也有很多"非常准确"的《周易》占卜案例,我认为这一方面是"概率"的贡献,另一方面得益于"占卜师"经验的统计规律。

前面提到,周文王并没有打算把《周易》写成一部占卜之书。那么,周文王是否会用《周易》进行占卜呢?《周易》本质上是否具有占卜功能呢?

首先,作为一个父亲,在自己的儿子和自己的著作之间,如果只能二选其一时,该如何取舍? 我想,这基本不是一个问题。如果周文王真懂《周易》占卜的方法,在明知道要拿儿子的命才能换来《周易》时,他还会创作《周易》吗? 如果不顾儿子的命,硬要创作《周易》,这样的人和他的书还值得崇敬吗? 如果他都算不出儿子会因他而死,占卜水平又能高到哪里去? 又能写出什么样的占卜书呢?

其次,人们对《周易》的许多字词有不同的解读,有些解读自相矛盾、甚至是错误的,但在相互矛盾、甚至错误解读的情况下,却依然能够做出"正确"的占卜、预测,这样的"占卜"书可信吗? 这就像一个医生确实误诊了,但因歪打正着却治好了病,能说这是个有水平的好医生吗?

显然,《周易》不是一部占卜书,用《周易》占卜更不靠谱。至于《周易》的爻辞是否具备某种神秘的力量,能够预测人的吉凶祸福,对此玄幻问题,我不知道答案。

第四章 《周易》评价问题辨析

本章目的：讨论对《周易》的不恰当评价

本章主要讨论以往对《周易》的不恰当评价。对此无兴趣的读者可以忽略。

本章内容主要包括："十翼"述评；"变卦"与"变通"；对《周易》的伪哲学评价；对《周易》的伪科学评价。

第一节 "十翼"述评

"十翼"应该是试图解读《周易》的最早文献。无论是否受到《周易》的启发，"十翼"的部分内容，确实包含着一些重要的哲学思想，是后世中国哲学体系的重要组成部分。这些内容对中国古代哲学的发展，确实做出了重要贡献，因而也在中国哲学发展史上，留下了非常深刻的印记，占据了非常重要的位置。特别是，当儒家将包括"十翼"内容在内的《易经》列为经典，成为知识分子乃至整个社会的必读之书以后，"十翼"对后世中国社会、文化等诸多方面，都产生了难以估量的巨大影响。在我看来，无论从何种意义上来说，"十翼"才应该是儒学里的"经典"。只有把"十翼"称为"经"，才合乎儒家的思维逻辑。后世儒家把"周易六十四卦"称为"经"，应属张冠李戴。

网络上有大量关于"十翼"内容和解读的资料，以及对"十翼"进行正面评价和高度赞扬的书籍、文章，有兴趣的读者可自行查找。恕不多言。本书着重讨论"十翼"对正确理解《周易》的作用。

在后人眼里，"十翼"对解读《周易》具有重要的意义，也对中华文化的发展做出了重要贡献。对此，我们应给予充分的理解和尊重。但也应该看到，由于《周易》确实晦涩难懂，"十翼"对《周易》的很多"曲解"、甚至是不负责任地随意发挥，使后世的人们很难做出客观、公正和理性的评判。对此，我们不能苛责前人。

通过前面的讨论，我们应该对《周易》至少有一种全新的认识。在此基础上，就能清晰地看到"十翼"对解读《周易》的误导，及其对中华文化史所产生的负面影响。我认为：

首先，"十翼"的作者（们），在几乎完全不懂《周易》的思想方法、具体内容的情况下，按照自己的主观臆断，对《周易》进行了"随心所欲"地解读。这对后世试图正确解读《周易》的努力，造成了事实上的消极影响。这就像一个完全不懂《高等数学》的人，却"胡编乱造"了一本"高等数学（普及本）"一样，把《高等数学》的思想、方法解释得乌七八糟、惨不忍睹。其产生的后果可想而知。真的令人痛心。

第二，先哲、大师们这种"煞有介事、一本正经"地"不懂装懂、信口开河"式的"胡编乱造"，给后世学人树立了一个很不好的榜样，那就是，对自己不懂的东西也可以胡说八道充内行！于是，一些"不良文人"就敢"拿着糊涂装明白"、"糊弄人不脸红"、"不负责任地胡编乱造"；而且这种劣行竟然形成了"传统"！甚至心安理得地把这种"传统"，一代代"传承"下来，并"发扬光大"！实在匪夷所思。

第三，在"不良文人"的互相吹捧，普通民众的瞎起哄中，对自己"一知半解"、甚至"不知不解"的事情，也敢"大言不惭地糊弄人"的行为，竟然大有市场！这进一步助长了整个社会"不求甚解、一味哗众取宠"风气的形成和蔓延。这可能是造成所谓的"中华民族劣根性"的一个重要原因。让人非常遗憾。

第四，后世"易学"对《周易》"牵强附会"、"强词夺理"、"神神秘秘"的各种解释，形成了我们"只认权威，不讲逻辑"的文化习惯，甚至是造成我们"盲目自大"作风的重要根源。这可能是导致近代史上，我们逐步落后、饱受蹂躏之苦的重要原因之一。

为了从一些侧面印证上述观点，我从网络上摘抄了一些对"易学"的批评意见（原文照录于"乾元利贞ABC"先生的网帖。谨向作者致谢），供大家参考。

……这位教授对今天的"易学"，认为都不是真正意义上的、正统正宗的《周易》之学。这话说的笔者非常赞同，但这位教授给出的"真正意义上的、正统正宗的《周易》之学"又是什么呢？（这位教授说）"我想给大家泼的第二盆冷水就是：在现代学术界，我们没有几个人是真正读懂《周易》、知其然又知其所以然的《周易》学家。……"

……而看不懂《周易》的还真不少。笔者在网上看到有此同感的还大有人在，并且那还是都有学问的人，且看网上一些人对《周易》的议论。……

举例一：

身为一个中国人，你是否曾经怀着崇敬的心情翻开《周易》，却又终于在那不知所云的经文中迷失？你是否曾经在大师学者们的解释中想找个明白的答案，却被一堆五花八门的术语弄得愈发的糊涂？历史上从来没有一本书，能够像它这样神秘而伟大。自《周易》问世以来至今，这部书已经在目前世界上人口最多的国家畅销了两千多年，拥有古往今来数十亿的庞大读者群。在这段漫长的岁月里，难以计数的才士高人都将它视为最高经典，为了读懂它而殚精竭虑。然而直到今天，虽然有无数的大师和学者宣称已经完全破解了它的秘密，但是这本书的前世今生，却仍然隐藏在重重的迷雾和光环之中。

举例二：

解释《周易》的著作怎么数也都上了千，可大都让人看得莫名其妙。从流传比较久的《周易正义》、《周易集解》，到《周易内外传》、《周易折中》，都看得我云里雾里。如果只是我个人悟性比较低也就罢了，但看起来似乎只要不是所谓的"周易专家"，就基本弄不明白他们在倒腾些什么。不过他们倒是念念有词：义理、象数。我不禁想起，是不是他们念叨的这些东西反而让我们读不懂。如果全都抛开，会不会我们就能读懂呢？解释《周易》的人靠着这两样东西把这本书捧到了上天入地无所不能的地步，装饰成了一只光彩夺目的凤凰。

举例三：

千百年来江湖骗子利用《周易》算命、测字，看相、看风水等等，不知骗取了多少钱财，害得多少人家家破人亡，拆毁了多少姻缘和强拼乱凑多少不平等的夫妻。更重要的是它让人失去斗志，糜烂心志，不求进取，遇事不去调查、不思考，就凭"迷信、算卦"来等待结果，而且不论什么结果都说成"天意"，盲目地接受，往往得到的是害人害己害大家的后果。古、今的一些别有用心的文人墨客，拉大旗做虎皮，对《周易》用极其夸张、虚妄之词吹捧，传播。《周易》是如何形成的？太极图的起源、图中的两圆圈代表了什么？八卦的八个字的来由等等？这些吹捧《周易》的文人墨客没有一个人能解、译清楚，现在任何有关《周易》书中都找不到答案，可那些江湖骗子回答有高招，"天机不可泄露"不知忽悠了多少善良的老百姓。

举例四：

很多古代文人的表现，在今天看来，其实就如同不会正常思维的"精神大傻瓜"。要看这些"精神大傻瓜"们的表演，最集中地莫过于去看历代儒家文人们的著述，看看他们究竟想了一些什么，说了一些什么，以及最后写了一些什么？说得难堪一点，中国儒家文人们的文字记录史，其中的很大一部分其实就是"精神大傻瓜"们的思想"表演史"。我要告诉我亲爱的同胞，在中国历史上，为历代制造了大量"精神大傻瓜"的最重要的"思想"之源的"文本"，即是孔子最早为中国人推荐和提倡的"圣人"周文王、周公所编撰的《周易》，以及孔子本人或其后学所著的

《易传》(又称"十翼"),这二者合起来即共称(历史中一直流传的)《易经》。不要只说过去,《易经》就是在今天,也同样被许多中国文人学者简直就视为中国人最高的"天书"、"圣经",无限地赞誉之、颂扬之,以之为"博大精深","神乎其神",更被现代第三期新儒家的"学者"们视为伟大的"天人合一"思想神圣的"范本",这样的"天人合一""思想",实可大大怀疑其真正的价值。我就非常纳闷,这么多自视甚高的"思想家"、"哲学家"、"哲学大师"、"思想史专家"、"历史学专家"、"著名学者",等等等等,有的甚至一辈子留学西方,饱读西哲,饱读康德,他们居然就一点也没看出(或者是因为他们始终惑于"圣人"头上的光环,根本就缺乏学术的勇气,敢于直面"圣人"的一切),《易经》事实上彻头彻尾地反哲学、反逻辑、反人类正常思维的最基本的自然规律? 他们竟然还更无限地拔高,盲目地吹捧《易经》,说它具有多么多么"伟大"的"哲理"。这究竟是因为什么?《易经》之中真有那么了不起的"哲理"么? 请问:什么是"哲理"? 中国儒家文人何以如此无知,何以永远如此不停地自己哄骗自己? 我今天的文章,就是要彻底地揭示出这所有的一切。《易经》并不具有什么"哲理",其中根本就不可能有"哲理",不仅没有"哲理",还更彻头彻尾地反"哲理"。说到头来,它也就是那么一本完完全全用来占卜、算命的"巫书",一本彻头彻尾的"巫术之书"而已。

哈哈,刚看完如梦似幻、美轮美奂的俄罗斯索契冬奥会开幕式直播,心情大好,对上述引文中的过激观点,就不一一点评了,相信读者自有判断。

当然,我认为导致这些尖锐批评的主要根源,就在于"十翼"不负责的轻率说法,以及后世文人的人云亦云。

第二节 "变卦"与"变通"

一、占卜、算卦的"理论基础"

我认为"易学"对《周易》的最大"发展",莫过于"占卜、算卦功能的开发";而这一切的发端,可能就来自于"十翼",特别是"系辞上传"第九章(注:不同版本称谓不一):

天一地二,天三地四,天五地六,天七地八,天九地十。天数五,地数五,五位相得而各有合。天数二十有五,地数三十,凡天地之数,五十有五,此所以成变化而行鬼神也。

大衍之数五十，其用四十有九。分而为二以象两，挂一以象三，揲之以四以象四时，归奇于扐以象闰，故再扐而后挂。

乾之策，二百一十有六。坤之策，百四十有四。凡三百有六十，当期之日。二篇之策，万有一千五百二十，当万物之数也。

是故，四营而成易，十有八变而成卦，八卦而小成。引而伸之，触类而长之，天下之能事毕矣。

显道神德行，是故可与酬酢，可与佑神矣。子曰："知变化之道者，其知神之所为乎！"

很可能是在"十翼"的"启迪"和影响下，不知从何时起，以《周易》为幌子的"占卜、算卦"活动在历史上异军突起，在人们的不断追捧下得到了"长足发展"，而且"与时俱进"，什么样的"新鲜道具"都能派上用场。就"占卜、算卦"的方式方法而言，光名称就一大堆，有什么"筮占、推断、梅花易数、奇门遁甲、六壬、太乙、纳甲、铁板、四柱"，也有从洋人那里引进的什么"圣叁角占卜法、钻石占卜法、要素展开法、大十字占卜法、吉卜赛十字法、二择一占卜法、缘分占卜法、六芒星占卜法、七行星占卜法、珍珠项链法、出生宫位图法、一周运势法"等等等等。对此，我没进行过任何研究，故不敢置喙。只介绍一些情况，供读者分辨。

下面，是关于"占卜、算卦"的一些概述（原文照录自网络。向作者致谢）：

周易算命原指根据《易经》所记录的卦象，辅助以道具甲骨、铜钱、蓍草等，推演计算以占卜吉凶的过程。后引申为泛指占卜、八字算命、看相、测名等等。

占卜时，意念要集中，不可胡思乱想，否则动爻多，卦乱，不好断，不可在强磁场地方占卜，例如电脑、电视、电器仪表灯，要在幽静空旷的场所，并且最好是早晨或夜晚，使用的工具最好是一些年代久远有些灵气的物品。

在起到卦之后，判断吉凶是要根据《易经》（当然是《周易》，以后直接称《周易》）的经文，即卦辞和爻辞来判断吉凶。

而根据起卦方法，又可以分为两种：大衍之数，即用50根蓍草进行算卦；第二种就是大家熟知的金钱卦，用三枚铜钱算卦。

运用这种方法，要求对《易经》原文的卦辞爻辞非常熟悉，同时还要对易象的类比运用非常熟练，才能运用自如。

《周易》算命是中华传统文化智慧的结晶，依据生辰八字推算一生吉凶祸福，先知未来，趋吉避凶，科学运用传统《周易》精华，用生克制化推断一个人一生中各个阶段运势盛衰，要想掌握命运，必先了解命运。

虽说"占卜、算命"的人，往往打着《周易》的幌子，但可笑的是，真正"敢于"用

《周易》卦、爻辞解卦的,还真就不多。我找了很长时间才在网上找了几个"实例"(原文照录,感谢应该感谢的所有人):

例一:

网友:楼主帮我解一卦,家人初爻动。问婚姻。谢谢。

楼主:风火家人。巽为行人,离为丽,行于丽上,运走桃花;变风山渐,其辞曰:"取女吉。"如此明确,还用解释吗?

网友:谢楼主。

例二:

网友:楼主,我在XX(某地),想换工作去XX(另一地),求得随卦,请帮忙解解,谢谢。

易友:顺利。泽雷随,震为动,兑为悦,动则悦。我只能看到这种程度啦。我觉得关键还是你自己进行评估才对。无须介意哈。初学者。

楼主:呵呵,断得不错!

易友:XX(楼主)滑头啊,我来稍作探讨吧,非得把XX(楼主)的料逼出来不可。

随卦的启示是跟着感觉走,随时随缘,万万不可逆潮流而动,是我们改变了这个世界还是世界改变了我自己? 说得有点玄乎,通俗来说就清楚了:是你去适应这个世界还是指望全世界都来迁就你呢?

随卦不可简单按照俗话所说的树挪死人挪活来理解,得看你所处的环境。出门交,有功。如果你身处是非窝且不满意目前的处境,那么跳出这个圈子,避免陷进去就海阔天空……

楼主:哈哈! 兄台从时、位、事、卦、辞综合作断,持之有故,言之成理,我更无话可说了。

网友:谢谢这位兄台解惑。现在对换工作一事,本人处在进退不得两难境地,哎,还有一段时间,到时相机而定,顺其自然了!

例三(原文照录自"楚天飞雄"的网帖。向作者致谢):

【筮例】晋献公筮嫁伯姬于秦(《左传·僖公十五年》)

初,晋献公筮嫁伯姬于秦,遇归妹之睽。史苏占之曰:"不吉。其繇曰:'士刲羊,亦无(衁)也。女承筐,亦无贶也。'西邻责言,不可偿也。归妹之睽,犹无相也。震之离,亦离之震,为雷,为火。为嬴败姬,车说其輹,火焚其旗,不利行师,败于宗丘。归妹睽孤,寇张之弧。侄其从姑,六年其逋。逃归其国,而弃其家,明年其死于高梁之墟。"

注:本例为献公嫁女所筮之卦,但断辞则应在其子惠公和其孙怀公身上。夷

吾质于秦,献公死后,秦派兵让其登上晋国君位,是为惠公。惠公为君后背信弃义,招致秦伐晋。惠公兵败后在宗丘被擒。秦与晋订立条约后放惠公归国,以其子围为质。穆公将女儿许配给太子围。六年后,惠公病危,围担心兄弟夺位,便弃家偷逃回国,后继君位,为怀公。秦对围不辞而别非常生气,便扶植其伯父重耳回国夺位。第二年重耳杀怀公于高梁。

【译文】当初,晋献公占嫁大女儿到秦国的后果,筮得雷泽归妹之火泽睽卦。苏太史解释说:"不吉祥。归妹上六爻变,其爻辞说:'男子刺羊,没有流血;女子端着筐子,却没有东西放入。'西邻责备,无法回答。(归妹上震下兑,震为东。兑为西,为言。有东西对话之象,但互卦为上水下火,则是水火相交之象,故言语不合。)归妹卦变为睽卦,还是不契合呀!(睽卦的互卦和归妹一样,也是水火既济,故仍话不投机。)震变离,也就是离变震,震为雷,离为火。其变化表示嬴姓的秦会挫败姬姓的晋。(秦嬴姓,居西,晋姬姓,居东,震为东,兑为西,归妹变睽,震变离,而兑未变,故是嬴败姬。)车厢和车轴脱离,火烧旗帜,不利于兴师用兵,将在宗丘被打败。(震为车,为辕,为旗。离为火。震变离是车毁旗焚,故不利行师用兵。震为主,为宗。兑为祭祀。归妹有祭祀宗庙之象。震变离则是兵火荼毒宗庙之地。宗丘是祖宗陵墓之意,故知败于宗丘。)归妹上变阳而成为睽卦,睽卦上九有孤独小心行,贼寇张弓威胁的爻辞。侄子跟随姑母到秦国,六年以后逃走。侄子抛弃在秦国家庭,逃回晋国,第二年死于高梁的地方。"(此节难知其取象。尚秉和定兑为侄,六是坎先天数,其他的则以半象来解释,甚是勉强。与其强解,不如阙如。)

按:本筮例是春秋早期的筮例之一。史苏断卦用到了本卦、之卦的爻辞、卦象、互体象。本例虽然引用了爻辞,但史苏并没按爻辞的意义来发挥断卦,爻辞似只是用于引起下面象推的起兴句,结论完全是从象及象的变化得到的,因此,本例算不上用爻辞做断。

客观地讲,上述几个例子,至少是"敢于运用《周易》"的卦象及卦、爻辞来进行"卜筮",还算是"有理论依据"。而其他以《周易》为幌子的"占卜、算命"方法,甚至连《周易》的影子都找不到!

结合第二部分对卦象及卦、爻辞的解读,相信读者对上述"占卜"的"科学合理性",能够做出自己的判断。无论如何,我不相信"占卜、算卦"。

二、"变卦"的客观必要性

由上面"占卜、算卦"的情况来看,要根据"起卦"所得到的"卦",再引用对应的"卦象及卦、爻辞"进行"推断",很可能造成风马牛不相及的情况。换句话说就是,"占得的卦"与"要问的事"之间可能毫无关系。如果遇到这样的情况,"算命大师"就是想糊弄人,也会"理屈词穷",力不从心。

于是,"算命大师"们又到《易经》里寻找解决之道。哈哈,还真就找到了一些"理论依据":"系辞上"中的"参伍以变,错综其数",给大师们指出了一条"错综复杂的看卦方法"。所谓"错",就是将一卦中的阳爻变阴爻,阴爻变阳爻,形成"原卦"的"错卦";所谓"综",就是将本卦的爻位倒置,或简单地称之为"镜面卦"或"倒置卦",如天地否(本卦),镜面或倒置后则成地天泰(综卦)。

在有根有据的"错、综"的基础上,后世更是搞出了一系列方式方法(恕我愚钝,不能一一列出),把一个卦按照自己的意愿变成另一个卦。这就是所谓的"变卦"。

有了一系列的"变卦"方法,无论"占"得什么卦,通过适当的"变卦"方式,就能与"要问的事情"联系起来,就能"有根有据、合情合理"的"解卦"了。

总的来说,为了使"占得"的任何一卦,都能与"要问的事情"建立起"合理的联系",人们便"发明"了一系列"变卦"方法。这样一来,"算命先生"就可以用下述思路"解决问题"了:

第一步:(或明或暗地)确定"要问的事情"。

第二步:"占"得一卦。

第三步:占得的"卦"若与"要问的事情"相关,便进行"解卦";否则——

第四步:进行"变卦"得到新卦,重复第三步。

我们知道,虽然《周易》的内容很庞杂,但总共只有 64 卦,而且每卦都有一个明确的主题。所以,偶然"占得"的一个卦,不可能与千奇百怪、形形色色的"问卦"内容,都能严丝合缝地相契合。为了扩大"占卜"的适应性,于是便出现了各种各样的"变卦"方法。

由于"占卜"活动在民间比较普及,所以,"变卦"这一占卜、算命的"专业术语",逐步成了民间的通用"词汇",多含贬义地表示"已定的事,忽然改变"。"变卦"一词其所以多含贬义,可能表现了民众对算命时随意"变卦"的不满情绪。

当然,"易学"中的"变卦"一词有特定的含义。但就"扩大占卜的适应性"这一主要作用而言,与"易学"中的其他的方法没有本质区别。所以,我把"从一个卦变换为另一个卦"的所有方法,都称为"变卦"。

三、"变通"的思想根源

从数学角度看,所有的"变卦"方法都是对"原卦"各爻的一种"阴阳变换";而且在这种变换中,无论是"原卦"还是"变换后得到卦",都属于"六十四卦"这一"集合"。

虽然民众对算命先生的"变卦"不满,但久而久之,"变卦"也成了普通民众解决问题的一种"思维方式",那就是,遇到难题时要换一个思路予以解决。

利用这一"思维方式",很多问题还真是"迎刃而解"。于是,哲人便把这一"思维方式"解决问题的"效果",高度凝练为"变通"二字,意为"一变就通"!逐渐地,国人把"变通"奉为一种哲学信念。

可以说,**"变通"成就了中国人的"聪明才智",也造成了国人"无原则、不讲规则"的习性**。这是一个复杂的问题,就此打住。

总的来说,为了提高"占卜"的适应性、灵活性,算命先生引入了"变卦"的思想、方法;民众从"变卦"中学会了"灵活变化"的思想;哲人将其提炼为"变通";"变通"既让国人聪慧,也让国人圆滑。

这,可能就是《周易》占卜、算命的真相,也是"易学"的贡献。

第三节　对《周易》的伪哲学评价

哲学,是一个高大上的存在。简单来说,哲学主要想告诉人们,我们周围的一切(自然、社会、意识)到底是怎么回事(世界观),为什么会是这样子(方法论)。也有人把哲学基本问题简化为:我是谁? 我从哪里来? 将到哪里去?

就《周易》的本质来说,想要构建一个人人都能心情舒畅、安居乐业的和谐社会(社会观),并对如何实现这一目标提出了一套切实可行的行为规范(方法论)。毫无疑问,《周易》属于哲学范畴。虽然《周易》没有讨论"我是谁、我从哪里来"的问题,却对"将到哪里去"的目标和路径,进行了详尽的描述,因此,《周易》应是严格意义上"社会领域"(有些方面已经涉及到"意识领域")的"方法论"。

我想重申的是,虽然人们读不懂《周易》,不是从《周易》的文字中领悟其思想,但却通过"礼制"吸纳的《周易》思想精髓,间接地接受了《周易》的理念和观点,形成了中华文明的优秀传统。

作为哲学论述,应该让人对所论述的东西有一个清晰的了解,或对所论述的方法有一个确定性的把握。如果所论述的东西似是而非、模糊不清，或这样也行、那样也对，甚至以言而无实、牵强附会、故弄玄虚、语不惊人死不休的方式来论述，就是"伪哲学"了。

无论是历史上还是当今，试图对《周易》（有人称《易经》）进行哲学评价的人，犹如过江之鲫。但这些评价，有的貌似古朴，有的貌似严谨，有的貌似高深，也有的贻笑大方，但却几乎都包含"伪哲学"的成分。也许正是这些"哲人"们的"不懈努力"，终于让国人对什么是哲学，彻底迷茫了。

下面举几个包含"伪哲学"评价成分的例子，供读者辨识。

例一（原文照录自《周易本义》明清版"序"节录。有些观点倒也可取）：

……至哉易乎！其道至大而无不包，其用至神而无不存。时固未始有一，而卦未始有定象。事固未始有穷，而爻未始有定位。以一时而索卦，则拘于无变，非易也。以一事而明爻，则窒而不通，非易也。知所谓卦爻象象之义，而不知有卦爻象象之用，亦非易也。故得之于精神之运，心术之动，与天地合其德，与日月合其明，与四时合其序，与鬼神合其吉凶，然后可谓之知易也。虽然，易之有卦，易之已形者也。卦之有爻，卦之已见者也。已形已见者，可以知言；未形未见者，不可以名求。则所谓易者，果何如哉？此学者所当知也。

例二（原文照录自网络，向作者致谢）：

易学文化源远流长，博大精深，是中华五千年文明的滥觞。基于易学而繁衍的华夏文明，为我们民族的历史传承提供了取之不尽、用之不竭的智慧源泉。未来中国的复兴和强盛，不仅仅是经济实力的强大，更依赖于中国文化的繁荣复兴，依赖于中国人自信心和历史责任感的回归。中国可以提供给世界的不仅仅有价廉物美的商品，更有我们绵延不绝、厚重深远、自强不息、包容四海、和谐天下的中国精神和创新文化。易经是中国传统的经典管理哲学，具有丰富的自然哲学与辩证哲学元素和宇宙全息属性，还包含了丰富的创新管理理念、管理法则，并蕴涵着丰富的创新管理方法、创新管理工具、创新管理模型。易经的人文科学精神和自然价值伦理，在今天对于指导塑造创新型企业，提升企业核心竞争能力，仍然具有很强的现实意义。积极挖掘、学习和运用易经的创新思维和全息管理模式，对现代企业的管理诊断、资源优化、组织变革、科学决策及创新战略的拟定，具有高度的理论指导和实际应用价值。

例三（原文照录自网络，向作者致谢）：

《易经》作为一部古老的经典著作，从表面看是一部占卜、预测之书，但是，从卦序、卦名、卦象、卦辞、爻序、爻辞、爻象、断辞以及其推演过程等方面分析,其中包含着中国传统道德哲学所有思想和原理。它早于老子、孔子而成书,成为老子、孔子哲学思想的源头活水。(注:下面一、二、三、四部分的引文,只保留了标题)。

一、《易经》包含着"道非常道,有无相生"的宇宙观

(一)《易经》中包含终始观。

(二)《易经》中包含唯物观。

(三)《易经》包含发展观。

(四)《易经》中包含联系观。

二、《易经》中包含着"尊道重德,己所不欲,勿施于人"的人生观

三、《易经》中包含"对立统一,负阴抱阳"的辩证法

四、《易经》中包含过犹不及的"中庸"思想

五、总结和建议

(一)《易经》在科学正确的宇宙观、人生观的指导下立说和论述,是人类长期实践经验的总结,是一部完完全全的人文科学著作。我们应该进一步加大对《易经》进行全方位、多角度、深层次的研究,抛弃从唯心主义出发认识《易经》的立场和观点,确立其科学地位,使之尽快进入理论殿堂,进入国民教育的正式内容,为以德治国、人格治理奠定理论基础,为中华民族全面复兴做出贡献。

(二)《易经》开创了案例预测之先河。西方人有《案例法》,用案例来判决类似的案件。《易经》中每一卦、每一爻都给出了一个或多个故事或图像,其包含的信息量丰富而全面,深刻而又简明,其信息量之大可涵盖自然界和人类社会万事万物。深刻领会和体验这些信息、用于指导人类的实践个案完全可以满足。《易经》的案例预测融不变程式与无限的事物发展变化于一体,是科学的经验,事实上人类从来没有离开过经验的总结和指导。在应用方面我们应该成立相应的科研组织,全面及时地收集全国《易经》爱好者、工作者的卜筮案例、系统总结各种经典案例的分析、理解特点,丰富我们用案例预测的原始资料。指导我们的实践活动,同时在学习和应用的潜移默化中提高全民族的道德哲学水平,促进人的素质全面提高。

(三)《易经》开创了数与理互联互通之先河。中国人发明了十进制,十进制赋予了0、1、2、3、4、5、6、7、8、9这些数字以独特的性质。最主要的莫过于9的永恒不变特性。和3、6归属于9的特性(见十进制特点与联想)这些特性在《易经》中均有体现,单卦的三重,重卦六重,阳爻以九定义,阴爻以六命名,都体现了数和理互

联互通的思想特点。十进制通过 10 这个循环扣，把所有数字纳入了类似宇宙观的时空无限、有无相生的体系之中。架起了数与理互通的桥梁，10 既是前循环之终，又是后一循环之始，是终始观的体现，十个数学符号皆代表一定数量的实物，是唯物观的体现，所有数字循环发展，是发展观的体现，所有数字通过十进制普遍联系起来，是联系观的体现。

例四（原文照录自网络，向作者致谢）：

……《周易》原文方面，我也接触过许多个版本的解释，依据自己亲身预测的实践，我个人比较认同程颐老先生的《伊川易传》和朱熹老先生《周易本义》。当然许多网友推崇其他著作，我因为没有读过网友们说的那么多书，所以我没有资格反对。不过我坚持一条：对易经卦辞和爻辞的解释是否合理，必须依据预测的实践来检验。比如《否》卦六三"包羞"，我认为程颐老先生的解释也是不完整的，老先生解释为"包含羞耻"，而预测实践证明，有时也可解释为"包馐"，即包含美味。

再来说世界本原问题，即哲学的基本问题，研究"本原"，此乃研究人生脱离苦难之大道也，亦为研究救国救民之大道也，也应该是有志者应当追求的境界吧，个人修炼与人类解放是统一的关系，根本不能分割。至于什么预测术，还有一字一句地钻研卦辞和爻辞，可以把玩，但务必请保持清醒头脑，此乃法术而非道术也，万不可沉迷。"善易者不卜"，这里面确是有大道理的。

楼主此帖估计只有省部级以上级别的干部才能看懂。民间能看懂的就更少了。大学生小毛孩子们，无真学问却大言不惭者居多，能看懂此帖者微乎其微。

哈哈哈哈，谁才是"无真学问却大言不惭者"？这岂非是绝妙的讽刺？！

看类似文章，我总有一种想砸了电脑屏幕的冲动！唉，现在社会，什么人都敢谈哲学！

造成当今"全民皆哲人"现状的根源，到底在哪里？不值得我们深思吗？

第四节　对《周易》的伪科学评价

也许是受近、现代"西学东渐"的影响，特别是"五四"以来对国学的深刻反思，国人便以苛刻的"科学"眼光，仔细审视我们的文化，试图找出我们的差距，以便迎头赶上西方。

可悲的是，在这样的背景下，我们的一些文人，不知从什么地方学了几个"半生不熟的"科学术语，竟然就摇身一变，成了无所不知的"科学达人"！令人更为吃惊的是,他们从古老的国学中,竟然发现了"支撑近、现代西方科学"的"理论依据"!并以"阿Q"的大无畏精神宣称:我们的祖先早在数千年前,就发现了这些现代科学理论!唉,我想哭,都没有眼泪。

在对待《周易》(也被称为《易经》)的问题上,有一些比较典型的糊弄人的观点。这些观点貌似"有深刻的科学道理",或有"高深的学问",实际上却是胡说八道,尽是一些江湖骗术式的卖弄!对下述观点中的谬误,我不进行一一批判,希望读者朋友们,能以批判的眼光看待这些观点,明辨是非,去伪存真。

下述来自于网络的文章,大体上囊括了后世对《周易》或《易经》所谓的"科学评价"的方方面面。从文字上可以看出,作者"似乎有一定的文化造诣和宽广的知识背景,是一段不错的文字"。可惜的是,这种"伪科学"式的评价,把对《周易》的理性研究,往往引入歧途(原文照录自网络,向作者致谢。引文中括弧内的文字是我的点评)。

《易经》是中华文化的根,大约在新石器时代(我的天啊,那时候文字还没有定型好吧!)就诞生了,是中国进入文明社会的重要标志。它不但是最早的文明典籍,同时也对中国的道教、儒家、中医、文字、数术、哲学、民俗文化等产生了重要影响(有人读懂过吗?)。

《易经》是一种人工编码系统。它由阴阳通码卦符组成了八卦、六十四卦、三百八十四爻三个不同水平的系统层次,同时配以卦辞和爻辞进行文字说明,有着严密、完美的内码数理结构,是目前所知的上古文明中层次最强、结构最严密的符号系统,也是最早运用系统论(系统论就是一套编码系统吗?)的典型。《易经》系统的开放性和兼容性为后世系统论应用树立了典范。

《易经》编码遵循严密的相似论、相应论、相关论(看您还能编出什么论!)、相对论规律,运用简单卦符系统对宇宙万物发展演化规律进行模拟,找到了事物间的抽象关联,比之研究具象关联的现代科学可谓是一个全新的领域,其中的奥妙至今仍值得深入研究。

《易经》编码的阴阳学说及其极变规律、先后天八卦思想对道家影响深远,是道家学说的思想根基,被道家崇为"三玄之一"。

《易经》也是儒家中庸之道、仁义礼智信、三纲五常(别冤枉周文王好不好!)等思想的重要来源,被儒家尊为"群经之首"。

《易经》阴阳学说是中医阴阳学说的基础。《易经》的实时定位(那时候还没有GPS!)思想、与时偕行等思想对中医有着至为重要的影响。一人一方、因病成方的治疗原则皆源于此。同时对子午流注、八纲辨证、风寒暑湿燥火六邪等学说的形成(感情周文王还是个"医圣"啊!)都有重要影响。中医经典著作《黄帝内经》受《易经》的影响很大。东汉时期的《神农本草经》运用八卦取象的观念,明确了中医用药原则。张仲景《伤寒论》把阴阳学说和太极含三为一发展为六经学说,创立了六经辨证的原则,奠定了临床医学的基础。

《易经》对军事理论有直接影响。宋代王应麟在《通鉴答问》中称:"盖易之为书,兵法尽备(哥们,看清楚,只有一卦说军事。)"《易经》六十四卦,适合战争机动战略的选择,历史上著名的军事家孙膑、吴起、诸葛亮等,都根据《易经》原理排兵布阵。历史上戚继光抗倭,在创立阵法时也是参考《易经》原理(看得我蛋疼)。

《易经》对武术发展也有很大启发。《易经》中有"君子以除戎器,戒不虞"的辞,说"君子应整治兵器,以防不测",对习武健身(是不是还有食补养生?)、防身观念的形成有直接影响。八卦掌、太极拳等,都来自《易经》理论。

《易经》对建筑学的影响主要和"风水"学说紧密相关。古代的城建布局、建筑设置等都要以《易经》理论为指导,四合院就是阴阳平衡、和谐观念建筑的典型。传统建筑中的"九梁十八柱"等都是从《易经》中获得灵感,故宫角楼就是这种风格的典型。

围棋也是根据《易经》原理演变的游戏,被认为是世界上最复杂的游戏之一。当国际象棋大师被电脑击败的今天,计算机在围棋领域甚至无法达到初学者的水平。此外,《易经》在园林、养生(还真有养生!)、环保、农业(大概还有核工业、航天、高铁、高速公路吧?)等方面都产生过巨大影响(唉!唉!!唉!!!),有的至今仍是重要的参考文献。《易经》编码独特的实时定位系统论思想,从根本上打破了现代科学可以"重复"的神话(赶快,这是《易经》早就发现了"蝴蝶效应"的证据!),强调了事物矛盾的特殊性一面,具有重要的世界观和方法论意义。随着科学的发展,其深远意义将日益被证明。

《易经》强调与时偕行的变易思想,是和谐文化、与时俱进等国学传统思想的主要来源。

《易经》编码的序结构思想,是已知最早研究事物序结构的典范,比现在的基因排序早了五千多年(谁跟谁啊,典型的自恋)。同样的卦符,由于结构不同而有《连山》、《归藏》、《周易》、《邵氏易》之别。

《易经》实时定位的思想,是形成"天人合一"思想的根源,至今对环保、保健仍有重要的借鉴意义。

《易经》编码的模糊观念(正是您这种不懂装懂的人,把一个严谨清晰的《周易》,搞得稀里糊涂!),是后世的模糊数学(哈哈哈,终于想到了模糊数学!是不是还有曲面几何？摄动理论？……）的先驱。《易经》编码所依据的四论对中国文字造字（字还没造出来，《易经》是怎么写出来的?!）、用字的"六书"有着直接影响，直联、复联、谕义、意声、复合、错用都可以在《易经》的相似论、相应论、相关论、相对论（要不要再加上量子论？宇宙大爆炸？）中找到依据。

《易经》回答了诸多哲学、天文、预测等方面问题，是真正的一分为二观点，比马克思学说早了几千年。它注重推理和条件约束，没有任何宗教色彩，通过象、数、理的推演，展示了独特的宇宙观，回答了物质、能量、信息、质量转换、辩证法则整体运动变化、人的意志等纯哲学命题（我真的要晕了!），具有世界观和方法论方面的重要意义，独树一帜。其辩证观念是唯物辩证法的先驱。《易经》预测所利用的偶合律，最早找到偶然性和必然性的完美结合点，是探讨偶然和必然哲学范畴的先声；其二元世界统一论思想，揭示了我们目前所处的宇宙空间的真相（河外星系红移？星系、星系团结构？弦理论还是膜理论？多维空间?），暗示了二元世界解决一切问题的不二法门。

《易经》中常用的很多词语至今仍在我们口头应用，"突如其来"、"夫妻反目"、"谦谦君子"、"虎视眈眈"等等；"哐"乃是陕西方言中"吃"的代名词；"与时俱进"典化于《易经》的爻辞，"和谐社会"典化于《易经》的"和谐律"；清华大学的校训"自强不息，厚德载物"，海尔企业文化"日清，日新"等都来自《易大传》。21世纪中国的崛起，正在彰显中华民族精神的深层结构。

《易经》对中国文化影响的领域非常广泛，可以说是无处不在。对儒学、道学、络医、行政、军策、文艺、民俗影响深广，是世界上传承非常完整、绵延不绝、生生息息的文化活化石。

哎哟喂，我的天哪，您老把话都说到这份儿上了，谁还敢张嘴！可怕的是，这种具有典型的妄想症的文章，在信息成灾的网络空间还真不少见！

在《走进乾坤的门户》中，曾仕强有很多令人捧腹的"科学高论"：

1）要成为"全脑人"，最好明白易理。

2）站在宇宙的立场，乾坤代表天地。开天辟地之后，万物才有生长的空间。

3）伏羲氏画八卦，便是以大家最为熟悉的"家庭"，拿来当作揭开宇宙奥秘的那一把钥匙。

4）现代科学家，提出一种巨爆说（Big Bang Theory）。由比利时天文物理学家麦特（Abbé Georges Édouard Lemaitre）的说明，可以知道我们这个广大的宇宙，原来聚集在一处，是一种原始物质的超原子，温度极高，很可能达到摄氏一百亿度。后来，这个庞大的超原子爆炸了，物质裂开，四散飞奔，产生各种化学分子、星球和银河系,成为现在我们所看到的宇宙。距离大爆炸,已经七十亿年了。

我们虚拟一下:伏羲氏当年,知道宇宙产生之前,所有原子压缩在一起,挤成浆状。不是以原子状态存在,而是分裂成中子和电子,混杂在一起。那时候并没有物质,只是一大团能量,伏羲把它称为"太极"。由于挤压力量很大,温度上升,于是发生大爆炸,形成我们所说的宇宙。当时没有文字,更没有科学名称,所以他"一画开天",用"—"这个符号来表示其中一股能量,后来又以"- -"的符号来表示另一股能量。太极是未爆以前的状态,而两仪、四象、八卦,乃至以后的造成的六十四卦,都在表示巨爆之后,出现万事万物的情况,看起来也相当符合现代科学的解说。

5)希伯来人在《旧约·创世纪》中指出,天地万物是神造的。……

达尔文的进化论指出,宇宙人类并不是神造的。……

易学认为:天地万物是"道"创造出来的。"乾"是阳性物的象征,"坤"为阴性物的象征。阴阳互相交合,便可以生产万物。天(乾)地(坤)是易学的门户,被"道"创造出来之后,万物便逐渐演化出来。"全脑人"知道创造和演化是并存的,必须兼顾并重,才能涵盖。

我们把七十亿年前的巨大爆炸,称为大霹雳。那一刹那所造成的星尘,全都是能量,转化成万物,属于创造的时刻。万物被创造出来之后,持续不断地演化,既有渐变,也可能产生突变。这样,和易学的主张一样,既创造又演化……

6)先天乾(☰)象征宇宙空间,充满电磁波,也就是肉眼看不见的能量,所以,乾卦以龙来说明。提醒我们,六爻的变化,都属于看不见的能量波动,必须用心体会。

三画阳爻,象征上下、左右、前后三个方向的波动状态,三度空间(长度、宽度、高度)都应该兼顾并重。六画乾卦表示两组三画阳爻重叠,阳气纯真刚健,充满宇宙,而且源源不断。六爻各自占有一个位置,代表三度空间的六个层面。……用龙来象征看不见的能量、电磁波、辐射线,实在十分高明。

7)太极是未爆以前的状态,而两仪、四象、八卦,乃至以后的造成的六十四卦,都在表示巨爆之后,出现万事万物的情况,……天地万物是"道"创造出来的。《易经》这本书,从头到尾,都是用道德来贯串的。……"天地设位,而易行乎其中",意思是天高地卑的地位,是可以由人来设定的,一旦订定下来,《易经》的道理,就运行于天地之中了。

无论是网友那篇令人啼笑皆非的"科学评论",还是令人尊敬的曾先生的"科学高见",还是其他什么专家、学者的"科学解释",都是把"科学"这个"可怜的小姑娘"粗鲁地强暴之后,再梳洗打扮、涂脂抹粉,整成一幅"花枝招展却低眉顺眼"的模样,然后送给《周易》做了个"时髦丫鬟"。这种"好心的拉郎配",不但强暴了"可怜的小姑娘",也无情地羞辱了周文王老爷爷的人品和智商!

但愿自此书后,国人能够正确评价《周易》,在真正认识古人智慧的同时,也能够了解古人认识上的局限性,而不要再整出一些不懂装懂、自欺欺人、害人害己、贻笑大方的无稽之谈!

最后想特别提醒研究"周易"的学术界朋友,以往的一些研究方法(如训诂)很不靠谱!因为这些方法的本质是,只要自己的某种观点,与历史上某(几)位"权威人士"的观点一致,就"证明"自己的观点是正确的。问题是,我们能够找到某位权威人士"证明"我们的正确,而他又能找到谁来"证明"他的正确?!要知道,我们现在能够占有的资(史)料和知识,比历史上任何权威人士都要多,凭什么他的判断就比我们高明?我强烈认为,对"周易"的任何解读,如果不符合"人性及人的社会行为规律",那就是胡扯。

第四部分

《周易》简解

说　明

1. 本部分主要是以表格的形式,对《周易》原文进行了简单解读。

2. 为尽可能减少对读者独立解读《周易》原文的干扰,本部分仅做了必要的补充。

3. 补充的结构信息及文字,基本遵循第一部分的规定。建议读者先阅读第一部分。

4. 本部分原文仍按通行本的顺序排列。

5. 我对有些词语的解释把握不大,还望大家深入研究。例如:用冯河,不遐遗(泰);王假有家(家人);王假有庙,涣有丘(涣);先甲三日(蛊),先庚三日(巽);巽在床下(巽);即雨即处(小畜);去逖出(涣);二簋可用(损);见金夫,不有躬(蒙);剥床以辩,君子得舆,小人剥庐(剥);何天之衢(大畜);由颐(颐)等等。

6. 各表中文字之间的字间距不太统一,有的是爻辞字间有意识增加的空格,有的是由于排版软件原因产生的空格,请注意区分。

7. 个别卦的简解思路与第二部分详解不尽一致。必要时请参阅第二部分。

各卦简解
（排序同第二部分）

卦序 卦名	上下 卦象	卦象 形象	全卦 形象	全卦 主题	卦辞	卦辞要义
1	▬▬▬	上一级领袖人物	天外有天，人上有人。	为君之道。	元 亨 利 贞。	志向远大；顺利发展；实现抱负；保持成果。
乾	▬▬▬	下一级领袖人物				

爻位	特定对象	爻辞	爻辞要义
初爻	羽翼未丰之时	潜龙，勿用。	羽翼未丰，宜潜伏勿动，不可锋芒毕露。
二爻	小有成就之时	见龙在田,利 见大人。	小有成就之时,如小龙已现田野。一旦为尊一方,就要追求品行高尚。
三爻	确定远大目标之后	君子终日乾乾,夕惕(警惕)若,厉(辛苦),无咎。	志存高远,埋头苦干。日夜自省,不断磨炼。为了实现更大抱负,要经受更多磨难,这理所当然。
四爻	条件成熟之际	或跃 在渊,无咎。	身处龙门,当仁不让,应抓住机遇,奋力一搏。即使一无所获,亦无遗憾。
五爻	功成名就之后	飞龙在天。利 见大人。	功成名就,如龙翔于天,应高瞻远瞩,游刃有余。地位高高在上,更应追求品德高尚。
上爻	志得意满之时	亢龙,有悔。	志得意满之际,若一味地飞扬跋扈、颐指气使、顺者昌逆者亡,则会有悔。

卦序 卦名	上下 卦象	卦象 形象	全卦 形象	全卦 主题	卦辞	卦辞要义
2	☷	上一级 人臣	一人之下、 万人之上 的人;文臣 武将,国之 重臣;皇亲 国戚,王侯 羽翼	为臣之道。	元 亨 利 牝 马 之 贞。 君 子 有 攸 往。先 迷 后 得 主。 利 西 南 得 朋,东 北 丧 朋。 安 贞吉。	应元、亨、利,牝 马护犊般守成。 心意已决,便一 往无前。起初, 不知如何安身立 命,终会遇明主。 一旦得志,若与 同僚共进退,受 人拥戴;若只顾 自己向上爬,受 人唾弃。安守本 分,吉。
坤	☷	下一级 人臣				

爻位	特定对象	爻辞	爻辞要义
初爻	羽翼未丰 之时	履霜 坚冰至。	欲为良臣,先习为臣之道。为臣之要,预 见与分忧,譬如看见降霜,应预为安排天 寒地冻时日之所需。
二爻	小有成就 之时	直方大,不习(不因循 旧习)无不利。	辅佐地方小吏,首要原则为正直不阿、坚 守规矩、不小家子气,即使不因循守旧而 破除陈规旧习,亦无不良后果。
三爻	确定远大 目标之后	含章(真才实学)可贞。 或从王事,无成有终。	长期历练,潜心钻研,为臣章法烂熟于心 之时,可静待天时,以求更大发展。如有 机会为君王做事,即使不能施展平生抱 负,亦可有满意结果。
四爻	初为人臣 之际	括囊。无咎 无誉。	初为大臣,首先要知道什么时候该闭嘴。 该说的说,不该说的坚决不说。对此,虽 无可厚非,但也不应褒扬。
五爻	身为重臣 之后	黄裳(跪地)。元吉。	辅佐君王之重臣,谦卑顺从至为重要。 卑躬屈膝,匍匐于地,可获吉祥。
上爻	志得意满 以后	龙战于野,其血玄黄。	不安人臣之位,欲去君王而代之,必致二 虎相争,殊死相搏,血染疆场。

卦序卦名	上下卦象	卦象形象	全卦形象	全卦主题	卦辞	卦辞要义
3	☵	云	乌云密布,电闪雷鸣,疾风骤雨将至,赶快停下手中的活计,暂时躲避。	面对突然事故,切勿以卵击石,宜静待天时。	元亨利贞。勿用有攸往。利建侯。	静待天时,可元亨利贞。即使情非得已,也不可轻举妄动。善用天时,可成建国之功。
屯	☳	雷				

爻位	特定对象	爻辞	爻辞要义
初爻	小民百姓	磐桓,利居贞。利建侯。	小民百姓突遭打击,应坚强不屈,以待天时。能挺过灾难,可成建国之功。
二爻	小有人家	屯如邅(徘徊不前)如,乘马班如。匪寇(不要尝试)婚媾,女子贞不字,十年乃字。	小有人家突遭打击,应像疾驰的马群突遇阻隔时东奔西突一样,积极寻求出路。突遇人生变故的女子,宜守寡而不改嫁,待幼子长成,方可再嫁。
三爻	大有人家	即(撞到)鹿无虞(准备),唯入于林中,君子几不如舍。往吝。	令大有人家犹豫不决的,往往是小利益,犹如在毫无准备时,身边蹿出一只鹿逃入林中,让人不忍放弃。但若追入林中,可能出现令人不快的事情。
四爻	文臣武将	乘马班如。求婚媾,往吉。无不利。	将相人家若遇险境,应像疾驰的马群突遇阻隔时东奔西突一样,积极寻求出路。可谈婚论嫁,提亲不会遭拒。没有不良后果。
五爻	王侯国君	屯 其膏(脂肪)。小贞吉,大贞凶。	王侯之家若陷入凶险境地,往往像重重挨了一刀,白肉外翻。这种境况,短则无损,长则凶险。
上爻	老迈功臣	乘马班如,泣血涟如。	老迈功臣之家若遇险境,也会像疾驰的马群突遇阻隔时东奔西突一样,积极寻求出路。但人走茶凉,树倒猢狲散,只能泣血如雨。

卦序 卦名	上下 卦象	卦象 形象	全卦 形象	全卦 主题	卦辞	卦辞要义
4 蒙	☶ ☵	山,指山坡 水,指山坡低洼处的溪水	水汇集到山坡低洼处,令这些地方的草木郁郁葱葱。	水能滋润草木,犹如言行能教化愚顽。	亨。匪我求童蒙,童蒙求我。初筮告,再三渎,渎则不告。利贞。	智者的教诲,如水润草木,能使愚顽之人顺利发展。教育之要点,在于因势利导,有需再教,无须不教,不强行灌输。如占卜,初占告之,再三则不告。再三者,有疑心,是对为师者的亵渎,故不可教。愚顽之人受到教化,才可取得、保持成就。

爻位	特定对象	爻辞	爻辞要义
初爻	小民百姓及其子弟	发(启发)蒙。利用刑人,用说桎梏。以往吝。	对小民百姓,宜用启发式教育,以案说法,使其远离牢狱之灾。如果他还是重蹈覆辙,就令人不爽了。
二爻	小有人家子弟	包(甫)蒙吉。纳妇吉。子克家。	小有人家子弟,无须刻意教诲,若其在耳濡目染之中受到教化,则为幸事。亦可为其娶妻立家,若其能领悟到持家之道,则为幸事。教化的目标就是使其有持家的本领。
三爻	大有人家子弟	勿用取女。见金夫。不有躬,无攸利。	对大户人家子弟,娶妻、持家不是教育的好方法。应让其见识从事高尚事业的青铜铸造匠的艰辛。若不能悟出做人的道理,也是没有办法的事情。
四爻	文臣武将子弟	困蒙,吝。	将相子弟,若使其走投无路时再教化,就令人不爽了。
五爻	王侯国君子弟	童蒙,吉。	王侯子弟,自幼即教,吉。
上爻	顽劣子弟	击(打击)蒙。不利为寇,利御寇。	对顽劣少年,宜用激将法教化。不成器者将为非作歹,成器者则会为社会栋梁。

卦序 卦名	上下 卦象	卦象 形象	全卦 形象	全卦 主题	卦辞	卦辞要义
5	☵	水,指云	云在天外,天上无云,久旱无雨,	如何面对众人都渴望、盼望的东西。	有孚。光亨贞吉。利涉大川。	对于众皆盼望之物,应取之有道。光明磊落,才可亨通、长久、吉祥。需求满足则有助于成就大业。
需	☰	天空	庄稼枯萎,酷热难耐,众人盼雨。			

爻位	特定对象	爻辞	爻辞要义
初爻	小民百姓	需于郊,利用恒。无咎。	小民百姓所盼,无非风调雨顺,庄稼丰收。这只能耐心等待。即使天不遂人愿,亦无话可说。
二爻	小有人家	需于沙,小有言。终吉。	小有人家要实现愿望,犹如长途跋涉于沙地,无比艰辛。虽小有怨言,若坚持不懈,终有回报。
三爻	大有人家	需于泥,致寇至。	大户人家要满足需求,犹如身陷泥沼,不能自拔。求人相助,可能会招来贼寇。
四爻	文臣武将	需于血,出自穴。	位极人臣,所需之物,需要血拼。做好自己流血的心理准备。
五爻	王侯国君	需于酒食,贞 吉。	身为王侯,应追求的境界是,仅需酒食而高枕无忧。若能长此以往,吉祥。
上爻	国之功臣	入于穴。有不速之客三人来,敬之 终吉。	老迈的国之功臣,应功成身退,不可眷恋权欲。即便如此,求你之人虽可能素昧平生,却络绎不绝;对此,敬而远之,吉。

卦序 卦名	上下 卦象	卦象 形象	全卦 形象	全卦 主题	卦辞	卦辞要义
6	䷅ (上卦)	天底下	洪水滔天,毁坏家园,犹如灾祸不期而至。	讼争。	有孚,窒惕。中吉,终凶。利见大人。不利涉大川。	讼应服众,不可轻讼。讼若获胜,看似好事,却终将害己。讼胜,应体恤对方。不要以讼争解决大事。
讼	䷅ (下卦)	洪水,隐指祸水	愤懑之下,怒而讼之,是为常情。			

爻位	特定对象	爻辞	爻辞要义
初爻	小民百姓	不永(纠缠)所事。小有言,终吉。	小民之讼,不可不罢不休。主动息讼,虽会受人嘲讽,终会有益。
二爻	小有人家	不克讼,归而逋其邑。人三百户,无眚。	财主乡绅,不能胜诉,即归故里。有众多乡邻保护,不会有灾祸。
三爻	大有人家	食旧德(交情),贞厉终吉。或从王事,无成。	名门望族受屈,往往仰仗祖上故交,但可能受尽白眼;也许有人还念旧情,令你宽慰。若信奉此道,即使在朝为官,亦难成大事。
四爻	文臣武将	不克讼,复即命。渝(转变)安贞,吉。	身为重臣,讼而不胜,应知对方之强大,赶快认命息讼。调整心态,安分守己,可保吉祥。
五爻	王侯国君	讼。元吉。	身为王侯,处理讼争,应不偏不倚,秉公裁决。若能坚守此念,则天下向善。
上爻	国之功臣	或锡之鞶带,终朝三褫之。	老迈的国之功臣,敢于与你争讼之人,不可小觑。虽然你的理由可能赢得国君的赏赐,但别人可能令国君在退朝之前,将给你的所有赏赐全部剥夺。

卦序卦名	上下卦象	卦象形象	全卦形象	全卦主题	卦辞	卦辞要义
7	䷆ (上坤)	土地,土壤	水藏地下,如兵藏于民,平时为民,战时为师。	治师(军队)之法。	贞。丈人吉,无咎。	军队强大,则可保安宁。在军中,身强力壮不吃亏,瘦小软弱受人欺,亦在情理之中。
师	(下坎)	水,水分				

爻位	特定对象	爻辞	爻辞要义
初爻	马前兵卒	师出以律。否臧凶。	兵卒之士,出师之时必须严格遵守号令,否则隐藏凶险。
二爻	初级军官	在师中吉,无咎。王三锡命。	初级军官,若平时与兵卒同甘共苦,战时赴汤蹈火,则吉,这也是本分。若能如此,常会得到嘉奖。
三爻	中级军官	师(班师)或舆尸。凶。	战地指挥官,是战争胜负之关键。指挥得当,全身而退,顺利班师;否则丢盔弃甲,损兵折将。成功理所应当,败则沦为替罪羊,故凶。
四爻	高级军官	师左次(排兵布阵)。无咎。	高级将领,其职责是运筹帷幄,排兵布阵,其他方面,无所苛求。
五爻	军队统帅	田有禽。利执言,无咎。长子帅师,弟子舆尸。贞凶。	军队统帅,其职责是确保国泰民安。要根据局势仗义执言,即使王侯不悦,亦无可责。王侯要想约束统帅,可令其长子冲锋陷阵,其他子弟做好后勤保障。统帅位置不可久留,否则凶险。
上爻	有功战将	大君有命,开国承家。小人勿用。	战功卓著的高级将领,会得到国君的青睐,可能被委以开疆拓土之重任,亦可能成为临终托孤之心腹。但心怀叵测的小人,千万不可重用。

卦序 卦名	上下 卦象	卦象 形象	全卦 形象	全卦 主题	卦辞	卦辞要义
8	☵	小水潭,隐指镜子	地上的小水潭,可用作镜子,内外对照,找出不足。	与人攀比。	吉。原噬,元 永 贞,无 咎。不宁方来,后夫凶。	能以人为鉴,吉祥。只与最初的愿望相比,则会心安理得,也应这样做。若遇到了麻烦,才想起最初的愿望,悔之晚矣。
比	☷	地面				

爻位	特定对象	爻辞	爻辞要义
初爻	小民百姓	有孚 比之,无咎。有孚盈缶(粮缸),终来有它吉。	小民百姓,应见贤思齐,而不嫉贤妒能,这无可厚非。若靠勤劳致富,终会有吉祥降临。
二爻	小有人家	比之自内,贞 吉。	小有人家,应与自己最初制定的发展目标比较;坚持不懈,终会成功。
三爻	大有人家	比之 匪人。	大户人家,不甘人后,欲壑难填。为了高人一等,挖空心思、处心积虑,以致寝食难安。伤人啊。
四爻	文臣武将	外比之,贞 吉。	位居人臣,若能取他人之长,补己之短,则会长久安详。
五爻	王侯国君	显比。王用三驱,失前禽。邑人不诫,吉。	王侯之间,比的是摆阔显贵。为了显摆,可能葬送眼前的富贵。如果子民不替你担惊受怕,就会吉祥。
上爻	国之功臣	比之无首。凶。	老迈功臣,如果总迷恋过往的辉煌,从而迷失自我,甚至蠢蠢欲动,必会招致凶险。

卦序卦名	上下卦象	卦象形象	全卦形象	全卦主题	卦辞	卦辞要义
9	䷈	风一样欢快的心情	意外收获，瞬间令人喜出望外，心情犹如乘风直达云端。	如何面对意外之财。	亨。密云不雨，自我西郊。	意外收获，有助于顺利发展。但若是不义之财，则会受良心谴责，心里总有一团乌云，压得人喘不过气来。
小畜	☰	天				

爻位	特定对象	爻辞	爻辞要义
初爻	小民百姓	复（重回）自道，何其咎。吉。	对小民百姓，意外收获总有用尽之时，解决不了根本问题，日子还会回到以前的状况。这不能怪罪谁。但总是好事一件。
二爻	小有人家	牵（强迫）复。吉。	对小有人家，若得到意外之财，还能强迫自己像往常一样过日子，就是好事。
三爻	大有人家	舆说辐，夫妻反目。	富豪人家，若得到意外收获，却会像一辆大车若装的东西太多，就会把轮辐压断一样，将导致夫妻反目。
四爻	文臣武将	有孚，血去惕出。无咎。	身为将相面对不义之财，应恪守行为规范，舍弃不义之财，也就能够心安理得。这无可厚非。
五爻	王侯国君	有孚 挛如。富以其邻。	身为王侯面对意外收获，应高风亮节，替别人着想。不应将意外收获据为己有，而以天下共同富裕为己任。
上爻	全卦总结	既雨 既处。尚德载，妇贞 厉。月几望，君子征凶。	意外收获犹如降雨，可遇难求。要用高尚的品德对待意外之财，不可像妇人对待贞操一样不愿放弃。若像盼望月圆一样期盼不义之财如期而至，不是君子的作为。

卦序 卦名	上下 卦象	卦象 形象	全卦 形象	全卦 主题	卦辞	卦辞要义
10	☰	天底下	天下沼泽，凶险暗布，一步不慎，性命堪忧。	人生路上，应步履谨慎。	（履）虎尾，不咥（吃）人，亨。	人生在世，犹如行于密林，应步步小心，即使踩到虎尾，也不应惹怒老虎。谨慎若此，才可顺利发展。
履	☱	沼泽	人生之途，亦是如此，步步谨慎，方可无虞。			

爻位	特定对象	爻辞	爻辞要义
初爻	小民百姓	素（无装饰）履往，无咎。	小民百姓，应无拘无束、无忧无虑，开开心心过好每一天。这无可指责。
二爻	小有人家	履道坦坦，幽（病弱）人贞 吉。	小有人家，前途坦荡，但不可为所欲为。若能谨小慎微，小心翼翼地走稳每一步，方可保持家道不衰，令人喜悦。
三爻	大有人家	眇能视，跛能履。履虎尾，咥人 凶。武人为于大君。	豪门望族，诸事都要有多手准备，若能这样，即使单盲仍可视物，跛脚还能行走。要像时刻提防踩到虎尾一样，避免不必要的麻烦。维系如此家业，要像一介武夫伺候大国之君一样，倍加小心。
四爻	文臣武将	履虎尾。愬愬 终吉。	身为人臣，应时刻保持警觉，犹如每一步都会踩到老虎尾巴。如此谨慎做人处事，终将吉祥。
五爻	王侯国君	夬（故意找别扭）履，贞 厉。	身为王侯，如果刚愎自用，甚至"逞能、斗气"式的不顾别人劝阻，要想保持江山不改、社稷永安，将十分困难。
上爻	国之功臣	视履，考（审视）祥其旋 其旋（弯路）元吉。	垂垂暮者，应回顾人生，总结过往的得与失。若能以此警示后人，使其少走弯路，善莫大焉。

卦序 卦名	上下 卦象	卦象 形象	全卦 形象	全卦 主题	卦辞	卦辞要义
11	☷	女人	女上男下 做爱。	女上男下 做爱过程。	小往大来。 吉 亨。	（男子）小动作 激起（女子）大 应和。乐和, 舒坦。
泰	☰	男人				

爻位	特定对象	爻辞	爻辞要义
初爻	相交	拔茅（狗尾巴草）茹,以 其汇。征 吉。	把身体上类似茅草根的部位凑到一起。 就那样干,舒坦。
二爻	初动	包（甭）荒（着急）。用 冯河。不遐遗。朋亡。 得尚于中行。	再之,别急（不明"用冯河"之意）。莫尽 遗。不要牵挂狐朋狗友之约。不疾不 徐,可尽得其妙。
三爻	动兴	无平不陂,无往不复。 艰贞 无咎。勿恤其孚, 于食有福。	兴动之时,宜相配合,有起有伏,有来有 往。慢慢来,虽难以把持,也无话可说。 不要吝啬赞美之词,事后,就会有好吃好 喝等着你。
四爻	大动	翩翩。不富以其邻,不 戒以孚。	情至浓处,犹如翩翩而舞。但不可忘乎 所以,大呼小叫让邻居妒恨,也不必顾忌 淑女形象,而闷声不响、死气沉沉。
五爻	高潮	帝乙归妹。以祉 元吉。	高潮之时,犹如怀揽帝乙之新妾,尽可一 发而不可收拾。享受如此福分,为人所 共求。
上爻	事后	城复于隍。勿用师,自 邑告命。贞 吝。	事毕,女子疲惫而倾倒,犹如城墙重新倒 入城壕。别强求女子继续这样干,自己 辛苦吧。再三强迫,可能令你不爽。

卦序卦名	上下卦象	卦象形象	全卦形象	全卦主题	卦辞	卦辞要义
12 ䷋		男人	男上女下做爱。	男上女下做爱过程。	否之匪(耗费)人。不利君子贞。大往小来。	此种方式男子费力。不利于男子持久。(男)大动作激起小应和。
否		女人				

爻位	特定对象	爻辞	爻辞要义
初爻	相交	拔茅茹,以其汇。贞吉,亨。	把身体上类似茅草根的部位凑到一起。保持此种状态,会感到快乐,舒坦。
二爻	初动	包(甫)乘(逞能)。小人(女)吉,大人(男)否。亨。	再之,不要乘匹夫之勇,一战到底而草草收场。此时,女子享受而男辛苦。舒坦。
三爻	动兴	包(甫)羞(害羞)。	不要羞于启齿,要言语助兴。
四爻	大动	有命无咎。畴离(开垦过的熟地,指"熟女")祉。	舍命相搏,任意作为,均无不妥。此为熟女(如开垦之土地)之福分。
五爻	高潮	休否。大人(男)吉。其亡其亡(男子缴械投降),系于苞(女阴)桑(乳头)。	一泻千里,畅快淋漓。令勇猛汉子缴械投降的,皆因苞桑。
上爻	休整再战	倾否。先否后喜。	再而战之,先否,后知味也,此味足喜。

卦序卦名	上下卦象	卦象形象	全卦形象	全卦主题	卦辞	卦辞要义
13	☰	天底下	天底下到处有火,那是短暂聚集在一起的人们共同生活的象征。	为了共同的目标,短暂相聚的人们(如战友、同学、同事)的相处之道。	同人于野,亨。利涉大川。利君子贞。	只身在外,能得同伴,则可顺利发展。愿望实现,可追逐更高目标;也有利于奋斗不息。
同人	☲	生活用火				

爻位	特定对象	爻辞	爻辞要义
初爻	小民百姓	同人于门(家庭),无咎。	对于小民百姓,亲兄弟结伴共谋生计,无可厚非。
二爻	小有人家	同人于宗(宗亲),吝。	对小有人家,同宗兄弟共谋事业,往往可能反目成仇,出现令人不爽的结局。
三爻	大有人家	伏戎于莽。升其高陵,三岁不兴。	大有人家面对公敌时,大家会并肩作战。但谁要在这个圈子里,树立起自己的领导地位,花数年时间也不一定有用。
四爻	文臣武将	乘其墉,弗克攻。吉。	同朝为臣,应握有克敌制胜之法宝,令对手内心臣服。犹如战争,可登上对方城墙,但却不发动致命一击。如此,可保无忧。
五爻	王侯国君	同人先号咷而后笑。大师克相遇。	身为国君,龙袍加身之时,其他兄弟因王位无望而号啕,但很快就会因高枕无忧、不受苦累而欢笑。同为王位争夺者,势力大者得天下(参见第二部分)。
上爻	国之功臣	同人于郊,无悔。	对已赋闲的有功之臣,如果有人愿意陪你郊外散步,说明你的人品不错,过往的事情也就无憾了。

卦序卦名	上下卦象	卦象形象	全卦形象	全卦主题	卦辞	卦辞要义
14	䷍	庆祝丰收的篝火	庆祝丰收,篝火冲天,人间狂欢,彻夜不眠,感恩戴德,祭地拜天。	仓廪丰实之际的注意事项。	元亨。	仓廪丰实,人所共求,亦为顺利发展之根基。
大有		夜幕下的天际				

爻位	特定对象	爻辞	爻辞要义
初爻	小民百姓	无交害,匪咎。艰则无咎。	小民百姓丰衣足食之时,相互交往走动,无害,无须怪罪。即使日子艰难的人家,相互交往也不应责怪。
二爻	小有人家	大车以载,有攸往,无咎。	小有人家衣食无忧时,为了办事,用大车装载礼物也不为过。
三爻	大有人家	公用亨于天子。小人弗克。	大户人家仓廪丰实时,布云施雨,济穷救困,会受到天子嘉许。若无此实力,不要为博虚名而打肿脸充胖子。
四爻	文臣武将	匪其彭。无咎。	对于人臣,即使家财万贯而不张扬,也无可指责。
五爻	王侯国君	厥(玉)孚交如,威如。吉。	对于王侯,无论天下丰歉,其德行应如玉石一般恒久不变,令人感到可亲、可敬,吉。
上爻	全卦总结	自天祐之。吉无不利。	人间若仓廪丰实,皆因风调雨顺,得自天佑。人寿年丰,则是吉祥,而无不利。

卦序卦名	上下卦象	卦象形象	全卦形象	全卦主题	卦辞	卦辞要义
15	䷎	地,众人	即使巍峨如高山的大人物,却心甘情愿地隐匿于普通民众之中。	如何谦逊做人。	亨。君子有终。	谦可致亨,令君子有终。
谦		山一样高大的人物				

爻位	特定对象	爻辞	爻辞要义
初爻	小民百姓	谦谦君子,用涉大川。吉。	小民百姓有可以信赖的谦谦君子,能够带领大家完成艰难的事情,就是小民的福分。
二爻	小有人家	鸣(扬名)谦,贞吉。	小有人家,若谦逊声名远播,且口碑不衰,就是大好事情。
三爻	大有人家	劳(勤劳)谦,君子有终,吉。	大有人家,若能像君子一样有始有终地保持勤劳、谦逊态度,令人欣慰。
四爻	文臣武将	无不利。撝谦。	封疆大吏、股肱之臣,若能谦逊做人,则无不利。向人们展示你的谦逊吧。
五爻	王侯国君	不富以其邻。利用侵伐,无不利。	身为王侯,不应炫耀武力于邻邦。待羽翼丰满后,兴师侵伐,则无不利。
上爻	国之功臣	鸣谦。利用行师,征邑国。	素有谦逊之名的国之功臣,王侯可以放心地让其率师征战,攻城略地。

卦序 卦名	上下 卦象	卦象 形象	全卦 形象	全卦 主题	卦辞	卦辞要义
16		雷,隐指令人惊恐不前的事情	地上滚雷,令人恐惧,闻之使人望风而逃,唯恐避之不及。着眼点是四处横行的"雷"。	使人恐慌、唯恐避之不及的人;或对别人具有震慑力,所向披靡的人;或具有威望的人。	利建侯行师。	如果具有所向披靡,令人望风丧胆的威慑力,就可成就建功立业、率兵打仗的功绩。
豫		地,隐指民众				

爻位	特定对象	爻辞	爻辞要义
初爻	小民百姓	鸣豫,凶。	小民百姓,如果恶名在外,迟早要遭殃。
二爻	小有人家	介(卡)于石,不终日,贞吉。	小有人家要树立起自己的威望,就要越过挡在面前的一道道障碍。只要坚持不懈,很快就能如愿。
三爻	大有人家	盱(睁大眼睛)豫,悔。迟有悔。	大有人家,总是吹胡子瞪眼地想要别人臣服,搞不好,就会令你后悔。但有了相应实力,却迟迟得不到众人认可,也是令人悔恨的事。
四爻	文臣武将	由(随心所欲)豫,大有得。勿疑 朋盍簪。	对于人臣特别是武将,要由着性子建立自己的威望,可大有所得。有威望的人,朋友自会聚集在身旁,对此,毋庸置疑。
五爻	王侯国君	贞疾。恒不死。	对于王侯,总让别的国家忌惮你,会出现很麻烦的情况。如果具有令人忌惮的能力,国家就不会灭亡。
上爻	全卦总结	冥(阴间)豫。成有渝(解脱),无咎。	即使死后也要令人忌惮、敬仰,这应是人生追求的境界。若能做到这一点,就实现了人生的价值,死而无憾。

卦序 卦名	上下 卦象	卦象 形象	全卦 形象	全卦 主题	卦辞	卦辞要义
17	☱	有性欲望的女子	男子听从女子的摆布。	枕边风,偏听偏信。听从一种意见。	元亨利贞。无咎。	男人在家庭中,能够听从妇人的意见,就能元亨利贞。这也无可指责。
随	☳	男子				

爻位	特定对象	爻辞	爻辞要义
初爻	小民百姓	官有渝(改变)。贞吉。出门交有功。	小民百姓,若总是遵守官方的命令,就不会有错。若与外人相交,多听大家的意见,就可建功立业。
二爻	小有人家	系小子,失丈夫。	小有人家,往往目光短浅,听信谗言,使小人得势,君子心寒。
三爻	大有人家	系丈夫,失小子。随有求得。利居贞。	大有人家,见多识广,明辨是非,亲君子而疏小人。听从有助于实现其目标的意见,就会成功。重要的是保持已取得的成就。
四爻	文臣武将	随有获,贞凶。有孚在道以明。何咎。	身为将相,若对君王言听计从,则会顺风顺水;但长此以往,会有凶险。要恪守社会行为规范,以德为先,光明正大,如此方可无咎。
五爻	王侯国君	孚于嘉(嘉奖)。吉。	对于王侯,若能以公正的嘉奖为手段,使众人跟随在身边,则吉祥。
上爻	不法之徒	拘系之,乃从维(纲纪、法度)之。王用亨于西山。	对不跟随社会主流的不法之徒,要用法度强行约束其行为。必要时,要在西山祭祀中,镇压那些罪大恶极的不法之徒,以儆效尤。

卦序卦名	上下卦象	卦象形象	全卦形象	全卦主题	卦辞	卦辞要义
18 蛊	☶ ☴	山,山一样威严的父亲 风,温和如风般的柔情	严父柔情。	溺爱子女。	元亨。利涉大川。先甲(嘉)三日,后甲三日。	适当溺爱子女,使其感受到家庭温暖,出发点没错,亦有助于其成长。如此氛围中长成的孩子,胆识过人。溺爱应有度且时机恰当,对其良好行为,应事先引导、事后褒奖。

爻位	特定对象	爻辞	爻辞要义
初爻	小民百姓	干父(干爹)之蛊。有子,考无咎。厉 终吉。	小民百姓对待子女,要像干爹对待义子一样,以赞赏、鼓励为主。若儿子能光宗耀祖,父母就尽到责任了。对子女严厉一些,最终会有好结果。
二爻	小有人家	干母(干妈)之蛊,不可贞。	小有人家对待子女,若像干妈对待义子一样,无原则地加以溺爱,就可能惯坏孩子,造成不可挽回的后果。
三爻	大有人家	干父之蛊。小有悔,无大咎。	大有人家对待子女,应像干爹对待义子一样,以赞扬、鼓励为主。虽然孩子可能会有一些出格举动,令人有悔,但无大碍。
四爻	文臣武将	裕父之蛊。往见吝。	将相之家,应以有成就的裕父(父辈同僚)为榜样教化子女。但不应经常带孩子去见裕父,否则,他看到一些阴暗的东西,结果可能适得其反。
五爻	王侯国君	干父之蛊。用誉。	王侯之家对待子女,应像干爹对待义子一样,以褒奖、鼓励为主。注重教化子女珍惜家族荣誉,维护家族信誉,不玷污家族名誉。
上爻	世外高人	不事王侯。高尚其志。	对世外高人,应教育子女不奴颜婢膝,不迎奉权贵,而是培养其高尚的志向和情操。

卦序 卦名	上下 卦象	卦象 形象	全卦 形象	全卦 主题	卦辞	卦辞要义
19	☷	地,高地	高处看湖,景象尽收眼底,能够把握全局。	如何把握全局、顾全大局。	元亨利贞。至于八月(庄稼快要成熟)有凶。	遇事可揽全局,则可元亨利贞。待到事情已成定局,才幡然醒悟,悔之晚矣。
临	☱	湖泊				

爻位	特定对象	爻辞	爻辞要义
初爻	小民百姓	咸(共同)临 贞 吉。	小民百姓,若在大是大非问题上,总能够想到一块儿,则令人高兴。
二爻	小有人家	咸临 吉,无不利。	小有人家,若大家在大事上意见一致,就是好事,无不利。
三爻	大有人家	甘(心甘情愿)临,无攸利。即忧之,无咎。	大户人家,在大事情上要能从大局出发,即使吃点亏也要心甘情愿。对独自吃亏耿耿于怀,亦无可指责。
四爻	文臣武将	至(到)临,无咎。	对于人臣,遇大事亲临现场,掌握全局,正确、迅速决断,理所当然。
五爻	王侯国君	知(了解)临,大君之宜。吉。	对于王侯国君,若无需事必躬亲,就能察知、把握大局,则吉祥。
上爻	全卦总结	敦(敦厚)临,吉,无咎。	如果人们能够怀着敦厚、宽仁之心,顾全大局,则世事吉祥。也应该这样做。

卦序 卦名	上下 卦象	卦象 形象	全卦 形象	全卦 主题	卦辞	卦辞要义
20	☴	大风,寒风	遍地寒风凛冽时,再紧迫的行程也要叫停,静观其变,预测行动时机。	细心观察,把握事物发展的规律,以决定下一步行动的时机。即"洞察力",前瞻。	盥而不荐,有孚顒(庄严肃穆)若。	祭奠前准备过程中,要观察众人状况,待到众人都肃穆、虔诚地等待时,再开始祭奠仪式。
观	☷	地,大地				

爻位	特定对象	爻辞	爻辞要义
初爻	小民百姓	童观。小人无咎,君子吝。	小民百姓犹如小童,看不清事物发展变化的内在规律。这对一般人而言无可厚非,但对人中俊杰而言,就令人遗憾了。
二爻	小有人家	窥观。利女贞。	小有人家,观察事物变化也不全面,只能窥见一斑。这种观察事物的方式,仅有利于女人守妇道。
三爻	大有人家	观我生,进退。	大户人家,可以从对自己人生经验的总结中,把握社会发展变化的某些规律,从而决定人生进退的时机。
四爻	文臣武将	观国之光。利用宾于王。	身为人臣,要能够从一个国家的种种迹象,看出其兴衰的前景。若有此等功力,就可成为国君的座上宾。
五爻	王侯国君	观我生。君子无咎。	作为君王,应从自己的人生阅历,判断功过是非,并做出正确决策。这对明君而言,是必备的素养。
上爻	全卦总结	观其生。君子无咎。	人们应该从对别人功过是非的分析中,把握事物发展变化的规律,并作出做正确的决策。这是人中俊杰应有的作为。

卦序卦名	上下卦象	卦象形象	全卦形象	全卦主题	卦辞	卦辞要义
21	☲	目露贪婪之火	虎豹等捕获猎物后,如遇抢夺者,死死咬住猎物不放,目露凶光,喉咙发出低沉的警告之声。人们对于到口的猎物,亦是如此贪婪。	人们对既得利益的贪得无厌,贪婪无度。	亨。利用狱。	适度贪婪称为坚持不懈,有利于发展;但若贪得无厌,则会有牢狱之灾。
噬嗑	☳	喉发威胁之声				

爻位	特定对象	爻辞	爻辞要义
初爻	小民百姓	屦校灭趾,无咎。	小民百姓为了果腹,即使因偷鸡摸狗而戴上脚镣,也会把行走过的痕迹擦掉,继续干同样的勾当,这也没办法。
二爻	小有人家	噬肤(肉)灭鼻。无咎。	小有人家的贪婪,就像不掏钱吃肉,一口咬下去,恨不得连鼻子都会陷进肉里去。这也难怪。
三爻	大有人家	噬腊肉,遇毒(腐坏)。小吝。无咎。	大户人家的贪婪,就像鲜肉吃不完腌成腊肉,怕腊肉坏掉,宁肯吃坏身体也舍不得丢掉。这虽令人难受,亦在情理之中。
四爻	文臣武将	噬干胏,得金矢。利艰贞,吉。	为人臣子这份差事犹如啃风干的骨头,费力、无趣、不足、难舍。不肯放弃,只是想啃出个铜箭头来。忍辱负重,持之以恒吧,或有收获。
五爻	王侯国君	噬干肉,得黄金。贞厉。无咎。	身居王位如啃干肉,咬不动、嚼不烂、咽不下、化不完。恋而不舍,只期待意外收获。劳神费力,艰辛自知。这又能怪谁?
上爻	国之功臣	何校灭耳。凶。	国之功臣有几个甘心退出历史舞台?而一旦兴风作浪,就将是大枷伺候的下场。这就凶险了。

卦序 卦名	上下 卦象	卦象 形象	全卦 形象	全卦 主题	卦辞	卦辞要义
22	☶	山	坐山观火。	山上观火，难得一见之景象。引申为点缀，打扮，装饰。	亨。小利有攸往。	刻意打扮，自己开心，别人高看。出门办事，应注意形象。
贲	☲	火				

爻位	特定对象	爻辞	爻辞要义
初爻	小民百姓	贲其趾，舍车而徒。	小民百姓，如果穿了一双新鞋，为了显摆，宁可步行，也绝不乘车。
二爻	小有人家	贲其须。	小有人家，会仔细地装饰其胡须，以显美男子风采。
三爻	大有人家	贲如濡（水光溜滑）如，永贞吉。	大有人家，往往打扮得体且滋润。能够长期保持这等状态，吉。
四爻	文臣武将	贲如皤如。白马翰如，匪寇婚媾。	将相之家，装饰大气而奢华。即使不为娶妻迎亲，也会把英俊的白马，装饰得犹如锦鸡一样华美。
五爻	王侯国君	贲于丘园。束帛戋戋。吝。终吉。	王侯之家，即使对私家庄园，也会进行华丽的装饰。厅堂之内，尽垂丝帛，华丽无比。如此，虽有暴殄天物之嫌，但有此实力，江山定是一片繁华。
上爻	没落贵族	白贲。无咎。	没落贵族，没有任何装饰，也很正常。

卦序卦名	上下卦象	卦象形象	全卦形象	全卦主题	卦辞	卦辞要义
23	☶	山,指山一样令人仰视的人物	脱颖而出、俯视他人的人物。	打压众人,抬高自己。	不利有攸往。	采用打压别人、抬高自己的手段,一般难以取得预期结果。但必要时可以采用。
剥	☷	地,指地位不如自己的众人				

爻位	特定对象	爻辞	爻辞要义
初爻	小民百姓	剥床(坐具)以足(拳脚,武力)。蔑贞 凶。	小民百姓,往往用拳脚为自己打出一片天下。如果蔑视这种实力的保持,则有凶险。
二爻	小有人家	剥床以辩(辩,口才)。蔑贞 凶。	小有人家,往往因伶牙俐齿为自己博得一席之地。如果蔑视这种实力的保持,则有凶险。
三爻	大有人家	剥之 无咎。	大有人家,往往凭借自身实力,打压别人,凸显自己,这是常情。
四爻	文臣武将	剥床以肤(肌肉),凶。	位极人臣,若常常以武力威胁为手段,在同僚中建立自己的权威,不会有好结局。
五爻	王侯国君	贯鱼(鱼贯而入)。以宫人宠。无不利。	身为王侯,应采用打压的手段,使文武百官如首尾相接的鱼一般顺从;使宫人对其宠爱有加,而非心怀叵测。如此,无不利。
上爻	全卦总结	硕果不食。君子得舆,小人剥庐。	通过打压别人得到的硕果,不可靡费。以压制别人为手段,凸显自己,对有作为的君子而言,可得应有地位;而对无道的小人,到头来,将会为寻找栖身之地而奔波。

卦序卦名	上下卦象	卦象形象	全卦形象	全卦主题	卦辞	卦辞要义
24	☷	地,指山谷	山谷响雷,回声激荡,往复不已,余音不绝。	回顾过去,总结经验,时刻自省,以利远行。	亨,出入无疾。朋来无咎。反复其道,七日来复。利有攸往。	人能自省,可顺利发展,亦可出入无疾,自然高朋满座,此为常理。应常常自省。但有目标,就应一往无前。
复	☳	雷				

爻位	特定对象	爻辞	爻辞要义
初爻	小民百姓	不远复,无祗悔。元吉。	小民百姓,不要一条道上走到底,时常停步反思,则不会干出后悔的事情。能知道这样做,就是好事。
二爻	小有人家	休(止)复。吉。	小有人家,要反思得失,并果断中止不合时宜的事情。如此吉祥。
三爻	大有人家	频复。厉,无咎。	大有人家,应不断反思,总结经验,这虽然非常辛苦,但值得。
四爻	文臣武将	中行独复。	身为人臣,不要跟随同僚的大流,应不断地独自反思、自省。
五爻	王侯国君	敦复。无悔。	身为王侯,应怀着敦厚、宽仁之心,反思、自省其行为,则不会有悔。
上爻	全卦总结	迷(迷茫)复,凶,有灾眚;用行师,终有大败;以其国君 凶;至于十年不克征。	如果人们等到迷失方向的时候,再进行反思就晚了,会有凶险;若是统兵打仗,必有大败;若为国君,必有凶险;迷而不省,十年也干不成一件事。

卦序 卦名	上下 卦象	卦象 形象	全卦 形象	全卦 主题	卦辞	卦辞要义
25	☰	高高在上的大人物	天下雷鸣,令人惊惧。然而,再猛烈的雷,也不敢把天炸出个大窟窿。故,雷欺下而不妄上。	欺下而不妄上、不犯上作乱的人。	元亨利贞。其匪(不是)正有眚。不利(不遂愿)有攸往。	不犯上作乱,则可"元亨利贞"。人们不犯上作乱,并非自身没有能力。不遂心愿时,为小事也会犯上。
无妄	☳	脾气暴躁、刚猛的人				

爻位	特定对象	爻辞	爻辞要义
初爻	小民百姓	无妄。往吉。	小民百姓,应安分守己,不犯上作乱。如此,干什么都会吉祥。
二爻	小有人家	不耕获,不菑畲,则利有攸往。	小有人家,应善待下人,不使其犯上作乱,则可不耕而获,不垦而有良田。明白此理,就应善待下人。
三爻	大有人家	无妄之灾。或系之牛,行人之得,邑人之灾。	大有人家,往往飞扬跋扈,可能对小民百姓带来无端灾祸。譬如家里丢了一头牛,路人牵走了,而村里人无端受到牵连而不得安生。
四爻	文臣武将	可贞。无咎。	身为人臣,不妄上则可保平安。这是身为人臣的本分。
五爻	王侯国君	无妄之疾(病),勿药有喜(怀孕)。	身为王侯,若没有做过伤天害理之事,而家人身染微恙,不要求医问药,只是家人怀孕了。
上爻	国之功臣	无妄。行有眚,无攸利。	国之功臣,不应居功自傲、顶撞上司。否则,会有灾疾,而不会得到期望的好处。

周易新解

卦序 卦名	上下 卦象	卦象 形象	全卦 形象	全卦 主题	卦辞	卦辞要义
26	☶	山,隐指堆积如山的家财	积累如山的财富,都撑破了天。	广有家财的人家。	利贞。不家食,吉。利涉大川。	广有家财时,要善于保持。若不呆在家坐吃山空,而是不断奔波求财,吉。广有财富,可做想做的事情。
大畜	☰	天,引申为难以企及的愿望				

爻位	特定对象	爻辞	爻辞要义
初爻	小民百姓	有厉。利已。	小民百姓,如果突然间财富堆积如山,就会让你提心吊胆、寝食难安。小富即可,不要过分追求。
二爻	小有人家	舆说輹。	小有人家,如果突然财富堆积如山,则会像大车装载了太多的东西,会把车轴压坏。
三爻	大有人家	良马逐,利艰贞。日闲(护卫)舆卫。利有攸往。	大有人家,即使良马成群,也要紧细过日子。看管好财物,以防盗抢。认准目标,一往无前。
四爻	文臣武将	童牛之牯(牛角绑缚的横木)。元吉。	将相人家,如果家财万贯,就应提防恃强凌弱。要时常以"童牛之牯"提醒自己,不要伤人。若能以不伤他人为出发点,则大吉。
五爻	王侯国君	豮(阉割后的公猪)豕之牙。吉。	身为王侯,在财力充足时,应时常提防胡撕乱咬,惹来不必要的麻烦。常以"阉猪之牙"提醒自己,不要贸然挑起事端,则吉祥。
上爻	全卦总结	何天之衢。亨。	财富越积越多,生财之路则会愈加宽广,就能发展顺利。

604

卦序卦名	上下卦象	卦象形象	全卦形象	全卦主题	卦辞	卦辞要义
27	☶	山,指男子,隐指阳具	口交。	口交过程。	贞吉。观颐。自求口实。	口交可贞则吉。观颐令男子神怡,自求口实令女子心旷。
颐	☳	雷,隐指喉咙发出的低沉吼声				

爻位	特定对象	爻辞	爻辞要义
初爻	初	舍尔灵龟(阳具),观我朵颐。凶。	女:别用你的宝贝乱蹭,看我怎么摆弄它! 哈哈,这家伙,厉害!
二爻	次	颠(翻转)颐。拂(抚)经(经线,指发丝)于丘,颐征凶。	男仰面而卧,女于胯下而颐。轻抚发丝以鼓励,女颐更凶猛。
三爻	再次	拂(阻止)颐,贞凶。十年勿用,无攸利。	男子不能忍受时,赶快中断,否则就麻烦了,因为此时一泻千里,无利有害,因此,十年亦不可一试。
四爻	再次	颠颐,吉。虎视眈眈。其欲逐逐。无咎。	男女对换,男为女颐之,大家高兴。面对女阴,虎视眈眈,其欲逐逐,男人常情也,无话可说。
五爻	再次	拂(抚)经。居贞吉。不可涉大川。	再换回来,轻抚发丝,曲尽缠绵,坚持不"泄",享受美妙时光。别急不可耐。
上爻	终	由(随心所欲)颐,厉吉。利涉大川。	让女子放开性子颐之,虽极难忍耐,然此等美事有何不妙。实在忍受不住,交而合之,酣畅淋漓也。

卦序 卦名	上下 卦象	卦象 形象	全卦 形象	全卦 主题	卦辞	卦辞要义
28	䷛（上兑下巽）	渴望性爱的女子	寻求性爱的女子。	寡妇招蜂引蝶。	栋桡。利有攸往。亨。	男人亡故或性无能时，女子便会招蜂引蝶。寡妇有享受性爱的权力。爽事一件。
大过	（巽下兑上）	飘忽不定的男子				

爻位	特定对象	爻辞	爻辞要义
初爻	小民百姓之妻	藉用白茅（狗尾巴草）。无咎。	小民百姓家的寡妇，会与他人苟且于干茅草堆，无可指责。
二爻	小有人家之妻	枯杨生稊。老夫得其女妻。无不利。	小有人家之寡妇，为避人耳目，往往选择老男人暗合。老男人捡个便宜，而寡妇犹如枯杨再生新芽，又逢新春。这于老夫、女妻，均无不利。
三爻	大有人家之妻	栋桡。凶。	大户人家，耳目甚众，家法亦严，女子一旦守寡，就再也难有逢春之时。此等日子，想起来就令人心寒。
四爻	文臣武将之妻妾	栋隆。吉。有它吝。	将相之家，妻妾成群，难沾雨露之妾，自不在少数。于夫而言，夜夜温香软玉，欢乐无比。但冷宫中的怨妇，可能会红杏出墙，令你不爽。
五爻	王侯国君之妻妾	枯杨生华。老妇得其士夫。无咎无誉。	王侯之寡妇，谁能够管束她？往往会找年轻英俊的小伙子共度良宵，如枯杨逢春又开出花朵。对此，无可指责，亦不足赞誉。
上爻	全卦总结	过涉灭（淹没）顶。凶。无咎。	寡妇求欢，可偶尔为之，不可太过。这虽是天性使然，但若过之，犹如涉水而灭顶，必会有凶险。

卦序卦名	上下卦象	卦象形象	全卦形象	全卦主题	卦辞	卦辞要义
29	䷜（坎上）	水	水下有水，水深无底，必藏深坑、高坎。	如何面对坎坷、麻烦。	有孚；唯心亨；行有尚。	面对坎坷，至少不能不负责任的乱来；正常人应保持乐观的心态；最好能有积极向上的行为。
坎	䷜（坎下）	水				

爻位	特定对象	爻辞	爻辞要义
初爻	小民百姓	习（习惯）坎。入于坎窞，凶。	小民百姓，应习惯坎坷。若怨天尤人，陷入难以自拔的深渊，则凶险。
二爻	小有人家	坎有险。求小得。	小有人家，一旦遇到坎坷，就会暗藏凶险。遇事不可强求圆满，但求小有所得。
三爻	大有人家	来之坎坎，险且枕（枕头边），入于坎窞。勿用。	大有人家，一旦遇到坎坷，就是大麻烦，既致命又迫在眉睫。一旦陷入大麻烦，就是绝境。警惕。
四爻	文臣武将	樽酒簋贰，用缶（乐器）。纳约自牖（窗）。终无咎。	文臣武将遇到麻烦，赶紧以请客赔不是，或隆重接待的方式赔罪道歉。即使负荆请罪，却只能屈辱的从窗户递进赔礼书，也没关系。
五爻	王侯国君	坎不盈，祇既平。无咎。	身为王侯遇到麻烦，自会有人替你解决，不会对你造成威胁。这无话可说。
上爻	国之功臣	系用徽纆，寘于丛棘，三岁不得。凶。	老迈功臣，一旦遇到麻烦，将是绳索紧缚，置于荆棘丛中，三年不得解脱的下场。凶险。

卦序卦名	上下卦象	卦象形象	全卦形象	全卦主题	卦辞	卦辞要义
30	☲	火	熊熊烈火所经之处，一切生命灰飞烟灭。	生离死别之百态。	利贞，亨。畜牝牛，吉。	生死交替，无人能免。老者逝去，于家有利。畜牝牛如纳妾，可使人丁兴旺，吉。
离	☲	火				

爻位	特定对象	爻辞	爻辞要义
初爻	小民百姓	履错然。敬之，无咎。	小民之家，一旦老人离世，一片脚步忙乱。处理后事，只要恭敬虔诚，就无可厚非。
二爻	小有人家	黄（跪伏）离，元吉。	小有人家，老人临终前应匍匐在地，衣染黄尘，恭敬、小心伺候。能有此等孝心，吉祥。
三爻	大有人家	日昃之离。不鼓缶而歌，则大耋之嗟。凶。	大有人家的老人离世后，大家庭往往分崩离析。若子女不能齐心协力、鼓缶而歌，则老者难以瞑目。若如此，凶险。
四爻	文臣武将	突如其来如。焚如，死如，弃如。	人臣往往因为飞来横祸不能寿终正寝。飞来横祸，突如其来，毫无防备。横祸降临，令家人心焦如焚，痛不欲生。遭遇横祸，皆因已被主人唾弃。
五爻	王侯国君	出（殡）涕沱若，戚嗟若。吉。	老君王谢世，新王窃喜。心虽窃喜，出殡之时，也需涕泪横流，尽显悲戚之状。如此，方能坐稳王位。
上爻	国之功臣	王用出征，有嘉。折首，获匪其丑（私念）。无咎。	老迈战将，服从君王命令出征，会获得嘉奖。若身丧疆场，身首异处，其结局并非是自己内心盘算的结果，亦无话可说。

卦序卦名	上下卦象	卦象形象	全卦形象	全卦主题	卦辞	卦辞要义
31	䷞	泽,有欲望的女子	两情相悦,白头到老。	水乳交融,相依为命的夫妇。	亨。利贞。取女吉。	夫妻相伴,同甘共苦,才能顺利发展,实现家庭愿望,保持家道不衰。女子能有终身归宿,吉祥。
咸	䷳	山,可以依靠的男子				

爻位	特定对象	爻辞	爻辞要义
初爻	新婚宴尔	咸(共同拥有)其拇。	新婚宴尔,互不熟悉,同床异梦,各怀心思。共同拥有、不分彼此的,犹如只有大拇趾。
二爻	七年之痒	咸其腓,凶。居吉。	新鲜已过,小儿落地,烦心之事纷至沓来,一言不合便拳脚相向,分不清是谁的拳脚。这等日子真难过。但只要长相处,小两口打架不记仇,就会渡过难关。
三爻	收敛心思	咸其股,执其随。往吝。	七年之痒已过,收敛了花心,学会了相互迁就,也深谙夫妻之道。但不可沉溺于此道。
四爻	夫唱妇随	贞吉悔亡。憧憧(关注)往来,朋从尔思。	高堂犹在,子女一群,家业待兴,心无旁骛,劳顿不息,亦无怨无悔。相互关照,事事替对方着想。
五爻	相互支撑	咸其脢,无悔。	华发渐生,腰背渐驼,儿婚女嫁,不堪重负,疲惫之时,已无言词,惟相互靠背,相互支撑。
上爻	执子之手	咸其辅颊舌。	垂垂老矣,谁知冷暖?唯有另一半,执子之手,与子偕老。你咬不动的,我替你咬;你头痛脑热,我脸贴你的脸试试;你喝的药,我先替你尝尝。

卦序 卦名	上下 卦象	卦象 形象	全卦 形象	全卦 主题	卦辞	卦辞要义
32	☳	雷	打雷总会起风,自然现象。	循规蹈矩,墨守成规。	亨。无咎。利贞。利有攸往。	循规蹈矩可少走弯路,并不丢人。能循规蹈矩,便不会出差错。若懂得墨守成规的道理,就能找到前进的方向。
恒	☴	阵风				

爻位	特定对象	爻辞	爻辞要义
初爻	小民百姓	浚恒 贞 凶。无攸利。	小民百姓,若一味墨守成规,重蹈别人成功之路,不知求变,没什么好处,也很难得到想要的结果。
二爻	小有人家	悔亡。	小有人家,应坚持自己的发家致富之道,持之以恒,不断奋斗,就不会有悔。
三爻	大有人家	不恒其德,或承之羞。贞吝。	大有人家,其所以巨富而未招致邻人怨恨、愤怒,必以其德惠及邻人,得其拥戴。若丧失先祖好生之德,招致众人怨恨,可能有损家族声誉。但维系声誉的负担,可能令你难以忍受。
四爻	文臣武将	田无禽。	若位极人臣而墨守成规,不思进取,将一无所获,犹如狩猎而田无禽一样。
五爻	王侯国君	恒其德 贞。妇人吉,夫子凶。	身为王侯,应保持其好生之德,给民众休养生息之惠,则可永葆江山。至于夫妇之间,若专宠一人,于妇为吉,于夫(夫、子)则凶。
上爻	垂暮之人	振(动摇)恒 凶。	人入暮年,若抛弃长期养成的生活习惯,可能招致不良后果。

卦序卦名	上下卦象	卦象形象	全卦形象	全卦主题	卦辞	卦辞要义
33	䷠(上)	天,难以逾越的大人物	再高大的山,也戳不破天;再厉害的人,也有斗不过的对手。面对不可战胜的敌手、困难,应知难而退,甘拜下风。	知难而退,甘拜下风的策略。	亨,小利贞。	掌握知难而退的策略,就可顺利发展,稍微懂得这些道理,就能安身立命。
遁	䷠(下)	山,受人敬仰的人物				

爻位	特定对象	爻辞	爻辞要义
初爻	小民百姓	遁尾 厉(后果严重)。勿用 有攸往。	小民百姓,知道事不可为时,应尽快抽身,抽身晚了可能惹祸上身。不要为了蝇头小利,或为了出风头,知难而进,引火烧身。
二爻	小有人家	执之用黄牛之革,莫之胜说(逃脱)。	小有人家子弟,不知天高地厚,总试图以卵击石。对此要严加约束,犹如用皮绳绑缚,不使其逃脱。
三爻	大有人家	系(牵绊)遁。有疾(灾祸,麻烦),厉。畜臣妾 吉。	大有人家子弟,虽知书达理,然血气方刚,不知进退。一旦惹祸,令人难以承受。应将其牵绊在家,以免招灾惹祸。最好多娶妻妾,牵其身、縻其志,如此则吉。
四爻	文臣武将	好(爱好)遁。君子(有志向者)吉,小人否。	文臣武将子弟,尽可满足其嗜好,使其不与他人争锋。如此,对可造之才,是件好事,而对平庸之辈,则可能使其一事无成。
五爻	王侯国君	嘉(褒奖)遁。贞 吉。	王侯子弟,能得天下者一人而已。对其他子弟,要以恰当的褒奖,使其不与王储争锋。如此,这等子弟性命无忧,江山亦可稳固,大家高兴。
上爻	国之功臣	肥(丰厚利益)遁,无不利。	国之功臣,可使其广有家财,消弭其野心,则无不利。

卦序卦名	上下卦象	卦象形象	全卦形象	全卦主题	卦辞	卦辞要义
34 大壮	䷡	雷,隐指脾气暴躁的人 天,隐指高高在上的大人物	天不怕地不怕,强悍而暴躁,或目空一切的人。着眼点是敢在天上炸响的"雷"。	敢于蔑视权威,天地不怕的人;敢作敢为,勇于担当的人。	利,贞。	敢作敢为,一往无前的人,能够实现愿望,保持成就。

爻位	特定对象	爻辞	爻辞要义
初爻	小民百姓	壮于趾。征凶,有孚。	小民百姓,若仅有一身蛮力,就像一个人只是脚趾头粗壮一些而已。想靠拳头打天下,横冲直撞,不会有好结果。还是要恪守社会行为规范。
二爻	小有人家	贞吉。	小有人家,保持敢作敢为、勇于担当的品行,就会有好结果。
三爻	大有人家	小人用壮,君子用罔,贞厉。羝羊触藩,羸其角。	大户人家,若一味欺压弱小,罔顾权威,定有灾难。灾难降临之时,就像公羊想冲破藩篱,却可能毁掉羊角。
四爻	文臣武将	贞吉。悔亡。藩决不羸,壮于大舆之輹。	将相重臣,若总能敢作敢为,勇于担当,就是好事,不会有悔。若像一只能轻易冲破藩篱而不伤其角的公羊,王侯定会让你担当犹如大车的车轴一样重要的任务。
五爻	王侯国君	丧羊于易。无悔。	身为王侯,不可以天地不怕,意气用事。切记丧羊于易的典故。如此才能无悔。
上爻	全卦总结	羝羊触藩,不能退,不能遂。无攸利,艰则吉。	再强壮的人,在现实面前,就像一只公羊,想冲破坚不可摧的藩篱,往往难达目的,进退两难。安于现状吧,虽然于心不甘,但这可能是最好的选择。

卦序卦名	上下卦象	卦象形象	全卦形象	全卦主题	卦辞	卦辞要义
35	☲	炊火（炊烟）	遍地炊烟袅袅，地广人旺，欣欣向荣，势力不断扩张之象征。	欣欣向荣，势力壮大。	康（慷慨）侯用锡马蕃庶，昼日三接。	慷慨的王侯，将赏赐所得的良马分赠庶民，所到之处，高接远送，应接不暇。
晋	☷	遍地				

爻位	特定对象	爻辞	爻辞要义
初爻	小民百姓	晋如（虚词）摧如，贞吉。罔孚，裕无咎。	小民百姓为壮大家业，日夜操劳，饱受摧残。能够矢志不渝，则吉。只要能够勤劳致富，丰衣足食，则没有过错。
二爻	小有人家	晋如愁如，贞吉。受之介福，于其王母。	小有人家要扩大家业，不知要为多少事犯愁。矢志不渝则吉。能有目前成就，皆因大家庭的母亲，能够把大家庭维系在一起。
三爻	大有人家	众允 悔亡。	大有之家，若其势力雄霸一方，众人更是心悦诚服，则无悔于人生。
四爻	文臣武将	晋如（像…一样）鼫鼠，贞厉。	身为人臣，若为壮大自己势力，像老鼠一样暗地里挖别人的墙脚，可得逞一时；长此以往必遭人唾弃，只能自食苦果。
五爻	王侯国君	悔亡。失得勿恤。往吉无不利。	身为王侯，广有天下，复有何求？天下即为家，不应考虑家与天下之间的得与失。若以天下欣欣向荣为重，吉利。
上爻	国之功臣	晋其角，维用伐邑。厉吉 无咎。贞 吝。	老迈功臣若再获倚重，只因其好斗之角可用于平定叛邑之乱。这虽危险，亦是好事，没有话讲。但常干此事，可能令人不爽。

卦序卦名	上下卦象	卦象形象	全卦形象	全卦主题	卦辞	卦辞要义
36 明夷	䷣ ䷣	地，隐指众人 火，隐指引人注目、出类拔萃的人	火入地下，藏匿光芒；众人面前，不露锋芒。此为韬光养晦。	引人注目易受伤害。韬光养晦之策略。	利艰贞。	韬光养晦，非常艰难，但应坚持。
爻位	特定对象	爻辞			爻辞要义	
初爻	小民百姓	明夷于飞，垂其翼。君子于行，三日不食。有攸往，主人有言。			小民百姓若一飞冲天，易遭人嫉恨，应暂垂其翼，免受更大伤害。但应如君子，不丧其志，即使空着肚子，也要奋力前行。为实现抱负，暂受委屈无妨，自会有人为你做主。	
二爻	小有人家	明夷。夷于左股。用拯马壮吉。			小有人家要有更大发展，应韬光养晦。可在人前假装好像伤了左腿（不能上马）一样，隐藏远行的志向，却暗中养肥马匹，以利远行，如此可得吉祥。	
三爻	大有人家	明夷 于南（方向）狩，得其大首。不可疾（急）贞。			大有人家应以狩猎为名义，逃离人们的视线，暗中厉兵秣马，时机成熟时，一举称霸一方。但不可操之过急，方能成功。	
四爻	文臣武将	入于左腹，获明夷之心，于出门庭。			身为将相，可以假设左腹有疾、无力与人争锋，以此来体会、理解韬光养晦的道理，从而约束自己出门在外与人交往时的行为。	
五爻	王侯国君	箕子之明夷。利贞。			作为王侯，应该从箕子的典故（无力改变自己不满意的现状，装疯卖傻）中，学会韬光养晦的策略。以此达到并保持韬光养晦的状态。	
上爻	全卦总结	不明晦，初登于天，后入于地。			不明白韬光养晦的道理，即使你能够一步登天，但终会遭人嫉恨，稍有闪失，别人就会落井下石，置你于地狱。	

卦序 卦名	上下 卦象	卦象 形象	全卦 形象	全卦 主题	卦辞	卦辞要义
37	☲	火塘上的热风	围坐在火塘边的一家人。	治家方略。	利 女贞。	治家要领,就是让你的女人对你死心塌地,不离不弃。
家人	☲	火塘里的火				

爻位	特定对象	爻辞	爻辞要义
初爻	小民百姓	闲(护卫)有家。悔亡。	对小民百姓,看护好自己的女人,才能有一个温馨的家。做到了这一点,就没有后悔的事情。
二爻	小有人家	无攸遂,在中馈(回馈)。贞吉。	小有之家,一家人若能亲亲热热的有一日三餐,就无所求了。总有这样的日子,就是吉祥。
三爻	大有人家	家人嗃嗃,悔厉吉。妇子嘻嘻,终吝。	大户人家,若家人之间恶语相向,令人悔恨,严加管束才可家庭和睦。若小妾与年长儿子嘻嘻哈哈,没有规矩,最终可能出现令人不爽的事情。
四爻	文臣武将	富家 大吉。	将相之人,不应只管自家的事情,若能使整个家族昌盛,方为大吉。
五爻	王侯国君	王假有家,勿恤 吉。	作为王侯,应让天下人都有个舒心的家,对此不要吝啬。如此,方能天下太平。
上爻	全卦总结	有孚 威如。终吉。	治家之道,重在人人行为得体,并严加管束。如此,终会吉祥。

卦序 卦名	上下 卦象	卦象 形象	全卦 形象	全卦 主题	卦辞	卦辞要义
38 睽		火,欲火难耐的男人	一见钟情的男女(着眼点主要在女子)。	女子在一见钟情后的偷情行为。	小事 吉。	偶尔为之则吉。
		泽,渴望性爱的女人				

爻位	特定对象	爻辞	爻辞要义
初爻	小民百姓家的女子	悔亡。丧马勿逐 自复。见恶(厉害)人,无咎。	与人一见钟情、共度春宵,则悔亡矣。因一见钟情而私奔,犹如脱缰之马,暂得一时之欢,但终会意尽自返。也许会见识(性能力)很厉害的男人,无须大惊小怪。
二爻	小有人家的女子	遇主(对象)于巷。无咎。	也许在村口、巷内,就会遇到让你心动不已、两情相悦的男子,这很正常。
三爻	大户人家的女子	见舆,曳其牛,掣其人,天且劓。无初有终。	外出时坐在车子上,路遇心仪的男子,眉目传情,引得男子冒着刺字、割鼻的风险,曳其牛车到僻静处,掣出其人,以成一时之欢。这虽没有青梅竹马的基础,却可能成为一世的牵挂。
四爻	将相之家的女人	睽孤(单身),遇元夫。交孚,厉 无咎。	因孤枕难眠寻得如意郎君,两情相悦,如胶似漆,犹如命中注定的夫妻一般。但与之交往,要恪守行为底线,这虽让人难以忍受,也无话可说。
五爻	王侯之家的女子	悔亡。厥(咒骂)宗噬肤(因气愤而咬一口),往何咎。	能够遇到两情相悦的男子,共度春宵,则不会有悔。即便因此而被人骂遍十八代祖宗,恨不得咬一口,也在所不惜。这有什么过错?
上爻	年老色衰的女子	睽孤,见豕负涂,载鬼一车。先张之弧,后说之弧。匪寇婚媾。往遇雨则吉。	因孤枕难眠而寻找意中人,对你有意的只是浑身肮脏的猪,或者有所图谋的一群鬼。最先凑到你跟前的,是有所图谋的人,后到你跟前的,是真心对待你的人。不要期待再嫁,到了这一步时,先像淋一身透雨一样,让自己冷静下来再做决定,吉。

卦序 卦名	上下 卦象	卦象 形象	全卦 形象	全卦 主题	卦辞	卦辞要义
39	䷦	雨水	山路险峻，泥泞难行，危机四伏，险象环生，步履维艰。	身陷绝境，前途渺茫。	利西南（为地），不利东北（为山）。利见大人。贞吉。	身陷绝境时，应稳妥应对，不宜险中求胜。若能走出绝境，即为可敬之人。坚持不懈，锲而不舍，吉。
蹇	䷁	山间小道				

爻位	特定对象	爻辞	爻辞要义
初爻	小民百姓	往（陷入）蹇 来誉。	对小民百姓，在绝望之中若能坚忍不拔，挺过难关，必有赞誉之名而来。
二爻	小有人家	王臣蹇蹇，匪躬（自身）之故。	小有人家，要称职地履行社会职责，则会令你绝望，但这并非是因为你自身的缘故。
三爻	大有人家	往蹇 来反。	大户人家，如果陷入危机四伏的绝望境况，往往出现墙倒众人推的后果。
四爻	文臣武将	往蹇 来连。	将相之家遇到步履维艰的绝望境况，常会得到众人联手相帮。
五爻	王侯国君	大蹇 朋来。	身为王侯遇到灭顶之灾之时，自会有朋友不请自来相助（或才能认清谁才是朋友）。
上爻	全卦总结	往蹇 来硕，吉。利见大人。	遇到灭顶之灾时，若能够得到超过预期的相助，吉。若能如此，你就是一个道德高尚的大人。

卦序卦名	上下卦象	卦象形象	全卦形象	全卦主题	卦辞	卦辞要义
40	☳	雷,引申为上层的命令,朋友的请求	雷鸣而雨降,犹如雨滴接到命令而立即行动。着眼点是按照"指令"行事。	有令必行;唯命是从;有求必应。	利西南(地)。无所往,其来复吉。有攸往,夙吉。	有求必应,可为自己铺就坦途。人未求己亦能帮人,是种美德。有求必应,应为每个人的善行。
解	☵	雨,引申为按照要求、请求而采取的行动				

爻位	特定对象	爻辞	爻辞要义
初爻	小民百姓	无咎。	小民百姓,若能够有令必行,雷厉风行,无可指责。
二爻	小有人家	田获三狐(正常收获),得黄矢(意外收获)。贞吉。	小有人家,若能够有令必行,唯命是从,就能够得到应有的、甚至意外的收获。坚持这样做,就会有好结果。
三爻	大有人家	负且乘,致寇至。贞吝。	大户人家,若总是唯命是从,就是以高贵的身份,去做卑贱的事情,将招致贼寇光顾,小人欺侮。总是如此,就会有令人不快的后果。
四爻	文臣武将	解而拇,朋至斯孚。	身为人臣,对朋友有求必应,可能只是举手之劳。具备有求必应的品德,朋友就会云集于你的身边。
五爻	王侯国君	君子维有解,吉。有孚于小人。	贤明的王侯,对臣民的需要有求必应,就会天下太平。要对黎民百姓普施恩德。
上爻	国之功臣	公用射隼于高墉之上,获之无不利。	老迈的功臣,如果受到召唤,就要陪老王侯在城墙之上闲坐聊天;若举弓射隼还能箭无虚发,则无不利。

卦序卦名	上下卦象	卦象形象	全卦形象	全卦主题	卦辞	卦辞要义
41	☶	山，指男子，隐指硕大的阳具	高大强壮的男子，与小巧玲珑的妻子。	壮男与娇妻的性事。	有孚，元吉。无咎可贞。利有攸往。曷之用？二簋（简单饮食）可用，亨。	壮男于娇妻，不可过于粗暴，懂得体恤则吉。即使有损，亦无咎，但应以她可忍受为限。有需求时该做还要做。什么时候可交合？粗茶淡饭后舒坦。
损	☱	泽，指有欲望的女子				

爻位	特定对象	爻辞	爻辞要义
初爻	初	已事遄（迅速）往，无咎。酌损之。	壮男对娇妻，新婚宴尔，完事后应迅速收兵，无咎，不可使她过度受伤害。
二爻	次	利贞，征凶。弗损益之。	稍微习惯后，可以持久一些，但粗鲁行事不可取。尽量不要造成损伤，而应温柔体贴，使其感受到性爱的愉悦。
三爻	再次	三人行，则损一人。一人行，则得其友。	妻妾成群人家，若是三人行，可只损一人。若仅有一妻，应使其对你死心塌地。
四爻	再次	损其疾（急促），使遄有喜。无咎。	待她习惯后，疾风暴雨般的交合，可使其很快怀孕。无咎。
五爻	再次	或益之十朋（十指，引指双手）之龟，弗克违。元吉。	习以为常之后，女子也会享受十朋之龟。不要拂了她的意。元吉。
上爻	后	弗损益之，无咎。贞吉。有攸利，得臣无家。	娇妻到中年后，即使壮男亦不会令其受到损伤，只会让她舒心。这是常情。若有满意的性生活，她会死心塌地跟你一辈子。

卦序卦名	上下卦象	卦象形象	全卦形象	全卦主题	卦辞	卦辞要义
42	☴	飘忽不定女性伴侣	周旋于男子之间,交际花式的女子。	逢场作戏。	利有攸往。利涉大川。	具备条件时,可以与之做爱。
益	☳	渴望性爱的男子				

爻位	特定对象	爻辞	爻辞要义
初爻	小民百姓	利用 为 大作。元 吉 无咎。	小民百姓遇到此等状况,可以大展身手。美事一桩,无可指责。
二爻	小有人家	或益之十朋之龟。弗克违。永贞吉。王用享于帝 吉。	小有人家遇此好事,可以硕大之龟使其享受。勿拂其意,持久则吉。这,犹如王侯享用了帝王般的享受,美妙自知。
三爻	大有人家	益之用凶事,无咎。有孚 中行。告公 用圭。	大有人家遇此美事,可用疾风暴雨般的威猛刚强满足其欲望,无咎。也要体恤有加,舒缓有度。轻重缓急,尊重她的意见。
四爻	将相人家	中行。告公从。利用为依迁国。	将相之人遇此好事,应舒缓行事。有求必应。按其要求变化身段。
五爻	王侯	有孚 惠心。勿问 元吉。有孚 惠我德。	王侯遇此好事,应轻抚之,软语之,让她感到心暖。不相约再聚之期,吉。她若是有情有义之人,会因你的德行,给你关爱。
上爻	全卦总结	莫益之,或击之。立心勿恒。凶。	对于交际花般的女子,不可长期满足其需求,必要时令其死心。不要希望与其天长地久,否则凶险。

卦序卦名	上下卦象	卦象形象	全卦形象	全卦主题	卦辞	卦辞要义
43	☱	渴望性爱的女子	女子把性爱看作是比天还大的事情。	花痴般的妇人。	扬于王庭。孚号有厉。告自邑,不利即戎。利有攸往。	王侯之家亦有花痴。对此要顾忌社会影响,为此吵闹令人难堪。这种问题要自己解决,若不奏效,可诉诸武力。有兴致时,可满足其要求。
夬	☰	天一样大的事情				

爻位	特定对象	爻辞	爻辞要义
初爻	小民百姓之男	壮于前趾(隐指阳具)。往不胜为咎。	小民百姓,应强身健体,满足花痴般妇人之需。不能满足妇人需求,有何面目见人?
二爻	小有人家之男	惕号。莫夜有戎,勿恤。	小有人家,对妇人的不断索爱,要私下斥责。夜夜如临大敌,拒而不使其近身,勿施怜悯之心。
三爻	大有人家之男	壮于頄,有凶。君子夬夬。独行遇雨,若濡(性生活)有愠。无咎。	大户人家,若为了颜面,逞能而不断满足妇人,有凶险。放下君子风度,宁可耍赖也不要硬撑。可使妇人犹如独自长行,仅能偶遇雨露滋润,虽会招致愠怨,无咎。
四爻	文臣武将	臀无肤,其行次且。牵羊悔亡。闻言不信。	身为将相,对欲壑难填而暴戾乖张的妇人,可饱打一顿,使其臀无完肤,难以行走。她若能记住教训,像牵着的羊一样温顺,则不会有悔。无论妇人如何哀求,切勿理会。
五爻	王侯国君	苋陆夬夬(找别扭)。中行无咎。	身为王侯,摊上花痴般的妇人,要视其如路边献媚的草木,我行我素,不要去理会妇人的感受,无咎。
上爻	全卦总结	无号,终有凶。	对花痴般的妇人,如果不加斥责使其收敛,终会有不想看到的后果。

卦序卦名	上下卦象	卦象形象	全卦形象	全卦主题	卦辞	卦辞要义
44 姤	☰ ☴	天底下 邪风阵阵，隐指妇人撒泼	天下尽风，天昏地暗，鬼哭狼嚎，鸡飞狗跳，举家不宁，环宇难安。	如何对待"泼妇"。	女壮。勿用取女。	女壮则悍，悍则泼。遇上泼妇，最好休掉重娶。

爻位	特定对象	爻辞	爻辞要义
初爻	小民百姓	系于金柅(疑为妇女常用工具或部件)，贞吉。有攸往，见(见识)凶(凶悍)。羸豕孚蹢躅。	小民百姓遇上泼妇，若能将其"捆绑"在织布机上，累到无力撒泼，便是好事一件。若受人欺，让悍妇骂街，让别人见识悍妇的厉害。瘦弱的猪，其德行就是病病快快、有气无力，对待悍妇，亦应如此。
二爻	小有人家	包(甫)有鱼，无咎；不利宾。	小有人家摊上泼妇，不可宠着惯着；一日三餐，粗茶淡饭即可。这样做没错。但她可能拿你的客人当出气筒，给客人难看，让你难堪。
三爻	大有人家	臀无肤，其行次且。厉，无大咎。	大有人家摊上泼妇，如果撒泼，饱打一顿，把屁股打得皮开肉绽，让她连路都走不成。这虽然太过严厉，有些过分，但无大错。
四爻	文臣武将	包(甫)无鱼，起(闹将起来)凶(可怕)。	将相之家若有泼妇，要哄着宠着，别惹她发怒。一日三餐不能没鱼没肉，生活要照顾周到。若是她闹将起来，大家都没好果子吃。
五爻	王侯国君	以杞(枸杞枝)包(包裹)瓜。含章，有陨自天。	作为王侯遇到泼妇，要像用枸杞枝条包裹瓜果一样，绵里藏针，既不要伤着她，也不要让她由着性子来。要有宽厚包容之心，尽量不要招惹她。即使贵为王侯摊上泼妇，也像天上掉下来的陨石砸中了你，认命吧。
上爻	国之功臣	姤其角，吝，无咎。	对于泼妇，也要让其有适当的发泄机会。这虽然让人不爽，但也无可厚非。

卦序 卦名	上下 卦象	卦象 形象	全卦 形象	全卦 主题	卦辞	卦辞要义
45	☱	沼泽	水流汇集的地方。	有凝聚力的人；众望所归的人；有号召力的人。聚集	亨。王假有庙。利见大人。亨，利贞。用大牲吉。利有攸往。	有号召力，则可发展顺利。有凝聚力的人，犹如王室宗庙，是大家向往的处所。受到大家拥戴，就要品行高尚；如此，就能发展顺利，实现抱负，守住成果。对聚在身边的人，能杀牛宰马款待，予以回馈，则事事如意。能够凝聚人心的人，应认准目标，一往无前。
萃	☷	大地				

爻位	特定对象	爻辞	爻辞要义
初爻	小民百姓	有孚不终。乃乱乃萃（你来我往）。若号一握为笑，勿恤。往无咎。	小民百姓中众望所归的人，大家会真心诚意的聚集在你身边，但却难以长久，今天你来，明天我往。对号泣而来，握个手就可使其破涕为笑者，勿吝啬你的宽仁之心。花些时间去调停这些事情，无咎。
二爻	小有人家	引吉无咎。孚乃利用禴。	小有人家，手足之间难免生隙，即使在别人引领下来见你，也应尽释前嫌，是好事一桩。你若不负众望，就会成为家族公推的宗庙祭祀的主祭人。

三爻	大有人家	萃如嗟如。无攸利。往无咎,小吝。	大户人家,家大业大,声名在外。远亲近邻,不速之客,尽皆来投。来投者,必有所求,而无所利,令你不胜其烦。但故旧远亲,能帮就帮吧,只是让你小有不爽罢了。
四爻	文臣武将	大吉 无咎。	将相之家,来相投者,必怀奇才异能。有贤者相助,取其长而补己短,大吉。对前来投靠的高人以礼相待,纯属应该。
五爻	王侯国君	萃有位(品位),无咎。匪孚。元永贞,悔亡。	身为王侯,聚集在你身边的人,必须是有品位的正人君子,这无话可说。用谁不用谁不能被众人的意见所绑架,而要以江山社稷永固为出发点,如此方可无悔。
上爻	耄耋老者	赍咨涕洟。无咎。	垂垂老者,相聚一起,叹人间冷暖,世事沧桑,动情之处,不免涕泪并流,无咎矣。

卦序 卦名	上下 卦象	卦象 形象	全卦 形象	全卦 主题	卦辞	卦辞要义
46	䷭	地	犹如从地下钻出的旋风、龙卷风，扶摇直上。	地位的上升。	元亨。用见大人，勿恤，南（火）征吉。	人人都追求地位上升、发展顺利。地位上升的同时，应有高尚的品德。不要吝惜才华，而要热情似火的干事，如此吉祥。
升	䷸	旋风、龙卷风				

爻位	特定对象	爻辞	爻辞要义
初爻	小民百姓	允升 大吉。	小民百姓，若能得到大家公认并给予出头露面的机会，大吉。
二爻	小有人家	孚 乃利用禴（祭祀）。无咎。	小有人家，若行为高尚，众望所归，则会被族人公推为祭祀宗庙的主祭人，这理所当然。
三爻	大有人家	升虚邑。	大有人家，地位上升的表现就是，虽未获封邑，但其势力却堪比拥有封邑的王公贵族。
四爻	文臣武将	王用亨于岐山，吉，无咎。	王侯身边的文臣武将，若能被选中随王室一起于岐山祭拜祖先，那就是最风光的事情。能有这样的机会，吉，无咎。
五爻	王侯国君	贞吉 升阶。	贵为王侯，若能长保江山稳固、国泰民安，既令人开心，也就是自身地位的提升。
上爻	全卦总结	冥（死后）升。利于不息之贞。	人不能只看重生前的功名利禄，更要追求身后的赞誉之声日隆。

卦序卦名	上下卦象	卦象形象	全卦形象	全卦主题	卦辞	卦辞要义
47	☱	沼泽	水在泽下，泽中无水。水渗入地下，沼泽几近干涸，仅残存小水塘,水塘中的小蝌蚪陷入困境。	令人陷入困境的原因。	亨贞大人吉。无咎。有言不信。	对于有作为的大人物，困境的磨炼有利于顺利发展，珍惜成就，反而是好事。人生遇到困境很正常。陷入困境时要坚定信念，不为众言所乱。
困	☵	水				

爻位	特定对象	爻辞	爻辞要义
初爻	小民百姓	臀困于株木。入于幽谷,三岁不觌。	小民百姓往往因为懒惰，疏于侍弄庄稼而陷入困境，犹如走入树木遮天蔽日的幽谷，三年也难于走出。
二爻	小有人家	困于酒食，朱（红色）绂（官印绶带）方来。利用享祀。征凶无咎。	小有人家，为了得到一官半职经常宴请别人，会陷入困境。如果在日子难以为继之时得偿所愿，祭天拜地的庆贺、还愿，也是应该的。得陇望蜀虽为人之常情，但刚得陇、即图蜀，则凶矣。
三爻	大有人家	困于石（硕），据于蒺藜。入于其宫,不见其妻。凶。	大有人家困于贪得无厌。为求家业更大，不断努力，犹如爬山而攀缘荆棘，进退维谷。无暇顾及妻小，待到寻求抚慰之时，妻小可能已不甘寂寞而另有新欢，令人心寒。

四爻	文臣武将	来徐徐,困于金车。吝,有终。	将相之人,朝思暮想的就是如何在人前显贵。但象征其地位的金车,只会徐徐而来。这虽令人不爽,但只要坚持不懈,终会拥有金车。
五爻	王侯国君	劓刖,困于赤(血色)绂。乃徐有说。利用祭祀。	身为王侯所纠结的是,为了浸透鲜血的玉玺,是否值得冒割鼻剁足的风险。扩张势力,不可急促。应借祭祀之机,权衡先祖的利弊得失,以定进退之计。
上爻	全卦总结	困于葛藟,于臲卼(没有漏洞)。曰动悔。有悔,征吉。	世人所困者,往往是藤蔓般纵横交错的人际关系,利益格局是否出现漏洞。牵一发而动全身,顾此失彼,难以兼顾。不要求全责备,该干就干,留一点遗憾也在所不惜。到头来说不定效果很好!

卦序卦名	上下卦象	卦象形象	全卦形象	全卦主题	卦辞	卦辞要义
48	䷯	盛在桶里的水	深不见底的水井。	水井折射的人生境遇。	改邑（分家）不改井，无丧无得，往来井井。汔至亦未繘，井羸其瓶，凶。	分家另居，仍用旧井，家产无增无减。在新旧家园之间来来往往，都是因为打水。井水几近枯竭，打水的瓶都盛不满了还在打水，可怜啊。
井		井下习习凉风				

爻位	特定对象	爻辞	爻辞要义
初爻	小民百姓	井泥（含泥太多）不食。旧井无禽。	小民百姓共用一井，来晚了的人，只能汲取难以食用的泥水。众人只管打水，井却无人维修，井坏了也没人管了，一片荒芜。
二爻	小有人家	井谷（井口附近的低洼处）射（欢蹦乱跳）鲋（小蛤蟆），瓮敝漏。	小有人家，水缸破败，只能天天打水，以致井台边的水坑里，小青蛙如离弦之箭，欢蹦乱跳，嬉戏期间。
三爻	大有人家	井渫不食，为我心恻。可用汲，王明，并受其福。	大户人家，独享私井，宁肯井渫，别人也不能食用，这让我心里很难受。让没水吃的人用你的井吧，献出爱心，会受到众人的爱戴。
四爻	文臣武将	井甃，无咎。	将相之家，把井台都装饰得非常气派，无可厚非。
五爻	王侯国君	井洌，寒泉食。	王侯之家，井水甘洌，盛夏之时犹如寒泉一般，饮之暑气全消，令人心身俱爽。
上爻	全卦总结	井收勿幕（锁死井盖）。有孚 元吉。	有井的人家，你不用的时候，不要把井盖死，以方便别人汲水。具有助人的美德，就会吉祥。

卦序卦名	上下卦象	卦象形象	全卦形象	全卦主题	卦辞	卦辞要义
49	☱	泽,渴望性爱的女子	一拍即合的男女(着眼点主要在男子)。	如何对待痴情于你的女子。	已日乃孚。元亨,利贞。悔亡。	已有了相欢之实,就要恪守做人的底线。如果能够结为天长地久的夫妻,则无悔。
革	☲	火,渴望性爱的男子				

爻位	特定对象	爻辞	爻辞要义
初爻	初遇	巩用黄牛之革(牛皮绳)。	萍水相逢,相见恨晚,一拍即合,山盟海誓,难分难舍,犹如黄牛皮绳相缚,难以割舍。
二爻	二就	已日乃革之。征吉无咎。	依约相会,仍难分难舍。纵情欢愉吧,这没什么可指责的。
三爻	三续	征凶贞厉。革言(海誓山盟)三就。有孚。	再聚时颠鸾倒凤,以命相搏。但要清楚,要长相厮守,可能有麻烦。相约再聚几次就分手,还是恪守做人底线吧。
四爻	四结	悔亡有孚。改命吉。	曾经拥有,已无遗憾;回归理性,好聚好散。潇洒作别,各自向前,如此,吉祥。
五爻	五拒	大人虎变(恐吓)。未占有孚。	若女子旧情复燃,一再纠缠,男子应像老虎一样露出威胁的牙齿,但不要伤着了对方。不再占有对方,便是道德高尚的大人物。
上爻	六断	君子豹变(惩罚)。小人革面(贪恋外貌)。征凶。居贞吉。	若还纠缠,就要像豹子对待讨厌的小豹子一样,给它一巴掌。女人贪恋的只是外表,再继续下去,会有凶险。老老实实在家待着,不要再沾花拈草,吉。

卦序卦名	上下卦象	卦象形象	全卦形象	全卦主题	卦辞	卦辞要义
50	䷱	炊火	火下鼓风，火势更猛，炊火熊熊，饭香诱人。	煮食器皿折射的人生百态。	元吉，亨。	只想过上一日三餐、饮食无忧的平淡日子，才是应有的心态；有此等心态，则会事事顺心。
鼎	䷱	为使炊火更旺，在火下所鼓的风				

爻位	特定对象	爻辞	爻辞要义
初爻	小民百姓	鼎颠趾，利出否(泔水)。得妾以其子。无咎。	小民百姓，一日三餐难以保障，无米下鼎时，只好将鼎倒扣。若遇人取笑其家贫，以"空泔水"自嘲。饥寒交迫的女乞丐，若有几口热饭馈赠，她也可能以身相报，便因怀孕而为人妾。此等事情，无可指责。
二爻	小有人家	鼎有食，我仇有疾(病)，不我能即(得到)。吉。	小有人家，若其妻有疾、卧榻不起，又不能守候在跟前时，煮食一鼎置于榻旁，身边无人时，其妻不致挨饿。此等作为，令人感动。
三爻	大有人家	鼎耳革(绳)，其行塞(隐秘)，雉膏不食。方雨亏悔，终吉。	大有人家，仆人将烹煮的佳肴美味私匿于鼎，悬吊于密处，主人难以尽食。如果善待仆人，使其感受到雨露滋润，对私匿行为感到亏心，从而幡然悔悟，则终究是好事。
四爻	文臣武将	鼎折足，覆(倒扣)公餗，其形渥(润泽)。凶。	将相之人，妻妾争宠，烹调美食，取悦夫君。然而久候不至，怒砸鼎足，美味佳肴倒扣于地。因懑生恨，后果堪忧。
五爻	王侯国君	鼎黄耳金铉。利贞。	王侯之家，铜鼎金铉，尽显尊贵。应享有此等尊贵地位，并长久保持。
上爻	国之功臣	鼎玉铉，大吉，无不利。	人入暮年，若子孝孙贤，将餐饮器物都装潢得十分考究，则令人欣慰，尽可颐养天年。能享此福，则大吉大利。

卦序卦名	上下卦象	卦象形象	全卦形象	全卦主题	卦辞	卦辞要义
51	☳	雷,引申为发怒	大怒、暴怒的人。	发怒的学问。	亨。震来虩虩,笑言哑哑。震惊百里,不丧匕鬯(餐具)。	长者的严厉教训,可使孩子顺利发展。发怒时要让他害怕,过后却要和颜悦色。即使盛怒之后,也要该吃就吃该喝就喝。
震	☳	雷,引申为发怒				

爻位	特定对象	爻辞	爻辞要义
初爻	小民百姓对家人、子女	震来虩虩,后笑言哑哑。吉。	小民百姓喜怒无常,脾气上来时,把自己气得虩虩直喘,转过身却嬉笑如常。这也难怪。
二爻	小有人家对家人、子女	震来厉,亿(臆)丧贝。跻于九陵,勿逐,七日得。	小有人家训斥子女,若过于严厉,恐怕会让你失去最宝贵的东西(子女)。他可能因想不开而寄情于山川。别去寻找,过几天就会自己回来。
三爻	大户人家对家人、子女	震苏苏(因害怕而发抖),震行无眚。	大有人家对子女要严加管教,做错事情就严加斥责,使其低头认错。严加管教,其行为才不会有过失。
四爻	文臣武将对同僚	震遂泥。	身为将相,即使怒不可遏,也不要发作出来。
五爻	王侯国君对臣子、国戚	震往来厉。亿(臆)无丧有事。	身为王侯,不可意气用事。你向别人发怒,可能得到你不愿看到的后果。你的严厉斥责,在你看来没什么、不会失却什么,但挨训的人可能已经与你离心离德了。
上爻	全卦总结	震索索(因愤怒而发抖),视矍矍(侧目怒视),征凶。震不于其躬,于其邻,无咎。婚媾有言。	因为震怒使自己浑身索索发抖,而惹你发怒的人却侧目怒视,与你对峙,此时若继续发怒,不会有好结果。人们发怒,往往不认为是自己的过错,而是迁怒于人,这也难怪。但爱发脾气的人,想找个好媳妇就难了。

卦序卦名	上下卦象	卦象形象	全卦形象	全卦主题	卦辞	卦辞要义
52	☶	山,隐指巨大的遮盖物	严密的遮盖,掩藏。	人们刻意隐藏(财富、才能等)。深藏不露。	(艮)其背。不获其身。行其庭。不见其人。无咎。	世人往往深藏其背,不让人看到其全貌,即使你在他家的厅堂之中,也难以看清他的真实面目。大家如此,这也难怪。
艮	☶	山,隐指庞大的身躯				

爻位	特定对象	爻辞	爻辞要义
初爻	小民百姓	艮其趾,无咎。利永贞。	小民百姓,见识浅薄,稍有资本,就要炫耀,即使想要掖着藏着,就像只能藏住脚趾头。对于小民,这样也罢,保持这份天性就好。
二爻	小有人家	艮其腓。不拯其随,其心不快。	小有人家,稍有见识,对可资炫耀的东西,只能够掩藏到腿部。但让他引以为傲东西,若不能给他带来想要的好处,他就不高兴。
三爻	大有人家	艮其限。列其夤,厉薰心。	大有人家,将自己包裹得严严实实,生怕别人了解其底细。但对可以攀附的关系,却毫不掩饰。这虽然会导致为其撑腰的人的斥责,但不这样,他就心里难受。
四爻	文臣武将	艮其身。无咎。	身为将相,谨言慎行,深藏不露,实属应该。
五爻	王侯国君	艮其辅。言有序,悔亡。	身为王侯,若能管住自己的嘴巴,就不会有悔恨。若口无遮拦,信口开河,轻易许诺,迟早要后悔。
上爻	老迈功臣	敦艮 吉。	功成名就,功盖朝野之人,若能急流勇退,自隐江湖,最好。

卦序卦名	上下卦象	卦象形象	全卦形象	全卦主题	卦辞	卦辞要义
53	风		山顶上的疾风,将落叶刮到空中,徐徐落下。	空中飘落的树叶,犹如觅食的鸿雁飘然而落。鸿雁般高飞的少女,最终也要寻寻觅觅、飘飘然找到自己的归宿。	女归吉。利贞。	女子寻寻觅觅,飘然而下,找到人生归宿,吉。找到归宿,就安稳过日子吧。
渐		山,山顶				

爻位	特定对象	爻辞	爻辞要义
初爻	女子嫁于小民百姓	鸿渐于干(水边)。小子厉 有言。无咎。	嫁给小民百姓,犹如鸿雁落在了水边,生活艰辛且没有保障。为了养家,小伙子日夜操劳,还可能遭到抱怨。这是常情。
二爻	女子嫁于小有人家	鸿渐于磐,饮食衎衎。吉。	嫁给小有人家,如鸿雁找到了坚实的落脚之地,衣食无忧,安逸舒适。这就是好日子。
三爻	女子嫁于大户人家	鸿渐于陆(土丘)。夫征不归,妇孕不育,凶。利御寇(垂涎的男子)。	嫁入大户人家,犹如鸿雁落在大土丘上,虽然风光,艰辛自知。夫君因家国之事常年不归,若与人偷情有孕却不敢生育,揪心。还是洁身自好吧。

四爻	女子嫁入将相之家	鸿渐于木,或得其桷(方木橡建造的华宅)。无咎。	嫁给将相为妾,犹如鸿雁落在树上,不一定有很好的位置。但也许能够得到宠爱而地位显赫。鸟往高处飞,人往高处走,此乃常情。
五爻	女子嫁入王侯之家	鸿渐于陵,妇三岁不孕。终莫之胜,吉。	嫁给王侯为妾,犹如鸿雁飘落于宗庙,显赫无比。但王侯妻妾成群,三年也难得眷顾。若能生个一男半女,地位立马改变,吉。
上爻	女子嫁于老迈功臣	鸿渐于陆。其羽可用为仪。吉。	嫁给老迈功臣为妾,犹如鸿雁落在大土丘上。虽然风光,但可能只是用你的靓丽羽毛装饰门面。如果这是你期待的生活,也不错。

卦序卦名	上下卦象	卦象形象	全卦形象	全卦主题	卦辞	卦辞要义
54	☳	雷,隐指男子	男子与对其有好感的女子。	迎娶妻妹为妾。	征凶。无攸往。	迎娶妻妹应随缘,勿强求,强求不会有好结果。不要为娶妻妹而娶之。
归妹	☱	泽,隐指有情于你的女子				

爻位	特定对象	爻辞	爻辞要义
初爻	小民百姓	归妹以娣,跛能履。征吉。	小民百姓若能迎娶妻妹,姐妹相互扶持过日子,犹如双脚走路,即使一只脚跛了,仍能行走。有此机会,切勿错过,吉。
二爻	小有人家	眇能视,利幽(病弱)人之贞。	小有人家若能迎娶妻妹,共同持家,犹如人有双目,即使偏盲,还可以视物。这对妻子赢弱的人家,更有好处。
三爻	大有人家	归妹以须,反归以娣。	大户人家,必要时方可迎娶妻妹。同样的,必要时也可以考虑将小女再嫁给其姐夫。
四爻	文臣武将	归妹愆期,迟归有时。	身为将相,身不由己,错过约定归妹之期,亦应见谅,相信他迟早会践行诺言。
五爻	王侯国君	帝乙归妹,其君之袂,不如其娣之袂良。月几望吉。	如帝乙一样的国君纳妾,考虑更多的是政治结盟。这样的女子对你的感情,不如妻妹对你的感情。迎娶对你有感情基础的女子,吉。
上爻	全卦总结	女承筐无实;士刲羊无血。无攸利。	年迈之人纳妾,就像其妾有个大筐,你却没有可装的东西;你自己就像宰羊的屠夫,却没有利刃,连羊皮都刺不穿。不纳也罢。

卦序卦名	上下卦象	卦象形象	全卦形象	全卦主题	卦辞	卦辞要义
55	☲	男子	男同性恋，或恋童者。（注：对本卦的解读不确定）	男同性恋。	亨。王假之。勿忧。宜日中。	男同性恋，亦亨。王亦不反对，勿忧。但行事宜在日中之时。
丰	☳	男子				

爻位	特定对象	爻辞	爻辞要义
初爻	小民百姓	遇其配主（对象），虽旬无咎。往有尚。	小民百姓遇到同好，相处旬日亦无咎。相处之时，应行为高尚，不可强拗。
二爻	小有人家	丰其蔀，日中见斗。往得疑疾（病）。有孚发若，吉。	小有人家若有同好，相聚之处应严密遮挡，暗到即使在中午也能见到星斗的程度。等而不至，疑其有变，可往而求之。尽情释放之时，亦应行为有度，吉。
三爻	大有人家	丰其沛，日中见沫。折其右肱，无咎。	大有人家若喜同好，应相聚于水草茂密之处，即使中午也应光线昏昧。于此等地方，即使因战斗激烈而伤了胳膊，亦无咎。
四爻	文臣武将	丰其蔀，日中见斗。遇其夷主，吉。	将相之人有此爱好，相聚之处应严密遮挡，暗到即使在中午也能见到星斗的程度。若能遇到令其满意者，吉。
五爻	王侯国君	来章（学问）。有庆誉吉。	身为王侯若有此好，对方若是有学问、有身份、受赞誉者，吉。
上爻	年迈之人	丰其屋，蔀其家，窥其户，阒其无人，三岁不觌。凶。	老迈之人若有此好，即使条件准备得再好，也无人愿与交往，再等三年亦是徒劳。有此想法，不好。

卦序卦名	上下卦象	卦象形象	全卦形象	全卦主题	卦辞	卦辞要义
56	☲	夜晚在野山上的火堆	夜晚有人在山上生火,这些人夜未归家。	夜未归家。"旅"之百态。	小亨。旅贞吉。	见见世面,对顺利发展有好处。若旅程圆满,吉。
旅	☶	山				

爻位	特定对象	爻辞	爻辞要义
初爻	小民百姓	旅琐琐(猥琐),斯其所取灾。	小民百姓,若夜未归家,且眼神中流露出惊恐不安的神态,一副猥猥琐琐的样子,这一定是自己惹了祸端。
二爻	小有人家	旅即(按照)次(次序、计划),怀其资(盘缠),得童仆贞。	小有人家,按照事先计划,带着足够的盘缠,带着童仆去旅行,旅途一定圆满、顺利。
三爻	大有人家	旅焚(烧掉、不顾)其次(计划),丧其童仆,贞厉。	大有人家在旅途中,往往飞扬跋扈,随心所欲,朝令夕改,令童仆无所适从,不辞而别。这样的旅程,只能一团糟。
四爻	文臣武将	旅于处,得其资斧("工资")。我心不快。	像后世的"师爷"一样,随主人就任于外地,虽有"工资",然离乡背井,孤身客居他乡,其心不快。
五爻	王侯国君	射雉。一矢亡,终以誉命。	身为王侯,重任在肩,须臾不可远离朝堂。其旅行,只是狩猎于郊外而已。若能射一箭射得一雉,便可得到赞誉一片。
上爻	全卦总结	鸟焚(自毁)其巢,旅人(无巢可归)先笑后号咷。丧牛于易。凶。	鸟焚其巢,犹如人因红颜相惑,自毁其家。毁家后自是先笑,但号哭之时不远了。鸟焚其巢,因色毁家;丧牛于易,为利丧身。凶险。

卦序 卦名	上下 卦象	卦象 形象	全卦 形象	全卦 主题	卦辞	卦辞要义
57	☴	风,隐指自己的行为	风跟风。	从众,随大流。	小亨。利有攸往。利见大人。	随大流往往有小好处。必要时要随大流。能够把握好怎样随大流,就是有智慧的人。
巽	☴	风,隐指众人的行为				

爻位	特定对象	爻辞	爻辞要义
初爻	小民百姓	进退。利武人之贞。	小民百姓,人进我进,人退我退,只要随大流就行。特别是行伍之人,随大流就能够保命。
二爻	小有人家	巽在床(坐具)下。用史巫,纷若 吉。无咎。	小有人家遇事后,身边人就会出各种主意。应该以史为鉴,或听取巫师的意见。若能从形形色色的意见中,做出正确的抉择,吉。应该这样。
三爻	大有人家	频巽 吝。	大有人家若没有主见,总是听信别人的意见,频繁地改变主意,就令人不爽了。
四爻	文臣武将	悔亡。田获三品。	身为将相,若总是不折不扣地执行王侯的旨意,则不会有悔。这样,可能会得到你意想不到的东西。
五爻	王侯国君	贞吉 悔亡,无不利。无初有终。先庚(梗,卡住)三日,后庚三日。吉。	作为王侯,若总能够听取多数人意见,博采众长,吉,亦无悔,无不利。有些意见,初听刺耳,细想有理。做出重要决定前后,若能静思三日,权衡利弊,吉。
上爻	没落豪门	巽在床下。丧其资斧。贞凶。	没落豪门遇事后,身边人也会出各种主意,但都心怀叵测,做着树倒猢狲散的打算。听信此等意见,将是家财散尽的下场。

卦序卦名	上下卦象	卦象形象	全卦形象	全卦主题	卦辞	卦辞要义
58	☱	湖泊	一条河流相连的临近湖泊。	互通有无。	亨。利贞。	人们互通有无,相互帮助,就能顺利发展,实现目标,一往无前。
兑	☱	湖泊				

爻位	特定对象	爻辞	爻辞要义
初爻	小民百姓	和兑 吉。	小民百姓之间,和睦相处,互通有无,相互帮助,共渡困难,吉祥。
二爻	小有人家	孚(符合大家期待)兑吉。	小有人家与乡邻之间,应互通有无,相互帮衬。但交往中应恪守行为底线,不可以大欺小,强买强卖。如此吉祥。
三爻	大有人家	来兑 凶。	雄霸一方人家,别人求到门下与你进行交换时,暗藏凶险。求之不得,记恨于你;有求必应,可能得寸进尺。是故凶。
四爻	文臣武将	商兑 未宁。介疾 有喜。	将相人家之间,跟你商量进行交换的,必为你难舍之物。难舍之物与人,己心痛;不与,人不乐。若此,岂有安宁可言?别急于决定,拖一拖也许你会得到梦寐以求的东西。
五爻	王侯国君	孚于剥(打压)。有厉。	王侯之间尔虞我诈。若别人打压你,你却恪守道德底线,结局不妙。
上爻	老迈之人	引兑。	人到暮年,宿怨未消;有心化解,谁也不愿低头认错。若有人从中撮合,以消弭积怨,幸事一桩也。

卦序卦名	上下卦象	卦象形象	全卦形象	全卦主题	卦辞	卦辞要义
59	䷺	水流激起的轻风	风行水上，风水相伴，你唱我和，你追我赶，相互激励，相呼相唤，永不停歇，一往无前。	激励自己不断前行的精神支柱和动力源泉。	亨。王假有庙。利涉大川。利贞。	互相激励，就能发展顺利。君王会树立先进典型激励众人。互相鼓励，就有更大勇气克服困难，才可实现愿望，保持成就。
涣		追随轻风的水流				

爻位	特定对象	爻辞	爻辞要义
初爻	小民百姓	用拯马。壮吉。	小民百姓，应与忍辱负重、无怨无悔、不离不弃、辛勤劳作的马匹互为支撑。马匹强壮，就是福气。
二爻	小有人家	涣奔其机（机会）。悔亡。	小有人家，要以不断呈现的各种机遇来鼓励自己的斗志。能够抓住机遇，则悔恨全消。
三爻	大有人家	涣其躬。无悔。	大有人家，要以骨子里那股永不服输、永不满足的劲头鼓励自己，不断进取。如此，人生无悔。
四爻	文臣武将	涣其群，元吉。涣有丘，匪夷所思。	身为将相，要以打造强悍的团队来激励自己。有此愿望，自会受到下属拥戴。能与下属相互鼓励，就能以出人意料的方式，打造一支山丘一般强大的团队。
五爻	王侯国君	涣汗其大号，涣王居。无咎。	身为王侯，要以为家族荣誉增光添彩、不辜负富丽堂皇的王宫来激励自己，奋发有为。这是本分。
上爻	国之功臣	涣其血，去逖出。无咎。	征臣战将，要用自己曾流过的鲜血激励后人，才可使后人远离流血的灾难。如此无咎矣。

卦序卦名	上下卦象	卦象形象	全卦形象	全卦主题	卦辞	卦辞要义
60	䷻	小河细流	流水入泽，不复流动，死水一潭，了无一用。犹如世人聚集财物而不用。	如何处理节俭与消费。	亨。苦节不可贞。	聚财可亨。聚财不用，过分节俭，不会久长。
节		大湖泊				

爻位	特定对象	爻辞	爻辞要义
初爻	小民百姓	不出庭户(自家)，无咎。	小民百姓，所聚之财仅用于持家，不施舍外人，无可指责。
二爻	小有人家	不出门庭(宗族)，凶。	小有人家家业殷实，若舍不得帮助家族外有困难的人家，可能导致凶险。
三爻	大有人家	不节若，则嗟若。无咎。	大户人家用度无算，若不节俭，坐吃山空，徒剩悲叹。适当节俭，以备不时之需，则无憾。
四爻	文臣武将	安节 亨。	将相人家，在保证生活安逸的前提下，适度节俭，可顺利发展。
五爻	王侯国君	甘节 吉。往有尚。	王侯之家，心甘情愿地节约用度，减轻庶民负担，吉。要让庶民感受到你的高尚品德。
上爻	国之功臣	苦节 贞凶。悔亡。	有功之臣一味聚集财物，难免引起猜忌，难以全身而退。该用就用，该舍就舍，则不会有令人后悔的事情发生。

卦序 卦名	上下 卦象	卦象 形象	全卦 形象	全卦 主题	卦辞	卦辞要义
61		风,飘忽不定男性伴侣	春风吹皱一池春水,风过水静,今之"一夜情"。	一个来自远古的美丽爱情故事;中国最早的"西厢记"。	豚鱼吉。利涉大川。利贞。	男根如"豚鱼生气"般鼓胀,吉。共赴爱河,并珍惜此情吧。
中孚		泽,渴望性爱的女子				

爻位	特定对象	爻辞	爻辞要义
初爻	践约	虞(等待)吉。有它不燕(怠慢)。	女子翘首以待,春心荡漾;男子快马加鞭,心无旁骛。
二爻	相会	鸣鹤在阴,其子和之。我有好爵,吾与尔靡之。	树影婆娑,她如仙鹤暗中柔声召唤;圆月初升,他似游子欢步笑语应和。她手执佳酿翩然而至,烛光飘摇;他怀拥软玉磨鬓共饮,秋虫呢喃。
三爻	大战	得敌。或鼓或罢,或泣或歌。	烈火干柴,游龙搅海,劲敌相争,地暗天昏。方才战罢,稍加休整,重新披挂,再行厮杀。战场内外,或怨嗔而泣,或欢欣而歌,百感交集,难以自己。
四爻	曲终	月几望,马匹亡。无咎。	缠绵惜缱,莺歌燕语;更深漏残,月已西斜。饥寒交迫,马儿惆怅,踏月觅食,不知所踪。此时此刻,由它去吧!
五爻	入梦	有孚挛如。无咎。	大战已罢,硝烟尽散;玉体横陈,柔若无骨;金山顿倾,不失伟岸。细心呵护,轻拥而眠。睡吧。
上爻	人散	翰音登于天。贞凶。	温柔梦乡苦短,为漫天遍野之翰音所惊。女子:不可久留!男子,溜之大吉。

卦序 卦名	上下 卦象	卦象 形象	全卦 形象	全卦 主题	卦辞	卦辞要义
62	☳	雷,隐指 发怒	大人物 发怒。	平息因小 事情引起 大人物发 怒的策略。	亨,利贞。 可小事,不 可大事。 飞鸟遗之 音。不宜 上宜下。 大吉。	能够平息大人 物的怒火,就能 亨、利、贞。小 事情可以请求 谅解,大事情则 不可。因为大 事情惹怒大人 物,其后果只有 像飞鸟遭遇致 命一击时的悲 鸣了。做错事 情引起大人物 震怒时,宜息其 怒火,而不宜火 上浇油。记住 这些,大吉。
小过	☶	山,隐指山 一样高大 的人物				

爻位	特定对象	爻辞	爻辞要义
初爻	小民百姓	飞鸟以凶。	小民百姓惹怒大人物的后果,就像飞翔中的鸟儿突然遭遇致命一击,只有凶险了。
二爻	小有人家	过(主动去见)其祖,遇(假装偶遇)其妣。不及其君,遇其臣。无咎。	小有人家惹怒大人物,应主动过去向其父辈求情,或假装偶然遇到其母,求其撮合。不可直接去找正在火头上的大人物,但可以假装偶遇其手下作解释,求得大人物谅解。用此曲线手法平息其怒火,无咎。

三爻	大有人家	弗过防之,从或戕之。凶。	大有人家惹怒了大人物,不可以主动去寻求谅解,而且要防止其加害于你。跟着屁股去解释,可能立即就会灭掉你。遇上此等事情,你只有提心吊胆的份儿了。
四爻	文臣武将	无咎。弗过遇之,往厉。必戒,勿用 永贞。	将相因小事惹怒王侯,也是情理之中的事情,无须多虑。不可主动寻求谅解,可假作不知,待其息怒后遇到合适机会再作说明,求其谅解。当时就去解释,后果堪忧。此等事情,日后不可再犯,可保永贞。
五爻	王侯国君	密云不雨。自我西郊。公 弋取 彼 在穴。	身为王侯而惹怒大人物,其形势犹如来自西郊的滚滚乌云,虽然没有降雨,也会压得你喘不过气来。他要灭你,即使你躲在巢穴里,他也会用带有丝绳的箭,如探囊取物一样抓获你。
上爻	全卦总结	弗遇过之,飞鸟离之,凶。是谓灾眚。	如果惹怒了大人物,不是寻求合适的机会求得谅解,而是当其在火头上时就去解释,就会像飞鸟遭遇致命一击一样凶险。这就是飞蛾扑火,自取灭亡。

卦序 卦名	上下 卦象	卦象 形象	全卦 形象	全卦 主题	卦辞	卦辞要义
63	☵	心静如水的女子	良家女子，经受不住男子火热的诱惑，与其生米成熟饭。	如何面对曾经的旧日相好。	亨小。利贞。初吉，终乱。	有情人未成眷属，即使藕断丝连，也只能暗度陈仓。珍惜这段情缘。男女初恋，情迷意乱；及至无缘长相守，则心烦意乱。
既济	☲	热情似火的男子				

爻位	特定对象	爻辞	爻辞要义
初爻	旧相好嫁给小民百姓	曳其轮，濡（舌头舔）其尾。无咎。	小民百姓，面对旧相好，大献殷勤，公开调情，这都正常。
二爻	旧相好嫁给小有人家	妇丧其茀（头饰），勿逐，七日得。	小有人家之妇，若首饰丢失（遗落在旧情人处），不必寻找，数日后自会失而复得。
三爻	旧相好嫁入大户人家	高宗伐鬼方，三年克之。小人勿用。	旧相好嫁入大户人家，想再续前缘，如高宗伐鬼方一般艰难，三年五载不一定有机会。如果她已变心，就别再枉费心机了。
四爻	旧相好嫁入将相之家	濡（抱头亲）有衣袽。终日戒。	旧相好嫁入将相之家，即使再有机会亲近，也像只能隔着衣服一般没有感觉。死了这条心吧。
五爻	旧相好嫁入王侯之家	东邻杀牛（等吃肉），不如西邻之禴祭（填饱肚皮），实受其福。	旧相好一旦嫁入王侯之家，就无望相见了。于其苦苦无望等候，不如另觅现成新欢，不要浪费青春年华。
上爻	全卦总结	濡（鼻涕眼泪打湿）其首。厉。	人生苦短，不要为痴情所困。守到迟暮之年，即使天遂人愿，也只剩抱头痛哭的份儿了，那当是一个"厉"字可以了得！

卦序卦名	上下卦象	卦象形象	全卦形象	全卦主题	卦辞	卦辞要义
64	䷿ (上)	火，红狐，隐指热情似火的男子	热情似火的男子，面对心静如水的女子，只能单相思，而未能如愿；如小狐狸仍挣扎在河水中，尚未游上岸。	单相思的男子，如何面对无动于衷的冷美人。	亨。小狐汔济，濡(舔)其尾，无攸利。	单相思亦为快事。若流水无意，即使大献殷勤，也于事无补。
未济	䷿ (下)	水，河水，隐指心静如水的女子				

爻位	特定对象	爻辞	爻辞要义
初爻	小民百姓	濡其尾，吝。	有些癞蛤蟆似的人，面对天鹅般的冷美人，即使碰了一鼻子灰，还要轻佻的大献殷勤，让人看着都不舒服。
二爻	小有人家	曳其轮。贞吉。	小有成就的人面对冷美人，应绅士般默默地给予必要的关怀、帮助。坚持不懈，终有回报。
三爻	大有人家	未济 征凶。利涉大川。	飞扬跋扈的人面对冷美人，若未获其心而强霸其身，不会有好结果。做好持久战的心理准备吧。
四爻	文臣武将	贞吉 悔亡。震用伐鬼方。三年有赏于大国。	身为将相面对冷美人，也应耐心的先获其心再得其身，方能无悔。必要时，可恩威并济，三年可得。
五爻	王侯国君	贞吉 无悔。君子之光，有孚 吉。	身为王侯面对冷美人，也应耐心地先获其心再得其身，则无悔。应具君子风范，光明磊落，恪守行为规范，才能心满意足。
上爻	国之功臣	有孚于饮酒，无咎。濡(乱啃)其首，有孚失是。	老迈之人，专心于饮酒才是正事。费尽心机抱得佳人归，却没本事干正事，只能抱着乱啃，即使礼遇有加，也误了人家青春年华，于心有愧。

本书主要观点汇总

《周易》的性质

古往今来的权威学者,大都认为《周易》是"占卜"之书,或至少具有"占卜"功能。本书认为这种认识有失偏颇。通过本书我们看到:

从六十四卦表达的深邃思想来看,即使以今天的认识水平衡量,《周易》也不失为一部伟大的社会哲学著作。

从周文王对"人性及其社会行为规律"的把握深度来看,处处饱含着超越时代的伟大智慧;它仍然准确地刻画了现代社会人们的行为。

从其写作目的来看,以"个人的良好发展"为出发点和落脚点,《周易》提出了一套"人的社会行为规范";它作为中华文化的"基因",已深深地融入了中华民族的思想深处,渗透在我们社会行为的方方面面。

从其写作手法来看,虽然《周易》借用了貌似"占卜"活动的一些术语,却不具备"传统意义上的占卜"功能,而不可思议的具有现代科学意义上的"洞察、预见"作用。

《周易》作者及著述时间

从《周易》文字传递的种种信息,可以确认,《周易》由周文王(姬昌)独自完成。

《周易》的著述时间,应该在周文王被殷纣王拘禁于羑里(约公元前 1065 ~ 前 1058 年期间)的中、后期;成书时间在公元前 1058 年之前。

《周易》著述动机

在被殷纣王拘禁的中、后期,周文王可能知道自己已经无性命之忧,于是,闲来无事,借把玩"先天八卦"来打发无聊时光。冥冥之中却大有心得,于是以"研究占卜"为名,"公开"著书立说,遂成《易》(六十四卦)。

《周易》原貌

周文王所著的《周易》,基本原样遗存至今,只是没有今本所见的卦序、卦象及标点符号。今本的卦名、卦辞、爻名、爻辞,基本保留了原貌,后人几乎无增删。但在后世传抄的过程中,可能存在个别文字的错、漏、谬等情况。

《周易》为何晦涩难懂

殷纣王其所以拘禁周文王,表面上是因为崇侯虎的谗言,但实质上是因为殷纣王忌惮周文王的才能,害怕周文王威胁到自己的"统治"地位。因此,被拘期间的周文王,如果仍然表现出超人的才能,将会把自己送上断头台。于是,对充满了大智大慧的《周易》文字,周文王进行了"精心伪装",故意使其晦涩难懂。周文王刻意把《周易》弄得晦涩难懂的手法,大体有如下几方面:

1. 刻意伪装。伪装的主要方法,一是隐藏了大量结构性信息,二是舍弃了大量辅助性文字。

流传于世的《周易》文字,只是记载了周文王思想的关键词语,类似于今日的"速记",他人很难读懂。因此,如果不能合理地补充那些被刻意隐藏了的结构信息和辅助性文字,就难以理解《周易》。

2. 隐藏架构。即刻意隐藏了各卦写作的基本逻辑架构。

各卦的基本逻辑架构是:

用六个"爻名"(六二、九四等等),自下而上地确定该卦的"卦象"(即六个爻的爻名,唯一的确定了该卦的"卦象");

用"卦象"中上、下两个"八卦"的卦名(即"先天八卦"中的"天、地、水、火、风、雷、山、泽"),给出一个"自然现象组合"(例如"上火下山");

将每个"自然现象组合"隐含的意境,与某种社会现象建立起联系(例如,由"上火下山",即"山上有火"的情形,联想到"夜晚,有人在山上生火");

用"卦象"、"卦名",限定本卦论述的"主题"(例如,由"山上有火",联想到"夜晚,有人在山上生火";而"夜晚在山上生火的人",一定是"夜未归家的人";而"夜未归家的人",就是"旅人";故以"旅"为卦名。因此,本卦的"主题"便是"夜未

归家的人");

用"卦辞"阐述对"主题"的一般观点;

同时,用不同位置的"爻名"(主要是"爻位",即"初、二、三、四、五、上爻"),特指不同社会等级的人群(一般地,初爻指小民百姓,二爻指类似于后世"地主"的小有人家,三爻指雄霸一方的大有人家;四爻指文臣武将、"皇亲国戚";五爻指"君王",上爻指已退出权力中心的文臣武将、"皇亲国戚"。但每卦情况稍有不同;也有例外);

"爻辞"则针对"爻位"特指的人群,给出在该"主题"下的一般规律或现象。

上述架构十分严谨,缺少其中的任何一环,都可能对《周易》产生误读。

3. 方言语义。应以陕西关中方言解读《周易》。

当时不可能有通用的"普通话";同时,周文王平生活动的地域,主要在今陕西关中一带。所以,《周易》文字的含义,应以陕西关中地区的方言来理解。《周易》中的一些文字,在关中方言的语义中,与现今"词典"中的释义,有较大的差异。这是导致《周易》晦涩难懂的一个重要原因。

4. 多样修辞。通过多种修辞手法布设的"迷魂阵",达到掩饰文字真实意图的目的。

一是大量采用比喻手法,即大量采用自然现象,动、植物形象,人的一些社会活动现象,暗示某种社会行为的后果(或处境),揭示其中的深刻哲理。二是以简单的字词,表达多种或复杂的含义。三是用类似"占卜"的"判词",表达对某种行为"是与非"的观点。四是有时故意颠倒语序、结构次序(主要在写作的前期)。

多样化的修辞手法,设置了数不胜数的"陷阱",把人们的注意力引向歧途,巧妙地隐藏了《周易》文字背后的真实意图。

5. 无暇完善。一方面,周文王被释放后,即投身于推翻殷商的斗争中,直至寿终正寝,自己无暇完成对《周易》的补充完善。另一方面,在周灭商期间,周文王的子、孙辈,亦无暇对《周易》进行补充完善;而待到灭商建周以后,亟须一套新的"社会管理制度",而不是一套政治理念或主张。于是,在周灭商以后,周公旦忙于"制礼作乐",并在"礼乐"之中,体现了周文王在《周易》中的主要思想、理念。在此背景下,作为政治理念的《周易》,与"礼乐制度"相比,已没有了补充完善必要性。于是,也许是出于对周文王的尊重,或许是出于"与后人开开玩笑"的心态(考验后人的智力),周文王的后代便故意让《周易》原样流传开来。

《周易》本意

《周易》各卦，针对种种社会生活现象，归纳和总结了不同阶层民众行为的一般规律，表明著者的立场、观点，试图给出一套"社会生活中，个人的行为规范"。

《周易》原名《易》。"易"的本意应为"置换、替换"，类似于今天的"设身处地"、"换位思考"。在《周易》中，"易"为祈动词，其含义是，如果你遇到（卦象/卦名界定的）同样问题，分析一下你所处的境况，找到（爻位确定的）与你的情况匹配的社会阶层，对应的爻辞就是你应遵循或注意的事项。

《易传》之前的沉寂

周初，周公旦出于"治国"的目的，制作了"礼"、"乐"制度。周文王关于"社会生活中，个人的行为规范"，凡有利于"治国"的主要思想，应已包含在"礼乐"之中。而《周易》作为一个整体，可能由于含有不利于周初的"治国"理念、不符合"礼乐"制度的文字，因而显得不合时宜、甚至无足轻重，逐渐不再受到子、孙辈的关注，任其沉浮数百年而寂然无闻。

春秋时期，"礼崩乐坏"，周室衰微，群雄并起，诸侯争霸，形成"春秋战国"的纷争局面。于是，有些文人为了成为列强的"座上宾"，实现自己的政治抱负，便翻出了尘封已久的《周易》，以《周易》的旧瓶装自己的新酒，贩卖自己的政治主张。于是，出现了今天所谓的《易传》或"十翼"。经过后世儒家的大力宣扬，《易传》与《周易》合并在一起，成为今天所见的《易经》。

后世误读

后人在春秋时期翻出《周易》，意在拉大旗作虎皮，成为列强的座上宾。但在当时，"文字"已经历了数百年的快速发展演变，《周易》已成为当时的"古文"；加之周文王的刻意伪装，春秋时已经无人能够读懂了。于是，后人天马行空，对其任意发挥，以《周易》的名义贩卖自己的政治主张、"治国"理念，出现了《周易》解读的最初版本——《易传》或"十翼"。当然，"十翼"中包含一些非常重要的哲学思想，应该充分予以肯定，但在解读《周易》方面，几无可取之处。

事实上，《易传》或"十翼"，与《周易》的本意，已经风马牛不相及了。前者以

"治国之术"为卖点,后者以"个人发展"为初衷。虽然在汉代"独尊儒术"之前,出现了"道、法、儒……"等诸子百家,以及解读《周易》的"百花齐放"局面,但由于"十翼"与孔子攀上了姻缘,随着孔子声誉日隆,"十翼"就逐渐成了解读《周易》的权威版本。其后的儒者,将《周易》与"十翼"杂陈,称之为《易经》,并被奉为儒家经典。

由于《周易》实在难以逐字逐句解读,于是,后世学者便沿着"十翼"指出的方向,穿凿附会,东拉西扯,硬生生演义出一个体系庞杂、学派林立、观点迥异、鱼龙混杂的"易学"。

不可否认的事实是,虽然那些奠定、开创、繁荣"易学"的先驱们,都标榜自己是"周易的传人",但却没有一个人、一个流派,能够对《周易》做出前后一致、逻辑自洽、符合理性的解读。

令人扼腕的是,在当前国人已经能够将航天员送上太空的时代,却没人能够解开《周易》的奥秘,文人们仍然纠缠在"象、数、义、理"的争论中。

《周易》的影响

《周易》对中华文化的影响,主要有两种方式。

一是通过周公旦的"礼乐"制度。

通过"礼乐",《周易》的主要思想已深深融入华夏民族的血液之中,以致我们现在的为人处事、接人待物、思想方法、行为方式等,无不处处渗透着《周易》的理念。可以说,我们天天实践着《周易》的理念,只是大家都"不自觉"而已。

二是通过自"十翼"之后混乱的"易学"。

《周易》的思想在不同"易学"学派的主张中,或多或少都有一些体现。事实上,林林总总的"易学"思想,也基本涵盖了《周易》的主要思想,并派生出更多的观念,对中华文化的发展影响深远。

本书对《周易》的评价

周文王以殷末岐地(今陕西岐山)全方位的社会生活现象为基础,深入、细致地观察了自然现象及人们的各种社会行为;精辟、深刻地分析了人们各种社会行为的根本动机;高瞻远瞩且精准独到地总结了人们各种社会行为的一般规律;以"社会环境中,个人的良好发展、自我满足"为主要目标,从哲学高度对个人的社会行为,提出了完整、自洽、明确、清晰的要求;并以令人惊叹的严谨逻辑思维,形象、生动、传神的比喻,优美、精准、凝练的文字,将其浓缩在《周易》之中,为我们留下了一幅意境超凡、蕴意深远、浓墨重彩、千姿百态的古老画卷。因此可以说,周文王在《周易》中:

1. 通过对殷末岐地生活现象、社会活动的全方位刻画,为我们留下了当时社会的全景式画卷,使我们能够"身临其境"地感受当时社会生活的方方面面。

2. 虽然没有明确给出"人们各种社会行为的根本动机"到底是什么,但其文字背后的思想,表明周文王已经十分接近问题的根本答案(对此答案,拟另文专述)。

3. 通过细致的观察和非凡的洞察力,针对不同的社会现象,给出了不同社会层次人们的一般行为规律。这些规律不但非常精准,而且具有不可思议的远见卓识。三千多年来的人们,即使是那些伟大的人物,都没能逃出这些规律的掌控,无不随着这些规律勾勒出的旋律,翩翩起舞,随波逐流,一而再、再而三的为周文王的伟大智慧提供注脚。

4. 对人们的不同社会行为,通过"吉、凶、悔、吝、厉、无咎"等评判性词语,表明了周文王的价值取向,从而试图使人们明白,要实现在"社会环境中,个人的良好发展、自我满足"这一目标,应该遵循什么样的"行为准则"。

5. 从每一卦的爻位、爻名到卦象,从卦象到卦名,再到卦辞、爻辞,那些被刻意隐藏了的逻辑结构,散发着掩饰不住的自然、优美、典雅、严谨且令人回味无穷的韵味,堪称"社会逻辑学"的典范(我们之前泛称的逻辑学,可与之对应地被称为"自然逻辑学")!正是这优美的逻辑结构,将每一句古奥晦涩、看似毫无瓜葛的文字,准确、毫无歧义地引向特定的语义、语境之中,令人在恍然大悟之后,崇敬之情油然而生。

6. 用形象、传神、优美、精准、简练的文字,清晰、完整、准确地表明了他的思想。就《周易》的文学水准、价值而言,后世所有作品,恐怕无出其右者。

因此可以讲,《周易》是:

人类有史以来最伟大、从未被超越的一部(社会学)哲学著作;

人类历史上第一部结构清晰、逻辑严谨的"社会逻辑学"著作;

人类历史上第一部目标明确、思想深邃、主张一致、内容全面、方法具体的"社会生活中,个人的行为规范";

最早、最全的中华文明思想体系的集大成者;

特定区域人类社会早期活动的一幅全景式画卷;

中国文学难以企及、从未被超越的一座高峰；

承载着中华文化基因的"最早的完整版 DNA"；

人类思想史上不可多得的瑰宝。

《周易》博大精深的内涵，可能远远超出了我们最大胆的期许。

后　记

我们这一代人生在新中国、长在红旗下，年少时就经历了深入灵魂的文化大洗礼，形成了带有鲜明时代烙印的世界观。在我们的群体意识中，《周易》就是摆摊算卦、骗人钱财的招牌，是愚昧无知、封建迷信的化身。因此，年轻时我对《周易》有一种天然的鄙视和排斥。我读《周易》实出偶然，但研读《周易》的初衷却是**想彻底批判《周易》的流毒。**

2009年春节的闲暇时光中，突然产生了想了解传统文化的冲动。在书店，一本《四书五经》的序言中写到，《易经》是群经之首，诸子百家之源。这句话让我耿耿于怀：一本算命骗人的破书，如何能当得起如此高的评价！一定要揭开《周易》骗人的鬼把戏！这便是我研究《周易》的初始动机。开始接触《易经》时，费尽心机也不得要领，遂束之高阁。及至当年约11月，曾仕强先生于CCTV10讲解《易经》，断续听了几讲，对《周易》始有基本概念。越年，突然领悟了"旅"卦的意境，竟被《周易》蕴含的伟大智慧彻底征服！遂一改初衷，下定决心废寝忘食地研读《周易》！

破解《周易》文字的奥秘，确实是对心智和毅力的一项巨大挑战。但更重要的是，要准确把握《周易》的人文社会背景和《周易》所使用的语言。

1959年仲春，我出生于陕西咸阳市西北黄土原（通塬）上的一个小村庄——"大王村"（现为"平陵乡"）。村庄所处的黄土原便是史书上的"五陵原"，而"五陵原"的东段，即现今咸阳市东北部的一段史称"毕原"。沿此原南沿，西起汉武帝刘彻的"茂陵"、东至汉景帝刘启的"阳陵"，一字排列着众多汉代皇、后的陵寝及王公贵胄的陪葬墓冢，可惜许多墓冢在上世纪六七十年代被清除了。在这一规模宏大的皇室陵寝带中部，距西安咸阳国际机场2号跑道西南延长线不足3公里处，便是不知何时得名的"周陵"陵园。"周陵"陵园内现存两座墓冢，规模明显小于附近的汉陵，据称是周文王、周武王的陵墓，不远处还有一座规模更小的传说的姜子牙墓。我们的村庄位于这一陵寝带的西部，距"周陵"约9公里。史称，周建都于丰、镐,位于现今西安市西南部。

上述地理位置关系,见如下示意图。

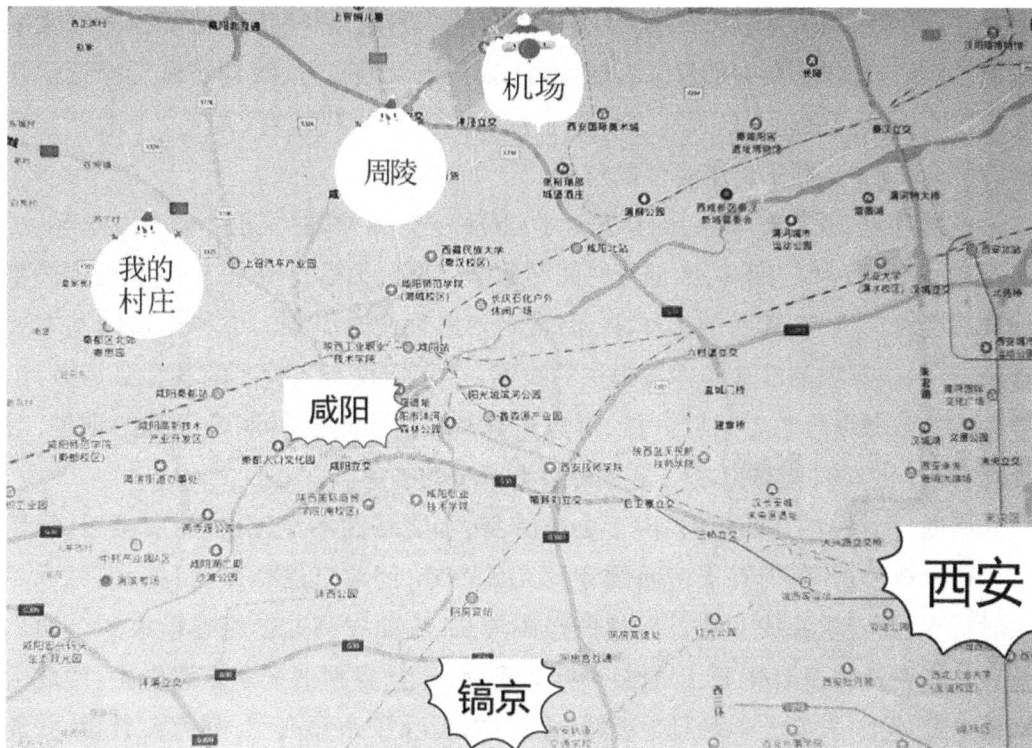

我居住的村庄与周陵、镐京的位置关系示意图

《史记·周本纪第四》载:"(武王)九年,武王上祭于毕",即在武王伐纣前,先在"毕"地祭祀文王,然后伐纣。据此,周文王应"葬于毕",即位于"毕塬"上的"周陵"。但《史记》又载:"毕在镐京东南杜中"。也许因为如此,原秦始皇兵马俑博物馆馆长袁仲一先生指出:"文王陵和武王陵(即"周陵")问题,根据最近几年的考察研究,考古界基本上认为它是秦陵。"(《华商报》2013年3月27日A19版)对此观点不敢苟同,窃以为"周陵"的传说是非常可信的。

种种迹象表明,我们的村庄就在周初社会活动的中心地带,或其京都的边缘。因此,儿时村庄的风云气象、风物地貌、风土人情、风俗习惯,乃至农耕商贾、邻里关系、婚丧嫁娶、生儿育女、甚至鸡鸣狗盗等日常生活,想必带有些许古风,某些方面甚至带有周初的印记。这,应在情理之中。

20世纪五六十年代的关中农村,青壮年"劳力"农活繁忙,因此,我们温馨的童年时光,是在奶奶及其他祖辈老人的陪伴下度过的。奶奶出生于1895年秋,打我记事起她老人家就已经没有多少牙齿了。是她老人家用来自19世纪梦幻般的方言,把一段段欢快而富有哲理的歌谣和童话故事,送进我们的耳膜、印入我们的脑海。现在想想,在语言交流范围狭小、语言进化非常缓慢的古老岁月,19世纪的关中方言,也许还保留着《周易》文字的一些余韵。因此,那些带有祖辈韵味的文字意境,虽然与现代字典中的释义有较大区别,甚至大相径庭,我却宁愿选择记忆深处的那些情景。可能正是具有这样的生活、语言背景,我才对《周易》中的某些情景和字词,有了不同于传统解读的感悟。

1978年秋,我离开家乡,到长安大学(原西安公路学院)工程力学专业求学、工作,一呆就是17年。期间,大部分时间与数学、物理、力学打交道,受到了较为严格的数理逻辑训练;在其后的工作中,仍然需要这种逻辑思维。这种逻辑的基本要求是,要根据零散的已知条件所提供的线索,自行寻找一定存在的其它必需条件,再将这些条件综合之后加以分析,形成正确判断。也许这种逻辑思维的训练,对理解"碎片化"的《周易》文字,是一种必不可少的准备。

研读《周易》的三四年间,由于公务缠身,加之悟性不足、语言功底匮乏,经历诸多炼狱般的折磨,仍有很多问题令我无计可施,经常打退堂鼓。每到山穷水尽之时,原陕西省质量技术监督局魏恒星副局长,陕西省高速公路建设集团公司副董事长杨荣尚教授级高工、副总经理叶普万博士、党委副书记李东涛先生,西北大学范少言博士、长安大学尹冠生教授、张新占博士、别永顺高工、郝宪武教授、张充满教授级高工、王巨勇高工、曹克勇教授级高工,陕西能源职业技术学院王俊成副教授、许梅英高工等许多亲朋好友,都会给予热情鼓励和无私帮助,一起用自己的经历和感悟,共同探讨并解决那些令人困惑的问题,让我一次次受到鼓舞、找到信心并坚持下来。就这样,磕磕绊绊、跌跌撞撞,直至2012年初才初步"读完"了《周易》。当年7月,完成了研读记录(本书第四部分雏形)的整理工作,打印数份分发给身边的朋友批评,受到积极鼓励,并要求写出通俗读本。于是,在探讨了一些古老文化概念的起源之后,在2013年初才决定撰写本书文稿。历经四次大的修改、完善,于2014年夏完成了书稿。

2014年下半年,在长安大学张启明博士、华中先生的热情宣传和积极推动下,本书的出版工作提上了议程。陕西日报社蔡静女士对书稿的深刻理解和精彩宣讲,深深打动了世界图书出版西安有限公司薛春明总经理,钟爱传统文化的薛总毫不迟疑的将书稿推荐给古籍出版界的翘楚——三秦出版社。2015年接受书稿后,三秦出版社赵建黎总编辑非常重视,古籍文献编辑部主任高峰副编审亲自担任责任编辑,不辞劳苦、加班加点,数遍通读全稿,从全书内容编排到具体内容取舍,从整体观点展示到具体表述尺度,从整体风格把控到页面布局细节,从错别字到不恰当标点符号,对全书进行了极其认真细致的编辑加工,使书稿质量得到了极大的提升。诗风文化公司刘洁总经理亲自带领设计、排版人员,对书稿中的诸多特殊符号和要求,不厌其烦、一丝不苟,把书稿原汁原味地展现出来。

2017年底本书首版印行,一年多时间里,得到了社会各界的积极反馈,特别是著名作家、中国作家协会第九届全国委员会副主席贾平凹先生欣然命笔,扉页题字相赠。长安大学原校长、博士生导师马建教授,陕西师范大学哲学与政府管理学院院长、博士生导师袁祖社教授,西北大学哲学学院院长、博士生导师张学广教授,西北政法大学文化与价值哲学研究院院长、博士生导师刘进田教授,西安电子科技大学马克思主义学院院长、博士生导师李刚教授等,对本书做了精彩述评。同时,读者也指出了书中的一些不足,赵总编和高主任对此非常重视,因此决定对本书进行局部修订再版。修订过程中,陈惠龙老先生、范少言博士、张治国编审、范少默博士等,都提出了很多非常宝贵的意见和建议。特别难能可贵的是,原全国政协常委、中国道教协会会长,陕西道教协会会长任法融先生,非常愉快地赐赠墨宝,任法融会长题写的书名令本书大为增色!

在本书的漫长成书历程中,家人克服了种种困难,给予我充分的理解和无微不至的关怀、爱护和支持。

值本书修订之际,谨对各位师长、亲朋好友和家人的支持鼓励、慷慨付出、无私帮助、关心爱护,一并致以衷心的感谢!

我研读《周易》时的主要读物、参考文献包括:《四书五经》(万卷出版社);贺华章的《图解周易大全》(陕师大出版社,2010);《古今汉语词典》(商务印书馆,2007);CCTV百家讲坛2009年曾仕强讲座部分内容;曾仕强、刘君政的《走进乾坤的门户》(陕师大出版社,2009);还有一些来自于网络的资料及"百度词条"的内容。在此,谨对所有应该受到感谢的人,致以诚挚的谢忱!

作　者

谨识于2019年7月10日

易林乱弹
——新编方言儿歌

坐着龙，升上天，文王走咧三千年，
身后留哈一本书，谜中套谜么法念。
古往今来多少人，三更半夜连轴转。
要问大家为啥忙？眼瞪周易发热煎。

有的人，起身早，翻着天书心木乱。
看来看去看不懂，心里忽然灵光现：
反正么人能说清，咱说咋念就咋念。
歪嘴和尚歪念经，后人把这叫易传。

有的人，胆包天，关公门前耍刀片。
偷来周易一张皮，编完归藏编连山；
为了叫人信这事，竟把周礼一起编。
瞒天过海连环计，把人骗咧一河滩。

有的人，眼界宽，知道老汉不简单，
为了解开谜中谜，翻箱倒柜想争先。
犄角旮旯翻个遍，一无所获翻白眼。
看着容易弄着难，头发熬白真可怜。

有的人，脸看淡，编个口口把人骗。
自己啥啥都不懂，卦摊一摆成半仙。

二饼眼镜鼻尖架，念念叨叨掐指算；
开口把你吓半死，给钱教你破灾难！

有的人，学问高，么事就爱骂祖先：
后天八卦心眼小，把天搬到西北边；
神秘兮兮尽迷信，占卜算命旧封建；
前言后语么道理，不懂科学净扯淡。

有的人，眼窝浅，欺负老汉不言传，
东拉西扯还不够，天上地下可着煽：
现代科学那点事，周易早就全看穿！
说滴老汉么脾气，气滴老汉干瞪眼。

这些事，说不完，一说说咧几千年。
陕西人瓜尻子松，躲到一边不言传。
守着先人好东西，叫人损滴稀巴烂！
有人跟着瞎起哄，不认文王是祖先！

后来有个二杆子，偏要钻这牛角尖。
打破砂锅才发现，老汉本事戳破天！
可恨世上聪明人，眼不识珠怨老汉；
现在谜底眼前摆，你看丢脸不丢脸！

解《易》述怀

2014 元宵夜

古卷落寞数千年，
青灯不倦伴月寒。
他年碌碌不知易，
如今孜孜始信难。
多亏儿时乡韵在，
幸有旧景破梦魇。
不敢欺祖渎圣意，
且把宏论祭人寰！